화력 FIRE POWER

화력

FIRE POWER

폴 록하트 지음 ― 이수영 옮김

역사를 뒤집은 게임 체인저

R

저자, 역자 소개

폴 록하트

1989년부터 라이트 주립 대학교 역사학과 교수로 재직하며 전쟁사와
유럽사를 가르쳤다. *The Drillmaster of Valley Forge*와 *The Whites of Their Eyes* 등
스칸디나비아의 전쟁이 역사에 미친 영향을 주제로 여섯 권의 책을 썼다. 현재
오하이오주 센터빌에 살고 있다.

이수영

전남 대학교에서 지리학을 전공, 영문학을 부전공하였다. 다년간 기업에서
통번역을 담당하였으며, 현재 번역 에이전시 엔터스코리아에서 전문 번역가로
활동 중이다.

사랑을 담아, 아버지께.

들어가며

이 책은 전쟁 무기를 다룹니다. 무기가 전쟁의 기술, 과학, 수행에 미친 영향과 전쟁터 너머 삶에 미친 영향, 반대로 무기 설계를 발전시킨 군사력과 전쟁, 정치, 경제, 군사 기술의 복잡한 관계를 짚었습니다.

이 주제를 역사학자들이 자주 다루지 않는 데는 다양한 이유가 있습니다. 그렇다고 군사 기술의 역사를 다루는 진지하고 좋은 책들이 없다는 것은 아닙니다. 그중에서도 제러미 블랙, 맥스 부트, 마르틴 반 크레벨드의 뛰어난 저서를 보며 저는 이 책을 쓰게 되었습니다. 이들의 책은 광범위한 연구를 바탕으로 했기에 무기와 전쟁이라는 좁은 질문의 답을 찾는 사람들은 전문 무기 서적 같은 또 다른 책을 뒤적여야 합니다. 또한 전쟁 무기 애호가들이 쓴 특정한 화기를 다루는 책을 읽거나, 군사軍史 마니아들과 전쟁 마니아들이 쓴 전투기, 군함, 전차, 대포 등 각종 무기에 관한 상세한 설명 등을 참고해야 합니다. 그러나 이러한 책이나 자료는 범위가 좁기에 기술적인 세부 사항에 치중하면서 광범위한 역사적 배경을 간과하는 경향이 있습니다. 또한 용어와 표현이 매우 전문적이어서 초보자들은 이해하기 어려울 수 있습니다.

저는 이 책이 한편에 있는 전쟁과 기술에 관한 광범위한 연구와, 다른 한편에 있는 전문 문헌을 연결하는 일종의 통로가 되기를 바랍니다. 이러한 바람은 이 책을 쓰는 도중에 적지 않은 부담이 되었습니다. 그래서 어느 정도 까다롭게 접근해야 했습니다. 시기는 화기가 대세 무기이자 군사 기술 혁신의 중심이었던 중세 말기부터 제2차 세계대전 말의 초기 원자력 시대까지를 선택했습니다. 또한 지리적·문화적 영역은 서양을 선택했습니다. 왜냐하면 적어도 전쟁과 군사 제도에서 서양은 전쟁을 지도하는 독자적인 접근 방식을 지닌 별개의 문화적·경제적·정치적 독립체로 볼 수 있기 때문입니다. 물론 서구 세계가 과거에나 지금이나 외부와 단절된 채로 존재하지는 않으며, 서양의 전쟁사는 서양의 국제 관계에 영향을 미쳤고, 서양의 국제 관계도 서양의 전쟁사에 영향을 미쳤다는 사실은 분명합니다.

이 책은 반 천 년 동안 서구 군대가 사용한 모든 중요하고 의미 있는 무기를 나열하려고 쓴 것이 결코 아니며, 무기 기술의 모든 발전 과정을 짚어 보려는 것도 아니라는 점을 미리 말씀드립니다. 물론 많은 무기가 이 책에 등장합니다. 그 다양성에 현기증이 날 수도 있지만, 실상은 언급한 기간에 유럽과 미국의 전쟁에서 사용된 모든 무기의 극히 일부에 불과합니다. 이러한 선택으로 독자들이 좋아하는 소총이나 비행기, 전함이나 전차가 이 책에서 빠졌을 수도 있습니다. 하지만 모든 것을 포함하지 않는 것이 이 책의 본질이기에 그러한 독자들에게는 미리 양해를 구합니다. 이 책에 나온 무기 중 대부분은 이 책을 통해 제시하려고 하는 더 넓은 논점을 가장 잘 보여 줄 수 있다고 생각합니다.

저는 이 프로젝트를 수행하고 책을 쓰는 데 시간과 자원, 격려, 지원 같은 형태로 몇 년 동안 많은 빚을 졌습니다. 이름을 다 댈 수는 없지만, 특히 감사를 드려야 할 사람들이 있습니다. 먼저 가족부터 얘기하면, 제가 이 책을 쓰는 내내 저를 참아 주고 늘 지지해 줬던 제 아내 메리 록하트에게 가장 감사합니다. 우리 아이들인 케이트, 닉, 페이지, 필, 알렉스도 항상 제게 힘이 되어 주었습니다. 특히 막내아들 알렉스는 그 누구보다 이 책을 기다려 왔습니다. 알렉스는 저와 함께 시간을 보낼 때마다 이 책의 주제와 20세기 초의 해상전에 관한 아이디어를 함께 나누며 이 책에 직접적으로 기여했습니다. 닉, 필, 알렉스는 오랜 세월 동안 제 사격장 파트너였으며, 이 아이들과 함께했던 경험들은 제게 큰 도움이 되었습니다.

이 책을 쓰는 데 필요한 아이디어를 제시하고 질문을 던지며 참고 문헌을 제공한 역사학자, 무기 전문가, 대학원생 모두를 다 열거할 수는 없지만, 일단 이분들에게 감사를 드립니다. 마크 피셀, 릭 슈나이드, 릭 헤레라, 아트 존슨, 킴 와그너, 스튜어트 뎀프시, 에릭 본코우스키, 폴 도리티, 에반 메이슨, 세스 마셜, 잭 제트, 데이브 프리전, 댄 스터드베이커, 채드 켈러스미스 등입니다. 제가 이 책을 쓰고 있는 동안 라이트 주립 대학의 역사학과 학장이었던 동료들인 캐롤 헤링어와 조너선 윙클러에게도 감사를 드립니다. 강의를 줄이고 보조금을 지급하며 제가 2017년부터 2018년까지 안식년을 보낼 수 있도록 도와주시는 등 수많은 도움을 주셨습니다.

마지막으로 제 아버지인 뉴턴 F. 록하트에게 감사를 드리고 싶습니다. 이 책은 제 아버지께 바치는 것입니다. 약 6년 전, 이 책을 쓰려고 마음먹자마자 저는 처음으로 아버지에게 얘기했고, 그와 논의하며 이 책의 전체적인 구조를 계획했습니다. 얼마 뒤 아버지께서 세상을 떠나셨습니다. 이 책은 제가 아버지와 함께 나눌 수 없는 첫 번째 책이 될 것입니다. 그렇지만 이 책은 아버지와 처음에 나눴던 대화, 그의 애정 어린 지지와 격려 덕분에 탄생했습니다.

폴 록하트
오하이오주 워싱턴 타운십
2021년 2월 5일

차례

프롤로그

1522년 4월 27일, 밀라노 북쪽의 비코카.

풀이 무성한 비코카 서쪽 들판에 자욱이 깔린 아침 안개가 막 걷히기 시작했을 때, 스위스의 파이크pike병들이 줄을 지어 전투에 돌입했다. 4월 하순이었고, 롬바르디아의 아침은 여전히 쌀쌀했다. 첫 햇살이 이슬 맺힌 들판을 따뜻하게 덮으면서 촉촉한 물기를 말리는 동안, 거대한 직사각형 같은 대형을 빽빽이 채운 병사들은 들판 위를 저벅저벅 걸으며 적을 향해 나아갔다. 대부분은 길고 가느다라며 5미터가 넘는 창인 파이크를 어깨에 멨고, 사각형 모양 대형이 이동할 때마다 꼿꼿한 나무로 이루어진 울창한 숲이 부자연스럽게 움직이는 것 같았다.

병사들은 기세가 등등했고 떠들썩했다. 파이크 대형마다 느리게 진격하는 발걸음에 맞춰 북을 두드리는 군악대가 있었지만, 북소리는 병사들의 거친 환호성에 묻혔다. 장교들의 고함조차 들리지 않았다. 장교들은 일선에서 병사들을 이끌었다. 전투 전날, 병사들은 장교에게 최전선에서 싸우기를 요구했고, 병사들이 선출한 장교는 거절할 처지가 아니었다.

군대를 지휘하는 프랑스 귀족 중 1명이 말고삐를 당기며 파이크병들과 함께 달렸다. 포병대가 전장 반대편 끝의 적 보병들을 공격하는 임무를 완수해 적의 저항을 줄인 다음 본격적으로 공격하려던 그는, 스위스 용병 대에 멈추라고 명령했다. 그러나 파이크병들은 프랑스 귀족의 명령에 귀를 기울이지 않았다. 그들의 피는 끓어올랐고, 누구도 그들이 적에게 곧장 돌진하는 것을 막을 수는 없었다.

스위스인들은 보수를 받고 싸우는 용병들이었다. 이 용병들은 명석하고 호전적인 프랑스 왕 프랑수아 1세가 고용했다. 프랑수아 1세는 그의 장인어른인 루이 12세에게서 스페인과의 값비싼 전쟁을 물려받았고, 루이 12세도 자신의 아버지 샤를 1세 도를레앙에게서 이 전쟁을 물려받았다. 1494년에 전쟁이 시작된 이래 프랑스와 스페인은 북이탈리아의 비옥한 계곡과 부유한 도시 국가들을 차지하기 위해 늘 옥신각신했다.

프랑스는 스페인과 신성 로마 제국 동맹군보다 병사 수가 더 많았고, 스위스 용병을 보유했다는 점에서 더 유리했다. 스위스 용병은 유럽에서 가장 뛰어났다. 스위스 각 주의 마을과 험준한 산지에서 온 용병들은 매우 용맹하고 잘 단련된 보병이었다. 또한 파이크 같은 단순한 무기의 달인이었고, 함께 모여 단단히 버티기만 한다면 오스트리아나 부르고뉴나 프랑스 최고의 기사들과 맞붙어도 천하무적이었다. 말 탄 기사 여럿이 힘을 합쳐도 용병들이 굳게 땅을 밟고 서서 이룬 파이크 대형을 뚫을 수 없었다. 또한 파이크 대형은 포위를 당해도 사방의 적들을 물리칠 수 있었다. 이 대형이 공격에 나서면 아무도 막을 수 없었고, 이들과 맞선 어리석은 자들은 모두 나가떨어졌다. 자신들의 능력을 여러 번 증명한 이들의 자신감은 하늘 끝까지 올라갔다. 스위스 용병은 적에게 자비를 보이지 않았고, 자비를 구하지도 않았다.

1522년의 어느 축축한 4월 아침, 스위스 용병은 스페인과 신성 로마 제국의 황제이자 합스부르크 황가의 후계자인 카를 5세를 대표하는 동맹군과 프랑스군의 전쟁에 첫 타자로 나설 계획이었다. 교황군, 제국군, 스페인군으로 구성된 카를 5세의 병력은 1만 8000명을 넘지 않았고, 로트레크 자작인 오데 드 푸아 휘하의 프랑스군은 적어도 그보다 절반 이상 더 많았다. 병력 면에서 매우 우세했지만 로트레크 자작은 전투를 피하길 원했다. 전투를 벌이면 군인이 죽는데, 군인을 양성하는 데는 돈이 들었기 때문이다. 그러나 스위스인들은 전투를 원했고, 그것도 당장 나가길 원했다. 그들은 출정 후 전투를 벌이거나 마을을 약탈한 적도 없었기에 지루한 시간을 견뎌야 했으며, 몇 주 동안 급료도 받지 못했다. 그래서 그들은 전날 주저하는 장교들을 통해 앞에 있는 적군과 당장 싸우지 않으면 일자리를 찾으러 다른 곳에 갈 것이라는 최후통첩을 로트레크 자작에게 전달했다. 로트레크 자작은 고개를 끄덕였다. 스위스 용병들이 아무리 골칫거리라고 해도 그들을 잃을 여유가 없었다. 다음 날 아침 전투가 시작됐고, 스위스 용병들이 선두에 섰다.

비코카의 오래된 영지에 인접한 들판과 과수원에 아침 햇살이 들기도 전에 스위스 용병들은 파이크 대형을 만들기 시작했다. 스위스 용병의 절반인 약 8,000명이 선발대로 서서 가로 80명씩, 세로 50명씩 줄을 지어 거대한 대형 2개를 만들었다. 스위스 용병은 일단 대형을 만들면 주저하지 않았다. 로트레크 자작은 공격을 짧은 포격으로 개시하는 것이 현명하다고 생각했지만, 스위스 용병들은 코웃음을 치며 프랑스 포병대를 옆으로 제치고 적의 토성土城을 향해 영광스럽게 진격했다.

스위스 용병대는 토성의 수비대가 지금껏 맞닥뜨린 적 중 가장 만만찮은 상대였다. 아니, 스위스 용병대는 만만찮은 것 이상이었다. 스위스 용병대는 전쟁의 미래를 상징했다. 동맹군의 사령관이자 당시 70세였던 프로스페로 콜론나는 경력 대부분을 프랑스군과 싸우며 보냈다. 그는 당대 최고의 장군이던 곤살로 페르난데스 데 코르도바(1453~1513)와 함께 복무했고, 정확히 19년 전 체리뇰라 전투에서 프랑스군과 스위스군에 놀라운 타격을 입혔을 때도 코르도바 옆에 있었다. 그 당시 코르도바의 군대는 파이크 대형을 물리칠 수 있는 유일한 무기인 화기火器를 자유자재로 사용하여 지금 콜론나 앞에 있는 군대와 같은 강력한 군대를 물리쳤다. 체리뇰라 전투는 파이크 대형도 날려 버리는 화기의 파괴력을 입증했다. 뭉툭한 카빈(기병용 소화기) 같은 아퀴버스(화승총)나 더 무거운 머스킷(아퀴버스의 개량형)과 같은 휴대용 화기로는 90미터 밖에 있는 사람도 쉽게 죽일 수 있었다. 또한 빽빽한 파이크 대형은 총알이 빗나갈 가능성이 거의 없는 '좋은 목표물'이었다.

1522년에 화기는 새로운 것이 아니었다. 대포는 1300년대 중반부터 공성용 무기로 사용됐다. 사정거리가 짧고 장전 속도가 느린 원시적인 휴대용 화기인 아퀴버스는 그로부터 약 100년 뒤에 처음 등장했다. 1522년까지 아퀴버스는 이탈리아에서 싸우는 이들의 필수품이 되었다. 심지어 스위스 용병 중 소수도 아퀴버스를 사용했고, 아퀴버스에 치명상을 입기도 했다. 코르도바는 아퀴버스의 가능성을 보고 스페인 본토의 보병대 대다수를 아퀴버스로 무장시켰다. 체리뇰라 전투에서도 아퀴버스는 파이크 대형과 프랑스 기병들의 잇따른 공격을 막아내며 그 가치를 입증했었다. 체리뇰라 전투도 볼 만한 광경이었지만, 여기 비코카에서는 더 큰일이 벌어질 것이다.

당시의 일반적인 관례대로, 군대는 접촉 즉시 교전하지는 않았다. 일단 전투를 벌이기로 하면, 양 측 장군들은 전투를 대비하고 병력을 배치한 다음 병사들에게 휴식 시간을 주었다. 콜론나는 준비할 시간이 좀 있었다. 그에게는 마음대로 쓸 수 있는 땅이 있었고, 그것을 영리하게 이용했다. 그는 측면과 후방은 도로와 습지로, 전면은 매우 오래되고 낡은 농로農路로 둘러싸인 장소를 선택했다. 낮은 농로는 마차가 수 세기 동안 지나다녀 거의 도랑이 되었고, 사람 키만큼 깊었다. 콜론나는 그의 공병들에게 도랑을 더 깊고 넓게 판 다음, 그 뒤와 남쪽에 파헤친 흙을 쌓아 놓으라고 지시했다. 쌓인 흙더미는 4미터 정도까지 우뚝 솟았고, 앞쪽 도랑은 더욱 확장되었다. 콜론나의 병사들은 움푹 파인 도랑 뒤의 높은 흙더미를 난간 삼아 공성 부대를 위한 대포용 요새를 만들었다. 일반적으로 공성포는 너무 무겁고 거추장스러워서 이런 지상전에서는 사용할 수 없었지만, 콜론나에게는 시간이 있었고, 대형 포라는 큰 자산도 있었다.

이윽고 콜론나는 군대를 배치했다. 스페인의 아퀴버스 보병대는 포대 사이의 틈을 메꾸는 높은 흙더미 뒤에 자리를 잡았다. 스위스 용병의 경쟁자인 화려한 복장의 란츠크네히트(독일 용병)도 아퀴버스 보병대 뒤에 자리를 잡았다. 만약 로트레크 자작의 파이크병들이 그들의 진지로 접근한다면 측면을 공격하거나 정면으로 부딪쳐야 했고, 정면으로 부딪힌다면 아퀴버스에서 날아오는 총알을 견디면서 도랑으로 뛰어든 다음 건너편의 깎아지른 흙더미를 기어올라야 했다.

로트레크 자작도 스위스 용병도 콜론나의 구체적인 계획을 알지 못했지만, 알았다고 해도 스위스 용병들을 말릴 수는 없었을 것이다. 그들은 패배한 적이 거의 없었고, 싸우기를 열망했다. 프랑스 포병대를 지나친 용병들은 이제 입을 다물고, 이리저리 흩어져 자리를 잡은 아퀴버스 보병대를 향해 달려갔다. 전선은 순식간에 무너졌고, 보병대는 남쪽의 준비된 위치로 급히 움직였다.

콜론나의 포병대가 포문을 열었을 때, 스페인군의 참호에서 스위스군은 270여 미터 떨어져 있었다. 단단한 철제 구형球形 포탄이 거칠게 날아와 대형을 갈라놓았다. 그 정도 거리에서는 사격이 빗나갈 리 없었다. 대포를 쏠 때마다 포탄은 전열 앞부터 뒤까지 가로지르며 희생자를 만들어 냈다. 구형 포탄은 단순히 사람을 쓰러뜨리거나 신체에 구멍을 내는 것이 아니라, 신체를 짓이기고 갈기갈기 찢었다. 스위스 용병들은 포격만으로도 병력 중 8분의 1에 해당하는 1,000명을 잃었지만, 아직 도랑에도 도달하지 못했다.

그러나 스위스 용병들은 단념하지 않았다. 포격은 그들의 분노를 부채질할 뿐이었고, 마침내 최전선의 병사들이 도랑에 다다랐을 때 그들은 전투에 미쳐 있었다. 첫 번째 대열이 도랑 속으로 뛰어내리고 가파른 흙더미를 기어오르자 이후의 대열도 도랑으로 몰려들었다. 그곳은 앞으로도 나아갈 수 없고 스스로 탈출할 수도 없는 사람들로 가득했다.

바로 그때 첫 일제 사격이 쏟아졌다. 흙더미 위의 아퀴버스병들이 3줄로 서서 스위스 용병들을 내려다보고 있었다. 앞줄이 먼저 파이크병들을 향해 방아쇠를 당겼다. 일제 사격에 따른 흰 연기가 참호를 가득 메우더니 그 위를 맴돌며 축축한 찬 공기 속에서 무겁게 내려앉았다. 연기에 가려졌어도 일제 사격의 충격은 숨길 수 없었다. 비명과 욕설이 난무했다. 그리고 두 번째, 세 번째, 네 번째 일제 사격이 이어졌다.

무시무시한 일제 사격에 파이크병들은 계급을 막론하고 모두 쓰러져 땅속으로 녹아들었다. 깃발들도 지휘관들과 함께 모두 쓰러졌다. 그러나 스위스 용병은 패배를 인정하지 않았다. 그들은 싸웠고, 싸우려고 노력했지만 몇 분도 버티지 못했다. 몇몇 민첩한 병사들은 기어오르기도 했지만 란츠크네히트의 창에 찔려 도랑을 가득 메운 시체 언덕 위로 떨어질 뿐이었다.

남은 공격수들은 절뚝거리면서도 허둥지둥하지 않고 질서정연하게 퇴각했다. 하지만 파이크 부대는 엉망이 되었다. 적진으로 들어간 8,000명 중 3,000명이 망가진 몸으로 들판에 널브러져 있었다. 로트레크 자작은 또다시 전투를 벌일 생각이 전혀 없었기에, 두 번째 공격은 없었다. 그날 저녁 로트레크 자작은 밀라노를 떠나 북쪽으로 철수했다.

오늘날 비코카 전투는 거의 기억되지 않는다. 비코카 전투는 르네상스 말기에 오스트리아의 합스부르크 황가와 프랑스의 발루아 왕가가 이탈리아를 지배하기 위해 벌인 수십 차례의 전투 중 하나일 뿐이다. 비코카 전투의 규모는 컸고 희생자도 많았지만, 역사에 결정적인 영향을 미치지는 않았다. 전쟁을 끝내지도, 군대를 말살하지도, 한 국가를 해방하지도, 폭군을 쓰러뜨리지도 않았기 때문에 결정적인 전쟁을 만드는 그 어떤 조건도 충족시키지 않았다. 비코카 전투는 전술의 귀재가 만들어낸 작품도 아니었다. 비록 콜론나는 예리하고 지략이 풍부한 지휘관이었지만, 비코카 전투에서 그의 전략은 단순하고 잔인했다. 또한 비코카를 주목하게 만든 화승총인 아쿼버스는 1522년 당시에 신무기가 아니었다. 그다지 특별할 것 없던 아쿼버스의 기본적인 특성은 이미 잘 알려져 있었다.

비코카 전투는 역사의 전환점이라거나 한 시대의 시작도 아니었다. 하지만 시사하는 바가 있었다. 안개 낀 4월 아침, 비코카의 도랑을 채운 아쿼버스 사격은 전 세계 또는 유럽에 화력의 이용 방법과 그 끔찍한 파괴력을 제대로 보여 주었다. 비코카 전투는 보잘것없는 아쿼버스도 목적과 상상력, 규율에 맞춰 사용한다면 상상할 수 없는 힘을 지닌 무기로 탈바꿈할 수 있다는 것을 보여 주었다. 비코카 전투가 끝나자, 이제는 이 전투 전으로 돌아갈 수 없게 되었다. 총포의 시대가 다가오고 있었기 때문이다.

이후 4세기 동안 크고 작은 대포와 휴대할 수 있는 총기를 비롯한 모든 화기가 서양의 모든 전쟁 양상을 지배하게 된다. 전략과 전술, 병참과 군사 조직은 물론 지도층과 개별 군인 등 각 계급의 역할도 총기의 광범위하고 보편적인 사용을 기초로 정해졌다. 화기는 무기 기술이 그 어떤 단일 요소보다 육해군의 전투 방식과 작전 수행 방식, 전쟁에 대비하는 방식을 결정하는 시대로 이끌었다. 기술과 전술은 언뜻 보기엔 단순한 1가지 목표를 달성하는 데 집중했다. 가장 효과적·효율적·압도적으로 화력을 배치해 적을 물리치는 것 말이다. 르네상스 시대부터 제2차 세계대전까지 화기는 무기 기술과 일반적인 군사 기술 분야에서 거의 독보적인 중심이었다. 그러한 화기가 만들어 내는 살상력은 육해군, 그리고 지휘관들의 독보적인 관심사였다. 물론 사격보다는 전쟁이, 화기보다는 무기가 더 중요하다. 그렇지만 화기의 영역 밖에 있는 군사 기술의 영역은 군함이나 대포를 갖춘 요새, 전차, 전투기와 같이 대개 화력을 공급하거나 사용하는 것에 관한 것이었다. 심지어 급격하게 발전한 군사 통신 기술도 화력을 지능적으로 사용하기 위해 개발되었다. 서양 역사상 이처럼 무기가 군사 작전의 강력한 요인으로 작용하거나, 기술이 전술과 전략의 진화를 형성하는 주요 요소로 작용한 적은 없었다.

군사 작전과 무기 기술은 전술 분야에서 관련성이 가장 높았다. 전술 또는 19세기에 주로 사용된 군사 어휘에 따르면 '군대를 다루는 기술'은 무엇보다 전투에 적용되기 때문에 무기 기술의 영향은 전장에서 가장 절실히 느껴졌다. 전투의 도가니 속에서 무기 기술의 차이는 가장 잘 드러났다. 그곳은 장군들과 제독들, 그리고 종종 불행히도 일반 병사들이 그들이 지닌 무기의 단점을 깨닫는 곳이었다. 신무기의 장점을 가장 잘 끌어내는 전술, 상대편이 지닌 무기에 가장 잘 대응하는 전술, …… 이 2개 영역에 모두 효과가 없는 전술을 배우는 곳이었다. 무기 기술과 전술은 총포의 시대 동안 명확한 관련이 있었다. 총기 기술이 발전하면 전투의 필수 요소도 매우 빠르게 뒤바뀌었기 때문이다. 화기가 유럽과 서양의 전쟁을 지배한 수세기 동안 화기는 지속적으로 발전했다. 사정거리, 정확도, 파괴력 등은 종종 극적으로 향상되었고, 전술은 그 뒤를 따라야 했다.

군사 기술의 발전으로 인한 파급 효과는 전술에서 끝나지 않았다. 무기의 변화도 물류를 비롯한 전쟁의 다른 측면에 어느 정도 영향을 미쳤다.

화기는 과거의 단순한 무기들에 비해 관리와 유지 보수에 더 많은 품이 들었다. 예비 부품, 이동식 수리 시설, 무엇보다 화약과 탄약이 늘어나면서 군대의 물리적 부담도 점점 증가했다. 또한 이를 수송할 때 차량과 인력뿐만 아니라 가축까지 동원되었는데, 가축을 이용하면 사료를 보급하고 오물을 치우는 등 따분하고 힘든 일도 늘었다.

이렇게 물류가 복잡해지면 결국 군사 작전, 특히 지상전 관련 작전이 제한될 수밖에 없었다. 탄약을 공급하고 수많은 대포를 이동시키는 데 따른 부담은 군대의 이동을 심각하게 제한했다. 유럽 역사 대부분에서 그랬듯 유럽의 길이 흙길이었던 시절에는 더욱 그랬다. 봄비와 가을비가 흙길을 늪으로 만들면 아예 지나갈 수조차 없었다. 화기의 사용을 중심으로 조직된 군대는 지휘관이 명령하더라도 시간과 장소를 가리지 않고 전진할 수는 없었다.

산업 혁명이 일어나고 기업가적 발명가와 공학자 들이 부상하며, 화학과 금속 공학, 물리학 같은 학문이 성숙하는 등 19세기에 들어와 발생한 여러 사건은 무기와 전술의 외견상 단순한 역학 관계를 복잡하게 만들었다. 이러한 역학 관계는 군인과 정부 관료, 기술자, 발명가, 산업가 들이 군수품 설계와 제조에 협력하면서 더욱 의도적으로 흘러갔다. 전술 변화는 더 이상 기술 변화에 따른 1차적 대응이 아니었다. 전투를 거치며 전술적인 필요가 대두될 때마다 정부와 군사 시설, 산업계 및 학계 사이에서 자연스럽게 형성된 동맹은 의도적으로 그리고 공격적으로 더 나은 무기를 모색했다. 무기의 혁신은 우연히 일어나는 문제가 아니라 의도적인 문제가 되었다.

이러한 군산 복합체가 초기에 거둔 성과 중 하나는 군사 기술의 변화 속도가 빨라졌다는 것이다. 산업 혁명은 여러 제조업 분야보다 중공업 분야와 군수품 생산 분야에서 더 많은 혁신을 장려하고 보상해 주었다. 그 결과 새로운 무기를 설계하는 속도는 19세기 중반 이후부터 기하급수적으로 빨라졌다. 전술과 기술의 평행 진화 속도가 초기와 달리 매우 빨라지면서 서양의 모든 나라가 따라잡을 수 없는 지경에 이르렀다.

"무기 기술이 너무 빨리 진화하면서 일부 서구 강대국들은 신무기를 개발조차 할 수 없었다."라는 견해는 총포의 시대에 전개된 무기 역사에 관한 놀라운 진실을 암시한다. 무기 기술의 지속적 변화가 끼치는 영향은 복잡했으며, 그 범위는 '전장'이라는 좁은 시야 밖까지 확대되었다. 이러한 영향력은 서로 매우 밀접한 정치 영역과 경제 영역에서 가장 많이 체감되었다. 군비와 정치의 관계는 무기와 전술처럼 상호적이었다. 국내 정치의 최우선 과제는 무기 연구와 생산에 상당한 영향을 미쳤다. 독일 제국(1871~1918) 같은 군국주의 국가들은 혁신적인 화기를 개발하고 대량 생산하는 데 많은 투자를 했다. 외교와 전쟁에서 덜 호전적인 입장을 견지하는 국가들에 비해서 말이다. 영국과 같은 해양 강대국들은 국방을 위해 해군력을 중시했고, 지상전 기술보다는 군함과 함포의 첨단화를 중시했다.

이렇게 정치와 무기의 상호 관계는 너무나 명백했지만, 무기가 입헌 정치 체제에 미치는 영향력은 더욱 미묘하고 중요했다. 비용이 가장 중요한 요소였다. 신무기를 대거 개발하고 도입함에 따라 재정 부담이 막대해졌기 때문이다. 이러한 현상의 가장 명백한 예시는 근대 초기, 즉 15세기부터 18세기까지 유럽에서 일어난 '군사 혁명'이다. 이 시기에 도입된 화약 무기는 전쟁을 일으키는 데 최적화된 강력한 중앙 집권 정부가 출현하는 것을 촉진했던 여러 요인 중 하나였다.

그러나 무기 개발이 가장 많은 영향력을 미친 것은 서구 민족 국가 간의 권력 관계 또는 국제 질서였다. 무기 기술과 군사력이 정확히 동일하진 않았지만 밀접하게 연관되어 있으며, 군사력은 국제 관계에서 필수 요소다. 강대국은 훌륭하거나 좋은 무기들을 많이 가지고 있는 경향이 있다. 물론 항상 그런 것은 아니다. 무기 관련 기술과 군사력 사이의 상호 작용은 그렇게 단순하지 않았다. 하지만 총포의 시대 내내 국제적인 경쟁이 무기를 혁신시키고, 무기 혁신은 국제적인 경쟁을 일으키는 추세가 확실히 일관적으로 드러났다.

이러한 상호 작용은 군비 경쟁의 피할 수 없는 순환 논리이며, 총포의 시대에 여러 번 일어나는 현상이다. 16세기 초에 첫 대형 군함에서 시작된 해군 군비 경쟁은 이후 16세기, 17세기, 18세기 내내 사라지기는커녕 더욱 심화되었다. 1850년대에 뿌리내린 소화기 또는 휴대용 화기 개발 경쟁은 1870년대에 더욱 심화되어 1914년에 제1차 세계대전이 발발하기 전까지 속도가 줄어들지 않았다. 소화기는 동시대의 대포와 함께 계속 발전했다. 제1차 세계대전 직전에 진행된 해군 군비 경쟁 중 특히 독일과 영국 간 군비 경쟁은 제2차 세계대전이 발발하기 전 10년 동안 다시 시작된 해군 군비 경쟁보다 더 잘 알려져 있다. 제1차 세계대전과 제2차 세계대전 사이, 즉 전간기에는 전투기를 둘러싸고 전 세계적 경쟁이 광범위하게 일어났고, 그보다는 강도가 낮기는 했지만 장갑 차량 개발 경쟁도 발생했으며, 나치 독일과 파시스트 이탈리아의 등장으로 육해군도 전반적으로 강화되었다.

이렇게 거듭된 군비 경쟁이 꼭 함선과 소총, 기관총, 야포, 전투기와 폭격기, 근접 지원 항공기 대수만 늘린 것은 아니었다. '더 많다'는 것(숫자)은 물론 중요했지만, 개별 무기 시스템의 효과와 우수성을 향상하기 위한 연구와 설계도 매우 중요했다. 각 군비 경쟁은 또한 저절로 지속되었다. 종종 불안감이 촉진한 국제적 경쟁 때문에 정부와 군사 기관은 막대한 시간과 돈과 자원을 무기 개발에 투자했고, 그 결과로 발전한 무기는 다시 국제적인 경쟁을 심화시켰다.

1870년부터 1900년 사이에 더 우수한 소총을 제작하려는 경쟁은 사소한 문제였지만 유럽의 대참사 이전에 벌어진 프랑스와 독일 사이의 치명적인 경쟁과 같은 중요한 역할을 했다. 게다가 무기 기술이 발전하면서 미친 정치적 영향력은 그 이상이었다. 총포의 시대 동안 발전한 무기의 가장 중요하고 흥미로운 특성은 배타적인 품질이었을 것이다. 19세기 공장 시스템이 유럽에 자리를 잡기 전, 군사 기술은 중소국도 꽤 괜찮은 무장력을 유지하게 해 줄 수 있을 만큼 단순하고 저렴했다. 어느 국가든지, 심지어 2류 또는 3류 국가도 플린트록flintlock(부싯돌 점화식) 머스킷을 생산 또는 구매하여 군대에 10만 정을 공급할 수 있었고, 조선소 1~2개를 가지고 있는 나라라면 목제 범선 함대를 갖출 수 있었다. 기술 변화의 속도가 느렸기 때문에 무기 시스템은 빠르게 노후화되지 않았고, 따라서 자주 교체할 필요도 없었다.

이러한 추세는 19세기에 서양에서 산업화가 일어나면서 모두 바뀌었다. 산업 혁명은 혁신적인 무기가 제도대에서 설계되고 공장에서 생산된 후, 공식적으로 도입되는 과정을 획기적으로 변화시키고 단축했다. 국가 간의 경쟁이 점점 치열해지면서 군비 경쟁으로 확장되자, 군사 기관들이 경쟁국들 및 잠재적인 적보다 우위를 점할 수 있는 혁신을 적극적으로 장려하면서 이러한 과정은 훨씬 더 빨라졌다. 혁신에 혁신이 이어졌고, 무기는 생산에 들어가자마자 구식이 되었다. 그러나 강대국의 지위를 열망하는 모든 민족 국가는 군비 경쟁의 정신에 맞춰 혁신의 속도를 뒤따라갈 수밖에 없었다. 군비 경쟁에서 뒤처진다면 국가의 존립 자체가 불가능해질 수도 있었기 때문이었다.

19세기 후반부터 모든 국가에 설립된 군사 기관의 규모는 급격하게 커졌다. 서구 열강들이 보편적 병역 의무를 점차 받아들임으로써 육해군의 규모가 커지고, 제1차 세계대전 당시 러시아, 프랑스, 독일, 오스트리아-헝가리, 이탈리아 같은 유럽 국가의 대규모 군대 병력은 각각 100만 명을 훨씬 넘었다. 이러한 규모의 군대에 최신 무기를 보급하려면 막대한 에너지,

돈, 자원과 같은 투자를 쏟아부어야 했다. 또한 몇 년마다 군대를 최신식 무기로 재무장하는 것 역시 거의 불가능했다.

엄청난 규모의 병력, 빠른 기술 변화, 열띤 경쟁심이 결합하자 무기 기술의 발전은 이제 아무나 감당할 수 없는 일이 되었다. 19세기 중반에 시작되고, 20세기에 2회나 터진 세계대전에서 정점에 달한 대량 생산 능력은 군사력의 가장 중요한 기본이 되었다. 군사력은 산업 역량과 동등해졌다. 1914년 제1차 세계대전이 발발했을 때, 몇몇 강대국만이 수요를 충족시킬 수 있을 만큼 충분한 무기를 생산할 수 있었다. 1914년 당시 강대국 중 일부는 전쟁에 따른 수요를 따라가지 못했기 때문에 패했다. 1939년에 제2차 세계대전이 발발하자, 산업 역량으로 군사력을 뒷받침할 수 있는 강대국 수가 점점 줄어들었고, 미국과 소련이라는 초강대국 2개만이 세계 최고 수준의 군사력과 전투 준비 유지 능력을 갖췄다. 간단히 말해서, 군사 기술의 연속적인 혁명은 다음과 같은 주목할 만한 결과를 가져왔다. 국제적으로 단호한 행동을 취할 수 있는 서구 국가의 수는 현저히 줄어들었고, 영원히 존중받을 수 있는 국가도 줄어들었다.

이 모든 이야기는 이 모든 혁명의 시작이자 중세의 쇠퇴기였던 500년 전에 일어난 또 다른 혁명인 서양의 화약 혁명에서 비롯되었다.

1부

화약 혁명

1300년부터 1800년까지

1장

성을 무너뜨린 봄바드

'용맹한 자'라는 별칭으로 불렸던 부르고뉴 공작 필리프 2세는 전사 중에서도 전사였다. 매부리코에 야심이 넘치고 대담했던 필리프는 어릴 때부터 전쟁에 참여했다. 1356년에 벌어진 푸아티에 전투에서 프랑스 국왕이자 아버지인 장 2세와 나란히 어깨를 맞대고 싸웠을 때, 필리프 2세는 아직 수염도 나지 않은 14살 소년이었다. 그러나 푸아티에 전장에서 잉글랜드의 흑태자(Black Prince) 에드워드에게 완패를 당하고 아버지와 함께 잉글랜드로 끌려가 포로가 되었다. 10년 후 프랑스를 침략한 잉글랜드를 앞설 기회를 호시탐탐 노리던 필리프 2세는 새로운 기술을 받아들였다. 바로 화약이었다. 이 신비로운 발명품은 동양에서 발명되었지만, 유럽에 알려진 지도 이미 100년이 넘은 상황이었다. 그동안 유럽인들은 화약을 전쟁 무기로 사용했다. 좀 더 정확히 말하자면 대포와 같은 혁신적인 무기에 사용한 것이다. 그러나 그때까지만 해도 유럽인들은 화약 무기의 가능성을 잘 모르고 있었다. 1320년대 초까지만 해도 유럽인들은 전쟁에서 대포를 공성 기구로 사용했다. 그러나 대포를 사용하면서 따라오는 모든 문제와 수고에도 불구하고, 대포는 성벽에 발사물을 던지기 위해서 역학적 에너지를 사용하는 여타 기계, 그러니까 투석기와 같은 재래식 공성 무기보다 더 효과적이지는 않았다. 실제로 초기 대포는 그것이 잡아먹던 상당한 비용을 상쇄할 만큼 효과적이지는 않았던 것 같다.

하지만 '용맹한' 필리프 2세는 이 새로운 무기, 이후 '봄바드Bombard'로 알려지는 거대한 공성포의 가능성을 알아차리고 1369년부터 많은 돈을 투자하기 시작했다. 그 당시 프랑스와 잉글랜드는 오늘날 '100년 전쟁'이라고 일컫는, 1337년부터 1453년까지 진행된 왕가 간 갈등으로 씨름하고 있었다. 1377년에는 형이자 프랑스 왕이던 샤를 5세가 필리프 2세에게 칼레 지역에서 잉글랜드군을 공격하라고 명령했다. 필리프 2세는 무게 약 220킬로그램짜리 돌 포탄을 발사하는 무시무시한 대포를 포함하여 100문이 넘는 새 대포를 끌고 왕의 부름에 응했다.

필리프 2세의 표적은 오드루이크에 있던 잉글랜드령 성이었는데, 견고한 석조 벽과 두꺼운 외루外壘로 둘러싸여 있었다. 오드루이크 성은 만만한 곳이 아니었으며, 성을 지키는 잉글랜드군들도 그렇게 생각하는 것 같았다. 그들은 필리프 2세의 군대를 충분히 막아낼 수 있으리라 확신했으며, 성벽 바로 앞에 거대한 대포가 배치되는데도 자신감을 잃지 않았다.

필리프 2세의 대포에서 날아온 첫 몇 발이 오드루이크 성 외벽을 산산조각 냈다. 곧 돌 포탄이 벽을 뚫고 날아왔다. 마치 거기에 벽이 없는 것처럼 말이다. 머지않아 외벽은 완전히 무너졌다. 200발이 넘는 포탄을 맞자 한때 위풍당당했던 오드루이크 성의 벽은 거의 폐허가 되었다. 남은 수비병들은 필리프 2세가 군대를 성안으로 들여보내기도 전에 백기를 들었다.

1377년 필리프 2세가 오드루이크에서 거둔 승리는 앞으로 다가올 일들의 예고편이었으며, 불안한 진실도 드러냈다. 화약으로 발사하는 대포는 그전에도 포위 작전에서 사용되곤 했지만, 오드루이크에서 처음으로 성을 공격하는 데 사용되면서 압도적이고 분명한 승리를 이끌었다. 오드루이크

성이 함락되자, "대포는 그 크기나 개수가 충분하다면 여태껏 발명된 그 어떤 공성 무기보다 강력하며, 몇 시간 만에 성조차 무너뜨릴 수 있다."라는 사실이 입증되었다. 오드루이크에서 있었던 일은 중세의 나머지 기간부터 그 이후 시대까지 유럽 대륙과 영국 곳곳에서 계속 되풀이되었다.

이후 100년 동안 화약은 서양 전쟁사에 큰 영향을 미쳤다. 우수한 공성포를 사용했느냐에 따라 지상전의 승자와 패자가 결정되었다. 프랑스군은 100년 전쟁의 마지막 단계에서 대포를 사용하여 영국군을 프랑스 땅에서 몰아내고 패배를 승리로 바꿨다. 이베리아반도의 기독교인들은 대포를 사용하여 무어인의 마지막 요새를 그라나다에서 제거하고, 종국에는 유럽의 첫 강대국인 스페인을 세웠다. 대포를 적극적으로 받아들인 오스만 제국은 1453년에 거대한 포탄을 이용하여 고대에 건설된 콘스탄티노플의 성벽을 무너뜨림으로써 로마 제국의 마지막 흔적을 지웠다.

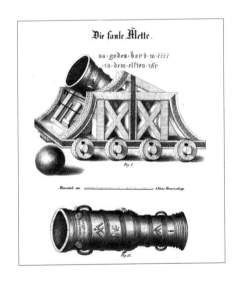

삽화 1

1411년 독일 브라운슈바이크 시에서 제작된 거대한 대포. '게으른 메테 Lazy Mette'라는 별명을 지닌 이 대포의 구경은 입구 부분이 80센티미터이고, 약실이 67센티미터로 폭이 점점 가늘어지는 형태였다. 400킬로그램이 넘는 돌 포탄을 발사할 수 있었다.

오드루이크에서 대포가 사용된 이후 적을 성벽으로 막으며 전투하는 시대는 끝나고, 화약으로 대결하는 새로운 시대가 열렸다. 지상전과 해상전에서는 적을 포위하기 위해 화약 무기를 대규모로 이용했다. 필리프 2세가 화약을 사용하여 신속하고 화려하게 승리한 이후 150년 동안 유럽 대륙의 전쟁 양상은 점차 그 전과는 거의 다르게 전개되었다. 화기의 출현으로 전쟁에서 사용되는 무기 종류, 병력 규모와 구성, 각 계급의 역할은 물론 전장에서 나는 소리와 냄새, 전쟁 규모까지도 크게 바뀌었다. 전장의 좁은 시야 너머에 존재하는 삶에 미친 영향력은 훨씬 더 컸다. 대포는 성의 종말을 의미했기 때문이다. 성은 중세 유럽 전사 계급의 독립성과 힘을 상징할뿐더러, 유럽에서 새롭게 생겨난 왕국들이 중앙 집권 정부를 수립하려는 야심을 뻗칠 때 그에 저항하는 수단이 되었던 건물이었다. 따라서 대포가 성벽을 무너뜨리자 옛 귀족 전사 계급이 가진 자치권도 함께 무너졌다. 대포를 만들고 유지하는 데 엄청난 비용이 소요된다는 사실은 가장 부유한 영주, 즉 군주만 이 무시무시한 무기로 무기고를 채울 수 있다는 것을 뜻했다. 간단히 말해서 대포는 귀족 전사 계급이 가진 힘을 약화시키고, 군사력과 정치 권력을 국가의 수중에 거머들이는 역할을 했다.

대포가 발달한 배경 뒤에는 화약이 있었다. 화약은 중세 유럽의 가장 큰 발명품이었지만, 그 출신지는 유럽이 아니었다. 일찍이 서기 9세기에 중국에서 화약이 발명되었고, 이후 수 세기 동안 중국인들은 화약의 사용법을 익혔다. 중국인들은 처음에는 화약을 불지를 때 사용하다가 이후 폭발물이나 추진제로도 사용할 수 있다는 사실, 즉 비슷한 성질을 가지고 있으면서 기능 면에서는 완전히 다른 점을 발견했다.

화약이 유럽으로 건너온 시기와 과정은 알려지지 않았다. 화약을 무기로 사용했던 몽골인들이 13세기 동유럽 국경 지역을 급습하면서 우연히 전파했을 수도 있다. 영국 철학자 로저 베이컨은 1267년경에 쓴 자신의 논문 *Opus Majus*와 *Opus Tertium*에서 화약을 언급했고, 전설적인 독일 수도사 베르톨트 슈바르츠도 초창기 화약을 실험했다고 인정받곤 한다. 그러나 원조가 누구인지는 크게 중요하지 않다. 역사상 누가 무엇을 먼저 했는지 다툰다고 해도 아무런 답을 찾을 수 없듯, 화약의 기원을 두고 논쟁을 벌이는 것도 마찬가지다. 단지 중국이 화약을 발명하고 선도했는데, 우연히 유럽인들이 동양으로부터 화약을 습득한 뒤 독자적으로 발달시켰다는 설명으로도 충분하다.

화약을 처음 사용했던 중세부터 19세기에 사용된 추진제와 폭발물로 발전하기까지 화약은 끊임없이 재발명되고 개선되었다. 그러나 기본적인 구성 자체는 변하지 않았다. 무게를 기준으로 '초석'이라는 질산칼륨이 약 75퍼센트, 무른 나무로 만든 숯이 15퍼센트, 황이 10퍼센트를 차지한다.

'흑색 화약'이라고도 알려진 이 화약은 이상적인 폭발물이나 추진제가 아니다. 흑색 화약의 가장 두드러진 특성 때문에 그 성능을 온전히 신뢰할 수도 없었다. 작은 불꽃으로도 쉽게 점화될 수 있지만, 물이나 과한 습기만으로도 쉽게 무용지물이 될 수 있었다. 초창기 흑색 화약은 막자와 막자사발로 3가지 원료를 섞어 만든 단순한 혼합물일 뿐이었다.

흑색 화약은 실제로 불을 붙이면 폭발하기보다는 갑자기 타오른다. 따라서 폭발물보다는 추진제로 사용하는 것이 낫다. 하지만 현대의 무연 화약보다 갑작스럽게 타오르기 때문에 발사체를 쏘는 추진제로 사용할 경우 서서히 타오르는 요즘 화약들보다 추진력이 부족하다. 또한 비효율적으로 타올라서 부수적인 연기와 찌꺼기도 남긴다. 흑색 화약이 타며 내뿜는 매캐한 하얀 연기 때문에 총 1발만 쏘아도 사수의 위치가 드러나고, 대포가 크거나 여러 문일 때는 시야를 가릴 만큼 연기가 발생한다. 흑색 화약이 다 타고 나면 고탄소 그을음이 남았다. 화기에 이런 찌꺼기가 계속 쌓이는 것은 심각하고 부정적인 결과를 초래할 수 있다. 총 부리에 화약을 넣고 발사하는 것을 오랫동안 계속하면 총강(총열의 내부)에 찌꺼기가 층층이 쌓이고, 이 때문에 총열의 내부가 점점 좁아지면서 장전이 어려워지거나 불가능해진다.

따라서 화약은 이상적인 추진제나 폭발물이 아니었을 것이다. 그러나 1400년대에는 화약과 경쟁할 만한 물질이 없었다. 또한 그 모든 단점을 상쇄할 만한 효과도 있었기 때문에 머지않아 군사 무기로 사용됐다.

화약은 공성전에서 쓸모가 발견됐다. 인류 역사를 쭉 훑어보면 최초로 기록된 전쟁에서는 물론, 1941년부터 1944년까지 진행된 레닌그라드 포위전에서도 가장 흔한 지상전은 공성전이었다. 공성전은 총력전과는 다르다. 총력전에서 벌어지는 전투는 명확하고 드라마틱하며 역동적이고 기승전결이 있어 감동적인 이야기를 그려낼 수 있다. 그래서 많은 관심을 끈다. 반면 공성전은 고되고 단조롭지만 보편적이다. 20세기 이전에 공성전은 군사적 갈등의 주종이었으며, 총력전보다 발생 빈도가 훨씬 더 높았을뿐더러, 비용과 자원은 물론 인력과 물질, 시간이 총력전보다 더 많이 소요되었다.

중세 공성전의 주요 거점은 성(castle)이었다. 성은 9세기에 유럽에서 처음 등장했고, 샤를마뉴 대제의 대제국이 분열되며 생겨난 작은 나라들 속에서 솟아올랐다. 강력한 영주들의 요새화된 거주지이기도 했던 성은 서유럽의 사회적·정치적 삶의 중심축인 봉건제와 밀접하게 연관되어 있었다. 그래서 그 자체가 상징이 되었다. 또한 지역에서 권위와 정의를 행사하는 곳이던 성은 주변의 마을을 통제하고 보호하는 역할도 담당했으며, 반란을 일으키는 자들의 거점이 되기도 했다. 군주나 왕에게 복종하고 싶지 않은 고집 센 봉신에게 성은 피난처이자 군사 기지였다. 중세의 신흥 왕국에서 성은 영주의 세력을 강화했고, 종종 왕권을 약화시켰다.

즉, 성은 군사적 기능 그 이상을 뛰어넘는 의미를 지녔다. 그러나 무엇보다도 성은 방어 시설이었다. 시리아의 웅장한 크락 데 슈발리에 Krak des

Chevaliers 같은 거대한 성들은 성지(예루살렘)를 쥐고 있으려는 유럽인(십자군)들이 거의 일정하게 주둔하면서 자신들이 세운 허술한 국가를 방어하고 공세 작전도 펼칠 수 있도록 해 주었다. 100년 전쟁이 벌어지던 동안에도 영국이 프랑스에서 수행한 군사 작전은 성의 건축과 소유를 중심으로 이루어졌다. 성의 설계 기술은 몇백 년 동안 살아남은 다른 기술들과 마찬가지로 끊임없이 발달해 왔다. 10세기의 모트 앤드 베일리motte-and-bailey* 성은 13세기에 돌로 지은 성과 비교하면 보잘것없고 약해 보일 것이다.

군사적 관점에서 성은 오랫동안 기술적 가치를 입증했다. 적군을 막고 내부에 있는 사람들을 안전하게 보호하는 데 매우 효과적이었던 것이다. 높은 성벽과 요새화된 성문은 침입을 막았고, 석조 벽은 불이 붙지 않았으며, 궁수는 좁고 긴 틈으로 활을 쏘며 사람들을 다소간 보호했다. 포위군이 가까이 접근하다가는 큰 대가를 치를 수도 있었다. 따라서 성의 방어군이 적절히 보급받고 언제든 물에 접근할 수만 있다면, 성은 영원히 버틸 수 있었다. 포위군은 성을 기습해 점령하거나, 방어군이 겁을 먹거나 굶주려 항복하지 않는다면 오히려 곤란해질 수밖에 없었다.

성을 무너뜨리는 과정이 그렇게 복잡하지는 않았다. 다만 공성 기구를 사용한다는 점에서 그야말로 기계적인 일이었다. 외벽을 서서히 무너뜨리는 것, 즉 성의 토대 아래에 터널을 뚫어 성벽을 가라앉게 하여 무너뜨리는 방법도 있었지만, 공성 기구로 성벽을 부수는 방법이 더 선호되었다. 중세의 공성 무기 또는 '기계적인 대포'는 후기 그리스-로마 시대 이래 거의 변하지 않았다. 기계적인 힘, 예를 들면 캐터펄트**는 탄성력, 트레뷰셋***은

---

* 인공적으로 흙을 쌓아올려 만든 작은 언덕인 모트motte와, 성 주변 마을 사람들의 거주지이자 모트의 앞마당인 베일리bailey로 이루어진 성 건축 양식이다. - 옮긴이
** 고대 그리스와 로마에서 사용된 투석기이다. - 옮긴이
*** 중세 유럽에서 사용된 투석기로, 지렛대의 원리를 이용해 돌을 발사했다. - 옮긴이

평형추, 오나거*는 인간의 힘으로 지렛대에 동력을 실어 큰 돌 같은 무거운 발사체를 성 외벽으로 던졌다. 개념은 간단하지만, 이러한 무기로 벽을 무너뜨리려면 많은 수고와 시간이 필요했다. 인명 피해가 클 수도 있었다. 캐터펄트와 트레뷰셋의 사정거리가 상당히 짧아서 포병이 궁수에게 노출될 가능성이 컸기 때문이다. 육중한 트레뷰셋은 발사물을 180여 미터 이상 던질 수 없었고, 그 사정거리는 영국인들이 잘 쓰던 강력한 활인 롱보우 longbow의 유효 사정거리 이내였다. 따라서 전쟁은 쉽게 끝나지 않았다.

화약은 이러한 상황에서 등장했다. 하지만 폭발물로 사용한 것은 의외로 나중 일이었다. 15세기 후반이 되어서야 화약은 유럽에서 폭약으로 사용됐다. 군인들이 성벽 아래에 굴을 파고 화약을 대거 밀어넣은 뒤 그 화약을 터뜨리면 상당히 두꺼운 성벽도 순식간에 무너뜨릴 수 있었다. 그러나 화약은 초기 대포의 추진제로 그 쓸모를 드러냈다. 한쪽은 막고 반대쪽은 열어 둔 관에 화약을 장전한 후 압축했다가 불을 붙이면 화약이 연소하면서 가스가 발생하고, 이 가스가 급격히 팽창하면서 발사체(포탄)를 엄청난 힘으로 빠르게 밀어낸다. 이 기술 또한 중국의 발명품이었는데, 유럽에 화약이 들어왔을 때 초기 화기와 관련된 이러한 지식도 함께 전해졌다.

서양에서 처음 주로 사용된 화기는 정말로 큰 총, 즉 대포였다. 보통 작은 것이 큰 것보다 먼저 생겨나기 때문에 일반적인 상식과는 좀 다르게 보일 수도 있다. 하지만 소화기, 즉 휴대용 총기는 나중에서야 유럽인들의 무기고에 추가되었다. 서양의 첫 기능성 화기는 대포였다.

봄바드 같은 대포는 간단한 무기처럼 보일 수도 있다. 하지만 중세의 금속 공학과 공업은 큰 관을 한번에 주조할 수 있을 정도로 발달하지 않았다. 적어도 화약의 연소 반응으로 인한 충격을 견딜 만큼 단단한 금속으로

---

*   고대 로마에서 사용된 투석기이다. - 옮긴이

는 만들 수 없었다. 첫 번째 대포는 '후프 앤드 스테이브hoop-and-stave*' 방식으로 제작됐는데, 이 방식은 철강업자보다는 통 제조업자의 기술에 가까웠다. 긴 목제 막대를 가운데 축을 중심으로 나란히 놓고, 연철로 만든 고리로 묶어 고정했다. 얼마 지나지 않아 목재 대신 철 막대가 사용되었다. 이런 방식으로 제작된 관은 양쪽이 다 뚫려 있었다. 초기 유럽 대포는 포구로 화약과 발사체를 장전하는 전장식이 아닌, 반대쪽에서 장전하는 후장식이었다. 약실 기능을 하는 별도 부품에 화약과 탄환을 채우고 개방된 관 끝에 부착한 후 목제 쐐기로 고정했다.

이런 무기에는 군인들의 사기를 돋울 만한 점이 별로 없었다. 화약의 여러 심각한 단점은 그렇다 치더라도, 대포 자체만으로도 문제가 많았다. 후프 앤드 스테이브 방식은 여러 약점이 있었는데, 그로 인해 이 당시 대포는 자주 폭발했으며, 대포가 겨냥한 목표물 못지않게 포병에게도 위험했다. 양쪽이 열려 있는 관과 약실 역할을 하는 부품 사이를 확실히 밀폐할 수 없었기 때문에 항상 틈이 있었고, 대포가 발사되면 뜨거운 가스가 그 틈으로 방출되어 대포 주변을 미처 벗어나지 못한 불운한 사람에게 화상을 입히기도 했다.

이러한 초기 대포는 생김새와 성능 모두 거칠고 투박했다. 사정거리, 정확도, 포구 속도, 장전 속도, 안정성 등 화기를 평가하는 모든 기준으로 볼 때, 초기 대포는 이러한 기준치를 만족시킬 수 없었다. 그러나 14세기에 대포보다 더 나은 무기는 없었다. 그 모든 단점에도 불구하고 이 당시 존재하던 공성 기구 중 가장 강력한 무기였기 때문이다. 대포의 사정거리는 제한적이었지만, 활과 석궁의 사정거리보다는 대개 조금 더 길었다. 그래서 포병은 화살의 사정거리 밖에서 안전하게 있었다. 정확도가 형편없더라도

---

* 막대(stave)를 고리(hoop)로 고정시켜 대포를 제조하는 방식이다. - 옮긴이

우뚝 솟은 성의 외벽이라는 거대한 목표물을 치기에는 충분했다. 발사체의 속도는 느렸지만, 돌을 산산조각 낼만큼의 힘은 충분했다. 장전 속도도 느렸지만, 공성전에서 중요한 것은 속도가 아니라 인내심이었다.

간단히 말해서 적지 않은 비용과 자원을 사용하는 화약 무기의 존재를 정당화하는 것은 캐터펄트와 트레뷰셋 같은 투석기보다 성벽을 더 빨리 잘 무너뜨리는 것이었다. 가장 초기의 조잡하고 원시적인 대포도 이러한 기준을 충족시킬 수 있었다. 게다가 캐터펄트와 트레뷰셋은 이미 많이 발전한 기술의 마지막 결과물이었기에 더 이상 개선될 여지가 없었다. 화약은 이제 막 태어난 무기였다. 앞으로 더 발전할 일만 남아 있었다.

그래서 화약은 발전했다. 화약 무기는 1300년대 중반부터 1500년대 초반까지 빠른 속도로 발달했고, 이는 현대에 접어들기 전 발달했던 여느 기술 못지않았다. 이 기간에 확립된 대포의 중요한 특성으로 인해 대포는 19세기까지 임무를 완수할 수 있었다. 대포가 발달한 배경에는 금속 공학과 철강업자의 기술 발전이 있었다. 유럽 장인들은 주철과 청동으로 한번에 단단한 대포를 주조하는 법을 알아내어 견고한 대포를 교회 종만큼 많이 만들어 냈다. 구리와 주석의 합금인 청동이 주로 선호되는 재료였다. 청동 주물이 주철보다 더 튼튼하여 오래 사용할 수 있었으며, 발사 시 폭발할 가능성이 더 낮다고 여겨졌다. 반면 주철은 더 값이 쌌으나 밀도가 약간 낮았다. 철강을 대량 생산하게 된 시대인 19세기 후반 이전까지는 이 2가지 재료를 대포 제조에 가장 많이 사용했다.

대포를 금속으로 제작하자 비용은 늘어났지만, 투자할 만한 가치도 늘어났다. 초기의 후프 앤드 스테이브 방식으로 제작한 대포보다 훨씬 안정적이었기 때문이다. 이것만으로도 큰 장점이었지만, 이게 전부는 아니었다. 금속제 대포는 주조 방식 때문에 대포의 한쪽 끝부분이 막혀 있어서 포구로 장전해야 했다. 따라서 포구로 화약과 발사체를 삽입한 다음 포강 끝까지 밀어 넣어야 했다. 그런 다음 약실에 좁다란 심지 구멍을 뚫고 포강까지 연결함으로써 장전 후에도 화약에 접근할 수 있었다. 현대인들의 눈에는 후장식 장전이 거의 모든 현대 화기의 일반적 특징인데, 도리어 구식인 전장식 장전으로 바뀌다니 시대를 역행하는 것 같을 수 있다. 하지만 이러한 변화는 사실 큰 도약이었다. 금속으로 주조하고 포구로 장전하는 대포는 약실에서 화약이 터지면서 발생하는 가스가 새지 않았다. 구조상 견고했기 때문에 이전보다 더 강력하고 많은 화약과 무거운 발사체를 폭발할 위험 없이 장전할 수 있었다.

이렇게 강력해진 대포는 더욱 편리해졌다. 화약 또한 발전했기 때문이었다. 화약의 주 재료와 그 비율은 오랫동안 근본적으로 같았지만, 재료를 가공하는 과정은 점점 정교해졌다. 초기 화약은 건조한 상태의 재료를 함께 갈아 미세한 가루로 만들어 혼합했다. 이렇게 만들어진 가루 화약을 '사문석蛇紋石 가루'라고 불렀다. 이 가루 화약은 이동할 때 흔들리면서 숯과 초석과 유황이 잘 분리됐기 때문에 사용 전에 화약을 다시 섞어야 했다. 까다롭고 위험한 일이라 숙련된 포병만이 할 수 있었다.

중세 말 유럽의 화약 제조자들은 코닝corning이라는 공정을 발명했다. '사문석 가루'를 대개는 물, 때로는 다른 액체로 적신다. 화약 장인들은 코닝에 적합한 액체가 와인인지 오줌인지를 놓고 열정적인 논쟁을 벌이기도 했다. 액체에 적신 가루를 적당한 모양으로 눌러 완전히 굳히고 곡식이나 옥수수 낟알 크기로 으깬다. 이렇게 낟알 크기가 된 화약은 원료가 분리되지 않아서 사용 전에 다시 섞을 필요도 없었으며, 가루 상태보다 더 안정적이고 효과적으로 연소했다. 곧 화약업자들은 느린 연소용, 알갱이가 굵은 대포용, 알갱이가 미세한 소화기용, 고운 가루 형태인 점화용 등 특수한 화약들을 만들어 내기 시작했다. 포병들 역시 코닝이 된 화약이 더 강력할뿐더러, 이 화약에 주물 대포가 아주 적합하다는 사실도 발견했다. 후프 앤드 스테이브 방식 대포는 새로운 제조 방식으로 만든 화약을 감당할 수 있을 정도로 견고하지 않았고, 결국 사라지기 시작했다.

포신은 단독으로 세울 수 없었다. 따라서 장소를 이동하거나 목표물을 조준하려면 포차나 포가砲架가 있어야만 했다. 가장 초기의 포가는 포신을 묶어 고정하는 단순한 나무판이었다. 16세기 초 유럽에서 처음 등장한 바퀴 달린 포차는 이동성이 훨씬 더 좋았고, 조준 과정을 더 단순하고 정확하게 만들었다. 게다가 포신의 무게 중심 바로 앞에 2개씩 달리는 금속 돌출부인 포이砲耳가 설계에 추가되자 포차는 혁명적으로 발전했다. 포이 덕분에 대포를 마차에 단단히 고정할 수 있었고, 무엇보다 대포를 밀어 올리거나 내림으로써 포구를 위아래로 기울여 대포의 사정거리를 조절할 수 있었다. 포차 덕분에 마침내 최초로 진정한 기동성 있는 야포가 나타났다. 보병이나 기병과 함께 전장에서 이동할 수 있고, 필요에 따라 배치할 수 있었다. 하지만 아직도 갈 길이 멀었다. 당시 대포는 공성전 외 다른 곳에서 중요한 역할을 맡기에는 덩치가 너무 컸다.

포탄의 구조는 단순했다. 르네상스 시대에 주로 사용된 포탄은 단순한 공 모양이었으며, 초기 대포 시대에는 대개 돌을 다듬어 만들었다. 돌 포탄은 철을 주조해 만든 포탄에 비해 몇 가지 장점이 있었다. 예를 들면, 공성전이 벌어지는 현장에서 바로 제작할 수 있었고, 같은 크기의 주철제 포탄보다 더 가벼운 편이었다. 반면 주철제 포탄은 돌 포탄보다 목표물을 타격하는 힘이 더 강했고, 사정거리도 더 길었다. 하지만 더 무거웠기 때문에 그만큼 화약(추진제)도 더 많이 써야 했다. 이는 포열에 더 많은 부담을 주었다. 그러나 일단 금속제 대포가 상용화되자 주철제 포탄도 인기를 얻었다.

주철제 포탄이 상용화된 이유는 그 당시 기준으로는 혁신적이고 참신한 개념인 표준화 덕분이었다. 역사는 뛰어난 형제인 장 뷰로(1390~1463)와 가스파르 뷰로(?~1469)에게 가장 큰 공을 돌린다. 뷰로 형제는 군인이라기보다는 전문 포병에 가까웠다. 18세기까지 유럽 포병은 자신을 군인이라기보다는 고도의 기술을 다루는 기술 조합원이자 엘리트로 여겼다. 전문 포병이자 대포 제조업자였던 뷰로 형제는 대포를 속속들이 잘 알았고, 100년 전쟁의 마지막 20년 동안 지휘관으로서 프랑스의 포병대를 이끌기도 했다.

프랑스 왕 샤를 7세(재위 1422~1461)는 뷰로 형제를 신임하여 그들에게 상당한 재량권을 주었고, 뷰로 형제는 왕의 신임을 잘 활용했다. 그들은 화기 제조업자들에게 값비싼 청동이 아니라 철로 대포를 주조하도록 권장했고, 돌 포탄이 아니라 주철제 포탄을 사용하도록 촉진했다. 그들의 가장 위대한 성과는 단연코 대포의 종류를 표준화된 모델 몇 개로 줄인 것이다. 제조업이 등장하여 부품 교체와 정밀 측정이라는 개념이 도입되기 훨씬 전인 15세기에 표준화란 꽤 느슨한 개념이었다. 그 당시 모든 것들이 그렇듯 대포도 여전히 개별적으로 제작되었다. 뷰로 형제의 표준화는 좀 더 기초적인 단계였다. 그들은 이전 관행대로 대포의 치수를 제조업자의 재량에 맡기지 않고, 모든 제조업자가 전반적으로 지켜야 할 대략적인 수치를 정했다. 그러자 특정 등급의 대포는 모두 길이와 무게, 원자재가 비슷해졌고, 동일한 포차를 사용해야 했다. 더군다나 포강의 지름도 모두 같았는데, 이는 모두 같은 포탄을 발사할 수 있다는 의미였다.

유럽에서 르네상스 시대에 대포 관련 기술은 그 어떤 군사 기술보다 더 빨리 발달했다. 내구성, 위력, 이동성이 모두 개선되었던 것이다. 하지만 개활지 전투에는 여전히 적합하지 않았다. 소형 대포조차 자유롭게 움직이기에는 너무 무거웠다. 대포는 군대와 함께 행군할 수는 있었지만 민첩하게 움직일 수는 없었고, 만약 길이 단단히 마르지 않았다면 배를 띄울 만한 강이 행군 경로 근처에 있어야만 했다. 가을이나 봄에 전근대 유럽의 길이 도저히 건너기 힘든 수렁으로 변할 만큼 비가 내리면, 대포는 물길로만 이동할 수 있었다. 또한 대포의 무게와 규모 때문에 설치하는 데만 몇 시간이 걸렸으며, 일단 설치를 마치면 위치를 신속히 변경할 수도 없었다. 간단히 말하면 대포는 군사 작전에 들고 나가기에는 쓸모없고 거추장스러운 짐과 다름없었다. 더군다나 급하게 퇴각할 때는 그대로 버리고 떠나야 했는데, 적에게 넘겨주기에는 너무 비쌌다.

그래서 대포는 다소 지루하지만 중요한 공성전의 세계에서 자신이 있어야 할 자리를 찾아냈다. 대포는 공성전에서 두각을 나타냈고, 얼마 지나지 않아 포위군에 없어서는 안 되는 무기가 되었다. 샤를 드 발루아 백작이라 레올르 지역을 공격하려고 후프 앤드 스테이브 방식 대포를 이용하던 1324년에 대포는 기이하고 무서운 구경거리였지만, 20년이 지나자 봄바드는 흔한 볼거리가 되었다. 특히 프랑스 군대는 100년 전쟁에서 공성용 대포를 자주 사용했다. 처음에는 기존에 검증된 공성용 무기와 더불어 사용했다. 1346년 노르망디 공작 장 2세가 에귀용의 잉글랜드령 성에 군대를 투입했을 때, 그는 성벽을 뚫기 위해 대포와 투석기를 모두 사용했다. 그러나 몇 년이 지나자 중세의 기계적인 공성 무기는 전장에서 사라졌고, 대포가 그 자리를 대신했다.

초기 대포의 성능은 투석기 같은 기계적인 대포보다 약간 나은 수준이었으나, 15세기의 전장식 주물 대포는 사정거리와 화력, 전반적인 효율성이 훨씬 뛰어났다. 다양한 크기의 주물 대포를 사용할 수 있었지만, 중세 대포 중 진정한 주인공은 공성용으로 특별히 설계된 봄바드였다.

봄바드는 대포의 일종으로, 대포를 주물로 제작하기 전부터 있었다. 초기 봄바드는 후프 앤드 스테이브 방식으로 제작되었고, '사문석 가루'를 장전했다. 14세기 말에 주물 제작 방식과 코닝이 도입되자 봄바드는 정말로 위협적인 무기가 되었다. 15세기에 봄바드는 무시무시한 괴물로 발달했다. 아마 가장 유명한 봄바드는 1449년 저지대 국가*의 에노에서 제작해 5년 후 스코틀랜드 왕에게 헌상된 몬스 멕Mons Meg일 것이다. 몬스 멕은 옛 방식으로 제작되었는데, 세로로 이어 붙인 쇠막대기로 테를 만들고 잠금쇠로 자포子砲의 약실을 모포母砲의 후미에 바로 고정시켰다. 구경이 약 520밀리미터인 봄바드는 주철제 포탄을 2킬로미터 가까이까지 발사할 수 있었고, 돌 포탄은 그 2배가 넘는 거리까지 날릴 수 있었다. 몬스 멕은 봄바드 중 가장 큰 대포가 아니었다. 플랑드르의 대포인 뒬 그레Dulle Griet의 구경은 635밀리미터였고, 1411년 독일의 브라운슈바이크에서 제작된 주철제 대포였던 파울레 메테Faule Mette(게으른 메테)는 지름이 730여 밀리미터나 되는 포탄을 발사할 수 있었다. 뭉툭해 보이는 대포인 품하르트 폰 슈타이어Pumhart von Steyr는 자그마치 810밀리미터가 넘는 구경을 자랑했다.

대포를 개별적으로 이동시키기는 어려웠다. 탄약과 연장, 기구, 짐을 끄는 짐승을 포함한 대포 여러 문으로 이루어진 공성 부대를 이동시키는 것은 대규모 운송 사업과 다름없었다. 1382년 플랑드르군이 브뤼주로 진군했을 때, 대포 300문과 부대 장비를 움직이기 위해서 마차 200대를 동원해야 했던 반면, 플랑드르 군대 전체의 짐과 보급품을 옮기는 데는 고작 마차 7대를 썼다. 심지어 플랑드르군 대포는 대부분 소형이었다. 큰 봄바드는 이보다 더 많은 지원과 계획, 노동력이 필요했다. 1453년 오스만 제국의 군대가 비잔티움(동로마) 제국의 수도 콘스탄티노플의 성벽을 허물고자 끌고 간 봄바드 중 1대는 무게가 자그마치 19톤에 달하여 행군 시 황소 60마리와 장정 200명을 동원했다고 한다. 이베리아반도에서 레콩키스타**가 벌어

---

* 스헬더강, 라인강, 뫼즈강으로 형성된 낮은 삼각주 지대 주변 지역 일대를 일컫는 말로, 벨기에와 네덜란드, 룩셈부르크 등이 포함된다. - 옮긴이
** 서기 711년부터 1492년까지 780년 동안 에스파냐의 기독교도가 이슬람교도에 대항하여 벌인 영토 회복 운동이다. - 옮긴이

1장 성을 무너뜨린 봄바드

지던 동안, 카스티야의 이사벨 여왕(재위 1474~1504)은 무어인의 도시인 캄빌로 자신의 위대한 대포를 끌고 가겠다는 유일한 목적을 달성하기 위해서 인부 6,000명을 고용해 도로를 만드는 일이 필요하다고 여겼다.

이런 모든 수고를 감내할 만한 가치가 있었을까? 프랑스 왕 샤를 7세나 스페인의 공동 왕이 된 페르디난드와 이사벨처럼 거대한 공성 부대를 준비한 이들에게는 그럴만한 가치가 있었다. 대포 덕분에 샤를 7세는 프랑스에서 잉글랜드군을 무찌를 수 있었고, 페르디난드와 이사벨은 그리스도와 자신들을 위해 스페인을 되찾을 수 있었다. 물론 수고는 엄청났지만, 결과도 엄청났다. 주둔군이 잘 유지하던 성을 포위군이 투석기 같은 기계적 공성 무기로 공격한다면 전쟁은 몇 주, 길면 몇 달까지 이어질 수도 있었다. 그러나 봄바드는 이 기간을 며칠, 가끔은 몇 시간까지 줄여 주었다. 봄바드 1문 또는 여러 문으로 성 외벽을 1일 만에 먼지로 만들 수 있었다.

그 당시 사람들이 대포의 원초적인 힘을 어떻게 바라보았을지 현대식 실험으로 확인해 보았다. 연구 결과에 따르면, 몬스 멕 같은 봄바드는 초속 315미터나 그보다 약간 낮은 속도로 160킬로그램이나 되는 돌 포탄을 발사할 수 있었다. 이 정도의 포탄이 돌로 된 성벽에 미친 피해는 어마어마했을 것이다. 철제 포탄 발사 속도는 돌 포탄보다 낮더라도 더 큰 피해를 입힐 수 있었다. 전설에 따르면, 1455년 스코틀랜드 왕인 제임스 2세가 스리브 성을 포위하며 몬스 멕으로 발사한 첫 포탄은 성의 외벽을 뚫고 그대로 성 안에 날아들었다고 한다. 과장된 이야기 같지만 일말의 진실도 없다고 할 수는 없다. 성은 포탄의 타격을 견딜 만큼 튼튼히 지어진 건물이 아니었기 때문이다. 그런데 대포는 날이 갈수록 강력해졌고, 그 수는 더욱 많아졌다. 봄바드 1문으로 발사하는 포탄 1발이 성벽을 부술 수는 없겠지만, 봄바드 몇 문이 일제히 특정 성벽을 포탄으로 두들긴다면 무너지는 것은 분명 시간문제였다.

하지만 봄바드의 시대는 짧았다. 철 또는 청동으로 주조한 소형 대포는 더 큰 내부 압력, 즉 코닝된 화약과 주철제 포탄을 견딜 수 있었기 때문이다. 또한 소형 주물 대포의 성능은 대형 봄바드의 것과 비슷했지만, 기동성은 훨씬 더 뛰어나서 봄바드의 번거로운 수송 문제를 겪지 않고도 군대와 발을 맞춰 따라갈 수 있었다.

15세기 말의 공성전은 공격군에게 유리했다. 성벽의 방비를 아무리 철저하게 하더라도 날아오는 포탄을 오래 견딜 수 있는 성은 없었다. 그러므로 대포 위주로 공성 부대를 갖추는 것이 지상전 결과를 판가름하는 결정적 요소가 되었다. 프랑스는 대포를 설계하고 제작하는 역량이 뛰어났고, 프랑스 왕가는 기꺼이 시간과 돈을 대포에 투자했기 때문에, 프랑스군은 100년 전쟁이 끝날 무렵 결정적인 우위를 확보할 수 있었다. 동쪽에서는 형태나 기능 면에서 유럽 대포와 매우 비슷한 오스만 제국의 대포가 콘스탄티노플의 성벽을 허물며 비잔티움 제국을 무너뜨렸다. 대포는 그야말로 르네상스 시대의 유럽 대륙을 재편성했다.

대포는 지상전에서도 필수적인 무기가 되었으며, 그 존재만으로도 군대의 사기를 끌어올렸다. 이제 대포는 공성전의 보조 무기가 아니라 핵심 무기가 되었다. 도시들은 다가오는 적군에 대포가 있다는 소식만 들어도 항복을 선언했다. 대포의 명성만으로도 위대한 도시들을 무너뜨릴 수 있었다.

성이 완전히 쓸모없어졌다면 어떤 방어 시설이 성을 대신하겠는가? 어떤 식으로든 대포를 막아야 했다. 대포를 막으려면 몇 가지 기본적인 조건을 충족해야만 한다. 무엇보다도 건물의 외벽은 직접적인 포격을 적어도 몇 시간 이상 견딜 수 있을 만큼 탄력이 있어야 할 것이다. 이상적인 외벽은 비스듬하거나 둥글어서 발사체가 벽에 직각으로 부딪히지 않고 살짝 스쳐 부딪히므로 타격 강도를 낮출 수 있을 것이다. 또한 성벽 안의 방어군도 반격할 수 있어야 한다. 공성용 대포를 공격할 수 있는 사정거리를 지닌 무기는 마찬가지로 대포밖에 없으므로 이 이상적인 요새는 적군과 적 대포의 접근을 막아내기 위해서 대포를 갖춰야 할 것이다. 중세 말기에 새로운 시대의 전쟁을 대비하는 성이라면 성에서 대포를 쏠 수 있도록 설계해야 했다. 성벽 위에 넓고 깊은 포좌砲座를 올리고, 벽 내부의 공간에 포안砲眼을 뚫어 적에게 포탄을 발사할 수 있도록 설계하며, 포탄으로 방어할 수 없는 공간이 없도록 대포를 외벽 근처에 배치해야 할 것이다.

중세의 성은 이 중 아무것도 갖추지 않았다. 하지만 공성전에서 대포의 위협은 점점 거세졌기에 군사 건축은 급히 변화를 모색해야 했다. 때로는 기존의 성을 현대적으로 개조했다. 이는 옛 성을 밀어 버리고 전부 새롭게 쌓는 것보다는 비용이 덜 들어서 매력적이었다. 예를 들어, 잉글랜드의 에드워드 3세는 잉글랜드를 침략하는 프랑스군과 스코틀랜드군을 막기 위해 여러 성 내부에 포안과 대포를 추가로 설치했다.

하지만 대포를 갖춘 성의 효과를 두고 진지하게 첫 시험을 치른 나라는 공성전이 일상처럼 벌어지던 프랑스와 저지대 국가였다. 1400년대 초, 프랑스 왕 샤를 6세와 샤를 7세는 대포를 갖춘 요새를 건축하는 일이 국가의 명운을 가를 수 있다는 사실을 깨닫고 요새 설계에 각별한 신경을 썼다. 군사적 필요성과 왕실의 지원으로 마련된 비옥한 터 위에서 모습을 드러낸 획기적인 건축물은 불바르Boulevard*와 포탑이었다.

불바르는 성문처럼 취약한 곳을 보호하기 위해 성 외곽의 낮은 지대

---

* 옛 프랑스에서는 성벽의 편평한 표면을 의미했고, 이후에는 파괴된 요새 위에 생겨난 산책로를 뜻했다. 이것이 오늘날까지 이어져 영어로 '대로大路'라는 의미의 '블러바드'라고 불린다. - 옮긴이

에 건설한 보조 요새였다. 목재와 단단히 다진 흙으로 만드는 불바르는 쉽고 빠르게 건설할 수 있었고, 석재를 쓰면 벽의 내구성도 강화할 수 있었다. 불바르의 주요 특징은 대포를 놓을 수 있는 포대가 있다는 것이다. 눈에 잘 띄는 건축물이 아니어서 적군의 목표가 될 위험은 적었지만, 불바르 쪽으로 접근하는 용감하거나 어리석은 군대가 있다면 곤경에 빠뜨릴 수 있었다. 반대로 포탑은 눈에 매우 잘 띄는 편이었다. 두꺼운 성벽을 동그랗게 쌓아 올리고 대포를 촘촘하게 배치한 포탑은 주로 기존 성의 측면 벽이나 벽 가까이에 설치됐다.

이후에 지어진 성들에는 이러한 보조 시설이 추가되었다. 1477년 이후 프랑스 왕 루이 11세(재위 1461~1483)의 명령으로 디종에 세워진 최신식 성은 이전 세기의 성과는 매우 달랐다. 이 성의 거대한 벽 4개는 모서리마다 같은 크기의 거대 포탑으로 연결되었다. 모든 탑과 벽에는 포안이 있었고, 불바르는 성의 서쪽 면과 남쪽 면의 방어를 강화했다. 디종 성은 포격을 견디고 적군에 반격을 펼치기 위해 지어졌다.

공성 무기가 불러온 위기를 단번에 풀어낼 구조적 해결책은 없었다. 대포의 시대에 요새 양식은 지역마다 달랐고, 세월이 흐르며 또 달라졌지만, 어떤 성들은 국제적으로 큰 관심을 끌기도 했다. 가장 많이, 그리고 널리 채택된 해결책은 르네상스 말기 이탈리아가 현대전과 정면으로 맞닥뜨렸을 때, 이탈리아 북부의 여러 도시 국가에서 처음 생겨났다.

1494년 9월, 프랑스의 샤를 8세(재위 1483~1498)는 나폴리 왕국의 왕권이 자기 가문의 소유라는 빈약한 명분을 핑계로 이탈리아 북부를 침공했다. 프랑스의 침략은 평범한 왕가 간의 싸움이 아니라 중요한 역사적 사건의 시발점이었다. 이 일로 인해 프랑스 발루아 왕가와 스페인 합스부르크 황가 간 유혈 전쟁이 60년 동안 계속되었고, 이탈리아는 이후 350년 동안 외세의 지배를 받았다. 또한 프랑스가 침략하면서 르네상스의 전성기는 끝을 맺었고, 이탈리아 전쟁이 일어나는 동안 유럽 전역에서 이탈리아로 끌려온 젊은 귀족들 수천 명이 르네상스 시대의 뛰어난 문학과 예술 문화를 알프스 북쪽으로 전파했다.

1494년에 있었던 침략은 전쟁사에서도 중요한 사건이었다. 샤를 8세가 9월에 북이탈리아로 끌고 들어간 군대는 기존 유럽 군대와는 달랐다. 병력의 절반은 보병이었고, 대부분은 창으로 무장한 스위스 용병이었다. 또한 샤를 왕은 전쟁을 만만히 보지 않았기 때문에 남쪽으로 가는 긴 여정 동안 1~2번 당할지도 모르는 포위에 대비하여 거대한 대포를 줄지어 끌고 갔다.

대포는 이탈리아에도 알려져 있긴 했지만, 1494년 당시 몇몇 사람들에게는 기상천외한 구경거리였다. 피렌체 외교관 프란체스코 구이치아르디니는 프랑스 왕의 대포 행렬을 보고 깜짝 놀라서 다음과 같이 기록했다.

> 프랑스인들은 황동으로 만든 '대포'라는 편리한 무기를 끌고 왔는데, 그 안에 무거운 철공을 집어넣습니다. …… 이탈리아처럼 소를 쓰지 않고 말로 수레를 끌어 대포를 옮깁니다. …… 담당하는 병사들은 똑똑합니다. …… 마을의 벽에 매우 신속히 대포를 배치했고, 발사 간격은 매우 짧았으며, 포탄은 매우 빠르게 날아갔고, 힘이 엄청납니다. 이탈리아에서는 며칠 만에 이루어질 많은 일이 몇 시간 만에 일어났습니다. 이 무기는 인간이 아닌 악마가 만든 것 같습니다. ……*

이렇게 장비를 갖춘 프랑스 군대는 숨 막히는 속도로 이탈리아반도를 통과했다. 연이어 마을들이 함락되었다. 하지만 일부 이탈리아 도시는 적

---

*   Simon Pepper and Nicholas Adams, *Firearms and Fortifications: Military Architecture and Siege Warfare in Sixteenth-Century Siena* (Chicago: University of Chicago Press, 1986), p. 11.

군의 포격을 막을 수 있는 방어 시설을 고안하여 그런 맹습에 대비했다. 이탈리아인들이 만들어 낸 포루(bastion)는 간단하면서도 기발했다. 단순히 가늘고 긴 다이아몬드 모양으로 요새 모서리에서 툭 튀어나온 건물이었다. 원형 포탑처럼 대포를 쏘기 위해 만들었으나, 원형 포탑과는 달리 높이가 낮았다. 무엇보다 요새 안쪽을 보고 있는 포루가 사각지대 없이 화망을 펼칠 수 있어 성벽에 접근하는 적을 공격할 수 있었다.

방어용 대포를 설치하고 인근의 해자와 결합한 포루는 새로운 요새가 되었고, 성星형 요새라는 이름으로 유명해졌다. 포루는 포탑으로 설계되었기 때문에 적 포탄의 공격을 견딜 수 있었고, 적에게 포탄을 발사할 수도 있었다. 또한 사각형, 직사각형, 주로 오각형 등 다양한 모양의 포루를 성 모서리마다 추가하면서 이탈리아의 요새는 별 모양이라는 특징을 지니게 되었다. 벽 자체는 대체로 낮고 두꺼웠으며 성벽을 둘러싸고 있는 해자로 인해 요새 대부분은 시야에 가려져 있었다. 성벽 내부는 다진 흙으로 기초를 다졌는데, 석재보다 저렴하고 작업하기 쉬우며, 무엇보다 포탄의 충격을 흡수할 수 있다는 점 등 3가지 장점이 있었다. 반면 석재로 된 벽은 충격을 받으면 쉽게 산산조각이 났다. 하지만 여전히 석재는 중요한 재료였다. 성벽의 부식과 성벽에서 식물이 자라는 것을 막아주는 것만으로도 벽돌이나 마름돌을 표면에 붙일 이유는 충분했다. 토성土城이 파괴되는 가장 큰 이유는 나무뿌리와 폭우였기 때문이었다.

이탈리아식 요새의 모든 장점에도 불구하고 포격을 완전히 막는 것은 불가능했다. 그러나 이제 요새는 몇 시간 동안 포격을 당해도 무너지지 않았고, 잘 무장된 요새라면 방어군은 공격군의 접근을 막을 뿐 아니라 그들에게 군사적·경제적인 손해까지 끼칠 수 있었다. 즉, 이탈리아식 요새는 포위하는 쪽과 포위를 당하는 쪽의 균형을 중세 시대의 수준으로 되돌려 놓았다. 어느 쪽도 상대보다 확실하게 큰 전략적 우위를 점하지 못했다. 공성전은 가장 흔한 전쟁이 되었으나, 이제는 훨씬 복잡하고 까다로워졌다. 당시 요새화된 도시를 포위하는 것은 시간, 자원, 돈은 물론 화약에 더해 상당한 인내심과 행운까지 다 끌어모아야 하는 일이 되었다.

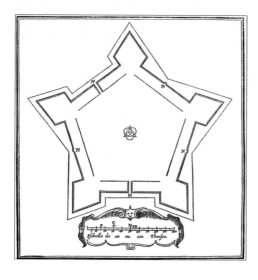

삽화 2

모서리마다 포루를 설치한 성형 요새.

1494년에 프랑스의 이탈리아 침공은 지지부진한 답보 상태에 빠졌고, 성형 요새는 비옥한 이탈리아반도 곳곳에서 솟아오르기 시작하더니, 요새를 재건할 만한 경제적 능력이 있는 모든 도시를 둘러쌌다. 이탈리아 르네상스가 다른 유럽 지역에 선사한 많은 선물처럼 성형 요새 역시 다른 곳에서도 금세 인기를 끌었다. 성형 요새는 저지대 국가와 프랑스 국경, 독일 내여러 공국 도처와 폴란드, 스칸디나비아, 그리고 기독교 국가와 이슬람 세계의 경계를 나누는 미약한 완충 지대에서 생겨났다. 대개 이탈리아식 요새의 별 모양 양식을 선택했지만, 일부 지역에서는 이런 양식을 부분적으로 적용했다. 성형 요새는 16세기 유럽에서 가장 흔히 볼 수 있는 양식이었고, 유럽이 아닌 다른 곳에서도 이 양식의 가장 훌륭한 사례를 발견할 수있다. 카스티요 데 산 마르코스는 미국 플로리다주 세인트오거스틴에 있는 옛 스페인 요새로, 세계에서 가장 잘 보존된 이탈리아 요새 양식일 것이다.

성형 요새는 널리 퍼진 만큼이나 오랫동안 지속됐다. 대포의 성능이 급격히 발전하여 기존 대포가 쓸모없어진 19세기 전까지 낮고 경사진 벽, 흙으로 만들고 석재로 다듬은 건축물, 방어용 대포, 겹겹이 지어진 외루를 기본 요소로 하는 이 양식은 서양 요새의 핵심이었다. 17세기에 가장 유명한 군사 기술자인 세바스티앵 드 보방과 메노 판 쿠호른도 성형 요새와 똑같은 구조적 요소를 살려 요새를 건설했다. 보방의 시대에 지어진 요새는 16세기의 요새보다 더 크고, 또한 더 많은 외루로 겹겹이 둘러싸였다. 보방의 요새는 형태와 기능 면에서도 성형 요새의 개량형이었다. 앨라배마주의 모건 요새 같은 높은 해안 요새나 남북 전쟁 전의 2단 또는 3단으로 된 '제3의 시스템'식 요새도 성형 요새의 변형이었다.

이러한 기술 변화 중 비용이 저렴한 것은 하나도 없었다. 주물 대포 중에서도 공성용 대포가 가장 비쌌지만, 이는 영구적으로 사용할 수도 없었다. 아무리 잘 주조하고 잘 관리하더라도 닳게 마련이었다. 대포의 거듭된 사용과 부식, 발사에 따른 반복적인 충격으로 포신이 약해지면 결국 망가져서 사용할 수 없었다. 고리를 조여 만든 봄바드가 주물 대포에 자리를 내준 것처럼, 어떤 대포도 구식이 되거나 유행이 지나는 것을 피할 수 없었다. 요새도 마찬가지였다. 포탄을 막도록 설계된 요새는 건축 비용이 많이 들었다. 또한 더욱 강력한 포탄을 막기 위해 주기적으로 재건하거나 재정비할 필요는 없었지만 관리가 필요했다. 석재는 정기적으로 보수해야 했고, 부식이나 기반 침하, 토성의 골칫거리인 식물을 제거하는 등 지속적인 관리가 필요했다.

중세 유럽에서는 중상류층 귀족들 대부분이 지역의 노동력과 건축 자재를 이용하여 소박한 성을 건설할 수 있었고, 도움을 받을 수 있는 속국이나 봉신이 충분하다면 전쟁에 나갈 수도 있었다. 하지만 14세기와 15세기에 들어와서 전쟁, 특히 공성전은 전보다 훨씬 더 값비싼 문제가 되었다. 유럽 어디에서든 대포를 갖춘 거대 요새를 건설하는 데 필요한 자원과 노동력을 동원할 수 있는 귀족 국가는 거의 없었다. 또한 최신식 공성 부대를 유지하는 데 드는 재정적 부담을 떠안을 수 있는 귀족 국가는 더더욱 없었다. 대포에 딸린 비용은 가장 부유한 몇몇 영주만이 부담할 수 있었다. 16세기 초가 돼서야 유럽에서는 더 큰 정치 단위인 왕국과 공국이 막대한 자원을 이용해 성형 요새를 건축하고 중포重砲를 제작하여 요새 자체를 지키고 전장에 공성 부대를 배치할 수 있었다.

화약 혁명은 전쟁의 법칙을 다시 썼고, 기존 지상전 방식을 급격히 변화시켰다. 또한 유럽의 왕들과 신흥 왕조 국가의 중앙 집권화된 정부들은 전략적으로 유리해졌고, 중세 동안 세력을 떨쳤던 귀족들은 힘을 잃었다. 그러나 성이 몰락하면서 성형 요새로 다시 태어난 것은 전쟁 수행의 규모가 상상할 수 없던 수준으로 변화하는 첫 번째 단계였을 뿐이었다.

2장

배를 공격하는 배

대포는 가장 유용한 무기로 자리매김했다. 비록 부유하고 힘 있는 사람들만 대포의 혜택을 누렸다고 하더라도, 대포는 서양 역사상 가장 파괴적인 군사 기술이었다. 대포로 성벽을 무너뜨리는 것이 전부라고 해도 충분했겠지만, 사람들은 다른 용도도 재빨리 찾아냈다. 대포가 조금 더 작고 가벼워 기동성이 좋다면 군사 작전을 수행하는 군대와 속도를 맞춰 움직일 수 있었다. 그래서 일찍이 15세기 초부터 대포는 가끔 공성전이 아닌 지상전에서 활약하기도 했다. 그때쯤 누군가가 배 위에 대포를 올리겠다는 기발한 아이디어를 떠올렸다.

　선박과 대포라는 2가지 기술은 자연스럽게 어울렸다. 바다를 항해하는 배를 물 위를 떠다니는 포상砲床으로 바꾸는 아이디어는 복잡하지 않았다. 그러나 대포를 탑재한 선박이 하루아침에 생겨나지는 않았다. 선박 건조와 설계의 문제가 먼저 해결돼야 했다. 또한 당시에는 아직 해군도 없었을뿐더러, 대포를 쏠 수 있는 조직적인 전투용 선박도 없었다. 또한 오늘날 우리가 이해할 수 있는 의미의 해상전도 없었다. 중세에 지중해 이외 지역에서 이루어진 해상전*은 사소해서 여기서 다루지 않겠다.

르네상스 초기에 지중해는 유럽의 심장이자 문화, 상업, 교육의 중심지였다. 유럽과 동양의 관계가 깊지는 않았지만, 지중해를 통해 교역이 이루어졌다. 유럽 상류층을 매혹시킨 향신료와 비단은 이탈리아 상선들이 주도한 교역을 통해서 유럽 시장으로 흘러들었다. 기독교 세계와 이슬람 세계를 나누는 주요 경계선이었던 지중해는 서양에서 여러 문명이 뒤섞인 화약고와도 같았다. 주변 국가들에서 기독교와 이슬람교의 야망이 맞부딪혔고, 그 지역의 부유한 상업 교통망을 노리는 해적들이 끊임없이 출현했던 지역인 이탈리아는 저강도 분쟁에 곧잘 휘말렸다.

아마 중세 지중해 지역의 전쟁에서 가장 눈에 띄는 점은 고대 그리스-로마 시대 이후로 거의 변한 것이 없다는 점일 것이다. 유럽과 오스만 제국의 해군이 사용한 군사 기술과 전술은 페니키아인과 그리스인, 로마인 들이 썼던 것들과 거의 비슷했다. 그 중심에는 노를 젓는 갤리선이 있었다.

중세 후기의 갤리선은 지중해 지역의 환경에 매우 적합했다. 길고 가느다란 선체의 배는 노의 힘만으로 단거리를 전력 질주할 수 있었다. 갤리선 중 대부분에는 돛대가 1개 혹은 여러 개가 있어서 가능하다면 돛에 바람을 실어 항해할 수도 있었다. 가벼운 바람이 불면 해안 근처에서도 갤리선을 이용할 수 있었고, 필요할 때는 바다로 나갈 수도 있었기에 갤리선은 상륙 작전에도 적합했다. 갤리선에는 화물이나 승무원을 위한 공간이 거의 없었지만, 필요하지도 않았다. 속도를 가장 중시하여 설계했기 때문이다.

정확히 언제 누가 처음 배를 대포로 무장시킬 생각을 했는지는 알 수 없다. 중세의 다른 첨단 기술과 마찬가지로 선박 건조 역시 공예나 다름없

---

* 대포가 처음 사용된 해상전은 남송 수군이 금나라 수군을 격퇴한 당도 전투로, 1161년에 벌어졌다. 한국사에서 최초로 대포가 사용된 해상전은 최무선 장군이 왜구 함대를 궤멸시킨 1380년 진포 대첩이다. – 편집부

었으며, 오늘날 과학적이라고 여기는 어떤 원칙에 따라 진행되지도 않았다. 선박은 설계도나 세부 모델이 아닌 조선공의 머릿속에서만 존재하는 계획에 따라 건조되었다. 정확한 계산 대신 조선공의 경험과 본능으로 선박의 비율과 수치를 결정했다. 그래서 선박에 대포를 추가하는 것과 같은 혁신은 대개 기록되지 않았다.

아무튼 15세기 초 지중해에 첫 함포가 등장했다. 함포가 크진 않았다. 봄바드는 너무 크고 무거워서 가볍고 가녀린 갤리선에는 실을 수 없었다. 첫 함포는 갑판에 바로 고정한 후프 앤드 스테이브 방식 후장포이거나, 상갑판의 난간 위 회전식 선반에 설치한 팔 길이 정도의 경량포인 선회포였다. 후장포는 비좁은 공간에서 사용하기 힘든 전장포보다 훨씬 실용적이었다.

대포를 배치하는 구조는 더욱 중요했다. 선체의 중심선 양쪽 측면에는 대포를 놓을 수 없었다. 갤리선에서는 노꾼들이 공간을 차지했기 때문이다. 대포를 배치할 공간을 만들기 위해 새로운 갤리선은 선수와 선미의 갑판을 보강하고 또 더 높였다. 그리하여 대포와 탄환, 포병의 무게를 감당했다. 시간이 지나며 후프 앤드 스테이브 방식 후장포 대신 청동과 주철로 만든 무거운 대포를 사용하게 되면서 '성'이라 일컬었던 이 상부 구조는 점점 더 견고해지고 커졌다.

이 새로운 갤리선은 계속 발전했고 16세기 중후반에 정점에 다다르면서 고대의 갤리선과는 확실히 다른 존재가 되었다. 이전 모델의 날렵한 선과 노를 이용하는 추진력은 유지했지만, 배 양 끝의 거대한 성은 매우 참신했다. 하지만 이 성을 가지고도 갤리선은 좋은 군함이 될 수 없었다. 갤리선은 속도를 중점으로 설계되었지, 무거운 짐을 싣거나 포탄을 맞았을 때 그 충격을 견디고 흡수하도록 설계되지는 않았기 때문이다. 게다가 배의 앞뒤에 있는 성에만 대포를 탑재할 수 있었다.

하지만 멀리서 적의 군함을 때리고 무력화하고 파괴할 수 있는 전함, 즉 '배를 공격하는 배'라는 아이디어가 너무나 매력적이었기에 조선 공학은 완전히 다른 방향으로 발전하게 되었다. 지중해에서는 대포를 중심으로 갤리선을 재설계했다. 이렇게 생겨난 선박인 갈레아스는 16세기 중반 이탈리아의 조선공들이 처음 만들었다. 갤리선보다 더욱 당당해 보이는 갈레아스는 갤리선처럼 앞뒤에 성을 올리고, 노꾼들의 머리 위를 덮는 갑판도 보강하고, 내부에도 대포를 탑재했다. 갤리선보다 화력이 몇 배나 더 센 갈레아스는 기존의 지중해식 군함과 맞붙은 해전에서 그 가치를 빠르게 증명했다. 1571년 10월 7일 지중해에서 초기 전함들이 맞붙었던 가장 유명한 사건인 레판토 해전은 갈레아스가 주인공인 전투였다. 이오니아해의 파트라스만에서 알리 파샤(장군)가 이끄는 오스만 제국의 거대한 함대와 맞붙었을 때, 신성 동맹 함대의 중심에는 베네치아의 갈레아스 6척이 있었다. 기독교 함대가 오스만 제국 함대보다 더 잘 지휘되고 조직적으로 움직인 것도 사실이지만, 갈레아스 덕분에 일방적으로 승리했다. 대포로 중무장한 갈레아스에서 일제히 포탄을 쏘자 먼저 나선 알리 파샤 휘하 함대가 혼란에 빠졌다. 당시 지중해에서 벌어지던 해전이 으레 그랬듯, 레판토 해전도 근접전 양상으로 흘러갔지만, 근접전에 돌입했을 때 신성 동맹 함대가 훨씬 온전했다. 그날 내내 신성 동맹 함대는 함포로 오스만 함대를 공격해 레판토 해전이 전형적인 백병전으로 흘러가는 것을 막았다.

　　갤리선과 갈레아스는 그들이 태어나고 속한 지중해에서 살아남아 더욱 기세를 떨쳤다. 거대한 갈레아스는 1588년 펠리페 2세의 스페인 무적함대가 영국 해협으로 향하는 운명의 여정에 쓸 만큼 항해에 적합했다. 지중해와 심지어 평온한 발트해에서도 대포로 무장한 갤리선과 갈레아스가 18세기까지 가끔 사용되었다. 하지만 파도가 거세고 항로가 긴 유럽의 다른 곳에서는 훨씬 더 튼튼하고 복원력이 뛰어나며 덜 우아한 새로운 군함이 필요했다. 갤리선이 아닌 이 새로운 군함이 바로 현대 군함의 시초가 되고, 새로운 전쟁 방식도 될 것이었다.

르네상스 시대 유럽의 무역업에서 주목할 만한 일이 일어났다. 유럽인들의 상업 중심지가 지중해와 아드리아해의 고대 항로와 햇빛 가득한 항구에서 대서양 연안을 따라 떠오르는 새로운 북쪽과 서쪽의 해양 국가들로 이동한 것이다. 이제 기회와 성장 동력은 이 신흥 상업 국가들에 있었다. 이들은 16세기 유럽의 무역, 재정, 정치를 지배하게 되었고, 인도와 몰루카제도로 가는 직항로를 찾아내어 한때 동양의 매혹적인 재물에 독점적으로 접근했던 이탈리아 상인들의 특권을 빼앗았다. 또한 유럽인들에게는 미지의 세계였던 아프리카 해안선의 윤곽을 그려냈고, 아메리카대륙을 찾아내 개척했으며 무자비하게 착취했다. 유럽은 은밀한 제국주의 시대에 처음 접어들었고, 대서양은 유럽의 주요 통로가 되었다.

대서양 국가로의 대규모 경제 이동은 현대 서양사와 현대 세계사에도 영향을 미쳤다. 그 영향이 아주 깊어서 그로 인한 변화를 모두 이해하기가 거의 불가능할 정도다. 서구 세계의 강대국은 이 경제 이동으로 인해 앞서 나갔다. 초창기에 아주 잠깐 포르투갈과 새롭게 통합된 스페인이 유럽의 첫 번째 강대국이 되었다. 다음 세기에는 영국과 프랑스, 네덜란드 공화국, 덴마크, 스웨덴, 폴란드와 한자 동맹, 러시아의 모스크바가 떠올랐다. 유럽의 군사력도 이같이 재편성되면서 1500년대 초 해상에서 새로운 전투 방식이 등장했고, 이후 약 350년 동안 거의 그대로 지속됐다.

1500년경 유럽의 대서양 방면에서 대포가 부상하며 새로운 전쟁과 새로운 전투병이 생겨났다. 바로 해군이었다. 해군과 군함을 만들어 낸 이 기술 혁신은 설계된 것이 아니라 전적으로 우연히 이루어졌다. 물론 대포를 군함에 탑재한 것은 의도적인 선택이었지만, 선박의 설계 방식과 대포가 따라간 혁신적인 길은 순전히 우연의 산물이었다. 대포는 더 많이 사용되었고, 무게는 가벼워졌으며, 파괴력은 늘어났다. 동시에 군함은 점점 더 큰 대포를 여러 문 장비할 수 있도록 건조되었다. 선체의 설계, 항해 및 조립 계획, 건조 방법 등 선박 설계 기술은 15세기 말에 매우 발전했다. 이러한 발전의 초기 목적은 군사적인 것이 아니었지만, 우연하게도 군사적인 목적에 사용되었다.

중세의 전형적인 화물선인 코그선은 지중해의 갤리선과는 매우 달랐다. 기능은 물론 항해하는 바다도 달랐기 때문이다. 코그선의 둥글고 불룩한 선체는 앞뒤가 똑같아서 둘 다 선수와 선미로 쓸 수 있었다. 코그선은 겹판 또는 클링커clinker 방식으로 제작되었는데, 이는 선체의 뼈대에 긴 널빤지를 수평으로 겹쳐서 덧붙이는 방식이었다. 돛대 1개에 돛 1장을 달고 가로대 1개로 고정해 추진력을 얻었으며, 큰 키로 배를 조종했다. 코그선의 외형은 볼품없었지만 부피가 큰 화물을 나르기에 적합했고, 선박이 물에 잠기는 부분인 흘수가 깊어 북대서양의 거친 바다에서도 안정적으로 항해할 수 있었다.

14세기 중반부터 15세기 중반까지 유럽에서 가장 사납게 위세를 부렸던 흑사병은 해상 무역에 찬물을 끼얹었지만, 15세기 말이 되자 무역은 다시 활성화되었다. 아프리카의 남단을 지나 아시아로 가는 해로를 찾으려는 포르투갈의 대담한 첫 번째 계획은 1497년부터 1499년까지 바스쿠 다 가마가 해로로 인도의 캘리컷에 도착한 역사적인 사건 이후에 큰 결실을 맺었다. 무엇보다 그 계획은 이후에도 오랫동안 지속된 대항해 시대를 열었다. 하지만 갤리선과 코그선으로는 거친 바다를 오랫동안 항해할 때 생겨나는 문제를 견뎌낼 수 없었다. 그래서 유럽 조선업자들은 그러한 문제를 해결하기 위해 새로운 선박을 만들었다.

이렇게 생겨난 카라크선은 제노바와 베네치아의 조선소에서 처음 나타났고, 저지대 국가와 영국제도의 대서양 쪽 항구에서 변경 및 개량되었다. 카라크선은 무거운 짐을 싣고도 험한 파도를 견딜 수 있었다. 식량과 맑은 물을 실을 수 있는 공간도 넉넉했고, 미지의 나라에 도착할 때까지 광대한 바다를 항해할 수 있도록 튼튼한 돛대를 설치했다. 카라크선은 갤리선과는 전혀 달랐고, 코그선과도 약간 비슷했다. 우선 카라크선이 갤리선보다 더 컸다. 카라크선은 날렵하다고 할 수는 없었지만, 비율로 따지면 긴 편이었다. 카라크선은 카벨carvel 방식으로 제작되었는데, 이는 선체 외부를 구성하는 판자를 포개지 않고 서로 맞붙여 붙이는 방식이었다. 선수는 앞쪽으로 기울어지면서 경사가 뚜렷한 반면, 선미는 거의 평평했고, 코그선의 키 대신 경첩이 달린 방향타로 방향을 조정했다. 선체의 크기 때문에 보통 돛대가 3~4개 필요했고, 앞 돛대와 주 돛대에는 가로돛, 배 후미의 돛대와 그 뒤에 있는 돛대에는 큰 삼각돛을 달았다. 돛이 단 1개였던 코그선과는 달리 카라크선에는 돛이 10개나 달렸다. 카라크선은 처음으로 돛을 이용해 항해하는 진정한 범선이었다.

카라크선이 생겨나면서 새로운 해상전 방식도 나타났다. 북유럽에서 해상전은 매우 드물게 일어났다. 100년 전쟁이 벌어진 100년 넘는 기간 동안 주목할 만한 해상전은 1340년 6월 24일에 잉글랜드 함대와 프랑스 함대가 맞붙은 슬로이스 해전 1개뿐이었다. 슬로이스 해전에서 사용된 전술은 지중해 전쟁에서 사용된 전술과 근본적으로 다르지 않았다. 장소만 바다였을 뿐이지 활과 창, 검을 이용하는 지상전과 다름없었기 때문이다. 갤리선보다는 코그선에서 전투를 벌이는 경우도 많았다. 하지만 크고 안정적인 카라크선은 새로운 가능성을 열어 주었다. 카라크선은 태생부터 대포를 탑재하기 좋아서였다.

15세기의 어느 날, 카라크선이 북쪽 해역에 등장하자마자 누군가는 그 배를 무장시켜야겠다고 생각했다. 첫 전쟁용 카라크선은 갤리선이나 갈레아스처럼 대포 대부분을 선체의 앞쪽과 뒤쪽에 있는 '성'에 탑재했다. 하지만 15세기 후반의 또 다른 발명품인 포문을 설치하자 카라크선은 진정한 군함이 되었다. 포문은 간단하지만 기발한 아이디어였다. 포문은 선체 측면에 난 작은 구멍을 덮는 경첩이 달린 문일 뿐이지만, 포문이 있어서 함포를 하부 갑판에 배치하여 선체에서 포탄을 발사할 수 있게 되었기 때문이다. 포문의 기본적인 가치는 안전 기능에 있었다. 함포를 사용하지 않을 때 포문을 닫고 틈새를 코르크로 메우면 바닷물이 포문을 통해 배 하부로 밀려 들어올 위험 없이 거친 바다에서도 항해할 수 있었기 때문이다.

카라크선은 노를 젓는 군함과는 달리 선체 측면을 따라 상부 갑판과 하부 갑판에 대포를 탑재할 수 있었다. 배 측면에 대포를 탑재한다고 해서 하루아침에 '해상에서 벌어지는 지상전'과 같은 전술이 사라지는 것은 아니었다. 당시 전투 방식은 어디서든 대개 비슷했다. 육지에서든 바다에서든 전투원들은 무기를 쏘거나 던져서 적의 의지를 꺾고 적군의 수를 줄였으며, 그 후 배를 붙이고서 검이나 폴암(창의 일종)으로 공격했다. 지상전과 해상전은 적에게 다가가는 수단만 다를 뿐이었다. 초기 카라크선의 무장으로 주로 사용됐던 소형 대포는 이런 전쟁에 가장 적합했다. 소형 대포는 배의 선체를 부술 만큼 크거나 강력하지는 않았지만, 갑판 1개를 가득 채운 군인들을 쓸어버릴 수는 있었다.

배 위에 좀 더 큰 대포를 더 많이 탑재한다면 어떨까? 중포는 군함의 선체에 크진 않더라도 실질적인 손상을 입힐 수 있을 것이고, 그렇다면 완전히 다른 전술도 가능할 것이었다. 대포는 특히 군함의 측면을 공격하는 적함을 막거나 이쪽 배에 올라타려고 가까이 접근하는 적의 기선을 제압하기 위해 사용할 수 있었다. 만약 대포를 측면에 장착하면 물리적으로 접촉하지 않고도 적함에 손상을 입히고, 망가뜨리고, 심지어 파괴할 수 있었다.

멀리서 대포만 쏘고도 승리를 거둘 수 있었던 것이다.

그렇게 '배를 공격하는 배'가 탄생했다.

1500년대 초, 유럽 전역의 조선소에서 카라크선을 연달아 만들어 내면서 유럽대륙은 지속적인 전쟁 상태로 빠져들었다. 이 상태는 곧 서구 세계의 일반적인 모습이 될 터였다. 그렇다고 중세가 폭력적이지 않았다는 뜻은 아니다. 중세는 물론 충격적일 만큼 폭력적이었지만, 전쟁 또는 조직화된 폭력은 대개 지역적 차원에서 발생하는 편이었다. 중세에는 오늘날 우리가 이해하는 방식으로나 적어도 16세기에 이해하던 방식으로는 국가 간 폭력이 거의 일어나지 않았다. 100년 전쟁을 제외하고 말이다. 유럽 신흥 왕국들의 중앙 정부는 국내와 그 주변에서 벌어지는 권력 투쟁, 예를 들면 자신들의 특권을 지키려는 다툼을 벌이느라 바빠 국경 밖에서 정치적인 목표를 추구하는 데 쓸 여유 자금이나 자원, 시간, 에너지가 없었다.

그러나 16세기 초가 되자 이미 보았듯이 부와 자원으로 공성용 대포를 보유한 왕조를 중심으로 다툼을 벌이던 왕국들이 통합되면서 이전과는 완전히 다른 전장이 펼쳐졌다. 프랑스의 발루아, 잉글랜드의 튜더, 스페인과 신성 로마 제국의 합스부르크, 폴란드의 야기에우워, 덴마크의 올덴부르크, 스웨덴의 바사 같은 르네상스 시대의 왕조들은 훨씬 더 적극적으로 국가와 왕조의 이익을 국외에서 추구하고, 목표를 이루기 위해서 군사력을 행사했다. 프랑스 왕 샤를 8세가 나폴리의 왕좌를 차지하려는 노골적인 야심을 가지고 1494년 이탈리아를 침략하자 서양의 국제 관계는 새로운 시대, 즉 왕조의 이익을 노골적으로 추구하기 위해서 영토를 확장하고 폭력을 사용하는 것이 유럽 국제 정치에서 널리 통용되는 시대로 접어들었다.

종교 개혁의 여파는 1494년 이후 유럽 정계의 극심한 경쟁 분위기를 더욱 증폭시켰다. 새로운 신앙을 고백한 유럽 군주들에게 권력, 부, 영향력은 더욱 집중되었다. 로마(교황청)와 결별한 군주들에게 '개혁'은 교회의 땅과 수도원, 대성당, 그리고 로마의 교황이 축적했던 모든 재산과 그가 합법적으로 소유했던 소득을 몰수하는 것을 의미했다. 또한 세속적인 통치자들이 교회를 통제하면서 이제 성직자는 군주에 의해 고용되고, 해고되고, 할 일도 지시받는 공무원이 되었다. 또한 교회의 강단은 이제 신의 말씀을 전할 뿐만 아니라 군주의 선전 수단도 되었다. 가톨릭 신앙을 유지했던 군주들 역시 유럽의 영혼을 위한 전투에서 교회의 지원을 절실히 갈구했다.

따라서 종교 개혁은 유럽 군주들에게 전쟁을 더 자주 벌일 구실과 이유가 되어 주었다. 종교적 분열은 종종 영토나 위신, 또는 다른 세속적인 문제를 놓고 싸우는 전쟁을 정당화시키는 수단이었지만, 종교적 정체성은 크고 작은 유럽 국가들을 실질적으로 나누었고, 종교는 위대한 왕과 여왕을 비롯한 모든 유럽인이 세상을 바라보는 렌즈가 되었다. 유럽에는 종말론적 분위기가 팽배했다. 1500년대와 1600년대 초의 가장 명석한 정치가들조차도 세상의 종말이 다가왔고, 그들의 적이 적그리스도(사탄)를 위해 싸웠다고 진심으로 믿었다. 1550년부터 1650년 사이의 사람들은 피해망상이나 다름없는 두려움에 사로잡혔으며, 시대는 점점 험악해졌다.

그 결과는 예상대로 전쟁, 그러니까 끝없는 전쟁이었다. 1500년부터 1700년까지 2개국 이상이 싸움에 가담하지 않았던 시기는 없었다. 이 200년 중에서 유럽에 평화가 있었던 기간은 모두 합해서 겨우 24개월 정도였다.

이렇게 유럽의 왕국들 간에 벌어진 치열한 경쟁은 서구 역사상 최초의 군비 경쟁으로 이어졌다. 군대 규모가 급격히 커진 것도 군비 경쟁의 일환이었다. 보병의 화력을 개선하고 대포로 무장한 요새를 빽빽이 건설하여 국경선을 강화하려는 욕구도 마찬가지였다. 하지만 이러한 군비 경쟁의 결과

중 가장 크고 값비싼 것은 무에서 유가 생겨나듯 해군을 만들어 낸 것이다. 1500년대 이전 유럽에서 해군은 자체 기반 시설을 갖춘 영구적인 기관이 아니었다. 16세기 말이 되자 유럽 정치계의 모든 주요국, 즉 한자 동맹을 결성한 잉글랜드, 스페인, 프랑스, 폴란드, 덴마크, 스웨덴, 베네치아, 심지어 독일의 독립적인 도시 국가들이 영구적인 해군 시설을 세웠다. 이는 단순히 군함의 수만 늘어난 것이 아니다. 관료 체제와 물리적인 시설을 비롯한 대규모 기반 시설이 생겼다는 것을 의미한다. 육군과 달리 해군은 전쟁이 없다고 해서 쉽게 해산할 수 없었고, 군함은 다음 기회를 위해 한쪽 구석에 넣어놓을 수도 없었다. 해군은 지속적인 관리와 유지가 필요했다. 16세기에 왕실 함대를 만들려면 조선소와 건선거, 밧줄 제조 공장은 물론, 목재와 대마를 수확하고 타르와 피치를 제조하기 위해 농촌의 자재 관리 시설까지 모두 동원해야 했다. 코펜하겐의 브레머홀름에 있던 덴마크 해군 시설은 이 모든 것들에 더해 창고, 장교와 병사를 위한 막사, 심지어 양조장까지 보유했는데, 그다지 이례적인 일이 아니었다.

새로운 왕실 해군들이 무기고를 채워 넣으면서 군함에서도 치열한 군비 경쟁 정신이 드러났다. 16세기 초, 전쟁용 카라크선이 터무니없는 규모로 제작됐다. 스코틀랜드에서 제임스 4세가 1507년에 주문한 '그레이트 미카엘'은 배수량이 1,000톤이었고, 함포는 60문 이상이었다. 잉글랜드의 헨리 8세는 북쪽의 이웃이자 경쟁자에게 뒤지지 않으려고 거대한 카라크선 2척, 즉 '메리 로즈'와 '헨리 그레이스 아 디외'를 건조하도록 1510년과 1514년에 명령했다. 당대에 유럽에서 가장 강력한 군함이었던 헨리 그레이스 아 디외는 그레이트 미카엘보다 조금 더 작지만, 대포들이 죽 배치된 포열 갑판 2개에 대포 40문과 소형 선회포를 대량 장착했다.

많은 요인이 더 큰 군함을 건조하도록 부추겼다. 그중에는 군비 경쟁을 선동하는 연료인 '두려움'이 있었다. 적이나 잠재적인 적에 뒤처지면서 전쟁이 발발했을 때 처참하게 질 수도 있다는 두려움 말이다. 그러나 그만큼 위신을 세우려는 욕심도 컸다. 16세기 초반부터 유럽 함대는 군주들과 매우 개인적인 방식으로 긴밀하게 관련되어 있었다. 해군은 유럽의 왕들이 만들었다. 왕들이 고집스럽게 주도하여 창설했고, 그들의 긴밀한 감시와 후원을 받으며 유지되고 발전했다. 유럽 해군이 16세기에 집약적으로 성장하고 발전하던 배경에는 대개 왕이나 여왕이 있었다. 프랑스의 프랑수아 1세와 앙리 2세, 스코틀랜드의 제임스 4세, 잉글랜드의 헨리 8세와 엘리자베스 1세, 스페인의 펠리페 2세, 새롭게 독립한 스웨덴의 구스타브 1세 바사와 에리크 14세, 덴마크의 프레데리크 2세는 모두 해군을 창설했다.

이유는 타당했다. 거대한 군함은 분명 무기였지만, 또 다른 쓸모도 있었다. 함선은 왕실의 힘과 위신을 드러내는 실재적이고 가시적이며 움직이는 증표였다. 부유하고 화려한 왕실의 시대가 시작된 것이다. 함선은 궁전처럼 왕실의 정당성과 야망을 그려낼 수 있는 캔버스였고, 왕실의 부와 군사력을 대중 앞에 전시할 수 있는 받침대였다. 훌륭한 함선의 크기 자체도 충분히 인상적이었지만, 점점 더 많은 조선공이 거대한 군함을 정교히 조각하고 다채롭게 색칠하며 금과 은으로 된 장식을 붙였다. 잉글랜드의 찰스 1세가 1637년에 만든 '소버린 오브 더 씨'를 장식하는 데 사용된 금을 사는 데 든 비용은 비슷한 배 1척을 더 건조할 수 있을 정도였다.

당시에 대포를 갖춘 군함은 엄청난 투자 대상이었다. 군함에 얼마나 큰 비용이 들었는지 설명하고 싶지만, 비교 대상이 없어 설명하기 어렵다. 오늘날에는 단일 군사 장비에 그만큼 투자하는 경우가 없기 때문이다.

물론 비용을 절감하는 대안이 있었다. 예를 들어 군함 대신에 무장 상선을 이용하는 것이다. 무장 상선은 해적이 들끓는 바다를 항해할 때 배와 재화를 보호하려고 꽤 많은 무기를 싣고 다녔다. 이 상선은 평시에는 국고에 부담을 주지 않고, 전시에는 민병대로서 싸울 수 있었다. 특수 목적용 군함은 충격을 흡수하고, 총포와 인력, 식량만을 수송하도록 만들었기 때문에 상선보다 훨씬 뛰어났다. 하지만 그런 장점에는 치러야 할 값이 있었다. 군함은 각기 다른 기준에 따라 건조되어야 했고, 대포와 탄약과 더 많은 선원의 무게와 피해를 견뎌내면서도 침몰하지 않아야 했기 때문이다.

또한 군함에는 대규모 자본이 투자되었지만, 그 수명은 짧았다. 군함은 금세 닳고 노후화됐으며, 궂거나 건조한 날씨에도 취약했다. 군함 건조 기술은 다른 무기 제작 기술보다 훨씬 빨리 발전했다. 심지어 화기가 변화하는 속도마저 앞질렀다. 따라서 군함 건조 기술은 전쟁 외에 다른 용도로도 사용되었다. 군함 건조 기술은 해상 무역 관련 기술이기도 했던 것이다.

1세기가 지나기도 전에 카라크선은 구식이 되었다. 카라크선은 이전 함선들보다 대포를 탑재하기에 훨씬 좋았지만 이상적이지는 않았다. 헨리 8세의 왕실 함대에도 있었던 거대한 카라크선은 선수와 선미에 우뚝 선 성 때문에 속도와 안정성이 떨어져 항해 시 문제가 많았다. 1545년 헨리 8세의 메리 로즈함이 솔렌트 해전에서 침몰한 것도 강풍이 불면 기우는 카라크선의 불안정한 특성 때문이었을 것이다. 그리고 이때쯤에는 이미 조선업자들이 군함 설계 방식을 개선하고 있었다.

1500년대 중반에 보편적으로 받아들인 해결책은 갈레온선이었다. 갈레온선의 기원은 불분명하지만 스페인과 포르투갈 등 지중해 조선업의 전통이 융합된 이베리아반도의 조선소에서 처음 나타났다. 갈레온선의 디자인은 빠르게 인기를 얻었고, 몇 년 안에 북유럽 항구까지 퍼져나갔다. '갈레온선'이라는 이름은 스페인이 소유한 금을 싣고 신대륙에서 구대륙까지 대서양을 느릿느릿 횡단하는 육중한 배의 이미지를 떠올리게 할 수도 있다. 하지만 갈레온선은 꽤 날렵했다. 항력을 줄이기 위해 확연히 줄어든 선수루와 약간 낮아진 선미루, 선수에 튀어나온 돌출부, 흘수선 윗부분의 선체 양쪽이 배의 중앙을 향해 안쪽으로 기울어졌다는 의미인 텀블홈tumblehome

이 특징이었다. 갈레온선은 속도와 힘을 모두 고려해 설계되었다.

갈레온선은 다양한 용도로 사용할 수 있었다. 이후 200년 동안 사소한 개량을 거치며 대양을 횡단하는 가장 흔한 화물 수송선이 되었고, 16세기와 17세기 유럽 함대의 기반도 되었다. 대략 1550년에서 1650년 사이에 여러 차례 개선된 갈레온선은 서양에서 두 번째로 많이 사용하는 군용 범선이 되었다.

우선 갈레온선의 무장이 강화되었다. 헨리 8세 함대의 대형 카라크선에는 다양한 전장포와 후장포가 정신없이 장착되어 있었고, 대부분은 인명 살상용인 가벼운 무기였다. 그보다 더욱 안정적인 군함인 갈레온선은 주철 또는 청동으로 만든 대형 전장포의 무게를 감당할 수 있었다. 이러한 대포는 갈레온선이 카라크선을 대체한 1500년대 중반에 매우 흔했다.

게다가 겉보기에는 사소해 보이는 장비가 발명되면서 거대한 전장포를 실용적으로 사용할 수 있게 되었다. 함선용으로 개량된 포가砲架는 대포만큼이나 중요했고, 군함에 장착되는 대포에는 2배나 중요했다. 당대의 주력함이었던 갈레온선은 중갑판으로 되어 있었고, 그 좁은 공간에서 포가는 반동을 흡수하고 조준을 가능하게 하는 등 매우 중요한 역할을 담당했다. 대포를 발사할 때 반대 방향으로 작용하는 에너지인 반동은 배에서 큰 문제였다. 대포가 무겁다는 점도 이미 배의 뼈대에 큰 부담을 주었지만, 반동으로 인해 대포가 뒤로 밀려나며 배에 가하는 충격도 심각했다. 지상에서는 포가에 바퀴가 달려 있기 때문에 대포가 뒤로 밀려나도 괜찮았지만, 배에서는 그렇지 않았다. 게다가 발사하지 않을 때도 대포는 위험 요소였다. 거친 바다에서 심하게 흔들리며 움직이는 배 위의 대포가 제대로 고정되지 않는다면 대포는 이리저리 흔들리며 사람들을 잔가지처럼 짓밟고 선체 내부에도 심각한 손상을 입힐 수 있었기 때문이다. 느슨하게 고정된 대포는 포탄을 발사하지 않고도 그야말로 배를 침몰시킬 수 있었던 것이다.

해결책 1가지는 대포를 갑판에 나사로 고정하는 것이었다. 그러면 불량한 대포가 갑판 위를 쏘다니는 문제는 해결되겠지만, 발사에 따른 충격이 나무판자에 직접 전달되기 때문에 반동에 따른 충격을 누그러뜨리는 데는 아무런 도움이 되지 않았다. 더군다나 대포를 고정하면 장전이 어려울 수도 있었다. 구식 후장포는 고정된 상태에서도 잘 작동했지만, 더 강력한 전장포는 포구가 선체 위쪽에 있거나 또는 선체를 통과해 튀어나와 있지 않으면 잘 써먹을 수 없었다. 1588년 7월 29일, 엘리자베스 1세의 함대가 스페인 무적함대를 격파한 그레벨링건 해전에서 스페인 포병들은 선체 바깥에서 포구를 장전했다. 즉 배의 측면에 매달린 채 화약과 포탄을 대포의 포구에 쑤셔 넣어야 했던 것이다.

이 점에서 그레벨링건 해전 당시 영국 함대는 확실한 우위를 점하고 있었다. '개량형 포가(truck carriage)'가 있었기 때문이다. 이것은 거대한 군함용 대포를 올려놓는 데 쓰이는 바퀴 달린 무거운 받침틀이었다. 도로로 이동할 필요가 없으니 야전용 포차보다 더 짧고 두꺼웠으며, 반작용에 의해 뒤로 밀려날 수 있도록 포가마다 설치된 바퀴 2개 또는 4개가 뒤로 굴러갔다. 이 포가는 반동을 급히 중지시키기보다는 거대한 삼베 줄인 포삭 砲索으로 대포의 약실과 선체를 연결해 대포의 반동을 억눌렀다. 포탄을 발사하면 대포는 뒤로 튀어 오르며 포삭을 밀어냈고, 포삭은 포구가 포문을 벗어나지 않을 정도로만 그 반동을 막아냈다. 그러면 포병들은 하던 일을 계속할 수 있었다. 즉, 정해진 공간 안에서 포구를 닦고 장전하고 탄약을 밀어넣을 수 있었다. 포병들은 대포를 장전한 후 밧줄을 잡아당겨 대포를 원위치로 옮겼고, 그럼 대포는 다시 발사 준비 상태가 되었다. 개량형 포가는 대포를 안전하게 장전하는 데 반동에 의해 발생한 에너지를 이용한 기발한 발명품이었다.

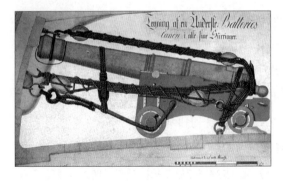

삽화 3

1805년, 개량형 포가에 장착된 24파운드 함포. 이 그림의 대포는 함선이 항해하는 동안 움직이지 않도록 단단히 묶인 채 보관되어 있다.

선체의 설계 방식이나 삭구 또한 끊임없이 개선되었다. 1588년 스페인 무적함대의 중심이었던 일반적인 스페인 갈레온선은 이전의 둔하고 무거운 함선과는 달랐다. 1세대 갈레온선은 이전의 카라크선보다 눈에 띄게 작았고, 대형 군함은 다음 세기가 되어서야 다시 유행하게 되었다. 한편 1570년경 북유럽의 조선소에서는 세련된 유형의 갈레온선이 나타나기 시작했다. 고속(race-built) 갈레온선은 기존 갈레온선의 선수루와 선미루를 낮추거나 무너뜨린 것 같을 정도로 이전의 갈레온선보다 더 길고 갑판이 낮았으며 날렵했다. 낮은 선수루와 튀어나온 돌출부로 항력을 줄이자 거친 바다에서도 선박을 통제하기 쉬워졌으며, 깊어진 선체는 안정성이 향상됐다. 프랜시스 드레이크가 1577년에 만든 리벤지호나, 월터 롤리가 1587년에 만든 아크 로열호처럼 영국에서 만든 고속 갈레온선은 이보다 둔한 스페인 선박을 앞지를 수 있었다. 또한 영국 군함은 전장포와 개량형 포가 등을 갖춤으로써 무장 면에서 스페인 군함보다 훨씬 뛰어났다.

이러한 혁신은 유럽 대륙 전역으로 빠르게 퍼져나갔다. 북대서양을 누비는 가장 큰 2개 함대인 스웨덴 함대와 덴마크 함대도 고속 갈레온선을 자체적으로 건조하며 시류를 따랐다. 1600년경에는 무거운 청동제 대포를 포열 갑판 1~2개에 가득 탑재한, 중간 크기의 날렵한 고속 갈레온선이 지중해를 제외한 유럽 지역 해전의 주인공이 되었다. 기술이 이렇게 빨리 발전한 이유는 대다수 유럽 왕실 함대 특유의 정교한 기반 시설 덕분이었다. 식민지를 확장하고, 국가가 주도하여 해적을 주요 항로에서 소탕하려고 노력했기에 유럽의 주요 해군은 영구적인 관료제와 그와 관련된 모든 것을 발전시켰다. 군함을 타는 이들과 만드는 이들 사이에서 일종의 중개자였던 해군은, 구상에서 실험을 거쳐 현실화하는 과정을 촉진했다.

갈레온선의 외형 변화 이면에는 전술의 변화가 있었다. 그 당시 해군 장교는 대부분 군함같이 복잡한 것을 관리하고 지휘할 수 있는, 경험이 풍부하고 유능한 전문가였다. 해군은 이들을 중심으로 조직되었다. 육군은 이미 전술 교리와 표준 관행을 만들고 훈련을 통해 통일성과 규칙성을 확립하려고 했지만, 해군은 그렇지 않았다. 오늘날처럼 선박을 종류나 등급으로 나누지 않았고, 몇 가지 광범위한 추세를 따르는 것 말고는 치수, 설계의 세부 사항, 대포의 크기와 개수 등을 매우 다양하게 선택했다.

전술에서도 특별히 확립된 학파가 없었다. 해상전은 보통 혼란스러웠고, 어느 쪽도 미리 계획한 진형을 유지하려고 하지 않았다. 적함에 접근해 올라타 백병전을 벌이는 전술이 여전히 흔했지만, 16세기에 벌어진 해전 대부분은 함대가 다 함께 조직적으로 싸우기보다 함장 개개인이 그들의 본능과 주변 상황에 따라 함선을 조종했기 때문에 그저 배들이 어지럽게 빙빙 도는 것처럼 보였다.

그러나 기본적인 전술이 등장하기 시작했고, 갈레온선과 그 당시 무기는 이 전술에 아주 적합했다. 영국 해협에서 벌어진 잉글랜드-스페인 전쟁에서 명백하게 볼 수 있듯이, 뛰어난 화력이 있으면 아무리 강한 적도 궁지에 몰아넣을 수 있었다. 비록 포탄이 적의 함선을 산산조각 낼 수는 없더라도, 가까이 다가와 승선하려는 적군을 막아낼 수는 있었다. 추후 '단종진'

이라고 불린 이 새로운 전술은 함대가 일렬로 길게 늘어서서 앞서가는 함선의 선미를 따라가는 대형이다. 단종진은 대포의 사정거리 내에서 적과 평행을 이룬 채 앞으로 나아가면서 측면으로 대포를 발사한다. 그리고 바람이 도와준다면 되돌아가서 같은 방식으로 다시 공격한다. 바람이 협조적이고, 함장 개개인이 계획대로 제자리를 유지하는 적절한 상황에서 단종진 대형을 형성한 함대가 대포를 집중 사격하면 적은 치명적인 타격을 입기 마련이었다. 물론 적이 이 공격을 충분히 대비했다면, 양측 모두에 참담한 일이 벌어질 수도 있었다. 그래서 단종진은 수동적이거나 정적이거나 혼란에 빠진 적을 상대로 사용할 때 가장 효과적이었다.

이 전술은 1600년 이전부터 사용됐다. 바로 그 유명한 포르투갈의 탐험가 바스쿠 다 가마가 1502년에 일종의 단종진을 이용하여 인도 캘리컷 근해에서 이슬람 함대를 격파했다. 네덜란드 해군 제독 마르턴 트롬프는 29척으로 편성한 소박한 함대로 단종진을 형성했다. 그는 이 단종진으로 1639년 9월 18일에 벌인 작전에서 훨씬 더 큰 규모를 갖춘 스페인 함대를 격퇴했다. 곧 단종진은 유럽 함대들 사이에서 표준 작전 절차가 되었다. 이 전술의 개념은 명확하고 간단했지만, 실행하는 건 꽤 까다로웠다. 독립적으로 사고하고 행동하는 함장들에게 단종진을 실행하는 데 필요한 어느 정도의 자제력과 협력, 소통은 자연스럽지 않았다. 또한 잘 규정된 지휘 체계와 매우 새로운 어떤 것, 즉 함대나 소함대의 지휘관들이 전투 중에도 명령을 전달할 수 있도록 멀리서도 배에서 배로 신호를 보내는 수단이 필요했다. 이에 깃발 신호가 17세기에 명령을 전달하는 주요 수단으로 등장했다.

또한 군함은 단종진 전술에서 더욱 많은 것을 요구받았다. 그런데 모든 군함이 전열을 갖추고서 적과 전투를 벌이는 데 적합하진 않았다. 어떤 범선이든 원하는 대로 조종하기가 쉽고 속도도 빠르다면 좋겠지만, 대형 안에서 이런 자질은 부수적이었다. 가장 우선시되었던 것은 무기를 잔뜩

실을 수 있는 여유로운 공간과 강력한 선체였다. 크기가 더 작고 속도가 더 빠른 군함도 유용했지만, 단종진에서는 아니었다.

그래서 새로운 군함이 탄생했다. 새로운 삭구나 선체 설계 방식이 아니라, 17세기 초에 일반적이던 갈레온선에서 유래한 전열함이 그것이었다. 1588년 영국 해협에서 스페인의 무적함대가 겪은 패배, 1563년부터 1570년까지 덴마크 함대와 스웨덴 함대 간에 일어났던 충돌 등 1500년대 말에 해상전을 거치며 유럽 해군들은 크고 튼튼하고 중무장한 배를 선호하게 되었을 것이다. 다음 세대 왕실의 '명품 군함'에서 그러한 추세는 더욱 가속화됐다. 덴마크 왕 크리스티안 4세가 1601년에 만든 '트레 크로너', 잉글랜드 왕 제임스 1세가 1610년에 만든 '프린스 로열', 찰스 1세가 1637년에 만든 소버린 오브 더 씨, 스웨덴 왕 구스타브 2세 아돌푸스가 1628년에 만들었으나 불운하게 침몰한 '바사' 등 17세기에 건조된 초호화 군함들은 신화 속 인물들의 조각과 그림으로 과하게 장식되었다. 하지만 표면의 휘황찬란한 그림과 금박 아래에는 최신식 군함이 있었고, 그 안에는 적의 군함을 공격하는 거대한 전장포가 가득했다. 군함 바사는 2층 갑판에 대포를 가득 채웠고, 소버린 오브 더 씨는 3층 갑판을 갖췄다.

이 초호화 군함들이 전열 맨 앞에 섰다. 전열에서 다른 거대 함선들과 오랫동안 전투를 벌일 수 있을 만큼 충분한 화력과 안정적인 구조를 갖춘 군함이었기에 말 그대로 '전열함'이 되었다. 18세기 초가 되자 '명품 군함'을 향한 열광적인 인기는 사라졌지만, 전열함은 살아남았다. 1660년부터 1830년까지 전열함은 장식이 대개 사라졌고, 효율성이 중시되었다. 돛대 3개에 사각형 돛을 달았고, 선체는 거대했지만 날렵했으며, 대포도 60문 이상 탑재했다. 대포는 2층 또는 3층 갑판 위 선체 측면에 배치되었다. 높은 선수루는 거의 사라졌고, 앞쪽이나 뒤쪽으로 포탄을 발사했던 '체이서 Chaser'라고 불린 대포도 사라졌다. 체이서는 더 이상 필요하지 않았다. 중요한 것은 선체 측면의 무장이었다.

삽화 4

1601년에 건조된 덴마크 군함 트레
크로너. 유명한 스코틀랜드 출신 조선공
데이비드 밸푸어가 플렌스부르크에서
제작한 '명품 군함'으로, 덴마크
국왕 크리스티안 4세의 해군에서
왕실 군함으로 복무했다.

삽화 5

1820년에 건조된 미국 전열함
USS 오하이오. 미 해군이
보유한 몇 안 되는 전열함 중
1척으로, 대포 74문을 탑재했다.

전열함들은 모두 달랐다. 18세기가 되자 대다수 유럽 해군은 다양한
크기와 등급의 전열함을 동시에 보유하는 것이 유리하다는 사실을 깨달았
다. 1700년대에는 대포 약 64문을 갖춘 전열함이 대함대의 주축이 되었다.
이 급은 영국에서 제임스 1세 국왕 시절에 만들어진 크기 분류 체계에 따
라 3급 전열함이었다. 당시 영국에서 가장 큰 군함인 1급 전열함은 대포를
100문 이상 탑재할 수 있었지만, 막대한 비용 때문에 실제로 그만큼 무장
할 수는 없었다.

군함이 카라크선에서 갈레온선, 그리고 전열함으로 발전하기까지 겨우

100년 조금 넘게 걸렸다. 그 당시 기준에 따르면 군함의 크기와 비용의 변화는 매우 빠른 속도로 이루어졌다. 국내외의 정치적인 상황도 함대와 군함의 성장을 촉진했다. 헌법을 두고 야심 찬 군주와 귀족 상류층 간의 치열한 갈등이 일어나던 시대에 강력한 상비군은 분열을 초래할 수도 있었다. 군주에게 종속된 군대를 왕실의 폭정을 돕는 잠재적인 도구로 보기 쉬웠기 때문이었다. 해군에는 그런 정치적 부담이 없었다. 유럽 군주들은 화려한 왕궁에 집착하는 것과 비슷한 방식으로 함대를 바라보았다. 군주들은 해군을 통해 명성을 떨칠 수 있었다. 또한 머스킷이나 대포와는 달리 만천하와 자신의 백성들에게 군함을 뽐내며 통치자의 권위와 명성과 야망을 높일 수 있었다. 왕들의 뜨거운 지원과, 유럽 각국의 군비 경쟁이 거세지면서 늘어나는 전쟁 가능성과, 국외로 영토를 확장해 제국을 수립하려는 경쟁이 결합하면서 군함 설계 방식은 계속 발전했다.

또한 조선 공학을 바라보는 새로운 사고방식이 선박 기술을 발전시켰다. 조선술은 당시의 다른 구조물과 마찬가지로 장인이 제조하는 공예품 제조 기술 같은 것이었지, 지금과 같은 기술 공학 분야가 아니었다. 따라서 조선 공학은 일반적으로 중세의 다른 건축학과 크게 다르지 않았다. 예를 들면 설계 계획은 전적으로 설계자의 머릿속에만 존재했으며, 안정성이나 충격 등과 관련된 고려 사항을 과학적으로 계산하지 않고 설계자의 경험이나 본능으로 결정했다. 르네상스 시대에 접어들어서도 이러한 방식은 대부분 효과가 있는 것 같았다. 하지만 군함의 무게와 대포의 수가 늘어나면서 군함 설계라는 특별한 문제를 계속 본능이나 느낌만으로 풀어낼 수는 없었다.

더욱 강력한 무기로 무장한 군함의 수요가 늘어난 만큼, 함선을 더욱 안전하게 설계할 필요성도 늘어났다. 17세기 해상에서 일어난 가장 악명 높은 참사 중 하나는 1628년 스웨덴의 거대한 함선 바사가 첫 항해에서 침몰한 사건이다. 이 재난은 경험적인 선박 건조 방식이 일으킨 결과였다. 2층 갑판을 갖춘 초기 전열함인 바사는 조선공의 본능과 스웨덴 국왕 구스타브 2세 아돌푸스가 세운 몇 가지 기본 사양을 바탕으로 계획이나 설계 도면 없이 옛날 방식으로 건조되었다. 바사를 건조한 헨리크 히베르트손은 이 정도 크기의 2층 갑판선을 다뤄본 경험이 없었기에 매우 불안정한 설계를 할 수밖에 없었다. 바사는 스톡홀름 항구에 정박했을 때 선원 몇 명이 갑판을 가로질러 우현으로 갔다 다시 돌아오기만 해도 심하게 흔들릴 정도로 불안정했다. 바사가 마침내 출항하던 날, 스톡홀름이 바사의 시야에서 벗어나기도 전에 갑자기 돌풍이 불었다. 배는 점점 기울기 시작했고, 하층 갑판의 열린 포문으로 바닷물이 흘러들어왔다. 경사가 점점 심해지면서 배 안에 바닷물이 조금씩 늘어났고, 결국 바사는 몇 분 만에 침몰하고 말았다.

"크고 무거운 배는 더 세심히 설계해야 한다."라는 분명한 교훈을 바사는 주었다. 따라서 17세기 말부터 선박은 도면과 모형이 포함된 계획에 따라 과학적으로 정교하게 제작되었다.

17세기와 18세기에 해군은 각 군함뿐 아니라 함대 자체도 세심하게 설계하기 시작했다. 함대 구성에 관한 장기적인 계획을 미리 고민하자 17세기 후반과 18세기의 해군은 그전 시대보다 훨씬 더 뛰어난 조직이 되었다. 여전히 관심의 중심에는 전열함이 있었지만, 전열함은 아무데나 사용할 수 없었다. 또한 건조 비용과 유지 비용이 비쌌고, 전투를 준비하기 위해 많은 선원이 필요했다. 더 중요한 것은 속도가 그리 빠르지 않았고, 난타전용으로 설계되었기 때문에 독립적인 작전에는 적합하지 않았다는 점이다. 실상은 전열함을 지원하는 소형 군함들이 일상적인 작전을 수행할 때 훨씬 더 쓸모 있었다. 일부 소형 군함은 매우 특별한 목적을 수행했다. 박격포함은 공성용 중박격포를 1~2문 탑재한 쌍돛대 범선으로, 해안가의 요새에 포탄을 발사할 때 요긴하게 사용되었다. 작지만 빠른 여타 쌍돛대 범선들인 브릭, 브리간틴, 슬루프*, 스노우 그리고 아메리카대륙의 해상을 누빈 스쿠너와 탑세일 스쿠너는 빠른 소식을 전하거나 밀수범을 잡거나 바닷가 근처에서 해적을 순찰하는 등 빠른 속도가 필요할 때 유용하게 사용되었다.

가장 유용했던 소형 군함은 프리깃이었다. '프리깃'이라는 용어는 1600년대에 처음 등장했는데, 그 당시에는 적당한 크기의 빠른 군함을 의미했지만, 이후에는 더 구체적인 구분이 생겼다. 나폴레옹 전쟁(1803~1815) 시대의 전형적인 프리깃은 상갑판에만 무기를 갖춘 소형 전열함이었다. 일반적인 전열함을 앞지를 만큼 속도가 빨랐고, 대형 군함과 포격전을 벌여도 밀리지 않을 만큼 든든히 무장할 수 있었다. 가장 유명한 미국 프리깃으로서 1797년에 제작된 '컨스티튜션'과 그 자매 군함들, 이후의 뛰어난 프리깃들은 더 큰 적함도 제압할 수 있었다. 프리깃은 장거리 항해에 필요한 식량을 탑재할 수 있을 만큼 큼직해서, 주요 전투 함대를 벗어나 멀리 떨어진 곳에서 장거리 순찰을 할 수도 있었다.

1600년대 후반의 수십 년 동안 군함 기술은 거의 절정에 도달했지만, 이후 1800년대까지 약 150년 동안 범선의 시대는 계속되었다. 150년 동안 기술이 정체되었던 것은 아니다. 선박의 설계와 무장 면에서 사소한 기술들은 많이 개선되었다. 1780년대에는 나무로 만든 함선의 바닥에 처음으로 구리를 씌워 수명을 놀라울 정도로 연장했다. 돛의 표면 면적도 개선되어 속도를 높였다. 배는 더 커지고, 더 큰 대포를 더 많이 탑재했다. 나폴레옹 전쟁 무렵 영국 해군에는 중포를 100문 이상 탑재한 1급 전열함들이 흔해졌다. 12파운드 대포나 18파운드 대포는 훨씬 더 큰 32파운드 대포나

---

*　일반적으로 슬루프는 돛대 1개에 삼각돛 1개를 달고 있는 범선을 뜻하지만, 대포를 10~20문가량 탑재한 '군용 슬루프(sloop-of-war)'는 돛대가 2개 이상 있었다. – 편집부

42파운드 대포에 자리를 내주었다. 또한 캐러네이드carronade라는 새로운 함포도 18세기 말엽 군함에 처음 등장했다. 원래는 대형 함포의 저렴한 대안으로 제작된 캐러네이드는 뭉툭한 경포로, 구경이 매우 컸다. 장거리 포격에서는 무용지물이나 다름없었지만, 직접 마주 대고 쏠 때는 완벽했으며, 무게는 구경이 동일한 다른 대포의 4분의 1이나 3분의 1 정도에 불과했다.

이 모든 것들이 중요한 진보를 이루긴 했지만, 혁명적인 발전은 아니었다. 1800년대 서양의 전형적인 군함은 1660년대 군함에 비해 확실히 훨씬 우수했다. 하지만 본질적인 측면에서 볼 때, 루이 14세(재위 1643~1715) 시대의 전열함과 나폴레옹 전쟁 시대의 전열함은 얼마 안되는 크기 차이를 제외하고는 거의 비슷했다. 전투 방법 또한 크게 발전하지 않았다. 피상적이고 사소한 것들은 조금씩 바뀌었더라도 군함의 외관, 기능, 전투 방식의 기본적인 형태는 거의 그대로 남아 있었다.

혁명적인 것은 해군 자체의 존재와 개념이었다. 1400년부터 1800년까지의 전쟁사에서 발생했던 위대한 모든 변화 중 중앙 집권적 조직인 해군만큼 많은 영향을 미친 것은 없었다. 대포를 탑재한 군함으로 해상전에서 더 많은 화력이 투입되기에 이르자 지중해 밖의 서양에서는 이제껏 알려지지 않은 전쟁의 새로운 무대, 전쟁의 또 다른 차원이 열렸다. 주권 국가에 함대는 엄청난 자산이 되었고, 함대가 없는 국가는 꿈도 못 꿀 경쟁력까지 가져다준 것이다. 함대로 해상 병력을 휘둘러 무역을 보호하고 해안선을 지키며, 적들을 봉쇄하고 상업 전쟁을 벌일 수도 있게 되었다. 또한 유럽의 다른 해군들을 상대하고, 적의 무역을 방해하며, 거칠거나 좁은 해역에서 약탈을 벌이는 해적들도 소탕할 수 있게 되었다.

간단히 말해서 국가는 함대를 통해 자신의 경제적·군사적 능력을 먼 곳까지 보여 줄 수 있게 되었다. 함대로 서구 제국주의가 가능해진 것이다. 해군이 없었다면 아메리카, 아시아, 아프리카에서 제국을 확장하려는 쟁탈전이 없었을지도 모르며, 있었다고 해도 전혀 다른 양상으로 흘러갔을 것이다. 해군으로 또 다른 차원의 전쟁을 할 수 없었다면, 17세기와 18세기의 거대한 식민지 분쟁은 물론, 미국 독립 전쟁이 일어났으리라고는 상상하기 어렵다. 유럽 국가들이 세계적인 강국이 될 수 있었던 이유는 멀리 떨어진 지역까지 군사력을 행사할 수 있었기 때문이고, 전략적인 면에서 군사력을 행사할 수 있는 능력은 단순히 최고 수준의 군대를 보유하는 것 이상을 의미했다. 미국 독립 전쟁 당시 영국 육군은 유럽에서 가장 뛰어나지도, 병력이 가장 많지도 않았다. 기실 프랑스, 오스트리아, 러시아, 프로이센의 육군에 비해 우월하다고 말하기 어려웠다. 그러나 영국 해군의 규모와 범위 면에서 영국은 세계 어느 곳이든 원하는 대로 공격할 수 있는 능력을 갖췄을 뿐만 아니라, 국외에 군사력을 장기간 배치하고 유지할 수 있는 능력도 갖췄다. 이는 아마 프랑스를 제외하고는 그 어떤 유럽 내 경쟁국도 자랑할 수 없는 능력이었다.

'배를 공격하는 배'인 군함이 탄생하면서 유럽에서 전쟁의 법칙은 1800년 이전과 완전히 달라졌고, 힘의 본질은 재정립됐다. 또한 국가에 소속된 해군이 생겨남으로써 산업화 이전의 서구 세계에서는 가장 중대한 정치적 발전이 이루어졌다. 함선은 큰 비용을 잡아먹었고, 그 비용은 매년 늘어났다. 1800년대 이전에 유럽에서 벌어진 군비 경쟁에서 해양 국가들은 함대를 확장하고, 더 큰 함선을 만들었으며, 더 큰 대포도 탑재했다. 해군은 국가 재정을 사용하는 주요 항목으로서, 현금, 목재, 삼, 리넨, 철, 인력, 부동산, 기반 시설 등을 확보하기 위해 엄청난 투자를 꾸준히 받아야 했다. 이 비용은 전쟁이 없을 때도 눈에 띄게 줄지는 않았다. 어떤 다른 형태의 기술이나 군사 조직도 해군만큼 경제적으로 부담스럽지는 않았다. 군함으로 인해 유럽 정부들은 자원을 전례 없던 규모로 동원해야 했고, 결국 군함은 현대의 중앙 집권적이고 관료적인 국가가 탄생하는 데 일조하게 되었다.

이렇게 해군의 가치가 크고, 해군에 쏟는 관심도 많았지만, 여전히 유럽 군주들은 육군과 지상전을 해군보다 중요하게 여겼다. 또한 덴마크 국왕 크리스티안 4세(재위 1588~1648)가 자국 함대를 이끌고 해상전에 여러 차례 참전했던 특별한 경우를 제외하고는 함대를 이끄는 왕은 거의 드물었다. 반면, 지상군을 이끄는 왕의 전통은 오랫동안 보편적으로 이어져 왔고, 중세 유럽에서는 매우 일반적이었다. 하지만 해군과 공성전처럼 육군의 본질도 변했으며, 화약은 육군의 세계에서도 변화의 주된 요인이었다.

3장

창과 총

비코카 전투에서 콜론나의 지휘 아래 아쿼버스병들이 스위스의 파이크 대형, 즉 창을 든 군사들을 쓸어버렸던 1522년, 화기는 이미 유럽에서 입증된 무기였다. 거의 2세기 동안 공성전의 판을 변화시켰던 대포는 이제 막 해상전까지 진출하려던 참이었다. 공성전과 해상전은 큰 견지에서 보면 지상전보다 중요할 수도 있었다. 하지만 모든 전쟁 기술이 총집합되고, 승자에게는 영원한 명예가 따르며, 호전적인 충동이 궁극적으로 드러나는 전쟁 방식은 바로 지상전이었다. 100년 전쟁은 우수한 프랑스 대포를 이용한 공성전으로 판가름났지만, 사람들은 공성전을 기억하지는 않는다. 대신 1415년 성 크리스핀의 날에 프랑스 아쟁쿠르에서 싸웠던 어린 헨리 5세와 그의 궁수들을 기억한다. 이는 확실히 극적인 순간이긴 했다. 하지만 100년 전쟁에서 일어났던 대다수 공성전만큼 중요하진 않았다.

화약은 현대 해군을 만들었고, 공성전과 군사 건축의 법칙을 다시 썼다. 화약은 지상전과 그 전술에도 큰 영향을 미쳤으나, 그 결과는 즉각 달라지지 않았다. 중세 말 전술의 가장 큰 변화는 무장한 귀족 기사로 구성된 기병대가 중심인 봉건 시대 군대가 평민 출신 보병들로 구성된 용병 군대로 바뀐 것이다. 화약은 이러한 변화를 일으키지 않았다. 보병대는 머스킷과 아쿼버스가 처음 등장하기 전에도 이미 지상전의 중심이었다.

하지만 화약 무기, 더 정확히 말하자면 휴대용 화약 무기 또는 소화기를 사용하자 보병대의 본질, 즉 전쟁에서 보병대가 맡은 역할과 육군 자체의 본질은 완전히 변화되었다. 일단 머스킷과 더 작은 유사품인 아쿼버스가 유럽 지상전에서 완전히 자리를 잡자, 이 2가지 무기는 복잡하고 매우 효과적인 전술 체계의 일부가 되었고, 이를 이용하는 군대에 상당한 수준의 조직과 협력, 전문성을 요구했다. 비록 화기가 전쟁에 통합되는 과정은 해군보다 육군에서 더 길고 복잡했지만, 화약은 서양 최초의 현대식 육군을 창조했다.

중세에는 유럽은 물론 십자군 전쟁의 목표이자 무대가 된 성지와 같은 유럽 밖에서도 군사력의 기본 단위는 기사였다. 중무장하고 말을 탄 기사는 군사적인 목적 못지않게 사회적·정치적으로도 필요했다. 기사는 봉건 사회의 핵심 인물이었다. 샤를마뉴 대제(재위 서기 768~814) 시대 이후 법을 집행하고, 땅을 지배하며, 군사적 위기가 닥쳤을 때 영주의 부름을 받고 검이나 창을 들어 싸운 이들은 전사 귀족들이었다. 기사는 행정관, 치안 판사, 순경, 그리고 투사로서 '조언'과 '행동'으로 봉사하며 사회에서 높은 지위를 얻었다. 보병대도 중세 군대의 일부였지만, 그들은 보조 전력이었기에 가치가 낮았다. 보병대용 전술은 거의 없었고, 이들이 전투에서 결정적인 역할을 하는 경우도 거의 없었다.

보병대도 '할 수 있다'는 것을 입증할 때까지는 말이다.

여러 가지 이유로 기병대는 보병대보다 우월하다고 여겨졌다. 사회적으로는 물론, 선천적으로도 농민이나 하층민보다 귀족 출신이 뛰어난 것은 당연했다.

그러나 거기에는 강력한 전술적 이유도 있었다. 보병은 힘차게 돌격하는 기병에게 맞설 수 없었다. 말과 기수가 돌진하고, 심지어 기수가 창을 겨누고, 갑옷의 짓누르는 무게를 견디도록 사육된 거대한 군마가 달려오고, 게다가 1기騎가 아니라 수백 기가 돌진해 오는 모습을 보고도 버티려면 엄청난 용기가 필요했다. 기병대가 공격해 오는데도 멀쩡한 정신으로 꿋꿋이 서 있기는 어렵다. 다른 말로 하면, 기병대는 병사들이 전투에서 두려움을 억누르거나 이겨내고 전우들과 함께 싸울 수 있도록 해 주는 자질인 단결력을 무너뜨릴 수 있었다.

하지만 14세기가 되자 보병은 기병의 공격을 버틸 수 없다는 기본적인 가정이 무너지기 시작했다. 보병대가 기병대에 맞설 수 있다는 사실을 반복해서 입증했기 때문이다. 1302년 7월에는 플랑드르 민병대가 플랑드르의 코르트레이크 마을 외곽에서 프랑스군에 쓰라린 패배를 안겼다. 고덴닥 goedendag이라는 짧고 뭉툭한 창으로 무장한 민병대는 프랑스 기병대의 끊임없는 공격을 무찔렀고, 결국 혼란에 빠진 기병대를 쫓아내는 데 성공했다. 다른 평민 보병대가 다른 기병대를 물리치는 비슷한 일들도 계속 반복되었다. 1314년 배녁번에서는 국왕 로버트 1세가 이끄는 스코틀랜드 군대가 파이크병들이 빽빽이 들어선 직사각형 모양의 쉴트론 schiltron 대형을 만들어 잉글랜드 국왕 에드워드 2세의 전통적이고 우월한 군대에 대항했다.

비코카 전투에서 패한 스위스인에게도 보병대가 있었다. 귀족과 말이 거의 없어 봉건 기병도 부족했던 가난한 스위스 주州들은 방어를 위해 지역 민병대를 만들었다. 이들의 무기는 원시적인 루체른 망치, '할버드 halberd' 라는 이름의 폴암, '모르겐슈테른 morgenstern(샛별)'이라고도 불리는 가시 박힌 철퇴, 그리고 파이크였다. 도끼날, 창끝, 날카로운 갈고리를 막대기 1개에 모두 합친 폴암은 스위스를 상징하는 무기였지만, 스위스가 유럽에서 가장 냉혹하고 잔인하며 거칠고 용감한 보병대를 지녔다는 명성을 얻을 수 있었던 것은 파이크 덕분이었다.

1522년 비코카 전투에서 무참히 짓밟혔던 스위스의 파이크 대형은 거의 2세기 동안 이어진, 로마가 몰락한 이후 분명히 유럽에서 가장 효과적인 보병대 전술이었다. 좌우 대칭을 이룬 보병들이 빽빽이 들어찬 파이크 대형에는 적군이 침투할 수 없었고, 4면 어디서나 위협적이었다. 하지만 파이크 대형이 제대로 작동하려면 스위스 창병들이 비코카에서 보여 준 것과 정확히 같은 자질, 즉 규율, 긴장감이 심한 상황에서도 냉정을 유지하는 능력, 명령에 따라 자신의 몸과 무기를 일제히 움직일 수 있는 능력이 필요했다. 이런 규율은 훈련으로만 얻을 수 있었을 뿐만 아니라, 아주 많은 훈련이 필요했다. 무엇이 필요하든 스위스는 그것을 얻어냈다. 그래서 더 강하고 전통적인 적들과 부딪힐 때마다 스위스는 대개 승리를 얻었다. 1315년 모르가르텐에서 스위스군은 열세에도 불구하고 기병과 보병으로 이루어진 우수한 오스트리아군을 매복 공격하여 사실상 전멸시켰고, 1339년에는 라우펜에서, 1386년에는 젬파하에서 병력과 훈련과 무기의 수준이 더 뛰어난 적군들을 물리쳤다.

비슷한 시기에 잉글랜드에서는 완전히 다른 보병이 나타났다. 13세기 말, 잉글랜드 국왕 에드워드 1세(재위 1272~1307)는 웨일스를 정복하는 동안 웨일스의 롱보우와 처음 마주쳤다. 활은 전혀 새롭지 않았지만, 웨일스 롱보우는 달랐다. 활대가 길어서 장력이 강했기 때문에 사정거리도 길었고, 그만큼 관통력도 강했다. 에드워드 1세와 그의 손자 에드워드 3세(재위 1327~1377)는 웨일스 롱보우를 사용하도록 장려했고 잉글랜드 군대는 100년 전쟁 무렵 제대로 숙련된 궁수들을 내보내 프랑스를 공격할 수 있었다. 롱보우를 쏘려면 긴 활시위를 당겨야 했는데, 더 쉽게 숙달할 수 있는 석궁과는 달리 몇 년간 훈련해야 했고, 활을 팔로 당기는 것만으로도 몇 분만에 팔 힘이 빠질 수 있었다. 그러나 일단 익숙해지면 그 효과는 매우 뛰어났다. 훌륭한 궁수의 발사 속도는 1분에 6발에서 8발이었고, 사정거리는 180여 미터였다. 화살은 두꺼운 의복이나 가죽, 쇠사슬 갑옷을 관통할 수 있었고, 심지어 근거리에서 화살을 발사하면 판금 갑옷도 뚫을 수 있다는 주장도 있었다. 이 주장은 의심스럽긴 하지만, 중요하지는 않다. 어쨌든 화살을 빠르고 강하게 발사할 수 있다는 점에서 롱보우는 으뜸이었다. 롱보우는 중세에 개인이 쓸 수 있는 가장 효과적인 원거리 병기였고, 잉글랜드군의 손에 들려 연이은 승리를 쟁취했다. 1346년 크레시 전투, 1356년 푸아티에 전투, 1415년 아쟁쿠르 전투에서 영국 궁수들은 병력이 더 많고 세련된 프랑스의 봉건 군대를 상대로 예상 밖의 승리를 거두는 과정에서 톡톡한 역할을 했다.

롱보우만으로 승리한 것은 아니었다. 창과 검, 둔기 등 다른 무기들 모두 없어서는 안 되는 것들이었다. 하지만 롱보우는 참신했다. 위력이 세고, 사정거리가 길며, 관통력이 뛰어난 롱보우는 다수를 한꺼번에 쏠 때 아주 파괴적인 무기가 되었다. 궁수들은 진격해 오는 적들을 향해 불화살을 날릴 수도 있었다. 당시 기록에 따르면 크레시 전투와 아쟁쿠르 전투에서는 하늘이 '화살 구름'으로 어두워졌다고 한다. 갑옷으로 화살을 막았지만 엄청난 양의 화살 중 일부는 투구의 눈 구멍 같은 취약한 지점을 뚫고 들어왔다. 특히 크레시 전투에서는 구름같이 많은 화살이 쏟아져 방어가 취약한 말들이 무참히 쓰러졌다. 또한 끊임없이 쏟아지는 화살은 적에게 큰 방해 거리가 되어 적들을 산만하고 혼란스럽게 하며 사기를 떨어뜨리고 결국 단결을 깨뜨렸을 것이다.

잉글랜드에서는 총기가 도입된 이후에도 오랫동안 롱보우를 사용했다. 16세기까지 영국 궁수들은 롱보우를 쏘는 훈련을 계속했고, 1640년대에 잉글랜드 내전이 일어나자 어떤 전쟁 역사가들은 롱보우의 복권을 부르짖었다. 영국 밖에서는 롱보우를 모방한 무기를 만들지 않았다. 롱보우에 숙달되기 위해서는 평생 훈련해야 했는데, 이 이유만으로도 롱보우는 이상적인 무기가 아니었기 때문이다. 하지만 롱보우는 지금까지 적지 않은 유산을 남겼다. 롱보우는 조직적으로 사용될 때 원거리 무기로서의 잠재력을 보여 주었다. 화살을 많이 쏠수록 명중률도 높아졌고, 사상자도 더욱 많아졌다. 또한 롱보우를 대규모로 이용하면, 추후의 기관총과 마찬가지로 단순히 적 사상자를 늘리는 것 이상의 전술적인 효과도 거둘 수 있었다. 롱보우를 방향을 조정하고서 조직적으로 발사하면 '화살 구름'이 적절한 시간과 적절한 거리, 적절한 목표를 향해 쏟아지면서 혼란을 최대한 일으킬 수 있었던 것이다. 이후에 '사격 통제'라고 알려진 이 개념은 화력의 중요한 특징이 되었다.

스위스의 파이크와 영국의 롱보우로 보병이 더 강력해지지는 않았다. 보병이 강력해진 것은 규율과 훈련과 조직 덕분이었다. 이런 요소들은 특정 무기를 능가했을뿐더러, 이것들이 갖춰지지 않았다면 롱보우나 파이크도 아무런 의미가 없었을 것이다. 파이크와 롱보우는 훈련을 받고, 규율을 따르며, 조직에 속한 사람이 사용했기에 그렇듯 강력한 무기가 되었다. 그리고 아쟁쿠르 전투에서 승리를 거둔 궁수의 시대가 지나가기도 전에 규율과 조직, 무엇보다도 훈련과 같은 덕목에 힘입어 또 다른 위대한 무기가 나타났다. 이 무기로 인해 스위스군과 잉글랜드군에서 보병의 세력이 훨씬 더 강화되었다. 아쟁쿠르 전투 이후 100년이 채 지나기도 전에 화약 무기가 나타나 롱보우의 자리를 차지한 것이다.

공성용 무기인 봄바드 같은 대포가 초창기 화기로 발전한 데는 분명한 수요가 있었기 때문이다. 소형 대포에는 그러한 수요가 없었지만, 어쨌든 계속 유지되었다. 14세기에 들어와서 첫 휴대용 화기가 나타났고, 때로는 전투에 등장하기도 했다. 중세 후기에 등장한 핸드 캐넌hand cannon은 '손 대포'라는 의미대로 아주 단순한 무기였다. 핸드 캐넌은 연철이나 주철을 주조해 대포 모양으로 만든, 한쪽 끝이 막힌 작은 관에 지나지 않았고, 목제 총가銃架에 올리거나 약실 끝에 있는 구멍에 나무막대를 꽂아서 들어 올렸다. 핸드 캐넌은 전장포와 같은 방식으로 작동했다. 사수는 총구로 화약을 일정량 부어 넣고, 연납으로 만든 총알을 집어넣은 다음, 화약과 총알이 총열을 지나 약실까지 들어가도록 막대기로 밀어 넣었다. 발사 준비를 마친 사수는 목제 자루를 겨드랑이 사이에 끼고서 목표물 쪽으로 적당히 겨눈 후, 활활 타오르는 뜨거운 심지를 점화구에 삽입하여 약실에 장전된 화약에 불을 붙였다.

화약에도 단점이 많았지만, 핸드 캐넌 또한 장래가 기대되는 무기는 아니었다. 발사 자세가 어색하고 총열이 무거워 포병의 팔에 금세 무리가 갔기 때문이다. 또한 겨드랑이로 총가를 고정하면 사수가 아무리 머리를 옆으로 기울이더라도 양쪽 눈에 수평을 맞춰 정확히 겨눌 수 없기에 정확도가 떨어질 수밖에 없었다. 또 항상 화재가 일어날 가능성이 있었다.

핸드 캐넌이 원거리 무기로서 위치를 얼마나 차지했을까? 핸드 캐넌은 그 시대의 가장 흔한 개인 원거리 무기인 롱보우와 석궁보다 경쟁력이 훨씬 떨어졌다. 활은 정확도와 신뢰성은 물론 위력마저 핸드 캐넌보다 나았다. 하지만 핸드 캐넌도 사용할 만한 몇 가지 이유가 있었다. 화기에 익숙하지 않은 사람과 말은 핸드 캐넌에서 나오는 연기, 불꽃, 소음을 보면 겁에 질렸다. 연납으로 만든 탄환이 발사체로 사용됐는데, 근거리에서 쏘면 거의 모든 갑옷을 관통할 정도로 위력이 강했다. 보호 장비를 갖추지 않은 사람이 맞으면 끔찍한 상처를 입었고, 치유되기 어려웠다.

무엇보다 가장 중요한 것은 핸드 캐넌은 훈련을 받을 필요가 거의 없었다는 점이다. 롱보우를 제대로 다루려면 몇 년, 심지어 몇십 년이 걸렸다. 하지만 핸드 캐넌은 몇 분 만에 기본적인 규칙을 다 배울 수 있었다.

초기 화기에는 무언가 끌리는 것이 있었을 것이다. 부르고뉴 공작 샤를 1세의 군대는 15세기 중반에 화기를 종종 사용했으며, 스위스 용병들과 이웃 나라의 경쟁자인 독일 용병 란츠크네히트도 종종 전투에서 화기를 이용했다. 화기는 사용량이 증가하면서 점점 발전했고, 1500년경에는 더 친숙하고 유용한 형태를 갖추었다. 그리하여 길이와 무게만 다른 2가지 형태이자 서구 역사상 최초로 제식화된 보병 화기인 아퀴버스와 머스킷이 등장했다.

아퀴버스와 그보다 큰 사촌인 머스킷은 디자인 면에서 핸드 캐넌과는 주요한 차이가 2가지 있다. 첫 번째는 총가의 디자인이다. 핸드 캐넌의 총가는 중요한 2가지 역할을 가지고 있었다. 첫째는 안전을 위해 총열을 사수의 얼굴과 떨어뜨려 놓는 것이었고, 둘째는 몇 발 쏘고 나면 매우 뜨거워지는 철 소재가 그대로 노출된 총열의 옆면을 붙잡는 용도였다. 아퀴버스와 머스킷의 총가는 훨씬 더 정교했다. 총열 전체를 대부분 받쳐 주어서 화상을 입지 않고 어디서든지 총을 잡을 수 있게 했다. 초기의 아퀴버스용 총가는 핸드 캐넌용 총가처럼 겨드랑이 아래에 끼워 넣어야 했지만, 곧 나팔처럼 생긴 뭉툭한 개머리판을 총가에 덧붙여 총을 옆으로 드는 것이 아니라 몸에 고정시켜 쏠 수 있게 되었다. 일부는 가슴 중앙에 고정시켜서 사수의 몸 중심선에 맞출 수 있었지만, 가장 일반적인 해법은 오늘날에도 가장 익숙한, 개머리판을 오른쪽 어깨에 대는 방식이었다. 이 방식으로 발사하면 반동으로 인한 충격을 어깨의 두꺼운 근육으로 흡수할 수 있었고, 사수가 머리를 살짝 기울이면 오른쪽 눈을 총신 윗면에 맞출 수도 있었다. 다시 말해, 사수는 목표물을 적당히 겨누는 것이 아니라 정확히 조준할 수 있었다.

두 번째는 점화 시스템이 달랐다는 점이다. 화약은 불꽃과 직접 접촉시켜 점화해야 했다. 뜨거운 철사를 심지로 이용하는 핸드 캐넌의 점화 방식은 정신없고 산만했다. 화약을 점화하면서 동시에 목표물을 겨냥하는 것은 불가능했을 것이다. 하지만 최초의 점화 방식인 매치록matchlock, 즉 화승火繩이 발명되자 모든 것이 바뀌었다.

　화약과 마찬가지로 화승도 유럽에서 생겨나지 않았을 것이다. 14세기 후반에 오스만 제국에서 발명되었다는 증거가 있으며, 15세기 후반에 유럽으로 도입된 것으로 보인다. 화승은 노끈이나 대마로 만든 끈 1가닥을 초석 용액에 적신 뒤 말려 사용했다. 화승은 꾸준히 느리게 탔기에 빨갛게 달궈진 철사의 대용품이 되었다. 화승식 화기에는 금속으로 된 작은 화약 접시가 점화구 바로 밑 총신 오른쪽에 붙어 있었다. 또한 화약 접시 인근에는 점화를 담당하는 간단한 기계식 격발 장치(lock)가 인접해 있었다. 격발 장치에는 회전하는 굽은 금속 막대가 있었는데, 이를 서펜틴serpentine 또는 용두(cock)라고 불렀다. 용두의 한쪽 끝은 격발 장치에 매여 있었고, 반대쪽 끝은 나사로 조인 작은 죔쇠(vice)가 있었다. 전체 격발 장치는 목제 총가의 홈에 끼워져 있었다.

　장전 과정은 복잡한 듯 보이지만 실제로는 매우 간단했다. 아쿼버스를 쓰는 사수는 먼저 소량의 화약(점화약)을 화약 접시에 부은 후 덮개를 닫아 점화약이 빠져나오는 것을 방지했다. 다음에는 총의 개머리판을 땅바닥 쪽으로 기울였다. 그 상태에서 일정량의 화약을 총구로 부어 넣고, 허리춤에 있는 총알 주머니에서 납탄을 꺼내 약실까지 단단히 밀어 넣었다.

　발사 준비를 마친 사수는 아쿼버스를 가슴 높이까지 들어 올려 수평을 유지한 뒤, 불이 붙어 있는 화승을 잡아당겼다. 타고 있는 화승을 잡는 것은 발사 과정에서 위험한 편에 속했다. 일반적으로 오른손으로는 장전을 했기에, 총을 쥐는 왼손 손가락으로 화승을 쥐었다. 다음은 화승에 입바람을 불어 심지 표면의 재를 제거하여 불꽃을 되살린 후, 화승을 꺾어 용두의 쵬쇠 끝부분에 끼우고, 화승이 화약 접시에 제대로 부딪히도록 부드럽게 뒤로 흔들었다. 발사 준비가 끝나면 어깨 위로 아퀴버스를 들어 올린 후 화약 접시의 덮개를 열어 화약을 노출한 뒤 방아쇠를 천천히 당겼다. 방아쇠가 용수철로 작동하지는 않았기에 용두를 젖힐 필요는 없었다. 방아쇠를 천천히 당기면 용두가 천천히 하강하면서 불붙은 화승 끝부분이 화약 접시의 점화약에 닿았다. 마치 닭이 모이를 쪼는 것처럼 보였다.

모든 것이 잘 풀려서 점화가 일어나면 점화약이 밝은 불꽃과 하얀 연기를 내뿜으며 타오른다. 이론상으로는 불꽃이 점화구를 통해 올라가 화약에 닿게 되는 것이다. 그러면 화약이 폭발하고 가스가 팽창하며 납탄이 빠른 속도로 총열에서 나가 목표물을 타격한다.

삽화 6번

야곱 드 게인이 그린 화승에 불을 붙이는 머스킷병의 모습. *Wapenhandelinghe van Roers Musquetten ende Spiessen* (The Hague: Robert de Baudouz, 1607). 화약 접시 안의 점화약이 빠져나가지 않도록 덮개가 닫혀 있다. 사수가 머스킷을 쥔 왼손으로 함께 잡고 있는 총 받침과 왼쪽 어깨에서 오른쪽 엉덩이까지 걸친 탄띠에 주목하라. 탄띠에 매달린 목제 병에는 화약이 1회씩 사용할 만큼 들어 있고, 머스킷의 점화약은 사수의 오른쪽 다리에 줄지어 달린 조그만 병에 들어 있다.

화기를 잘 모르는 사람도 점화 과정 중 잘못될 가능성을 6가지 정도는 찾을 수 있을 것이다. 점화약은 직접 불이 닿더라도 항상 폭발하지는 않았다. 아퀴버스나 머스킷 같은 화승총은 늦게 발사될 수도 있다. 다시 말하면 화승이 점화약에 닿아도 몇 초가 지난 후에야 점화약이 폭발할 수도 있고, 점화약에 불이 붙고도 알 수 없는 이유로 몇 초가 지난 후에야 폭발할 수도 있었다. 만약 티끌 1점이라도 점화구를 막으면, 점화약의 불꽃이 화약까지 닿지 못하고 '화약 접시 안의 불꽃'으로만 남은 채 일종의 불발로 끝날 수도 있다. 화승이 닿기도 전에 또는 심지어 점화가 진행되는 중에 강한 바람이 화약 접시 안의 점화약을 날려 버릴 수도 있었다. 점화약이 축축해도 점화가 안됐다. 점화약이 완전히 젖으면 화승총을 사용할 수 없었고, 폭우가 내리면 화승의 불꽃마저 소멸할 수 있었다.

이것들은 최악의 상황이지만, 그밖에 장전하거나 발사하는 동안 일어나는 사소한 실수나 사고만으로도 발사에 실패하는 경우가 수십 가지는 더 있었다. 모든 것이 계획대로 진행되더라도 효과를 장담할 수는 없었다. 발사 명령을 받은 즉시 화승에 불을 붙일 수도 없었다. 항상 발사 전에 점검을 해야 했고, 방아쇠를 당기고 발사가 일어가기까지 걸리는 지체 시간(lag time)은 예측 불가였다. 화승이 밝게 타오르면 몰래 공격하는 것은 거의 불가능했고, 야간 공격 시에는 더욱 그랬다. 화승은 다루기 힘들었고, 이동하며 사용하기도 어려웠고, 말을 타거나 고삐를 쥐고 있으면 거의 사용할 수 없었다.

역사가들이 생각하는 것만큼 최악은 아니었지만, 아쿼버스와 머스킷의 총알도 상당한 품질 개선이 필요했다. 총열의 내부 표면(총강銃腔)에 나선형 홈(강선)이 없는 활강총인 머스킷과 아쿼버스의 명중률은 몹시 낮았다. 이후 등장하는 소총들은 강선이 있기 때문에 명중률이 높아졌다.

발사체(총알)가 강선에 맞물릴 만큼 총의 구경에 딱 들어맞으면, 비틀린 홈(강선)을 따라 회전하게 된다. 너무 빠르게만 회전하지 않는다면 회전 동작으로 인해 총알이 안정적으로 발사되면서 정확도, 사정거리, 관통력이 향상된다. 하지만 활강총에서는 총알이 회전하지 않으므로 느슨한 총열에서 발사되는 총알의 경로는 일정하지 않았다.

　아쿼버스와 초기 머스킷의 총알이 총구를 떠나는 순간의 속도, 즉 총구 속도는 무연 추진제(화약)와 작은 탄자를 사용하는 현대의 고출력 소총의 것보다 훨씬 느리다. 5.56밀리미터 구경 탄자를 발사하는 현대의 AR-15 소총의 총구 속도는 초당 900미터를 넘는 편이다. 흑색 화약을 추진제로 쓰고 직경 약 19밀리미터짜리 연납탄을 발사하는 아쿼버스와 머스킷의 총구 속도는 음속보다 약간 낮은 초당 300미터 정도다. 참고로 이 총구 속도는 현대식 권총의 속도와 매우 비슷하다. 하지만 머스킷 총알의 공 모양은 현대의 길쭉한 탄자와는 달리 공기 역학적이지 않으며, 총알이 총구를 떠나는 즉시 속도가 빠르게 감소한다.

　따라서 아쿼버스나 머스킷도 사정거리가 길지 않았고, 근거리에서만 목표물을 효과적으로 명중시킬 수 있었다. 숙련된 군인이라면 활강총인 머스킷으로 90여 미터 떨어진 사람 크기의 목표물을 명중시킬 수 있는 확률은 반반이었다. 40여 미터에서는 훨씬 더 정확했다. 하지만 90여 미터가 넘어가면 총알의 비행경로는 예측할 수 없었다. 180여 미터에서는 목표물인 사람을 맞출 확률이나 중상을 입힐 확률이 거의 없었고, 270여 미터 떨어져 있다면 전혀 위험하지 않았다.

　따라서 첫 보병 화기가 강력하고 정확했냐는 질문을 던진다면, 21세기의 관점에서는 분명 "아니"라고 답할 것이다. 하지만 정확도는 상대적인 개념이며, 무기의 사용 배경을 고려하지 않는다면 아무런 의미가 없다. 아쿼버스와 머스킷이 부정확하고 약하며, 장전 과정이 너무 복잡하고 길다고 생각하는 것은 우리 시대의 관점으로 판단하기 때문이다. 16세기와 그 이전 세기에 벌어진 전쟁이라는 배경에서 아쿼버스와 머스킷을 바라보면 관점은 매우 달라진다. 이들은 충분히 강력하고 정확했다. 롱보우의 사정거리는 머스킷보다 조금 더 길 뿐이었고, 대다수 중세 전쟁은 백병전이었다. 90여

미터 이하에서 아퀴버스를 쏘면 사람 1명을 놓칠 수는 있었지만, 당시의 전투는 90여 미터씩 떨어져서 이루어지는 개인 간의 싸움이 아니라, 많은 사람이 함께 모인 군대 간의 싸움이었다. 군대가 밀집 대형을 이루고서 싸우는 한, 아퀴버스와 머스킷은 의심할 나위 없이 효과적인 무기였다. 아퀴버스로 조준 대상을 쏘든, 그 옆에 4미터 정도 떨어진 사람을 쏘든 아무런 차이가 없었다. 목표는 적 1명이 아니라 적 자체였기 때문이다.

머스킷의 약점이라고 알려진 것도 마찬가지로 절대적이지 않았다. 발사체의 속도는 낮았지만, 머스킷과 아퀴버스는 잔인할 정도로 효과적인 무기였다. 머스킷의 총알은 대부분 화살보다 갑옷을 더 잘 관통했고, 고출력 화기로 쏘는 현대식 탄자보다 사람에게 더 큰 피해를 입힐 수 있었다. 현대의 탄자는 직경이 작으며 단단하고 얇은 금속, 대개는 구리로 된 층으로 보통 덮여 있다. 금속을 씌운 탄자는 비행 중이거나 인간의 신체와 같이 부드러운 표적에 부딪혔을 때 특별히 변형되도록 설계된 것이 아니라면 변형되지 않는다. 신체에 총을 쏘면 탄자는 상처를 내며 몸을 뚫고 들어가 구멍을 내며 나온다. 하지만 머스킷의 총알과 초기의 여타 탄자에는 금속 막이 없었다. 재료는 순수한 연납이었고, 무게는 30그램을 넘지 않았으며, 목표물에 부딪히면 급격히 변형됐다. 충격을 받으면 납작해져서 엄청난 상처를 내며 신체를 뚫고 들어갔고, 옷과 피부와 오물도 상처 속으로 함께 끌고 들어갔기 때문에 총알을 맞은 사람은 감염과 사망을 피할 수 없었다.

당시의 총알은 큼직하면서 속도는 낮기에 신체를 통과할 만한 관통력은 없었다. 대신, 신체에 뚫린 구멍 안에서 이리저리 튀며 장기와 부드러운 조직에 엄청난 손상을 입혔다. 또 뼈를 산산조각 내 수백 개에 달하는 작은 파편으로 만들었으며, 팔다리를 다시 사용할 수 없게 했다. 그 당시 군의관들은 총상을 치료할 방법이 딱히 없어서 산산조각 난 팔과 다리를 잘라내곤 했다. 그러나 당시의 군의관들을 모두 경솔하고 무지했다고 비난하긴 어렵다. 그렇게 맹목적으로 절단해야 했던 이유는 피비린내가 가득한 현실 때문이었다. 머스킷으로 쏜 연납제 총알에 맞아서 갈가리 찢긴 다리나 팔의 뼈는 현대의 수술로도 재건하거나 치료할 수 없을 정도였다. 장기간의 고통과 감염을 막는 유일한 방법은 절단뿐이었다.

사용법이 간단하고, 비용이 저렴하며, 제조하기 쉽고, 적당한 거리에서 적군을 맞출 수 있을 만큼의 정확도를 지녔고, 돌이킬 수 없는 끔찍한 상처를 입힐 수 있는 머스킷과 아쿼버스는 정말로 혁명적인 무기였다. 초기 화승총은 세력이 강해진 보병과 결합하여 당시의 전술을 뒤바꿨다. 화력은 지상전의 중심이 되었고, 공성전뿐만 아니라 총력전에서도 전술의 중심 요소가 되었다.

화승은 탄력적인 기술이었다. 1500년대 초에 유럽의 전쟁에서 사용되기 시작한 이래 18세기가 시작될 때까지 화승총은 다른 종류의 소화기보다 더 긴 시간인 거의 200년 동안 전장을 지배했다. 유럽 밖에서는 그보다 더 오랫동안 살아남았다. 화승총은 오스만 제국에서 시작되어 포르투갈 상인들이 16세기 중반 즈음 일본 등 아시아 지역까지 전파하며 뻗어 나갔다. 이 몇백 년 동안 화승총은 놀랍게도 바뀐 게 거의 없었다. 개선할 여지가 없었던 것이 아니라, 기술에 대한 그 당시의 태도가 지금과는 많이 달랐기 때문이다. 르네상스 시대에 군사 기술과 과학은 끊임없는 기술 변화와 발전을 추구하지 않았고, 장인들은 분명히 해결해야 할 문제가 없다면 굳이 해결책을 찾아 나서지 않았다. 화승은 화약에 효과적으로 불을 붙일 수 있는 장치였고, 다른 것으로 대체할 이유는 전혀 없었다. 게다가 군함에 일어난 변화를 통해 보았듯이 변화는 성가시고 값도 비쌌다. 군사 건축 분야에서 일어난 격변보다 그 점을 잘 입증한 것도 없다.

화승을 대신할 만한 것이 없지는 않았다. 화승의 점화 자체는 변덕스럽고 일관적이지 않았으며, 적에게 숨길 수도 없었다. 그래서 16세기 즈음 유럽 총기 제조자들은 더 뛰어난 대안인 휠록wheellock(치륜齒輪)을 발명했다. 휠록은 천천히 타오르는 화승 대신 세심하게 설계된 기계 장치를 이용했다. 화승과 마찬가지로 휠록에도 움직이는 서펜틴 또는 용두가 있었다. 그러나 이 휠록의 용두는 날카로운 모서리로 된 황철석 1조각을 턱에 물고 있었다. 화약 접시 아래에는 용수철로 움직이는 톱니 같은 강철 바퀴가 시계와 매우 흡사하게 스패너로 감겨 있었다. 시계와 마찬가지로 내부는 복잡했지만, 사용법은 간단했다. 일단 총이 장전되고 용수철도 감기고 나면, 사수가 해야 할 일은 용두를 내려 톱니바퀴의 가장자리에 황철석을 올려놓고 방아쇠를 당기는 것이 전부였다. 바퀴가 회전하면서 바퀴 가장자리와 황철석이 맞부딪혀 불꽃이 튀면, 점화약이 폭발하면서 총이 발사됐다. 방아쇠를 당기면 거의 바로 점화가 이루어진 것이다.

휠록은 화승총보다 신뢰성이 훨씬 더 좋았고, 다루기도 쉬웠다. 발사 준비가 된 상태로 운반할 수 있는 최초의 화약 무기였으며, 말을 탄 채로도 사용할 수 있었다. 이러한 특징만으로도 휠록 권총은 무장 강도 같은 의외의 용도에 적합했으며, 게다가 권총집이나 주머니에 숨겨서 가지고 다닐 수 있었고, 꺼내어 바로 발사할 수도 있었다. 그러나 섬세하고 비쌌으며 수리가 어려운 탓에 군대에서 쓰기에는 바람직하지 않았다. 정교한 기술 장치인 휠록은 섬세한 장인만이 만들 수 있었고, 따라서 주로 왕족과 귀족의 사냥용 무기로 사용되었다. 그러나 휠록 권총은 기병에게는 그 가치가 분명했기에, 16세기와 17세기 내내 기병이 가장 애용하는 화기가 되었다.

휠록을 사용한 총은 단연코 우수한 무기였으나, 군대의 빠듯한 예산에는 화승총이 더 적합했기 때문에 유럽 군대는 계속 화승총을 주로 사용했다. 오랫동안 화승총이 겪은 유일한 변화는 크기였다. 짧고 가벼운 아쿼버스는 기병대에 더 적합했으며, 이후에는 그 후예인 칼리버, 머스커툰, 카빈이 아퀴버스의 자리를 대신했다. 머스킷은 아퀴버스 대신 보병 화기가 되었다. 머스킷은 보통 아퀴버스보다 총열이 길고 구경이 컸다. 총알이 더 크고 무거우면 상대에게 더 심각한 타격을 줄 수 있었고, 총열이 길수록 정확도, 파괴력, 사정거리가 향상된다는 믿음도 있었다. 그러다 보니 17세기의 머스킷은 지지대를 사용해야 할 만큼 무거웠다. 지지대는 끝부분이 철로 되어 있는 어깨높이의 긴 막대기였는데, 독일어로 포크라는 의미인 '가벨Gabel'이라고 불렀다. 이 지지대는 9킬로그램이 넘어가는 머스킷을 들어야 하는 사수의 짐을 덜어 주었다.

유럽 전장에 화승총이 처음 등장했던 1500년대 초는 매우 적절한 시기였다. 보병은 이제 막 주도적인 전력으로 자리를 잡았고, 유럽 전역의 육군은 전술적으로 뛰어났던 스위스 창병 부대에 대응할 방법을 간절히 찾고 있었다. 총이 스위스의 창을 물리칠 수 있었을까?

그 해답은 거대한 시험대였던 르네상스 시대의 전장에서 처음 나왔다. 1494년 이후 스페인의 합스부르크 황가와 프랑스의 발루아 왕가는 화력으로 무장한 군대를 전면에 두고서 싸움을 벌였다. 이들은 유럽에서 화약 기반 전술의 선구자였으나, 스페인 군대가 가장 앞서 있었다. 당대 최고의 군인인 곤살로 페르난데스 데 코르도바의 지휘 아래 스페인 군인들은 전술적으로 유리한 무기를 찾기 위해 스위스인들보다 더 열심히 노력했다. 초기의 해결책 하나는 짧은 검과 작고 둥근 방패인 버클러로 무장한 특수 경보병이었다. 이들은 스위스 용병의 파이크 부대와 근접전이 벌어지면 파이크 대형에 침투할 수 있었다.

파이크 대형의 가장 큰 약점은 화기에 취약하다는 것이었고, 이는 비코카 전투 이전에도 여러 번 입증되었다. 너무 멀거나 가깝지만 않다면 파이크 대형은 놓칠 수 없는 표적이었다. 프랑스군이 1512년 4월 11일에 벌어진 라벤나 전투와 1515년 9월 13일과 14일에 벌어진 마리냐노 전투에서 보여 준 것처럼, 대포는 밀집 대형을 순식간에 해치울 수 있었다. 하지만 대포는 실용적인 해결책이 아니었다. 야포는 아직 존재하지 않았고, 공성포는 전투에서 쓰기에는 너무 번거로웠다.

하지만 아퀴버스와 머스킷은 해결책이 될 수 있었다. 약 30그램짜리 납탄이 9킬로그램 이상인 포탄만큼 살상력이 뛰어나진 않았지만, 아퀴버스병과 머스킷병 수천 명을 배치할 수는 있었고, 이들은 대포보다 빨리 발사할 수 있었다. 무엇보다 사수는 다른 보병들처럼 이동 가능하므로 전장에서 자유롭게 움직일 수 있었다. 1522년에 벌어진 비코카 전투는 대규모 보병 화력이 전투의 승패를 결정지은 몇 가지 사례 중 하나였다.

비코카 전투는 많은 교훈을 주었다. 적의 대형, 심지어 지금까지는 거의 천하무적이었던 스위스 용병의 파이크 대형도 멀리서 화력으로 무너뜨릴 수 있었다. 진행 중인 적의 공격을 멈출 수 있었고, 생존자들의 사기를 꺾어 그들의 단결을 무너뜨릴 수도 있었다. 또한 사격 타이밍이 중요하다는 것과, 보병의 일제 사격은 적에게 특히 치명적인 영향을 미친다는 사실도 알게 되었다.

일제 사격의 개념은 예전이나 지금이나 많은 오해를 받고 있다. 전쟁사 학자들은 일제 사격이 정확도가 매우 떨어지는 머스킷을 보완하기 위한 방법 중 하나였다고 주장하곤 한다. 머스킷의 명중률이 낮았던 것은 사실이지만, 그 주장은 터무니없다. 머스킷을 개별적으로 발사하든, 다른 머스킷과 함께 발사하든 목표물에 명중할 가능성은 같다. 일제히 사격한다고 해서 활강총의 명중률이 높아지는 것은 아니며, 표적을 제대로 조준하더라도 명중률이 낮은 것은 매한가지였다. 그렇지만 단일 사격보다는 살상력과 효과가 높았다. 수백 혹은 수천 발을 일제히 사격할 때 나는 굉음은 매우 귀에 거슬리고 혼란도 일으켰다. 전근대 유럽처럼 큰 소리와 주변의 소음에 익숙하지 않은 사회에서는 더욱 그랬다. 총성이 지나간 자리는 더 충격적이었다. 수많은 군인이 계급을 막론하고 정확히 같은 시간에 쓰러지는 광경은 생존자들에게 절망과 공포를 불러일으켰다.

또한 지휘 통제, 특히 사격 훈련의 문제가 있었다. 군사 심리학이 생겨나기 전부터 경험 많은 군인들은 알고 있었듯이, 총병은 몰려오는 적 또는 멀리 있는 적에게 직접적인 공격을 받으면 응사하는 경향이 있다. 당연한 이야기이지만 총을 쏘는 적이 보이지 않는데도 응사하는 것은 도움이 되지 않고, 비합리적이다. 그러니 일제 사격 훈련에서 사수들은 상관의 구령이 들릴 때까지 기다려야 했다. 지휘관이 가장 적절한 일제 사격 시기를 결정하는 것이 긴장하거나 잔뜩 겁먹은 병사들에게 사격 시기를 맡겨 두는 것보다는 효과적이었다.

비코카 전투는 또 1가지 교훈을 남겼다. 화력이 매우 중요하긴 했지만 전투의 전부는 아니었고, 그럴 수도 없었다. 상대편보다 뛰어난 화력을 보유하면 전투에서 이기거나 적을 교란할 수 있었지만, 화력 자체로 승리를 거둘 수는 없었다. 진격을 막아내고 심지어 적을 후퇴시킬 수도 있었지만, 승리의 결정적 요인은 아니었다. 비코카 전투에서도 아퀴버스 사수들이 스위스 용병의 돌격을 막고 대형을 무너뜨렸지만, 끝내 그들을 몰아낸 건 창병들이었다.

이것이 비코카 전투 이후 150년 동안 보병의 표준 대형과 지상전의 기본 공식이 되었다. 파이크와 머스킷은 이 중에서 1가지만으로는 승리를 거둘 수 없는 특수 무기였지만, 하나의 강점으로 다른 하나의 약점을 보완하기에 함께 활용하면 효과가 뛰어났다. 아퀴버스와 머스킷을 든 사수들은 우수한 화력으로 멀리서 적의 단결과 의지를 조금씩 약화시켰고, 마침내 적의 단결이 충분히 흔들리면 창병 부대가 앞으로 달려나가 싸움을 마무리했다. 만약 형세가 뒤바뀌고 적이 공격해 오면, 아퀴버스 부대와 머스킷 부대는 화력으로 적의 공세를 약화시키려 애쓰면서 근접전 임무를 파이크 부대에 맡겼다.

하지만 이러한 전술을 구사하는 데 필요한 일종의 협동 작전은 매우 어렵고, 보기보다 더 복잡한 일이었다. 일반 병사들은 전투 대형에서 자신의 위치를 알아야 했으며, 장교들은 병사들이 최대한 빨리 제 위치를 찾도록 도와야 했다. '파이크 앤드 샷pike and shot' 전술이 효과를 보려면 병사들의 숫자가 많아야 한다는 점도 골칫거리였다. 파이크 대형은 방어든 공격이든 창병이 많고 대형이 커야 효과적이었다. 다수의 물리적인 공격이 파이크 대형의 가장 중요한 특성이었다. 그리고 머스킷은 몇백 또는 몇천 명의 손에 들릴 때 위협적이었다. 머스킷을 대규모로 일제 사격해야 적에게 시각적인 충격을 줄 수 있었기 때문이다. 또한 지휘관들이 예상치 못한 전장의 비상사태에 대비하기 위해서 총격을 보류해야 할 때도 있었다. 그렇다면 어떻게 협동 작전을 실행했을까? 창병과 머스킷 사수가 서로 방해하지 않으면서도 서로 지원하는 방법은 무엇일까?

답은 16세기에 가장 위대한 군사적 혁신을 일으킨 스페인에서 나왔다. 16세기 중반, 스페인의 장군들은 자신들이 처한 전술적 딜레마를 해결하기 위해 테르시오tercio라는 대형을 생각해 냈다. 테르시오는 '3분의 1'이라는 의미로, 단독으로 또는 대규모 병력의 일부로서 기능하도록 만든 제병 협동 부대였다. 다양한 형태로 조직될 수 있었지만, 거대한 사각 파이크 대형을 사수들이 두텁게 에워싸는 것이 핵심 요소였다. 중심의 파이크 대형을 사수들이 열을 이뤄 둘러쌌고, 4면 귀퉁이에는 사수들로 이루어진 작은 직사각형 방진이 있었다. 높은 곳에서 내려다본 테르시오는 이탈리아 요새의 구조와 매우 유사하다.

테르시오의 등장은 전쟁사상 중요한 사건이지만, 기억하는 이는 드물다. 하지만 이는 무엇보다도 첫 번째 현대식 군사 조직(부대)이었다. 테르시오 부대는 장교, 참모, 군악대로 이루어진 기본 단위를 포함한 여러 하위 부대로 구성되어 있었고, 야영, 행군, 훈련, 전투를 함께했다. 테르시오는 행정 부대이자 전술 부대였기에 전장에서 조직을 급히 재구성할 필요는 없었다. 전술적 관점에서 테르시오는 형태를 변경하지 않고 공격 작전과 방어 작전을 모두 수행할 수 있었다. 가장 큰 장점은 좌우 대칭적이었기 때문에 어떤 쪽에서든 적에게 같은 양의 화력을 퍼부을 수 있었다는 점이다. 또한 4면이 동일해서 적에게 측면 공격을 당할 일도 없었다.

하지만 테르시오는 거대한데다 거추장스럽기도 했다. 1500년대 후반의 전형적인 테르시오는 최대 3,000명에 달하는 장교와 병사 들로 구성되어 있어서 각각의 하위 부대가 행군 대열에서 테르시오 대열로 변경하는 과정은 몇 시간이 걸렸다. 또한 파이크 대형처럼 큰 테르시오 대형은 총기의 표적이 되기 쉬웠고, 이는 또 다른 골칫거리를 낳았다. 전방에서 적군과 전투를 벌일 때 측면과 후방의 화력 대부분은 전혀 쓸모가 없었던 것이다.

1550년과 1800년 사이의 기술 변화 속도는 상당히 느렸다. 코르노바가 활약할 때의 아쿼버스는 150년 후 루이 14세의 군대가 썼던 머스킷과 근본이 같았으며, 또 150년 후 나폴레옹 군대의 표준 무기와 비교해 보아도 세부적인 것 외에는 큰 차이가 없었다. 19세기에 산업 혁명이 전개되기 이전에는 기술 발전 수단이 더 제한적이었고, 대량 생산이 가능한 공장이 없었다는 것이 이유의 전부는 아니었다. 산업 혁명 시대의 주요 혁신 하나는 일상에서 일어나는 실용적 문제에 과학적 원리를 적용하는 분야인 공학이 등장했다는 점이다. 무기 설계의 공학적 접근 방식은 19세기에나 발전했다. 그전까지는 무기 설계를 체계적으로 연구하는 공통적인 과학 언어나 이론 체계가 없었다. 예를 들어 19세기 이전 유럽인들은 탄도학, 즉 발사체의 비행경로에 영향을 미칠 수 있는 요소를 현대적으로 이해하지 못했다. 그래서 무기 실험은 대부분 시행착오를 거치며 무턱대고 이루어졌다.

기술을 발전시킬 수단도 없었고, 발전을 자극하는 요인도 없었다. 전근대 유럽 사회는 더 나은 쪽으로 변화하더라도 변화를 완전무결한 선으로 바라보지는 않았다. 변화에는 항상 지불해야 할 대가가 있었고, 중요한 것은 그 대가와 이익 사이의 균형이었다. 무기 기술의 혁신에서 그 대가는 '노후화'였다. 새로운 무기는 한 기술이 다른 기술을 대체함으로써 오랫동안 축적된 기술을 폐기해야 한다는 것을 의미했다. 예를 들어 혁신은 머스킷 수만 정을 제작하는 것처럼 매우 값비싼 일이었다. 다른 말로 하면, 혁신으로 인한 즉각적인 이익은 인정되더라도, 그 의지는 바로 발휘되지 않을 수 있었다. 전근대 유럽 국가는 전쟁이 일어날 때마다 충분한 자원을 동원해 대규모 군사력을 갖추고 유지하는 일에 이미 애를 먹고 있었다. 새로운 무기를 갖추는 것은 이미 한계점에 도달한 물적 자원 분야에 너무 큰 부담이 될 수도 있었다.

그래서 전술이 발전하기 시작했다. 장군들은 당시 가능한 기술로 최고의 결과를 얻어내야 했다. 스페인의 테르시오 부대는 보병 전술의 공식 체계, 즉 머스킷의 장점을 활용하고 약점을 보완해 줄 체계를 마련하려는 시도였다. 반대로 스페인의 적들은 최선을 다해 테르시오를 격퇴했고, 그 과정에서 특별한 일을 했다. 바로 현대적인 군인을 만들어 낸 것이다.

현대적인 군인은 16세기 말에 오늘날 벨기에와 네덜란드 지역인 저지대 국가의 저항적인 국민들을 스페인이 짓밟으면서 일어난 네덜란드 독립전쟁 도중에 나타나기 시작했다. 이 전쟁은 가톨릭교와 개신교의 갈등이 깊어진 상태에서 네덜란드 지역을 상속받은 필리페 2세의 억압적인 통치에 반발하며 발생한 지역적인 마찰이 1560년대 후반에 뜨거운 전쟁으로 번진 것이었다. 독립군은 매우 불리한 상황에서도 '침묵공' 빌럼 판 오라녜의 지휘를 받으며 끈질기게 버텼다. 스페인과 가톨릭교에 반대하는 개신교인들의 국제적인 지지가 몰려들자 네덜란드의 독립군은 곧 승리를 거둘 수 있을 것 같았다. 하지만 스페인은 여전히 유럽의 초강대국이었고, 저지대의 고집 센 국민들을 복종시키려는 펠리페 2세의 의지도 확고했다.

1584년 침묵공 빌럼이 암살 음모의 희생양이 되었을 때, 그의 아들 마우리츠는 네덜란드 독립군의 선두에 섰다. 유명한 네오스토아 철학자 유스투스 립시위스에게서 가르침을 받은 마우리츠는 고대 로마의 군사 제도를 흠모했고, 전술가 아에리아누스 탁티쿠스와 플라비우스 베게티우스 레나투스의 군사 교리에 통달했다.

그 당시 박학다식한 청년들이 마우리츠처럼 고대 로마 지식인들을 흠모하는 것은 드문 일이 아니었다. 르네상스 인문학자들은 로마 문명을 인류 역사상 가장 위대한 문명이라고 여기며 종종 맹목적으로 모방할 정도였다. 《군주론》의 저자 니콜로 마키아벨리마저도 로마 군사 기관을 연구하다 받은 영향으로 지상전에 관해 저술했다. 마키아벨리는 로마의 전술과 무기로 돌아가자고 외치는 등 고대 로마인들을 향한 존경을 맹목적인 모방으로 표현했지만, 마우리츠는 로마인의 경험을 통해 당대의 전쟁에 적용할 수 있는 불변의 법칙을 찾았다.

마우리츠가 로마의 전쟁을 연구하며 깨달은 것은 다음과 같았다. 로마 보병은 집단 병사 훈련과 집중 교육을 받아서 전장에서 매우 유연한 대처가 가능했다. 이들은 숙련된 지휘관에게는 효과적이면서 정확히 사용할 수 있는 도구와도 같았다. 로마 병사들이 받은 훈련은 중세 기사들이 개인의 전투 기술을 창검으로 연마하던 것과는 달랐다. 로마는 병사들이 몇 가지 간단한 동작을 수행하도록 훈련시켰고, 각 동작을 전체 집단이 1명처럼 일사불란하게 해낼 수 있도록 작은 동작으로 또 나눴다. 병사들은 가급적 매일 몇 시간씩 연습함으로써 구령에 자동으로 반응하여 동료들과 완벽한 호흡을 맞추면서 동기화된 움직임을 반사적으로 수행할 수 있었다.

마우리츠는 '군사 훈련(drill)'을 재발견한 셈이었다.

마우리츠와 그의 사촌 빌럼 로더베이크는 당대의 보병과 파이크, 머스킷, 아쿼버스와 같은 무기에 로마의 사상을 적용했다. 파이크와 관련된 모든 동작은 2~3개로 줄어들었다. 행군할 때는 파이크를 어깨에 기대고, 공격하거나 방어할 때는 수평을 맞춘다. 갑작스러운 공격을 막을 때는 뒤쪽 또는 양쪽으로 휘둘렀다. 각 동작을 지시하는 구령은 준비와 간단한 실행, 단 2가지였다. 준비 구령을 들으면 병사들은 다음 동작이 무엇인지 정확히 알았고, 그에 대비했다. 실행 구령을 급하게 들으면 동시에 모두 같은 속도로 기계와 같이 정확하게 명령을 수행했다. 파이크는 길고 거추장스러워 병사 수백 명이 한정된 공간에서 휘두르면 서로 엉키기 쉬웠다. 그래서 파이크병의 움직임이 통제되지 않을 때 발생하는 사고와 부상을 방지하려면 높은 정확도는 필수적이었다.

사수들을 훈련시키는 것도 중요했다. 신입 병사들은 12개 이상인 개별 동작으로 이루어진 장전 절차를 훈련함으로써 단계를 건너뛰거나 순서를 놓치지 않으면서 장전 과정을 제대로 배울 수 있었다. 훈련은 신병이 복잡한 절차를 암기하는 데만 효과적인 것이 아니었다. 노련한 군인들에게도 훈련은 중요한 성과를 가져왔다. 머스킷병이 100명이라면 각자 100가지 다른 속도로 장전하고, 100가지 다른 시점에서 발사할 것이다. 하지만 훈련을 거친 병사들은 신속하면서도 호흡을 맞추며 장전할 수 있었다. 최적의 일제 사격 시기를 파악해야 하는 지휘관은 병사들의 발사 준비 시점을 초 단위로 헤아릴 수 있었다.

또한 훈련은 단지 호흡을 맞춰 무기를 사용하는 것만을 의미하지 않았다. 훈련의 기본 요소는 일정한 규칙과 리듬에 맞춰 걸음을 조절하는 것과 같은 매우 간단한 개념들이었다. 만약 병사들이 각각 자신이 원하는 속도와 걸음걸이로 행군한다면, 밀집 대형은 이동하는 즉시 뒤죽박죽이 되어 버릴 것이다. 그러나 부대의 모든 병사가 동시에 발을 내디디면서 같은 보폭으로 걸으면 대형은 그대로 유지됐다. 사소한 움직임까지도 중요했다. 좌향좌, 우향우 같은 사소해 보이는 제식 훈련도 밀집 대형에서는 매우 중요했는데, 이런 훈련이 없다면 앞선 병사의 발을 계속 밟게 되기 때문이었다. 걸음 훈련, 옆이나 뒤를 바라보는 법, 무기를 다루는 법 등을 훈련함으로써 제멋대로인 무장 병사 무리들은 지휘관의 명령에 반응하는 도구 또는 기계와 같은 부대들로 변화되었다. 지휘관이 올바른 순서로 각 명령을 조합하면, 부대는 지휘관의 뜻에 따라 가능한 한 일사불란하게 행동하고 이동할 수 있었다.

화약이 도입된 때부터 19세기에 기관총 같은 속사 화기가 개발되기 전까지 훈련은 서양의 지상전에서 가장 중요한 혁신이었다. 르네상스 시대 인문학자들이 사실상 사라진 로마의 영광을 되살리고자 육성했던 여러 다른 사상들처럼 훈련도 재활용된 아이디어였다. 군사 훈련은 일본, 중국, 한국에서도 독자적으로 발전했으므로 유럽에서만 유일하게 일어난 것은 아니었다. 심지어 마우리츠 이전에도 훈련은 어느 정도 있었을 것이다. 파이크 대형과 테르시오 대형의 존재는 몇몇 기본적인 동작 훈련이 있었다는 것을 뜻한다. 병사들이 정확한 타이밍과 자세로 걷지 않는다면 이러한 초기 밀집 대형이 이동하는 것은 불가능했을 테니까.

마우리츠가 일으킨 혁신이 훈련뿐이라고 해도, 그는 충분히 르네상스 시대의 위대한 장군이 되었을 것이다. 하지만 그는 더욱 많은 일을 했다. 기본 보병 부대를 정원 2,000명에서 3,000명인 테르시오에서 정원 500명인 부대로 개편했고, 사병 대비 장교와 부사관 비율을 급격히 높였으며, 시간에 따라 정해진 급료를 지불했고, 당시 군대에서 흔했던 징계 문제를 없앴다. 그러나 전술에서 가장 중요한 것은 훈련이었고, 이는 마우리츠의 개혁

중에서도 가장 위대했다.

⊕ ⊕ ⊕

훈련은 병사의 전투력을 향상시킨다. 하지만 훈련의 진정한 위대함은 무기 활용 능력을 극대화한다는 점이다. 경직되고 융통성 없는 훈련은 역설적으로 더 유연한 시스템에서는 불가능한 전술적 유연성을 제공했다. 마우리츠는 테르시오 대형을 길게 만들어 대형의 규모와 그로 인한 취약성을 줄이면서 화력을 증가시켰다. 이러한 변화는 훈련 덕분에 가능했다. 테르시오 대형은 사각형에서 두꺼운 선線 모양이 되었다. 선형진에서는 테르시오 대형에서보다 더 많은 병사가 전투에 참여할 수 있었고, 따라서 전투에서 더 많은 화력을 뿜냈다. 테르시오 대형에서 아쿼버스와 머스킷 대부분은 대형의 측면이나 후방에 배치되었기에 사방에서 공격을 받지 않는 한 사실상 무용지물이었다. 그러나 원거리 무기를 일렬로 늘어뜨리면 전방과 후방 모두 화기를 발사할 수 있었다. 테르시오 대형에서는 정면에서 공격을 받으면 전체 화기 중 절반이나 3분의 1 정도만 적에 대응할 수 있었지만, 선형진에서는 모든 화기가 즉시 불을 뿜었다.

선형진에도 단점은 있었다. 테르시오 대형과 비교해 선형진은 전술적으로 가벼웠다. 즉 전투 과정에서 적을 밀어붙이는 힘이 테르시오 대형이나 파이크 대형보다 부족했다. 또한 테르시오 대형에는 측면이 따로 없지만, 선형진은 측면이 취약하다. 마우리츠는 이러한 단점을 고려했고, 테르시오 대형의 안전하고 든든한 이점 대신에 훈련으로 얻어낸 전술적 유연성을 활용했다. 선형진은 대형을 움직임으로써 방향이나 전면을 순식간에 바꿀 수 있었다. 달라지는 전장 상황에 따라 방향과 대형을 변화시키며 동적으로 움직이는 것이 선형진의 목적이었다.

'반대 행진'이라고 하는 동작은 선형진의 유연성과 전술의 변화를 가장 잘 보여 준다. 네덜란드 보병대의 머스킷병들은 10줄로 전열을 만든다. 발사 명령이 떨어지면 첫 번째 줄의 병사들은 일제 사격을 가한 다음 측면으로 돌아서 대형 뒤쪽으로 1줄씩 물러났다. 맨 뒤로 온 병사들은 머스킷을 재장전하고 점화를 준비했다. 동시에 대형의 다른 병사들은 일제히 1걸음씩 전진함으로써 두 번째 줄의 병사들이 첫 번째 줄에 섰다. 다시 발사하고 앞줄에서 벗어나 뒤로 물러나면 대형의 다른 병사들은 같은 동작을 반복했다. 10줄 모두 발사하고 물러나면 다시 맨 첫 번째 줄이 원래 위치로 돌아가 장전된 머스킷을 발사할 준비를 했다. 마우리츠와 로더베이크는 1걸음 더 나아갔다. 이들은 훈련 내용을 활자로 찍어냈다. 1600년에 구텐베르크 인쇄기가 새로운 것은 아니었지만, 유럽은 그때서야 그 영향력을 이해하기 시작하는 중이었다. 인쇄기는 시간과 물리적 거리를 초월하여 아이디어를 전달할 수 있는 수단이 되었고, 이는 다른 분야에서와 마찬가지로 전쟁 기술에서도 중대한 발전을 일으켰다. 그리하여 훈련 교범이 생겨났다.

첫 번째 훈련 교범은 단순했다. 마우리츠는 네덜란드 판화가 야콥 드 게인 2세를 고용하여 파이크, 아쿼버스, 머스킷의 사용 자세를 삽화로 그려냈고, 글자로 구령을 드문드문 써넣었다. 그리고 1607년 *Wapenhandel-inghe van Roers Musquetten ende Spiessen*(아쿼버스, 머스킷, 파이크를 위한 무기 연습)이라는 제목으로 인쇄했다. 이 교범은 최초로 제작된 훈련 교범 인쇄물이라는 점에서 의미가 컸다. 더 상세하고 유용한 교범은 금세 나타났다. 독일 북서부 도시인 지겐의 군사 학교에서 전술을 가르쳤던 직업 군인인 요한 야코비 폰 발하우젠은 1615년 보병 전술에 관한 그의 책 *Kriegsku-nst zu Fuss*(보병 전술)을 출판했다. 발하우젠은 네덜란드 독립 전쟁에서 싸운 경험이 있었으며, 그의 후원자인 나사우–지겐의 요한 7세가 마우리츠의 먼 친척이었기 때문에 네덜란드의 전술 체계를 잘 알고 있었다. 그래서 발하우젠의 교범에는 그의 경험과 지식이 모두 반영됐다. 발하우젠의 교범은 마우리츠의 교범 내용을 모두 담고 있었을뿐더러 더욱 상세했다. 모든 동작을 손과 손가락의 정확한 위치까지 표현하는 등 매우 자세히 묘사했다. 게인의 간단한 작품과는 달리 발하우젠은 보병대의 편제를 구성하는 방법과, 행군 대열에서 선형진으로 전환하는 방법 같은 내용을 글과 도표로 자세히 설명했다. 다양한 언어로 번역된 발하우젠의 훈련 교범은 첫 번째 현대식 훈련 교범이었으며, 다른 유럽 지역에 화력을 중심으로 하는 새로운 전술을 전파하는 수단이 되었다.

이 훈련 교범들은 전술 역사상 새로운 국면을 열었다. 군대의 구성과 성격이 그전과는 180도 달라졌고, 서구 전쟁사에서 가장 기본적이고 획기적인 발전이 일어날 조짐도 보였다. 직업 군인이 생겨난 것이다. 물론 용병대는 이전에도 있었다. 중세 유럽에서 전쟁은 일종의 거래이자 생계 수단이었기 때문이다. 봉건 군대의 기본 구성 요소인 기사들도 전쟁을 위해 평생 훈련했다는 점에서 직업 전사였다. 군사적 의무는 기사의 수입과 특권의 간접적 원천이었고, 전투는 기사의 지위를 정당화했다.

그러나 17세기부터 군대의 전문성은 그전과는 성격과 규모 면에서 완전히 달라졌다. 지휘관은 점점 더 복잡해지는 전쟁에 대응하기 위해서 실전 경험을 쌓을 뿐만 아니라 공부도 해야 했다. 일반 병사들이 겪었던 변화는 더욱 컸다. 훈련은 개인적인 전투력에는 큰 도움이 되지 않았다. 훈련은 집단의 전투력 향상에 도움이 되었고, 개성을 말살했다. 훈련은 자신만의 사고방식과 생각, 충동을 지녔던 병사들을 살아 숨 쉬는 기계로 바꾸었다. 병사는 더 이상 개인이 아니라 군의 일원이었고, 기계의 부품이었다. 받은 명령을 아무런 이의 없이 정확히 수행하는 부품이 제 역할을 다할 때 기계는 순조롭게 작동한다. 17세기부터 개인이었던 병사들은 군인이 되었다.

중세 후기 전장에서 보병대의 존재감이 점점 커지자 조직과 규율도 중요해졌다. 1400년대 말에는 야전군 규모가 눈에 띄게 커지면서 전쟁을 사전에 준비하고 계획하여 조직적으로 움직이는 일이 필수가 되었다. 그러나 느슨하게 조직된 중세의 보병대가 17세기에 잘 조직된 계급 중심 부대로 완전히 탈바꿈한 결정적 이유는, 아쿼버스와 머스킷 같은 새로운 무기가 널리 보급됐기 때문이었다. 머스킷과 파이크를 모두 갖춘 보병 부대 간에는 긴밀한 협력이 이루어져야 했고, 자연히 훈련이 필요한 조직을 편성해야 했다. 결국 직접적으로든 간접적으로든 서양의 현대적 군인, 군사 훈련의 현대적 개념, 현대적 군대를 탄생시킨 시발점은 화약이었다.

4장

머스킷, 총검, 야포

1600년대 유럽에서 전쟁은 일상이었다. 16세기에 스페인의 합스부르크와 프랑스의 발루아 간에, 잉글랜드의 튜더와 스페인 및 프랑스 간에, 덴마크와 신생 스웨덴 왕가 간에 벌어진 다툼은 17세기까지 끝나지 않았고, 종교개혁과 그 여파 때문에 더욱 복잡해지고 심화되었다. 왕들의 야망과 종교 간의 갈등은 유럽 대륙 전반에 걸친 첫 번째 분쟁인 30년 전쟁(1618~1648)에서 결국 맞부딪혔다. 보헤미아의 종교 및 헌법과 관련된 봉기로 촉발된 독일 공국들 간의 내전이었던 30년 전쟁은 유럽의 모든 정권을 에워싼 거대한 국제적 소용돌이로 빠르게 확대되었다. 이는 제1차 세계대전이 일어나기 전에 유럽에서 일어난 가장 파괴적인 인재人災였다. 유럽 대륙의 인구는 대폭 감소하고, 참전국들은 파산했으며, 이 전쟁에 휘말린 거의 모든 나라는 반란과 사회적 격변을 겪었다. 30년 전쟁이 끝나자 유럽의 국경선은 변경되었고, 모든 참전국들은 녹초가 되었다. 그러나 평화는 찾아오지 않았다.

17세기 후반에도 새로운 전쟁이 계속 이어지며 유럽 대륙을 괴롭혔다. 대부분은 태양왕 루이 14세의 고삐 풀린 침략 때문이었다. 1715년에 루이

14세가 사망한 이후 국가 간 전쟁은 확실히 예전보다는 줄어들었으나 평화가 오래가지는 않았다. 특히 스페인, 네덜란드, 프랑스, 영국 등 주요국 간 경쟁이 급속히 격화되면서 유럽 전쟁의 영역은 유럽 너머로 확대되었다. 오스트리아 왕위 계승 전쟁(1740~1748)과 7년 전쟁(1756~1763)은 왕가 간의 서로 상충하는 이익을 두고 유럽 대륙 안과 밖에서 벌어진 전쟁이었다.

1600년대 전장에서는 보병이 중심이었다. 전통 혹은 지형의 특징 때문에 기병대를 선호하는 대륙 동부 지역 변두리를 제외하고는 머스킷병과 파이크병으로 고르게 구성된 보병들이 전장 대부분을 차지했다. 기병대가 사라지거나 하찮아진 것은 아니었다. 대신 기병대는 보병이 전혀 할 수 없는 기능을 수행하는 등 보병의 요구를 충족하는 방식으로 변화했다. 기병대는 장거리 정찰, 수색, 습격, 이동하는 부대를 적의 경계병들에게서 보호하는 임무 등 속도나 보안이 필요한 일들을 주로 맡았다. 예를 들어 공성전을 앞두고 기병대가 대포를 호위하며 움직인 것처럼 말이다.

전술과 군대 조직의 기본적인 특성은 200년이 넘는 세월 동안 근본적으로 달라지지 않았다. 기본적인 전술 체계 안에서 변화한 것은 화약의 역할이었다. 화기가 발전하자 머스킷 발사 속도가 늘어났고, 이에 따라 1개 보병 부대가 전투에서 활용할 수 있는 잠재적인 화력의 양도 증가했다. 또한 금속 공학과 총기 제작 기술이 발전하면서 보병의 걸음에 맞춰 빠르게 이동할 수 있을만큼 가벼운 야포도 제작할 수 있게 되었다. 1700년 무렵이 되자 사수가 파이크병을 대체했고, 포병은 때때로 유용한 보조 병력에서 야전군의 매우 필수적인 병력이 되었으며, 화력은 없어서는 안 되는 군사력이 되었다.

파이크병은 여전히 1600년대 유럽 야전군의 핵심 요소였다. 파이크는 공세를 퍼붓거나 수세에 몰릴 때 머스킷을 보완하는 용도로 쓰였다. 파이크병이나 머스킷병 모두 사회적인 인지도는 비슷했지만, 파이크병은 좀 더 엘리트로 여겨졌다. 전장에 어떤 무기를 들고 가든 군인은 하층민이었지만, 파이크는 평균 이상의 지능과 용기, 상체의 힘을 지닌 최고의 군인만 다룰 수 있다고 여겨졌다. 독일에서 파이크병이 도펠죌트너Doppelsöldner, 즉 '급료를 2배나 받는(doppel) 용병(Söldner)'이라고 불렸던 이유는 일반적으로 그들이 받는 높은 임금 때문이었다. 그럼 머스킷병은 어땠을까? 매일매일 몇 시간 동안 훈련을 받으면 누구나 머스킷을 쏠 수 있었고, 훈련 중 구타도 심심치 않게 일어났다.

그래도 화력은 중요했고, 30년 전쟁을 이끄는 이들은 화력에 집착했다. 그들은 점차 파이크병과 머스킷병의 비율을 약 1대 1에서 2대 3, 심지어 1대 2로 만들었고, 머스킷병을 보호하는 데 필요한 최소한의 파이크병만 보유했다. 파이크는 더 이상 유용한 무기가 아니었던 것이다.

파이크의 물리적 특성도 '더 이상 파이크가 아닌' 수준까지 변화되었다. 스페인 테르시오 부대의 파이크병들은 중세 스위스 용병의 무기와 크게 다르지 않은, 점점 가늘어지는 창을 휘둘렀다. 보통 물푸레나무로 만들었고, 길이는 5미터가 넘었으며, 철로 된 끝부분만 약간씩 변형되었다. 파이크의 길이는 장점이자 단점이었다. 길면 길수록 더 위협적이었고, 파이크 앤드 샷 시대의 보병 대형에서 머스킷병들은 파이크병의 긴 창 뒤로 몸을 숨겨 직접적인 공격을 피할 수 있었다. 하지만 길면 길수록 다루기도 어려웠다. 5미터가 넘는 파이크를 들고 험한 지형, 특히 숲이 우거진 지역을 행군하는 것은 매우 힘든 일이었다. 북아메리카로 건너간 초기 유럽 정착민들이 마주친 진정한 황야에서 긴 창은 쓸모없을 뿐 아니라 거추장스러웠다. 파이크는 뉴잉글랜드와 버지니아의 초기 영국 정착지에서도 주요 무기였지만, 곧 거의 모두 사라졌다. 파이크는 유럽인들과 원주민들이 맞붙은

'다양한' 전쟁에서 아무런 쓸모가 없었다.

파이크는 유럽의 전통적인 전쟁에서 여전히 맡아야 할 역할이 있었지만, 시간이 지나면서 짧은 파이크가 긴 파이크보다 불편함은 덜하면서도 성능은 못지않다는 사실이 드러났다. 파이크는 5미터 아래로 줄어들었다가 4미터도 못될 만큼 또 줄더니, 더 짧아졌다. 30년 전쟁 당시 유럽에서 가장 혁신적이었던 스웨덴군은 매우 참신한 아이디어를 내놓았다. 그것은 길이가 짧은 창의 2배쯤 되는 머스킷 지지대로, 독일어로는 슈바인페더 Schweinfeder, 즉 '돼지 깃털'이라고 불렸다.* 슈바인페더가 전투에서 유용하게 사용됐다는 사실이 몇몇 기록에 남아 있긴 하지만, 매우 제한적으로 사용된 것으로 보인다.

슈바인페더가 인기를 끌지는 못했지만, 다른 설득력 있는 가능성이 제시되었다. 만약 머스킷병에게 파이크병이 필요 없다면 어떨까? 총과 창이 하나가 된다면 어떨까? 만약 1종류의 보병으로만 부대를 구성하는 것이 가능하다면 어떨까? 테르시오의 시대에는 묻혔을 법한 이런 아이디어는 당시에는 그렇게 억지스럽지 않았고, 곧 매우 간단한 발명품인 총검으로 실현되었다.

보병의 손에 들린 총기 끝에 칼을 고정한다는 개념은 새롭지도 않았고, 전적으로 서양에서 생겨난 것도 아니었다. 이미 17세기 초에 중국인들이 원시적인 총검을 만들기는 했지만, 동양에서 서양으로 전파했다는 증거는 없다. 그러나 30년 전쟁을 마무리하는 전투에서 프랑스 군대가 플러그 총검을 보유했다는 기록이 있으며, 태양왕 루이 14세가 프랑스를 지배할 동안 총검을 사용했다는 사실이 잘 기록되어 있다.

---

* 앞서 나온 머스킷 지지대인 가벨과는 달리, 슈바인페더는 끝에 날붙이가 달린 막대였기에 지지대의 역할과 기병대를 막는 말뚝 역할을 동시에 했다. - 편집부

가장 초기의 총검인 플러그 총검은 말 그대로 머스킷의 총구에 검을 꽂는 방식으로 만들었다. 검은 짧고 곧은 칼처럼 생겼고, 옆에서 보면 얇고 평평했으며, 총구에 딱 맞는 지름의 목제 손잡이가 있었다. 플러그 총검의 결점은 분명했다. 목제 손잡이가 너무 건조하면 줄어들어 헐거워져서 쉽게 빠질 수 있었다. 너무 축축하면 손잡이가 부풀어 올라서 엄청난 힘을 발휘해야만 총구에서 뺄 수 있었다. 가장 심각한 결점은 머스킷에 총검이 꽂혀 있는 상태에서는 총을 쏠 수 없다는 점이었다. 1689년 자코바이트의 반란*으로 일어난 킬리크랭키 전투에서 영국군은 빠르게 들이닥치는 적에게 마지막 일제 사격을 한 후 총검을 제때 장착하지 못해서 자코바이트 반군의 돌격에 엄청난 피해를 입었다.

그러나 총검은 더욱 발전할 여지가 있었다. 1680년대까지 플러그 총검은 유럽 전역에서 보편적으로 사용되었고, 사소한 부분이 개선되며 효용성이 더욱 향상되었다. 고리 총검은 목제 손잡이를 꽂는 대신 쇠고리 1쌍으로 검을 총에 고정했다. 총검이 총구를 막지 않으므로 총검을 부착한 채 머스킷을 쏠 수 있었지만, 강하게 고정된 것은 아니었다. 18세기 초에 도입된 소켓 총검이 이 문제를 해결했다. 총검 칼날에 용접하거나 납땜해서 붙인 관처럼 보이는 슬리브를 총구에 끼우는 식이었다. 슬리브의 틈은 총구 부분의 총열 표면에 있는 돌출부에 딱 맞았다. 이렇게 틈과 돌출부로 고정하는 총검은 전투 도중에 헐거워지지도 빠지지도 않았고, 희생자의 몸에서 검을 뺄 수도 있었다. 검의 모양도 소켓 총검의 길쭉한 칼날에서 삼각형 모양인 칼날로 진화하였고, 재료를 아끼면서 더 견고하게 만들기 위해 칼을 따라 쭉 홈을 파기도 했다. 칼날의 길이가 38센티미터에서 50센티미터

---

*   영국의 명예 혁명 때 프랑스로 망명한 영국 왕 제임스 2세와 그의 자손을 받들었던
    정치 세력이 일으킨 전쟁이다. - 옮긴이

정도 되는 이러한 삼각 소켓 총검은 거의 200년 동안 서양 군대에서 사용되었다.

총검은 타협안이었다. 총검이 꽂힌 머스킷은 파이크가 아니었고, 파이크의 공격 범위를 따라갈 수도 없었다. 19세기 영국에서 머스킷과 총검을 합한 총 길이는 2미터가 조금 안되는 수준으로, 3미터나 5미터가 훌쩍 넘는 파이크와는 큰 차이가 났다. 총검은 파이크의 힘을 따라잡을 수 없었고, 달려오는 기병대를 파이크만큼 막을 수도 없었다. 총검을 사용하려는 목적이 위협이든 실제 공격이든, 보병은 적에게 아주 가까이 다가가야 했으므로 큰 결심과 용기를 발휘해야 했다. 총검을 제대로 사용하기 위해서는 추가적인 훈련이 필요했다. 파이크와 마찬가지로 총검도 아마추어용 무기는 아니었다.

하지만 장점이 이 모든 단점을 상쇄했다. 총검이 달린 머스킷은 휴대성이 파이크보다 훨씬 좋았다. 전술적 측면과 행정적 측면 모두 파이크가 없는 것이 편리했다. 지휘관들은 파이크와 머스킷을 결합하는 적절한 방법, 파이크병과 머스킷병 비율을 이상적으로 유지하는 방법, 또는 보병이 요구하는 이 2가지 상이한 수요를 충족시키거나 급료를 지불하는 법 등을 더 이상 걱정할 필요가 없었다. 곧, 얼마 지나지 않아 보병은 전문적인 역할을 담당하는 다양한 특수 부대인 경보병, 전열 보병, 중보병, 척탄병*, 볼티죄르voltigeur**, 샤쇠르chasseur***, 티라이외르tirailleur**** 등으로 나뉘었다. 그러나 가장 기본적인 면에서 보병은 모두 같았다. 그들은 모두 같은 무기로 무

---

* 근대 유럽 육군에서 조직된 정예 보병으로, 수류탄 투척이 주 임무였다. - 옮긴이
** 1804년 나폴레옹 1세가 만든 프랑스 경보병을 뜻한다. - 옮긴이
*** 프랑스어로 '사냥꾼'이라는 뜻으로, 기동성이 필요한 임무에 동원된 사냥꾼 부대를 뜻한다. - 편집부
**** 나폴레옹 시대에 주열 앞에서 산병전을 벌이도록 훈련받은 경보병이다. 이후 피지배 민족으로 구성된 부대를 가리키는 호칭으로 쓰였다. - 옮긴이

장하고 있었다.

$$\oplus \quad \oplus \quad \oplus$$

17세기 유럽 지휘관들은 총기의 화력과 발사 속도를 증가시키는 방법을 어떻게든 찾아냈다. 네덜란드의 마우리츠 공작이 증명했듯, 규율과 훈련과 약간의 대형 변경은 화력을 확장하는 데 큰 도움이 되었다. 이런 식의 전술 추세를 따르게 되자 전열이 점점 길어졌다. 사수가 머스킷을 더 빨리 장전하고 발사할 수만 있다면, 대형은 더 얇아지고 머스킷은 한꺼번에 더 많이 발사될 수 있을 터였다. 17세기 가장 위대한 장군 중 1명인 스웨덴 국왕 구스타브 2세 아돌푸스(재위 1611~1632)는 마우리츠가 10줄로 이루어진 선형진을 만들어 낸 지 몇 년 만에 이러한 가능성을 실현해 냈다. 구스타브 왕은 자기 병사들을 고도로 훈련시켜 장전 속도를 더 빠르게 했고, 덕분에 6줄만으로 머스킷 대형을 만들었다. 구스타브 왕은 대규모 화력이 적의 단결력에 육체적·정신적으로 미치는 치명적인 영향을 이해하고서 복합적인 일제 사격이라는 개념을 도입했다. 스웨덴 보병은 적이 너무 가깝게 진격해 와서 일제 사격을 1번 이상 하지 못하는 비상 상황에 대비하여 2열 또는 3열이 각각 일제 사격하도록 훈련했다. 극단적인 경우에는 '웅장한 일제 사격'이라는 필사적인 전술을 써서 6열 모두 동시에 발사했다.

하지만 대형 변경으로 얻어낼 수 있는 것은 그 정도가 최선이었다. 기술 자체, 즉 화승총의 발사 속도에는 한계가 있었기 때문이다. 아무리 뛰어난 훈련이나 규율, 정교한 진형을 적용해도 그 한계를 넘어설 수 없었다. 1600년대에 머스킷은 분명 사소한 조건들이 변경되며 최적화되었고, 전반적으로 더 나은 무기가 되었다. 구경이 작을수록 살상력을 그대로 유지하면서도 탄도 성능은 좋아졌기 때문에 시간이 지날수록 총열의 직경은 줄어들었다. 큰 변화는 아니었지만 이로써 총열의 질량과 무게도 줄어들었고, 머스킷 총알도 가벼워졌다. 이후 머스킷의 총신 길이가 점점 줄어들자 1600년대 후반에는 머스킷의 무게도 더 줄어들어 머스킷병은 몇 세대 동안 필수 장비였던 갈고리 모양 머스킷 지지대를 사용할 필요가 없어졌다.

사소해 보이는 또 하나의 혁신인 일체형 탄약포도 머스킷의 발사 속도에 주목할 만한 영향을 미쳤다. 이 또한 스웨덴 왕 구스타브 2세 아돌푸스의 찬란한 군사 문화에서 비롯되었다. 1500년대와 1600년대에 소화기가 널리 보급되면서 보급과 운송에도 새로운 문제들이 나타났다. 이제 군대는 변덕스럽고 민감하며 예측할 수 없는 흑색 화약을 대량 사용해야 했기 때문이다. 일반적으로 화약은 머스킷 총알이나 포탄과는 별도로 나무통에 담겨 있었다. 머스킷과 파이크를 동시에 사용하던 시대에 머스킷병은 사선으로 걸쳐 맨 탄띠에 매단 작은 목제 병에 화약을 넣고서 다녔고, 각각의 병에는 화약 1회분이 들어 있었다. 머스킷 총알은 엉덩이에 걸치는 별도의 총알 가방에 넣었고, 화승으로 점화할 때 쓰는 화약은 특수 점화약병에 넣었다. 이런 군장 방식의 장점은 사수가 필요할 때마다 화약을 측정할 필요가 없다는 점이었다. 단점은 화약을 최대 수십 회분만 병사가 휴대할 수 있어서 점화약이 떨어지면 다시 손수 병에 채워 넣는, 불편하고 위험할지도 모르는 작업을 해야 한다는 점이었다.

일체형 종이 탄약포는 간단하고 저렴할 뿐더러 훨씬 안전한 대안이었으며, 어떤 면에서는 무기 기술 분야에서의 작은 혁명이나 다름없었다. 작고 튼튼한 종이를 동그랗게 말아 한쪽 끝을 꼬아 묶은 다음 총알과 화약 1회분을 가득 채운 후, 종이 끝부분을 구기고 접어서 닫는 것이 끝이었다. 만드는 데 고작 몇 초가 걸렸고, 사용 방법은 더 단순했다. 한쪽 끝을 대개는 이로 간단히 뜯어내어 탄약포를 열고 총구에 기울여 내용물을 총열에 부은 후, 막대기로 단단히 밀어 넣었다. 종이 탄약포를 총강에 함께 넣어도 상관없었다. 이 과정은 목제 병이나 엉덩이에 느슨히 매달린 가방에서 총알을 꺼내어 장전하는 것보다 속도가 조금 더 빨랐다. 게다가 이미 종이 탄약포에 포장되어 있기에 훨씬 더 안전했고, 탄약의 운반과 배급 또한 훨씬 더 쉬웠다. 1600년대 초반부터 1800년대 후반까지 오랜 시간 동안 일반적이고 보편적인 탄약 보관 방식이 종이 탄약포였다는 사실도 그 뛰어난 간편성을 입증한다.

종이 탄약포는 오랫동안 사용됐지만, 화승총의 사용 빈도는 줄어들고 있었다. 다른 점화 방식도 생겨났기 때문이다. 그런 방식은 화승보다 빠르고 안정적이면서도, 섬세한 휠록보다 저렴하고 튼튼했다. 30년 전쟁이 끝나고 머지않아 화승총은 전장에서 사라지기 시작했다.

산업 혁명 이후 서양인들은 기술자들의 존재와 연구 개발이라는 개념, 현실적인 문제를 과학적으로 탐구하는 것에 익숙해졌다. 당시 사회에서 무기만큼 과학과 기술의 관계가 매우 밀접하고 대중에게 개방된 분야는 없다. 산업화 이전의 전근대 시대에도 분명 과학을 이해하기 시작했지만, 기술로 이어지는 일은 드물었다. 코페르니쿠스, 브라헤, 케플러의 시대에 과학은 물리적 세계를 객관적으로 연구했고, 이는 중세 교회의 제약과 비세속적인 사회의 뿌리 깊은 족쇄에서 서양인들을 해방했다.

그러나 과학 지식을 추구하는 작업은 실용적인 이유로 시작되지는 않았다. 초기 유럽 과학자들은 창조론을 이해하기 위해서 주위 세상과 우주에 관한 호기심을 채우려고 했다. 무기 설계자나 탄도학 기술자 같은 과학자들은 없었다. 당시 과학보다는 예술에 가까웠던 건축을 제외하고는 공학 같은 것은 존재하지 않았기 때문이다. 아이작 뉴턴 경이 활약하기 이전에는 움직임과 그것에 작용하는 힘을 이해할 수도 없었기 때문에 비행 중인 발사체의 물리학적 원리를 이해하는 지식 체계가 있을 리 없었다. 기술자나 과학자가 아닌 장인들이 총기를 설계했기에 혁신은 계획된 연구가 아니라 우연한 발견이나 기이한 실험의 결과였다. 르네상스 시대 이후 유럽 왕조 국가들은 군사 체제를 비롯하여 이미 크고 복잡한 관료제를 구축하기 시작했으나, 정부가 무기 기술 분야에까지 개입하지는 않았다. 병참 장교와 비슷한 일을 하는 군인이 무기 목록을 만들긴 했다. 하지만 그도 무기를 연구하지는 않았고, 정부 또한 새로운 무기에 투자하거나 혁신을 장려하지 않았다. 다른 모든 변화와 마찬가지로 혁신은 파괴적이었다. 말인 즉, 혁신에는 큰 비용이 들었다.

그런데도 혁신은 우연히 발생했고, 화승은 더 우수한 점화 방식에 밀려 사라졌다. 화약이 도입된 이후 소화기 제작 기술이 가장 극적으로 발전한 결과인 이 장치는 16세기 초부터 이미 유럽에 알려져 있었다. 명칭이 여러 개였고, 지역이나 시대에 따라 다양한 변형이 있었지만 가장 오랫동안 지속된 것으로 보이는 명칭은 파이어록firelock이었다.

파이어록은 단일 기계 장치가 아니라 비슷한 장치를 통틀어 일컫는 것으로, 모두 동일한 원리에 따라 작동했다. 불을 가져다 대기보다는 강철을 타격하는 부싯돌로 불꽃을 일으켜 점화약에 불을 붙였다. 1540년경 독일에 처음 나타난 가장 기본적인 형태의 파이어록은 휠록의 용두와 비슷한 용두로 구성되었고, 용두 끝 죔쇠에 부싯돌 조각을 단단히 물렸다. 자유롭게 회전 가능한 화승총의 용두와는 달리 파이어록의 용두는 격발 장치 내부의 메인 스프링, 즉 튼튼하고 곧은 용수철로 움직였다. 메인 스프링은 공이치기(hammer)* 밑부분에 있는 깔쭉깔쭉한 텀블러에 직접 연결되었고, 방

---

* 총기 부품에서 hammer는 보통 '공이치기'라고 번역하지만, 머스킷에서 공이치기는 잘못된 표현이다. 현대식 탄약에 힘을 가하여 발사시키는 공이(strike)가 머스킷에는 없기에 '공이를 치는 장치'라는 뜻인 공이치기라는 표현이 성립할 수 없기 때문이다. 화약을 점화한다는 점에서 '공이'라고 부르기에는 용두와 결합된 hammer 자체가 화약을 점화하는 것이 아니라 죔쇠에 물린 부싯돌이 점화하기에 '공이'라고 부르는 것도 부적절하다. 하지만 이후 등장할 현대식 총의 공이치기와의 혼란을 피하기 위해 '공이치기'라고 표기한다. ─ 편집부

아쇠에 부착된 멈춤쇠(sear)는 텀블러에 맞닿아 있었다. 용두를 뒤로 당기면, 멈춤쇠가 텀블러의 깔쭉깔쭉한 부분 중 하나에 걸려 용수철을 밀어내면서 공이치기의 움직임을 제한했다.

화약 접시는 여전히 총열에 붙어 점화구 바로 아래, 용두 바로 앞쪽에 남아 있었다. 화약 접시 덮개는 사용하지 않을 때 점화약을 보호했다. 화약 접시 위에 높이 튀어나온 프리즌frizzen(화약 접시 덮개 윗부분)을 회전시키면 화약 접시를 열거나 닫을 수 있었다. 점화 방식을 제외한 모든 면에서 장전 과정은 화승식과 같았다.

발사 과정은 먼저 공이치기를 뒤로 완전히 당긴다(full-cock). 그런 다음 방아쇠를 당겨 잠금장치 내부의 멈춤쇠를 밀어 올리면, 용수철의 탄성력으로 공이치기가 풀리며 세게 내려온다. 동시에 쥠쇠가 물고 있는 부싯돌의 앞쪽 경사진 면이 프리즌의 표면에 부딪혀 불꽃이 일어난다. 즉, 부싯돌이 덮개 윗부분과 마찰하면서 불꽃이 마구 일어나고, 프리즌이 축을 중심으로 앞으로 회전하면 화약 접시 덮개가 열려 점화약이 노출된다. 이렇게 불꽃이 쏟아지는 정확한 순간에 점화약이 노출되면, 새하얗게 타오르는 불꽃이 나머지 일을 맡았다. 점화약을 폭발시키고, 나머지 불꽃은 점화구를 통해 약실로 들어가 화약에 불을 붙이고, 화약이 폭발하면서 생긴 가스가 머스킷 탄환을 내보낸다.

이러한 설명을 들으면 파이어록이 매우 복잡해 보일 것이다. 화승식과 비교하면 확실히 복잡하다. 하지만 화승총에 비해 점화에 실패하거나 불발될 가능성이 더 적어서 안정적이었다. 무엇보다 가장 중요한 것은 파이어록은 훨씬 더 편리했다. 화승의 불이 꺼지지 않도록 지속해서 관리할 필요가 없었기 때문이다. 파이어록은 끊임없이 장전하고 점화할 수 있었기에 화승식처럼 시간을 들여 준비할 필요 없이 명령을 받자마자 발사 준비를 할 수 있었다. 또한 천천히 타오르는 화승의 불꽃이 없었기 때문에 사수는 존재를 들킬 일 없이 적을 공격할 수 있었다.

추가적인 장점은 점화가 거의 즉시 이루어졌다는 점이다. 계획대로 이루어질 경우, 방아쇠를 당기면 부싯돌이 강철로 된 프리즌에 부딪힐 때 특유의 '쾅' 하는 소리가 났고, 곧바로 점화 불꽃이 일어나면서 총알이 발사되는 '탕' 소리가 났다.

파이어록은 계속 발전했다. 스냅핸스 같은 초기 모델은 프리즌과 접시 덮개가 서로 연결되어 한 부분처럼 움직였다. 잉글리시록, 도그록, 미켈레트(스페인 게릴라)라고도 불리는 스패니시록, 프렌치록과 같은 후기 모델에서 프리즌과 접시 덮개는 알파벳 L 모양을 이룬 부품이었다. 새로운 점화 방식은 주목할 만한 혁신적 기술인 안전장치도 처음으로 갖췄다. 그중 1가지는 프렌치록에서 볼 수 있는, 안전장치를 부착해 특수하게 설계한 텀블러다. 용두를 한 번 '딸깍' 당기면 영어로 하프콕half-cock 상태라 불리는 안전 모드가 된다. 다시 한 번 더 딸깍 당기면 발사 준비가 완료된다. 하지만 전근대에 발명된 안전장치가 대개 그랬듯이 안전을 기계적으로 완전히 보장할 수는 없었다. 이 프렌치록 메커니즘에서 '조급하게 행동한다'는 뜻이 담긴 영어 속담인 '공이를 반쯤 당기고서 발사하다(to go off half-cocked).*'라는 말이 생겨났다.

진정한 부싯돌(flint)식 점화 방식인 플린트록flintlock이 프렌치록에 도입되면서 보병용 머스킷은 거의 최종적인 형태를 갖추게 되었다. 총구로 장전하고, 강선이 없으며, 삼각형 모양 총검을 갖춘 플린트록은 1700년대 초반부터 1840년대까지 유럽 보병의 주요 무기가 되었다. 이는 화승총만큼 길지는 않지만, 꽤 인상 깊은 기간이다. 또한 서양 전장의 위대한 지휘관들인 말버러 공작 존 처칠, 외젠 드 사부아, 프리드리히 2세, 조지 워싱턴, 나

폴레옹 보나파르트, 윈필드 스콧은 이 플린트록이라는 놀라운 무기의 장점
과 한계를 고려하여 전술을 펼쳤다.

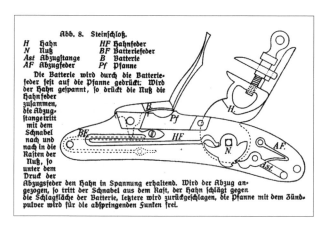

삽화 7

18세기 중반의 플린트록 내부 그림. 실제 구조는 그림에서 보이는 것보다는 더 간단하다.
공이치기 또는 용두를 뒤로 당겨 발사를 준비한다. 이 그림에서는 완전히 당긴 상태다. 동시에
텀블러(N)가 시계 방향으로 회전하면서 평평한 용수철 레버인 메인 스프링(HF)를 누른다.
그러면 멈춤쇠(Ast)가 멈춤쇠 용수철(AF)의 압력을 받아 텀블러의 깔쭉깔쭉한 부분에 걸려 더
이상 움직이지 않는다. 톱니에 깊이 걸리면 총은 공이를 반쯤 당긴 상태, 즉 안전 모드가 된다.
방아쇠를 당기면 멈춤쇠 뒷부분 끝이 위로 밀리면서 탄성력을 받은 텀블러가 풀리며 공이치기를
세게 친다. 그러면 부싯돌(이 그림에는 없음)이 프리즌의 수직 표면이나 점화 위치(B)를 따라 긁히며
불꽃이 발생하고, 동시에 프리즌이 앞으로 기울어져 화약 접시 덮개(Pf)의 점화약을 노출한다.

탄도학적인 면에서 플린트록의 성능은 구식 화승총과 거의 같은 수준
이었다. 점화 장치를 제외하고는 거의 같은 무기나 다름없었기 때문이다.
화약을 불꽃으로 빠르게 점화하든 심지로 천천히 불을 붙여 점화하든 "화
약을 이용해 활강총으로 납탄을 발사한다."라는 점은 그대로였다. 시간이
지나면서 더 작은 머스킷이 유행하긴 했지만, 총의 크기조차도 거의 비슷
했다. 1750년부터 1830년까지 보병이 사용하던 일반적인 머스킷의 총열 길
이는 106센티미터 이상에서 116센티미터 이상 사이였고, 총검을 제외한 총
신 전체 길이는 152센티미터 이상, 무게는 4킬로그램에서 5킬로그램 이상

정도였다. 현대의 기준으로 볼 때 플린트록은 구경이 큰 편이었다. 18세기 프랑스군과 이후 프랑스의 소화기를 선호했던 신생 미합중국은 명목상의 표준 구경을 0.69인치(약 17.5밀리미터)로 결정한 반면, 영국, 러시아, 프로이센은 살짝 더 큰 0.75인치(약 19밀리미터) 구경을 선호했다. 플린트록 머스킷은 이전의 화승총보다 더 정확하지도 않았고, 더 강력하지도 않았으며, 장거리 사격도 불가능했다.

그러나 화승총과 플린트록에는 차이점이 있었다. 그 차이는 매우 컸을 뿐더러, 전부 플린트록이 유리했다. 그중에는 총기를 은밀하게 사용할 수 있고 조작이 쉽다는 2가지 장점이 있었다. 플린트록은 한 번 장전하면 준비가 거의 끝났다. 공이치기를 한 번 당기면 즉시 발사할 수 있었고, 화승이 타오르면서 발생하는 연기가 적의 관심을 끌 일도 없었다. 이것은 어떤 상황에서든 장점이었지만, 매복이나 급습이 주 전술인 소규모 전투나 게릴라 전투에서는 더욱 중요했다. 북아메리카대륙에서는 유럽에서 온 식민지 개척자들과 원주민들 간에 벌어진 전투에서 이 특성이 더욱 중시되었다. 따라서 화승총은 유럽보다 식민지에서 훨씬 빨리 인기를 잃었다. 1636년부터 1638년까지 일어난 피쿼트 전쟁에서 영국 식민지군의 무장은 대부분 화승총이었지만, 필립 왕 전쟁*이 발발한 40년 후에 화승총은 거의 사라지고 다양한 플린트록이 자리를 채웠다. 아메리카에서는 화승총에는 없고 플린트록에는 있는 그 차이점이 그야말로 생사를 가르는 요인이었기 때문이다.

유럽 군대가 오랫동안 사용해서 익숙하고 안정적인 기술을 버리고 새로운 기술을 채택한 이유는 발사 속도로 화력을 계산하면, 플린트록의 화

---

*   1675년부터 1678년까지 아메리카 원주민들과 플리머스에 정착한 청교도들 간에 벌어진 무력 충돌. '필립 왕(King Phillip)'은 당시 원주민 부족장의 영국식 이름이다.
     - 편집부

력이 훨씬 크다는 결정적 장점 때문이었다. 이 점에서 확실히 플린트록이 뛰어났다. 플린트록 머스킷을 장전하는 법은 다음과 같다. 종이 탄약포를 허리에 찬 가죽과 나무로 된 통에서 꺼내고, 이로 끝부분을 찢어 소량의 화약을 화약 접시에 붓는다. 점화약을 제자리에 넣고 화약 접시 덮개를 굳게 닫은 다음, 보병은 총구가 위쪽으로 향하도록 머스킷을 '세우고' 탄약포에 남은 화약과 총알을 전부 총구에 넣는다. 총열 아래쪽에 있는 관에서 꽂을대를 꺼낸 후 총구 안으로 밀어 넣어 화약과 총알을 총열 끝까지 단단히 다져 넣는다. 오른쪽 어깨에 머스킷을 대고 공이치기를 끝까지 당기면 발사 준비가 끝난다. 숙련된 군인이라면 장전 및 발사 과정이 20초 이내로 이루어져 1분당 3발 이상을 쏠 수 있었다. 그 정도로 플린트록이 빨랐다.

1분에 수백 발을 발사할 수 있는 소총과 몇 초 만에 바꿀 수 있는 탄창에 너무나 익숙해진 현대인에게 플린트록 머스킷이 '빠르다'고 하면 분명 무슨 소리를 하느냐고 물을 것이다. 하지만 플린트록 머스킷은 정말 빠른 총이었다. 휴대용 총기가 발명되고 300~400년이 지나도록 플린트록 머스킷만큼 빠르게 장전하고 발사할 수 있는 총기는 없었기 때문이다. 화승총을 1분당 1회 장전하고 발사할 수 있다고 가정해 보자. 사실 이는 급박한 전투 상황에서는 불가능한, 매우 후한 가정이다. 그렇다면 분당 3발은 화승총보다 성능이 대략 3배 더 뛰어나다는 말이다. 이것은 단순히 몇 초를 줄이는, 매우 사소한 문제가 아니었다. 보병은 플린트록 머스킷 덕분에 압도적으로 높은 화력을 뿜어낼 수 있게 되었다.

관리가 잘 된 플린트록 머스킷은 1분당 3발 이상 발사할 수도 있었다. 프랑스 군인은 플린트록 머스킷으로 분당 4~5발을 발사하도록 훈련받았다. 프리드리히 빌헬름 1세(재위 1713~1740)와 그의 유명한 아들 프리드리히 대왕(재위 1740~1786) 시절에 프로이센도 빠른 장전에 거의 강박적으로 집착했다. 프로이센군은 앞뒤가 동일한 무거운 쇠막대를 도입하여 총구에 넣기 전에 꽂을대를 머리 위로 어색하게 돌릴 필요가 없었다. 그럼으로 써 1~2초를 절약할 수 있었다. 1780년대에는 점화구를 원뿔 모양으로 만들어 약실의 화약이 점화구를 통해 화약 접시로 흘러들게 했다. 그리하여 18세기 머스킷병은 총을 장전하고 들어 조준하고 발사하는 시간을 12초로 줄여 1분당 5발씩 발사할 수 있었다. 그러나 전투에서는 이러한 속도를 유지하기가 어려웠다. 연병장의 관중처럼 대응 사격하지 않을 사람들 앞에서 그렇게 빨리 장전하고 발사하는 일과, 적 포격이 빗발치는 전장에서 장전하고 발사하는 일은 달랐다. 머스킷에 탄소 오염물이 끼기 시작하면 장전 속도는 훨씬 느려졌기에 발사 속도는 1분당 3발 정도로 떨어졌다. 플린트록 머스킷은 신속히 화승총을 대체했지만, 모두가 기꺼이 받아들이진 않았다. 오스트리아 육군은 17세기 말에 2가지 점화 시스템을 투박한 무기 1정에 집어넣은 혼합 머스킷으로 화승총을 처음 교체했다. 하지만 플린트록의 우수성은 너무나 분명했고, 플린트록을 도입하지 않으면 치러야 할 군사적 비용이 더 커지자, 1710년경에 모든 총을 플린트록 머스킷으로 교체했다. 1600년대 후반에 유럽에서 연달아 발생한 사건들 때문에 이러한 변화는 더욱 불가피해졌다. 30년 전쟁을 겪은 후에도 유럽 국가들은 곧 다시 전쟁을 벌였고, 17세기 후반은 전반보다 더 폭력적이었다. 프랑스 국왕 루이 14세가 주위를 침략하기 시작하자, 전 유럽은 다시 전쟁에 휩싸였다. 이렇게 호전적인 환경에서 플린트록 머스킷으로 얻을 수 있는 전술적 이점은 가볍게 무시할 만한 것이 아니었다.

18세기의 군대는 반세기 전의 군대보다 화력이 훨씬 더 증가했다. 플린트록도 한몫했지만, 대포의 존재감도 점점 더 커지고 있었다. 17세기와 18세기의 대포는 크기를 제외하고는 달라진 점이 없었으나, 대포의 부피와 무게가 감소하자 지상전에서 대포가 담당할 수 있는 역할은 훨씬 더 많아졌다. 1600년 이전에는 거의 모든 대포를 함선이나 요새의 성곽이나 공성 부대에서 볼 수 있었다. 그러나 곧 새로운 대포인 야포가 나타났다.

대포가 지상전의 승패를 가를 수 있다는 것은 상식이었다. 대포로 성벽을 무너뜨릴 수 있다면 적의 대규모 진형도 갈가리 찢을 수 있었고, 이미 그 능력이 입증된 바 있었다. 합스부르크 황가와 발루아 왕가가 여러 번 벌인 이탈리아 전쟁과 30년 전쟁의 몇몇 전투에서 대포를 적재적소에 사용하여 단시간에 놀라운 성과를 얻어냈던 것이다.

그렇다면 왜 전투에서 대포를 더 자주 사용하지 않았을까? 먼저, 단순히 기동력이 떨어진다는 문제가 있었다. 이동 가능한 소형 대포는 머스킷보다 약간 더 효율적이었지만 훨씬 무거워서 끌고 다닐 가치가 거의 없었다. 적에게 실질적인 피해를 입힐 만큼 커다란 대포는 너무 무거워서 쉽게 옮길 수 없었다. 이동 속도가 느린 공성전에 대포를 배치하는 것과 야전에서 대포를 사용하는 것은 전혀 달랐다. 야전에서 공성포를 사용하는 것이 불가능하지는 않았으나, 많은 계획과 준비가 필요했다. 17세기와 그 이전의 전투 대부분은 일정한 지역에 양편이 집결한 뒤 멈춰서 전열을 배치한 후 다음 날 교전하는 식으로 진행됐다. 현명한 지휘관은 대포를 배치할 가장 이상적인 위치를 파악하고, 대포를 보호할 간단한 야전 요새까지 만들었다.

하지만 대포는 일단 배치되면 반영구적으로 고정됐다. 전투 도중에는 급히 이동시킬 수도 없었다. 만약 전투의 흐름이 예상치 못한 방향으로 흘러가면, 조심스럽게 배치한 대포들은 무용지물이 될 수도 있었다. 설상가상으로 운이 나빠서 서둘러 퇴각해야 한다면, 포병이 대포와 관련 장비를 모두 챙길 때까지 기다릴 수 없었다. 따라서 대포는 아군과 함께 철수하기보다 적군에게 뺏기는 일이 훨씬 더 많았다. 덴마크 국왕 크리스티안 4세의 군대가 1626년 8월 루터-암-바렌베르게 전투에서 최악의 결과를 맞으며 후퇴할 때, 왕의 귀중한 대포는 모두 적의 수중에 들어갔다. 대포를 장만하는 데 든 엄청난 비용을 고려하면, 그런 손실은 매우 고통스러웠다.

대포가 전장에서 보병과 기병의 믿음직한 파트너가 되고, 어떤 방법으로든지 군의 화력에 기여하려면, 그때까지 부족했던 2가지 요소가 채워져야 했다. 첫째는 이동이 물리적으로 순조로워야 했고, 둘째는 부대가 전략적으로 편성되어야 했다. 가장 시급한 기동성은 금속 공학과 주조 기술이 발전하면서 갖출 수 있었고, 진정한 이동식 야포로 얻을 수 있는 결과를 엿볼 수 있는 사례도 있었다.

그중 하나는 구스타브 2세 아돌푸스가 통치하던 시절 스웨덴의 찬란했던 군대 문화에서 유래했다. 1620년대 스웨덴 군대는 이후에 쭉 '가죽 대포'로 알려진 경포로 실험을 벌였다. 이 아이디어는 중세의 후프 앤드 스테이브 방식 대포의 구조와 약간 관련이 있었다. 얇은 구리판으로 가벼운 관을 만들고, 무거운 가죽 여러 겹으로 단단히 싸서 대포의 포열을 만들었다. 완전히 젖었던 가죽이 마르면서 수축하면 구리 관에 착 달라붙었다. 가죽 대포는 가볍지만 약해서 내부 압력에 의해 터지지 않도록 조절해야 했다. 이러한 점이 실망스러웠던 스웨덴군은 몇 사람이서 충분히 들 수 있을 만큼 가볍고 작은 대포를 전통적인 방식으로 주조하는 실험을 지속했다. 그 결과로 만들어낸 작은 대포는 '대대급 편제의 일부'가 되어 각 보병 대대에서 개별적으로 사용되었다.

이 무기는 효과가 있었을까? 어떤 식으로든 그 효과를 보여 주는 증거가 거의 없기에 단언하기는 어렵다. 사정거리나 파괴력이 큰 대포만큼 크지는 않았다. 하지만 '이동식 야포'라는 개념을 도입했다는 데 의미가 있었다. 행군할 때는 말에 끌려 이동하는 다른 대포처럼 이동했지만, 큰 대포와는 달리 경포는 군대를 따라 전진하거나, 안전한 곳으로 퇴각하거나, 전투 상황의 변화에 따라 개별 목표물에 포탄을 쏠 수 있었다.

당시의 유행과 기술, 특히 금속 공학은 금세 이 이동식 야포라는 개념을 실현했다. 이전의 주철제와 청동제 대포는 주물의 결함이나 불순물 때문에 매우 무거웠다. 게다가 발사 시 압력이 가장 큰 대포 끝부분을 더 두껍게 만들어 주물 대포의 낮은 품질을 보완해야 했다. 17세기와 18세기에는 포신의 두께를 꽤 줄일 수 있을 만큼 주물 기술이 발달했다. 대포의 장식도 줄어들었다. 대포는 사치스러운 무기가 될 수도 있었다. 대포는 제작을 의뢰한 군주의 중요한 투자 품목이자 자랑거리였기에 왕가를 상징하는 정교한 문양이나 문구, 좌우명, 심지어 족보 등으로 중형 혹은 대형 대포를 장식하는 것은 전혀 드문 일이 아니었다. 또한 포구를 나팔꽃 모양으로 만들거나, 후미 쪽에 돌고래나 물고기처럼 생긴 정교하고 무거운 손잡이 같은 다양한 장식을 덧붙이면서 포신의 무게는 더욱 늘어났다. 이렇게 장식을 덧붙이면 포신이 구조상 더 견고해질 수도 있었지만, 대부분은 불필요한 장식들이었다. 18세기가 지나면서 대포의 장식도 점점 사라졌다.

대포가 간소화되면서 대포의 무게도 상당히 감소했다. 서양 군대는 포탄 무게에 따라 대포를 분류했다. 예를 들어 6파운드 대포는 무게 6파운드(약 2.7킬로그램)에 직경 3.3인치(약 83밀리미터)인 주철제 포탄을 발사했다. 12파운드 대포는 무게 12파운드(약 5.4킬로그램)에 직경 4.5인치(약 114밀리미터)인 포탄을 발사했다. 이러한 변화는 사소해 보이지만 꽤 중요했다. 6파운드 대포는 12파운드 대포보다 기동성이 훨씬 더 좋았다. 하지만 18세기에 대포의 디자인이 달라지면서 대형 포도 소형 포처럼 쉽게 취급할 수 있게 되었다. 30년 전쟁이 벌어지던 17세기 초에 제작된 12파운드 대포의 포신 무게는 거의 4,000파운드(약 1,814킬로그램)였고, 프랑스의 발리에르 시스템에 따라 1732년에 만든 12파운드 대포는 약 3,300파운드(약 1,497킬로그램)였다. 프랑스의 그리보발 시스템에 따라 1765년에 만든 12파운드 대포는 약 2,100파운드(952킬로그램)였다. 표준화된 크기와 부속 장비, 부품, 야포의 주요 특징이 다양하게 망라된 18세기의 대포 체계에서는 소형 포가 가장 선호되었다. 나폴레옹 전쟁 내내 야전에서 가장 많이 사용된 것은 6·8·9파운드 대포였다. 하지만 이제는 파괴력이 더욱 뛰어난 대형 포도 기동력을 그대로 유지한 채 작전에 투입될 수 있었다.

포차 또한 개선되었다. 18세기에 야포용 포차를 멀리서 보면 200년 전의 포차와 흡사했다. 기본적인 요소가 모두 그대로였기 때문이다. 포차는 참나무로 된 무거운 구조물, 철로 된 부품들과 바퀴 1쌍, 나무로 된 바큇살, 튼튼한 참나무 막대기 2개로 이루어진 고정 장치로 구성되었다. 포신의 크기가 줄어들자 포차도 가벼워졌지만, 기본적인 구조는 그대로였다. 다만 중요한 1가지 요소인 대포의 각도 조절 방법은 달라졌다. 작전에 야포가 사용될 때, 포병은 우선 '눕힘(laying on)'이라는 조준 과정으로 시작했다. 눕힘의 첫 번째 과정은 포신을 측면으로 돌려 조정하는 것이었다. 목표물을 확인한 후 포신을 확인하고, 포신 전체를 지렛대로 오른쪽 또는 왼쪽으로 회전시켰다.

대포의 각도를 조절하는 것은 더 까다로웠다. 시력으로만 거리를 측정하던 시절에는 직감이나 경험으로 목표물까지의 거리를 추정한 다음 대포를 조정해야 했다. 바람이나 대기 상태는 물론 장전된 화약의 양과 같은 여러 변수도 사정거리에 영향을 미치기는 했지만, 각도 조절은 사수가 전적으로 책임져야 하는 일이었다. 휴대용 정밀 수평 측정기인 사수 상한의를 이용하면 포신의 상승 각도를 추정할 수 있었지만, 그 외에도 각도를 맞추는 일은 문제가 많았다. 18세기 후반 이전에는 포미 아래에 목제 쐐기를 놓고 조준 각도를 조절했다. 망치로 두드려 쐐기를 밀어넣어 포미를 높이고 포구를 낮추는 식이었다. 포구를 올릴 때는 반대로 쐐기를 빼내어 포미를 낮추었다. 이렇게 각도를 조절하는 일은 장전보다 더 많은 시간이 걸렸고,

정확도는 매우 낮았다. 하지만 1760년대쯤 사각 조절 나사(elevating screw)가 도입되자 상황은 달라졌다. 거대한 나사못인 사각 조절 나사는 포미 바로 아랫부분, 즉 포차의 긴 금속 소켓에 끼워 넣었다. 나사못에 있는 손잡이를 돌리면 나사가 위아래로 회전하여 포미를 높이거나 낮출 수 있었고, 따라서 대포를 더욱 빠르고 정확하게 조준할 수 있었다.

초기 야포 시대에 화기 대다수는 직사 화기(gun)였다. 오늘날 직사 화기의 의미와는 매우 다르다. 직사 화기는 보통 소화기까지 의미하는 단어로 쓰이지만, 얼마 전까지만 해도 그것은 좀 더 구체적인 군사적 의미를 지니고 있었다. 대포(cannon)도 직사 화기와 동의어였다. 직사 화기는 꽤 낮은 탄도를 그리는 포탄을 발사하며, 포신이 길고 포강이 곧아 포구와 포미의 지름이 같은 화기를 뜻했다. 19세기 후반에 발사체가 개량되어 탄도의 정점이 매우 높아지기 전까지 탄도의 정점은 꽤 낮았다. 영국의 야포 실험에 따르면, 각도를 0으로 맞춰 포신을 완전히 수평으로 고정한 9파운드 대포로 포탄을 발사하면 약 366미터쯤 날아가 떨어졌다고 한다. 약 823미터쯤 떨어진 지상 목표물을 명중시키려면 같은 대포의 각도를 2도 높여야 했고, 포탄은 9미터 정도까지 올라간 다음 호를 그리며 땅으로 떨어졌다.

20세기 전까지 직사 화기는 다른 포병 무기보다 더 많았다. 야포의 두 번째 종류인 곡사포(howitzer)는 18세기에 유럽 야전 포대에서 등장하기 시작했다. 원래는 공성 무기였던 곡사포는 대포와 박격포를 절충해 만들었으며, 매우 특별한 목적으로 사용되었다. 곡사포는 치수, 구조, 성능 면에서 야포와 차이가 있었다. 같은 구경의 다른 대포보다는 짧고 뭉툭했으며, 구경이 일직선으로 곧은 대포와는 달리 곡사포의 포미 지름은 다른 부분보다 더 작았다. 좁은 포미는 약실 기능을 했고, 같은 구경의 대포보다 장전하는 화약의 양도 더 적었다. 야포와는 용도가 달랐기 때문에 사정거리도 야포보다 짧았다. 박격포와 마찬가지로 곡사포도 초창기 폭발물인 폭발탄을 발사할 수 있었고, 탄도의 경사가 높아 직사하지 않고도 적을 공격할 수 있었다.

포탄 또한 야전의 특수한 상황에 맞춰 개선되었다. 18세기까지 공성포에는 거의 구형 포탄만 사용되었다. 공성포의 목적 자체가 건축물을 부수는 것이기 때문이었다. 하지만 전장에는 그런 건축물 같은 '딱딱한' 표적이 드물었다. 흙을 단단히 다져 만든 벽이 구형 포탄의 충격을 흡수하긴 했지만, 구형 포탄은 공성전에 유용했다. 또한 사물을 박살내는 데 탁월하다는 점 때문에 적의 대포를 파괴하는 대對포병 사격에도 필수적이었다. 구형 포탄은 살상 효과는 부족했지만 쓸모없지는 않았다. 상대적으로 작은 6파운드 포탄, 즉 직경이 약 89밀리미터인 구형 포탄도 사람을 반으로 찢을 수 있었고, 머스킷과 달리 포탄이 날아가면서 희생자를 다수 낼 수도 있었다. 또한 큰 밀집 대형을 향해 구형 포탄을 발사하면 대형을 가로질러 날아가면서 적군을 차례차례 공격하여 끔찍한 피해를 입힐 수 있었다. 구형 포탄이 무기로서 지닌 주요 가치는 공포였다. 날아오는 구형 포탄은 포탄이 지나가는 방향에 서 있는 병사들에게는 공포 그 자체였으며, 전장에서 포탄에 맞아 말이나 사람이 처참하게 찢긴 모습보다 무서운 광경은 거의 없었을 것이다.

그러나 구형 포탄은 제한된 수의 적군만 개별적으로 공격하거나 죽일 수 있었기에 비효율적인 살상 무기였다. 18세기 서구 전장에서는 보통 대인용 특수 탄약이 사용되었다. 유럽 해군들은 둥근 밑판에 목제 기둥을 세우고 그 주위에 금속구를 붙여 만든 포도탄(grapeshot)을 사용했다. 육군에서 가장 비슷한 것은 '캐니스터Canister'라고 알려진 유산탄이었다. 캐니스터는 포도탄과 기본 원리가 동일했지만 크기가 달랐다. 6파운드 대포의 캐니스터는 납탄 41~85개를 금속제 경량 원통에 넣어 만들었다. 캐니스터가 발명되자 야포나 곡사포는 거대한 산탄총이나 다름없어졌다. 포구를 떠난 캐니스터의 납탄은 90여 미터 떨어진 곳에서 9미터 이상 퍼질 정도로 빠르게 흩어졌다. 따라서 사정거리는 매우 짧았고 약 460미터 정도 지나면 힘을 잃었다. 납탄들이 빨리 흩어지면서 속도가 급격히 감소했기 때문이다. 그러나 캐니스터는 장거리 무기가 아니라 가까이 다가오는 보병 또는 기병의 공격을 분산시키려는 용도로 사용되었다. 90여 미터 이내에 있는 모든 것들을 살살이 무너뜨릴 수 있었기 때문이다. 3줄로 이루어진 보병 대형에 구형 포탄 1발을 발사하면 유효한 범위 안에서 최대 3명을 죽일 수 있었지만, 캐니스터는 1발로 수십 명을 쓰러트릴 수 있었다.

대규모 사상자를 내고 적의 사기를 꺾을 수 있다는 장점 때문에 대포는 수고를 감수하고서라도 전쟁터에 끌고 갈 가치가 있었다. 물론 대포를 이동시키고 관리하는 데 필요한 인력과 가축, 전장으로 대포를 끌고 가는 데 필요한 모든 장비와 물품, 식량과 사료, 탄약과 예비 부품, 대장장이와 장제사*를 위한 특수 장비까지 고려하면 대포는 골칫거리였다. 그러나 18세기에 등장한 새로운 야포는 그전 세대의 대포보다 훨씬 더 가볍고 운반하기가 쉬우며 전투에 유용했다. 18세기에 야포를 끄는 동물의 크기와 숫자는 줄어들었다. 대포 등장 초기에는 소를 이용했지만, 이후에 대포가 경량화되자 말을 이용했다. 통상적으로 야포 1문과 그 야포를 끄는 바퀴 2개짜리 수레인 림버limber를 끌기 위해서는 말이 4~8마리 필요했다. 말은 소에 비해 까다롭고 섬세하지만 훨씬 빨랐다. 동물이 작아지고 규모도 줄어들자 군용 동물에 자연히 따라오는 마른 사료, 동물을 관리하는 인력, 병참에 드는 부담이 모두 감소했다. 이제 대포는 보병만큼, 또는 더 빠르게도 움직일 수 있었다. 18세기 후반에 프로이센군은 첫 기마포 부대를 도입했다. '날아다니는 대포'라고도 불렸던 기마포 덕분에 포병과 모든 부대 병력

---

* 말의 편자를 제작하거나 말 발굽에 편자를 장착하는 사람을 뜻한다. - 편집부

은 포차 또는 말을 타고 전장을 기병처럼 빠르게 돌아다닐 수 있었다.

대포가 가벼워지고 수송하기 편해지자 대포는 야전군의 유용한 무기가 되었다. 나머지는 훈련이 담당했다. 훈련은 보병에게 중요했던 것처럼 포병에게도 중요했다. 훈련을 잘 받은 포병들은 야포를 림버에서 떼는 데가지 수 초면 충분했고, 숙련된 보병이 머스킷을 장전하는 것보다 더 빨리 대포를 장전할 수 있었다. 빠르게 돌진해 오는 적에게 황급히 캐니스터를 쏠 때 노련한 포병은 각도를 조절하면서도 1분에 2번, 빠르면 3번까지 수월하게 장전하고 발사할 수 있었다.

대포 발사 속도가 높아지자 전투 무기로서의 가치도 높아졌다. 18세기 대포는 정적인 무기가 아니라 동적인 무기였다. 이제 대포를 쏘기 위해서 전투 전날 밤에 위치를 살펴볼 필요가 없었다. 대포가 자유롭게 이동할 수 있게 되자 서구 군대는 보병보다 더 유연하고 더 결정적인 화력인 대포를 전투 대열에 추가했다. 대포 4~8문과 지원 차량을 갖춘 포대는 전쟁 상황에 따라 자유롭게 이동할 수 있었다. 이 규모는 유럽의 기초적인 전술 및 편제 단위였다. 포대는 전장 곳곳에 흩어질 수도 있었고, 결정적인 순간에 특정 목표물을 집중 공격하기 위해 임시로 모여 대형 포대를 이룰 수도 있었다. 1700년대 중반이 되자 야포 없이 전투에 참여하는 것은 생각할 수도 없는 일이 되었다.

다음 수치는 그 당시 대포의 위상을 확실히 보여 준다. 1704년 8월 13일, 스페인 왕위 계승 전쟁(1701~1714)의 가장 큰 교전 중 하나인 블레넘 전투에서 연합군 병력 5만 2000명은 대포 66문을 보유했고, 프랑스군 5만 6000명은 대포 90문을 보유했다. 대포 대 군인의 비율은 약 1대 692였다. 55년 후 그 비율은 거의 3배나 벌어졌다. 1759년 8월 1일 민덴에서 벌어진 7년 전쟁의 전투에서 총 병력은 8만 1000명, 대포는 343문으로 1대 236이었다.

18세기에 화기의 살상력이 증가하고 파이크가 사라지면서 새로운 전술이 생겨났다. 이는 과거와 갑자기 단절된 것이 아니라, 테르시오 대형 시대부터 군사 기술이 발전하며 점진적으로 일어난 변화였다. 대포는 더 중요해졌고, 기병은 줄어들었으며, 보병이 전장을 지배하자 전술 대형은 점점 더 길어지고 얇아졌다. 화력은 더 이상 전문적인 특수 부대만 다루는 것이 아니었다. 이제 화력은 전술의 중심이었다.

18세기 전투는 보병 전투였다. 병사 대다수는 보병이었고, 싸우고 죽이고 죽은 병사들 대다수도 보병이었다. 전술은 무수히 변화되었지만, 보병 전투의 핵심은 꽤 간단했다. 군대 2개가 고의로 또는 우연히 만난다. 종대로 행군하던 군대는 전열을 갖춘다. 전열을 갖추는 동안 군대는 서로의 배치를 방해하거나 서로의 대포를 무력화하기 위해 대포를 사용하고, 보병들은 머스킷 사정거리 내로 접근한다. 지휘관이 "적의 단결력이 충분히 약해졌으니까 백병전을 벌일 수 있다."라고 판단할 때까지 병사들은 서로에게 일제 사격을 한다.

일단 전투가 시작되면 공격은 멈출 수 없었다. 속도와 끈기가 핵심이었는데, 빠르게 공격할수록 방어하는 쪽의 일제 사격을 막아내고 전쟁에서 이길 가능성이 컸기 때문이다. 그러나 속도가 아무리 중요해도 달리면서 공격할 수는 없었다. 달리면서 공격하면 적에게 가까이 가기도 전에 지칠 수 있었으며, 끈기와 단결력이 무너질 수도 있었다. 또한 방어군은 공격군의 단결력을 깨뜨리는 것이 공격을 막거나 격퇴할 수 있는 유일한 희망이었기에 일제 사격을 가급적 많이 했다. 가장 중대한 일제 사격은 공격 마지막 순간, 적과 45미터가량 떨어진 곳에서 발사하는 것으로, 모든 총알을 표적에 명중시켜야 했다.

이 모든 것은 속도, 즉 이동 속도와 발사 속도에 달려 있었다. 속도를 높이려면 훈련해야 했다. 훈련은 17세기 초 네덜란드의 마우리츠 때부터 군대가 시간을 가장 가치 있게 투자하는 방법이었고, 훈련이 생겨난 이후 보병의 화력은 급격하게 발전했다. 군대의 대형 또한 점점 가늘고 길어졌다. 마우리츠의 대형은 10줄, 스웨덴의 구스타브 2세 아돌푸스는 6줄, 플린트록 머스킷이 부상하던 1700년에는 4줄, 1700년대 중반에는 3줄로 대형을 만들었다. 야전군이 상대적으로 보잘것없던 미국 독립 전쟁에서는 주로 2줄로 대형을 만들었다.

오늘날의 관점으로 보면, 서구 전쟁 역사상 18세기 선형 전술이 구사되는 광경만큼 우스꽝스럽게 보이는 것은 거의 없다. 전술은 딱딱하고 형식적이며, 심지어 자기 파괴적으로 보인다. 전쟁을 잘 모르는 사람은 근거리에서 일제 사격을 하는 군대의 어리석음을 지적할 수도 있다. 왜 군인들은 다들 볼 수 있는 곳에서 멀뚱히 서 있는 대신에 개인의 판단과 사격 실력을 발휘하면서 숨어 있지 않았을까?

그러나 선형 전술은 생각보다 매우 실용적이었고, 무기와 군인의 성격을 모두 고려한 당대의 현실에 기반을 두고 있었다. 밀집 대형을 만들면 군대를 통제하고 지휘하기가 쉬웠다. 전투 경험이 많은 장교들은 알고 있듯이, 총격을 받는 상황에서 군인들은 비합리적이더라도 무리를 짓는 경향이 있었다. 긴장이 심한 전투 상황에서는 주위 사람들과 신체적으로 접촉함으로써 친밀감과 안정감을 찾으려 하기 때문이다. 또한 일제 사격을 하면 지휘관은 발사 방향과 발사 시기라는 중요한 요소를 잘 통제할 수 있었다. 대형을 이룬 병사들은 본능에 따라 반격을 중단하는 일 없이 계속 앞으로 진격할 수 있었고, 결국 함께 총검을 세차게 휘둘러 적을 쓰러트릴 수 있었다.

또한 '전면 공격'이 항상 전면 공격이었던 것도 아니다. 프로이센의 존경받는 전사이자 왕이었던 프리드리히 대왕이 대중화시킨 '우회 기동'은 18세기 중반에 대단한 인기를 얻었다. 사실 우회 기동은 교란 작전과 측면 공격을 결합한 것에 불과하다. 공격 부대의 일부가 적의 전열을 따라 어딘가에서 위장 공격을 하는 동안, 다른 일부는 상대적으로 허술한 측면으로 우회하여 깜짝 놀란 적군이 대응하려고 병력을 이동시키기 전에 공격한다. 우회 기동의 대표적 사례는 7년 전쟁 당시 프리드리히 대왕이 1757년 12월 5일 로이텐 전투에서 전력이 훨씬 강했던 오스트리아군을 격파한 것이다. 굶주리고 매우 지친 프로이센 용사 3만 명은 병력이 2배가 넘는 오스트리아군을 무찔렀다. 미국 독립 전쟁 때인 1775년 6월 17일에 벌어진 벙커힐 전투는 정면 공격이 효과가 없는 이유를 보여 주는 대표적인 사례로 뽑히지만, 사실상 영국군이 시도한 우회 기동이 끔찍하게 실패한 경우였다.

플린트록 머스킷과 경량 야포가 18세기 전장의 표준 무기가 된 이후에도 전술은 끊임없이 발전했고, 화력과 속도를 극대화하려는 노력은 계속되었다. 특히 유럽에서 아마도 가장 지능적으로 싸우는 축에 속했던 프랑스 지휘관들 사이에서는 전술을 개혁하는 방안을 두고 활발한 논의가 일었다. 일부 장교는 선형진에는 없는 전술적 무게와 추진력이 17세기의 거대 밀집 대형에 있었다고 주장하면서 테르시오와 비슷하게 생긴 보병 대형인 소위 '깊은 대형'으로 돌아가자고 외쳤다. 다른 이들은 프리드리히 대왕의 소총 사격술을 찬양하며 대형의 무게보다는 화력에 중점을 둔 얇은 선형진인 소위 '얇은 대형'을 선호했다. 그리고 젊은 프랑스 전술가 자크 앙투안 아폴리트 기베르와 같은 일부 전술가는 화력 중심 공격을 할 때는 선형진, 공세를 취할 때는 밀집 대형 등 전쟁 상황에 따라 한 대형에서 다른 대형으로 변화할 수 있는 유연한 보병 부대를 선호했다. 선형 전술은 단 1가지로만 굳어지지 않았고, 점점 전문화되었던 유럽 장교들은 당대의 무기를 가장 잘 활용할 수 있는 전술 대형을 찾기 위해 끊임없이 실험했다.

또한 선형 전술은 18세기 장교들이 선택할 수 있는 유일한 전술도, 항상 바람직한 선택도 아니었다. 플린트록 머스킷은 화승총으로는 불가능했던 다양한 지상전 전술에 적합했다. 서구 제국들이 유럽 밖으로 뻗어나가고, 유럽의 정치적 통제 범위가 주변부로 확장되던 17세기부터 유럽 군대는 유럽 방식으로 싸우지 않으며 그럴 생각도 없는 비정규군과 점점 더 자주 접촉하게 되었다. 유럽 군대는 아메리카 원주민이나 스코틀랜드의 하이랜더 같은 원주민의 전투 방식을 무시하지 않았다. 차라리 원주민들의 방식에 기꺼이 적응하면서 그들의 독특한 전술을 자신들의 전쟁 방식에 결합했다. 18세기 후반이 되자 거의 모든 유럽 군대는 독특한 전투에 적합하게 훈련된 경보병을 대형 안팎에 배치했다. 경보병은 많은 일을 할 수 있었다. 경보병을 다양한 역할에 투입한 첫 나라는 영국이었다. 북아메리카 식민지에서 발생한 비정규전에서 보병은 삼림 지역을 순찰하고 위험을 감지하는 전술에 이용되었다. 이들은 지능과 지략을 인정받아 선발된 정예 병사들이었고, 밀집 대형에서는 전통적인 보병으로서, 산개 대형에서는 척후병이나 정찰병으로서 싸우도록 훈련받았다. 그래서 미국 독립 전쟁에서도 영국군은 황무지 전투에 의외로 매우 능숙했다.

⊕ ⊕ ⊕

플린트록 머스킷, 즉 총열에 강선이 없고 총구로 장전하는 머스킷은 이 모든 역할에 적합한 무기였고, 전쟁사에서 최초로 보편적인 무기였다. 다른 보병 무기를 추가해 보완할 필요도 없었다. 플린트록 머스킷의 발사 속도는 화승총보다 훨씬 더 빨랐기 때문에 머스킷병은 코르도바나 마우리츠, 구스타브 2세 아돌푸스 시대와는 달리 공격에 덜 취약했다. 또한 머스킷에 추가로 장착된 소킷 총검 덕분에 근접전에서도 자신을 방어할 수 있었다. 머스킷과 총검의 조합은 파이크만큼 위협적이지는 않아도 꽤 괜찮은 대체품이었다. 머스킷병들은 이제 보조 장비나 지원군의 도움 없이도 방어뿐만 아니라 공격까지 할 수 있었고, 적진에 들어갈 뿐만 아니라 적진을 장악할 수도 있었다. 이렇게 파이크병과 머스킷병 간의 복잡한 이동이 전술적으로 사라지자, 보병 전술도 어느 정도 단순해졌다. 야포는 전장의 전술에 혁명적인 변화를 불러오지는 않았지만, 이미 강화된 보병의 화력을 더욱 강화했다. 이제 대포는 적어도 보병만큼 빨리 이동할 수 있었고, 복잡한 파이크와 머스킷 협력 작전 대형이 더 이상 보병 부대의 발목을 붙잡지도 않았기 때문에 이제 유럽 군대는 '파이크 앤드 샷' 시대의 밀집 대형으로는 불가능했던 일종의 전술적 유연성을 추구할 수 있었다. 또한 이러한 유연성은 비정규전에도 영향을 미쳤다. 18세기 국경을 둘러싸고 벌어진 전쟁의 전술들은 화승총으로는 실행하기가 불가능했을 것이다. 이렇듯 플린트록 머스킷은 전투 방식을 변화시켰다.

하지만 총기는 중세 말에서 미국 독립 전쟁과 프랑스 혁명 때까지 다른 방식으로는 크게 발전하지 않았다. 머스킷이 자신의 탄도학적 한계를 넘어서지 못했기 때문이다. 플린트록은 무기의 사정거리나 정확도나 관통력에는 영향을 미치지 않았다. 지난 400년 동안 화약을 쓰는 무기, 즉 소화기와 대포는 기술적으로 거의 발전하지 않았다. 그러나 미국 독립 전쟁이 끝난 후 불과 몇 세대 만에 플린트록 머스킷과 활강식 전장포의 자리에 근본적으로 다른 무기가 들어왔고, 화력 관련 기술은 급격히 변화했다. 서양 군대는 변화, 아주 큰 변화에 적응해야 했다.

전쟁 자체가 무기 기술의 변화를 일으킨 것은 아니었다. 유럽 경제가 격변하며 혁신을 장려하고 보상하는 쪽으로 변화가 일어났고, 이러한 변화가 전쟁의 도구와 전술까지 바꿨다.

5장

군사 혁명

1800년대의 전쟁은 1400년대의 전쟁과는 전혀 달랐다. 닮은 구석이 그야 말로 1가지도 없었고, 연결 고리 또한 단 1개도 없었다. 1800년에 크고 작은 유럽 국가들은 수십만 명에 달하는 군복 입은 상비군과 직업 군인 등으로 조직된 군대를 보유했다. 군대 지휘관들은 모두 또는 대부분 이러저러한 공식 군사 훈련을 받았으며, 그들 중 다수는 자신의 직업을 매우 진지하게 받아들였다. 기병과 보병과 포병은 표준화된 무기를 사용했고, 이들의 수요를 채우기 위해 참모진, 군수 장교, 취사병, 급여 담당자, 기술병 같은 보조 인력으로 이루어진 군수 지원망 또한 점점 성장했다. 병사들은 거의 모든 측면에서 규정된 훈련 교본과 군대 생활의 모든 측면을 관리하는 표준 운영 절차에 따라 정기적으로 보수(주로 월급)를 받으면서 매일 훈련했다.

또한 그중 여러 국가는 거대한 해군을 보유하고 있었다. 해군은 과거보다 점점 더 발전하여 매우 전문화되었고, 심지어 육군보다 더 광범위한 관료 체제를 가지고 있었다. 또한 해군과 그 함대를 오래 유지하려면 물리적 시설에 막대한 투자와 헌신을 해야 했다. 육군이 성장하고 중앙 집권화되면서 해군도 마찬가지로 국가의 통제 아래 군사력이 매우 확장되었고, 들어가는 비용도 점점 증가하여 국가 경제가 휘청거릴 정도였다.

1400년에는 이런 부담이 없었다. 군대는 필요할 때 즉각 소집되었고, 필요할 때만 유지됐다. 복장이나 장비, 무기, 전술에는 통일성이 없었다. 심지어 편제도 일시적이었고, 전장에서 구성되었으며, 전장 밖에서는 존재하지 않았다. 영구적인 위계는 잡혀 있지 않았으며, 방어 중이거나 공격 중일 때 군대의 일과가 제대로 작동하도록 지원하는 보조 인력이나 체계 또한 당연히 없었다. 현대와 같은 의미의 군대는 그 당시에는 없었기 때문이다. 1400년대에도 화기는 존재했으나, 위험한 발명품과 유용한 도구 사이의 모호한 범위에 속해 그다지 많지는 않았다. 해군 역시 존재하지 않았고, 군함에 함포를 장착한다는 개념이 실현된 것은 아득한 훗날이었다.

1400년과 1800년 사이에 유럽 국가들과 미국은 눈에 띄게 현대적인 군사 시설을 발달시켰다. 이 국가들은 "주권 국가는 언제나 전쟁을 준비해야 한다."라는 신념에 근거를 두고 국민에게서 몰수한 재산, 즉 세금으로 이러한 군사 시설에 드는 비용을 지불했다. 1400년대 유럽에서 이러한 신념이 만연한 것은 아니었고, 세금도 국가 수입의 정규 원천이 아니었다. 그러나 곧 그렇게 되었다. 그리고 현대적인 군사 기관이 생겨났다.

중세 유럽에 화약 무기가 도입되면서 시작된 기술 혁명은 다방면에 깊은 영향을 미쳤다. 화약 무기는 군사 시설 건축 양식과 공성전의 전술을 급격히 변화시켰다. 화약은 군함이 부상하게 된 주요 전제였고, 첫 국영 해군이 설립된 근본 원인이었다. 또한 기술이 발전하자 보병이 성장했고, 다시 기술 발전이 가속화되면서 화기의 조직적 사용을 중심으로 지상전 전술이 펼쳐지게 되었다. 그러나 기술 혁명이 일어난 진짜 이유는 서구 역사상 엄청난 사건이 몇 가지 일어났기 때문이었다.

$$\oplus \quad \oplus \quad \oplus$$

1953년 영국 태생 역사학자 마이클 로버츠는 북아일랜드의 벨파스트에 있는 퀸스 대학교에서 취임 강연을 했다. 로버츠는 주로 스웨덴 역사 연구, 특히 전사왕 구스타브 2세 아돌푸스를 광범위하게 조사하여 전기를 작성해 유명해졌다. 근대 초기 스웨덴에 관한 연구에서 로버츠는 군사 제도가 근대화되고, 전쟁 빈도가 증가하며, 군사 시설 규모가 커지는 일이 스웨덴의 국가 권력 성장과 밀접한 관계가 있다는 점에 주목했다. 그는 스웨덴이 일반적인 유럽 패턴과 비슷하다는 사실을 알아차렸다. 초기 독일 역사가들이 한동안 지적했던 이 패턴은 전쟁과 국가 발전은 떼려야 뗄 수 없는 관계를 맺고 있으며, 전쟁을 준비하고 치르는 일은 정치적 권위의 확장을 촉진한다는 것으로, 간단히 말하면 "전쟁이 현대 국가를 만들었다."라는 것이었다.

강연에서 로버츠는 이 광범위한 주제에 주목하며 '군사 혁명'이라고 일컬었다. 매우 개괄적인 관점으로 바라본 유럽 전쟁과 국가 발전의 역사였다. 복잡한 아이디어들을 설명하다 보니 완벽하지는 않았다. 어떤 관점은 너무 광범위했고, 어떤 관점은 초점이 어긋났고, 어떤 관점은 아예 제자리를 찾지 못했다. 하지만 전체적으로 볼 때 로버츠가 그려낸 이야기는 매우 훌륭했다. 보병이 부상하고 화기가 도입되면서 변화된 새로운 무기와 전술은 중세에 일어났던 전쟁보다 규모가 더 크고 복잡하며 값비싼 전쟁을 만들었다. 무에서 창조된 해군은 점점 더 커졌고, 종교적 차이와 신생 왕조의 경쟁이 부채질한 군비 경쟁 심리가 대륙 전역으로 확산되면서 군비 확장과 변화의 속도도 빨라졌다. 새로운 전쟁은 군비 확장을 부추겼고, 무기의 세대 교체 속도도 빨라졌다. 새로운 전쟁이 귀족의 권력을 감소시키자 한때는 엘리트 계급이자 국가를 섬기는 계층인 동시에, 독립적인 전사였던 귀족은 이제 국가의 중앙 정부에 이익이 되는 존재로 전락했다.

하지만 16세기에 접어들었어도 유럽 국가들은 여전히 단순하고 소박한 관료제와 기반 시설로 운영되었다. 이렇게 빈약한 행정부는 가끔 세금을 징수하는 등 중세 군주들이 수행하던 임무를 다루기에는 매우 적절했지만, 전쟁을 치르고 군사 시설을 세우는 데 필요한 부담을 감당할 수는 없었다. 전쟁을 위해 자원을 동원하고 군대를 통솔하려는 국가의 노력과 정치적 격변의 투쟁 가운데서 마침내 근대 국가가 탄생했다. 강력하고, 1개의 정부가 권위를 행사하며, 국민의 피땀 어린 세금으로 유지되는 나라였다. '군사 혁명'에 따른 성장통을 거치며 탄생한 국가인 것이다.

로버츠의 아이디어는 역사 이론치고는 큰 인기를 얻었다. 여전히 그의 이론은 현대 국가의 기원을 비롯한 많은 것을 설명해 준다. 전쟁 연구가 가치 있다는 사실에 회의적인 학계에서 전쟁사를 사회사, 정치사, 경제사와 결부시켜 전쟁사의 중요성을 입증했다. 군사 혁명 이론은 같은 학계의 추종자들을 끌어모았다. 여러 분야에서 이렇게 널리 인정받은 역사 이론은 거의 없다. 로버츠의 초기 논문에 뿌리를 둔 '군사 문제에서의 혁명(revolutions in military affairs, RMA)'이라는 개념은 현대 보안 연구와 지정학의 여러 분야에 영향을 미쳤다.

로버츠의 이론을 폄하하는 의견도 있었지만, 건강하고 활발한 토론도 이루어졌다. 일부 비평가들은 로버츠의 이론이 주로 개신교 지역인 북유럽의 전쟁사에 근거하고 있으며, 가톨릭교 지역인 남유럽, 특히 스페인의 다소 다른 양상은 간과하고 있다고 지적했다. 또한 다른 이들은 전쟁 분야와 정치 분야에서 혁명이 일어난 것은 분명하지만, 혁명의 주역인 군사 기관과 정부의 규모와 복잡성 면에서 진정한 혁명은 18세기 후반이 되어서야 일어났다고 주장했다. 중세 연구가들은 중세를 제대로 알지 못하는 자가 중세를 통틀어 부정확한 일반화를 하자 당연히 분개했고, 로버츠가 중세 관료제와 군대의 원시적인 면을 과장했다고 비난했다. 그리고 로버츠가 다음 시대에 일어났다고 주장한 발전이 중세에 일어난 것을 보여 주는 선례도 찾아냈다. 최근 로버츠의 주장은 유럽 역사학자들과 여타 세계의 역사학자들 간에 벌어진 논쟁의 중심이 되었다. 아시아와 중동의 역사가들은 로버츠의 주장을 날카롭게 반박하며 중국, 인도, 한국, 오스만 제국이 나름대로 군사 혁명을 겪었다는 사실을 증명했다.

모두, 하나도 빠짐없이 정당한 주장이다. 그러나 그 어느 주장도 마이클 로버츠가 얘기한 주요 개념의 타당성을 훼손하지 않는다. 중세 말에 전쟁 방식이 달라지자 유럽에 광범위한 정치적·사회적 변화가 일어났다. 대부분은 아니더라도 현대 국가의 여러 주요 특징은 군사적 요인들에서 시작되었으며, 신흥 왕조 국가들은 전쟁을 벌이는 것을 무엇보다 가장 큰 목표로 하던 독립체였다.

"화약 혁명이 군사 혁명의 원인이었으니, 중앙 집권 국가가 생겨난 근본 원인도 화약 혁명이다."라고 할 수는 없다. 그런 생각은 기술이 사회, 정치, 문화를 비롯한 모든 측면의 발전을 이끈다는 기술 결정론일 것이다. 또한 화약 때문에 세계의 다른 모든 문명보다 서양 문명이 더 강력하다고 주장할 수도 없다. 유럽과 마찬가지로 오스만 제국, 중국, 인도도 화약 기술을 다양하게 이용했으니까. 하지만 유럽 국가가 현대적인 국가로 변하는 과정에 기술적 진보가 영향을 미쳤다는 사실을 인정할 수 있고, 또 그래야만 한다.

이러한 점들을 염두에 두고, 새로운 무기가 근대 초기에 근대 국가를 건설하는 데 일조한 과정을 알아보자.

근대 국가가 건설되던 과도기 동안 지상전에서 일어난 가장 큰 변화는 다음과 같다. 첫째, 군대가 기병 중심에서 보병 중심이 되었다. 둘째, 전사가 아닌 군인이 전장의 주인공이 되었다. 군인은 조직화된 전술 부대의 일원이었고, 개인이라기보다는 집단의 일부로서 싸우도록 훈련했다. 흑색 화약으로 발사되는 화기 때문은 아니었다. 보병은 이미 봉건 시대의 중기병을 대체하고 있었으며, 첫 휴대용 총기가 유럽의 전장에 흘러들기 시작하기도 전부터 군대의 중심은 보병으로 이동하고 있었다.

좀 더 정교한 전술 대형도 총기보다 먼저 발전했다. 스위스의 파이크 대형이 대열을 짓고, 전장에서 이동하고, 공격하고, 적의 공격에 단호히 맞서는 등 정확한 동작을 수행하기 위해서는 일련의 표준화된 절차가 필요했다. 문서로 만들어진 절차를 따른 것은 아니었지만, 일종의 반복된 훈련을 실시했다. 이러한 대형이 잘 작동하려면 장교와 부사관 같은 내부 지휘 계급도 필요했다. 동작의 조직화는 일정한 수의 장교와 관리자 없이는 숫제 불가능했고, 부대 규모가 클수록 필요한 지휘 체계의 규모도 커졌다.

16세기 초, 전장에 총기가 나타나면서 조직, 전문성, 위계질서가 더욱 필요하게 되었다. 이러한 기본 조건이 충족되지 않으면 일제 사격과 사격 훈련을 해낼 수 없었다. 몇십 년이 지나자 유럽의 표준 보병 조직은 테르시오 대형 또는 그와 유사한 것이 되었다. 바로 머스킷과 파이크를 1개 대형으로 결합한 전술 부대가 그것이다. 이러한 조합을 이루기 위해서는 이전에는 상상할 수도 없었던 수준의 조직화가 필요했다. 테르시오 전투 대형을 구성하려면 하위 부대인 파이크 부대와 머스킷 부대가 행군 대열에서 전투 대형으로 변형해야 했다. 이는 경험 많은 장교와 부사관이 없다면 불가능했을 복잡한 과정이었다. 1600년대 초에 테르시오 대형을 개선한 네덜란드와 스웨덴의 보병 전술 등 테르시오 대형의 뒤를 이어 생겨난 전술 체계와, 17세기 및 18세기의 선형 전술도 마찬가지였다. 더군다나 지휘관들은 높은 전문성을 갖추어야 했고, 사병들도 기름칠한 기계처럼 일사불란하게 움직여야 했다. 이러한 능력은 훈련을 지속적으로 반복함으로써 얻을 수 있었다. 이성의 시대였던 18세기에는 보병 전술뿐만 아니라 포병 전술과 기병 전술도 전보다 더 질서정연하고 효율적이며 유연해졌다. 이는 전적으로 조직 체계, 전문성, 위계질서를 갖춘 덕분이었다. 그리고 영구적인 군사 기관인 상비군만이 이러한 조직 체계, 전문성, 위계질서를 갖출 수 있었다. 징집된 군인에게는 아무리 의욕을 불어넣어도 훈련이 부족해서 불가능했다. 1600년대 후반과 1700년대에 상비군을 보유한 유럽 국가는 군대가 즉시 필요하지 않더라도 항상 막대한 예산을 군대 유지비로 사용했다.

군대에 들이는 재정 규모는 시간이 지나며 더욱 급증했다. 가장 첫 번째 문제는 지상전, 특히 보병 전술이 변화하면서 전쟁의 규모가 커진다는 점이었다. 중세 전투는 대부분 개인 무기를 사용했다. 무기 사용법을 개별적으로 가르쳤으며, 무기 또한 일대일 전투를 위해서 제작되었다. 그러나 새로운 보병대에서 사용하는 무기는 그렇지 않았다. 길이가 무려 5미터가 넘는 파이크는 아무리 재빠르게 휘두르더라도 일대일 전투에서 사용하긴 어려웠다. 마찬가지로 머스킷도 대규모로 그리고 조직화된 방식으로 이용해야 더 효과적이었다. 따라서 새 보병 무기는 개개인이나 소규모 집단이 아닌 대규모 전술 대형에서 사용해야 했다.

화기를 든 보병의 숫자가 늘어나고 필요한 총의 수도 늘어나면서 군대의 규모도 커졌다. 당시 유럽의 보편적인 추세이기도 했지만, 1500년 이후 유럽 국가 간의 정치에 스며든 군비 경쟁 심리가 더 큰 영향을 미쳤다. 종교 개혁의 여파로 기독교 국가들의 결속이 끊어지며 1550년 이후 국제적 긴장감이 고조되었고, 유럽은 끊임없는 전쟁 상태에 접어들었다. 국가 간에 크고 작은 종교 분열이 발생하자 국제 분쟁을 평화롭게 해결하기는 더욱 힘들어졌다. 또한 1650년 이후 간신히 위기에서 벗어난 유럽 국가들은 종교를 의도적으로 전쟁 명분으로 삼지는 않았지만, 곧 제국을 둘러싼 경쟁이 종교의 역할을 대신했다. 그 결과 군대 규모는 꾸준히 증가했고, 1500년부터 1700년 사이에 10배나 증가한 국가도 있었다. 1500년대 스페인의 총 병력은 2만 명을 조금 넘었지만, 1618년에 벌어진 30년 전쟁 중에는 30만 명에 가까웠다. 1550년대에 이탈리아 전쟁이 끝날 무렵 프랑스군 병력은 5만 명이었지만, 루이 14세가 통치하던 150년 후에는 거의 50만 명에 달했다.

해상전이나 공성전 등 다른 전쟁에서도 기술 혁명은 비슷한 결과를 낳았다. 16세기에는 새로운 요새를 건설하려면 엄청난 돈을 들여야 했지만, 각국 정부는 국경과 전략적 요충지를 지키려면 대포를 갖춘 요새가 필수라는 것을 곧 깨닫고 수백 개에 달하는 근대식 요새를 세웠다. 짓는 데만 비용이 드는 것도 아니었다. 비바람에 건물이 훼손되지 않으려면 정기적인 유지와 보수도 필요했다. 해군도 마찬가지였으며, 규모는 육군보다 훨씬 더 컸다. 해군에 드는 재정 부담은 끝이 없었다. 또한 군함도 요새처럼 지속적으로 관리해야 했다. 취역하지 않은 군함들을 특별한 관리를 받는 20세기의 '예비 함대'처럼 방치할 수는 없었다. 또한 군함에는 아주 많은 승무원이 필요했다. 해군은 영구적인 상비 기관이어야 했다. 재정 부담을 덜기 위해 무장 상선 같은 임시 방편들을 마련했지만, 별 효과가 없다는 사실이 1500년대 말에는 분명해졌다. 반면 용도에 따라 설계한 군함은 한결같이 우수했다.

육해군의 성장은 지상전과 해상전의 본질을 근본적으로 변화시켰으며, 또한 유럽 사회 내에서 정치적 권력과 사회적 명성의 균형을 재설정했다. 중세 유럽의 독특한 정치적 상황에서 태어난 옛 귀족 계급은 군사 혁명 때문에 입지를 잃고 있었다. 14세기 이전에 귀족들은 전사 계급으로서 전통적인 역할을 다하며 위신, 권력, 특권을 획득했다. 귀족들은 각각 전사로서 전쟁에서 싸울 수 있도록 훈련했고, 이 귀족 전사 계급이 중세 군대의 중추를 이루었다. 군대의 중심이었던 기병은 보조 역할로 밀려나고, 평민 계급에서 소집된 보병이 군대의 중심을 이루자 귀족이 누리던 특권의 정당성이 상당히 사라졌다. 이제 병역은 혈통으로 권리를 타고난 신분의 의무가 아닌, 젊은 귀족들이 선택할 수 있는 직업이 되었다. 귀족들은 여전히 군사적 리더십이 탁월했고, 유럽 군대 장교단 대부분을 주름잡았다. 하지만 더 이상 독립적인 전사가 아닌, 국가를 위해 봉사하는 계급으로서 생계와 지위를 국가의 수혜에 의존했다. 육군과 해군 구조의 혁명이 이러한 추세를 증폭시켰다. 성이 더 이상 쓸모가 없어지면서 유럽 지방 귀족들의 권력 기반도 사라졌다. 처음부터 한정된 전문 기술에 의존했던 해군은 리더십의 상당 부분을 최하층 계급에게서 끌어냈다. 귀족 가문은 원칙상 해상 무역에 종사하지 않았기에 선장이 귀족인 경우는 매우 드물었다. 해군은 초라한 집안에서 태어난 사람들이 사회적으로 출세할 기회를 열어 주었다.

그러나 군사 혁명이 다방면에 미친 영향력과 그에 따른 군사 기술의 큰 변화는 국가의 재정 분야에서도 감지됐다. 모든 기술 변화의 연결 고리는 비용이었다. 중세 국가는 매우 복잡한 예산안을 세울 필요가 없었고, 또한 국가 간 대규모 분쟁이 드물었기에 전쟁 자금을 지나치게 걱정할 필요도 없었다. 그러나 1500년 이후 육해군이 급격히 확대되자 이야기가 달라졌다. 16세기와 17세기의 전형적인 유럽 국가는 이전 세기에는 흔하지 않았던 행정적·재정적 부담을 안고 있었으며, 그러한 부담을 관리할 준비도 되어 있지 않았다. '국방 예산'은 중세에 거의 존재하지 않았지만, 군사 혁명이 일어나면서 국가 지출의 가장 큰 부분을 차지하는 항목이 되었다.

전쟁에 대비하는 것은 단순히 군인들의 임금을 지급하고 전쟁 물자를 구입하는 것이 아니라 철, 곡물, 화약 원료, 가죽, 말, 황소, 마른 사료, 의복 등 모든 종류의 자원, 즉 군대에 필요한 모든 것을 목적에 따라 할당하는 일이었다. 이는 특히 해군에 중요한 문제였는데, 해군은 물적 자원을 대거 소비했고, 그중에는 매우 특수해서 항상 쉽게 얻을 수 없는 자원들도 많았다. 돛대는 스칸디나비아반도와 발트해 연안 지역의 숲과 북아메리카에서 많이 자라는 높고 곧은 소나무로 만들었다. 골조용 목재와 선체용 널빤지는 질 좋고 튼튼한 참나무로 만들었는데, 때로는 나무를 의도적으로 변형시켜 주요 부품을 가공했다. 이렇게 자원을 할당하기 위해서는 현금은 물론 기반 시설 등 많은 것이 필요했다. 해군 관료제의 규모는 17세기 동안 거의 터무니없이 복잡할 정도로 커졌고, 여기에는 그럴 만한 이유가 있었다.

전쟁 비용, 전쟁 준비 비용, 국가 자체를 유지하는 예산은 16세기와 17세기에 폭발적으로 증가했다. 유럽의 전쟁 방식도 이 시기 동안 전반적으로 훨씬 더 정교해졌다. 그러나 유럽의 통치 제도는 그렇지 못했다. 전쟁 무기와 전술은 국가가 대금을 지불할 수 있는 능력보다 더 빨리 발달했다. 군사 시설은 점점 많아졌으며, 유럽 대륙의 무력 충돌 빈도도 점점 늘어났다. 유럽의 왕들과 권력 계층은 현금과 전략 물자를 조달하기 위한 방법을 찾아내지 못하자 곤경에 처했다. 정부는 신용을 기반으로 전쟁을 치렀고, 유럽의 거대 은행가에게서 막대한 돈을 빌렸으며, 대출 금리는 오늘날의 기준으로는 섬뜩한 수준이었다. 대출금을 갚아야 했으나 숨 돌릴 틈도 없이 전쟁이 일어났기 때문에 쉽지는 않았다. 16세기와 17세기에 유럽의 가장 큰 강대국이었던 스페인이 대출금을 완납하는 일은 완전히 불가능했다. 스페인은 아메리카 대륙의 은광이라는 부러울 정도로 안정적인 수입원을 얻었지만, 전쟁과 관련된 비용이 너무나 큰 나머지 대출을 확보하기 위해 추후 수송될 은이 저당으로 잡혔다. 이때 스페인은 국가 파산을 선언하여 채무를 불이행한 후, 또다시 대출금을 잔뜩 빌려 새롭게 시작했다. 펠리페 2세의 통치 기간(1556~1598) 동안 스페인 왕실은 파산을 최소한 5번 겪었다.

군대는 스스로를 후원하는 방식으로 국가의 재정 부담을 덜어 주었다. 17세기 중반까지 군인 대부분은 국가가 아닌 군사 기업가, 즉 고용하기 위해서 군인을 모집하는 민간 벤처 투자가가 모집했다. 따라서 초기에 국가는 모집, 의복, 장비, 무기, 식량, 숙소, 급여, 간혹 지원 입대 상여금 같은 초기 비용을 부담해야 하는 상황에서 벗어나 있었다. 군사 기업가는 대가를 정부에서 일시불로 보상받는 방식으로 그 비용을 처리했다. 이러한 시스템은 장점이 있었지만, 고용주인 국가의 관점에서는 비용이 많이 들고, 효율도 떨어졌다. 30년 전쟁 당시 여러 군대의 장교들은 소위 '기부금 제도'에 참여했다. 군대는 주둔한 지역의 도움을 조직적으로 받았다. 맥주나 음식 또는 현금과 같은 방식으로 정기적인 대가를 지급하면 마을을 약탈하지 않겠다고 약속했다. 기부금 제도는 매우 체계적인 갈취나 다름없었다. 이 제도는 탐욕스러운 군인이 닥치는 대로 민간인을 약탈하는 것을 막고, 군대에 식량을 공급하고, 민간인들을 안전하게 지키는 것이 기껏해야 최선이었다.

기부금 제도는 효과적이고 장기적인 해결책이 아니었다. 군대는 보통 몇 주 만에 국가의 모든 지역을 고갈시킬 수 있었다. 매우 짧은 기간이면 몰라도, 작전 중인 군대를 지원할 만큼 충분히 풍족한 지역은 유럽에 거의 없었다. "전쟁은 스스로를 먹여 살린다."라는 구스타브 2세 아돌푸스의 명언으로 오랫동안 지지를 받았던 이 개념은 1600년대 중반까지 지속되었다. 그러나 30년 전쟁 동안 대규모 약탈이 자행되자, 유럽 국가들은 군대에 보급을 해 주기 위한 가장 좋은 방법을 다시 고민하기 시작했다.

재정 측면에서 해결책은 확실했다. 바로 세금이었다. 조세는 국가의 생명을 유지하고, 전쟁과 여타 모든 경우에서 국가를 지원하는 수단이 되었다. 정기적이고 일상적인 과세는 중세 유럽인의 삶의 일반적인 특징이 아니었고, 전쟁과 같은 비상사태가 일어나 왕궁의 경상 소득이 부족할 때만 세금이 부과되었다. 또한 군주들은 전통과 법에 따라 보유한 토지에서 나오는 수익과 관세 같은 소규모 원천 소득으로 '그들만의 삶'을 유지했다. 하지만 이 정도로는 군대를 일정 기간 동안 유지할 수 없었다. 30년 전쟁 참전국과 전쟁에 대비했던 비참전국은 그들의 재정적 의무를 다하기 위해 점점 더 과세에 의존했다. 세금은 새로운 데다가 불쾌했기 때문에 농촌이나 도시 어디서든지 격렬한 저항이 일어났으며, 종종 갑자기 폭동이 일어나기도 했다.

급격히 증가하는 전쟁 비용이 불러온 국내 갈등은 세금에만 초점이 맞춰진 게 아니었다. 군주제로 대표되는 중앙 정부와 귀족층의 관계도 긴장 상태에 접어들더니, 17세기 전반에는 폭력적인 양상마저 보였다. 왕들은 세금을 부과하고, 전쟁과 평화를 만들고, 귀족과 상의하지 않고도 정책을 세울 수 있는 권력을 원했고, 귀족은 국가 재정과 세금에 관한 한 왕권을 견제하려고 했다. 전쟁과 그 비용은 유럽의 거의 모든 국가에서 정치적 분열을 일으키는 주요 원인이었다. 리슐리외 추기경과 프랑스 귀족들 간의 갈등이 리슐리외 추기경의 후계자인 마자랭 추기경 시절까지 이어져 프롱드의 난(1648~1653)이 일어났다. 또한 찰스 1세와 잉글랜드 의회 사이에서 일어난 갈등은 잉글랜드 내전으로 이어졌다. 30년 전쟁 동안 덴마크에서는 크리스티안 4세와 귀족들로 이루어진 의회 사이에서 갈등이 벌어졌다.

영국에서는 정치적 패권을 거머쥐려는 투쟁에서 결국 의회와 입헌 군주제 지지자들이 승리하면서 국왕의 위신이 떨어졌다. 그러나 다른 유럽 국가에서 군주와 귀족들 간에 벌어진 충돌은 대개 다른 결론을 맺었다. 군주제가 승리를 거두면서 오늘날 '절대 왕정'이라고 일컫는 정치 제도가 옳건 그르건 자리를 잡은 것이다. 대의 민주주의와는 조금도 유사한 면이 없는, 강력한 관료주의를 자랑하는 중앙 집권 국가가 탄생한 것이다. 영국처럼 절대주의가 뿌리를 내리지 않은 곳에서는 군사 혁명이 정치에 미친 영향은 본질적으로 같았다.

중세 봉건 왕국에서 중앙 집권화된 관료주의 국가로의 전환은 군사 혁명이 남긴 것 중 가장 오랫동안 지속될 유산일 것이다. 독일 역사학자 오토 힌체는 이 새로운 정치 제도를 오로지 전쟁을 일으키기 위한 목적으로만 존재했던 '주권 강대국'이라고 불렀다. 세금 사용, 관료제에 속한 모든 부서의 존재 의의 등 모든 정책의 방향이 결국 조직적인 폭력을 휘두르는 데 쓰였다. 힌체는 분명 로버츠처럼 자신의 주장을 과장했다. 그는 너무 많은 것을 전술이 변화하고, 군사 시설의 규모가 커지며, 군사 기술이 진화한 탓이라 여겼다. 이제 우리는 근대 관료주의 국가가 탄생한 이유가 종교적 정체성에서부터 국제 무역, 정치 문화 등 여러 다른 요인이 함께 작용했기 때문이라는 것을 알고 있다. 그러나 전쟁은 그 어떤 것보다 돋보인다. 전쟁이 일으킨 변화는 유럽의 주권 국가들에 세금과 관료주의가 일으킨 변화보다 훨씬 더 크다. 전쟁은 근본적으로 공권력의 성격과 범위를 변화시켰다. 세금을 효과적으로 거두기 위해서는 이전의 유럽 정부들에는 없었던, 광범위하고 자세한 인구 조사가 필요했다. 국가가 세금을 부과하거나 군인을 징집하려면 국민의 신원과 거주지, 종교, 재산, 생계 수단, 부양 가족 수를 알아야 했다. 간단히 말해서 국가의 권위는 그전과는 완전히 다른 방식으로 국민의 사생활에 파고들었다. 거침없는 시선으로 국민의 개인적 삶 구석구석을 들여다보았다. 제한 없는 권위로 침입하는 근대 관료주의 국가의 거대한 조직은 끊임없이 이어진 전쟁에서 시작됐고, 간접적으로는 전쟁에 기여한 군사 기술 혁명에서 비롯됐다.

강력한 군주와 거대한 관료제가 지배하는 주권 국가는 18세기와 19세기에 완전히 없어졌다. 미국과 프랑스가 이끈 대서양에서의 혁명은 결국 사회의 옛 질서를 뒤엎고, 특권층의 정당성을 훼손하고, '국민 주권'이라는 개념을 서구 정치의 새로운 규범으로 만들었다. 그러나 전쟁은 여전히 중요했고, 군사 기관은 계속 유지되어야 했으며, 군사 기술에는 비용이 필요했다. 이러한 경향은 기술 자체의 본질에서 일어난 혁명이어서 19세기 내내 더욱 가속화되었다.

2부

혁명의 시대

| 1800년부터 | 1870년까지 |

6장

혁명의 시대의 전쟁과 기술

1792년 9월 20일 프랑스군과 프로이센군은 파리에서 동쪽으로 193킬로미터 정도 떨어진 발미 마을 근처에서 세차게 내리는 비를 맞으며 맞붙었다. 프랑스 혁명을 통해 국민 의회가 출범한 지 불과 3년이 지났을 뿐인데, 프랑스는 이미 외세의 침략으로 나라를 잃을 위험에 처해 있었다. 어설픈 전략으로 우왕좌왕하던 프랑스 군대는 연이은 전투의 결과로 낙심해 있었다. 9월에 프로이센군과 전투를 재개했지만, 이질, 습한 날씨, 무의미한 행군, 잇따른 패배에 따른 무력감 때문에 점점 힘과 사기를 잃고 있었다. 하지만 그날 발미에서 프랑스군은 기지를 사수했을 뿐 아니라 승리를 거두었다. 혁명이 낳은 첫 번째 영웅들인 샤를 프랑수아 뒤무리에와 프랑수아 크리스토프 켈러만의 지휘하에 어수룩한 지원병과 옛 왕실 군대의 흰 군복을 입은 군인들이 뒤섞인 독특한 군대의 총알이 한시도 쉬지 않고 적을 난타했다. 켈러만 장군의 지휘에 따라 프랑스군은 총검을 들고 돌진했다. 사기를 북돋는 혁명가 〈라 마르세예즈〉를 힘차게 부르며 그들이 증오하는 침략자들을 전장에서 몰아냈다.

프랑스가 발미에서 거둔 승리 소식은 순식간에 파리를 강타했다. 프랑스군은 한때 유럽에서 가장 위협적인 군대였던 프로이센군을 이겼다. 사실 그렇게 큰 승리는 아니었다. 양측 사상자는 많지 않았고, 적은 무사히 퇴각할 수 있었다. 하지만 프로이센을 다스리던 호엔촐레른 왕가의 의기양양했던 군대는 굴욕감에 절뚝거리며 독일로 돌아갔고, 파리는 다시 살아났다. 파리에서는 혁명 정신이 활발하게 솟아났고, 급진적인 자코뱅 정부의 주도 아래 민주적으로 선출된 새 입법부인 국민 공회는 옛 군주제의 죽음과 프랑스 공화국의 탄생을 선언함으로써 승리를 대담하게 기념했다. 발미 전투는 새로운 국가의 탄생을 상징하는 것이나 다름없었다.

또한 발미 전투는 새로운 유형의 전쟁, 더 정확히 말하면 새로운 군대를 낳았다. 발미 전투의 프로이센군처럼 유럽 군대 대부분은 오랜 기간 복무한 직업 군인들로 구성되었고, 종종 외국인 용병이 포함되었다. 이들은 대개 왕이나 국가를 향한 의무감 때문이 아니라, 생계를 보장받으면서 모험도 좀 즐기거나 본국의 불쾌한 환경에서 벗어나기 위해 군인이 되었다. 1792년 프랑스는 전쟁에 애국심과 혁명을 향한 사랑으로 충만한 사람들을 끌어들였다. 이들의 열정은 훈련 부족에서 기인한 약점을 부분적으로 보완해 주었다. 그러나 이렇게 열정적인 지원자들만으로 군대가 인력난을 해결하기는 어려웠기에 발미 전투 후 몇 달 뒤 신생 프랑스 공화국은 절박하고 인기 없는 수단인 징병제로 돌아갈 수밖에 없었다.

자코뱅 정부가 1793년 프랑스에 도입한 의무 병역은 새로운 것이 아니었다. 돈은 없는데 사방에 적이 있던 스웨덴은 징병제로 군사력을 키웠고, 프로이센은 징병제를 보완했다. 그러나 자코뱅 정부가 제정한 징병제는 기존 징병제보다 더 나아갔다.

이후, 적들이 공화국 영토에서 쫓겨날 때까지 프랑스 국민은 군 복무를 위해 영구적으로 징집된다. 젊은이는 전쟁에 나가고, 기혼자는 무기를 만들고 식량을 수송하며, 여성은 텐트와 군복을 만들고, …… 아이들은 낡은 린넨으로 붕대를 만들어야 하며, 노인은 공공장소에 가서 …… 공화국의 단합과 왕을 향한 증오를 설파해야 한다.

과장된 표현이지만 의미는 분명했다. 프랑스 공화국 같은 자유로운 공화국에 거주하는 사람들은 백성이 아니라 시민이었다. 시민으로서 그들은 기본권을 가졌고, 법 앞에서 일종의 평등을 누렸으며, 발언권도 보장받았다. 그러나 이렇게 자유를 보장받는 대가로 그들은 평생 싸워야 했으며, 공화국이 요구하면 언제든지 자신의 생명으로 그 값을 지불해야 했다. 완벽하게 실현되지는 못했던 이 개념은 지배자와 피지배자 간의 근본적인 관계, 즉 국가의 근본적인 의미를 영구적·급진적으로 변화시켰다. 이렇게 국민 총동원령이 도입되면서 한 국가의 총인구, 물적 자원, 에너지 등이 하나도 빠짐없이 전쟁 중인 국가의 수요를 채우는, 오늘날에는 '총력전'이라고 일컫는 환경이 조성되었다.

군사적 의미에서 병역의 보편화는 깊고도 즉각적인 영향을 미쳤다. 18세기 이전 군대는 '불필요하다'는 표현이 가장 적합한 사람들로 구성되었다. 주로 땅을 물려받지 못하는 소작농의 어린 아들, 부양가족이 없는 일용직 노동자, '부당한' 가난에 시달리는 자, 장기 채무자, 또는 소위 법을 악용하려는 사람들 같은, 사회에 아무런 기여도 못할 뿐 아니라 도리어 짐만 되는 사람들이었다. 하지만 성인 남성 인구 전부를 끌어모으자 훨씬 더 많은 가용 인력이 확보되었다. 1793년 2월, 프랑스군 병력은 약 36만 명이었다. 이는 당시 다른 군대와 유사한 수준으로, 부끄럽지 않은 편이었다. 1년 반 후 프랑스군 병력은 110만 명으로 불어났고, 이는 유럽이 지금까지 본 것 중 가장 큰 규모였다.

하지만 숫자가 전부는 아니었고, 거대한 군대가 항상 뛰어나지도 않았다. 징집병들은 복무를 꺼리기로 악명 높았다. 강제 징집된 자들로 이루어진 군대의 탈영률은 높았는데, 특히 대서양 연안의 방데 같은 일부 지역에서는 반항이 저항이 되었고, 다시 폭력적인 반혁명으로 급속히 악화되었다. 군은 결국 파리 당국에 강력한 대응을 요구했다. 다시 말하면, 다른 지역에 있는 전투 부대에 지원을 요청하여 반혁명 분자들을 처벌하고 징병을 강행한 것이다.

비록 징병제가 대중적인 방법이었더라도, 물리적 어려움이 많았을 것이다. 그렇게 많은 신병들을 빠릿빠릿해지도록 훈련시킬 방법이 없었고, 거대한 시민군을 먹이고 입히고 무장하는 능력은 인력을 동원하는 능력에 비해 부족했다. 훈련도 무장도 부족한 군대가 군복도 제대로 갖춰 입지 않고서 우수한 장비를 갖춘 군대를 무찌르기 위해 전장에 뛰어들었다. 사상자 수치는 예상대로 끔찍했다.

그러나 프랑스의 포부는 사라지지 않았다. 1790년대 프랑스 혁명 전쟁에서 프랑스군은 예상 밖의 놀라운 승리를 거두었다. 이는 나폴레옹이 어마어마한 군대를 만들 수 있게 도와주었다. 나폴레옹은 1810년이 오기 전에 유럽 대륙 대부분을 정복했다. 프랑스는 거의 단독으로 서구를 상대했으며, 이기기까지 했다. 하지만 프랑스에는 병역을 위한 인적 자원을 관리하고 통제하는 방법 그 이상의 뭔가 다른 것이 있었다. 프랑스에 막 뿌리를 내리고 곧 서구 전체에 스며들 문화적이고 정치적인 현상, 바로 민족주의가 나타나고 있었던 것이다.

서양사에서 프랑스 혁명만큼 전쟁과 전쟁의 본질을 형성하는 데 큰 영향력을 미친 사건은 드물다. 프랑스 혁명에서 비롯된 전쟁들과 나폴레옹이 프랑스 혁명을 내걸고 싸운 전쟁들은 전쟁의 양상을 변화시켰다. 나폴레옹 전쟁이 끝난 1815년과 나폴레옹 전쟁 시대가 끝난 이후 군대의 사회적 구성, 육해군 군사 시설의 규모와 복잡성 같은 것들은 확연히 달라졌다. 심지어 전쟁의 목표와 목적도 달라졌는데, 그 차이는 아주 컸다. 18세기에 일어났던 전쟁은 대부분 왕가 간의 이해 갈등이나 제국주의적 야망이 부딪치며 발생했다. 혁명적인 프랑스의 전투 목적은 외세의 침략에서 국가를 지켜내고, 새롭게 시작한 정치적 실험을 보호하며, 영토를 넓히기 위해서이기도 했지만, 이념을 퍼뜨리기 위해서이기도 했다. 반대자들도 그 이념을 억누르고 파괴하기 위해 프랑스만큼 열심히 싸웠다. 나폴레옹의 정복욕은 사실 지나친 개인적 야망에서 비롯되었지만, 나폴레옹의 군대는 '법 앞의 평등' 또는 '보편적인 남성 참정권'처럼 당시에는 여전히 혁명적이었던 개념을 오스트리아, 신성 로마 제국, 이탈리아, 저지대 국가, 이베리아반도로 가져갔고, 총검을 들이대며 강요했다.

나폴레옹의 군대는 혁명에서 시작되고 자라난 민족주의적 열정도 전파했다. 프랑스의 혁명적 민족주의는 자연스럽게 타국의 민족주의를 일깨웠다. 프랑스의 적들은 프랑스에 대항하는 수단으로 자국민에게 잠재된 민족주의적 열정을 이용하려 했기 때문이다. 보수적인 프로이센에서도 귀족 외의 백성들에게 새로운 권력과 기회를 부여하는 사회적·정치적·경제적인 개혁이 일어났다.

그러나 민족주의는 무서웠다. 오늘날과 마찬가지로 비이성적이고, 예측할 수 없고, 통제 불가능하며, 고무적이고 창조적인 만큼 파괴적일 수도 있었다. 민족주의는 고정 관념과 오래된 편견에 사로잡혀서 미세한 차이를 무시하고 지나친 일반화를 선택하는 환원주의였고, 지금도 그렇다. 따라서 예나 지금이나 민족주의는 세상을 바라보는 합리적이고 이성적인 방법이 아니다. 민족의 고유한 가치를 과시할수록 집단(민족) 밖에 있는 사람들의 가치를 경시하게 된다. 다시 말하면 민족주의는 합법적인 정치 체제를 무너뜨렸고, 대중의 열정을 자극하여 전쟁을 일으켰다. 1815년 이후 유럽의 왕국들은 공포 정치 시대에 자코뱅 정부가 일으킨 피비린내 나는 혼란을 보고 깜짝 놀랐으며, 나폴레옹의 군대가 파괴하고 지나간 자리를 보면서 겁에 질린 나머지 옛 체제를 회복하기 위해 프랑스 혁명이 일어났던 1789년으로 시계를 되돌리려고 최선을 다했다.

새롭고도 낡은 유럽의 정치가들은 한동안 성공을 거뒀다. 그들은 프랑스의 부르봉 왕조 같은 혁명 이전의 왕조를 복구했고, 나폴레옹이 건설한 위성 국가들을 수년에 걸쳐 해체했다. 그리고 1819년부터 1848년까지 새로운 세기의 정치 세력을 형성한 민족주의와 자유주의라는 2가지 새로운 이념에 자극을 받아 유럽 곳곳에서 일어난 반란 수십 개를 진압했다. 그러나 새로운 세력을 멈출 수는 없었고, 구질서로 완전히 돌아갈 수도 없었다. 혁명의 해인 1848년까지 자유주의와 민족주의는 유럽 정계에 중대한 영향을 미치기 시작했다. 예를 들면, 자유주의의 영향으로 영국과 덴마크에서 입헌 군주제가 생겨났고, 프랑스에서는 군주제가 해체되었다. 민족주의의 영향으로 프랑스는 나폴레옹의 통치 아래에서 재기에 성공했고, 독일과 이탈리아에서는 민족 통일 운동이 점점 세력을 얻었다.

군사 제도도 변화를 겪었다. 1815년 이후 유럽의 반동 정권들이 전쟁을 18세기를 기준으로 되돌리려 하면서 혁명 시대의 대규모 징집군을 장기간 복무하는 소수의 전문 직업 군인으로 대체하려고 했다. 부대의 사기를 끌어 올리려면 이념 못지않게 돈도 필요했기 때문이다. 소규모 군대는 관리하기도 쉽고, 비용도 덜 들었다. 하지만 이미 엎질러진 물이었다. 무장한 민족 국가 개념은 금세 사라지지 않았다. 징병제는 19세기 중반의 남북 전쟁과 독일 통일 전쟁 때 잠시 귀환했다가 이후 19세기 말이 되자 서양 전역의 보편적인 제도가 되었다.

이렇게 보편화된 징병제는 혁명 시대와 나폴레옹 전쟁 시대에 나타난 가장 큰 군사적 변화였다. 전쟁의 규모를 변화시켰기 때문이다. 야전군 규모는 평균적으로 1792년 이후 늘어났고, 결과적으로 전투의 규모도 커졌다. 나폴레옹 전쟁은 대규모 사건이었다. 나폴레옹 전쟁에서 가장 참혹했던 1812년 9월 7일에 벌어진 보로디노 전투에 참전한 러시아군과 프랑스군 병력은 총 30만 명이었다. 1813년 10월 16일부터 19일까지 4일간 벌어진, '국가 간 전투'라고 불리는 라이프치히 전투에 참전한 병사 수는 50만 명을 훨씬 넘었다.

이렇게 전쟁 규모가 커지면서 장군들은 많은 어려움을 겪게 되었다. 모든 것이 늘어났고, 간단하던 작업도 복잡해졌다. 병력이 늘어나자 식량, 탄약, 군복, 군화, 무기, 의약품, 말과 사료 등 전쟁 중인 군대의 모든 수요도 늘어났다. 규모가 늘어나기 전에도 군대를 며칠 이상 감당할 수 있을 만한 농업 생산량을 자랑하는 지역은 유럽에 거의 없었고, 가능한 지역조차도 1년 중 특정한 시기에만 가능했다. 전투 병력 10만 명 이상, 그 외 다양한 비전투원들로 구성된 군대는 1개 지역이 공급하는 자원만으로는 도저히 살아남을 수 없었다. 효율적인 물류 체계가 그 어느 때보다 절실했고, 물자 수송도 골치 아픈 문제가 되었다.

군대가 전투 대형을 만들 때도 규모가 클수록 더 많은 공간이 필요했다. 지상전 환경이 자연스레 변화했고, 전장의 범위도 확대됐다. 전장에서 통신은 대형의 규모가 커지면서 군대의 큰 문제가 되었다. 사령관과 직속 부하, 직속 부하와 개별 부대들, 정찰 부대와 주요 부대 간 정보의 전달 속도와 안정성은 말을 타고 다니며 한 지점에서 다른 지점으로 긴급 수기 공문을 전달하는 젊은 중위에게 달려 있었다. 이러한 정보 전달 방식은 쉽게 끊어지거나 중단되거나 지연되었고, 정보가 잘못 전달되는 일도 부지기수였다. 병사 4만 명과 길이가 1킬로미터도 안되는 전선에서도 이런 방식으로 의사소통하는 일은 쉽지 않았다. 그런데 병력이 20만 명으로 늘고, 전선은 수 킬로미터에 달하며, 후방에 예비 부대까지 추가되어 대형이 더욱 커진 것이다. 그러니 혼란스러운 전장에서 명령을 내리거나 현장 정보를 전달하는 사뭇 간단한 과업조차 불가능해졌다. 20세기에 들어서 야전 전화와 무전기가 도입될 때까지 전장에서 통신의 어려움은 군대를 괴롭히고 작전을 제한시켰다.

대규모 군대로 인한 통신·이동·물류 문제에 대처하는 몇 가지 방법이 있었다. 18세기에 처음 사용된 해결책 1가지는 18세기 후반에 프랑스 군사 이론가 자크 앙투안 이폴리트 기베르 백작과 피에르 드 부르세 장군이 주장한 것이었다. 이는 사단 혹은 군단 편제를 쓰는 것이었다. 기베르와 부르세 모두 대규모 야전군을 비슷한 수준의 하위 부대 여러 개로 나눈 다음, 각각의 하위 부대로 하여금 평행한 경로를 따라 넓은 전선으로 가서 사령관이 의도한 목표물을 공격하게 하자고 주장했다. 하위 부대가 개별적으로 이동하니 대규모 부대가 한번에 움직이는 것보다 훨씬 덜 번거로웠고, 길을 막거나 행군을 방해하는 일상적 사고로 교착 상태에 빠질 가능성 또한 줄어들었다. 하위 부대가 충분히 떨어져 있으면 적은 아군의 실제 의도와 구체적 의도를 추측하느라 아군 수뇌부가 설정한 목표 지점에 하위 부대가 집결할 마지막 순간까지 확실히 대응할 수 없을 것이다. 모든 하위 부대가 2시간 정도 행군하면 금방 도착할 정도로 충분히 가까이 있다면, 그중 먼저 적과 마주친 부대를 지원하러 다른 부대들이 달려갈 수 있을 것이다. 나폴레옹은 주로 이런 식의 작전 사단을 이용하여 전투를 지휘했다.

하지만 혁명 시대와 그 이후 전쟁은 다른 면에서 변화보다는 연속성에 의해 구분되었다. 물론 전장에서 사용하는 전술에는 변화가 있었다. 예를 들어 나폴레옹 군대는 소위 '대포 돌격' 같은 전술에서 더 무겁고 공격적인 야포를 사용했다. 이들은 기동력이 뛰어난 포대를 적의 머스킷 사정거리보다는 멀면서도 적에게 충분히 명중시킬 수 있는 범위에 배치했다. 적이 대포병 사격을 벌이지 않는 한, 대포는 공격받을 일 없이 적을 포탄으로 때릴 수 있었다. 만약 상황이 아군에 불리하게 흐른다면, 대포는 신속하게 운반되어 안전한 곳으로 철수했다. 나폴레옹의 흉갑 기병처럼 흉갑, 투구, 사브르(기병도)를 갖추고 격전에 참여하는 중기병들은 프랑스가 치렀던 전쟁들에서 존재감을 되찾았고, 나폴레옹 전쟁에서 중요한 역할을 했다. 그 당시 모든 군대는 경보병을 주로 이용했는데, 경보병은 촘촘한 대형보다는 산개 대형에서 척후병으로서 싸웠다.

이 중 어느 것도 '혁신'이라고 할 수는 없었다. 산개 대형으로 싸우는 경보병은 7년 전쟁과 미국 독립 전쟁에서 탄생했고, 기병은 최근 들어 사용이 뜸해졌을 뿐이지 오랫동안 유럽 군대의 주요 군사력이었다. 프랑스 혁명 시대의 전술은 혁명적이지 않았고, 반세기 또는 그 이상 동안 이어진 추세가 단지 합리적으로 발전했을 뿐이었다. 공성전과 해상전에도 새로운 것은 없었다. 함대는 여전히 단종진으로 맞붙었다. 프리깃 같은 소형 함선은 여전히 장거리 순찰을 나갔고, 가끔은 일대일로 전투를 벌였다. 군함의 크기나 화력, 돛의 표면은 발전했지만, 목적이나 용도, 전체적인 디자인은 그대로였다. 전술적 관점에서 나폴레옹 전쟁은 겉모습만 더 잔혹해졌을 뿐, 여전히 18세기에 치렀던 전쟁과 다르지 않았다. 1750년 이후 1815년에 벌어진 워털루 전투에서조차 교전 중인 군대의 규모를 제외하고는 군사적으로 특별히 주목할 만한 점이 없었다.

그렇다면 왜 전술에 변화가 일어나지 않았을까? 주된 이유는 기술, 더 정확히 말하자면 기술의 정체 때문이었다. 보병 무기는 1709년, 1756년, 1815년 모두 플린트록 머스킷으로, 강선이 없는 활강식 총열에 총구로 장전하며 부싯돌로 점화했고, 지름이 2센티미터도 안되는 연납탄을 발사하며, 삼각형 모양 총검을 장착했다. 기병 역시 이전 세기와 동일한 플린트록 카빈과 권총, 사브르, 랜스(긴 창)를 무기로 이용했다. 대포는 무게나 구경,

구조 면에서 지난 수십 년간 제작된 것과 다를 바가 없었다. 거의 모든 중요한 면에서 나폴레옹 전쟁 시대의 무기는 태양왕 루이 14세 시대의 무기와 기능적으로 동일했다.

하지만 1815년 이후 전장의 모습은 예전과는 달랐고, 변화는 모두 기술과 관련이 있었다. 지난 100년간 무기가 거의 그대로였으며, 사소한 것들만 변화된 채 300년을 거쳐 온 19세기에 유럽과 서양에서는 군사 기술의 복잡성과 효율성이, 무기의 살상력과 보급, 수송, 통신 등이 크게 도약했다. 앞서 일어났던 화약 혁명과는 달리, 이 기술 혁명은 단 1개의 혁신으로만 일어나지 않았다. 대신에 서구 역사상 처음으로 무기의 생산자와 소비자, 즉 첫 번째로 제조업체, 기업가, 발명가, 기술자, 두 번째로 육해군이 함께 긴밀한 협력을 이어가며 군사 기술을 혁신했고, 또 그 혁신을 민간과 군대에 적용하며 일어난 것이다. 그리고 민간 부문과 국가 간의, 무기 제조업자와 그것을 사용하는 기관 간의 이러한 협력 관계는 서구 경제 역사상 가장 충격적인 사건인 산업 혁명으로 시작되었다.

산업 혁명은 사건이라기보다는 발전이며, 정확한 시작과 끝을 알 수 없는 발전이다. 1700년대 중반부터 공장에 기반한 새로운 경제가 영국을 뒤흔들기 시작했다. 영국의 환경은 원자재와 에너지원이 풍부하고, 연안 운송이 가능하며, 농업이 더욱 효율적으로 이루어지면서 농촌에서 쫓겨난 실직 노동자*가 많아서 제조업에 적합했다. 더 중요한 점은 영국의 신흥 중산층이 기업가 정신에 딱 맞는 사고방식을 가지고 있었다는 점이다. 이들은 야심

---

* 18세기 후반부터 19세기 중반까지 전개된 제2차 인클로저 운동으로 경작지를 잃은 농민들을 말한다. - 편집부

차고 욕심이 많았으며, 경쟁심도 강했다. 아울러 효율성을 높여 수익을 늘리는 기술적인 해결책에 개방적이었다.

서양의 모든 국가가 산업화의 혜택을 즉시, 한번에 받은 것은 아니기에 공장 경제는 들쭉날쭉, 띄엄띄엄 퍼져 나갔다. 세계적 산업 강국으로서 쌓아 올린 영국의 공고한 지위는 프랑스가 주요 경쟁국으로 떠오른 1800년대 중반까지 누구도 위협할 수 없었다. 19세기 말에는 비교적 새로운 국가인 독일 제국과 미국이 중공업 분야 대부분에서 영국을 앞질렀다. 다른 열강은 곧 '과거의 열강'이 되면서 뒤처졌다. 러시아는 이오시프 스탈린이 전간기(양차 세계대전 사이의 기간)에 수많은 인명을 희생시켜 경제를 일으키기 전까지는 산업 강국이 아니었다. 오스트리아(-헝가리), 이탈리아, 스페인은 결코 산업 강국이 되지 못했다.

산업화의 영향은 매우 컸고, 모든 면에서 그랬다. 프랑스 혁명은 낡은 사회 질서와 귀족의 지배력을 거침없이 무너뜨리기 시작했다. 그러나 산업혁명이 발생하자 새로운 지배층인 부르주아 계급이 그 자리를 채웠다. 부르주아 계급은 점차 서구 경제와 정계를 주도하기에 이르렀다. 산업화는 노동자 계급이 살고 일하는 장소와 방식을 변화시켰으며, 그 모든 변화가 더 좋은 것만은 아니었다. 이전에는 없던 새로운 도시가 생겨났고, 오래된 도시는 터질 듯이 부풀어 올랐다. 산업화는 가족의 구조, 시간과 삶의 집단적 경험, 일과 여가의 구조를 다시 세우고, 사회의 기본 구조도 재편했다.

공장은 사회 구조만큼이나 전쟁에도 깊고 지속적인 영향을 미쳤다. 또한 그 여파는 힘의 균형을 세계적 수준으로 재정렬했다. 머지않아 유럽과 미국은 공장 시스템을 이용하여 힘 자체와 그 힘을 전달하는 능력 면에서 나머지 세계보다 확실한 기술 우위를 차지했다. 산업화 시대 전에는 서구 문명이 중국이나 일본, 한국, 인도보다 기술적으로, 특히 무기 면에서 더 위대하다고 주장할 수 없었다. 그러나 산업화는 엇비슷했던 수준을 뒤집었다. 1900년대, 이르면 1850년쯤에 유럽의 무기는 다른 모든 대륙의 무기보다 훨씬 더 위험했고, 유럽의 운송 수단과 통신 수단도 훨씬 더 빨랐다. 가장 중요한 점은, 이러한 기술을 생산하는 서양의 생산력이 아시아나 아프리카의 집단적인 생산력을 빠르게 앞질렀다는 점이다. 간단히 말해서 서양은 이제 더 나은 무기를 대량 생산하고, 생산한 무기를 세계 어느 지역보다 효율적으로 배치할 수 있었다.

서양의 제국주의 열강, 그러니까 1870년 이후 거의 모든 크고 작은 유럽 국가는 그러한 우월성을 이용했다. 서구 제국주의의 거대한 물결이 19세기 중반에 본격적으로 시작된 것은 우연이 아니다. 이는 앞서 나간 기술과 생산성의 직접적인 결과였던 것이다. 제1차 세계대전이 발발하기 전 50년 동안 유럽 국가들이 제국을 확장하려고 열띤 경쟁을 벌인 데는 다양한 원인이 있었겠지만, 산업화 자체도 원인이었다. 제조업계가 제품 생산을 하려면 주요 원산지가 아시아나 아프리카인 다양한 원자재가 있어야 했다. 구타페르카*, 고무 등에 더해 석유도 금세 추가되었다. 제조업은 대규모 제국주의를 낳았고, 또한 제국주의가 필요했다.

당시 산업 혁명이 세계적으로 남긴 유산은 바로 서구가 세계 패권을 장악하게 된 것이었다. 패권은 영원하지 않았으나 어쨌든 20세기까지는 지속되었다. 산업 혁명이 각 나라에 미친 영향, 공장이 서구의 전장에 미친 영향도 상당했다. 산업화는 3가지 상호 보완적인 방법으로 전쟁 수행을 이끌었으며, 그들 모두 기술과 직접적인 관련이 있었다.

첫째, 산업 혁명은 생산 능력, 즉 일정 시간 안에 생산 가능한 제품의 양을 늘렸다. 개별 국가는 공장 시스템을 이용해 자국의 군사적 요구를 충

---

* 말레이시아와 인도네시아에서 재배하는 구타페르카 나무에서 채취하는 고무질 수지. 탄화수소가 함유되어 있어서 절연체 등을 만드는 데 쓰인다. - 편집부

족시켰다. 심지어 군비를 자급자족한다는 전략적 목표의 실현 가능성을 크게 높였다. 제1차 세계대전 초기에 러시아 군대가 큰 대가를 치르며 비극적으로 깨달은 것처럼, 한 국가의 군사력은 그것을 뒷받침하는 생산력이 없다면 아무것도 아니었다. 이것은 잔인할 정도로 단순한 공식이었다. 더 많은 공장에서 더 많은 노동자가 근무하면 총기, 탄약, 제복, 철도, 철로와 기차, 항공기, 전차, 가공식품, 군함도 더 많아졌다. 프랑스 혁명은 유럽 역사상 처음으로 '인민군'이라는 개념을 실현했을지도 모른다. 그러나 산업 혁명 덕분에 인민군은 전장을 지키고, 배를 채우고, 보급품을 받고, 장비를 갖출 수 있었다. 한 국가의 산업 생산력은 인력을 모으고 징집하는 능력만큼이나 중요했고, 한 국가의 노동력은 최전선의 병력 못지않게 승리를 위해서 꼭 필요했다. 산업 역량과 군사력은 같을 수 밖에 없었던 것이다.

둘째, 산업 혁명은 교통과 통신의 혁명이기도 했다. 토머스 뉴커먼과 제임스 와트가 18세기 후반에 특허를 받은 증기 기관은 영국 산업의 성장을 그야말로 부채질했다. 증기 기관은 수차처럼 흐르는 물에 의존하지 않고도 공장의 기계에 동력을 공급할 수 있었다. 곧 상선과 군함이 증기 기관을 장착했고, 완전히 새로운 육상 교통수단인 철도도 개발되었다. 산업 혁명은 증기선과 철도를 낳았고, 증기선과 철도는 다시 산업을 강화했다. 1850년대와 1860년대에 철도의 급격한 성장과 더불어 발명된 전신은 전쟁에서 이용하기 좋은 또 다른 민간 기술이었다. 철도 덕분에 도보로 몇 주가 걸리는 거리는 이제 몇 시간이면 갈 수 있게 되었다. 또한 전신 덕분에 군 부대와 군 수뇌부, 정부는 며칠이 아닌 몇 분 만에 정보를 교환할 수 있게 되었다.

이 2가지는 축복이자 저주였다. 철도와 전신은 장군들에게 이전보다 더 많은 작전을 선택할 수 있는 자유를 주었지만, 도리어 제한하기도 했다. 즉각적인 통신은 양날의 칼이었다. 특히 군대가 정부와 정기적으로 연락한다면 더욱 그랬다. 전신으로 병력 강화나 보급 요구와 같은 긴급한 요청이 신속히 전달될 수 있었지만, 전장 사정을 잘 모르던 정치 권력의 참견도 쉽게 전달되어 지휘관의 독립적인 생각과 행동을 방해하거나 막을 수도 있었다.

철도와 전신선 또한 관리하기가 매우 까다로웠다. 항상 관리가 필요했고, 따라서 인력과 자원도 소요됐다. 철도와 전신선은 보급품과 정보가 오는 생명선이었기에 전시에 적의 첫 번째 표적이 되기 쉬웠고, 그러므로 지속적인 보호와 수리가 필요했다. 이 2가지 기술은 또한 군사 기관의 발달 추세를 특정한 방향으로 이끌어, 전투 병력과 지원 인력의 비율에 변화를 가져왔다. 19세기 이전 서구의 육해군 인력 대부분은 전투병으로 구성되었다. 요리, 세탁, 수송과 같은 기본적인 지원 업무는 군대에 소속된 민간인들과 가축 관리자들이 수행했다. 군대가 규모, 복잡성, 조직의 통일성 면에서 성장하자 점점 사병(지원병)들이 담당해야 할 지원 업무도 많아졌고, 지원 범위 또한 시간이 지날수록 확대되었다. 1860년대 미국과 프로이센의 군대가 발견했듯이 철도는 군사 작전을 계획하고 실행하는 데 완전히 통합되어야만 잠재력을 최대한 발휘할 수 있었다. 전투 기술이 발전하고 복잡해지면서 육해군에서는 지원병의 비중이 커졌고, 이는 최전방에서 전투 병력이 줄어드는 결과를 낳았다.

셋째, 이는 무기와 가장 밀접한 부분인데, 산업 혁명은 발명에서 제조로, 그리고 상용화하는 과정까지 변화시켰다. 무기의 주요 소비자는 당연히 국가였다. 비록 1814년부터 1815년 사이에 나폴레옹이 몰락한 이후 군사 시설의 규모가 전반적으로 줄어들었지만, 국가 대부분은 규모가 상당한 육해군을 보유했다. 1914년 여름에 제1차 세계대전이 발발하기 이전에는 대규모 전면전이 없었지만, 소규모 전쟁과 전쟁 대비는 예사로운 일이었다. 비록 평화 조약이 체결되어 주문이 취소되는 등 수요가 불안정할 때가 간혹 있더라도, 정부에 무기를 납품하는 사업은 매우 안정적이면서 수익성도 높았다.

무기 수요가 증가하면서 19세기에 공장 시스템에서 핵심 관계를 맺었던 기술자, 발명가, 제조업자, 직업 군인, 정부 관리의 협력 관계는 더욱 긴밀해졌다. 이러한 협력 관계는 오늘날 연구 개발(R&D)의 시초가 되었다. 명성이나 부를 추구하는 발명가들은 새로운 무기 또는 기존 무기의 개량품을 특허 내고 홍보했다. 공장 소유주들과 기술자들은 시제품을 제작하고 테스트했으며, 군사 전문가들과 정부 대표는 실전 경험에서 얻은 전문 지식을 이 과정에 활용해 새로운 기술의 공식적인 사용 여부를 최종적으로 결정했다. 공식적 또는 비공식적인 이러한 과정은 모든 절차가 더욱 효율적으로 진행되는 데 도움이 되었다. 무기를 차질 없이 생산할 수 있는지, 비용은 얼마인지, 전장에서 쓸 수 있을 만큼 견고한지, 성능에 결함은 없는지 같은 무기의 주요 고려 사항이 최적의 사람에게 평가를 받을 수 있기 때문이었다.

무기를 설계하고 생산하고 사용한 사람들 간의 협력 관계는 더 암울한 미래를 불러오기도 했다. 미국 대통령 드와이트 데이비드 아이젠하워는 1961년 대통령직 고별사에서 '군산 복합체'의 음흉한 힘을 경고하면서 100년 전부터 시작된 추세를 언급했다. 떼려야 뗄 수 없는 전쟁과 사업 간의 긴밀한 관계는 공장 시스템이 생겨나면서 부쩍 강화되었다. 물론 그 관계와 잠재적인 해악은 1815년에도, 심지어 1870년에도 쉽게 드러나지는 않았다. 하지만 나폴레옹이 몰락한 후 50여 년 동안 군인, 발명가, 산업 선도자 들이 자기 이익을 증진시키려고 함께 일하면서 살상 기술의 진화 속도가 걷잡을 수 없이 빨라졌다. 200여 년 동안은 비교적 변화가 느렸지만, 1800년 이후에는 기술이 급발전하여 무기 각각의 살상력과 육해군의 공격력도 급격히 증가했다.

7장

소총과 총알

1864년 7월 3일 아침, 덴마크의 유틀란트반도 최북단 부근에 있는 농촌 마을 룬드비의 굴곡진 언덕 위로 따뜻한 해가 떠올랐다. 지구 반대편에 있는 분단된 미국에서는 3년간 피비린내 나는 전투가 이어진 이후에도 더 큰 전투가 맹위를 떨치고 있었는데, 마침 덴마크도 그들만의 어려움과 전쟁으로 씨름하고 있었다. 오스트리아-프로이센 연합군은 5개월 전 덴마크를 침공했다. 덴마크령 슐레스비히홀슈타인주에서 일어난 독일 민족주의 반군을 지원하기 위해서였다. 덴마크의 패배는 기정사실이었다. 오스트리아군과 프로이센군이 덴마크 국경의 거대한 방어선을 뚫고 진격하자, 사기는 높았지만 딱할 만큼 규모가 작은 덴마크군과 왕은 북쪽으로 후퇴했다.

그전까지 룬드비는 남쪽 전쟁터로부터 몇 킬로미터 떨어진 안전한 곳이었다. 그러나 프로이센군은 순식간에 북쪽을 휩쓸고 올라와 유틀란트반도 전역에서 후퇴하는 덴마크군을 쫓았다. 반면 항구도시 올보르의 남쪽 마을에서는 프로이센군이 쫓겼다. 덴마크군의 어느 분견대는 7월 2일 낮과 밤 내내 행군하며 프로이센군을 추적했다. 마침내 마을의 U자형 농장 위로 동이 터 프로이센군이 잠에서 깨어날 무렵 룬드비에서 프로이센군을 따라잡았다. 덴마크 농민들의 도움을 받은 덕분이었다.

룬드비의 덴마크군은 제1 보병 연대에 속한 부대였다. 수는 적어도 프로이센군과 달리 베테랑이었다. 지치고 굶주렸어도 적을 조국에서 몰아내려는 열망으로 사기가 충만했다. 지휘관인 한스 요하네스 백 중령 휘하 덴마크군은 남쪽에서 빠르고 조용히 룬드비에 접근했다. 프로이센군은 덴마크군이 다가오는 것도 모른 채 모닥불 주위에서 빈둥거리며 아침 식사를 준비하기 시작했다. 프로이센 병사들 중 대부분은 그들의 소총이 가지런히 쌓여 있는 곳에서 몇십 미터 떨어져 있었다. 그들은 전투 준비가 되어 있지 않았다.

동이 튼 직후 덴마크군은 룬드비가 내려다보이는 완만한 언덕 위 풀밭에 올랐다. 마을에서 프로이센군보다 경계심이 강한 개 1마리가 다가오는 군인들을 눈치채고 짖어댔다. 어느 프로이센 보초가 고개를 들어 덴마크군을 발견했다. 프로이센군은 아침 식사를 내던지고 소총을 집으러 달려갔다. 완전히 무방비 상태인데다가 너무 놀란 나머지 어느 덴마크인은 그들을 '개에게 쫓기는 양'이라고 조롱했다. 긴박한 상황임을 인지한 백 중령은 행군 대열을 전투 대열로 펼치지 않았다. 시간이 없어서였다. 대신 병사들에게 가로 10명, 세로 16명으로 이루어진 대열 그대로, 총검을 꽂은 채 적에게 빨리 돌격하라고 명령했다. 덴마크군은 함성을 지르며 완벽한 대형을 유지한 채 프로이센군에게 달려들었다. 한 프로이센 병사는 나중에 이렇게 회상했다. "덴마크군은 마치 훈련 중인 것 같았습니다." 싸움이 계속되면서 프로이센군은 급히 방어진을 세우려 했고, 덴마크군은 적이 방어진을 갖추기 전에 타격을 입히려 했다. 누가 봐도 덴마크 쪽에 승산이 있어 보였다.

그러나 프로이센군에는 결정적으로 유리한 점이 1가지 있었고, 덴마크군은 그것을 알지 못했다. 덴마크 보병은 1864년 당시 대다수 서구 병사들처럼 최신식 무기인 강선 머스킷을 가지고 다녔지만, 프로이센군의 무기는 흔히 '바늘총(needle gun)'이라고 불리는 것이었다. 1830년대에 독일 총기 제조자인 요한 니콜라우스 폰 드라이제가 만든 이 총은 경이로운 근대 기술 그 자체였다. 멀리서 보면 당시 다른 총처럼 길쭉하고 황동제 부속이 달렸으며, 부피가 크고 견고했다. 하지만 자세히 보면 매우 달랐다. 총의 후미는 근대적인 볼트 액션* 소총과 비슷했고, 실제 작동 방식도 마찬가지였다.

총의 약실 오른편에는 무거운 철제 장전 손잡이(bolt)가 삐져나와 있었다. 소총을 발사하려면 먼저 엄지손가락으로 공이를 당긴 다음 장전 손잡이를 위쪽으로 돌리고 뒤로 당겨서 약실을 열어 둔다. 그리고 길쭉한 납 탄자와 흑색 화약, 뇌관이 모두 들어 있는 새로운 종이 탄약포를 약실에 삽입한다. 그 후 병사는 장전 손잡이를 앞으로 밀어서 탄약포를 소총 약실에 제대로 넣고 공이를 밀어서 제자리에 고정한다. 방아쇠를 당기면 철로 된 길고 가는 바늘인 공이가 앞으로 나가 탄약포를 찌르며 그 안에 있는 뇌관을 폭발시켰고, 뇌관은 화약을 폭발시켰다. 그것이 다였다. 장전 및 발사 시간은 약 4초 정도였고, 발사 속도는 1분에 15발 정도로 강선 머스킷보다 5배가량 빨랐다.

드라이제 소총이 아무리 우수하더라도 프로이센군이 제대로 사용하지 않았다면 아무 소용이 없었을 것이다. 룬드비에서 프로이센군을 이끈 폰 슐루테르바흐 대위는 가까스로 진영을 갖췄다. 그리고 진격하는 덴마크군 바로 앞의 오래된 흙 제방에 몸을 숨기고 자리를 잡았다. 덴마크군이 그들을 덮치기 일보 직전이었다.

미숙한 부대는 거센 공격을 받으면 적에게 반격하는 경향이 있다. 반격이 효과가 없고, 적이 보이지 않는데도 이러한 반응은 일어난다. 총성이 울

---

* 노리쇠(bolt)를 손으로 젖혀 당겨서 탄피를 배출하고, 다시 손으로 밀어넣어 장전하는 방식. - 편집부

리는 극심한 긴장 상태에서 나오는 자연스러운 행동이지만, 이는 지속적인 훈련과 교육, 특히 경험으로 완화할 수 있다. 당시에 폰 슐루테르바흐 대위가 할 수 있는 것은 몇백 미터 떨어져 있지만 신속히 다가오는 덴마크군에 긴장한 병사들이 총을 쏘지 않도록 막는 것이 전부였다. 덴마크군 대열의 선봉이 프로이센군 정면에서 180여 미터 떨어진 작은 봉우리에 올랐을 때, 마침내 폰 슐루테르바흐 대위는 "주님의 이름으로, 발사!"라고 외쳤다. 드라이제 소총 75정을 일제히 사격하자 탄자들이 덴마크군을 강타했다. 모든 탄자가 사정거리 내에서 표적을 찾은 것 같았다. 순식간에 덴마크군 전체가 무너진 것처럼 보였고, 탄자에 맞지 않은 덴마크 병사들도 일제 사격 소리가 울리면 바닥에 몸을 내던졌다. 그러나 생존자들은 이내 다시 일어나 프로이센군을 향해 곧바로 달려갔다.

만약 프로이센군이 기존의 전장식 총으로 무장했다면 덴마크군은 한 번 더 일제 사격을 당하는 일 없이 신속하게 거리를 좁혀 프로이센군을 공격할 수 있었을 것이다. 하지만 프로이센군의 총은 전장식이 아니었다. 연달아 일제 사격이 쏟아지자 사격의 굉음이 울려 퍼지며 몇 초 간격으로 불꽃, 연기, 납탄이 쏟아졌다. 덴마크군은 끔찍한 손실을 보면서도 계속 밀고 나갔다. 한 프로이센 군인은 그때를 이렇게 회상했다. "세상에, 정말 무서웠어요. 그 용감한 군인들은 쓰러질 때조차 흐트러지지 않았죠. 더 단단히 뭉쳐서는 고함을 지르며 계속 다가오더군요."

그러나 용맹함만으로는 드라이제 소총의 무시무시한 화력을 상대할 수 없었기에 덴마크군도 끝까지 견딜 수는 없었다. 몇몇 덴마크군은 쓰러지기 전에 프로이센군에게서 20여 미터까지 가까스로 진격했지만 함메리히 대위가 후퇴 명령을 내렸다. 프로이센군은 만신창이가 된 덴마크군이 후퇴하는 동안 사격을 중지했다. 초라한 덴마크군이 떠난 자리에는 전사자 32명과 부상자 44명이 여기저기 널브러져 있었다. 원래 병력의 반이 넘는 숫자였다. 이 모든 일이 20분 만에 일어났다.

 룬드비 전투는 대다수 사람들이 기억하지 못하는 전쟁에서 벌어진 작은 사건이었다. 총 병력은 300명도 안 됐고, 총 전투 시간은 30분도 채 되지 않았다. 특히 같은 1860년대에 일어난 훨씬 더 크고 폭력적인 남북 전쟁(1861~1865)에 비하면 손실은 적은 편이었다. 룬드비 전투 발발에서 정확히 1년 전은 남군 소장 조지 피킷이 벌인 불후의 돌격이 있었던 게티즈버그 전투의 셋째 날이었고, 정확히 2년 후에는 철혈 재상 오토 폰 비스마르크와 독일 육군 원수 헬무트 폰 몰트케가 재건한 프로이센군이 쾨니히그레츠에서 오스트리아 야전군을 초토화했던, 19세기에 벌어진 것 중 가장 큰 전투가 발발했다. 이런 전투에 비하면 룬드비 전투는 시시했다.

 그러나 유럽 군사 전문가들은 룬드비 전투가 남북 전쟁 같은 더 큰 규모를 자랑하는 전투들만큼, 또는 훨씬 더 흥미롭다고 생각했다. 유럽의 주요 강국들은 대서양 건너편에 있는 미국보다는 프로이센이나 오스트리아와 전쟁을 벌일 가능성이 훨씬 더 컸기 때문이다. 게다가 미국 남부와 북부의 미숙한 시민군에게서는 배울 것이 거의 없다는 견해도 있었다. 더욱 중요한 것은 아마도 룬드비 전투의 중요성이 축소되었다는 것이다. 절대적인 측면에서 룬드비 전투를 유혈 사태라고 할 수는 없었지만, 비례적인 측면에서는 끔찍한 학살이었다. 프로이센군의 사상률은 2.5퍼센트 이하였다. 즉, 거의 아무런 피해를 입지 않았던 것이다. 하지만 덴마크군의 사상률은 50퍼센트가 넘었다. 이러한 사상률이 유럽 전쟁사에서 전혀 없었던 일은 아니지만 그렇게 짧은 시간, 단지 몇 분 만에 발생한 수치치고는 놀라웠다. 군사학자들은 전문 군사 학술지의 여러 기고문에 룬드비 전투의 특징을 하나하나 나열했다. 군사학자들의 의견은 전술 면에서는 서로 달랐지만, 프로이센군이 일방적으로 승리한 이유와 효과가 있었어야 할 덴마크군의 착검 돌격이 전장에서 통하지 않은 이유에 관해서는 모두 같은 의견을 내놓았다. 그것은 프로이센군의 드라이제 소총과 관련이 있었다. 드라이제 소총은 1841년에 도입되었지만, 이후 매우 제한적으로 사용되어 독일 밖에서는 신비로운 무기였다. 프로이센 정부도 호기심 어린 외부의 시선에서 드라이제 소총을 숨기려고 애썼다. 이 소총은 국가 기밀이나 다름없었다.

　드라이제 소총에는 뛰어난 점이 있었다. 휴대용 총기는 1550년에 비하면 1850년대에 성능이 약간 개선된 것 말고는 오랫동안 기술이 정체되어 있었는데 드라이제 소총 이후 다시금 비약적으로 발전했다. 사실 드라이제 소총은 탄도학적으로는 그다지 인상적이지 않았다. 이전 세대의 활강식 머스킷보다는 명중률이 뛰어났으나, 동시대의 다른 소총보다는 못했다. 사정거리도 다른 소총에 비해 약간 뒤떨어졌다. 드라이제 소총의 주된 장점은 높은 발사 속도로, 기존의 보병용 전장식 머스킷보다 5배나 더 빨랐다. 실제 전장에서 발사 속도는 정확도나 사정거리보다 더 중요했다. 화력은 근대 지상전의 핵심이었고, 이 측면에서 드라이제 소총은 우수했다.

　드라이제 소총과 그 경쟁작들이 등장할 수 있었던 배경은 산업 혁명이었다. 복잡한 총기는 미세 오차 범위를 넘지 않도록 정밀하게 가공해야 하므로 공장 시스템이 갖추어진 총기 산업이 없었다면 대량 생산할 수 없었을 것이다. 또한 선진적인 공업 경제가 없었다면 애초에 생산할 엄두도 못 냈을 것이다. 드라이제 소총이 발명가의 이름으로 알려지게 되었다는 점도 총기 설계와 생산이 산업화 이전과는 매우 다른 일이 되었음을 보여 주는 신호였다. 이 시대는 기술자와 발명가 겸 기업가의 시대였다. 점점 총기 산업 분야에서 더 많은 기술자들이 스스로 연구하며 자신의 이름을 알렸다. 콜트, 레밍턴, 윈체스터, 마우저 등 오늘날까지 남아 있는 이름은 일부이지만, 실제 총기 발전에 크고 작은 기여를 한 사람은 수백 명, 어쩌면 수천 명도 넘을 것이다.

　1800년 이후 많은 사람의 노력으로 무기 산업에 신속히 변화가 찾아왔다. 변화의 속도는 그 어느 때보다도 빨랐고, 1870년에 군대가 사용 가능한 총기의 종류는 불과 30년이나 40년 전보다 훨씬 더 많았다. 새로운 총기의 성능은 평균적으로 이전 것들보다 훨씬 뛰어났다. 화력은 1830년부터 1870년까지 크게 도약했고, 그러한 발전 추세는 1870년부터 이후 50년간 더욱 불이 붙었다. 빠른 발전의 부작용은 빠른 노후화였다. 19세기가 지나면서 무기, 특히 소총과 대포의 구형 모델은 점점 더 자주 신무기로 교체되었다.

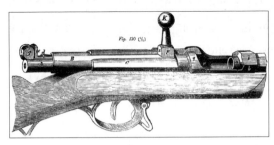

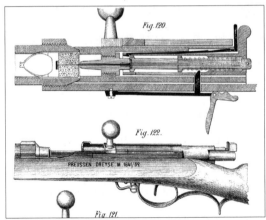

삽화 8

드라이제 소총 또는 바늘총. 맨 위 그림은 드라이제 소총의 장전 손잡이를 뒤로 당겨 약실을 연 상태로, 약실에 새 탄약포를 삽입할 수 있다. 장전 손잡이를 앞으로 민 뒤 아래로 내려 닫는다. 가운데 그림은 방아쇠를 당긴 후의 소총 단면이다. 방아쇠를 당기면 용수철이 장착된 긴 철침처럼 생긴 공이가 풀리면서 탄피와 뇌관을 모두 뚫고 지나간다. 장약은 뇌관 뒤에, 계란처럼 생긴 탄자는 그 앞에 있다.

차세대 속사 소화기였던 드라이제 소총의 성능은 1864년에는 꽤 놀라웠다. 이 실용적인 첫 속사 무기는 하루아침에 만들어지지 않았으나, 갑자기 생겨난 것임은 분명했다. 또한 발사 속도를 유지하면서 명중률을 개선하려 노력했던 결과물이기도 했다. 이러한 군사적 수요는 더 나은 소총을 연구하는 계기가 되었다. 이러한 연구가 가능했던 이유는 대략 1830년 이후 무기 기술이 급속히 발전하도록 이끌었던, 겉으로는 상관없어 보이는 2가지 국면 때문이었다.

첫째, 유럽 국가들과 신생 미국의 군사 시설은 행정의 복잡성과 정교성 면에서 확실히 성장했다. 수치상으로는 그렇지 않더라도 말이다. 19세기 육해군 관료 체제는 18세기 관료 체제의 규모와 기능을 능가했다. 또한 무기와 탄약의 설계 및 보급에만 관여하는 부서인 근대식 병기국도 창설되었다. 병기 전문 장교는 무기 설계와 성능에 관심을 가지고서 기술자, 발명가, 민간 산업체와의 협력 관계를 통해 새로운 아이디어를 빠르게 실현시켰다. 19세기는 프랑스의 생 에티엔, 샤텔로, 툴과 프로이센의 포츠담, 미국의 스프링필드와 하퍼스페리 같은 도시에서 정부 소유 무기고와 무기 공장이 폭발적으로 확장했던 시기였기에 군, 기술자, 제조업자 간의 연대는 무기 실험을 더욱 촉진했다. 이는 공식적인 지원과 허가로 뒷받침되었다.

둘째, 산업 혁명 자체의 특성 때문이었다. 산업 혁명은 발명과 혁신을 중시했지만, 무엇보다 이익을 가져오는 혁신을 중시했다. 그리고 전쟁 무기보다 더 큰 이익을 보장하는 기술 분야는 거의 없었다. 따라서 많은 발명가가 위대한 차세대 소총과 대포, 발사체 개발 가능성에 끌리는 것은 당연했다. 산업화는 생산 속도와 일관성 또한 향상시켰다. 15세기에 프랑스에서 대포를 표준화했던 뷰로 형제 이후, 표준화는 주로 병참을 간소화시키기 위해서 많은 이들이 추구했던 목표였다. 하지만 달성하기 힘든 목표였고, 특히 소화기의 표준화는 더욱 어려웠다. 예를 들어 머스킷을 생산하기로 정부와 계약한 제조업체는 인증한 '견본품'이자 실제와 동일하게 작동하는 모델을 정부에서 받은 뒤, 그것을 본떠 생산한다.

　이런 방식으로 생산된 머스킷은 견본품과 겉모습이 같았다. 또한 다른 계약 업체가 만든 머스킷과도 겉모습은 같았기에 이론적으로는 부품 교체가 가능해야 했다. 하지만 이는 총열이나 개머리판 같은 큰 부품에만 해당되었다. 작은 부품은 여전히 손으로 고정해야 했고, 나사의 피치나 나사산의 표준 규격은 거의 없었다. 다시 말해 머스킷 2정이 동일한 모델이더라도 한 업체가 제작한 머스킷에 있는 약실 나사를 다른 업체가 만든 나사로 교체할 수 없었다. 조면기를 발명한 미국인 엘리 휘트니는 진정한 부품 호환 개념을 구현했다고 인정받지만, 완전한 사실은 아니다. 미국 정부와 계약한 휘트니는 다양한 군용 머스킷과 소총을 제조했는데, 그가 제조한 총기는 부품을 서로 교체할 수 있었다. 즉, 휘트니가 만든 머스킷의 부품은 휘트니가 만든 다른 머스킷에 확실히 들어맞았다. 하지만 동시에 휘트니는 미국 무기 역사상 최악의 계약 위반자 중 1명이었다. 그는 정부가 준 견본품을 거의 무시하고 공식적인 승인도 받지 않은 채 무기의 전체적인 설계를 변경했다. 그래서 휘트니의 총기 부품은 휘트니의 총기에만 맞았다.

　그래도 기계로 무기를 생산하자 진정한 표준화와 호환성이 실현되기는 했다. 이로써 공급과 총기 관리가 확실히 더욱 수월해졌다. 영국은 1850년대까지도 소화기를 손으로 조립하는 등 몇 가지 주목할 만한 예외는 있었지만, 표준화는 19세기 중엽 이전에 보편화되었다.

19세기에 총기 설계는 천재적인 기술자와 괴짜 수백 명이 파고들었던 광적인 분야였다. 새로운 설계 혁신을 일으키려 시도하는 발명가가 셀 수 없었고, 서양의 모든 국가에서는 특허가 수천 개나 발행되는 등, 마치 산업화가 창의성으로 향하는 문을 열어젖힌 것 같았다. 그러나 이렇게 혼란스러운 상황에서도 초점과 목적은 확실했다. 이 시기에 등장한 거의 모든 발명품은 성공 여부와는 상관없이 다음 3가지 기본적 범주 중 1가지로 분류되었다. 첫째는 오래된 플린트록을 대신하는 안정적인 점화 수단, 둘째는 강선을 이용해 소형 총기의 발사 속도를 유지하면서 명중률을 높이는 방법, 셋째는 근대 무기 산업의 선구자들이 특히 선호했던 후장식 구조를 이용하여 발사 속도를 개선하는 방법이었다.

점화는 가장 간단한 문제이자 가장 먼저 해결해야 할 문제였다. 플린트록은 몇백 년간 그 가치가 입증됐고, 분명 화승총을 유럽의 전장에서 몰아낸 점화 장치였다. 하지만 플린트록 머스킷은 화승총보다 안정적이었을 뿐이지, 완전히 안정적이지는 않았다. 점화가 실패할 변수가 너무 많았기 때문이다. 발화가 지연되면 발사도 지연됐고, 화약 접시에서 섬광이 발생하면 불발되는 경우도 수두룩했다. 플린트록 머스킷은 화승총보다는 비바람에 강한 편이었지만 여전히 날씨에 큰 영향을 받았다.

마침내 플린트록을 대체할 기발한 점화 장치를 발명한 인물은 뜻밖에도 스코틀랜드의 장로교 목사인 알렉산더 존 포사이스였다. 사냥을 매우 좋아했던 포사이스는 플린트록 머스킷의 방아쇠를 당겨도 바로 점화가 되지 않는다는 점이 불만스러웠다. 그는 벨헬비 마을 근처로 새 사냥을 나갔을 때, 부싯돌이 프리즌에 쾅 부딪히는 소리가 나고 총알이 발사되기까지의 지연 시간이 너무 길어 사냥감이 후다닥 도망간다는 사실을 깨달았다. 그래서 포사이스는 더 빠르고 안정적인 점화 수단을 찾았고, 그의 또 다른 천직인 화학에서 답을 얻어냈다.

마찰이나 충격을 받으면 폭발하는 화합물인 풀민산염은 당시에 발견된 지 얼마 안 된 물질이었다. 포사이스는 이를 알고 있었고, 염소산칼륨 등을 실험해 보기도 했다. 풀민산염은 아주 소량이더라도 망치로 때리면 크게 '펑' 소리가 나면서 불꽃이 번쩍 일어난다는 사실을 포사이스는 발견했다. 이 훌륭한 목사는 젖꼭지처럼 보이는 원뿔(nipple)을 점화구에 부착하고, 부싯돌이 부착된 용두도 작은 공이치기로 교체했다. 겉모습이 향수 용기 같아서 포사이스가 '향수병'이라고 불렀던 작은 플라스크에 풀민산염을 넣고 원뿔 근처에 부착했다. 점화약병인 이 플라스크를 기울이면 원뿔 위에 아주 적은 풀민산염이 흘렀다. 그다음에 공이가 원뿔을 타격하면 풀민산염이 폭발하며 타오르는 불꽃이 점화구를 타고 흘러가 순식간에 장약에 불을 붙였다. 방아쇠를 당기면 거의 바로 점화가 일어났다.

여기까지가 1805년에 벌어진 일이었다. 이듬해에 자신의 발명품을 런던으로 가져간 포사이스는 런던탑에서 병기국 장관과 접견할 기회를 잡았고, 놀랍게도 열광적인 반응을 얻었다. 그는 한동안 런던탑에서 일하며 자기 발명품을 완성하고, 구식 플린트록 머스킷도 새로운 장치로 개조했다. 무기 설계자라는 그의 두 번째 직업은 그 프로젝트를 향한 전임자의 열정을 이해하지 못한 새로운 장관이 그를 해고하면서 끝났다. 포사이스는 하던 일을 혼자서 계속했지만, 영국 정부는 평생 한푼도 안 줬다.

화합물을 타격해 장약을 점화한다는 포사이스의 기본 아이디어는 퍼커션percussion 점화 장치로 알려지며 빠르게 퍼져나갔다. 나폴레옹 보나파르트가 직접 포사이스에게 거액을 제시했다는 소문이 돌기도 했다. 곧 다른 발명가들과 총기 제조업체들이 포사이스가 중단한 부분을 이어서 연구했고, 이 화합물을 더욱 실용적이고 효율적으로 포장하는 방법도 고안했다. 염소산칼륨보다 부식을 훨씬 덜 일으키는 풀민산수은을 점화에 쓸 화합물로 선택했고, 이후 퍼커션 점화 장치의 모든 유사품에는 병이 아닌 1회용 기폭 장치가 이용됐다. 가장 오래 지속된 최종 버전은 퍼커션 캡cap이었다. 구리나 황동처럼 잘 늘어나는 금속으로 만든, 이름 그대로 조그만 모자 같은 캡 안에 풀민산수은으로 만든 조그만 알갱이를 부착했다. 원뿔에 끼우는 캡은 풀민산수은의 폭발을 억누르거나 집중시키는 역할을 했고, 타오르는 불꽃을 점화구로 내보냈다. 영국계 미국인 예술가 조슈아 벨을 비롯한 몇몇 발명가들은 자기가 이 퍼커션 캡을 개발했다고 앞다퉈 주장했으며, 자신들의 주장을 특허로 입증했다. 아마도 이 경쟁에서 진정한 승자는 1810년대 후반에 유명했던 조지프 에그 또는 조지프 먼턴 같은 런던 총기 제작자 중 1명일 것이다.

퍼커션 캡은 여러 형태가 있었다. 오스트리아군은 주세페 콘솔과 빈첸초 폰 아우구스틴이 설계한 퍼커션 관(tube)을 도입했다. 점화구 옆에 있는 독특한 화약 접시에 퍼커션 관을 부딪쳐 점화하는 식이었다. 미국 워싱턴 DC의 치과의사인 에드워드 메이너드는 메이너드 뇌관을 특허 냈다. 이것은 오늘날 비니 모자처럼 생긴 길고 얇은 종이 관에 뇌산수은을 개별적으로 장전한 것이다. 격발 장치에 부착된 특별한 장치가 원뿔의 상단을 따라 움직이는 방식으로, 공이치기를 당길 때마다 종이 관이 정확하게 앞으로 이동하여 원뿔 위에 새 캡을 씌웠다. 이러한 종이 관 방식은 효과적이었고 발사 속도도 약간 빨라졌지만, 복잡하고 비용도 많이 들었다. 미국만이 몇몇 무기에 이러한 방식을 도입했으나, 남북 전쟁이 발발하자 메이너드 뇌관은 거의 사라졌다.

그러나 모자 모양인 캡은 유행했고, 매우 빨리 성공을 거두었다. 점화구 옆에서 불꽃이 잠시 일어나는 플린트록과는 달리 퍼커션 캡은 점화구로 불꽃을 내뿜었기 때문에 훨씬 확실하고 안정적이었으며, 빠르기까지 했다. 조그만 캡을 더듬거리는 것은 장갑을 낀 상태에서는 거의 불가능했기 때문에 손동작이 서툴거나 겨울에 손가락이 언 군인들에게는 어려울 수 있었지만, 캡을 원뿔 위에 올려놓는 과정은 플린트록 머스킷에 불을 붙이는 것보다는 훨씬 빨랐다. 또한 사수의 위치를 노출하는 불꽃이나 연기 기둥도 발생하지 않았다. 유일하고 실질적인 단점은 공급과 제조 문제였다.

부싯돌은 손으로 깨뜨려 만들 수 있었지만, 캡은 정밀한 기계로 만들어야 했다. 대량 생산 과정에서 공차를 엄격히 지켜야 했기 때문이다. 하지만 산업화가 진행 중인 유럽에서 이런 것은 사소한 문제였으며, 퍼커션 캡의 장점은 단점을 상쇄했다. 발사 속도가 약간 높아진 데 더해서 즉각 안정적으로 점화할 수 있는 퍼커션 캡은 분명히 플린트록보다 뛰어났다.

직업 군인들도 그렇게 생각했다. 거의 모든 곳에서 놀라울 정도로 빨리 퍼커션 캡을 도입했다는 점으로 이를 짐작할 수 있다. 영국의 첫 번째 퍼커션 머스킷은 1838년에 생산되기 시작했고, 프로이센은 다음 해에 영국을 따르기 시작했다. 미 육군은 1833년부터 생산한 홀 카빈과 홀 소총에, 1842년에는 보병용 머스킷에도 퍼커션 캡을 도입했다. 때때로 군인들은 새로운 기술을 받아들이는 것을 주저했다. 1846년 멕시코와의 전쟁을 앞두고 있었던 미 정규군은 이 새롭고 낯선 총을 적어도 1번 이상 전면 거부하면서, 익숙하고 신뢰할 만한 구식 플린트록 머스킷을 계속 사용할 수 없다면 반란을 일으킬 것이라고 협박했다. 그래도 퍼커션 캡은 계속 사용되었다.

하지만 그렇게 오래가진 않았다. 1845년 퍼커션 방식 소화기는 모든 서구 군대에서 사용되었으나, 20년이 지나자 구식이 되었다. 1870년에는 금속제 탄약을 쓰는 후장식 총기로 대체되면서 거의 사라졌다. 플린트록 머스킷은 18세기 그리고 19세기 전반의 모든 전장을 지배했다. 반면 퍼커션 캡은 멕시코-미국 전쟁, 크림 전쟁, 제2차 이탈리아 독립 전쟁, 제2차 슐레스비히 전쟁, 이탈리아 통일 전쟁, 남북 전쟁, 프로이센과 오스트리아 간의 7주 전쟁, 프랑스의 멕시코 침략 등 1840년대부터 1860년대까지 발발한 몇몇 전쟁에서만 사용되었다. 그러나 퍼커션 캡이 사용된 전쟁들은 대부분 규모가 컸고, 퍼커션식 점화 장치가 사라진 뒤에도 캡은 다른 형태로 계속 존재했다. 예를 들자면 현대의 탄피에 사용된 점화약은 퍼커션 캡의 직계 자손이다.

퍼커션 캡은 총기 기술 역사에서 작은 사건일 뿐이며, 20세기 후반에 북아메리카에서 골동품 총기를 쏘는 취미가 인기를 얻지 않았다면 완전히 사라졌을 것이다. 그러나 유럽과 미국 군대의 신무기 도입은 전례가 없을 정도로 매우 빠르게 진행되었다. 서구 군대는 퍼커션 캡이 등장하기 전에는 신기술을 적극적으로 수용하지 않았고, 일부러 신기술을 추구하지도 않았다. 혁신은 비용이 많이 들었고, 문제를 일으킬 수도 있었기 때문이다. 또한 산업 혁명 이전에는 일반적으로 "혁신이 좋을 수도 있다."라는 개념 자체가 없었다.

그러나 퍼커션 캡이 등장하자 서구 군대는 번거로움을 무릅쓰고 신기술을 도입했으며, 변화에 따른 예산을 마련하는 데도 오랜 시간을 들이지 않았다. 오히려 대다수 군대는 재정을 고려하지 않고서 무모할 정도로 성급히 결정했다. 예를 들어 미 육군은 1842년까지 퍼커션 캡 점화식 소화기 도입을 공식적으로 검토하면서 1835년에 새로운 형태의 플린트록 머스킷 도입을 승인했다. 하지만 이 플린트록 머스킷은 1840년까지도 생산되지 않았다. 미국이 선택한 2가지 모델인 플린트록과 퍼커션 캡은 1840년대 중반이 되어서야 동시에 생산되었다. 플린트록 머스킷에 퍼커션 캡을 장착하는 것은 간단한 문제였기에 이후 미국 정부는 구식 플린트록 머스킷 수만 정에 퍼커션 캡을 장착했다.

미 육군은 새로운 점화 시스템의 장점이 너무 큰데다가, 신기술을 도입하지 않으면 잠재적으로 전략적 또는 전술적 소요가 너무 커져서 선택의 여지가 없을 것임을 알고 있었다. 영국과 프랑스, 프로이센, 오스트리아의 군대도 마찬가지였다. 절약은 안보의 뒷전으로 밀려났고, 기술 진보는 생존의 문제가 되었다. 가격표와 상관없이 잠재적인 적을 따라잡기 위해 무기를 개선하려는 군비 경쟁 심리가 자리를 잡기 시작한 것이다.

19세기 전반에 군수 장교와 발명가 들을 괴롭히던 문제는 점화 장치만이 아니었다. 그들은 퍼커션 캡의 효과를 평가하면서 동시에 훨씬 더 오래되고 성가신 문제를 두고 씨름하고 있었다. 바로 총의 강선이었다.

총열 내부에 강선을 파는 기술은 휴대용 총기만큼이나 오래전에 시작되었다. 후미부터 총구까지 총열 내부 표면에 긴 홈을 나선형으로 평행하게 살짝 파내는 관행은 16세기 초부터 유럽 총기 제작자들에게 익숙했다. 강선 관련 이론은 간단했고, 그 효과도 쉽게 입증되었다. 만약 총알이 강선에 '맞물린다면' 총열을 따라 나가면서 강선으로 인해 회전하며, 총열 밖을 날아가는 중에도 계속 회전했다. 이 회전이 중요한 역할을 했다. 강선이 있는 총기는 활강식 총기보다 총구 속도는 약간 떨어질 수 있지만, 사정거리와 탄도 안정성, 타격력은 증가했다. 강선 덕분에 총기는 더 치명적이고 정확해졌다.

사실 이 기술은 17세기에 활강식 머스킷이 유럽 전장을 지배했을 때도 이용할 수 있었다. 강선이 있는 총열이 활강식 총열보다 우수하며, 먼 곳에서도 작은 목표물을 타격할 수 있었다면 왜 강선이 있는 총인 '소총'이 일반적으로 사용되지 않았을까? 유럽의 군인들이 그렇게 생각이 짧았을까?

소총은 장점이 많았지만, 적어도 군사적인 면에서는 단점이 장점보다 많았다. 단점 중 하나는 비용이었다. 강선을 파는 기계가 등장하기 전에는 총열에 강선을 새기려면 큰 노력과 전문적인 도구와 기술이 필요했다. 따라서 소총은 비쌀 수밖에 없었고, 생산 기간도 길었다. 이보다 중요한 문제는 정확도나 사정거리가 아닌 성능이었다. 즉 장전 속도가 느려서 발사 속도도 느렸다. 강선이 효과를 보려면 총열과 총알이 들어맞아야 했다. 총알의 바깥쪽 표면은 강선의 홈과 맞물려야 했고, 총알의 구경은 강선 사이로 튀어나온 표면을 기준으로 총열의 구경보다 약간 더 작아야 했다. 총알을 총구에 밀어 넣는 것만으로도 충분히 힘든데, 총구에서 총열 끝인 약실까지 총알을 밀어 넣으려면 엄청난 힘과 튼튼한 꽂을대는 물론 망치까지 필요할 수도 있었다. 그리고 찌꺼기가 전혀 끼지 않은 깨끗한 총열이어야 했다. 그런데 흑색 화약이 타면 총강에 단단한 탄소 오염물이 쌓였다. 이 잔여물 때문에 총열이 점점 좁아지면서 총알을 밀어 넣는 것은 더 성가신 일이 되었다.

하지만 여기에는 해결책이 있었다. 하나는 가벼운 가죽이나 두꺼운 천으로 된 작은 조각을 기름이나 수지에 충분히 적셔 사용하는 것이었다. 천 조각으로 약간 더 작은 총알을 감싸면 총알이 강선에 잘 맞물릴뿐 아니라, 기름 덕분에 총강도 잘 통과할 수 있었다. 하지만 이런 방식으로도 강선 머스킷의 발사 속도는 활강총만큼 나오지 않았다. 활강총은 총알을 맞물릴 필요가 없었을뿐더러, 도리어 꽉 맞물리지 않는 편이 나았다. 전통적으로 머스킷의 총알은 총구 직경보다 훨씬 작게 주조됐다. 일반적으로 약 1.3~2.5밀리미터 정도 작았는데, 이는 언뜻 보이는 것보다 더 큰 차이였다. 이 차이는 불규칙한 총기 제작 과정에서 나왔다. 구경의 공칭값이 19밀리미터 정도인 머스킷의 실제 총구 구경은 최대 20밀리미터를 살짝 넘거나 최소 18밀리미터 정도였다. 이런 차이에는 현실적인 이유도 있었다. 총알이 발사되면서 오염물이 쌓이기 때문이었다. 딱딱한 탄소 오염물이 쌓이면서 총강이 좁아지면 장전은 점점 더 어려워졌다. 총알 구경을 머스킷의 총구 직경보다 약간 더 작게 만들면 그런 잠재적인 문제를 막을 수 있었고, 발사 속도도 꽤 안정적으로 유지할 수 있었다. 이 경우 장전된 머스킷이 총구 쪽으로 기울어지면 총알이 굴러떨어질 수도 있었다. 이 경우 충전재는 그래서 생겨났다. 활강식 머스킷에 썼던 종이 탄약포는 총구에 쑤셔 박혀서 이러한 문제를 방지했다. 하지만 이렇게 총알과 총구 직경에 차이를 두는 해결책은 강선이 있는 소총에는 아무런 효과가 없었다. 총열 직경보다 작은 총알은 강선과 맞물리지 않을 것이고, 이렇게 장전된 소총은 활강총보다 나은 구석이 없었다.

소총의 명중률을 높이려면 무기 자체도 중요했지만 누가 쓰는지도 중요했다. 그런 의미에서 소총은 웨일스 롱보우과 흡사했다. 소총을 적절하고 효과적으로 사용하기 위해서는 많은 기술이 필요했고, 숙달하려면 수년이 걸렸다. 초기 조준기는 매우 원시적이었으며, 오늘날의 개방형 조준기와 상당히 비슷했다. 가늠자는 약실 위의 총열 상단에 납땜한 단순한 V자 쇳조각이었고, 가늠쇠는 총구 위에 달린 기둥 또는 날이었다. 이러한 조준기로는 사정거리를 조절할 수 없고, 총알의 비행경로에 미치는 바람의 영향을 보완해 줄 수도 없었기 때문에 어떤 거리에서든 목표물을 타격하려면 소총 작동 방식에 관련된 예리한 감각이 필요했다. 따라서 그 까다로운 소총으로 오랫동안 훈련을 받아야 했다. 또한 소총의 사정거리와 탄도는 화약에 따라 매우 다양하므로, 유능한 소총수가 되기 위해선 한 화기가 아주 다른 화약을 장전할 때 어떻게 달라지는지 경험해야 했다. 롱보우 또한 많은 경험이 필요했지만, 발사 속도가 매우 높다. 그런 점에서 사실 소총은 롱보우보다 효과가 떨어지는 무기였을지도 모른다. 소총은 아무리 능숙한 사수라도 발사 속도가 느렸다.

간단히 말해서 전장에서 효과적인 화력의 핵심은 개별 무기의 정확도가 아니라 발사 속도였으므로, 군인들이 활강식 머스킷을 선택하는 것은 당연했다.

그러나 소총은 여전히 쓸모가 있었다. 그래서 18세기에 일종의 '부활'을 겪었다. 영국령 북아메리카에서 식민지 주민 대부분은 여전히 활강식 머스킷을 선호했지만, 국경 가장자리의 거주민들은 종종 소총을 선택했다. 미국 개척자들과 그들에게 무기를 공급한 총기 제작자들은 지역에 따라 변형된 소총을 개발했는데, 그중 가장 유명한 것은 펜실베이니아식 장총이었다. 총열은 길고 가늘었으며, 개머리판은 단풍나무 같은 단단한 토종 목재를 화려하게 깎아 만들었다. 구경은 일반적인 머스킷보다 더 작았다. 사냥할 때는 머스킷의 발사 속도가 충분하지 않았다. 첫발에 사냥감을 맞추지 못하면 도리어 겁먹은 동물을 쫓아버리게 되고, 총알을 재장전하고 있을 때 사냥감은 이미 사라지고 없었다. 첫발에 사냥감을 맞추려면 정확도가 뛰어난 소총이 필요했다.

소총은 18세기 동안 북아메리카에서 벌어진 전쟁에서 중요한 역할을 했다. 미국 독립 전쟁에서 워싱턴이 이끈 대륙군 중 가장 뛰어난 부대는 펜실베이니아, 메릴랜드, 버지니아의 오지에서 징집된 소총 중대들로, 파란만장한 일생을 산 대니얼 모건이 이끌었다. 이들은 머스킷을 갖춘 전열 보병을 대신할 수는 없었지만, 매우 먼 거리에서도 적을 공격할 수 있는 귀중한 지원군이었다. 이렇게 소총과 소총병의 명성이 자자해지면서 제2차 대륙 회의 당시인 1775년 6월 대륙군 창설을 발표했을 때 소총병 중대 10개가 첫 부대로 승인되었다.

신성 로마 제국을 구성하는 독일 내 개별 국가들의 군대도 지역마다 다른 소총을 이용했다. 독일의 귀족과 왕실 소유지에서 야생 사냥감의 개체 수를 관리하도록 고용된 사냥꾼들도 지역에서 만든 소총을 사용했다. 독일산 소총은 총열이 짧고 두꺼워 미국산 소총보다 구경이 더 컸으며, 빽빽한 덤불 사이에서 쓰기 편했다. 명사수인데다가 오지 생활에 익숙하고 사냥감을 능숙하게 추적했던 사냥꾼들은 완벽한 경보병이었다. 곧 독일군은 이들을 불러들였다. 이들은 사냥꾼이라는 뜻의 예거Jäger 또는 펠드예거 Feldjäger라고 불렸다. 미국 독립 전쟁에서 영국군을 위해 싸운 독일 용병에는 예거 부대도 상당수 포함되었다. 적인 미군이 그들을 너무나 두려워하고 우러러본 나머지 '예거'라는 이름과 그들의 소총은 이후 초기 미국 어휘의 일부가 되었다.

소총은 19세기가 시작될 무렵 서서히 인기를 끌었다. 영국은 나폴레옹과의 전쟁에서 소총 부대를 창설하면서 총열에 강선을 새기는 이 총을 받아들였다. 19세기 중반 이전부터 보병 대대마다 특별히 훈련된 소총 중대를 포함하는 것이 일반적인 관행이 되었다. 이에 따라 무기 공장과 총기 제작자 들은 전투용으로 특별히 만든 첫 표준형 소총을 생산했다. 영국군은 1800년에 짤막하고 강력한 베이커 소총을 도입했고, 당시에는 규모가 작았던 미군 또한 1803년에 독자적인 디자인으로 영국의 뒤를 따랐다.

그러나 머스킷 대신 소총을 보병 무기로 사용하려는 것은 아니었다. 오히려 소총은 틈새를 파고들었다. 소총은 특수 부대를 위한 특수 무기였다. 발사 속도가 이전보다 나아지지는 않았다. 일반적으로 보병 전투가 벌어지는 45미터 이상, 130여 미터 이하 거리에서 사용할 경우, 소총은 활강식 머스킷보다 전혀 장점이 없었다. 반면 단점은 확실했다. 더 많은 훈련이 필요했고, 화력은 약했던 것이다.

하지만 만약 소총을 활강식 머스킷만큼 빨리 발사할 수 있다면 어떨까? 그렇다면 사정거리를 늘려 180여 미터에서, 심지어 270여 미터 떨어진 곳에서 교전할 수도 있었다. 사정거리가 그렇게 긴 무기를 갖춘 군대는 활강총으로만 무장한 적에 비해 훨씬 유리할 것이다.

이러한 가능성이 19세기 전반에 무기 설계자들과 군수 장교들의 원동력이 되었다. 이들은 더 나은 보병 무기를 찾아내려는 목적을 품었다. 그래서 활강식 머스킷만큼 장전과 발사가 빠른 소총을 만들어 내려는 경쟁이 다시 시작됐다.

관건은 총알과 총열 사이의 마찰이었고, 이것이 모든 문제의 본질이었다. 만약 이 마찰을 해결할 수 있다면 소총에서도 활강총과 같은 장전 속도를 얻을 수 있었다. 이 마찰을 피하는 방법은 단 2가지였다. 장전 과정에서 총알이 총열을 이동하는 거리를 줄이거나, 총알을 더 작게 만드는 것이었다.

첫 번째 방법은 간단하면서도 복잡했다. 어떻게 하면 총알을 총열 아래까지 밀어 넣지 않아도 될까? 방법은 바로 소총을 후장식으로 만드는 것이었다. 총의 후미를 열 수 있다면 뒤에서 총알을 장전할 수 있다. 꽂을대도 필요 없고, 끝까지 쑤셔 넣을 필요도 없다. 만약 총알이나 탄약포를 집어넣는 약실을 총열 자체의 구경보다 약간 더 크게 만들더라도 문제는 없을 것이다. 화약이 폭발하면 연납제 총알은 강선을 따라 회전하게 될 것이다. 후장식 총은 총구로 장전하는 활강식 총보다 훨씬 더 빨리 장전하고 발사할 수 있다.

지금까지 살펴봤듯이 후장식 장전은 완전히 새로운 생각이 아니었다. 초기의 많은 대포는 후장식이었고, 후장식 소화기도 없지는 않았다. 하지만 후장식은 저급하다는 인식이 있었고, 그럴 만한 이유도 있었다. 대표적으로 후미에서 가스가 누출되는 것과 같은 후장식 총기의 단점 때문에 군용으로는 부적합했기 때문이었다. 하지만 산업 혁명과 함께 차세대 후장총이 나타나자 모든 고정 관념도 변화하기 시작했다.

전장에서 볼 수 있었던 첫 후장총 중 하나는 영국군 소속 스코틀랜드인 장교 패트릭 퍼거슨 소령이 미국 독립 전쟁 당시 발명한 플린트록 소총이었다. 퍼거슨의 소총은 방아쇠울 내부에 부착된 대형 수직 나사인 나사형 후미 개폐구로 후미를 여닫을 수 있었다. 방아쇠울을 돌리면 후미 개폐구의 나사가 총열에서 풀리면서 약실이 드러났다. 약실이 드러나면 화약과 총알을 장전하고 다시 개폐구의 나사를 돌려 약실을 닫은 뒤 화약 접시를 점화하고 용두를 잡아당겨 발사했다. 퍼거슨 소총의 명중률과 사정거리도 활강총보다 훨씬 개선되었지만, 정말 놀라운 점은 발사 속도였다. 분당 7발이나 쐈으니, 활강총보다 2배 이상, 전장식 소총보다 7배 정도 빨랐던 셈이다.

대서양 건너편에서는 부업은 기술자, 본업은 무두장이였던 미국인 발명가 존 H. 홀이 더 간단한 소총을 개발했다. 1811년에 처음 특허를 받은 홀의 소총은 총열 후미의 약실이 별도로 구분되어 위쪽으로 회전할 수 있었다. 방아쇠울의 바로 앞쪽에 있는 소총 밑면의 작은 레버를 누르면 고리가 풀리고 노리쇠 뭉치가 올라가 종이 탄약포를 직접 내부에 삽입할 수 있었다. 노리쇠 뭉치를 다시 눌러 총열에 고정한 후 점화약을 채운 뒤 용두를 당기면 발사 준비가 끝났다. 퍼거슨 소총과 마찬가지로 홀 소총도 사정거리 900미터 이상, 발사 속도 분당 8발에서 9발이라는 인상적인 성능을 보여 주었다.

퍼거슨 소총과 홀 소총, 그리고 여타 유사한 소총들이 뛰어난 무기라는 사실은 의문의 여지가 없었다. 위력, 정확성, 사정거리, 발사 속도를 비롯한 거의 모든 면에서 우수했다. 그러나 비용, 복잡성, 안정성은 그렇지 않았다. 퍼거슨 소총은 흔히 '브라운 베스'라고 불린 영국군 보병용 머스킷보다 제작비가 약 4배 비쌌고, 제작 기간도 훨씬 더 길었다. 홀 소총은 제작비와 제작 기간 문제 면에서 조금 나은 편이긴 했다. 2가지 소총 모두 조작은 어렵지 않았지만, 내부가 너무 복잡해 손질하기가 어려웠다. 게다가 후장식 총기는 청소하고 기름칠하지 않으면 금세 사용할 수 없게 된다는 문제가 있었다. 또한 후장식 총기는 전장식 머스킷만큼 튼튼하지도 않았다. 특히 퍼거슨 소총은 쉽게 파손되었다.

안정성 문제는 단순한 역학의 문제였다. 퍼거슨 소총은 그렇게 나쁘진 않았지만, 홀 소총의 안정성은 정말로 걱정스러웠다. 홀 소총의 노리쇠 뭉치는 회전하며 약실에 부딪혔다. 고무마개도 없었고, 가스 누출을 막는 장치도 없었다. 비록 노리쇠 뭉치와 총열이 만나는 부분이 완벽히 폐쇄되었더라도, 결국 금속 부품은 시간이 지나면서 부식되고 마모되었다. 일단 마모되면 안전을 보장할 수 없었다. 그래서 소총수가 홀 소총을 쏘면 매우 뜨거운 가스가 약실의 미세한 틈을 통해 옅게 분출하면서 얼굴 가까이 치솟을 수 있었다. 이것은 모든 후장총이 가진 문제였다. 후장총이 어떻게 작동하든 약실을 빈틈없이 밀봉하는 것은 불가능했고, 그러니 가스 누출도 불가피했다.

영국군은 얼마 지나지 않아 퍼거슨 소총을 버렸으나, 홀 소총은 제2차 세미놀 전쟁과 멕시코-미국 전쟁에 이어 남북 전쟁에서도 계속 사용되었다. 홀 소총이 미국 군대에서 살아남은 이유는 기병대용으로 쓸모가 있었기 때문이다. 말에 탄 채로 전장식 카빈의 꽂을대를 만지작대는 것보다는 홀 소총을 장전하는 게 쉬웠다.

홀 소총은 반쪽짜리 성공을 거뒀지만, 발명가들과 기술자들의 열정은 식지 않았다. 오히려 유럽과 미국에서는 새로운 발명과 특허가 파도처럼 일어났다. 남북 전쟁에서 가장 많이 사용되었던 크리스천 샤프스의 후장식 소총, 새뮤얼 콜트가 특허를 내고 생산한 리볼버와 소총 같은 몇몇 총기는 꽤 성공적이었다. 새로운 후장총이 금방 사라지지는 않았다. 그러나 설계상의 특징으로 인한 한계를 극복할 수 없었기 때문에 군수 담당자들은 다른 곳에서 해결책을 찾았다.

해결책은 다음과 같은 질문으로 시작됐다. 소총을 교체하지 말고, 총알을 다르게 설계하면 어떨까? 총열보다 지름이 작은 총알을 만들어서 활강총의 머스킷 납탄만큼 쉽게 전장식 소총에 장전한다면 어떨까? 그러면 발사되기 전에 총알이 총열 내부에서 팽창할 수 있을까?

답은 '가능하다'로 밝혀졌다. 유럽 기술자들은 몇 가지 방법을 찾았다. 1가지는 강선에 맞는 총알을 기계적으로 만드는 것이었다. 다시 말해 총알이 강선에 완벽히 들어맞게 만들면 순전히 힘으로 강선에 물리도록 할 필요가 없었다. 1837년 영국군이 경보병용으로 채택한 브런즈윅 소총이 그러한 설계 방식으로 제작되었다. 브런즈윅 소총의 총강에는 서로 정반대인 깊은 홈 2개로 강선이 새겨져 있었다. 브런즈윅 소총의 총알은 머스킷 총알처럼 생겼지만, 둘레에 토성처럼 띠를 두른 것처럼 생겼다. 총알이 총강에 딱 맞을 필요 없이 강선 2개에 맞기만 하면 됐다. 그래서 브런즈윅 소총에 총알을 장전하는 것은 기존의 전장식 소총탄을 장전하는 것 만큼 쉽고 빨랐다. 브런즈윅 소총의 발사 속도는 1분당 3발 정도로, 활강식 머스킷과 비슷했다.

하지만 불행히도 총알 자체는 완벽하지 않았다. 띠를 두른 총알은 공기 역학을 고려하지 않았기 때문에 비행경로가 약간 불규칙했다. 비행경로가 불규칙하면 정확도와 사정거리도 마찬가지로 불규칙해졌다. 활강총보다는 낫지만 다른 소총에 비하면 현저히 낮은 수준이었다. 영국 소총병들은 브런즈윅 소총의 총알이 날아갈 때 매우 날카롭고 위협적인 소리를 내며, 몇 발 쏘고 나면 장전하기가 매우 힘들다고 불평했다. 알고 보니 깊은 강선 홈은 찌꺼기를 끌어들이는 자석과 다름없었다. 영국은 브런즈윅 소총을 1850년대 초반까지 고집했지만, 이것은 성공작이 아니었다. 총알만의 문제는 아니었다. 그 당시 가장 유명했으며 정확성도 뛰어났던 2가지 사격 연습용 소총을 보자. 총열이 육각형 모양인 휘트워스와 강선이 4줄인 제이컵스 소총은 총알에 띠를 둘렀지만 명중률이 뛰어났다. 남북 전쟁 동안 휘트워스 소총은 저격용 소총으로 각광받았고, 제이콥스 소총은 큰 사냥감을 사격하는 용도로 인기가 좋았다. 그러나 이들 모두 전장식 소총만큼 장전 속도가 느려서 적절한 해결책은 아니었다.

더 기대되는 해결책은 프랑스에서 나왔다. 프랑스 육군 장교였다가 발명가로 돌아선 앙리 귀스타브 델비뉴는 근본적으로 다른 소총을 개발해 1826년에 특허를 획득했다. 델비뉴가 개발한 소총은 전장식이었으나 약실이 있었다. 총열 후미의 마지막 몇 인치는 나머지 부분보다 직경이 더 작았다. 이 직경이 작은 끝부분은 화약을 가득 채울 수 있을 만큼 컸다. 직경이 좁아지는 지점은 '어깨'를 형성했다. 총강보다 직경이 작은 총알을 '어깨'까지 넣고 무거운 철제 꽂을대로 밀어 넣었다. 그러면 총알이 눌리며 늘어나 강선에 꼭 들어맞았다. 이후 델비뉴는 공 모양이던 총알을 원통-원뿔 모양으로 개선했다. 이 총알은 아랫부분은 원통형, 윗부분은 원뿔형이고, 바닥이 평평하고 길쭉했다. 몇 년 후 또 다른 프랑스 육군 장교인 루이 에티엔드 투베냉이 델비뉴의 설계를 개선했다. 투베냉이 개발한 '기둥 소총'은 약실 대신 총열 후미에 철제 기둥을 넣었다. 장전 시 화약이 기둥에 맞물리게 한 다음, 총알을 그 위에 두고 꽂을대로 몇 번 세게 치면 총알이 강선에 꼭 들어맞았다.

델비뉴와 투베냉이 내놓은 2가지 해결책은 효과가 매우 좋았다. 장전 시간이 약간 늘어난 것 외에는 활강식 머스킷보다 정확도가 훨씬 높았고, 사정거리가 길어졌으며, 관통력이 강했다. 프랑스군 지도부는 투베냉 시스템에 꽤 깊은 인상을 받아 후미가 기둥형인 소총을 1846년에 제식 무기로 채택했다. 투베냉 소총은 크림 전쟁(1853~1856)과 제2차 이탈리아 독립 전쟁(1859)에서 사용되었으며, 남북 전쟁에서도 소규모로 사용되었다. 물론 투베냉이 장군이라는 점도 이 소총이 공식적으로 채택되는 데 적지 않은 역할을 했다. 그런데 소총수가 총알을 꽂을대로 아무리 조심스럽게 두드려도 자신이 균등하게 두드리는지 확신할 수 없었다. 그래서 총알의 모양은 종종 한쪽이 치우쳐져 있었고, 그래서 비행경로가 불규칙할 수밖에 없었다. 전투의 열기와 긴장 상태 속에서 이 단점은 더욱 두드러질 수도 있었다. 또한 투베냉과 델비뉴의 소총은 청소하기 어려웠다. 특히 투베냉 소총은 기둥과 총열 사이 틈이 너무 좁아서 붓이나 천으로도 닦을 수 없었기 때문에 총열 후미 부분이 부식될 수밖에 없었다.

총알을 수동으로 변형하는 방식이 문제점을 완전히 해결하지는 못했지만, 투베냉과 델비뉴는 무언가를 발견했다. 이 2가지 소총의 문제점은 인적 요인이었다. 즉 소총수가 총알을 고르게 변형시킬 수 없다는 점이었다. 해결책은 화약이 그 일을 대신 하도록 만드는 것이었다. 몇몇 발명가들이 이 문제를 탐구했고, 그중 1명은 좀 더 두각을 드러냈다. 클로드 에티엔 미니에는 1830년대와 1840년대에 북아프리카에서 벌어진 군사 작전에서 활약한 프랑스 보병 장교였으며, 소총에 관한 지식이 풍부했다. 1846년 이전에 미니에는 스스로 팽창하는 총알 관련 아이디어를 생각했다. 이는 화약이 타면서 방출하는 에너지를 이용하여 총알이 총열을 빠져나갈 때 방사상으로 팽창하도록 하는 것이었다. 전통적인 공 모양 총알은 이 아이디어에 적합하지 않았다. 미니에는 아랫부분은 속이 빈 원통형이고, 윗부분은 긴 원뿔형인 총알을 설계했다. 초기 총알의 원통형 구멍은 고깔 모양이고, 총알 가운데에서 끝부분까지 바깥쪽으로 폭이 넓어졌다. 치마처럼 생긴 원통형 구멍의 벽은 꽤 얇았는데, 미니에는 그곳에 철제 컵을 끼워 넣었다.

총강보다 직경이 더 작은 총알은 머스킷 총알처럼 쉽게 총강 아래로 미끄러져 내려갈 수 있었다. 그러나 소총을 발사하면 가스가 팽창하며 철제 컵이 미니에탄의 구멍까지 밀려 올라가 원통형 구멍의 지름이 확장되면서 총알과 강선이 맞물렸다. 머지않아 미니에는 철제 컵 없이도 총알은 잘 팽창한다는 사실을 깨달았다. 실제로 철제 컵은 납탄을 그대로 관통하면서 성가신 납 찌꺼기를 총강에 들러붙게 했다.

다른 발명가들도 같은 문제를 두고 연구하며 미니에의 디자인을 개선하거나 대안을 마련했다. 영국과 미국의 무기 전문가들도 미니에탄의 기본 구조를 개선했다. 영국군은 미니에의 철제 컵 대신 점토나 회양목으로 만든 부드러운 플러그로 문제를 해결했다. 그러나 곧 플러그 없이 가스만으로도 총알의 빈 부분을 팽창시킬 수 있다는 사실을 깨달았다. 오스트리아군은 약간 다른 원리로 작동하는 월킨슨탄을 선택했다. 압축 총알인 월킨슨탄은 미니에탄처럼 구멍을 만드는 대신 외부 표면을 여러 층 빙 둘러 파냈다. 그 결과 발사 시 팽창하는 가스의 타격을 받으면 총알이 압축되어 뾰족한 윗부분으로 몰리면서 강선에 맞물렸다. 월킨슨탄은 원리와 성능이 미니에탄과 매우 흡사했다.

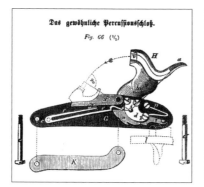
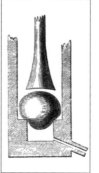
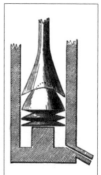
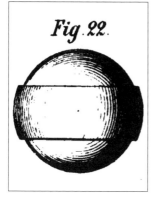

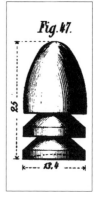

삽화 9

(위쪽) 퍼커션 점화 장치의 내부 모습, 델비뉴(약실)와 투베냉(기둥)
　　시스템을 사용하는 총의 총열 후미부 단면.
(아래쪽) 머스킷 소총 총알에 띠를 두른 모양의 브런즈윅 소총 총알, 미니에와
　　프리쳇의 팽창식 총알, 미국의 버턴탄, 오스트리아의 윌킨슨탄.

　성능은 상당히 놀라웠다. 윌킨슨탄의 사정거리와 명중률, 파괴력은 매
우 뛰어났다. 발사 속도도 그대로였다. 전통적인 활강식 머스킷처럼 총강과
총알의 구경 차이가 커서, 총구부터 총열 후미까지 총알을 쉽고 빠르게 장
전할 수 있었다.

　이 새로운 팽창식 총알은 오래된 기술에 새로운 생명을 불어넣었다. 그
결과로 나온 복합형 무기는 이전에 출시된 모든 머스킷과 소총보다 월등히

뛰어났다. 사실 이것은 완전히 새로운 총기였고, 영어로는 '강선 머스킷'으로 알려지게 되었다. 강선 머스킷을 겪어보지 않은 사람들에게 이런 이름은 혼란을 야기할 수 있지만*, 19세기 중반의 군인들에게는 의미가 매우 명확했다. 전통적인 소총은 머스킷보다 더 짧았기에 총검을 장착하기가 어려웠다. 그러나 머스킷처럼 길고 총검을 장착할 수 있는 강선 머스킷은 전열 보병과 소총병 모두에게 적합한 다목적 무기였다.

퍼커션 캡이 발명되었을 때와 마찬가지로 강선 머스킷은 신속히 유행했다. 1846년에 미니에는 팽창탄의 특허를 취득했다. 1851년에 영국 육군은 첫 번째 범용 강선 머스킷을 도입했고, 1854년에 크림 전쟁에서 처음 사용했다. 1854년 11월 5일 인케르만 전투에서 영국군이 러시아군의 강력한 공격을 물리칠 수 있었던 것은 강선 머스킷 덕분이었다. 런던에 소재한 〈타임스〉지의 어느 기자는 1851년형 엔필드 강선 머스킷을 "무기의 왕"이라고 찬양하면서 인케르만에서 엔필드가 거둔 성과를 다음과 같이 묘사했다. "미니에탄이 일제히 발사되자 죽음의 천사가 지나간 것처럼 적군이 쪼개지고, 추풍낙엽처럼 떨어졌다.**"

'미니에 머스킷'의 전설은 인케르만에서 시작됐다. 대다수 군대는 기존의 활강식 머스킷을 강선 머스킷으로 교체할 계획을 이미 세우고 있었지만, 크림반도에서 영국이 승리했다는 소식이 전해지자 절차를 앞당겼다. 1855년이 되자 오스트리아, 프랑스, 미국, 바이에른 등 대다수 독일 내 국가, 스칸디나비아 왕국, 네덜란드, 벨기에 등 서양의 거의 모든 1급 또는 2급 군대

---

*   오늘날 '총'과 동의어인 '라이플 rifle'은 활강식 머스킷과 달리 '강선(rifle)이 총열 내부에 새겨진 총'이라는 뜻이다. 그런데 통상적으로 강선의 유무가 머스킷과 소총(라이플)을 구분한다고 알려졌기에 '강선 머스킷'이라는 표현이 혼란을 야기할 수 있다고 말하는 것이다. – 편집부

** Harold L. Peterson and Robert Elman, *The Great Guns* (New York: Grosset and Dunlap, 1971), p. 196.

는 강선 머스킷을 새로운 표준 무기로 공식 승인했다. 이는 대규모 과업이었다. 영국이나 오스트리아와 같은 강대국이 보병 수십만 명을 현대식 강선 머스킷으로 재무장하려면 제조 능력과 국가 재정 모두에 큰 부담이 되었을 것이기 때문이다.

그러나 강선 머스킷은 유연한 기술이었으며, 이전의 소화기와 매우 다른 무기도 아니었다. 따라서 신기술을 구식 무기에 적용하여 개조할 수 있다는 점 때문에 강선 머스킷은 더욱 쉽게 도입되었다. 옛 활강식 머스킷에 강선을 새기고 장거리 조준기를 설치하거나, 플린트록 머스킷에 퍼커션 점화 장치를 달고 강선을 새길 수도 있었다. 또한 이 신기술은 총기가 아니라 총알 관련 기술이라서 강선 머스킷 자체에는 별다른 특징이 없었다. 1850년대 미국 육군 장관 제퍼슨 데이비스의 유능한 지휘 아래, 미군은 플린트록 머스킷 수십만 정을 퍼커션 캡으로, 활강식 머스킷을 강선 머스킷으로 개조했다. 몇 년 후 남북 전쟁이 발발했을 때, 양쪽 군대로 몰려든 지원병 무리는 이 개조된 무기로 무장했다. 하지만 북군과 남군의 수요를 전부 채울 만큼 충분히 보급되지는 않아서 전쟁이 끝날 때까지 강선 머스킷은 활강식 머스킷을 완전히 대체하지 못했다.

활강식 머스킷에서 강선 머스킷으로의 전환은 그때까지 서구 군대에서 있었던 어떤 무기 변화보다도 빨랐다. 플린트록이 퍼커션 캡으로 변화될 때와 마찬가지로 산업화가 이러한 현상을 이끌었다. 19세기 중반 이전에는 상상도 할 수 없었고, 가능하지도 않았던 일이었다. 더욱 놀라운 사실은 이러한 변화가 연구 개발 관련 인식 변화와 함께 이루어졌다는 점이다. 군인과 발명가 들은 뛰어난 무기를 만들기 위해 그들의 에너지와 경력 중 상당 부분을 바쳤으며, 군대와 정부는 새로운 설계를 시험하기 위해 기꺼이 시간과 비용을 투자했다. 일단 이로운 신기술을 발견하면 거기에 수반될 비용을 인지하면서도 상관하지 않고 신속하게 행동했다. 새 강선 머스킷 수만 정을 생산하는 데는 막대한 비용이 소요됐다. 또한 수백만 발에 달하는 탄약, 그 탄약을 운반하는 새로운 장비, 강선 머스킷의 성능에 걸맞은 새로운 교본과 훈련 방법도 만들어 내야 했다. 이 모든 추가적인 문제와 비용에도 불구하고 서구 세계의 군대는 강선 머스킷을 선택했다. 그들은 절약보다 근대화와 세계적 경쟁력을 우선시했다. 전술적 의미나 다른 어떤 것보다 이런 점에서 강선 머스킷을 도입한 것은 군사 기술 역사상 획기적인 사건이었다.

그러나 강선 머스킷은 수명이 매우 짧은 무기였다. 10년을 살짝 넘기는 정도의 사용 기간은 구성 요소 중 하나인 퍼커션 캡의 수명보다 약간 더 짧았다. 강선 머스킷은 크림 전쟁에서 첫선을 보였고, 제2차 이탈리아 독립 전쟁과 남북 전쟁에서 주역을 맡았으나, 1866년이 되자 이미 유물이 되었다. 이렇게 짧은 수명은 이후 수십 년 동안 총기 발전의 일반적인 패턴이 되었다. 모든 서구 군대가 신무기를 도입하기 위해 막대한 돈을 들이고 엄청난 노력을 기울일 만큼 혁명적이었던 강선 머스킷은 군사 기술 분야에서 혁명을 일으켰으나, 이후에 또 다른 소총이 등장하면서 곧 구식이 되었다.

짧은 수명 동안 강선 머스킷은 발라클라바, 솔페리노, 게티즈버그, 쾨니히그레츠 등 19세기에 벌어진 대규모 전투에서 활약했지만, 전술을 변화시키지는 않았다. 만약 강선 머스킷이 이전의 활강총보다 매우 개선된 기술이고 실제로 더 치명적인 무기였다면, 사정거리와 명중률이 증가한 만큼 보병 전투의 성격도 바뀌었을 것이다. 그러나 강선 머스킷의 영향이 미미하다고 주장한다면, 이는 미국의 국가적인 믿음, 특히 미국인들이 남북 전쟁의 군사적 중요성을 이해하는 방식에 어긋난다. 남북 전쟁을 중요하게 여기는 미국인들은 당시 주요 무기였던 강선 머스킷도 중요하게 여긴다. 미국 역사학자들은 남북 전쟁이 첫 '현대전'이라는 상당히 모호한 주장을 내세우면서 남북 전쟁이 독특한 유혈 사태였다고 강조했다. 남북 전쟁의 매우 높은 사망률은 경직되고 무능한 리더십, 구식 전술, 특히 강선 머스킷 같은 혁명적인 신무기가 뒤섞여 불러일으킨 결과라고 했다.

이 주장에 따르면, 남북 전쟁 당시 장군들은 나폴레옹 시대의 전술에 확고한 기반을 두고 있었으며, 나폴레옹의 전술은 활강총의 능력과 한계에 특화된 전술이었다. 하지만 강선 머스킷은 활강총보다 사정거리가 길고 명중률이 높았다. 그러니 나폴레옹의 선형 전술과 착검 돌격은 시대착오적이었던 셈이다. 남북 전쟁 당시 장군들은 이를 깨닫지 못했고, 그럴 의도도 없었다. 북군과 남군은 위험한 구식 전술에 계속 의지했고, 쓸모없는 착검 돌격을 펼치기 전 가까운 거리에서 일제 사격을 교환하기 위해 전열을 세웠다. 그 결과는 처참한 살육이었다. 특히 남군의 피해가 더 컸다. 남군의 장군들은 적의 방어력이 강선 머스킷으로 더욱 높아졌다는 사실을 전혀 인지하지 못하는 것 같았다. 1862년 4월에 벌어진 샤일로 전투의 호닛 네스트*, 1862년 9월에 벌어진 앤티텀 전투의 성큰 로드**, 1863년 7월에 벌어진 게티즈버그 전투의 마지막 날에 일어난 피킷의 돌격, 1864년 5월에서 6월 사이에 있었던 콜드 하버 전투, 1864년 11월에 테네시주 프랭클린에서 일어난 존 벨 후드의 반복된 돌격처럼 강선 머스킷을 사용했던 모든 전투에서 총검의 시대가 끝났다는 사실을 알 수 있었다. 남북 전쟁으로 치른 값비싼 비용은 입방아에 올랐고, 켄 번스의 위대한 텔레비전 다큐멘터리인 *The Civil War*에서 셸비 푸트는 "전술보다 무기가 훨씬 앞서 있었습니다."라

---

* 샤일로 전투 당시 가장 격렬한 전투 현장이었다. 호닛 네스트는 '말벌집'이라는 뜻으로 치열한 전장 같은 혼란스러운 상황을 의미한다. - 편집부
** 앤티텀 전투가 벌어진 지역에서 농민들이 주로 사용했던 흙길이었던 성큰 로드는 이날 이후 피투성이 길(Bloody Lane)이라고도 불린다. - 편집부

고 냉소적으로 평가했다. 강선 머스킷은 살육의 원흉으로 비난을 받았다.

이 주장에는 결함이 있고, 몇 가지 측면에서 명백히 잘못됐다. 남북 전쟁은 유례없는 유혈 사태가 아니었다. 사실 남북 전쟁 당시 사상자 수는 미국이 겪은 다른 모든 전쟁을 합친 것보다 더 많았지만, 이는 비율이 아닌 숫자로만 계산한 것이다. 남북 전쟁에서의 인명 손실은 비율로 따지면 미국 독립 전쟁이나 미영 전쟁, 멕시코-미국 전쟁에서보다 많지 않다. 남북 전쟁에서 전사한 병사들이 많은 이유는 무기가 너무 발달했거나 전술이 너무 구식이라서가 아니라, 남북 전쟁에서 더 많은 병사가 싸웠기 때문이다. 남북 전쟁 당시 많은 전장에서 병사들은 구식인 활강식 머스킷을 들고 전투에 투입됐다. 전쟁 중반이 되어서야 국내에서 생산되거나 유럽에서 수입된 최신식 강선 머스킷이 전장에 충분히 보급되었다.

보급만이 강선 머스킷의 효과를 제한하는 유일한 요인은 아니었다. 강선 머스킷의 성능은 사용자의 능력에 따라 달랐다. 사격 훈련을 아주 많이 받지 않으면 강선 머스킷의 명중률은 떨어졌다. 표적을 맞추는 훈련을 받지 않으면 강선 머스킷 대부분에 달려 있는 비교적 원시적인 조준기에 익숙해질 수 없어서였다. 대다수 유럽 군대와 마찬가지로, 표적을 맞추는 훈련은 미국에서 1861년부터 1865년까지 벌어진 남북 전쟁 당시에도 드물었다. 게다가 크림 전쟁이 벌어지던 1854년부터 프로이센과 오스트리아가 싸운 1866년까지의 전장은 18세기 전장과 마찬가지로 흑색 화약에서 나오는 자욱한 연기로 흐릿했다. 목표물을 분간할 수 없는 상황에서는 뛰어난 명중률도 소용이 없었다. 그렇다고 강선 머스킷이 치열한 전투에서나 경험이 부족한 사수의 손에 들렸을 때 이전의 활강총보다 실질적인 장점이 없었다는 것은 아니다. 강선 머스킷의 긴 사정거리는 확실한 장점이었다. 일반 보병들이 450여 미터 거리에서 사람 크기 목표물을 찾아내거나 명중시킬 수는 없더라도 강선 머스킷을 바르게 조준한다면 무언가를 맞출 수는 있었다. 그러나 활강총으로는 기적이 발생하지 않는 한 450여 미터의 절반만큼 도 총알이 날아가게 할 수 없었다. 일반적인 나폴레옹 전술대로 보병을 적 에게서 270여 미터에서 360여 미터 정도 떨어진 곳에 배치하는 것조차 더 이상 안전하지 않았다. 그러나 강선 머스킷은 사정거리를 제외한 다른 면에 서 활강총보다 훨씬 더 위험하지는 않았다.

강선 머스킷의 탄도에는 이론과 달리 실제 성능을 떨어트리는 또 다른 한계이자 기이한 점이 있었다. 강선 머스킷의 길쭉한 총알은 뚜렷한 포물선 을 그리며 날아갔다. 멀리 있는 목표물을 공격하려면 다른 발사 무기와 마 찬가지로 사수는 총구를 위로 올려야 하는데, 이는 총알이 조준선보다 훨 씬 위로 올라간다는 것을 의미한다. 270여 미터 거리에 있는 사람 크기의 목표물을 정확히 조준하여 겨냥하면 총알은 포물선을 높이 그리며 날아가 다가 목표물에 가까워지면 곤두박질칠 것이다. 총알의 비행경로에는 '살상 지대'가 두 곳 있다. 올라갈 때 사수 근처에 한 곳, 목표물 몇 미터 앞에서 한 곳이다. 하지만 이 살상 지대 사이에는 총알이 남성의 평균 키보다 더 높이 올라가는 '안전 지대'가 있다. 즉, 그 중간인 130여 미터에 서 있는 사 람은 강선 머스킷에 똑바로 겨냥당해도 안전한 것이다.

이것은 큰 비밀도 난해한 지식도 아니었다. 남북 전쟁 당시 보병 전술 의 중심에는 강선 머스킷의 안전 지대가 있었다. 프랑스는 그 누구보다 일 찍 안전 지대의 전술적 의미를 이해했다. 강선 머스킷의 사정거리와 정확도 가 향상되자 총검이 필요 없어졌을 것 같지만, 실제로 그렇지는 않았다. 공 격군의 승리 비결은 속도와 훈련이었다. 신속히 공격하는 공격군은 살상 지 대를 빠르게 통과해 안전 지대에 도달하는 것이 가능했다. 미니에탄의 급 강하 궤도 때문에 살상 지대는 비교적 좁았고, 만약 방어군이 공격군까지 의 거리를 너무 길거나 짧게 잡으면 총알 대부분은 공격군까지 미치지 못 하거나 그들 위를 안전하게 날아갈 것이다. 또한 공격군이 빠르게 이동하면 방어군은 거리를 정확하게 측정할 수 없었다. 물론 공격군이 아무런 피해를 입지 않는 건 아니었다. 특히 강선 머스킷의 탄도가 문제가 되지 않고 거의 모든 총알이 적중할 만큼 거리가 좁혀지면 더욱 그랬다. 하지만 그런 가까운 거리에서는 피해가 크더라도 공격군 대부분은 순식간에 총검을 들이대며 방어군에게 덤벼들었다.

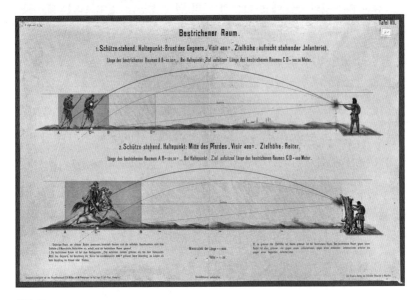

삽화 10

흑색 화약 소총의 탄도. 1871년에 독일이 통일된 후 독일 제국의 제후국이던 바이에른의 군대에서 발행한 이 도표는 강선 머스킷 탄도의 포물선을 보여 준다. 약 400미터 떨어진 적군을 명중시키려면 총알이 사람 키의 거의 2배 높이, 도표의 중간 지점까지 치솟도록 소총을 아주 높이 들어 올려야 한다. 이 바이에른 병사가 들고 있는 무기는 M1869 베르더 후장식 소총이 분명하지만, 탄도는 1850년대부터 1860년대 사이의 강선 머스킷과 동일할 것이다.

훈련도 필요했다. 멈추지 않고 적에게 전진하면서 총을 쏘는 훈련을 받아야 했던 것이다. 물론 말처럼 쉽지는 않았다. 초창기 머스킷 시대부터 보병 지휘관들이 배운 교훈 하나는 "병사들은 총격을 받으면 저절로 응사하려는 충동에 휩싸인다."라는 것이었다. 수백 미터 이상 펼쳐진 개활지를 신속히 건너는 동안 반격을 멈추지 않으면서 주변에 있는 전우들이 쓰러져도 당황하지 않고 적군과 정면으로 맞서기 위해서는 훈련과 규율, 그리고 잘 단련된 신체가 필요했다.

이러한 훈련과 체력 기준을 보유했던 프랑스군은 병사들에게 필요한 자질을 주입했다. 1859년 제2차 이탈리아 독립 전쟁 당시 프랑스 병사들은 확실히 훈련되어 있었다. 그래서 현대식 강선 머스킷으로 무장한 오스트리아군과 착검 돌격으로 연달아 맞붙은 전투에서 승리를 거뒀으며, 1859년 6월 4일에 벌어진 마젠타 전투에서도 승리했다. 하지만 남북 전쟁 당시 군대는 프랑스군이 아니었다. 사실 미국 군사 전문가들은 프랑스를 연구했고, 실제로 숭배했다. 주요 보병 교본은 프랑스의 전술 교리를 대놓고 모방했고, 심지어 미군 전투복도 대부분 프랑스 패션에서 비롯되었다. 그러나 미군은 프랑스군처럼 훈련하지 않았다. 미군은 시민군이었지, 프랑스 병사처럼 장기간 복무하는 직업 군인이 아니었기 때문이다. 그래서 프랑스의 보병 전술 방식을 완전히 모방할 수는 없었다. 남북 전쟁이 이어지는 동안 전진을 멈추고 숨고 반격하려는 충동을 보병들이 견디지 못하면서 착검 돌격은 대개 단거리 총격전으로 이어졌다.

물론 항상 그렇진 않았다. 미군이 프랑스군의 공격 전술을 올바르게 구사한 사례도 있다. 1864년 5월 10일 북군의 떠오르는 스타였던 육군 대령 에머리 업턴은 스폿실베이니아 코트 하우스 전투에서 뮬 슈 돌출부를 습격하는 작전에 투입된 공격 대열을 이끌었다. 그는 손수 뽑은 병사들과 함께 남군을 향해 빠르게 이동하며 발사를 멈추지 않았다. 업턴의 공격은 처음엔 극적인 성공을 거두었으나, 상관이 그를 적절하게 지원하지 않았거나 그의 작전을 따르지 않았기 때문에 결국 실패했다.

강선 머스킷은 혁신적인 신무기였다. 이전 세대가 쓰던 활강식 머스킷과 비교하기도 힘들 만큼 명중률이나 파괴력 면에서는 혁신적이었다. 그러나 병사들이 사격 훈련을 받아야 할 필요성을 강조했다는 점을 제외하고는 전술 측면에 뚜렷한 영향을 미치지 못했고, 혁신적이지도 않았다. 실상 전투에서는 성능이 그다지 뛰어나지 않았기 때문에 군인들에게 명중률과 사정거리는 별로 중요하지 않다는 생각을 남기기도 했다. 전투의 승패를 가르는 가장 중요한 것은 발사 속도였다. 강선 머스킷의 장전 속도가 느렸기 때문에 착검 돌격은 완전히 없어지지 않았다.

$$\oplus \ \oplus \ \oplus$$

바로 그 이유 때문에 후장식 총기 실험은 홀 소총으로 끝나지 않았다. 1840년대와 그 이후에 이루어진 군수 산업 분야에서의 연구 개발은 주로 후장식 소화기 설계와 관련 있었고, 남북 전쟁 시기 미국에서 최고조에 달했다. 남북 전쟁을 거치며 총기 설계안이 수백 개나 생겨났고, 그중 많은 것들이 생산으로 이어졌다. 북부 정부와 남부 정부는 젊은 신병의 손에 쥐여 줄 수 있는 소총이나 카빈을 손에 넣기 위해 필사적이었다. 군수 산업이 더욱 발전했던 북부는 기병대에 후장식 카빈을 보급하기 위해 특허를 받은 독특한 설계 수십 개를 도입했다. 메릴, 갤러거, 번사이드, 메이너드, 스타, 코스모폴리턴, 스미스, 샤프스, 스펜서 같은 모델은 모두 전쟁 내내 북군의 손에 들어갔다. 그 결과 생겨난 다양한 탄약은 심각한 병참 문제를 일으켰다. 새롭게 유행하는 후장총은 대부분 기병대의 손에 들렸고, 대체로 더 싸고 믿을 만한 강선 머스킷은 보병이 사용했다.

총기는 겉보기에는 모두 달랐지만, 실제로는 외관과 사소한 디테일만 달랐다. 대부분 홀 소총처럼 위아래로 움직이는 노리쇠 뭉치로 약실을 열어 탄약포를 삽입했다. 샤프스, 번사이드, 스타가 여기에 포함된다. 다른 경우는 약실을 열기 위해 총열을 앞쪽 또는 아래쪽으로 회전시켰다. 메이너드, 갤러거, 스미스가 여기에 포함된다. 인기 있고 안정적인 샤프스 같은 몇

몇 총기는 가연성 종이나 린넨으로 싼 부드러운 탄약포를 썼지만, 점점 더 많은 총기가 황동이나 가황 처리한 고무처럼 단단하고 내구성이 강한 재료로 만든 탄약포를 이용했다. 갤러거, 메이너드, 스미스 등이 여기에 포함된다.

후장식 카빈은 전장식 총기보다 발사 속도가 더 빠르기 때문에 남북 전쟁에서 북군 기병 연대는 같은 수의 보병보다 훨씬 더 많은 화력을 구사했다. 그러나 카빈은 장거리 사격에서 강선 머스킷보다 효과가 떨어진다는 것을 염두에 두어야 했다. 이는 게티즈버그 전투 첫날이던 1863년 7월 1일, 존 뷰퍼드의 북군 기병대가 숫적으로 훨씬 우세한 남군을 몇 시간 동안 막아내고 승리를 거둔 사례에서 알 수 있다. 하지만 세계가 후장식 총의 우수성을 인식하고 주목하게 된 사건은 게티즈버그 전투가 끝나고 3년 후 미국에서 멀리 떨어진 곳에서 발발한 전쟁이었다.

1866년, 프로이센 왕국이 오스트리아와 전쟁을 벌였다. 나머지 유럽 국가들은 숨을 죽이고 지켜보았다. 불과 2년 전인 1864년, 이 두 게르만 세력은 동맹국이었으며, 함께 덴마크를 침공했다. 하지만 프로이센 재상 비스마르크는 프로이센의 통치를 중심으로 독일을 통일하려고 했다. 오스트리아는 프로이센의 야심을 그대로 두고 볼 수 없었다. 승산은 오스트리아에 있었다. 비록 1859년 이탈리아에서 프랑스 황제 나폴레옹 3세의 군대에 대패한 전적이 있긴 했지만, 오스트리아군은 유럽에서 가장 강력한 군대를 거느렸다. 반면 프로이센은 신흥국이었으며, 군사력은 미지수였다.

돌이켜보면 프로이센 군대는 1류였고, 중요한 면에서 서양의 다른 군대보다 우월했다. 남북 전쟁에서 이루어진 철도 이용을 인상 깊게 보았던 프로이센군 지도부는 조직화된 군용 철도로 얻을 수 있는 물류의 이점과 전략적 가능성을 탐색하고 있었다. 프로이센 포병대는 세계 최고였다. 이 2가지 사실 모두 1866년에 널리 알려지게 되었다. 하지만 프로이센 군대가 가장 자랑스러워했고, 승패를 가른 차이점은 드라이제 소총이었다.

1864년 7월 룬드비에서 덴마크군이 패배했다는 소식이 유럽의 군사 과학 저널에 대서특필되었기 때문에 이미 드라이제 소총의 장점이나 단점은 비밀이 아니었다. 드라이제 소총은 초기 후장식 총기가 가진 것과 같은 단점이 있었고, 드라이제 소총 자체만의 단점도 있었다. 약실이 꽉 밀폐되지 않았기 때문에 가스가 새어 나왔던 것이다. 프로이센 보병들은 얼굴에 화상을 입을까봐 엉덩이 부근에서 발사하는 것을 선호했다고 하니 정확히 조준해서 사격하기는 힘들었을 것이다. 드라이제 소총의 탄약포를 찔렀던 가느다란 철제 바늘은 쉽게 녹슬고, 자주 부러졌다. 사정거리도 오스트리아의 표준 강선 머스킷보다 현저히 짧았고, 명중률도 좋지 않았다.

그러나 1866년 7월 헬무트 폰 몰트케의 프로이센군이 쾨니히그레츠에서 오스트리아군과 충돌했을 때, 전쟁에서 이긴 쪽은 프로이센군이었고, 승리의 원인 중 하나는 드라이제 소총이었다. 물론 프로이센군의 뛰어난 조직력과 지휘, 포병대와 병참, 병력과 보급품 수송에 이용된 철도 또한 승리의 원인이었다. 그러나 목격자들은 드라이제 소총과 프로이센 보병의 뛰어난 화력을 멈추지 않고 극찬했다. 후장총이 강선 머스킷보다 전반적으로 우월하다는 것은 이미 두루 아는 사실이었고, 룬드비 전투와 남북 전쟁을 통해서도 분명히 알 수 있었다.

쾨니히그레츠가 밝혀낸 것, 또는 밝혀냈다고 믿어지는 것은 후장총이 더 이상 선택지 중 하나가 아닌 '필수'라는 사실이었다. 국제적인 권력을 쥐려는 야망을 품었든지, 단순히 국경을 방어할 수 있기를 원했든지 간에 모든 국가는 보병을 후장총으로 재무장시켜야 했다. 1866년 당시 강선 머스킷은 생겨난 지 20년도 안되었고, 대다수 서구 군대에서 군용 강선 머스킷이 대량 생산된 지 15년도 안되었다는 사실은 중요하지 않았다. 1866년 오스트리아는 총기 기술 면에서 프로이센보다 뒤떨어져 있었다는 이유로 큰 대가를 치러야 했다.

　다음으로 서구에서 일어난 큰 전쟁은 4년도 채 지나지 않은 1870년에 발발하여 1871년에 끝난 보불 전쟁이었다. 보불 전쟁은 후장식 소총으로만 싸웠던 첫 번째 전쟁이었다. 전장식 보병 화기는 더 이상 전장에서 보이지 않았다.

　드라이제 소총의 운명도 마찬가지였다. 1866년이 전성기였다면, 1870년 보불 전쟁이 일어날 즈음에는 전성기를 훨씬 지나 있었다. 이 당시에는 드라이제 소총보다 더 새롭고 좋은 소총들이 생겨났다. 이제는 프로이센이 재무장하거나 패배를 감수할 차례였다. 무기는 빨리 발전하는 만큼 빨리 노후화되었다. 이는 소총뿐만 아니라 대포와 군함 분야에서도 서구의 군비 경쟁을 유발했다.

8장

고체탄과 폭발탄

소화기가 발전한 만큼 대포도 발전했다. 산업화와 점점 빨라지는 기술 혁신 속도는 총기의 성능을 매우 짧은 시간 동안 급격하게 변화시켰고, 따라잡을 생각이 없거나 그럴 능력이 없는 국가에 고통을 안겨 주었다. 1853년 11월 흑해 남단에 있는 오스만 제국의 시노프(시노페) 항구에 러시아 함대가 접근했을 때 오스만 제국은 혹독한 교훈을 얻었다. 불과 몇 달 전, 러시아 차르(황제)는 오스만 제국을 끊임없이 자극하더니, 몇 가지 이유로 전쟁을 선포했다. 영토를 확장하려는 서로 간의 욕심과 오스만 제국에 거주하는 소수 기독교인의 운명을 러시아가 우려했기 때문이었다. 그때까지 오스만 제국은 승산이 충분하다고 생각했다. 오스만 제국군은 시노프 기지 등에서 무기를 보급받았고, 다뉴브강과 캅카스산맥에서 러시아군과 싸우면서 선전했다. 러시아 정부는 반격하기로 했다. 이는 가볍게 내린 결정이 아니었다. 러시아가 오스만 제국을 침략한다면 영국 정부와 프랑스 정부는 튀르크(오스만 제국) 편에 서서 개입하겠다고 공언했기 때문이다.

그러나 러시아군은 오스만 제국군을 그대로 둘 수 없었다. 러시아 영토를 침범하는 적을 물리치기 위해서라면 무엇이든 해야만 했다. 시노프는 적절한 목표였다. 시노프의 방어 시설을 정찰한 후, 파벨 스테파노비치 나히모프 제독은 함대를 이끌고 시노프로 진격했다. 나히모프의 지휘 아래 있는 그 어떤 군인도 대규모 전투를 예상하지 않았다. 러시아의 흑해 함대는 시노프 항구의 튀르크 함대보다 규모나 전력 면에서 훨씬 뛰어났기 때문이었다. 러시아군은 대포를 120문이나 갖춘 1급 함선 2척을 비롯한 전열함 6척과 작은 군함 몇 척으로 대포를 700문 이상 쏴댈 수 있었다. 이에 맞서는 오스만 제국군은 군함을 12척 정도만 동원할 수 있었다. 심지어 대부분 프리깃이었기에 러시아군과 비교하면 경무장이었다. 해안 포대 몇 곳이 항구를 둘러싸고 있었지만, 러시아와 오스만 제국 간의 큰 군비 격차는 무시할 수 없었다.

1853년 11월 30일, 러시아 함대가 오스만 제국 함대에 가까워지자 러시아 제독은 전통적인 단종진을 약간 변형시켰다. 러시아 제독은 함선을 내보내 오스만 제국 군함들을 러시아 함대와 해안 포대 사이에 가뒀다. 이렇게 함으로써 러시아 군함들을 해안포에서 부분적으로 보호했다. 이러한 전열이 꼭 필요한 것은 아니었다. 이미 화력 면에서 러시아 함대가 너무나 압도적으로 유리했기 때문에 오스만 제국 함대는 몇 시간 만에 전멸했다. 프리깃 6척 중 1척은 격침됐고, 나머지 5척은 좌초된 채 불길에 휩싸였다. 작은 기선 1척만이 화재를 면했다. 일단 군함을 처리한 러시아군은 해안 포대를 겨냥하더니 모두 파괴했다. 오스만 제국군은 약 3,000명, 러시아군은 약 270명을 잃었다.

시노프에서 거둔 러시아의 승리는 오스만 제국 사람들에게만 비극적인 결과는 아니었다. 영국과 프랑스가 전쟁에 끼어드는 계기가 되었기 때문이다. 이후 벌어진 크림 전쟁은 19세기에 벌어진 그 어떤 전쟁보다 무능력한 지휘가 난무했고, 잔인했다. 그러나 러시아의 시노프 해전 승리 자체는 돌이킬 수 없는 사실이었다. 나히모프의 군함이 100년도 더 된 퇴물이었어도 전쟁 결과는 달라지지 않았을 것이다. 하지만 오스만 제국군 함대 대부분이 파괴되고 격침되었을 뿐 아니라, 불길에 휩싸여 패배한 양상은 새로웠다.

그것은 완전히 새로운 대포 덕분이었다. 30년 전에 특허를 받은 이 대포는 중년의 프랑스 포병 장교이자 병기 전문가인 앙리 조제프 펙상의 발명품이었다. 펙상은 폭발성 포탄의 힘을 굳게 믿었고, 그 개념을 바탕으로 대포를 설계했다. 그 크기가 이전 시대의 봄바드를 연상시키는 펙상포는 1822년에 처음 개발되었으며, 이전의 어떤 대포와도 달랐다. 펙상포의 거대한 크기는 오로지 화약을 더 많이 사용하기 위함이었다. 대구경 폭발탄에는 많은 작약이 들어가 폭발 규모가 컸고, 많은 장약을 사용하여 포구 속도를 높여 관통력을 향상시켰다. 펙상은 목선을 상대로 펙상포를 쏘면 그 효과가 엄청날 것으로 예상했다. 가장 튼튼한 1급 군함도 목선이라면 빠른 속도로 날아오는 폭발탄이 목재로 된 측면을 뚫고 들어가 그 안에서 폭발할 것이다. 목제 함선에 폭발탄이 떨어진다면 결과는 심각할 것이었다.

나히모프의 1급 함선에는 펙상포가 여러 문 있었다. 낙후된 군비와 인색한 투자로 악명 높았던 러시아 함대치고는 의외로 많은 돈을 쏟아부어 마련한 무기였다. 1853년 11월의 깜깜한 밤, 터키 함선을 불태우고 시노프의 하늘을 밝히며 어두운 바다를 환히 빛나게 한 것이 바로 이 펙상포였다. 시노프 해전은 대포의 무섭고도 새로운 면을 세계에 보여 주었다. 지난 500년간, 대포가 가장 잘 할 수 있는 일은 포격뿐이었다. 단발 구형 포탄이든, 포도탄이든 주로 고체탄(구형 포탄)을 썼고, 폭발탄은 효과가 별로 없었다. 하지만 펙상포로는 완전히 다른 일을 할 수 있었다. 펙상포는 폭발물을 던질 수 있었던 것이다. 다시 말해서 이 새로운 대포는 목표물 위쪽 혹은 그 자체에 멀리서 폭탄을 던질 수 있었다. 시노프 해전을 통해 세상은 목선과 벽돌로 쌓은 요새의 시대가 얼마 남지 않았으며, 이제 대포의 위력은 폭발하는 발사체 덕분에 더욱 높아질 것이라는 사실을 알게 되었다.

폭발탄은 산업화 시대에 대포를 완전히 바꿔놓은 첫 번째 발명품이었다. 금속 공학, 화학, 공학 분야의 발전이 서구의 산업화로 향상된 생산 능력과 결합하면서, 대포는 르네상스 시대와는 완전히 다른, 새로운 무기가 되었다. 20세기 초까지 대포는 서구의 무기 중 가장 파괴력이 강했으며, 화력의 끝판왕이었다.

대포는 동시대의 소화기와 마찬가지로 대포의 구조와 탄약의 성질 때문에 생겨나는 물리적 제약을 극복함으로써 파괴력을 높였다. 가장 먼저, 그리고 가장 많이 개선된 부분은 포탄의 설계였다. 나폴레옹 전쟁과 그 이전 시기에 포탄은 기본적으로 '단일 구형 포탄' 또는 '구형 포탄 여러 개를 넣어 만든 포탄'으로 나뉘었다. 이 2가지 고체탄은 오랫동안 유용해서 다양한 용도에 사용되었다. 고체탄은 성벽을 부수는 공성전, 목선을 격파하는 해상전에서 필수적이었다. 대포로 발사하는 고체탄은 전장에서 적의 대포와 포차 등을 공격하는 대포병 사격같이 물체를 격파하거나 대인용으로 사용되었다. 물론 고체탄 1발로는 군인 몇 명만 공격 가능했고, 그것도 밀집 대형을 이루고 있을 때만 가능했다. 전장에서 고체탄의 가장 큰 가치는 군인들의 사기에 영향을 미친다는 점이었다. 비행 중에도 눈에 보일 만큼 큰 고체탄이 공중을 날아가거나 지면을 굴러가는 모습은 노련한 군인들도 움찔하게 했다. 포격을 당한 사상자는 사람이든 말이든 끔찍한 모습으로 최후를 맞이했다. 1775년 6월 17일 미국 독립 전쟁 당시 벙커힐 전투에서 9파운드짜리 포탄이 미국 독립 전쟁에서 최초로 전사한 미국인이 된 아사 폴러드의 머리를 날려 버렸을 때, 그 피비린내 나는 광경은 거의 모든 미군을 공포에 몰아넣었다.

나폴레옹 전쟁 시대 이전에 포병들이 손쉽게 구했던 다른 포탄은 포도탄과 캐니스터 같은 근거리용 산탄이었다. 이 2가지 포탄의 기본 원리는 동일했다. 포도탄은 나무판이나 받침대에 고정한 축을 주로 철로 만든 조그만 고체탄 여러 개로 감싸서 만들었다. 고체탄들을 그물로 감싸 고정하면 전체 모습이 원통형 포도송이처럼 보여서 '포도탄'이라는 이름이 붙었다. 캐니스터는 대개 머스킷용 납탄처럼 크기는 작지만 더 많은 고체탄을 금속 깡통에 넣어 만들었다. 대포는 거대한 산탄총처럼 저 멀리까지 고체탄을 뿌려댔다. 포도탄은 캐니스터보다 사정거리가 약간 더 길었고, 단단한 표적에 더 큰 피해를 입힐 수 있었다. 캐니스터는 엄밀히 말하면 근거리용이었지만, 발사체 개수가 포도탄보다 더 많아서 1발로 더 많은 사람을 공격할 수 있었다. 적이 90여 미터 이내에 있을 때 캐니스터는 잔인할 정도로 효과가 좋았다.

해군에서 주로 사용했던 특수 목적용 포탄도 여럿 있었다. 예를 들어 사슬탄(Chain shot)과 막대기탄(Bar shot)은 돛을 갈기갈기 찢고 삭구를 잘라내는 성능이 뛰어났다. 일반적인 고체탄에 빨갛게 열을 가한 가열탄은 범선과 목조 시설을 아수라장으로 만들 수 있었다. 그러나 가열탄을 제작하기 위해서는 특수한 화덕이 필요했기 때문에 대개 해안 요새에서만 쓸 수 있었다.

14세기에 대형 공성포가 처음 등장한 지 얼마 되지 않아 폭발탄도 제작할 수 있다는 주장이 대두되었다. 이론적으로는 가능했다. 속이 빈 철제 구형 포탄을 주조하여 화약(작약)을 잰 후, 구멍 속에 일종의 도화선인 신관을 집어넣는 것이다. 간단한 것 같지만, 실제로는 그렇지 않았다. 심각한 문제가 몇 가지 있었기 때문이다. 작약을 잴 약실을 너무 크게 만들면 폭발탄의 껍질이 너무 얇아질 것이다. 그것을 대포로 발사하면 포구를 빠져나가기 전에 장약의 폭발력 때문에 찌그러질 가능성이 있었다. 약실을 너무 작게 만들어 껍질이 너무 두꺼워지면 파괴력이 약해지는 것은 물론이고, 작약이 부족하여 폭발탄을 터트리지도 못할 수 있었다.

하지만 가장 큰 문제는 점화였다. 폭발탄의 신관에 안전하게 불을 붙이려면 어떻게 해야 할까? 포병들은 포신과 포탄 사이로 불꽃이 스치기 때문에 대포를 발사하는 것만으로도 신관에 불을 붙일 수 있다는 사실을 알게 되었다. 문제는 구형 폭발탄을 포구로 삽입해 밀어 넣으면 장약 위에 멈추기 전까지는 그 위치를 통제할 수 없고, 그러면 신관이 어느 쪽을 향할지도 알 수 없다는 점이었다. 만약 폭발탄의 신관이 약실, 즉 장약 쪽을 향한다면 재앙을 피할 수 없을 것이다. 장약이 폭발하면 폭발탄의 신관에도 불이 붙으면서 폭발탄은 포구를 빠져나가기도 전에 폭발하고 말 테니까.

점화 문제를 해결하기 위한 초기 시도는 매우 원시적이었다. 초기 신관은 폭발탄의 신관 구멍에 화약심지를 끼운 것이었다. 포병은 장전하기 직전에 화약심지에 불을 붙인 다음 포신 안으로 밀어넣으면서 아무 문제 없기를 바랐다. 이는 까다롭고 불확실하며 매우 위험한 관행이었다. 포신이 짧은 박격포는 장전된 포탄 위치를 손수 조절할 수 있어서 부담이 적었다. 그러나 만약 장약이 늦게 점화되기라도 한다면 포병들은 심각한 곤경에 처할 수 있었다.

이후 17세기와 18세기를 지나며 이러한 문제의 해결책이 발견됐다. 먼저, 신관 자체를 변화시켰다. 목제 관에 안티몬 같이 빠르게 연소하는 물질을 채운 플러그 신관으로 화약심지를 대체한 것이다. 전문 포병들은 경험이 쌓이면서 신관을 미리 정한 길이에 맞춰 잘라 폭발탄이 터지는 시점을 조절했다. 이로써 목표물까지의 거리를 측정하고, 포구에서 목표물까지 폭발탄의 비행시간을 계산함으로써, 적 보병이나 기병의 머리 위 같은 정확히 원하는 위치에 맞춰 신관을 잘라 폭발탄을 터뜨릴 수 있게 되었다. 구형 폭발탄을 나무판, 즉 폭발탄 자체와 지름이 거의 같은 원반에 묶으면 포탄이

포신 안쪽으로 굴러 내려가는 것을 방지할뿐더러 신관의 방향을 포구 쪽
으로 확실히 유지할 수 있었다.

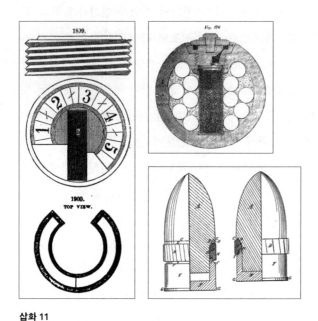

삽화 11

포탄의 혁신, 보어만 시한 신관, 유산탄 또는 슈라프넬, 호치키스 특허 폭발탄, 1861년.

　　단순한 폭발탄인 이 발사체는 이후 더욱 복잡해졌다. 그중 하나는 폭
발탄을 캐니스터와 결합했던 야심 찬 영국군 중위 헨리 슈라프넬의 발명
품이었다. 이 새로운 혼합물에는 농축된 화약과 작은 납탄 또는 철탄이 들
어 있었다. 타이밍이 잘 맞으면 신관은 목표물 바로 위에서 작약을 폭발시
켜 머스킷 탄환들을 목표물에 빠르게 퍼부을 것이다. 즉 장거리 캐니스터
와 같은 성능을 발휘했다. 이 혼합 폭발탄은 기발한 아이디어였고, 19세
기 전반에 서구 전역에서 빠르게 채택되었다. 이 새로운 폭발탄을 포병들
은 젊은 발명가이자 군인인 슈라프넬의 이름으로 불렀다. 오늘날 슈라프넬
shrapnel이라는 용어는 폭발로 생성된 거의 모든 종류의 파편을 일컫는 데

사용하지만*, 초기에 슈라프넬은 매우 특정한 대인용 폭발탄을 의미했다.

　19세기 초, 폭발탄은 포병이 사용하는 가장 일반적인 무기였다. 곡사포에 두루 사용되었는데, 곡사포가 높이 쏘아 올리는 포물선 궤도가 참호 안이나 성벽 뒤에 숨은 적들을 공격하기에 적절했기 때문이었다. 폭발탄은 박격포에도 가장 적절한 포탄이었다. 박격포 또한 장애물 너머로 공격하는 데 쓰였기 때문이다. 게다가 폭발탄은 직사포로도 쏠 수 있었고, 신관이 개선되자 명중률도 높아졌다. 19세기 중반에 벨기에에서 보어만 신관이 발명됐다. 납과 주석으로 된 보어만 신관은 폭발탄의 나사형 신관 구멍에 잘 들어맞았고, 신관의 부드러운 아연 표면에는 0.25초 단위로 시간이 표시되어 있었다. 일단 포병이 목표물까지의 거리를 측정한 다음에 차트를 참조하여 포탄의 비행시간을 계산한 후, 시간이 표시된 신관 면에 특별한 도구로 구멍을 내어 희망 시간을 설정했다.

　폭발탄은 지상전보다 목제 군함을 상대하는 해상전에서 훨씬 유용했다. 박격포로 무장한 박격포함은 바닷가 요새를 포격할 때 유용하긴 했지만, 해상전에서 박격포와 곡사포는 대개 만족도가 낮았다. 해군의 주요 전투 작전인 함대함 작전에는 직접 포격, 낮은 탄도, 높은 관통력이 필요했기 때문에, 전통적인 함포가 더 적합했다. 하지만 폭발탄을 사용하자 문제가 생겨났다. 함선을 공격할 때 폭발탄이 제 역할을 하려면 탄체는 작약을 아주 많이 채울 수 있을 만큼 크면서도 껍질이 두껍고 견고해야 했다. 게다가 상대 군함의 선체에 맞고 튕겨 나가지 않게 하려면 포구 속도가 빨라야 했으며, 대포에서 발사될 때에 따르는 충격도 견딜 수 있어야 했다. 마지막으로 적함 선체에 닿으면서 발생하는 충격도 견뎌야 했다. 1800년 해군 함포는 대부분 24파운드 대포나 32파운드 대포였는데, 이들은 폭발탄을 감당

---

* 　Shrapnel은 '유산탄'이라는 뜻과 '포탄 파편'이라는 뜻이 있다. - 편집부

하기에는 충분히 크지 않았다.

그래서 앙리 조제프 펙상은 펙상포를 개발했다. 펙상포의 주목할 만한 특징은 이미 존재하는 기술을 새로운 무기로, 더 정확히 말하면 다른 특수 용도의 친숙한 무기로 재조합했다는 점이다. 기존 곡사포는 폭발탄이 목표물에 도달한 후 폭발하기만 하면 되었기 때문에 단순한 지상전에 적합했다. 그러나 함대함 전투에서는 펙상포가 월등했다. 펙상포의 포신은 엄청날 정도로 두껍게 '층층이 쌓는' 구조로 제작되어 발사에 따른 충격을 견딜 수 있었고, 그에 따라 폭발탄은 폭발하기 전에 안정적인 탄도와 높은 속도로 1급 함선의 두꺼운 벽을 뚫고 들어갈 수 있었다. 초기 펙상포의 구경은 약 220밀리미터나 되었으며, 이러한 펙상포로 발사하는 폭발탄의 폭발력은 어마어마했다.

산업화 시대의 패턴이 형성되기 시작하면서 신기술은 아이디어에서 실행, 테스트, 채택으로 이어지는 과정을 빠르게 거쳤다. 펙상은 이 대포의 설계안을 1822년에 처음 제안했고, 1824년에는 퇴역을 앞둔 프랑스 전열함 파시피카퇴르를 대상으로 펙상포를 시험 발사할 기회를 가졌다. 펙상포는 이 전열함을 가볍게 산산조각 냈고, 프랑스 당국은 기꺼이 펙상포를 여러 문 주문했다. 실제 전투에서도 펙상포의 가치는 여러 번 입증되었다. 1838년 말, 일부 함선이 폭발탄을 쏘는 평사포로 무장한 소규모 프랑스 함대는 멕시코 베라크루스항의 산 후안 데 울루아 요새의 화약고에 폭발탄을 재빨리 퍼부어 손쉽게 점령했다. 슐레스비히홀슈타인 지역이 덴마크의 통치에 반발하며 일어난 제1차 슐레스비히 전쟁(1848~1851)에서 펙상포는 군함을 상대로 첫 승리를 거두었다. 1849년 4월, 독일의 킬Kiel 근처인 에케른푀르데에서 일어난 교전에서도 펙상포로 무장한 반란군 해안 포대는 덴마크의 2층 갑판함 크리스티안 8세를 불태웠다. 이후 시노프에서도 오스만 제국 함대는 펙상포 앞에서 잿더미가 되었다. 유럽 해군들에 더 이상의 증거는 필요 없었다. 영국, 프랑스, 미국, 러시아 등이 폭발탄을 도입하고자 열을 올렸다. 그 덕분에 목제 함선은 더욱 빨리 몰락했다.

1840년대 미국에서 처음 만든 평사포의 실험은 비극적인 스캔들을 낳았다. 미 해군의 실험적인 군함인 스크루 추진 소형 증기선 USS 프린스턴에는 평사포 2문이 있었다. '오리건'이라고 불렸던 1문은 프린스턴함 자체를 설계하면서 중요한 역할을 맡았던 젊은 스웨덴 신동 존 에릭슨을 포함한 기술자 팀이 설계했다. 에릭슨이 기발한 방식으로 설계한 오리건은 철제 밴드 여러 개로 연철 포열의 후미를 층층이 감싸 만들었다. 각 철제 밴드는 뜨거울 때 붙이기 때문에 식으면서 수축했다. 대포는 매우 무거웠지만, 후미의 철제 밴드로 인해 엄청난 장약이 만드는 약실의 압력을 연철 포열이 견뎌낼 수 있었다. 에릭슨은 영국 리버풀의 머지 제철소에서 대포를 제작하여 미국으로 운송했다. 또 다른 대포는 프린스턴함의 함장 로버트 F. 스톡턴이 설계했다. 총중량이 12톤을 초과하던 스톡턴의 대포인 '피스메이커'는 에릭슨의 포보다 훨씬 더 무거웠다. 피스메이커의 구경은 12인치(약 305밀리미터)였고, 200파운드(약 91킬로그램)가 넘는 고체탄을 발사했다. 이 대포의 외관은 분명 인상적이었을 것이다. 학식 있는 방문자 한 무리는 피스메이커를 "지금까지 본 것 중 가장 놀라운 주조 작품"이라고 칭찬했다. 그렇다고 피스메이커가 오리건보다 더 낫다는 의미는 아니었다. 피스메이커의 후미를 둘러싼 밴드는 처음부터 용접되어 있었다. 오리건의 후미처럼 식으면서 수축한 것이 아니었기 때문에 피스메이커는 오리건보다 훨씬 불안정했다. 또한 오리건은 에릭슨이 철저히 검증했지만, 피스메이커는 시험 사격조차 하지 않았다.

1844년 2월의 어느 화창한 날, 프린스턴함은 몇몇 고위 인사들을 태우고 버지니아주 알렉산드리아의 계류장을 빠져나가 포토맥강을 따라 짧은 시범 항해를 시작했다. 함선 위에는 미국 대통령 존 타일러와 그의 딸, 내각의 많은 인사, 전 영부인 돌리 매디슨과 여러 정치인과 외교관과 그들의 가족들이 뒤섞여 있었다. 주목받고 싶었던 스톡턴은 에릭슨의 경고에도 불구하고 제대로 검증되지 않은 피스메이커를 시험 발사하자고 우겼다. 프린스턴함에 타고 있던 우아하게 차려입은 군중은 피스메이커에서 발사된 첫 번째 포탄이 포토맥강 상공으로 날아가자 손뼉을 치며 환호했다. 그 광경에 매우 고무된 스톡턴은 관중의 요구에 따라 포병들에게 포탄을 계속 재장전하고 발사하라고 명령했다.

피스메이커는 네 번째 고체탄을 발사하면서 파열되었다. '괴물 같은 대포'의 왼쪽 전체가 폭발하면서 뜨거운 쇠 파편과 불꽃이 쏟아졌다. 거대한 철 덩어리 1개가 해군 장관 토머스 길머, 국무 장관 에이블 업셔와 그밖의 3명을 강타했고, 5명 모두 즉사했다. 총 7명이 사망하고 10명 이상이 부상을 입었다. 타일러 대통령은 사고를 피했다. 스톡턴에게 "나는 화기를 좋아하지 않네."라고 말하고서 폭발 당시 갑판 아래에 있었기 때문이다.

이 끔찍한 사고에 관한 타일러의 반응은 신중하고 품위 있었다. 그는 오리건과 피스메이커의 제작과 관련된 사람들을 처벌하는 대신, "사고는 종종 일어나며, 특히 군 복무 중에는 더욱 그러합니다."라고 의회에 말했다. 타일러는 사건에 관대하고 실용적으로 대처하면서, 무심코 중요한 사실을 깨달았다. 그 사실은 새로운 무기를 숨막히는 속도로 도입하고 사용하는, 그같이 전무후무한 진보의 시대에는 실패를 가늠해 보아야 하며, 그렇지 않으면 때때로 뜻하지 않게 사람들이 다칠 수도 있다는 것이었다.

스톡턴과 에릭슨 모두 처벌을 받지 않았지만, 잘못은 스톡턴에게 있었다. 그러나 스톡턴은 해군 장교와 정치인으로서 계속 명성과 영광과 권력을 얻었고, 1846년부터 1847년까지 미 해군 태평양 소함대를 이끄는 지휘관으로서 멕시코로부터 캘리포니아를 빼앗아 미국의 일부로 만드는 데 상당한 일조를 했다. 에릭슨은 처벌받을 필요가 없었고, 실제로 처벌받지도 않았다. 하지만 프린스턴함을 건조하는 데 들어간 모든 수고도 보상받지 못했다. 심지어 약속받은 액수조차 받지 못했다. 그 때문에 에릭슨은 미 해군과 미 연방 정부에 원한을 품었으나, 오래 가지는 않았다. 중대한 국가적 위기의 순간에 해군은 에릭슨을 불렀고, 에릭슨은 부름에 응했다. 그는 1840년대에 프린스턴함을 포함해 최첨단 군함을 설계하고 건조하는 작업을 도왔으며, 최첨단 함포도 제작했다. 1861년, 에릭슨은 급진적인 디자인을 자랑하는 당대 최첨단 전투함이자 이후 포탑을 갖춘 함선의 시초가 된 USS 모니터함을 건조했다.

전장에서 처음 확인한 펙상포의 성능은 굉장했지만, 펙상포에는 어쩔 수 없는 심각한 결함이 있었다. 함포가 효과적이려면 많은 화약을 장전할 수 있도록 크기가 커야 했다. 따라서 펙상포는 매우 거대했다. 초기 모델의 길이는 2.7미터가 넘었고, 무게는 4톤이 넘었다. 무게는 일단 배에 실으면 극복할 수 없는 문제는 아니었지만, 어마어마한 크기 때문에 크기가 어중간한 배에는 실을 수 없었다. 또한 여러 해군 장교가 지적한 대로 펙상포는 단일 목적의 무기였다. 이것이 문제가 되는 이유는 폭발탄이 발명되었다고 해서 기존의 고체탄이 쓸모없어진 건 아니었기 때문이다. 폭발탄의 열성 지지자였던 펙상조차도 그 사실에 이의를 제기하지는 않았다. 펙상포는 폭발탄용으로 설계되어 기존의 고체탄을 발사하기가 어려웠다. 단단한 쇳덩이인 고체탄은 같은 구경의 폭발탄보다 더 무거워서 발사할 때 더 큰 압력이 필요했다. 모든 것에 '표준화'라는 개념이 선호되던 시절에 해군은 포열 갑판에 서로 다른 2가지 대포를 줄지어 놓아야 했다.

펙상포가 더 이상 기발한 신제품이 아니었을 때, 목제 군함 측면에 폭발탄을 퍼부을 만큼 크면서 고체탄도 쏠 수 있을 만큼 견고한 대체품들이 나타나기 시작했다. 에릭슨이 설계한 오리건포도 그중 하나였다. 에릭슨은 오리건포의 기발한 설계로 인정을 받지는 못했고, 심지어 프린스턴함 사고 이후 (실제 책임 여부와는 상관없이) 평판이 나빠졌다. 그러나 다른 기업가와 기술자 들이 그의 설계를 받아들이기 시작했다. 영국의 윌리엄 암스트롱 경과 티오필러스 블레이클리 선장, 미국의 로버트 파커 패럿이 1850년대부터 1860년대까지 특허 낸 대포의 설계는 모두 철제 밴드를 뜨거울 때 덧붙여 포열 후미를 보강했다.

더욱 기대되는 결과는 금속 공학의 발전, 특히 철을 주조하고 가공하는 새로운 방법에서 비롯되었다. 광대한 바다로 둘러싸인 미국은 유럽과 아시아의 잠재적 경쟁국들에서 떨어져 있었고, 국가 안보 정책도 그러한 지리적 이점에 의존하고 있었다. 따라서 외세의 침략을 막아내는 주요 방어벽은 함대와 해안 요새였다. 미 육군은 유럽 국가들의 것에 비해 한심할 정도로 작았지만 미 해군과 요새는 1류였고, 양측 모두 거대한 대포를 요구했다. 미국이 생겨난 지 얼마 되지 않아 미 육군은 '컬럼비아드'라고 알려진 슈퍼 대포를 개발했다. 컬럼비아드의 모습은 옛 봄바드를 연상케 했지만, 요새를 격파하기보다는 방어하기 위한 대포였다.

남북 전쟁이 20년도 남지 않은 1840년대에 토머스 잭슨 로드먼이라는 장교 겸 발명가는 대포를 작고 가늘면서 튼튼하게 만들기 위해 씨름했다. 그 당시에는 로드먼처럼 이 2가지 직업을 가진 사람은 드물지 않았다. 그는 알려지지 않은 천재였으며, 요새포를 강화하는 몇 가지 주요 발명품을 개발했지만, 국가를 향한 의무감 때문에 명성이나 재산을 실컷 쌓지는 않았다. 로드먼의 발명품 중 하나는 새로운 화약이었다. 이 화약은 일정한 형태로 압축된 알갱이 모양이어서 기존의 대포용 화약보다 더 느리고 일정하게 연소하여 포구 속도와 사정거리를 높일 수 있었다. 하지만 로드먼의 진짜 재능은 대포 설계에서 드러났다. 로드먼은 피츠버그에 소재한 핏 파운드리 요새에서 철제 대포를 주조하는 데 쓸 새로운 방법을 10년 내내 실험했다. 그는 1850년대 중반까지 유망한 주조 기술인 이른바 수랭법(wet chill)을 고안해냈다. 로드먼이 개발하던 대포는 특별히 설계된 중심부 주변이 비어 있도록 주조될 터였다. 속이 비도록 주조된 대포가 특이한 것은 아니었으나, 그 중심부는 그러했다. 대포가 주조되는 동안 냉각수가 중심부에 있는 일련의 파이프로 주입될 터였으니까 말이다. 이때 불타는 석탄을 대포의 외부 주변에 쌓아 두었다. 즉, 대포의 외부보다 내부를 먼저 냉각시키는 것이 큰 차이를 만들었다. 불순물은 포신 바깥쪽으로 밀려나왔고, 밀도가 가장 높은 물질은 포미 쪽으로 모였다. 빠르게 냉각되는 내부와는 반대로, 외부의 금속은 점진적으로 수축되었다. 그 결과 포열은 막대한 장약이 폭발하면서 생성되는 엄청난 압력을 버틸 수 있게 되면서 이전보다 훨씬 크고 견고해졌다. 남북 전쟁 발발 직후부터 생산을 시작한 로드먼포는 8인치, 10인치, 15인치 구경으로 출시됐다. 전쟁이 끝날 무렵 핏 파운드리 요새에서는 무게가 60톤에 달하고, 346킬로그램짜리 포탄을 발사하는 구경 20인치인 거대 로드먼포를 생산했다. 20인치 로드먼포는 시제품 단계를 벗어나지 못했지만, 그보다 실용적인 15인치 컬럼비아드포는 전쟁 내내 널리 사용되었고, 인상적인 성능도 보여 주었다. 무게가 25톤인 괴물 대포에 화약을 18킬로그램 정도 장전하면 약 159킬로그램에 달하는 포탄을 4.8킬로미터 너머까지 날려보낼 수 있었다. 로드먼포는 내구성도 엄청나게 훌륭하여 아무리 큰 압력에도 터질 가능성이 거의 없었다.

로드먼의 수랭법은 소형 포에도 적용 가능했다. 또 다른 미군 장교는 펙상포를 대체할 만한 함포를 개발하기 위해 수랭법을 이용했다. 필라델피아에 주재하던 스웨덴 외교관의 아들인 존 A. 달그런은 미국의 함포 전문가가 되었다. 그는 1840년대에 미 해군이 군수 지원실인 군수부를 설립하는 것을 지원했고, 일반적인 머스킷의 퍼커션 캡을 함포에 적용하는 방안도 고안했다. 또한 곡사포를 탑재한 보트를 만들어 해군 상륙 부대가 자유롭게 움직이면서 적에게 전보다 훨씬 더 많은 화력을 쏟아부을 수 있도록 도왔다.

그러나 달그런의 주요 발명품은 새로운 평사포였다. 멕시코와 전쟁할 때 사용했던 미국제 펙상포를 연구했던 그는, 펙상포가 고체탄을 발사할 수 없다는 단점을 발견했다. 달그런은 몇 년간 실험한 끝에 1855년 첫 달그런포를 생산했다. 로드먼포처럼 수랭법으로 주조하여 크기는 작아도 견고했다. 가장 인기 있는 구경은 9인치와 11인치였다. 주로 '달그런 평사포'로 알려진 이 대포는 폭발탄은 물론 고체탄도 발사할 수 있었다.

삽화 12

남북 전쟁 당시 미 해군 함정(아마도 USS 마이애미)에 탑재된 9인치 달그런포. 병 모양이 뚜렷한 달그런포는 2세대 해군 평사포 중 1종이었고, 펙상포의 개량형이었다.

비록 대포와 소화기 기술은 밀접한 관련이 있었지만 서로 다른 역할을 맡았고, 서로 다른 경로로 발전했다. 소화기는 발사 속도가 가장 중요했고, 단순성, 비용, 내구성, 사정거리, 명중률이 그 뒤를 이었다. 대포를 설계할 때는 사정거리와 화력이 가장 중요했다.

펙상포와 그 파생형인 로드먼포, 암스트롱포, 달그런포는 사정거리와 화력 면에서 대포를 새로운 수준으로 끌어올렸다. 전문가들은 이제 19세기에 등장한 소화기의 탄도를 개선해 준 위대한 혁신인 강선을 대포에 적용해도 비슷한 효과를 거둘 수 있을지 고민했다. 전혀 설득력 없는 아이디어는 아니었다. 이미 17세기부터 시험삼아 대포에 강선을 새겨 본 적이 있었기 때문이다. 소화기와 마찬가지로 가장 큰 문제는 발사체와 포열 안쪽인 포강砲腔 사이를 좁혀 발사체가 강선에 맞물리게 하는 것이었다. 이 문제는 대포의 거대한 크기와 포탄의 단단함 때문에 해결하기가 더욱 어려웠다. 보통 연납으로 만드는 총알과는 달리 포탄은 철로 만드는 편이었기 때문이다.

클로드 미니에와 동시대 발명가들이 강선을 새긴 총을 만들 수 있었던 이유는 총의 구조를 변화시켜서라기보다는 총알을 새로 설계해서였다. 길쭉한 포탄은 새로운 것이 아니었다. 여러 발명가 중에서도 펙상은 길쭉한 폭발탄을 선호했고, 심지어 활강포에도 길쭉한 폭발탄을 이용했다. 길쭉한 발사체는 신관 문제를 단순화했기 때문이다. 신관을 길쭉한 폭발탄 앞부분에 꽂고 화약을 똑바로 장전하기만 한다면 신관이 장약과 접촉할 위험이 없었다. 길쭉한 폭발탄에는 퍼커션 신관을 사용하는 것도 가능했다. 발사체가 목표물을 물리적으로 타격할 때 폭발하는 퍼커션 신관은 발사체가 목표물의 돌출부를 타격할 때만 작동하는데, 이는 발사체가 공 모양이라면 불가능했다. 길쭉한 폭발탄은 이론적으로는 목표물의 돌출부를 가장 먼저 타격한다. 그러나 활강포로 발사하면 길쭉한 발사체가 비행 중 추락할 가능성이 있었고, 발사체의 어느 부분이 가장 먼저 목표물에 부딪힐지도 알 수 없었다. 폭발탄이 정확하게 날지 않다 보니 목표물 근처 어디에 떨어질지도 알 수 없었다. 강선은 이러한 문제들을 제거했다. 강선 덕분에 발사체는 목표물을 향해 정확히 날아갈 수 있었다.

강선포의 설계안은 포탄만큼이나 다양했다. 프랑스의 전장식 강선포 시스템을 뜻하는 라 히트La hitte 시스템에 속하는 대포들의 포탄은 기계적으로 강선에 맞춰졌다. 라 히트 시스템 강선포의 폭발탄과 길쭉한 고체탄

(bolt)의 측면에는 돌기가 있었고, 이 돌기가 포강의 깊은 강선 홈에 딱 들어맞았다. 남북 전쟁에서 사용된 다른 설계안은 강선 머스킷의 팽창탄과 비슷했다. 예를 들어 리드Reed 폭발탄은 미니에탄과 원리가 유사했다. 연철제 컵이 원통형 철제 포탄의 몸통 밑부분에 볼트로 고정되었고, 장약이 폭발할 때 컵이 앞으로 밀리면서 팽창해 강선에 꽉 맞물렸다. 이와는 달리 남북 전쟁에서 주로 사용됐던 호치키스형 포탄은 압축을 이용했다. 앞쪽과 뒤쪽은 철제였고, 그 사이를 두꺼운 납 띠로 연결했다. 장약이 폭발하면서 충격을 받으면 뒷면이 앞면으로 쏠리면서 납으로 된 띠가 압축되어 강선에 맞물렸다.

1859년 제2차 이탈리아 독립 전쟁 당시 피에몬테에서 벌어진 전투에서 강선포의 우수성이 처음 확인되었다. 프랑스군은 라 히트 시스템을 막 도입한 상태였다. 전장식 청동 활강포나 1853년식 카논 오부시에 드 캄파뉴 드 12센티미터* 같은 여러 활강포에도 강선을 새겼다. 개조된 강선포인 라 히트 시스템 대포들은 모두 돌기가 있는 포탄을 발사할 수 있었다. 사실 이 대포들은 너무 새로워서 프랑스군이 1859년 4월에 이탈리아로 이동할 준비를 할 때까지 포대의 포차는 비어 있었고, 제노바에 도착할 때까지 대포 자체가 지급되지 않았다. 프랑스 포병대는 이 대포들에 익숙하지 않았는데도 전투에서 뛰어난 활약을 펼쳤다. 라 히트 시스템 대포 중 주로 사용된 1859년 모델인 카논 드 캄파뉴 드 4 라 히트는 86밀리미터 구경의 경량 포로, 약 4킬로그램짜리 폭발탄을 발사했으며, 오스트리아의 활강식 야포보다 성능이 훨씬 뛰어났다. 라 히트 시스템 대포는 오스트리아군 대포보다 사정거리와 화력이 쭉 월등했으며, 오스트리아군 포대는 작전 투입을 위

---

* 추후 남북 전쟁에서 가장 흔한 대포가 된 M1857 12파운드 나폴레옹 대포의 모델이었던 이 대포는 미국에서 명성을 얻었다. ―편집부

해 배치되기도 전에 제압 당했다. 프랑스군은 강선포용 고체탄을 지급하지 않았기 때문에 라 히트 시스템 대포로는 폭발탄과 캐니스터만 쏠 수 있었고, 신관은 비교적 원시적이었다. 하지만 이러한 약점에도 불구하고 대세가 분명 강선포라는 점은 분명했다.

2년 후 남북 전쟁이 발발할 무렵, 서방 군대 대부분은 강선포로 포병을 재무장하는 방향으로 큰 걸음을 내디뎠다. 오스트리아인들은 마젠타와 솔페리노에서 자신들을 괴롭혔던 프랑스 대포의 설계를 거의 그대로 모방했다. 미 육군은 꽤 보수적이었음에도 남북 전쟁이 일어나기 전에 이미 강선포를 사용했다.

흥미롭게도 강선포는 북군에서도, 남군에서도 구식 활강포를 완전히 대체하지 못했다. 일단 전쟁을 시작할 때 양측 무기고에 활강포가 너무 많이 있었고, 활강포도 나름대로 쓸모가 있었기 때문이다. 특히 숲이 우거진 나라에서는 강선포의 뛰어난 사정거리와 명중률이 그렇게 중요하지는 않았다. 게다가 비슷한 수준의 강선포보다 컸던 활강포는 화력이 뛰어났다. 4.62인치 구경의 12파운드 나폴레옹 대포는 3인치 강선포보다 더 많은 캐니스터탄, 즉 유산탄을 발사할 수 있었고, 훨씬 더 많은 화약을 장전할 수도 있었다.

강선포의 실제 장점은 명중률이었으며, 대포가 클수록 강선포와 활강포의 성능 차이도 컸다. 1861년부터 1865년까지 벌어진 남북 전쟁에서 이 사실이 확실하게 드러났다. 1862년 봄, 북군은 남군이 점유한 펄래스키 요새를 공격했다. 이 요새는 조지아주에 있는 서배너 항구를 해상에서 공격하는 것을 막아내기 위해 돌과 흙으로 지은 근대적 구조물로, 상태가 좋고 무장이 잘 되어 있었으며, 늪과 감조 습지로 둘러싸여 포위군이 접근하기가 거의 불가능했다. 남부의 유명한 로버트 리 장군은 경험이 많았기 때문에 펄래스키 요새가 난공불락이라고 판단했다. 그는 요새의 사령관에게 이렇게 장담했다. "적들은 이 정도 거리에서 성벽을 파괴할 수 없네."

북군은 그렇지 않다는 것을 증명했다. 신중한 준비 끝에 1862년 4월 10일 북군의 공성 포대는 펄래스키 요새에 포격을 개시했다. 북군의 공성 포대에는 구형 무기와 신형 무기가 다양하게 섞여 있었다. 그중에는 활강식 컬럼비아드, 거대한 공성용 박격포, 구경이 4.2인치인 30파운드 패럿 강선포와 구경이 큰 구식 활강포에 강선을 새긴 제임스 강선포 등이 있었다. 제임스 강선포 중 가장 큰 것은 구식 42파운드 대포로, 제임스 시스템에 따라 개조된 후 무게 64파운드에 구경 7인치 폭발탄이나 길쭉한 81파운드짜리 고체탄을 발사했다. 박격포는 요새나 수비대에 별다른 피해를 입히지 못했지만, 박격포보다 더 강력한 강선포는 요새를 때려 부쉈다. 공성전 첫날, 패럿포와 제임스포는 2킬로미터 가까이 떨어진 곳에서 두께 2미터가 넘는 거대한 펄래스키 요새의 벽에 구멍을 냈다. 남군은 끈질기게 저항했으나 결국 항복했다. 4월 12일, 이틀도 채 안되는 포격 끝에 펄래스키 요새의 남군은 북군에 항복했다. 강선포가 석조 요새의 종말을 가져온 것이다.

이미 전장에서 존재감을 뽐낸 대포는 다시 한 번 전쟁에 전면적이고, 심지어 혁명적인 변화를 불러왔다. 변화는 산업화 시대를 거치며 더욱 빠르게 진행됐다. 펄래스키 요새가 함락되고 1세대가 지나기도 전에 픽상포, 로드먼포, 패럿포 등 19세기 중반의 대포는 골동품이 되었다. 그들의 자리를 채운 대포는 전보다 더 강화된 화력과 발사 속도, 명중률을 자랑할뿐더러 폭발력도 더욱 강하고 효율적인 추진제 도입한데다 더욱 튼튼한 금속으로 제작되었다. 대포는 19세기가 끝날 무렵에 전장을 지배하게 되었다.

대포는 또한 전장을 지배할 뿐 아니라 변화시키기까지 했다. 해상전만큼 그 변화가 눈에 띄게 드러난 곳은 없었다. 바다에서 적과 싸워 이기려면 과감하고 큰 변화가 필요했기 때문이었다.

제9장

장갑함

1853년 시노프에서 오스만 제국 함대를 짓밟았던 평사포는 범선의 시대를 갑작스럽게 끝낸 4가지 혁신 중 하나였다. 선체를 목재로 만든 함선은 평사포를 장착했더라도 평사포에 맞설 수는 없었다. 다른 3가지 혁신인 선박용 증기 기관과 스크루, 철과 강철로 건조한 선박도 평사포 못지않게 중요했다. 이 모든 것은 1805년 넬슨 경이 트라팔가르 해전에서 승리를 거둔 이후 반세기 안에 도입되었고, 크림 전쟁이 끝난 1855년에 벌어진 전투에서 처음으로 모두 한자리에 모였다. 하지만 새로운 해군 기술이 거둔 뛰어난 성과가 제대로 드러난 첫 번째 전투는 그로부터 6년이 조금 지난 뒤, 남북 전쟁의 가장 긴박한 순간에 일어났다. 이 전투는 해전 역사상 가장 극적인 순간 중 하나였다.

1862년 3월 8일, 남군 소함대가 모항이던 버지니아주 노퍽을 출발했다. 이들은 제임스강의 강어귀가 체서피크만과 만나 대서양으로 흐르는 햄프턴 수로로 향했다. 포토맥강의 강어귀는 북쪽으로 고작 130킬로미터 정도 위에 있었고, 제임스강의 서쪽과 북쪽에는 당시 남부 연합의 수도였던 리치먼드가 있었다.

북군은 이곳에서 리치먼드를 함락하기 위해 전력을 쏟았다. 워싱턴 DC가 포토맥강에서 그리 멀지 않았고, 햄프턴 수로 주변에는 북군 함대도 있었기 때문이다. 북군 전력이 남군보다 훨씬 뛰어나다는 것은 정박지의 상황만 보아도 알 수 있었다. 대포 25문을 탑재한 증기 프리깃인 로어노크함과 미네소타함이 범선 프리깃인 세인트로렌스함 및 콩그레스함과 함께 엘리자베스강 어귀에 정박해 있었다. 범선 프리깃 USS 컴벌랜드 또한 제임스강 근처인 뉴포트뉴스 인근에 정박하고 있었다. 컴벌랜드함은 선령이 40년이나 되었지만, 강력한 달그런포를 갖추고 있었다. 반면에 남부 연합은 해군이 거의 없다시피 했다.

그러나 그날 아침, 남군 깃발을 휘날리는 오합지졸 함대가 정박지에 있는 북군 함대에 당당히 다가오고 있었다. 북군은 경계 태세를 갖추며 포문을 열고 시커먼 대포를 위협적으로 들어 올렸다. 북군은 놀라지 않았다. 남군 소함대는 전혀 위협적이지 않았기 때문이다. 반쯤 망가진 예인선에 불과한 소형 포함 3척에 대포 1~2문을 장착했고, 외차식 증기선 1~2척에 경포 몇 문이 전부였다. 북군 전력으로는 전부 몇 분 만에 날려 버릴 수 있을 것 같았다.

그런데 그곳에 '무언가'가 있었다.

그것은 전혀 배처럼 보이지 않았다. 선체 대부분이 물에 잠겨 있었고, 유일한 갑판도 완전히 물에 잠길 정도로 낮았다. 물 위에는 선체의 상부 구조만 올라와 있었는데, 헛간 같은 모양에 까맣고 흐릿하게 반짝이며, 앞뒤가 둥글고, 꼭대기에는 작은 원뿔처럼 생긴 조타실이 붙어 있었다. 굴뚝 1개가 검은 연기를 내뿜었다. 돛대도 없고 삭구도 없었지만, 양옆과 앞뒤에 포문이 보였다.

북군 함선의 선미 갑판에서 지켜보고 있던 지휘관 중 누구도 이전에 그런 것을 본 적이 없었지만, 모두 그게 무엇인지는 알고 있었다. 오래전에 소문이 자자했었기 때문이다. 남북 전쟁 첫날 북군은 남군을 피해 철수하기 전에 고스포트 해군 조선소에서 증기 프리깃 USS 메리맥을 불태웠다. 그런데 남군은 홀수선 가까이까지 전부 타 버린 이 난파선을 복구하면서 일종의 철갑 괴물로 개조했다. 철갑 괴물은 USS 메리맥이 불타고 남은 잔해로 만든 철제 충각*을 달고 있었다. 북군 측 협력자들은 거대한 철제 충각이 함수에 고정되어 있다고 보고했다.

남군의 다른 군함은 중요하지 않았다. 옛 메리맥 외에 유일하게 쓸 만한 것은 무장 증기선인 패트릭 헨리함이었다. 북군의 해안 포대에서 날아온 폭발탄이 패트릭 헨리함의 보일러를 정확히 파열시켜 작동을 중단시켰다. 하지만 충각을 단 장갑함은 계속 북군에 다가갔다. 미네소타함이 나가서 그 이상한 물체에 맞섰으나 곧바로 좌초됐다.

장갑함은 컴벌랜드함과 콩그레스함을 뒤쫓았다. 2척 모두 대포를 발사했지만 효과가 없었다. 컴벌랜드함의 10인치 달그런포에서 발사된 거대한 폭발탄들은 장갑함에 아무런 해도 입히지 못하고 강철판에 튕겨 나왔다. 장갑함은 최고 속도가 9노트 미만이었다. 매우 빠르진 않았지만 망설임 없이 컴벌랜드함으로 다가갔다. 컴벌랜드함의 포수가 그 이상한 함선의 포대에 포탄을 여러 차례 명중시켰는데도 그것은 컴벌랜드함의 우현을 곧장 들이받았다. 그러자 컴벌랜드함이 심하게 파손됐고, 물이 하부 갑판으로 쏟아져 들어오면서 몇 초 만에 우현으로 기울기 시작했다. 침몰하는 컴벌랜드함에 장갑함도 휩쓸렸다. 장갑함은 컴벌랜드함의 선체에서 함수를 빼내려고 애썼다. 함수가 빠지면서 장갑함은 빠져나왔으나 컴벌랜드함은 침몰했고, 120명이 넘는 승무원들도 함께 바다 밑으로 가라앉았다.

---

* 함선의 함수 또는 함미에 장착하여 적 함선에 돌격할 때 쓰는 단단한
   구조물이다. - 편집부

이제 콩그레스함 차례였다. 피할 길이 없었던 콩그레스함은 햄프턴 수로의 얕은 여울에서 좌초되었다. 함수가 파손된 장갑함은 이제 돌격 수단인 충각이 없었기 때문에 함장은 다소 떨어진 곳에서 콩그레스함을 포격하는 것으로 만족했다. 남군 함대의 나머지 군함들도 포격에 동참했고, 곧 콩그레스함은 안쓰러운 상태가 되었다. 콩그레스함의 승무원 대부분은 물론 함장까지 쓰러졌고, 살아남은 장교들은 구조될 가망도 없었기에 깃발을 내리고 항복했다. 장갑함의 함장이자 험상궂고 나이 든 뱃사람인 프랭클린 뷰캐넌은 파손된 콩그레스함의 생존자들을 안전한 곳으로 실어 나르기로 결정했다. 그러나 북군 해안 포대는 해협에서 무슨 일이 일어나고 있는지 알지 못한 채, 뷰캐넌과 남군 함대를 향해 대포를 발사했다. 격분한 뷰캐넌은 콩그레스함을 파괴하라고 명령했다. 선체에 폭발탄 몇 발이 떨어지자 콩그레스함은 불길에 휩싸였다. 그날 밤 아주 늦은 시각에 불이 화약고로 번지며 엄청난 폭발이 일어나더니 콩그레스함은 산산조각 났다.

미네소타함이 다음 차례였을 것이다. 미네소타함도 좌초되었고, 다른 남군 군함들은 이미 미네소타함에 폭발탄을 쏴대고 있었다. 날은 어두워졌고, 미네소타함은 죽은 듯 가만히 있었다. 충각을 잃고 느릿느릿 앞서가는 장갑함을 선두로 한 남군 함대는 함수를 돌려 슈얼스 포인트 근방에 정박하러 갔다.

이날은 역사적인 날이었다. 장갑함과 목조 군함 간의 첫 번째 전투가 벌어졌으며, 동시에 돛대도 돛도 없는 증기선과 범선 간에 첫 번째 전투가 벌어진 것이다. 메리맥함을 개조한 이 장갑함의 공식 명칭은 CSS 버지니아였고, 첫 임무를 훌륭하게 수행했다. 버지니아함은 파손된 선체와 망가진 엔진으로 만든 군함이었으며, 출력을 최대로 높이더라도 180도 선회하는 간단한 동작을 하는 것조차 30분이나 걸렸다. 이러한 단점에도 불구하고 잘 무장한 군함 2척을 파괴하고, 몇 척을 겁주어 쫓아내는 데 성공한 것이다.

뷰캐넌 함장이 버지니아함을 정박지로 돌려보내고 남은 북군 함선들을 제거하려 했던 다음 날도 역사적인 날이 되었다. 버지니아함에 대항하기 위해 북군 해군의 작고 가벼운 장갑함이 그날 밤 기적처럼 전장에 도착한 것이다.

해상전의 전술과 기술의 변화는 혁명의 시대에 진행된 지상전의 변화와 궤를 같이했다. 나폴레옹 전쟁이 18세기의 무기로 이루어진 반면, 이후의 산업화는 혁신과 기술 변화의 속도마저 근본적으로 변화시키며 무기를 과도하게 발전시켰다. 1792년부터 1815년까지 벌어진 해상전에서 전투의 규모를 제외한 나머지는 100년 전과 동일했다. 넬슨 제독 같은 영웅들의 탁월한 능력을 칭찬할 수는 있겠지만, 넬슨 제독은 여전히 18세기 군함으로 18세기 전투를 치렀던 18세기 제독이었다.

1814년부터 1815년까지 나폴레옹이 몰락하면서 유럽의 크고 작은 왕국이 평시 체제로 전환하고 전후 질서의 다양한 문제에도 대처하면서 유럽 육해군도 자연히 규모가 축소되었다. 그러자 해군의 균형과 대함대의 상대적 순위에서 미묘한 변화가 감지되었다. 영국은 여전히 선두를 달렸고, 19세기에도 그 자리를 지켰다. 프랑스는 비록 패배했지만 영국의 주요 경쟁국으로 남았으며, 양국은 다음 세기 내내 저강도 군비 경쟁을 벌였다. 러시아 함대는 질이 아닌 규모 면에서 성장했고, 신생 국가인 미국은 아직 젊고 약하지만 훌륭한 함대를 만들기 시작했다. 한때 위대했던 스페인이나 덴마크의 해군은 점점 보잘것없어졌다.

그러나 해군 기술 자체는 그대로였으며, 단종진이 보편적인 해상 전술이 된 이래로 일반화된 조선술, 무기, 전술의 개념에 기초를 두고 있었다. 유일하게 느껴지는 변화는 선박과 대포의 규모가 전반적으로 증가했다는 점이다. 넬슨 제독 시대의 18파운드 대포와 24파운드 대포가 32파운드 대포와 42파운드 대포로 대체되었다. 1급 함선은 터무니없을 정도로 많아졌다. 넬슨 제독의 기함인 HMS 빅토리가 1765년에 진수됐을 때, 사람들은 입을 모아 거대하다고 말했다. 이 선박의 길이는 약 69미터였고, 배수량은 2,100톤을 넘었으며, 갑판은 3단에 대포가 104문이었다. 반면 프랑스의 전열함 발미는 1847년 서양에서 건조된 마지막 범선 중 1척으로, 배수량은 6,000톤에 가까웠으며, 대포는 120문이었는데, 이 중 절반 이상은 팩상포였다. 소박한 크기의 군함을 이용했던 미국인들도 경쟁에 참여했다. 1797년, 미군은 USS 컨스티튜션 같은 프리깃의 갑판에 대포를 가능한 한 많이 채워 넣었다. 컨스티튜션함은 대포를 44문 장착할 수 있었고, 등급도 그에 따라 정해졌지만, 실제로는 56문이나 장착한 데다가 활강식 캐러네이드포도 탑재했다. 심지어 미 해군은 프리깃에 맞춘 예산 편성에서 벗어나 USS 오하이오(1820년 건조, 64문)와 USS 펜실베이니아(1837년 건조, 130문) 등 자체 전열함을 건조했다. 간단히 말하자면, 19세기 초에 등장한 군함은 이전 군함보다 화력이 조금 더 강하긴 했으나, 군함이 맡은 역할이나 구사한 전술, 보유한 무기의 성격과 항해의 특성 면에서는 거의 그대로였다.

증기 기관, 스크루, 폭발탄을 쏘는 평사포, 철과 강철의 사용이라는 4가지 해군 기술의 혁신은 각각 나름대로 획기적인 발명품이었다. 이 모든 것이 20~30년 안에 합쳐지자 그야말로 해군의 목적과 중요성, 심지어 정책까지 크게 뒤바뀌는 결과가 나타났다. 그렇다 하더라도 장갑함과 강력한 대포가 등장한 이 새로운 시대는 지나가는 과정에 불과했다. 이는 군사적 우위를 점하려는 과열된 경쟁과 폭력, 무모한 국가적 자존심으로 대표되는 제1차 세계대전 직전의 해군 군비 경쟁을 단지 맛보여 주는 것에 불과했다.

이 4가지 혁신 중 어떤 것이 가장 중요한지는 말할 수 없다. 순식간에

다 같이 도입되었기에 3가지를 제외한 1가지 혁신의 영향만을 평가할 수 없고, 모두 매우 밀접하게 연관되어 있어서다. 증기력 덕분에 장갑과 철로 된 선체를 갖춘 군함이 생겨났고, 이러한 군함은 평사포 때문에 필요해졌다. 그러나 가장 먼저 생겨난 건 증기기관이었다. 또한 증기 기관은 지상의 이동 수단에 성공적으로 자리 잡기 전, 선박에 먼저 적용되고 시험을 치렀다.

증기 기관을 수상 운송 수단에 이용할 수 있다는 생각은 증기 기관 자체가 발명된 직후 생겨났다. 토머스 뉴커먼은 1712년경 침수된 지하 갱도에서 물을 퍼내기 위해 설계한 '대기압 기관'을 특허 냈다. 뉴커먼 기관을 추진 수단으로 쓴 증기선의 특허는 1720년대에 처음 등록되었다. 공학자 클로드 드 주프로이가 만든 첫 증기선인 피로스카프호는 1783년 프랑스의 손Saône강에서 첫 항해를 했을 때 뉴커먼 기관을 사용했다. 미국 발명가 제임스 피치는 1787년 필라델피아에서 열린 헌법 회의에 참석한 대표들 앞에서 자신의 증기선 퍼서버런스호를 시연했다. 주프로이와 피치만이 아니었다. 영국과 프랑스, 특히 미국에서 발명가 수십 명이 각각 시제품을 제작하고 있었다. 증기선의 개념은 어렵지 않았으나, 개념을 실현하는 비용이 비싸서 많은 발명가 지망생이 단념해야 했다. 증기선은 값비싼 물건이었고, 산업화 시대에서 혁신의 주요 동기인 상업성은 곧바로 드러나지 않았다. 증기 기관과 적재된 연료는 너무 많은 공간을 차지했다. 게다가 증기선은 느리고 안정적이지 않았으며, 시끄럽고 지저분하며 괴상했다.

그러나 제임스 와트의 작고 효율적인 증기 기관이 1776년에 탄생하면서 이러한 문제 대부분이 개선됐다. 와트의 증기 기관은 뉴커먼의 증기 기관보다 수상 교통수단에 훨씬 더 적합했다. 스코틀랜드의 윌리엄 사이밍턴은 1803년에 만든 그의 배 샬럿 던다스호에 동력을 공급하기 위해 와트 기관을 사용했고, 미국에서는 로버트 풀턴이 클레르몽호 또는 노스리버호의 동력을 와트 기관으로 공급했다. 클레르몽호가 뉴욕부터 올버니까지 240여 킬로미터를 32시간 동안 항해하는 내내 풀턴은 허드슨강의 강둑에 줄 서 있는 넋 나간 관중에게 증기선에는 다양한 용도가 있고, 그중 어떤 용도는 수익성까지 좋다는 사실을 입증할 수 있었다. 이후 10년도 지나기 전에 미국과 영국의 증기선 회사들은 정기 여객선과 여객 서비스를 제공하기 시작했다.

단기간의 증기선 여행은 장기간의 해외 여행과는 전혀 달랐지만, 새로운 기술을 대형 원양 항해용 선박에 적용하는 것은 그리 복잡하지 않았다. 유일하게 골치 아픈 문제는 배에 연료를 적재하는 것이었다. 초기 증기선은 외차 구동식이었는데, 이는 선체 중앙에 있는 증기 기관이 갑판보를 가로질러 있는 측면 구동축에 동력을 공급하여 양쪽 혹은 한쪽에 있는 대형 외차를 움직이는 방식이었다. 증기 기관은 선박의 귀중한 면적을 많이 차지했고, 석탄을 1일에 16톤이나 쓰다 보니 엄청나게 많은 연료도 필요했다. 강변이나 항구 근처에서 지역의 증기선을 운항한다면 연료 공급에 전혀 문제가 없었다. 그러나 대서양을 가로지르는 항해 도중에는 연료를 공급받을 길이 없었다. 항해 기간도 몇 주에 달하기 때문에 연료를 충분히 싣는 것은 그야말로 불가능했다. 따라서 증기 기관은 초기에 주요 동력원이 아닌 보조원으로 사용됐다. 배를 정박시키거나 배가 항구에 드나들 때 증기 기관의 안정적이고 예측 가능한 동력은 매우 유용한 자산이었다. 그러나 순풍을 타고 먼바다를 항해할 때는 굴뚝을 내리고 돛을 올렸다. 소형 연안 선박이 아닌 이상 증기선은 전통적인 장치와 증기 기관을 혼합한 하이브리드, 즉 기범선이었다.

증기선의 개척자들은 증기 기관의 이러한 한계에도 불구하고 대양을 횡단하는 긴 항해를 끊임없이 시도했다. 1819년, 돛대가 3개인 범선에 증기 기관과 외차를 설치한 미국 증기선 서배너호는 미국 서배너에서 영국 리버

풀까지 증기 기관을 이용하여 29일하고도 한나절 정도만에 대서양을 횡단했다. 대서양 횡단은 놀라운 일이었지만, 상업적으로는 큰 성공을 거두지 못했다. 서배너호는 2년 만에 팔려서 기관이 해체된 뒤 롱아일랜드 앞바다에서 파괴되었다. 하지만 1819년에 서배너호는 스타였다. 제임스 먼로 대통령은 그 배가 영국으로 떠나기 전에 시찰했으며, 서배너호가 리버풀에 도착한 뒤 북유럽 항구를 순회할 때 러시아의 차르와 스웨덴의 왕을 비롯한 셀 수 없이 많은 외국 고위 관리들과 해군 장교들이 그 배를 보러 방문했다. 서배너호의 인기는 100년 후 찰스 린드버그가 '스피릿 오브 세인트루이스'라는 비행기로 대서양을 횡단했을 때 유럽을 사로잡았던 열기 못지않았다.

서배너호가 유럽에서 장기간 체류하는 동안 서배너호를 방문한 사람 중에는 해군 장교가 많았다. 그들은 증기로 움직이는 함선의 잠재력을 제대로 보았다. 증기선은 장거리 항해에 드는 시간을 줄일 수 있었으며, 전투에서는 더욱 유리했다. 증기선을 이용하면 변덕스러운 바람의 속도나 방향에 의존할 필요가 없기 때문에 함장이 가고 싶은 곳으로 군함을 움직일 수 있었다. 또한 바람을 거스르면서 항해할 수 있어서 '바람이 유리하게 부는 위치'를 적보다 먼저 점유할 필요가 없었다.

서배너호 덕분에 증기선은 유명해졌고, 유럽 해군 장교 대부분은 증기 기관으로 움직이는 재래식 군함의 아이디어를 받아들였지만, 모두 그런 것은 아니었다. 영국 해군 본부 위원회는 증기선을 두려워했다. 1828년 영국 해군 장관은 증기선을 도입한다면 기존 함대가 쓸모없어져 "재해권을 쥐고 있는 대영 제국이 치명타를 입을 것"이라는 터무니없는 주장을 했다.

기술의 진보를 바라보는 해군 본부의 반응은 우스꽝스러웠지만, 증기 군함을 반대하는 타당한 의견들도 있었다. 그때까지 증기 기관과 결합할 수 있는 유일한 추진 메커니즘은 외차였다. 서배너호도 첫 증기 군함인 로버트 풀턴의 데몰로고스함처럼 외차를 갖췄다. 데몰로고스함은 1812년에 발발한 미영 전쟁 당시 뉴욕항을 방어하기 위해 건조되었으나, 외관이 투박하고 동력이 부족하여 바다에서 겨우 떠다니던 판이었다. 외차는 충분히 잘 작동했으나 공간을 너무 많이 차지했다. 대포를 측면에 장착하는 재래식 군함에 외차를 추가하면 대포를 실을 수 있는 공간에 증기 기관은 물론 거대한 바퀴와 하우징까지 설치해야 했다. 그렇다면 무기를 줄여야 하는데, 이는 어느 해군 지휘관도 고려하지 않을 선택이었다. 또한 외차는 부서지기가 꽤 쉬웠다. 포격에서 외차를 보호할 효과적인 방법이 없었고, 선체 외벽에 배치되었기 때문에 표적이 되기도 쉬웠다. 평사포로 쏜 폭발탄 1~2발만 맞아도 외차 구동식 증기선은 쓸모없어질 수 있었다. 영국 해군과 프랑스 해군이 증기 기관을 군함에 이용하기 시작했으나 주로 예인선과 보급선 같은 비무장 다용도 선박에 썼고, 나중에서야 소형 경무장 함정에도 썼다.

해결책은 이미 생겨나고 있었다. 1810년대부터 유럽과 미국의 기술자들은 스크루를 실험해 왔다. 스크루는 고대의 발명품으로, 기원전 3세기에 시라쿠사의 철학자이자 과학자인 아르키메데스가 발명했다고 보통 알려져 있으며, 이는 모든 현대 선박의 스크루와 항공기 프로펠러의 토대가 되었다. 각진 날개 여러 개가 축에 달려 있고, 축이 회전하면 날개들은 축의 회전 에너지를 선형 추진력으로 변환시킨다. 스크루가 외차보다 모든 면에서 우월하다는 사실은 1830년에 이미 입증되었다. 스크루를 제작한 기술자 중 1명은 스웨덴인으로 영국과 미국에서 활동하며 오리건포와 모니터함을 만든 존 에릭슨이었다. 아울러 다른 여러 기술자들도 독자적으로 스크루를 발명했으며, 거의 같은 시기에 사용하기 시작한 것으로 보인다.

초기 스크루 실험은 매우 고무적이었다. 프레데리크 소바주라는 기술자가 1842년에 만든 프랑스의 속달용 선박인 나폴레옹호는 스크루와 증기력만으로 속도를 12.4노트나 냈다. 1845년, 영국 해군 본부는 기선에 대한 반감을 벗고 2가지 기선이 서로 경쟁하는 시합을 주관했다. 1척은 외차식이었고, 다른 1척은 스크루식이었다. 스크루선인 래틀러호는 외차선인 알렉토호를 모든 시합에서 쉽게 이겼고, 양 선박의 줄다리기를 관람한 이들에게 스크루의 장점을 확인시켜 주었다. 몇 분간의 교착상태가 지나자 래틀러호는 불운한 알렉토호를 뒤쪽으로 끌어당기기 시작했고, 결국 알렉토호의 외차가 물에서 맹렬히 퍼덕이는 동안 래틀러호는 2노트가 넘는 속도로 알렉토호의 선미를 끌어당겼다.

미래의 기술은 증기 기관과 스크루를 결합하는 것이었다. 미국은 1843년 USS 프린스턴을 진수함으로써 첫발을 내디뎠지만, 프린스턴함에서 끔찍한 사건이 일어났기 때문에 군함을 개선하기 위한 후속 조치를 즉각 취할 수 없었다. 따라서 영국 해군보다 개방적이고 미국 해군보다 더 많은 자금을 가진 프랑스 해군이 이 2가지 신기술을 최초로 결합했다. 첫 증기 프리깃, 더 정확히 말하면 증기 기관과 스크루를 갖춘 첫 항해용 프리깃은 1845년에 만들어진 프랑스 해군의 포모나함이었다. 5년 후 첫 증기 전열함이자 프랑스의 1급 함선인 아가멤논함은 돛 없이 증기력으로만 최고 속도 14노트를 기록하여 세계를 깜짝 놀라게 했다.

1850년대가 되자 다른 서방 해군도 프랑스 해군을 따라잡기 시작했다. 여전히 범선 군함도 있고 외차식 군함도 있었지만, 증기 기관으로 동력을 공급하고 스크루로 구동하며 돛대 3개를 단 기범선형 군함은 근대 조선술의 정점이자 표준이 되었다.

그러나 오래 가지는 못했다.

구경이 거대한 평사포가 해군 무기의 표준이 된 것처럼, 증기력은 추진력의 표준이 되었다. 이 신세대 스크루 프리깃들은 거의 모두 펙상포 계열 대포로 중무장했다. 이는 1853년 시노프 해전에서 학살이 일어나기 전부터 이루어졌다. 시노프 해전으로 평사포가 해상전에 도입된 것은 아니었다. 다만 그전에 이루어진 기술에 대한 투자를 정당화했을 뿐이었다.

평사포의 파괴력은 목제 군함의 태생적인 약점을 부각했다. 증기선과 범선 군함 모두 목재로 건조되었기 때문에 에너지원이 증기이든 바람이든 상관없이 폭상포는 이 함선들을 모두 태워 버릴 수 있었다. 증기력 도입은 선택지 중 하나였고, 분명 좋은 선택이었지만, 서구 해군에 꼭 필요했던 것은 아니었다. 하지만 시노프 해전에서 그 위력이 드러난 폭상포는 확실히 필요했다. 당대의 군함이 단 1회의 전투에서라도 살아남으려면 적의 폭상포에서 자신을 지키며, 동시에 적을 공격하기 위해서 폭상포로 무장해야 했다.

19세기 육해군 기술 전반의 진정한 선구자였던 프랑스가 다시 한 번 앞장섰다. 시노프 해전 직후 프랑스는 '떠다니는 포대'인 장갑함 5척을 서둘러 생산하기 시작했고, 그중 첫 번째 장갑함이 1854년 말에 셰르부르에서 진수되었다. 증기 기관을 갖춘 데바스타시옹급 장갑함은 각각 돛대 3개를 갖췄으며, 최고 속도가 4노트인, 완전히 실용적인 군함이었다. 장갑함의 주용도는 포격을 주고받는 것이었다. 측면은 두께 11센티미터짜리 철판으로 덮었고, 43센티미터가 넘는 두께의 목재로 보강했으며, 각각 50파운드 평사포 16문으로 무장했다. 그중 첫 3척인 데바스타시옹, 토낭트, 라브는 제때 완성되어 크림 전쟁에 투입됐다. 1855년 10월, 이 장갑함 3척은 프랑스의 외차식 프리깃에 끌려 흑해로 예인된 뒤 킨번에서 러시아 해안 요새를 포격했다.

커다란 철제 욕조를 닮은 프랑스 장갑함의 생김새는 매우 볼품없었다. 그러나 성능은 놀라웠다. 장갑함 3척은 포탄을 총 3,000발 이상 발사해 킨번의 주요 러시아 요새를 산산이 무너뜨렸고, 요새포도 무력화했다. 종종 러시아군의 폭발탄이 장갑함에 명중하긴 했지만, 눈에 띄는 피해를 입지는 않았다. 데바스타시옹은 72회, 토낭트는 66회 타격을 받았고, 이 장갑함 3척에 타고 있던 프랑스 해군 수병 중 2명이 전사했으며 21명이 다쳤다. 프랑스 관측수들은 러시아군의 구형 포탄이 아무런 손상도 끼치지 못하고 장갑함 측면에서 튕겨 나갔으며, 러시아 평사포의 폭발탄도 장갑함에 부딪혀 폭발했지만 아무런 피해도 입히지 못했다고 흐뭇하게 기록했다.

평사포에 대항할 수단은 장갑이라는 것이 킨번 전투에서 확실해졌다. 병처럼 보이는 달그런포와 철제 밴드를 덧대어 만든 암스트롱 강선포 등 더욱 강력한 평사포가 구식 픽상포를 대체하던 시절이었기에 이는 적절한 교훈이었다. 어떤 해군은 다른 해군보다 이 교훈을 더 빨리 받아들였다. 거의 동시에 진수된 새로운 군함 2척만큼 옛 기술과 신기술의 격차를 확실히 드러낸 사례는 없을 것이다. 1859년 11월 12일, 최신식 1급 함선 HMS 빅토리아가 포츠머스항으로 들어왔다. 3층 목제 갑판에 대포 121문을 갖춘 빅토리아함은 세계에서 가장 큰 군함이었지만, 구식이었다. 빅토리아함의 거대한 스크루를 회전시키는 증기 기관은 출력이 4,403마력이나 되었지만, 다른 모든 면에서 이 기범선은 범선 시대의 거대한 유물이었다. 또한 빅토리아함은 터무니없이 컸다. 무거운 철제 띠를 감아 선체 내부를 보강했으나, 증기 기관과 스크루의 진동은 때때로 이음매를 벌리기에 충분했다.

12일 후, 최신식 프랑스 군함이 툴롱항에서 공식 데뷔했다. 이것은 앙리 듀푸이 드 롬의 걸작인 글루아르함으로 빅토리아함과는 전혀 달랐다. 글루아르함의 매우 낮고 밋밋한 검은 선체는 날렵하고 간소했으며, 선수는 넓고 뭉툭해 전혀 우아하지 않았다. 빅토리아함처럼 글루아르함도 돛대가 3개였으나, 주 동력원은 2,500마력짜리 내연 기관인 트렁크 엔진이었다. 포열 갑판은 1층뿐이었고, 대포는 프랑스제 최신식 6.5인치 전장식 강선포 36문이 다였다. 빅토리아함 옆에 있으면 글루아르함이 왜소해 보였다. 그러나 모든 면에서 글루아르함이 빅토리아함보다 훨씬 앞서 있었다.

글루아르함이 빅토리아함을 비롯한 이전의 모든 군함과 다른 점은 장갑이었다. 약 12센티미터 두께의 철판은 선체 외부를 모두 덮었고, 43센티미터가 넘는 두께의 목재가 그 뒤를 보강했다. 글루아르함이 툴롱에서 진수되기 몇 달 전, 대포 전문가들은 글루아르함의 장갑을 실험했다. 세계에서 가장 큰 함포를 아주 가까운 거리에서 쏘아도 글루아르함의 장갑을 관통하거나 심각한 손상을 입힐 수 없었다. 또한 그 모든 무게에도 불구하고 글루아르함은 훨씬 더 큰 엔진을 갖춘 빅토리아함보다 2노트나 더 빠른, 13.5노트로 달릴 수 있었다.

글루아르함은 역사상 첫 원양 장갑함이었고, 첫 현대식 군함이라고 해도 과언이 아니었다. 이후 6년 동안 프랑스는 쉼 없이 글루아르급 함선 3척, 설계가 약간 개선된 10척, 마지막으로 전열 장갑함이자 현대식 평사포와 강선포로 무장한 2층 갑판함인 마젠타함과 솔페리노함을 자국 함대에 추가했다. 1865년까지 프랑스는 세계에서 가장 강력하고 가장 현대적인 전투 함대를 보유하고 있었다.

영국도 크게 뒤지지 않았다. 1860년, 첫 철제 선체를 가진 군함인 HMS 워리어를 만들어 기록을 세웠다. 선체를 전부 철로 만든다는 아이디어는 꽤 오랫동안 존재했고, 영국은 1819년에 만든 첫 철갑 바지선 벌컨과 1822년에 만든 첫 철갑 증기선 아론 맨비로 다른 어떤 나라보다 먼저 그 아이디어를 실행했다. 선체를 철로 만들면 전투에서 군함을 보호하는 것 외에 추가적인 장점이 있었다. 증기 기관은 점점 커지고 강력해졌으며, 함포는 훨씬 무거워지고 있었다. 전통적인 나무 선체는 늘어나는 무게와 그에 따른 스트레스를 견뎌 낼 수 없었다. 프랑스군도 이러한 문제를 깨닫고 글루아르급의 개량형이자 선체가 전부 철제인 쿠론함을 건조하기 시작했으나 영국의 워리어함이 먼저 완성되었다.

글루아르함과 워리어함 모두 새로운 군함 건조 기준을 세웠지만, 새로운 해상 전술 시대를 열지는 못했다. 동시대 사람들은 새로운 장갑함의 선체와 무기를 만들어 낸 놀라운 기술에 감탄했다. 그러나 더 커지고 더 시끄럽고 더 비싸졌는데도 해상전이 본질적으로는 같다는 사실을 깨닫지는 못했다. 측면에 대포를 장착한 군함이 다른 무엇을 할 수 있었을까? 마찬가지로 글루아르함과 워리어함, 그리고 여러 모방형과 이후의 개량형은 200년이 넘도록 유럽 군함이 싸워왔던 방식에 따라 단종진을 이루고서 측면으로 포격을 주고받는 데 이용되었다. 장갑함은 단지 기존의 전술을 더욱 잘 구사하기 위해 생겨났다.

삽화 13

장갑함 CSS 스톤월은 1865년부터 1867년까지 워싱턴 해군 조선소 앞바다에 정박해 있던 군함이다. 원래 이름이 스핑크스였던 CSS 스톤월은 남북 전쟁 당시 프랑스의 보르도에서 건조되었다. 덴마크, 미국 남부, 미국, 일본의 해군에서 복무하며 다채로운 경력을 쌓았다. 스톤월함은 글루아르함과 워리어함 세대의 전형적인 원양 장갑함으로 목제 선체를 약 8~11센티미터 두께의 철갑으로 덮었다.

6,400여 킬로미터 이상 떨어진 대서양 반대편에서는 훨씬 작으면서 현대적인 군함들이 다른 미래를 가리키고 있었다.

1862년 3월 장갑함 CSS 버지니아가 햄프턴 수로에 들어왔을 때 함대함 전투는 없었다. 버지니아함과 북군 봉쇄 함대 소속 스크루 프리깃 간에 벌어진 전투는 짧았고 잔인했으며 일방적이었다. 전투가 끝난 뒤 버지니아함이 항구로 돌아가자 북군은 군함 2척과 수병 200명 이상을 잃었다는 사실을 확인했다. 버지니아함은 표면에 가벼운 손상을 입었고, 컴벌랜드함과 부딪혔을 때 충각이 떨어지면서 선수에 균열이 생겼을 뿐이었다.

그해 3월 북군이 보기에 버지니아함이 첨단 기술의 산물같았을지 모르지만, 버지니아함의 미래 지향적인 디자인은 과거의 기술과 의도적으로 단절됐다기보다는 남북 전쟁 자체의 색다른 특성과 남군이 처한 극심한 재정적 곤경 때문에 생겨났다. 북군 해군은 목제 군함으로 구성된 훌륭한 함대, 1840년대부터 갖춰온 외차식 군함들, 이전 세대의 구식 범선들을 보유하고 있었다. 남군을 목 조르는 북군의 봉쇄 작전 범위는 버지니아주부터 텍사스주에 이르는 모든 항구에 걸쳐져 있었기 때문에 전쟁 초기부터 남군은 대포 1~2문을 갖추고서 떠다닐 수 있는 것이라면 무엇이든 동원했다. 또한 미국 조선소 대부분은 북부에 있었으며, 북부의 조선 산업은 전시의 요구를 따라잡을 수 있을 만큼 뛰어났다.

반면 남부 연합은 애당초 해군이 없었다. 아울러 조선소도, 선박 엔진도, 선박 엔진을 생산할 수 있는 제철소도, 군함 설계 기사도 거의 없었다. 그러나 부족한 해군력을 그냥 무시할 수는 없었다. 남부의 면화를 전쟁 물자, 약품, 기타 필수품으로 교환할 수 있는 곳인 유럽의 항구에 그들의 생존이 달려 있었기 때문이다.

따라서 남군의 해군 전략은 3가지 최우선 과제에 집중되었다. 찰스턴, 서배너, 펜서콜라, 모빌, 뉴올리언스, 갤버스턴 등 주요 항구가 북군 손아귀에 들어가지 않도록 지키고, 북군의 봉쇄를 깨트리며, 북군이 해안에서 눈을 떼도록 북부의 상업을 방해하는 상선 약탈선을 이용하는 것이었다. 첫 번째와 두 번째 전략을 구사하는 데 프리깃이나 전열함이 필요하지는 않았다. 최소한의 자원과 숙련된 노동력으로 서둘러 조립할 수 있는 작고 빠른 배면 충분했다.

그래서 필사적이었던 남군은 불타 버린 북군 군함인 메리맥함의 훼손된 선체로 버지니아함을 만들 수밖에 없었다. 흘수선 위로는 모두 새롭게 건조했다. 평평한 경장갑 갑판 1개를 메리맥함의 하부 선체 위에 얹었고, 그 위에 포대를 올렸다. 윗부분이 평평한 헛간처럼 생긴 구조물은 두께가 10센티미터인 장갑으로 덮고, 대포 10문을 탑재했다. 이 배는 바다 위에서 눈에 띄지 않았고, 돛대도 가로대도 돛도 전혀 없었기 때문에 초현대적이고 비현실적으로 보였다.

이후 남북 전쟁 동안 남군 해군은 제한된 자원의 대부분을 장갑함 건조에 쏟아부었다. 어떤 것들은 독특하고 심지어 기괴해 보였다. 예를 들어 거북이처럼 생긴 매너서스함은 쇄빙선 겸 예인선이었던 배를 개조했고, 무장이라곤 대포 1문이 전부였으며, 거대한 발틱함은 어설픈 외차식이었다. 나머지 남군 장갑함 대부분은 버지니아함의 기본 디자인을 따랐다. 이러한 소위 '포곽砲廓 군함'은 크기나 품질, 효과가 매우 다양했다. 구조상으로는 꽤 간단해서 어느 곳에서든지, 심지어 내륙 깊숙한 강 근처에 임시로 만든 조선소에서도 만들 수 있었다. 뉴스함, 앨버말함, 아칸소함 같은 장갑함이 모두 그렇게 건조되었다. 앨버말함과 아칸소함은 들인 비용에 비해 적에게 가장 큰 피해를 입혀 북군 사령부의 골칫거리였다.

그러나 남부 연합의 조선업과 중공업의 열세는 실로 명백했다. 그중 가장 심각한 것은 해군에 공급할 선박 엔진이 부족하다는 점이었다. 남군의 장갑함 동력 장치 대부분은 오래된 여객선과 예인선에서 긁어모은 것이라 모두 출력이 부족했다. 찰스턴항을 방어하는 남군 함대의 중추인 충각 장착 장갑함 시코라함과 팰머토 스테이트함의 증기 기관도 너무 약해서 출력을 아무리 올려도 조수를 거스를 수 없었다.

북군의 군함 설계안은 남군의 것보다 더 다양했고, 전반적인 품질도 더 좋았다. 서부 지역의 강들을 따라 진행된 작전에서 브라운 워터 네이비*는 볼품은 없으나 남군의 것보다 폭이 넓고 부피가 큰 포곽 장갑함을 주로 이용했다. 이러한 장갑함으로 구성된 함대는 북군이 강을 따라 벌인 전투에서 승리하는 데 절대적인 역할을 했다. 1862년 헨리 요새 전투, 도널슨 전투와 1863년 미시시피주의 빅스버그에서 벌어진 전투에서 율리시스 S. 그랜트가 거둔 승리가 그 예다. 북군 해군은 유럽식 장갑함 2척도 도입했는데, 형태상으로는 글루아르와 매우 비슷했던 2척 모두 큰 성공을 거두지는 못했다. 장갑을 얇게 두른 갈레나함은 1862년 제임스강을 뚫고 나아가면서 거의 누더기가 되었고, 더 위엄 있는 외관을 갖췄던 뉴 아이언사이즈함은 불안정한데다 속도마저 느렸다.

하지만 남북 전쟁 당시 북군이 가장 흔히 사용했으며, 외관부터 북군 해군의 우월함을 드러냈던 장갑함은 매우 특이하고 이상했을 뿐 아니라, 기존의 군함 건조 기준과도 매우 달랐다. 존 에릭슨의 모니터함은 버지니아함이 건조 중이라는 소문이 퍼지자 그에 대응하여 건조됐다. 북군은 초기에 모니터함의 설계안을 거의 거부했으나, 의외로 색다른 무기에 관심이 매우 많았던 에이브러햄 링컨 대통령이 직접 개입하여 세상에 드러나게 되었다. 놀라움의 연속이었던 건조 과정에서 특히 속도가 눈에 띄었다. 버지니아함이 북군의 봉쇄 함대를 공격할 것이며, 포토맥강까지 항해하여 국회 의사당과 백악관을 포격하고 불태울 것이라는 확실한 정보가 들어오자, 에릭슨과 뉴욕의 하청 업체는 5개월도 안 되어 모니터함을 완성했다.

모니터함의 초기 설계안은 해군의 사기를 북돋을 만한 모습은 아니었다. 중장갑 갑판 1개를 철제 선체 위에 올렸으나 포대는 없었고, 측면에도

---

* 강이나 가까운 바다에서 작전을 펼치는 소규모 해군을 뜻한다. 흙탕물이 된 미시시피강에서 전투하던 북군 함대에서 유래했다. - 편집부

대포를 장착하지 않았다. 대신 직경 6.4미터, 높이 2.7미터인 장갑 회전 포탑에 모니터함의 유일한 무기인 11인치 대형 달그런포 2문을 장착했다. 회전 포탑은 증기 윈치로 작동하는 중심축에서 회전했다. 또 다른 주목할 만한 구조물은 작은 조종실로, 함수 근처에 있었다.

포탑은 오늘날 그다지 신기하지 않지만, 모니터함이 전투 준비를 마쳤을 당시인 1862년 3월에는 완전히 새로운 것이었다. 비평가들은 모니터함을 '에릭슨의 어리석음'이라고 하거나, 좀 더 자세히는 '뗏목 위의 싸구려 주택'이라고 일컬었다. 하지만 1862년 3월 9일에 모니터함이 햄프턴 수로에서 버지니아함을 상대로 작전을 개시하자 의구심은 빠르게 사라졌다.

버지니아함이 북군 함대의 목제 군함들을 격파하고 돌아간 지 단 몇 시간 후인 그날 밤에 모니터함이 때맞춰 도착했다. 실제로는 버지니아함보다 먼저 완성됐던 모니터함은 2일 동안 예인선에 이끌려 거친 바다를 뚫고 서둘러 전장으로 갔다. 무사히 도착한 모니터함은 남부 연합의 함대가 다시 햄프턴 수로로 오자 길을 막고서 나머지 연방(북부) 정부의 함대를 보호했다. 남군은 이 색다른 군함이 무엇인지 전혀 몰랐다. 버지니아함의 새 지휘관 케이츠비 존스 중위는 처음에 USS 미네소타에서 제거된 보일러를 얹은 바지선이라고 생각했으나, 곧 그것이 군함이라는 사실을 깨달았다. 존스 중위와 모니터함의 함장 존 로리머 워든 중위가 전투를 준비했고, 장갑함 간의 첫 결투가 시작되었다.

모니터함 대 버지니아함의 전투는 기술적으로 무승부였고, 양측 모두 상대방에 심각한 피해를 주지는 못했다. 버지니아함은 달그런포 6문과 브룩 중重강선포 4문을 탑재하는 등 모니터함보다 훨씬 더 중무장했지만, 모니터함은 훨씬 더 민첩했다. 포탑이 오작동하고 포문의 무거운 철제 덧문 2개 중 1개가 망가지는 등 사소한 문제가 발생하긴 했으나, 모니터함이 장비한 대포 2문은 버지니아함의 대포 10문에 꿀리지 않았다.

전투는 다르게 전개될 수도 있었을 것이다. 버지니아함은 폭발탄으로만 공격했는데, 만약 버지니아함에 고체탄이 있었다면 강력한 브룩 강선포로 모니터함의 장갑을 뚫었을 것이다. 워든 중위는 모니터함의 달그런포 2문에 화약을 1발당 30파운드까지 장전시킬 수도 있었으나 존 에릭슨의 권고에 따라 15파운드만 장전하라고 명령했다. 만약 화약을 30파운드까지 장전했다면 11인치 폭발탄의 속도와 관통력은 훨씬 늘어났을 것이다. 즉 모니터함이 버지니아함을 산산조각 냈을지도 모른다.

모니터함은 일반 대중과 미 해군 사이에서 영웅이 되었다. 곧 북부 전역의 조선소에서 모니터함을 개량한 함선을 잇달아 만들어 냈다. 이 함선들은 숫제 '모니터함'이라고 불렸고, 이내 널리 알려졌다. 새로운 모니터함들은 에릭슨의 것보다 우수했으며, 더 큰 대포와 강력한 엔진, 두꺼운 장갑을 갖췄다. 그중에는 포탑이 2개인 것도 있었다. 모니터함은 브라운 워터 네이비도 사용했다. 물론 찰스턴, 서배너, 모빌만灣의 남부 군함과 요새를 상대하는 작전에서도 중요한 역할을 맡았다. 1862년에 벌어진 햄프턴 수로 전투 이후 모니터함은 남부 연합의 장갑함과 1~2번 맞붙었고, 항상 승리했다. 퍼세이크급 모니터함인 USS 위호켄은 튼튼하고 충각을 단 남군의 CSS 애틀랜타와 맞붙었을 때, 포탄 5발만으로 애틀랜타함의 조타실 지붕을 파괴했고, 조타용 체인을 절단했으며, 대포 2문도 파괴했다.

남북 전쟁에서 활약한 장갑함들

삽화 14a
CSS 애틀랜타를 개조해 만든 USS 애틀랜타. 애틀랜타함은 남군의 전형적인 '포곽을 갖춘' 장갑함이었다. 1863년 6월 모니터함인 USS 위호켄과 짧고 격렬한 결투를 벌인 끝에 포획되어 북군에 편입되었다.

삽화 14b

USS 카노니쿠스. 동력 포탑에 15인치 달그런포 2문으로 무장한 카노니쿠스급 모니터함들은 남북 전쟁 당시 최고의 장갑함이었다. 카노니쿠스함은 20세기 초까지 활약했다.

　　그러나 모니터함은 기적의 무기가 아니었고, 한계도 있었다. 에릭슨은 모니터함이 '오리처럼' 큰 파도를 견뎌낼 것이라고 예상했으나, 모니터함은 설계상 격랑을 헤쳐 나가지 못했다. 에릭슨의 모니터함은 건조된 지 1년도 안 되어 해터러스곶 앞바다에서 폭풍을 만나 침몰했다. 그러나 이러한 한계는 크게 중요하지 않았다. 군사 기술적으로 모니터함의 가장 뛰어난 점은 모니터함의 전반적인 설계가 아니라 장갑 포탑의 위력이었으니까.

　　포탑은 실용적이기는 했지만 바로 인기를 얻지는 못했다. 유럽 지휘관들은 남북 전쟁에 등장한 많은 발명품들을 흥미롭게 보면서도 의심을 거두지 않았으며, 미국에서 벌어진 전쟁은 여러 측면에서 유럽과는 거의 아무 상관없다고 확신했다. 이러한 견해는 해상전에서도 동일했다. 모니터함은 주요 전투가 항구와 내륙 수로를 따라 일어났던 남북 전쟁에서는 쓸모가 많았으나, 항해를 하거나 전열함으로 쓰기에는 부적합했다. 물론 장갑 포탑을 더 안정적이고 전통적인 선체에 결합할 수는 있었다. 그러나 군이 그래야 할 필요는 없었다. 또한 포탑을 설치하면 군함에 실을 수 있는 대포 수가 줄어들었다. 무거운 평사포를 고작 2문이나 4문쯤 장착한 원양 장갑함이 어떻게 대포를 수십 문이나 좌현과 우현에 장착한 재래식 장갑함보다 우월할 수 있겠는가?

　　1865년에는 포탑함이 이상해 보였을 것이다. 하지만 20년 후 포탑함은 서구 세계에서 군함의 표준이 되었으며, 현대 전함의 시대를 열었다.

제9장 장갑함　　　　　　　　　　　　　　　　　　　　　　　　241

3부

화력 혁명

10장

대규모 군비 경쟁과 제1차 세계대전

1870년부터 1918년까지 유럽의 대규모 군비 경쟁은 서구 역사상 이전의 어떤 군비 경쟁보다 더 치열했으며 더 위험했다. 이해관계는 더욱 첨예해졌고, 두려움은 더욱 늘어났다. 새롭고 전례 없는 혼란이 위험한 포퓰리즘적 열정인 민족주의의 탈을 쓰고 나타났다. 이제 국가의 권위는 더 이상 왕과 지배 계층의 전유물이 아니었다. 일반 국민 또한 자국이 세계에서 차지하는 위상을 꽤 인지했고, 투표를 통해 국정에 관여할 수 있다고 생각했다. 또한 이 시기에 일어난 무기 기술의 변화는 민족주의와 밀접하게 결부됐다. 군비 경쟁을 부추긴 두려움은 적군의 규모만큼이나 각 무기의 본질적인 성능에 깊이 뿌리를 두고 있었다. 따라서 이후 제1차 세계대전으로 이어진 군비 경쟁은, 무기의 양은 물론 품질까지 향상시켰다.

보불 전쟁이 일어나고 제1차 세계대전이 끝나는 50년 동안, 무기 기술은 그 어느 때보다 빠르게 발전했다. 위험할 만큼 빨랐던 당시의 군비 경쟁이 되풀이될 일은 없을 것이다. 우수한 기술 공학이 무기와 융합되었고, 화학과 물리학 분야가 크게 도약했으며, 적국과 우방국을 가리지 않고 모든 개선안을 공격적으로 찾아냈다. 각국 정부가 군비 경쟁을 벌이자 무기의 살상력은 매우 광범위하고 빠르게 폭력적으로 증가했다.

1860년에 사용된 무기는 기능이나 효과 면에서 1880년에 사용된 무기보다는 18세기 이전에 사용된 무기와 훨씬 더 가까웠다. 1918년에 사용된 무기는 40년 전에 사용된 무기와는 완전히 다른 범주에 속했다. 소화기는 화력, 사정거리, 명중률, 발사 속도가 훨씬 향상되었다. 마찬가지로 대포와 포탄도 살상력이 높아졌다. 해상에서는 선체가 목재인 범선이 표면이 전부 강철이고 포탑을 장착한 군함에 자리를 내주었다. 또한 전투기, 전차, 어뢰를 발사하는 잠수함같이 1900년 이전에는 전혀 비슷한 것을 찾을 수 없었던 신무기도 생겨났다. 이 모든 것이 50년 만에 이루어졌다.

그 변화의 속도는 어지럽고 불안했다. 그리고 파괴적이었다. 제독, 장군, 군사 이론가는 엄청나게 발전된 무기들을 고려하면서 새로운 전술을 구축하기 위해 고군분투했고, 참모 장교들은 탄약 수요 증가와 자동차의 용도, 군대 규모가 커지며 생겨난 물류 문제를 두고 씨름했다. 이러한 문제들은 쉬운 일이 아니었다. 19세기 후반의 군인들은 여전히 나폴레옹 보나파르트식 군사 훈련을 받고서 대형을 만들었다. 워털루 전투와 라이프치히 전투의 여파가 남아 있었기 때문에 나폴레옹의 유산은 1860년대의 전쟁에도 밀접한 영향을 미쳤다. 1815년과 1915년에 사용된 무기의 성능은 차이가 너무나 커서, 나폴레옹 전쟁 때 전장과 1915년 전장의 차이는 스키피오 아프리카누스*의 전장과 나폴레옹의 전장만큼이나 큰 차이가 났다.

화력이 달라지면서 육지와 바다에서의 전쟁 수행 방식에도 큰 변화가 일어났고, 하늘과 바닷속이라는 새로운 전쟁터도 탄생했다. 또한 화력은 때때로 매우 불균형한 방식으로 전술과 전략, 물류를 변화시켰다. 전술이 항

---

* 기원전 202년, 제2차 포에니 전쟁 당시 북아프리카의 자마에서 카르타고의 명장 한니발 바르카를 무찌르고 승리한 로마 장군이다. - 편집부

상 무기의 발전 속도를 따라가지는 않았다. 그러나 전술과 무기는 상호적인 관계를 맺고 있었다. 전술, 좀 더 정확히 말해서 전투와 군사 작전에서의 실제 경험 또한 무기 개발 과정에 영향을 미쳤다. 이러한 상호주의 자체는 새롭지 않았으나, 변화의 속도는 새로웠다. 그 어느 때보다도 전쟁은 새로운 기술의 귀중한 시험장이었고, 전투가 끝난 후의 피드백은 놀랄 만큼 빠르게 작업대와 공장으로 되돌아왔다.

새로운 화력이 야기한 혼란을 더욱 복잡하게 만든 것은 규모의 문제였다. 육해군의 규모, 즉 전투의 규모는 19세기 후반에 비약적으로 증가했다. 1859년 솔페리노 전투에 참전한 총 병력은 약 26만 명이었고, 1863년 게티즈버그 전투에서는 약 20만 명, 1866년 쾨니히그레츠 전투에서는 46만 명이 참전했다. 그러나 1916년에 몇 달 동안 계속된 솜 전투에 참전한 양쪽 병력은 약 300만 명에 달했다. 새로운 규모의 전쟁은 새로운 무기만큼이나 전쟁 수행 방식을 변화시켰다.

화력 혁명의 영향은 전쟁터, 공장, 공급망을 훨씬 뛰어넘었다. 1914년부터 1918년까지 진행된 제1차 세계대전을 포함한 수십 년간 무기 개발과 외교, 국정, 대전략, 지정학, 경제, 민족주의 세력 같은 거시적인 문제들 간의 연관성은 그 어느 때보다 분명했으며 복잡했다. 이 모든 것은 전술 및 작전과 마찬가지로 쌍방향 관계를 맺고 있었다. 무기 기술이 유럽과 그 외 지역에서 서구 열강들끼리 치열한 경쟁을 벌이는 데 일조한 것처럼, 제국주의와 국제 경쟁과 민족주의는 무기 기술에 주요한 영향력을 미쳤다. 또한 과열된 무기 개발 속도는 경제적 파장을 일으킬 수밖에 없었다. 새로운 발명품이 너무 많이 생겨서 공장들이 신제품을 만들기 위해 장비를 갖추자마자 그 제품이 구닥다리가 되어 버릴 정도였다. 1870년 이후 진행된 군비 경쟁의 압박은 모든 신무기를 육해군이 검토를 끝내자마자 바로 제작해야 하게 했다. 무기 기술은 더 이상 군사 분야에서만 중시되는 난해한 하위 공학 분야가 아니었다. 1870년 이후의 화력 혁명은 서구 사회의 모든 면에 지울 수 없는 영향을 남겼다.

그렇다면 무기 개발은 서양인의 일상생활에 어떤 영향을 끼쳤을까? 양자의 관계는 전술, 물류, 전쟁의 본질이라는 영역에서 가장 덜 복잡했다. 무기 기술 혁명의 최종 결과로 현대 육해군의 화력, 더 정확히 말하면 육해군 화기의 살상력이 크게 향상되었다. 이렇게 살상력이 향상되자 지상전과 해상전의 전술은 무기에 맞춰 변화되어야 했고, 교전 중 사정거리, 공격 개시 방법 및 시기, 공격을 막는 방법, 전쟁터에서 정보를 수집하는 방법, 본부와 야전군 부대가 정보와 명령을 주고받는 방법 등도 이제 변화되어야 했다. 해군 지휘관들은 여전히 넬슨 제독의 시대와 크게 다르지 않은 함대 작전을 구상하고 계획했으나, 이제는 서로 훨씬 더 떨어져서 공격해야 했고, 어뢰로 무장한 잠수함 때문에 바다 밑에서의 공격 가능성도 고려해야 했다. 전장은 18세기와 19세기 초의 장군들이 다루었던 것보다 훨씬 더 크고 복잡하며 알 수 없는 곳으로 바뀌었다. 야전 전화와 무선 전신 같은 형태로 발전한 통신 기술 덕분에 장군과 참모는 훨씬 더 확장된 물리적 공간에서 작전을 수행할 수 있게 되었다. 하지만 통신 분야는 이전의 서구 전쟁에서는 거론된 적 없는 새로운 도전이었다.

　해군과 군사 이론가들은 신무기의 향상된 성능에 기반해 다음 세기를 위한 전술 교리를 개발하면서 이러한 문제들을 해결해야 했다. 전술은 군대에서 실험되거나 전투에서 수행되면서 점차 수정되었다. 제1차 세계대전은 이러한 혁신의 궁극적 실험실이 되었다. 사실 1870년부터 1914년까지에도 새로운 무기의 성능을 실험할 기회가 충분히 있었다. 영토를 확장하려는 러시아의 오랜 야망이 발칸반도의 민족주의와 결합하면서 러시아-오스만 제국 전쟁(1877~1878)과 제1차 및 제2차 발칸 전쟁(1912~1913)이 발발했기 때문이다. 이 전쟁으로 오스만 제국은 유럽 내 거점을 잃었고, 러시아와 오스트리아-헝가리 간의 이미 위험했던 경쟁 관계는 더욱 악화되었다. 또한 극동의 주요 강국으로 부상했던 일본이 중국(청나라)과 충돌해 청일 전쟁(1894~1895)이 일어났고, 이후에는 러시아와 충돌하면서 러일 전쟁(1904~1905)도 발발했다. 이 시기에 일어난 다른 분쟁 대부분은 아프리카와 그 외 지역에서 서구 국가들의 제국주의적 야망이 맞부딪혀 발발했다. 이탈리아-튀르크 전쟁(1911~1912)이 리비아에서 발발했고, 영국과 네덜란드계 공화국들* 간의 제1차 및 제2차 보어 전쟁(1880~1881, 1899~1902)이 남아프리카에서 발발했다.

변화하는 전쟁의 성격에서 1가지 분명한 점은 1914년에 제1차 세계대전이 발발하기 이전부터 육해군의 역할이 변하고 있었다는 점이다. 범선 시대의 해군은 삭구와 대포를 조작하는 방법 등 배 위의 모든 것에 통달한 선원들이었다. 그러나 이제는 복잡한 선박에서 특정한 업무를 처리할 수 있도록 집중적인 훈련을 받았다. 화기의 명중률이 높아지자 육군에서 실탄 사격 훈련이 늘어났듯이, 무기가 복잡해지자 무기 사용 훈련도 광범위해졌다. 일제 사격은 여전히 신병들의 훈련 프로그램의 일부였지만, 1900년 이후의 전장에서 실효성이 있는지 의문을 가지는 이들도 있었다.

일반 군인들의 모습도 1870년 이후 완전히 달라졌다. 군사 장비가 예전보다 훨씬 무거워졌는데, 이는 무기 기술이 대부분 개선됐기 때문이었다. 18세기의 일반적인 보병은 행군하면서 머스킷과 총검, 가죽제 탄약포 상자, 총검집과 어깨 벨트, 보병용 단검, 식량 배급용 간단한 빵 주머니, 물통, 배

---

* 남아프리카에 먼저 정착한 네덜란드인들의 자손인 보어인들이 세운 트란스발 공화국과 오라녜 자유국을 뜻한다. - 편집부

낭, 담요, 여분 군화, 요리 도구, 가죽 광택제, 멋진 겨울 코트 등도 가지고 다녔다. 이보다 더 무거운 물건은 연대의 수하물과 함께 이동했다.

산업화 시대의 군대는 훨씬 더 많은 보급품을 병사들에게 지급했다. 그중에는 반창고, 구급상자, 소총 청소 도구, 다양한 위생 및 손질 용품, 독일의 첼트반Zeltbahn 같은 외투 겸 비바람을 막아줄 텐트로 쓸 수 있는 다용도 천막 등도 있었다. 1880년 이후에는 특허 받은 린네만 야전삽 등 참호를 파기 위한 개인 장구도 가지고 다녀야 했고, 1915년 이후에는 부대 용품이 달린 방독면이 철모와 마찬가지로 개인 장구의 작은 더미에 추가되었다. 최악의 소지품은 아마 탄약이었을 것이다. 소총의 발사 속도가 빨라져 병사들이 탄약 주머니에 훨씬 더 많은 탄약을 휴대해야 했기 때문이다.

새로운 장비에는 그 당시 전장의 잔혹한 현실이 반영되었고 군복도 함께 변화했다. 나폴레옹 전쟁 이후 느슨하고 활동에 편한 군복이 채택되었고, 색상도 어두워져 수수해졌으나, 맑은 날씨에는 여전히 먼 거리에서도 잘 보였다. 제1차 세계대전이 일어나기 훨씬 전부터 대다수 서구 군대는 흐릿한 흙색이 군복 색깔로 적절하다는 것을 깨달았다. 프로이센 군대의 파란색 군복은 독일 군대의 회갈색과 암회색 군복으로, 오스트리아 군대의 하얀색 군복은 은회색 군복으로, 영국 군대의 진홍색 군복은 카키색으로 바뀌었다. 군복은 과거의 군사적인 영광은 물론 국가의 정체성과 자부심의 상징으로 여겨졌기 때문에 변화시키기가 쉽지는 않았다. 프랑스 군대는 제1차 세계대전 발발 전에 군복인 파란색 재킷과 코트, 새빨간 바지, 붉은색 군모를 눈에 덜 띄는 것으로 바꾸려고 노력했으나 보수적이고 나이 든 장교들의 격렬한 저항과 대중의 경멸에 부딪혔다. 그러나 제1차 세계대전 초기에 독일군과 접전을 몇 번 벌이자마자 어리석은 감상은 사라졌다. 이듬해 초 프랑스 수도 방위군은 엷고 흐릿한 파란색으로 염색한 새 군복을 선보였다. 19세기 중반의 부드러운 약모와 앞에 깃털 장식이 달린 샤코 같은 군모는 1915년과 1916년 사이에 철모로 교체되었다.

무기의 대대적인 변화와 몇 가지 외적인 이유로 군인의 외형과 기능, 역할도 어느 정도 변화했다. 또한 새로운 무기는 육해군의 전투 경험을 바꾸었다. 특히 육군으로 복무한다는 것의 의미를 바꾸었다.

무기의 발전은 전 세계에 영향을 미쳤다. 19세기 후반 유럽과 미국에서 제국주의는 새롭지 않았다. 스페인과 포르투갈은 15세기 말부터 아메리카와 아시아에 식민지를 건설하기 위해 꾸준히 노력해 왔다. 이후 3세기 동안 영국, 프랑스, 네덜란드는 물론 그보다 작은 나라들도 유럽 밖에 식민지를 건설하려고 노력했다. 유럽의 군사 기술은 그동안 매우 발전했지만, 그렇다고 해서 기술이나 전술, 조직 면에서 인도나 중국, 일본, 심지어 한국 같은 국가들보다 군사적 우위를 훨씬 많이 점한 것은 아니었다. 오스만 제국 또한 유럽 강대국들과 동등한 수준이었으며, 동양의 '화약 제국'은 유럽 강대국들이 대동단결해 공동 전선을 펼치더라도 물리치기 힘든 난공불락이었다.

그러나 산업 혁명이 일어나면서 서양은 다른 나라들에 비해 엄청난 기술 우위를 갖게 되었고, 이는 빨리 또는 쉽게 따라잡을 수 없는 수준이었다. 교통과 통신의 발전은 사실상 지구를 축소시켰다. 전신기와 전화가 등장하자 유럽은 멀리 떨어진 곳과도 빠르게 통신할 수 있게 되었고, 불과 1세기 전만 해도 범선에 실어서 몇 주 또는 몇 달 후에야 전송할 수 있었던 메시지를 몇 분 만에 지구 한쪽 끝에서 다른 쪽 끝으로 보낼 수 있게 되었다. 서양의 해양 강국들은 새로운 증기 군함으로 압도적인 군사력을 어디든지 투사할 수 있게 되었고, 기관총, 탄창식 소총, 고폭탄(고성능 폭약이 들어있는 폭발탄) 같은 기계 시대의 무기는 비서구군을 상대할 때 거의 늘 승리를 보장했다. 서구의 군대는 드문 경우이거나, 예외적인 상황이거나, 수적으로 크게 열세할 때를 제외한 여러 경우에서는 비서구 세계의 적들을 박살낼 수 있었다. 영국군이 남아프리카의 줄루족에 대패한 1879년의 이산들와나 전투처럼 패배한 사례는 매우 드물었다.

간단히 말해서 신기술은 새로운 제국주의를 가져왔고, 제국주의는 기술 변화를 이끌었다. 서구의 팽창주의는 새로운 무기와 전술을 시험하겠다는 음흉한 목적을 수행했다. 특히 아프리카에서 유럽의 제국주의는 백인도 유럽인도 아닌 인간 표적을 상대로 새로운 무기를 시험할 수 있는 수많은 기회를 제공했다. 그러한 기회는 특히 아프리카에 흔했다. 예를 들면, 하이럼 맥심의 기관총은 1893년에 벌어진 샹가니 전투와 1898년에 벌어진 옴두르만 전투에서 의미 있는 첫 시험을 치렀다.

토착민으로 이루어진 군대는 유럽 군대의 것과 비슷한 전술을 구사하지도 않았고, 비슷한 무기도 거의 사용하지 않았기 때문에, 유럽은 식민지 전쟁에서 나온 결과를 어떻게 평가해야 할지 확실히 알 수 없었다. 물론 맥심 기관총은 짐바브웨의 마타벨레족이나 수단의 마흐디스트들을 수백 또는 수천 명씩 죽일 수 있었다. 그러나 이 결과만으로는 러시아군이나 독일군, 프랑스군도 같은 방식으로 빗발치는 총탄에 희생될 수 있다는 뜻인지, 아니면 단지 '야만인'이나 무기라고는 창이 전부인 전사들에게만 이러한 무기를 써야 한다는 뜻인지를 알 수 없었다. 새로운 기술이 야기한 이 질문의 답은 이 기술을 서구인인 적들과 전투에서 맞붙으며 사용할 기회가 생길 때까지는 확인할 방법이 없었다. 그러나 그러한 기회는 곧 나타나게 된다.

한편 유럽 군인들과 정치 지도자들은 인종을 중요하게 여기다 보니 식민지 전쟁에서는 서양의 이웃 국가와 싸울 때와는 다른 무기가 필요할지 모른다고 생각했다. 서양인들의 눈에 '(기독교인이 아닌) 야만인'들은 '문명인'들과는 매우 달라 보였다. 예를 들어 윈스턴 처칠은 악명 높은 덤덤탄을 식민지 전쟁에서 즐겨 사용했다. 덤덤탄은 끝부분이 부드럽고 탄자가 갈라져 있어서 인체를 타격하면 극적으로 팽창하여 조직과 뼈에 심한 손상을 입혔고, 신체 밖으로 빠져나가면서 크게 벌어진 상처를 남겼다. 영국군의 덤덤탄 선호는 "아프리카인과 아시아인은 이성적이고 문명화된 유럽인들과 달리 고통을 느끼지 않는다."라는 특정한 인종 차별주의에서 비롯되었다. 유럽인들은 광적이고 원시적인 충동에 이끌려 "비서양인들은 심하게 다쳐도 계속 싸운다."라고 주장했다. 그들은 "비서양인들과 싸우려면 목숨을 바로 빼앗거나 몸을 불구로 만들 정도로 강력한 무기를 사용해야 한다."라고 생각했다.

오늘날에는 대단히 혐오스러운 생각이지만, 백인을 죽일 때 용인되는 무기와 백인도 유럽인도 아닌 '야만인'을 죽일 때 용인되는 무기 간의 차이는 군사 기술과 연관된 또 다른 새로운 문제를 야기했다. 즉 강력한 무기를 사용함으로써 생겨나던 윤리적 문제를 둘러싼 진지하면서도 이상한 문제가 제기된 것이다. 서구의 군 지휘관과 정치인 일부는 "무기의 효율성에 도덕적인 경계가 있기에 무기 기술이 아무런 제약 없이 발전하도록 놔두면 안 된다."라는 신념을 표현하기 시작했다. 서방 정부들은 현대전을 피에 젖은 야만 행위로 전락시키지 않기 위해 기꺼이, 때로는 열심히 죽음의 기술과 전쟁 지도에 강제로 제한을 두었다. 러시아의 차르 니콜라이 2세와 미국 대통령 시어도어 루스벨트가 각각 시작한 1899년과 1907년의 헤이그 협약은 현대 시대의 전쟁 수행 방식을 통제하는 국제법을 만들기 위해 노력했다. 헤이그 협약에서 이루어진 논의는 전쟁 포로를 인도적으로 대우하는 방법, 또는 병원선이 받는 특별 대우 등 주로 절차적인 문제에 초점을 맞췄지만, 참가국은 특정 무기와 관련된 문제를 꺼내 놓기도 했다. 첫 번째 헤이그 협약에서는 덤덤탄과 소프트 포인트*를 사용하는 행위, 독가스

---

*   탄자에 피막을 입히지만 끝부분에는 입히지 않아 관통력을 떨어트린 탄약으로, 덤덤탄과 비슷한 효과를 낸다. - 편집부

를 포탄으로 살포하는 행위, 기구로 화기를 쏘거나 폭발물을 투하하는 행위 등을 금지했다. 그중 몇 가지는 여전히 사용되었지만, 서구 군대는 자기들끼리 싸울 때는 종교적인 이유로 덤덤탄을 사용하지 않았다. 제1차 세계대전이 끝나기 전에 헤이그 협약의 대부분은 재래식 전쟁의 일반적인 기준이 되었다.

헤이그 협약은 덤덤탄과 독가스보다 더 끔찍한 무언가를 지적했다. 그것은 모든 유럽 국가가 참여하는 대규모 전쟁이 다가오고 있다는 신호였다. 전쟁이 언제 어디에서 발발할지, 국가 간의 수많은 경쟁과 불만 중 어떤 것이 전쟁을 일으킬 가능성이 있는지는 누구도 몰랐다. 하지만 전쟁은 빠르게 다가오고 있었고, 이 전쟁의 발발 역시 화약 혁명과 밀접한 관계가 있었다.

제1차 세계대전의 발발 시기와 장소, 시작 계기는 모두 알려져 있다. 1914년의 눈부셨던 여름, 보스니아-헤르체고비나의 사라예보에서 암살 사건이 일어났다. 그리고 300년 전에 있었던 30년 전쟁만큼이나 피비린내 나고 파괴적인 전쟁이 4년 넘게 이어졌다. 1914년 유럽을 재앙의 문턱으로 몰아넣은 요인은 여러 개였지만, 결정적 요인은 유럽 강대국들 간의 과열된 경쟁이었다. 러시아의 로마노프 황가와 오스트리아-헝가리의 합스부르크 황가가 오스만 제국이 몰락하면서 분리된 발칸반도를 둘러싸고서 대립했고, 신생 이탈리아 왕국과 오스트리아-헝가리는 '이탈리아 이레덴타*'를 둘러싸고 심한 갈등을 겪었으며, 영국과 신생 독일 제국도 해상에서 경쟁을 벌였다.

---

*   '미수복未收復 이탈리아'라는 뜻으로, 같은 이탈리아 민족이 살고 있지만 다른
      나라가 지배하고 있다고 이탈리아 민족주의자들이 주장했던 땅을 뜻한다. 이 주장은
      이탈리아가 제1차 세계대전에 참전하는 원인이 되었으며, 종전 이후 무솔리니의 파시즘
      정권이 태동하는 배경으로도 작용했다. - 편집부

1878년 이후 확대된 서구 제국주의의 새로운 물결, 특히 19세기 말에 벌어진 '아프리카 쟁탈전'은 전 세계의 적대적 분위기를 더욱 고조시켰다. 서구 세계가 비서구 세계로 확장하는 것을 지지하는 사람들은 제국주의가 전쟁의 건전한 대안이며, 미국을 포함한 유럽 강대국들이 문명 세계에서 멀리 떨어진 안전한 곳에서 맞붙는 제국주의 경쟁은 사실상 유럽 대륙에서의 전쟁을 감소시킬 것이라고 주장하기도 했다. 물론 이러한 예상대로 흘러가지는 않았다. 비스마르크가 활약하던 시대에 만연했던 초국가주의적 정치 분위기 속에서 제국주의는 국가 간의 긴장을 완화하거나 감소시키기는커녕 오히려 악화시켰다. 이 중 가장 격렬한 갈등은 프랑스와 독일 사이에서 벌어졌다. 1871년에 보불 전쟁이 끝난 후 패배에 따른 여파로 휘청거리던 프랑스는 독일을 향한 복수를 벼르고 있었다. 프랑스인들은 독일의 존재만으로도 굴욕적인 패배를 잊을 수 없었고, 독일 역시 당연히 프랑스의 복수를 두려워하고 있었다.

　　이렇게 경쟁이 지속되면서 예측 가능한 결과 중 하나였던 군국주의가 나타났다. 오늘날 군국주의는 언론인과 정치 전문가 들이 공격적인 외교 정책이나 강력한 군사력을 유지하겠다는 강한 신념을 애매하게 떠벌리는 것을 의미한다. 하지만 그 당시 군국주의는 달랐다. 역사가들이 이해하는 방식에 따르면, 군대의 요구가 국가의 요구이고, 다른 모든 구성 요소보다 군 체제를 우선시하여 공공 정책을 세우며, 군 체제가 정권의 중심이고 국가적 자부심의 초점일뿐더러, 일상생활의 모든 것보다 육해군의 복지가 우선시되는 것이 군국주의였다. 1890년에 그랬던 것처럼 1914년에 유럽은 이러한 면에서 군국주의적이었다.

　　군국주의는 여러 면에서 확연히 드러났다. 1914년 이전에 강대국들이 모든 변수를 검증하여 전략을 과학적으로 구상하고 확정한 수백 가지의 전쟁 계획에서 군국주의는 명백히 드러났다. 또한 19세기에 각국이 강요한 보편적인 군 복무에서도 명백히 드러났다. 프랑스 혁명 이후 유럽 군대 대부분은 다시 장기 복무 지원자들로 군대를 채웠지만, 전쟁에 사로잡힌 세기말의 열강들은 자코뱅 정부의 군국주의적 관행을 부활시켰다. 영국을 제외한 거의 모든 유럽 국가에서는 이제 모든 성인 남성들이 기본적으로 군 복무를 해야 했다. 보편적 군 복무의 기본 모델은 꽤 간단했다. 독일 모델은 그 원리를 아주 잘 보여 준다. 모든 남성은 20세가 되면 2년에서 3년 동안 현역으로 복무하며 병영에서 생활하고 매일 훈련을 받는다. 복무가 끝난 다음에는 제대하여 원하는 대로 산다. 하지만 중년기가 끝날 무렵까지는 여전히 예비군으로서 전쟁 시 소집될 의무가 있었다. 독일인은 육군과 예비군으로 복무한 후에도 몇 년간 비활동 예비군으로 복무했다. 예비군은 란트버Landwehr, 비활동 예비군은 란츠투름Landsturm이라고 하는데, 란츠투름의 나이 든 남성은 육체적인 전투력은 없을지 모르지만 군대나 란트버의 젊은 군인들이 전장에만 집중할 수 있도록 전쟁 포로 수용소나 보급 창고를 지키는 등 부차적인 역할을 맡았다. 이러한 제도의 장점은 뚜렷했다. 1866년 프로이센의 시민군이 오스트리아를 상대로 거둔 예상 밖의 승리는 이 제도의 타당성을 더욱 확실히 드러냈다. 1868년에는 오스트리아-헝가리가, 1872년에는 프랑스가, 1874년에는 러시아도 어떤 형태로든 보편적 군 복무를 채택했다. 유럽은 빠르게 병영이 되어 가고 있었다.

이러한 대규모 징병제의 주요 장점이자 과제는 병력을 단기간에 폭발적으로 늘리는 것이었다. 1914년 8월 선전 포고 직전의 독일 현역 병력은 약 80만 8000명이었다. 12일 후 예비군이 동원되면서 군복을 입고 무장한 훈련된 병력이 총 350만 명 이상이 되었다. 규모가 2주 만에 4배 이상 늘어난 것이다. 그 당시 일반인 대비 군인의 비율은 깜짝 놀랄 만큼 높았다. 제1차 세계대전이 진행되는 동안 프랑스와 독일에서는 징집 연령대 남성의 약 80퍼센트가 군복을 입었다.

물류와 운송 문제를 제외하고서라도 이렇게 거대한 수치는 전쟁, 적어도 지상전에 영향을 미치지 않을 수 없었다. 병력이 수백만 명이나 되었으니 전쟁 규모에 관한 기존의 예측은 이제 거의 의미가 없었다. 제1차 세계대전 당시 전투 규모는 이전보다 커졌고 인원도 증가했다. 당연히 식량과 탄약도 더욱 자주 보급해야 했다. 전장의 범위가 확대되면서 지휘관과 부하들 간의 거리와 통신 문제도 늘어날 터였다. 그리고 더 많은 사망자가 발생할 터였다. 이러한 규모의 문제는 유럽의 어느 장군도 대비할 수 없는 복잡한 문제를 불러왔다. 어떻게 대비해야 했을까? 서구 전쟁사상 제1차 세계대전의 거대한 규모와 비교할 수 있을 만한 대규모 전쟁은 하나도 없었는데 말이다. 제1차 세계대전 당시 지상군 지휘관들이 전술, 전략, 병참을 계획할 때 직면하던 가장 큰 장애물은 신무기가 아니라 규모에 따른 문제였다. 규모가 그렇게 거대한 군대를 대상으로 싸우고, 작전을 벌이고, 지원하는 전쟁은 제1차 세계대전 이전에는 없었다.

이 점에서 무기가 중요했다. 1870년 이후 육해군 규모가 급팽창하면서 경쟁이 고조되었다. 치열한 경쟁과 격렬한 분노는 제1차 세계대전이 일어나기 전에 있었던 군비 경쟁의 특성을 결정지었다. 모든 군비 경쟁과 마찬가지로 경쟁국들은 자국 육해군의 총 규모가 상대방의 것을 능가하게 하려고 애썼고, 규모 못지않게 무기 발전의 속도를 앞당기고, 무기 종류도 늘리고자 했다.

위험과 비밀이 가득한 이런 환경에서는 군사 기술이 적절한 시기에 1가지라도 발전하면 전쟁을 앞둔 나라가 적국보다 전술상 우위에 설 수 있었다. 이러한 우위는 전쟁의 승패를 가를 수도 있었다. 따라서 혁신은 중요했다. 독일과 프랑스의 기술자들은 1870년과 1898년 사이에 소총을 개선하려고 팽팽한 경쟁을 벌였으며, 독일과 영국은 적국보다 속도가 더욱 빠르고, 더 많은 대포와 든든한 장갑을 갖춘 군함을 건조하기 위해 경쟁했다.

기관총, 대포, 다양한 탄약, 야전삽이나 개인 장비처럼 사소해 보이는 것을 비롯한 거의 모든 무기, 거의 모든 장비의 성능을 향상시키려는 치열한 경쟁이 벌어졌다. 경쟁은 빠른 속도만큼이나 혹독했고, 1914년에 전쟁이 일어난 뒤에도 치열했다.

이러한 군비 경쟁의 결과는 엄청났다. 특히 경쟁 자체와 경쟁에 수반된 국제 첩보 활동, 파괴 행위, 아이디어 절도가 유발하는 두려움은 이미 충분히 밝게 타오르던 분노의 불꽃을 더욱 키울 뿐이었다. 또한 군비 경쟁은 당시에는 제대로 보이지 않았던 2가지 여파를 남겼다. 당시에는 상당히 숨겨져 있던 각 여파는 20세기에 점차 복잡해지던 기술, 정치, 사회 간의 관계를 두드러지게 했다. 첫째, 군비 경쟁이 서방 민족 국가들의 군사력 균형에 미친 영향이다. 산업화로 생산력이 향상된 서양은 동양의 큰 제국들이 따라잡을 수 없는 군사적 우위를 지니게 되었지만, 산업 혁명은 서양 내에서도 군사 대국들 간에 존재하던 힘의 격차를 더 크게 벌렸다. 제1차 세계대전은 장군들과 정치인들이 이미 고려하기 시작했던 것, 즉 '생산력이 군사력'이라는 사실을 확인시켜 주었다. 남북 전쟁에서 남군은 주요 산업 시설이 부재했는데도 꽤 잘 싸웠으며, 심지어 전쟁이 끝날 무렵에는 자체 무기 및 필수 군수품 생산 능력을 개선하기까지 했지만, 이후 이런 사례는 점점 더 '예외'가 되었다. 남북 전쟁은 생산력이 군사력이라는 사실을 보여 주는 힌트를 몇 개 흘린 셈이었다.

육해군의 경쟁력을 유지하려면 국가는 '혁신을 위한 지적 수단'과 '군대에 최첨단 무기와 장비를 마련해 주기 위한 생산력'을 모두 갖춰야 했다. 19세기 후반 내내 기술 자체가 급속히 발전하면서 군대의 경쟁력 또한 주기적으로 발전할 수 있었다. 그러나 군사적 발전 속도는 전적으로 각 국가의 경제적 상황에 비례했다. 1870년부터 1918년까지 산업 대국인 영국, 프랑스, 독일, 미국은 이 무대에서 경쟁할 수 있었다. 중요한 군사적 혁신이 일어날 때마다 사실상 이들만이 새로운 소총, 대포, 군함으로 군대를 재무장시킬 여유가 있었다. 러시아, 오스트리아-헝가리, 스페인, 심지어 이탈리아 같은 다른 국가들은 발전 속도를 따라잡기 어려웠다. 플린트록 머스킷이나 청동제 6파운드 대포 따위로 무장한, 기껏해야 50만 정도의 병력을 보유하는 것과, 탄창으로 삽탄하는 소총과 반동을 제어하는 대포로 무장한 수백만 대군을 보유하는 것은 상당히 달랐다. 1914년 미국 군대는 우스꽝스러울 정도로 작고 미숙했으나 오스트리아-헝가리의 번드르르한 군대를 무찌를 수 있었다. 산업화된 미국은 공장을 계속 가동할 수 있는 능력을 보유했기 때문이다. 제1차 세계대전에서 보였던 러시아와 오스트리아-헝가리의 평범하거나 저조한 성과는 전투력이 부족해서라기보다는 보급품과 식량을 공급할 능력이 없었기 때문에 벌어진 일이었다.

그렇다고 주요 산업 강국들이 군비 경쟁에 들어가는 비용을 아무런 어려움 없이 선뜻 부담할 수 있었다는 것은 아니다. 혁신에 드는 비용 자체는 그렇게 높지 않았다. 서구의 모든 국가, 심지어 작은 나라들도 무기 연구와 개발에 정기적으로 투자할 수 있을 정도였다. 그러나 그것을 실체화하는 비용은 비쌌다. 프랑스와 독일에서는 신형 소총이나 야포가 몇 년마다 추천되었고, 장군들이 새로운 설계안을 무시할 수 없다고 결정하더라도 신무기를 도입하는 것은 골치 아픈 과정이었다. 예를 들어 새로운 소총을 채택한다면 보통 국영 또는 정부와 계약한 민간 무기 제조업체의 생산 설비를 교체해야 했고, 기존의 구식 모델을 대상으로 맺은 계약도 취소하거나 정리해야 했다. 그리고 나서야 새로운 소총을 생산할 수 있었다.

보편적인 병역 의무를 시행하는 나라에서는 현역 군인 수십만 명(또는 그 이상)뿐만 아니라 예비군 수천만 명에게도 장비를 지급해야 했다. 만약 신형 소총 수백만 정을 지급하면 기존 모델 수백만 정은 쓸모가 없어졌다. 1871년, 1884년, 1888년, 1898년에 새로운 소총을 채택한 독일군이 또 다른 소총을 채택했다면 엄청난 재정 부담을 짊어져야 했을 것이다. 또한 소총을 도입하면 총검, 탄약 주머니, 청소 키트, 멜빵, 탄약도 소총에 맞춰 새롭게 대량 생산해야 했다. 무기와 장비를 끊임없이 교체하자 '그전에는 별로 심각한 문제가 아니었던' 또 다른 문제도 나타났다. 바로 잉여 군수품을 처리하는 것이었다. 전시에 확장된 군대에 다 보급하지 못할만큼 최신 모델 소총과 야포의 생산량이 부족하다면 이전 모델 소총과 야포 일부를 그대로 사용하기도 했지만, 구식 무기는 순식간에 쌓이고 처리하기도 어려운 행정적 골칫거리가 되었다. 이러한 상황은 20세기에 들어서자 더 악화되었다.

잉여 군수품은 전쟁 전 치열했던 군비 경쟁이 남긴 두 번째 여파, 즉 방탕함의 가장 명백한 후유증이었다. 재무장에 따른 사회적 비용은 엄청났을 것이다. 19세기 후반은 과열된 군국주의가 지배하던 시대였지만, 동시에 서유럽과 중유럽 전역에서 사회적·정치적 진보가 이뤄진 시대이기도 했다. 노동조합과 사회 민주주의 정당이 더 많이 받아들여진 것은 노동자 계층도 이전에는 꿈도 꾸지 못했을 수준의 번영과 특권을 누리게 되었음을 의미했다. 프랑스, 영국, 저지대 국가, 스칸디나비아 왕국, 심지어 독일 제국도 노동 계급을 위한 사회 복지 프로그램을 개발하고 투자할 정도로 노동 계급의 필요와 요구에 빠르게 대응했다. 그러나 가장 진정한 형태의 군국주의 시대가 열리면서 다른 곳에 투자할 수도 있었던 아주 상당한 세금과 자원이 급성장하는 군대의 수요를 충족하는 데 휩쓸려 들어갔다.

이렇게 부풀어 오른 군대가 새로운 무기를 들고 싸우러 나갈 날이 금세, 아주 금세 닥쳐왔다. 군인들은 신무기의 효과를 이론적으로 알고 있었다. 그러나 군인 수백만 명이 그렇게 치명적인 무기를 손에 쥐면 무슨 일이 벌어질지는 아무도 몰랐다.

11장

소총과 탄약의 재조명

1870년부터 1871년까지 벌어진 보불 전쟁은 서양 역사상 기념비적인 사건이었다. 이 전쟁은 19세기에 일어났던 주요한 국제 분쟁 중 하나로, 나폴레옹 전쟁과 비견될 만했다. 하지만 기간은 더 짧고, 규모는 더 작았다. 그러나 전쟁의 여파는 작지 않았다. 물론 당시 1~2세대에게 보불 전쟁의 정치적 의미가 확실하게 와닿지는 않았을 것이다. 하지만 돌이켜보면 이 전쟁이 중요한 이유를 쉽게 알 수 있었다. 보불 전쟁은 20세기를 정의하는 데 도움이 될 2가지를 이루어냈다. 즉 통일된 독일 제국이 탄생했고, 새로운 독일 제국과 초라해진 프랑스 사이에 증오가 뿌리내렸다. 프로이센 국민이 색슨족 그리고 바이에른족 형제들과 함께 피를 흘리며 프랑스를 상대로 승리를 거두자 독일 내 여러 국가들은 이전과는 달리 하나로 뭉치게 되었다. 그러자 프로이센 재상 오토 폰 비스마르크는 때를 놓치지 않고 민족주의적인 감정을 이용해 프로이센이 통치하는 독일 국가를 건설했다. 이 일로 인구, 자원, 산업력, 집단 군사력이 모든 경쟁국을 능가하는 새로운 강대국이 순식간에 생겨났다.

그러나 프로이센과 독일의 승리는 프랑스에 국치의 순간이었다. 유럽 최대 군사 강국이라는 지위를 되찾으려면 갈 길이 멀었다. 무엇보다 전후 프랑스 제3 공화국을 괴롭힌 모든 음모와 위기, 추문 사이에서 "독일에 보복하여 잃어버린 국가적 자부심을 회복하겠다."라는 가장 위험한 민족주의 이념이 흘러나오고 있었다. 대중과 지도자들을 비롯한 독일인 모두 프랑스의 이러한 국민 정서를 인식하고 두려워했다. 그래서 언젠가 재대결이 이루어지리라고 예상했고 상황은 더욱 위험하게 흘러갔다. 1870년대와 1880년대에 독일의 비스마르크는 악명 높을 정도로 복잡한 국제 동맹 체제를 구축하여 프랑스를 고립시키려고 했다. 프랑스가 신뢰할 만한 동맹국 없이 외교적으로 고립되면 독일이 안전할 것이라고 비스마르크는 생각했다. 동맹국이 1~2개라도 없다면 프랑스가 감히 독일을 공격할 수 없을 것이라고 믿은 것이다. 그러나 비스마르크의 계획은 추후 밝혀졌듯이 엄청난 실패로 끝났다. 그가 치밀하게 만든 동맹 체제가 붕괴한 것은 1914년 여름에 제1차 세계대전이 시작된 이유 중 하나였다. 하지만 이 모든 것은 강력한 독일 제국과 이를 향한 강력한 증오가 탄생한 1870년에 시작되었다.

전쟁을 경험한 용사들과 전쟁을 연구하는 학도들에게 보불 전쟁은 중대한 사건이었다. 심지어 이 전쟁이 진행 중이던 당시에도 말이다. 참전한 국가들 자체만으로도 이 전쟁은 드라마틱했다. 이 전쟁은 유럽 최고의 군사 강국으로서 오랫동안 자리를 지켰으며 미국이 우러러보았던 프랑스와, 프리드리히 대왕이 통치하던 영광스러운 시절이 오래전에 지났는데도 불구하고 명성이 자자하던 오스트리아*의 군대를 불과 4년 전에 단 1회의 전쟁으로 거의 무너뜨리는 눈부신 업적을 이루어낸 신생국 프로이센 간에 이루

---

* 1867년에 오스트리아-헝가리 타협(대타협)으로 헝가리의 헌법적 지위를 높이기 전까지 합스부르크 황조는 여전히 '오스트리아'라고 불렸다. 대타협 이후 합스부르크 제국은 오스트리아-헝가리 제국이 되었고, 제1차 세계대전이 끝나고 이중 군주제가 해체될 때까지 존속했다. - 편집부

어졌다. 프랑스 군대는 장기간 복무한 전문 군인들로 이루어진 반면, 프로이센 군대는 주로 복무 기간이 짧은 자국민 징집병으로 구성되었다. 프랑스 군은 전통적으로 전투 지휘 능력이 매우 뛰어났다. 프로이센군은 효율성이 입증된 조직과 뛰어난 작전 참모를 보유하고 있었으며, 타의 추종을 불허할 만큼 군용 철도 관련 이해도가 높았다. 군사 전문가의 관점에서도 보불 전쟁은 지켜볼 만한 가치가 있었다.

가장 관심을 끈 부분은 무기였다. 자국 군수 산업을 재정립한 프랑스와 프로이센은 새롭고 혁신적인 소화기와 대포를 도입했다. 무기에 관한 한 보불 전쟁은 최초로 발명된 다양한 무기가 투입된 전쟁이었다. 하지만 가장 큰 관심을 끈 기술은 일반 소총에 관한 것이었다. 보불 전쟁은 소화기가 발전하던 19세기 중후반에 처음으로 완전히 후장총으로만 싸운 대규모 전쟁이었다.

⊕ ⊕ ⊕

보불 전쟁에서 프랑스와 독일의 보병이 소지했던 소총은 최첨단 기술의 결과물은 아니었다. 프로이센군은 여전히 드라이제 소총을 고수했다. 불과 6년 전 덴마크와의 전쟁에서 대중 앞에 처음 모습을 드러낸 드라이제 소총은 1841년에 처음 도입되었을 때와 같은 결함과 문제를 여전히 가지고 있었다. 전투 경험에 따르면, 드라이제 소총의 가장 큰 결점은 발사 시 약실에서 뜨거운 가스가 새어 나와서 총구 에너지가 감소한다는 점과 어깨에 견착하고서 발사하는 것이 어렵고 불편하다는 점이었다.

프랑스군은 이미 가스 누출 문제를 해결했다. 알자스 출신 총기 제작자인 앙투안 알퐁스 샤스포가 드라이제 소총에서 아이디어를 얻어 제작한 소총이었다. 샤스포 소총은 드라이제 소총과 같은 원리로 작동했다. 회전식 노리쇠로 약실을 열고 긴 공이로 종이 탄약포 내부의 점화약을 폭발시키는 방식이었다. 그러나 드라이제 소총보다 샤스포 소총이 더 뛰어났던 중요한 요인이 몇 가지 있었다. 샤스포 소총은 구경이 11밀리미터, 드라이제 소총은 15.4밀리미터였다. 그리고 샤스포 소총은 장약이 더 많았다. 또한 가장 중요한 특징은 소총의 노리쇠 전면에 붙인 고무 개스킷이 밀폐 장치 역할을 했다는 점이었다. 보병이 샤스포 소총을 장전한 후 노리쇠를 앞으로 쾅 닫으면, 노리쇠는 고무 개스킷을 약실 안쪽으로 밀어넣어 노리쇠와 약실 사이의 틈을 밀폐했다. 여러 번 사용된 고무 밀폐 장치는 딱딱해지고 잘 부서졌지만, 쉽고 빠르게 교체할 수 있었다. 샤스포 소총은 드라이제 소총보다 훨씬 개선된 무기였다. 탄자 크기가 줄고, 장약량이 늘어나고, 밀폐 장치 덕분에 가스를 덜 낭비하자 드라이제 소총보다 훨씬 더 강력해졌다. 속도가 약 33퍼센트 증가했고, 탄도가 평평해졌으며, 드라이제 소총의 최대 유효 사정거리가 540여 미터인데 비해, 샤스포 소총은 그보다 2배나 증가한 1,180여 미터에 이르렀다.

1866년 쾨니히그레츠 전투에서 오스트리아를 크게 무찌른 프로이센이 두려웠던 프랑스는 즉시 샤스포 소총을 생산하기 시작했다. 구식 미니에 머스킷을 버리고 가까스로 정규군을 몇 년 만에 재무장시켰다. 사실 이 자체가 놀라운 업적이었다. 1870년 7월, 비스마르크 재상이 프랑스 황제 나폴레옹 3세를 압박하여 마침내 전쟁이 선포되었을 때, 프랑스군, 적어도 프랑스 보병대는 준비가 되어 있었다.

그러나 우수한 소총이 프랑스를 구하지는 못했다. 훨씬 우월한 보병 무기를 가지고도 프랑스는 지고 말았다. 지휘와 통제 능력이 부족한 조직, 프로이센군보다 덜 진취적인 장교단, 어설픈 철도 수송, 눈에 띄게 열등한 포병대를 보병 무기만으로 보완할 수는 없었다. 이러한 요인들 때문에 나폴레옹 3세의 군단은 결국 6개월간 진행된 전쟁에서 패배했다.

보불 전쟁을 통해 무기와 전술에 관한 중요한 사실을 발견했다. 프로이센-독일은 신속히 승리를 거뒀으나, 대가도 치러야 했다. 독일군이 뛰어난 크루프 야포의 장점을 최대한 활용하면서 보병 대열과 맞춰 포격을 조정하는 최선의 방법을 깨닫기 전까지 사정거리가 긴 샤스포 소총의 집중 사격은 수많은 독일인의 목숨을 앗아갔다. 그러나 결국 독일군은 그들의 우수한 대포로 적 야전 포대와 소총 사격을 제압하고 적 보병대의 대규모 전면 공격도 회피함으로써 승리를 거뒀다. 보병대의 전면 공격은 강선 머스킷의 짧은 전성기에는 효과적이었지만, 샤스포 소총은 승부의 법칙을 변화시켰다. 프로이센 지휘관들은 보병을 여러 소규모 공격 부대로 나눠서 내보냈고, 적과 정면으로 맞서기보다는 엄호를 받으면서 측면을 공격하려고 노력했다.

프랑스와 프로이센이 벌인 전쟁이 남긴 또 다른 교훈은 드라이제 소총의 시대가 끝났다는 사실이었다. 샤스포 소총이 더 나았지만, 그것 또한 빠르게 구식이 되어가고 있었다. 거의 모든 군대, 심지어 미군도 이미 1단계 앞선 소총 관련 기술을 보유하고 있었는데, 모든 면에서 유럽의 가장 뛰어난 군대였던 프랑스군과 프로이센군에는 이상하게도 최신식 소총이 없었다. 더군다나 이 당시에 대다수 군대는 화약이 전래된 이후 총기의 역사뿐 아니라 세계사 전반에서도 중요한 역할을 하게 될 발명품을 도입하고 있었다. 바로 금속 탄피에 화약과 뇌관과 탄자가 모두 포함된 일체형 탄약이 등장하고 있었다.

1870년에 소화기용 금속 탄피는 새롭지 않았다. 원통형 금속 탄피에 화약과 탄자를 집어넣으면 확실한 장점이 있었다. 종이나 리넨으로 만든 탄피는 파손되거나 구부러지고 변형되기 쉬웠던 반면, 금속은 튼튼했다. 또한 종이 탄약포는 물에 간접적으로 노출되기만 해도 즉시 망가졌지만, 금속제 탄약은 습기에 강했다. 그리고 종이 탄약포는 안전하지 않았다. 총을 발사하면 간혹 약실에 종이가 타고 남은 재가 그대로 있었고, 이는 다음 탄약을 삽입하거나 쑤셔 넣을 때 걸리적거렸다. 가연성 용액에 담가서 불타기 쉽게 한 종이 또는 직물 탄피는 총을 발사하면 순식간에 연소해 고운 재가 되었지만, 이러한 탄피는 비쌀뿐더러 결과가 항상 안정적이지도 않았다. 하지만 금속 탄피는 이 모든 문제를 해결하면서도 그 이상의 장점이 있었다.

금속 탄피의 가장 큰 장점은 후장총을 훨씬 실용적으로 사용할 수 있게 했다는 점이다. 사용을 마친 탄피를 전장총에서 빼내는 것은 기계적으로 거의 불가능했기 때문에 금속 탄피는 후장총에만 이용할 수 있었다. 그러나 종이 탄약포와는 달리, 금속 탄피 자체는 약실의 미세한 틈을 차단해 가스 누출을 막는 밀폐 장치도 되었다. 고무 개스킷으로 밀폐력이 향상된 샤스포 소총의 성능에서 알 수 있듯, 금속 탄피의 높은 밀폐력은 화력과 사정거리 증가, 화재 위험 감소로 이어졌다.

첫 금속 탄피는 퍼커션 캡과 거의 비슷한 시기에 나타났다. 1812년 파리에서 일하던 스위스 태생 총기 제조업자 장 사무엘 파울리는 황동이나 두꺼운 종이로 탄자와 화약, 점화약을 감싼 일체형 탄약의 특허를 냈다. 우연의 일치로 당시 파울리의 조수는 요한 니콜라우스 폰 드라이제였다. 드라이제는 파울리의 아이디어를 빌려 자신의 바늘총을 설계했다.

20년 후, 파리의 또 다른 총기 제작자 카시미르 르파슈가 핀파이어 pinfire 탄약을 개발했다. 파울리의 탄약처럼 한쪽 끝부분이 닫힌 황동제 원통 같은 핀파이어 탄약은 화약, 탄자와 점화약뿐만 아니라 공이까지 들어 있었다. 굵은 황동 못으로 된 공이는 탄피 측면에 튀어나왔으며, 뾰족한 끝부분은 탄피 내부의 점화약에 맞닿아 있었다. 르파슈의 탄약을 사용하려면 공이가 총열에서 튀어나올 수 있도록 약실에 가느다란 틈을 낸, 특수 설계된 총이 필요했다. 공이치기가 공이를 치면 점화약이 폭발했다. 이 탄약은 곧 인기를 얻었지만, 그 인기는 리볼버와 엽총의 틈새시장을 발견한 유럽에서만으로 국한되었다.

파울리, 드라이제, 르파슈의 탄약은 훌륭했지만 한계가 있었다. 드라이제의 탄약은 밀폐되지 않았고, 핀파이어 탄약은 민감했다. 미국제 탄약을 살펴보자. 1850년대 초, 매사추세츠주 태생 기업가 호러스 스미스와 대니얼 웨슨은 그들의 이름을 붙인 총기회사이자 상징이 될 스미스 앤드 웨슨(S&W)을 설립했다. S&W은 아주 급진적인 총인 볼캐닉을 생산했다. 이후에 발명되는 윈체스터 소총의 초기 버전인 볼캐닉은 기발하지만 비실용적이며 수익성이 없는 것으로 판명났고, 곧 스미스와 웨슨은 전보다 더 안정적인 기술과 수익성이 높은 시장으로 시선을 돌렸다. 새뮤얼 콜트의 특허는 1856년에 만료될 예정이었고, S&W은 점점 더 권총에 집착하는 미국인들을 상대하려는 여러 회사 중 하나였다. 콜트의 리볼버는 여전히 종이 등으로 된 전통적인 탄피와 퍼커션 캡을 사용했다.

대니얼 웨슨의 리볼버는 콜트의 리볼버와 상당히 달랐고, 그 차이는 탄약에 있었다. 웨슨은 자신의 리볼버 전용 탄약을 만들었다. 림파이어 Rimfire탄은 황동제로, 원통 모양에 끝부분은 막혀 있었고, 끝부분을 둘러싼 가장자리(rim) 내부는 비어 있었다. 탄피 끝의 비어 있는 가장자리에 점화약을 소량 넣고, 탄약 내부에 화약과 길쭉한 탄자가 들어갔다. 탄피 가장자리 주변을 공이로 치면 점화약에 불이 붙으면서 점화약이 폭발했다. 1857년에 S&W에서 처음 생산한 S&W 모델 1은 자사의 최신식 탄약인 22구경 탄약을 발사했다. 이 새로운 리볼버와 독특한 탄약은 미국 대중의 인기를 크게 끌면서 미국 전역에서 날개 돋친 듯 팔려나갔고, 매사추세츠주의 스프링필드에 있는 S&W 공장은 수요를 따라가지도 못할 정도였다. 다른 무기 제조업자들과 기업가들도 림파이어탄에 주목했고, 1861년 남북전쟁이 시작될 무렵에는 새로운 림파이어탄용 총들이 시장에 몰려들었다.

림파이어탄의 설계안은 권총뿐만 아니라 소총까지 모든 소화기에 적용할 수 있을 만큼 탄력적이었다. 또한 림파이어탄은 총기 제조자들이 그때까지 꿈꿔 왔던 것을 가능하게 했다. '탄창'이라는 저장 장치에 탄약 여러 발을 예비로 넣어 둠으로써 여러 번 신속히 발사한 다음에 재장전하는 연발총이 탄생한 것이다.

리볼버 형태의 실용적인 연발총은 이미 존재했다. 리볼버는 말 그대로 반복해서 쏠 수 있는 후장총으로, 탄창 자체가 약실이었다. 뒤쪽은 막히고 앞쪽은 열린 원통 모양으로, 중심축을 중심으로 약실이 다수 모여 있었다. 각 약실에 탄약이 장전된 원통형 탄창이 회전하면 각 약실이 고정된 단일 총열의 개방된 후미 끝에 맞춰 차례차례 배열되었다. 새뮤얼 콜트의 리볼버는 실용적인 첫 연발총이었으며, 기계적이라는 점에서 첫 리볼버보다 우수했다. 공이치기를 당기면 공이가 당겨지는 동시에 정확히 총열 1개만큼 원통까지 회전되어, 다음 사격이 준비되었다. 콜트의 리볼버는 처음에는 미지근한 반응을 얻었지만 1840년대 후반에는 급격히 인기를 끌었다. 1860년이 되자 리볼버는 민간용은 물론 군용 총기 시장에서도 단발총을 거의 몰아냈다.

하지만 콜트의 리볼버는 한계가 있었다. 남북 전쟁이 끝나기 전까지 리볼버는 모두 탄약과 퍼커션 캡을 따로따로 장전하는 '캡 앤드 볼cap and ball' 식 총이어서 장전하는 데 매우 많은 시간이 걸렸다. 또한 우연히 1발이 발사되면 회전식 탄창에 있는 탄약 모두를 점화시켜 연쇄 사격을 일으킬 수도 있었다. 즉, 권총 자체가 망가지면서 사용자도 다칠 수 있었다. 이는 권총에서도 일어나지 말아야 할 현상이었지만, 소총에서 연쇄 사격이 일어난다면 소총병의 왼손이 날아갈 수도 있었다. 따라서 콜트의 회전식 소총과 엽총은 잘 팔리지 않았다. 새뮤얼 콜트가 남북 전쟁에 기여한 가장 큰 업적은 북군을 위해 전장식 강선 머스킷 수만 정을 만든 것에 불과했다.

림파이어탄은 리볼버의 장전 속도를 높이고 안정성도 개선했으며, 리볼버보다 뛰어난 연발총을 발명할 수 있는 모든 가능성마저 열었다. 똑똑하고 야심 찬 총기 제작자들은 그 가능성을 빨리 이해했다. 가장 성공적인 총기 제작자 2명은 남북 전쟁 전날 자신의 발명품을 특허 낸 미국인들이었다. 벤저민 타일러 헨리는 S&W에서 일했고, 이후에는 야심 찬 젊은 기업가인 올리버 윈체스터 밑에서 일했다. 크리스토퍼 스펜서는 새뮤얼 콜트의 코네티컷주 하트퍼드 공장에서 경력을 쌓다가 이후 자기 회사를 차렸다. 헨리와 스펜서의 연발총은 새로운 림파이어 탄약을 기반으로 발명되었고, 또한 둘 다 관형棺形 탄창을 이용했다. 관형 탄창은 금속관에 탄약을 일렬로 장전하는 방식이었다. 팔로워follower라는 강력한 용수철로 탄약에 지속적인 압력을 가하여 약실로 밀어넣어 발사 준비를 하는 식이다. 헨리 소총은 관형 탄창을 총신 아래에 평행하게 붙이고 팔로워로 탄약을 뒤로 밀어냈으며, 스펜서 소총은 관형 탄창을 개머리판의 우묵한 곳에 넣고서 팔로워로 탄약을 앞으로 밀어냈다.

스펜서 소총과 헨리 소총의 내부 구조는 상당히 달랐지만, 작동 방식은 유사했다. 2가지 모델 모두 전면에 힌지가 달려 있는 방아쇠울이 작동 레버 역할을 했다. 방아쇠울을 앞으로 밀면 약실이 열리면서 빈 탄피가 자동으로 빠져나왔다. 팔로워는 다음 탄약을 탄창에서 빈 총열로 밀어넣는다. 방아쇠울이 제자리로 돌아오면 탄약이 약실에 장전되고, 이로써 발사 준비가 되었다. 헨리 소총은 방아쇠울을 반쯤 회전시키면 공이치기가 자동으로 당겨졌지만, 스펜서 소총은 공이치기를 손으로 당겨야 했기에 발사 속도는 헨리 소총이 약간 더 빨랐다. 스펜서 소총의 관형 탄창에는 탄약 7발, 헨리 소총에는 15발을 넣을 수 있었다. 그러나 탄창을 다시 채우는 일은 2종 모두 리볼버보다는 훨씬 더 쉬웠다. 따라서 소총수가 신속히 동작할수록 빠르게 장전하고 발사할 수 있었다. 스펜서 소총으로는 분당 20발 수준으로 조준 사격을 반복할 수 있었는데, 이는 드라이제 소총보다 1분당 약 5발을 더 쏠 수 있다는 뜻이며, 강선 머스킷보다는 6~7배 더 빠른 수준이었다.

스펜서 소총과 헨리 소총의 장점은 분명했고, 여러 개량형보다 뛰어났다. 1863년에 워싱턴 기념탑의 부분 완성을 기념하는 행사 날, 크리스토퍼 스펜서 옆에서 스펜서 소총의 시험 발사를 보며 뜻깊은 날을 보낸 이들 중에는 에이브러햄 링컨도 있었다. 미군은 기병용으로 스펜서 M1860을 수천 정 구입했고, 스펜서 소총은 전장에서 그 가치를 신속히 증명했다. 1863년 6월 24일부터 26일까지 있었던 후버 갭 전투에서는 스펜서 소총으로 무장한 북군 1개 여단이 우세해 보였던 남군의 거듭된 공격을 막아냈고, 사상자를 다수 낸 남군은 철수할 수밖에 없었다. 연발총의 성능이 유명해지자 개별 부대, 심지어 병사 개개인까지도 소총과 탄약을 자기 돈으로 구입할 정도였다. 하지만 스펜서 소총이나 헨리 소총 어느 쪽도 유명세와 상관없이 제식 무기가 되지는 못했다. 즉, 2종 모두 안정적인 전장총을 대체하지는 못했던 것이다.

1860년대에 생겨난 연발 소총이 남북 전쟁에서 광범위하게 사용되지 못한 것은 놀랄 만한 일이 아니었다. 남군이 그러지 못한 이유는 간단했다. 남부는 복잡하고 높은 정밀성을 요구했던 스펜서 소총이나 헨리 소총을 비롯해 어느 연발총도 대량 생산할 만한 생산력이 없었다. 북군에서 이 문제는 더욱 복잡했다. 연발총에 숨겨진 뛰어난 능력을 보지 않았거나 보지 못했던 보수적인 군 간부들이 고집스레 팔짱을 끼고 연발총의 광범위한 도입을 고의로 반대함으로써 더욱 발전할 수 있는 길을 막아섰다는 주장이 가끔 제기되었다. 정확한 이유가 무엇이든 군 당국이 전쟁 도중에 급격히 변화하는 것은 바람직하지 않다고 생각했다는 사실은 분명했다. 연발총은 강선 머스킷이나 여타 전장총보다 발사 속도가 빨랐기 때문에 병사당 탄약 소모량이 증가했을 것이다. 또한 군인들은 이미 허리가 휠만큼 무거운 장비에 더 많은 탄약까지 추가해서 메고 다녀야 했을 것이다. 군의관들은 이미 이런 짐이 군인들의 신체 건강에 미치는 악영향에 주목하고 있었다. 또한 군인들은 총을 조심성 없이 쏘고, 여분 탄약을 행군 중에 버리는 것으로 유명했다. 만약 발사 속도가 빠른 새로운 소총을 도입해 더 많은 탄약을 소지해야 한다면, 즉 연발총이 제식 무기가 된다면 얼마나 많은 탄약을 더 낭비하게 됐을까?

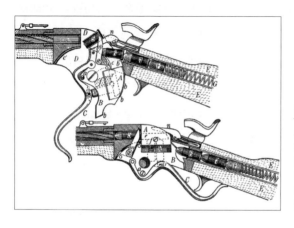

삽화 15

스펜서 소총의 작동.
레버가 아래쪽과 앞쪽으로
밀리면서 빈 탄피(5)를
내보내는 동안, 관형 탄창(F)
내부의 팔로워 용수철(G)이
약실로 새 탄약을 밀어낸다.

이러한 우려는 기우가 아니었다. 하지만 진짜 문제는, 즉 그 당시에 전장총을 연발총으로 완전히 교체하는 일이 불가능했던 이유는 보급 때문이었다. 북부의 공장은 스펜서 소총과 헨리 소총을 한정된 수량까지는 생산할 수 있었다. 그러나 모든 보병에게 연발총을 지급한다면 심각한 문제가 일어났을 것이다. 북부의 산업력으로는 강선 머스킷을 생산하는 것만으로도 벅찼다. 남북 전쟁이 절반쯤 진행되던 시기에 매사추세츠주의 스프링필드에 있는 연방 정부의 무기 공장 1곳과 여러 민간 계약 업체들은 북군의 총기 수요를 가까스로 맞추고 있었다. 이미 오래된 기술을 썼기에 대량 생산하기가 비교적 쉬웠던 강선 머스킷을 주로 생산하고 있었는데도 말이다. 만약 북군 무기가 전쟁 도중에 강선 머스킷에서 연발총으로 전환됐다면, 그 결과는 혼란 그 자체였을 것이다. 다시 말하면, 완고한 고집이나 보수적인 저항으로 신기술을 거부했기 때문이 아니라, 공장 시스템을 이용할 수 없어서 연발총을 대거 도입하는 것이 지연되었던 것이다.

이 사실은 1860년부터 1870년 사이에 막 시작된 화력 혁명의 가장 중요한 특징을 더욱 강조했다. 새로운 무기를 도입하면 시간과 자원, 비용이 많이 들었다. 육해군 전체를 재무장시킬 만큼 충분히 의미 있는 규모로 무기를 도입하면 비용은 더욱 증가했다. 낡은 무기를 폐기하고 당대의 혁신적인 무기로 교체하는 것은 낭비나 다름없었고, 서양 강대국들은 제1차 세계대전이 끝나기 전 반세기 동안 몇 번이고 이러한 낭비를 거듭했다. 나중에 밝혀졌지만, 모든 국가가 몇 년마다 자국 군대를 재무장할 수 있었던 것은 아니었다. 오스트리아-헝가리나 러시아처럼 주요 산업이 없는 강대국은 20세기 초에 정신없이 빠른 속도로 이루어지던 무기 교체 추세를 따라잡을 수 없었다. 그러므로 영국이나 프랑스, 독일, 미국과 같이 강력한 산업 국가들만 신무기를 도입할 수 있었다. 심지어 이러한 산업 강국들도 기술 변화를 따라가기가 어렵고 위태로웠다.

그러나 유럽은 1870년 이후 계속 군비 경쟁을 벌였기 때문에 경제 논리와 재정적 책임이 늘 우선시되지는 않았다. 군비 경쟁에도 나름의 논리가 있었다. (잠재적인) 적보다 다양하고 우월한 군사력을 갖추는 것은 중대한 관심사였다. 적어도 군비 경쟁에 참여한 국가들은 생존의 문제로 인식했고, 중요한 것은 그러한 인식이었다. 군사 혁명 시대의 경쟁보다 훨씬 치열하고 집중된 서구 강대국들 간의 경쟁이 군사 정책과 관련한 모든 결정에 영향을 미쳤고, 무기의 발전도 촉진했다. 소화기 영역에서 이것은 발사 속도와 명중률, 화력이 더 뛰어난 소총과 권총, 기관총을 이웃 국가나 적국보다 더 빨리 만드는 것을 의미했다. 서구 국가들은 많은 실험을 거치면서도 별로 심사숙고하지 않고서 혁신적인 기술을 최대한 빨리 잡아챘다. 새로 도입한 무기 때문에 쓸모없어진, 최신식에 버금가며 여전히 훌륭하고 쓸 만한 총기 수백만 정을 폐기해야 하더라도 어쩔 수 없었다. 신무기가 이전 무기보다 훨씬 뛰어나다면 이러한 무기를 도입하는 것이 타당했으나, 현대화로 얻은 우위는 대부분 사소해서 엄청난 비용 지출을 정당화하기에는 충분하지 않았다. 또한 더 나은 소총으로 무장하는 것이 승리를 보장하지도 않았다. 프랑스의 샤스포 소총은 프로이센의 드라이제 소총보다 훨씬 우월했으나 1871년에 승리를 자축한 나라는 프랑스가 아니었다.

거의 모든 서구 국가들이 더 나은 소총을 만들기 위해 경쟁했다. 심지어 유럽에서 전면전이 발발하면 국경을 지킬 수 없을 작은 국가들도 빠지지 않았다. 그러나 이 군비 경쟁을 주동한 국가는 앞선 산업 역량과 상호 간의 증오로 가장 위험한 경쟁을 일으킨 프랑스와 독일이었다. 1870년 이후에 양국이 최신식 연발총을 개발한 것은 군비 경쟁의 축소판을 보여준 셈이었다.

1871년 당시 후장총이 강선 머스킷보다 훨씬 더 뛰어나다는 점은 의심의 여지가 없었다. 발사 속도로만 계산해 봐도 너무 컸던 이 2가지 총의 성능 차이는 1866년 오스트리아의 패배로 더욱 확실하게 입증되었다. 1866년 이후 서구 군대나 일본군과 같은 일부 동양 군대는 앞다퉈 재무장을 했지만, 그중 대부분은 강선 머스킷에 투자한 지 얼마 지나지 않았기 때문에 강선 머스킷을 폐기하기보다는 개조해서 비용을 약간이라도 절약하려고 했다. 그래서 1860년대부터 1870년대 사이에 등장한 수많은 설계안은 모두 강선 머스킷을 개조해 금속제 탄약을 이용하는 방식이었다.

동시에 탄약 설계도 더욱 발전했다. 림파이어탄은 살아남아서 오늘날까지 성장했다. 22구경 '롱 라이플' 림파이어탄은 총기 역사상 가장 인기 있는 소화기용 탄약이었다. 하지만 림파이어탄은 완벽하지 않았고, 남북 전쟁 직후에는 더 나은 탄약에 자리를 넘겨주었다. 거의 모든 현대 탄약의 기본 형태인 센터파이어centerfire탄은 1명이 만든 발명품이 아니라 여러 나라에서 거의 동시에 등장했다. 예를 들어 남북 전쟁 초기에 남부 연합에 속한 사우스캐롤라이나주에서 살았던 사업가 조지 W. 모스는 자신이 설계한 센터파이어탄에 맞춘, 기발한 후장식 카빈을 특허 냈다. 모스의 공장에서는 남군의 무기가 소량 생산되었으나, 다른 군사 기술 분야와 마찬가지로 남군은 모스의 발명에 막대한 투자를 할 자원이 없었다.

센터파이어탄은 탄피 아랫부분에 퍼커션 캡과 같은 뇌관이 내장되어 있다. 드라이제 소총의 바늘 공이보다 더 단단하고 견고한 공이가 뇌관을 치면 점화되었다. 림파이어탄보다 점화가 안정적이었고, 제조도 더 쉬웠다. 가장 일반적인 2가지 센터파이어탄은 미국 총기 옹호자 하이럼 버던과 영국인 에드워드 복서가 각각 발명했고, 1866년에 특허를 받았으며, 그 직후에 판매되었다.

유럽 육군들과 미 육군은 신속히 대응했다. 이들은 그리 오래되지 않은 강선 머스킷을 후장식 단발총으로 개조하고, 개조한 총기를 다시 개량한 뒤, 그 설계를 기반으로 새로운 소총을 생산했다. 남북 전쟁 직후 미 육군은 스프링필드 강선 머스킷을 앨린 '트랩도어trapdoor' 후장총으로 개조한 뒤 58구경 림파이어탄을 사용했다. 그러나 소총 자체에 결함이 상당했고, 때마침 센터파이어탄이 급부상하자 개량한 트랩도어 총인 M1866으로 즉각 교체한 뒤 50구경 센터파이어탄을 채택했다. 영국도 유사하게 577구경 후장식 스나이더 소총으로 전환했고, 러시아는 강선 머스킷을 센터파이어탄을 사용할 수 있는 후장총인 크른카로 개조했으며, 프랑스는 1866년에 샤스포 소총을 채택하기 전까지 전장총을 재활용하여 후장식 타바티에 모델 소총으로 개조했다. 1870년쯤 되자 드라이제 바늘총은 확실히 구식처럼 보였다.

당시 기술 발전의 속도는 정말 믿기 힘들 수준이었다. 1840년대의 군대 대부분은 플린트록 방식에다 총열에 강선이 없으며 총구로 장전하는 머스킷에서 막 벗어나고 있었다. 그러나 20년 만에 대다수 총기는 후미로 장전하고, 일체형 금속탄을 사용하기에 이르렀다. 아무리 구식 강선 머스킷 일부를 재활용했다고 해도 변화의 속도와 비용은 엄청났다.

이후에도 소화기의 빠른 혁신 속도는 줄어들지 않았다. 도리어 더욱 가속화되어 서양 군대가 강선 머스킷 재고를 후장총으로 개조하는 속도와, 군수 장교나 총기 산업 전문가 들이 홍수처럼 쏟아져 나오는 신무기를 따라잡는 속도보다 더욱 빨라졌다. 프랑스와 독일은 서양의 나머지 국가들에 뒤처졌지만 서로를 향한 적개심과 의심에서 끓어오르는 두려움에 사로잡혀 신무기를 공격적으로 찾았다. 독일이 먼저 움직였다. 프랑스와 전쟁하기 이전부터 프로이센군 사령부는 새로운 소총을 찾기 시작했고, 매우 보수적인 것처럼 보이던 유망한 총기에 마음이 기울고 있었다.

파울 마우저와 빌헬름 마우저 형제는 대대로 총기를 제조하던 집안 출신이었다. 마우저 형제들의 명성은 탄탄했지만 화려하지는 않았다. 파울은 1850년대에 자신의 국가 뷔르템베르크 왕국을 위해 새롭고 견고한 강선 머스킷을 설계했으나 특별히 기발한 점은 없었다. 파울의 형인 빌헬름이 프로이센 정부에 제공한 후장식 소총의 원형도 언뜻 보기에 특별히 뛰어난 점은 없었다. 빌헬름의 소총은 날렵해진 드라이제 소총처럼 보였을 뿐이다. 그러나 드라이제 소총을 기초로 만든 것은 아니었고 사실 두 소총은 상당히 달랐다. 드라이제 소총과 달리 마우저 소총의 노리쇠에는 폐쇄 돌기가 있었다. 근대적인 볼트 액션 소총에서 폐쇄 돌기는 소총 노리쇠의 둥근 측면에서 튀어나온 철로 된 돌기이며, 총몸 내부 표면에 가공된 긴 홈에 끼워지기에 노리쇠를 닫으면 고정된다. 폐쇄 돌기는 노리쇠를 제자리에 단단히 고정시켜서 소총 발사 시 바로 앞에서 발생하는 격렬한 폭발로 노리쇠가 뒤로 날아가지 않도록 기능한다. 드라이제 소총에는 폐쇄 돌기가 없었기 때문에 노리쇠를 제자리에 고정시키는 장치는 장전 손잡이뿐이었다. 폐쇄 돌기 덕분에 마우저 소총은 드라이제 소총보다 훨씬 더 강력해질 수 있었고, 화력과 발사 속도, 사정거리도 더욱 개선되었다.

마우저 소총의 특징 중 가장 중요한 것은 폐쇄 돌기였고, 또 다른 장점은 공이였다. 드라이제 소총은 종이 탄약포를 폭발시키기 위해 길고 가느다란 철 바늘(공이)을 이용했다. 이 드라이제 소총의 공이는 종이 탄약포 뒤쪽에서 탄자 밑부분에 있는 뇌관까지 이동해야 하므로 길어야 했다. 마우저 소총은 드라이제 소총의 바늘보다 짧고 뭉툭하며 훨씬 더 탄력 있는 공이로 센터파이어탄의 황동제 뇌관을 터뜨렸다.

마우저 소총은 드라이제 소총을 대체할 총기를 찾는 공식 총기 설계 공모전에서 손쉽게 우승을 따냈다. 새로운 독일 제국 군대는 게베어 71, 혹은 마우저 M1871이라 불리는 소총을 보병 무기로 도입했다. 이 총은 1년 안에 본격적인 생산에 들어갔고, 3년 후 게베어 71은 바이에른산 소총을 고집했던 바이에른 연대를 제외한 모든 현역 부대의 손에 들어갔다. 이는 꽤 무리한 주문이었던지라 독일군에 큰 부담을 주었다. 하지만 프랑스와의 기술 전쟁은 서막에 불과했다.

그때까지는 프랑스군이 더 나은 소총을 가지고 있었다. 샤스포 소총은 아마 가장 뛰어난 종이 탄약포용 화기였을 것이다. 하지만 마우저의 게베어 71이 더 나았다. 직경 11밀리미터짜리 센터파이어탄을 쏘는 게베어 71은 샤스포 소총보다 탄도가 약간 개선되었지만, 황동 탄피로 된 마우저탄을 쏘면 더 빠르고 부드럽게 장전되어 발사 후 약실에 남는 잔여물도 줄었다.

잔여물이 줄자 불발이나 걸림 현상도 줄고, 성능은 향상되었다.

독일군이 다시 앞서는 것을 프랑스가 그저 두고 볼 리 없었다. 국민적 자부심과 안보가 달려 있었기 때문이다. 샤스포 소총은 여전히 사정거리나 명중률 면에서 크게 뒤떨어지지 않은 꽤 좋은 소총이었다. 하지만 프랑스 기술자들은 처음부터 다시 시작했다. 전후 프랑스는 파벌 싸움과 경제 불안으로 뒤엉켜 혼란스러웠고, 완전히 새로운 소총을 만드는 데 필요한 엄청난 비용을 지출할 형편이 아닌데다가, 무기고에는 완벽한 샤스포 소총 수십만 정이 보관되어 있었다. 육군 장교이자 무기 전문가인 바질 그라는 샤스포 소총과 매우 유사한 새로운 소총을 고안하여 샤스포 소총을 개조하는 방법을 제안했다. 새로운 모델인 M1874 그라 소총은 황동 탄피로 만든 직경 11밀리미터짜리 탄약을 사용했고, 이는 직경 11밀리미터짜리 마우저탄과 성능이 거의 동일했다.

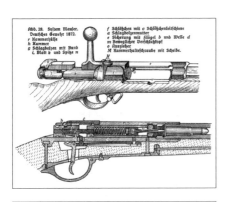

삽화 16

차세대 소총이자 첫 볼트 액션 소총인 독일의 마우저 게베어 71. 두 번째 삽화에서는 약실에 장전되어 발사 준비된 마우저의 센터파이어탄을 확인할 수 있다. (아래 왼쪽) 르파슈가 특허 낸 핀파이어탄의 아랫부분 단면, (아래 오른쪽) M1860 스펜서 소총용 및 카빈용 림파이어 탄약, 구경 56-56.

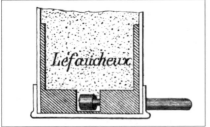

276

경쟁이 시작되자 다른 나라도 동참했다. 영국은 스나이더 소총을 버리고 기발한 마티니-헨리 소총과 병목 모양인 45구경 센터파이어탄을 도입했다. 미 육군은 당시 45-70정부 구경*으로 생산되던 검증된 트랩도어 소총을 고수했다. 러시아는 1877년부터 1878년까지 치른 러시아-튀르크 전쟁에서 부진한 실적을 보인 크른카 소총을 폐기하고 하이럼 버던이 특허 낸 2가지 미국산 소총을 도입했다. 두 번째 버던 소총을 제외한 나머지는 모두 마우저 소총이나 그라 소총과 달리 볼트 액션 소총이 아니었다. 초기 버던 소총과 미국 트랩도어 소총은 힌지가 달린 후미를 위로 회전시켜 약실을 열었고, 붉은 코트를 입은 영국 군인들이 대영 제국 어디서나 소지했던 마티니-헨리 소총은 방아쇠울을 아래로 밀어 '노리쇠를 끌어내리는(falling breechblock)' 방식으로 약실을 열었다. 덴마크는 레밍턴사가 특허를 낸 '노리쇠를 회전시키는(rolling block)' 방식의 미국제 총기를 도입했다.

이 모든 총은 후장식 단발총이었다. 1875년경 유럽에서 사용되던 소총 중에는 연발총이 단 1정도 없었다. 하지만 연발총은 잊히지 않았다. 연발총의 성능은 남북 전쟁에서도 제한된 규모로 입증되었으며, 1877년부터 1878년까지 벌어진 러시아-튀르크 전쟁에서도 입증되었다. 비록 연발총의 장전 속도가 느리고 여러 발을 쏜 다음 탄창을 채우는 작업이 추가되더라도, 전체적인 발사 속도가 빨라진다는 장점이 단점을 상쇄했다. 공격을 받을 때처럼 긴박한 순간에는 남은 몇 발이 생명을 구할 수도 있었다. 러시아-튀르크 전쟁 당시 플레브나(오늘날 불가리아의 플레벤)에서 벌어진 전투에서, 별다른 특징이 없었던 튀르크 군대 일부는 헨리 소총의 직계 후손인 미국산 윈체스터 연발총으로 무장했다. 윈체스터 연발총의 사정거리나 화

---

* 1873년에 미 육군이 도입한 45정부 구경 탄약에는 화약 405그레인(26그램)과 45구경 탄자, 그리고 점화약(흑색 화약) 70그레인(4.5그램)이 들어 있었다. 당연히 그것은 '.45-70-405'여야 하지만, 일반적으로 .45-70 탄약이라고 일컬었다.

력은 러시아의 크른카 소총과 버던 소총의 것에는 미치지 못했지만, 발사 속도는 그 무엇보다 빨랐다. 수적으로는 열세였어도 윈체스터 소총으로 무장한 튀르크군은 차르의 군대가 플레브나를 점령한 대가를 톡톡히 치르게 했다.

남북 전쟁에서는 얻지 못했던 교훈을 플레브나 전투에서 얻게 되자, 견고하고 안정적인 연발총을 찾는 일은 소화기 기술의 다음 과제가 되었다. 스펜서, 헨리, 윈체스터의 연발총에 사용된 관형 탄창은 가장 단순하고 익숙한 볼트 액션 방식이었다. 드라이제, 샤스포, 마우저, 그라, 이후 버던 소총의 기본 구조로도 채택된 볼트 액션은 연발총과도 잘 어울렸다. 볼트 액션과 관형 탄창은 자연스러운 조합이었다. 볼트 액션 소총은 윈체스터 같은 레버 액션 소총보다 구조적으로 튼튼했으며, 다른 장전 방식에는 탄창을 적용할 수 없었다.

오스트리아 기술자 페르디난트 프뤼비르트는 관형 탄창을 볼트 액션 방식과 결합했고, 오스트리아 장군 알프레드 리터 폰 크로파체크는 프뤼비르트의 기술을 개선했다. 크로파체크의 관형 탄창은 목제 총신 아래에 평행하게 달렸고, 목제 개머리판에 둘러싸여 보호되었으며, 팔로워 용수철의 탄성력으로 총구 끝에서 탄약을 약실 방향으로 밀어냈다. 소총수가 노리쇠를 위로 회전시키고 뒤로 당기면 다 쓴 탄피가 튕겨 나오고, 공이치기는 후퇴했다. 동시에 팔로워 용수철은 새로운 탄약을 노리쇠 아래의 리프터 lifter라는 회전식 상승 장치에 밀어 넣었고, 리프터는 탄약을 약실 쪽으로 밀어냈다. 노리쇠를 다시 앞으로 밀면, 리프터에 밀려 올라온 탄약이 확실히 약실에 장전되었다. 탄창에 탄약을 채우는 데 몇 초 걸렸지만, 크로파체크는 발사할 때마다 새로운 탄약을 장전할 필요 없이 노리쇠를 작동시키는 것만큼 빠르게 장전하고 발사할 수 있었다. 사격 속도는 마우저 소총보다 거의 2~3배 빨랐다. 크로파체크는 확실히 더 나은 연발총이었다.

1878년, 프랑스 해군은 공식적으로 크로파체크 소총을 채택했다. 6년 후 프랑스 육군이 그 뒤를 따르며 선두를 달리던 독일을 크게 앞질렀다. 물론 독일은 가만히 앉아서 프랑스가 연발총으로 재무장하도록 내버려 둘 수 없었다. 그래서 마우저는 게베어 71을 개조하여 관형 탄창에 더해 크로파체크의 것과 유사한 리프터까지 추가했다. 새로운 연발총인 게베어 M1871/84는 이전의 단발 소총을 계승했다. 프랑스와 독일은 다시 대등해 졌다. 하지만 잠시뿐이었다.

이러한 상태는 오래가지 못했다. 프랑스와 독일 모두 상대방보다 앞서길 원했기 때문이다. 대등해지거나 긴장을 완화하기보다는 패권과 이익을 얻으려는 투쟁이 전개된 것이다. 만약 소화기의 살상력을 향상할 수 있는 방법이 있다면, 독일과 프랑스의 기술자들은 그것을 어떻게든 찾아냈다. 그리고 나머지 유럽 국가도 군비 경쟁에 참여하는 것보다 더 나은 대안이 없었기 때문에 독일과 프랑스의 뒤를 따랐다.

소화기 경쟁의 다음 단계는 탄약 분야에서 과학이 크게 발전하면서 일어났다. 새로운 화약은 총기를 완전히 변화시킨 유일한 발명품이었다. 독일의 화학 산업은 프랑스보다 더 정교했고, 독일 화학자들은 화학 분야의 선도자였다. 반면 프랑스는 무기 관련 화학, 특히 추진제로 쓰는 화약에 집중적인 노력을 기울였다. 1870년대 총기 기술의 거의 모든 기본 요소, 즉 추진제를 제외한 모든 기본 요소는 이전과 크게 달라졌다. 흑색 화약은 여전히 다목적 폭발물이자 추진제였다. 기술자들과 화학자들은 한동안 추진제보다는 폭발물에 더 초점을 맞추면서 대안을 연구해 왔다. 폭발물은 민간, 특히 광업과 철도 건설 분야에서 다양하게 응용되었는데, 산만한 바위에 터널을 뚫을 때 조건을 통제해 폭발을 일으키면 많은 시간을 절약할 수 있었기 때문이다. 첫 고성능 폭약인 니트로글리세린은 1840년대에 등장했다. 트리니트로톨루엔(TNT)은 독일 화학자 율리우스 빌브란트가 1863년에 특허를 받았다. TNT는 폭발물이었고, 추진제로는 적합하지 않았다. 흑색 화약이 갑자기 타오른다면, 니트로글리세린과 TNT는 빠르고 강력하게 폭발했다. 너무 강력해서 소총의 강철제 약실에 안전하게 넣을 수 없을 정도였다. 흔히 '면화약'이라고 일컫는 니트로셀룰로오스는 좀 더 가능성이 있었다. 오스트리아군은 면화약을 강선 머스킷용으로 썼으나 일시적으로만 사용했다.

큰 변화는 1884년에 찾아왔다. 프랑스의 폴 비에유라는 젊고 명석한 화학자가 니트로셀룰로오스를 에테르 그리고 파라핀과 혼합하여 희끄무레한 가루를 만들어 낸 것이다. 이 가루는 조각이나 알갱이 형태로 만들 수 있고, 화약처럼 불안정하거나 휘발성이 강하지도 않았으며, 습기에 지나치게 민감하지도 않았기 때문에 흑색 화약보다 폭발시키기 어려웠다. 이러한 특성은 탄약에 쓸 만했다. 또한 비에유의 화합물은 생산하거나 취급하기가 쉬웠다. 흑색 화약보다 더 천천히 연소했고, 전반적으로는 부피에 따라서 최대 3배까지 더 강력했다. 단순히 화약 입자의 크기를 변경시킴으로써 연소율도 조정할 수 있었다. 또한 더욱 효과적으로 연소했다. 비에유는 이 화약을 '푸드르 블랑쉬poudre blanche', 즉 백색 화약이라고 일컬었고, 프랑스 육군은 '푸드르 B'라는 공식 명칭을 붙였다. 백색 화약은 타고난 뒤 총열에 거의 아무것도 남기지 않았다. 총열 내부에 탄소 그을음을 남기지도, 후미 장전 장치에 끈적한 물질을 남기지도 않았다. 가장 놀라운 것은 푸드르 B가 아주 적은 연기만 배출했다는 사실이었다. 이것은 바로 무연 화약이었고, 이는 연기가 나지 않는다는 뜻 그 이상을 의미했다.

비에유의 발명품은 현대식 발사체의 첫 추진제였으며, 무연 화약 계열의 시초였다. 푸드르 B의 장점은 연기나 찌꺼기가 없는 것으로 끝나지 않았다. 특히 약간 더 작은 탄자를 발사할 때 탄도에 미치는 영향은 정말 놀라웠다. 푸드르 B로 발사한 탄자는 흑색 화약으로 발사하던 길쭉하고 구경이 큰 탄자보다 사정거리가 길고 속도가 빨랐고, 평평한 궤도를 그렸다. 살상 범위는 미터가 아니라 킬로미터로 측정해야 할 만큼 늘어났다. 탄도가 더욱 평평해지자 이전 세대 탄자의 탄도 특성인 '안전 지대'가 매우 줄어들었다. 또한 장약량과 탄자 크기가 줄자 탄약 무게도 가벼워졌다. 푸드르 B는 모든 면에서 흑색 화약보다 뛰어났다.

프랑스 육군은 비에유의 발견을 비밀에 부친 채 새로운 추진체에 걸맞은 소총을 설계하기 시작했다. 군 당국은 더 이상 운이나 민간 산업, 개별 발명가 들에게 이러한 혁신을 맡기지 않았다. 군사 기술의 혁신은 1870년 이후 유럽의 군국주의적 정치 풍토에서 생사를 가르는 중요한 문제가 되었고, 우연이나 천재적인 개인의 예측 불가능한 상상력에 맡기기에는 너무나 민감했기 때문이다. 독일처럼 프랑스에서도 무기 설계는 기술자, 과학자, 군사 전문가로 구성된 위원회가 수행하는 일종의 제도화된 연구가 되었다. 따라서 프랑스에서 비에유의 새로운 화약은 육군 연발 총기 위원회에 전달되었다. 위원회에 들어온 지 얼마 안 된 니콜라 르벨 대령은 푸드르 B에 적합한 새로운 탄약을 설계했고, 위원회는 새로운 탄약에 적합한 소총을 설계했다. 1886년, 위원회는 새로운 소총을 만들어 내라는 육군성의 강한 압력을 받으면서 마침내 '르벨 소총'이라는 M1886 소총을 승인했다.

새로운 프랑스 소총이 탄약 발명가의 이름으로 알려진 것은 적절했다. 이는 탄약이 가장 중요했기 때문이었다. 르벨 소총 자체는 그다지 주목할 만한 무기는 아니었다. 8발이 장전되는 탄창이 달린 볼트 액션 연발총이었고, 약간 개량된 크로파체크 소총에 지나지 않아서였다. 그러나 흑색 화약보다 훨씬 더 강력한 푸드르 B 덕분에 르벨 소총의 위력은 기존 연발총보다 월등했다.

르벨 소총이 관심을 끈 이유는 소총 자체가 아닌 르벨 탄약 덕분이었다. 공식적으로는 '발Balle M'이라고 일컬은 르벨 대령의 탄약은 가장 근대적인 요소들을 모두 갖췄다. 르벨탄은 푸드르 B를 넣은 길쭉한 센터파이어 탄으로, 상단이 평평한 직경 8밀리미터짜리 탄약이었다. 납작한 상단은 중요한 안전장치였다. 르벨 소총의 탄창에는 센터파이어탄이 연이어 붙어 있으므로 탄자가 내장된 끝부분이 다른 탄약의 점화약 끝부분과 마찰을 일으킬 수도 있었다. 뾰족한 탄자를 이용하면 소총이 갑자기 충격 받을 때 뾰족한 탄자 부분이 다른 탄약의 점화약을 우연히 폭발시킬 가능성이 있었고, 이는 탄창에서 연쇄 폭발을 일으켜 처참한 결과로 이어질 수 있었다. 탄자 구경을 더 작게 만든 것도 표준에서 매우 벗어난 조치였다. 적의 공격을 저지하려면 큼직한 탄자가 필요하다고 생각하던 시절이었다. 그런데 르벨 소총의, 특히 직경 8밀리미터짜리 탄약의 사정거리와 명중률은 동시대의 40구경 탄약이나 무려 45구경 탄약보다도 훨씬 더 뛰어났다.

또한 탄자의 전통적인 재료인 납은 무연 화약이 만들어 내는 빠른 속도를 감당하기에는 너무 부드럽다는 사실도 밝혀졌다. 납탄은 총열안에서 총구로 빠져나오는 도중에 부드러워지고 부분적으로 녹을 수도 있기에 비행 중 모양이 변형되면서 명중률이 심각하게 떨어질 수 있었다. 1882년 스위스 육군 장교 에두아르트 루빈이 탄자 바깥에 약간 더 단단한 금속으로 얇은 층을 두르는 피갑 공정을 추가하자, 탄자는 강선과 결합할 만큼 부드러우면서도 발사에 따른 충격에도 모양을 유지할 수 있을 만큼 단단해졌다. 르벨은 루빈의 발견을 발 M 생산에 적용했다. 르벨탄에 구리와 니켈로 된 금속 피갑을 입힌 것이다.

이것은 그저 소화기를 개조한 수준의 일이 아니었다. 르벨 소총은 탄약 덕분에 독보적인 무기가 되었다. 당시 세계에서 사용되던 어떤 소총보다 뛰어났고, 명중률은 독보적이었으며, 탄도는 거의 평평했다. 총구 속도는

M1871/84 마우저 소총 것의 2배였다. 추후 독일 육군이 시행한 실험에서도 마우저 소총보다 르벨 소총의 발사 속도가 더 빨랐다. 양 소총 모두 탄창을 갖춘 볼트 액션 총기였지만, M1871/84는 1분당 26발을 쏘는데 반해, 르벨 소총의 발사 속도는 1분당 43발이었다. 르벨 소총이 발명되자 다른 소총은 모두 한 방에 구식이 되어 버렸다.

만약 독일이 효과적인 대응책을 마련하기 전에 프랑스가 전체 보병 및 기병 사단을 르벨 소총으로 재무장할 수 있었다면, 독일군은 어떤 훌륭한 훈련이나 전술 교리, 병참으로도 따라잡기 힘든 기술 격차에 직면했으리라. 이는 터무니없는 두려움이 아니었다. 1880년대 후반, 독일은 공격적인 반독일 민족주의가 팽배한데다가 기술적 성과에서 앞서가던 프랑스를 보며 불안해졌다. 독일군의 보수적인 예측에 따르면, 독일이 M1871/84를 충분히 생산해 독일군을 무장시킨 지 겨우 1년 반쯤 지났을 시기인 1889년에야 프랑스군은 르벨 소총으로 완전히 재무장할 수 있었다. 한 독일 장군은 프랑스의 기술 우위가 매우 결정적이어서 만약 프랑스와 전쟁을 하게 된다면, 독일 보병들은 "모두 자고새처럼 총에 맞아 쓰러질 것"이라고 말했다.*

우수한 소총과 탄약의 발명이 독일에서는 거의 공황을 일으켰다는 것이 이상해 보이지만, 독일은 르벨탄을 그만큼 두려워했다. 프랑스 연발 총기 위원회와 유사한 독일의 소총 심사 위원회(GPK)는 민간 산업계와 협력하여 더 나은 추진제를 찾았으나 아무런 성과를 거두지 못했다. 독일군이 내놓을 수 있는 가장 좋은 추진제는 막스 두텐호퍼의 로트바일 셀룰로오스 화약이었다. 이 화약은 목재를 원료로 한 '니트로' 추진제로, 사격 속도가 흑색 화약보다 약간 더 빨랐지만 불안정했고, 발사 시 연기 구름이 생겼다.

---

*   Eric Dorn Brose, *The Kaiser's Army: The Politics of Military Technology in Germany during the Machine Age, 1870–1918* (Oxford: Oxford University Press, 2001), pp. 46~50.

프랑스군이 르벨 소총과 발 M을 세상에 공개하자 독일군의 반응은 경악에 가까웠다. 독일의 위대한 정치가 비스마르크 재상이 전쟁을 피하기 위해 프랑스를 외교적으로 고립시키는 등 할 수 있는 모든 일을 했는데도 프랑스가 군사적 우위를 차지한다면 즉시 양 강대국 간에 전쟁이 일어날 것이라는 우려가 여전했기 때문이다. 게다가 르벨 소총을 도입하기 위해 힘썼던 프랑스 국방 장관은 다름 아닌 조르주 불랑제였다. 스캔들에 휩싸인 장군이자 정치인이던 불랑제는 주로 독일에 복수해야 한다는 포퓰리즘적 주장으로 인기를 얻었다. 독일군의 제식 화기가 단발식 게베어 71에서 탄창식 게베어 71/84로 전환되는 도중이었으며, 르벨 소총이 도입된 당시 게베어 71/84는 도입 후 고작 2년이 지났다는 사실은 중요하지 않았다. 독일의 생존은 프랑스의 군사 기술을 따라잡는 데 달려 있었다.

독일인들은 끝내 따라잡았다. 그것도 우연한 기회로 재빨리 따라잡았다. 르벨 소총이 도입된 지 1년 만에 어느 수완이 비상한 프랑스 탈영병이 이익을 얻을 작정으로 르벨 소총과 탄약을 가지고 독일로 들어왔다. 그 소식을 들은 비스마르크는 당연히 관심을 보였다. 독일군 최고 사령부는 두텐호퍼의 실험을 즉각 중단시키고, 프랑스제 탄약을 분해하여 뻔뻔스럽게 모방했다. 사활을 건 군비 경쟁에 몰두했던 독일은 기존의 르벨탄을 더욱 개선했고, 다시 승기를 잡았다.

독일은 우선 소총을 발전시켰다. 프랑스군에 대응해야 한다는 엄청난 부담 속에서 GPK는 게베어 71/84 소총을 재설계하여 발 M 같은 고압에 소구경인 탄약과 함께 사용하거나 처음부터 다시 개발하는 방안 등 몇 가지 방안을 저울질했다. GPK의 장교들은 후자를 선택했다. 그들은 단지 프랑스와 대등한 수준으로는 만족할 수 없었다. 안정적인 볼트 액션을 그대로 고수했으나, 몇 가지 선택지가 더 있었다. 다른 국가나 발명가 들도 볼트 액션 장치를 선택했기 때문에 마우저 소총과 크로파체크 소총은 이제 더 이상 유일한 볼트 액션 총기가 아니었다. 독일의 동맹국인 오스트리아-헝가리는 페르디난트 만리허의 발명품인 볼트 액션 장치를 도입했다. 전통적인 흑색 화약탄을 사용했기 때문에 만리허 소총인 M1886은 추진제 면에서 르벨 소총보다 뒤떨어져 있었다. 그러나 독일 무기 전문가들의 관심을 끈 것은 만리허 소총의 탄창이었다. 만리허는 총열 아래에 관형 탄창을 붙이지 않고, 방아쇠울 바로 앞에 있는 볼트 액션 장치 아래에 상자형 탄창을 설치했다. 상자형 탄창은 관형 탄창보다 더 간단하고 성능이 좋았다. 1줄씩 서로 겹쳐 쌓은 탄약이 열린 약실을 통해 곧바로 장전되었다. 팔로워 용수철이 탄창 아래에서 탄약을 밀어 올리면 꼭대기의 탄약은 바로바로 약실에 장전되었다.

만리허 소총은 간단하고 견고하며 청소나 보수를 하기가 쉬운데다가, 무엇보다도 발사 속도가 빨랐다. 만리허는 관형 탄창보다 훨씬 더 적은 시간으로 상자형 탄창을 채우는 기발한 방법도 고안했다. 탄약을 1회에 1개씩 장전하는 대신 탄약 5개를 '엔 블록en bloc 클립'이라는 개방형 강철 삽탄자에 미리 끼워 둔 후, 클립 전체를 탄창에 삽입하는 방식이었다. 쉽고 빠른 동작 1회로 소총을 완전히 장전할 수 있게 된 것이다. 탄약을 전부 다 사용하면 탄창 내부의 클립은 탄창 아래의 배출구를 통해 바닥에 떨어졌다. 그러면 다른 클립을 탄창에 밀어 넣을 수 있었다. 엔 블록 클립으로 도중에 멈출 필요 없이 연이어 탄약을 발사하게 되자, 자연히 발사 속도도 증가했다.

여기까지는 좋았다. GPK는 순조롭게 출발했다. 다음은 탄약이었다. 발 M은 꽤 훌륭했고, 구경이 작고 피갑도 씌운 탄자와 빠른 속도로 타는 화약의 조합은 단연코 혁명적이었다. 그러나 르벨탄의 모양은 바람직하지 않았다. 직경 11밀리미터짜리 그라탄을 개량한 르벨탄의 황동 소재 탄피는 아래에서 위로 급격히 가늘어졌으며, 밑부분을 둘러싼 가장자리는 돌출되었다. 가장자리가 크면 뜨거운 약실에서 빼내기가 쉽긴 했지만, 위로 갈

수록 유난히 좁아지는 윤곽은 분명 골칫거리였다. 르벨탄은 탄자 부분보다 탄피 아랫부분의 폭이 넓었기 때문에 탄약을 일직선으로 나란히 쌓을 수 없었고, 따라서 탄창 둘레도 곡선을 이루어야 했다. 결국 GPK는 탄피의 윤곽을 변경하여 폭과 길이가 일정한 탄피를 만들었다. 독일의 새로운 탄약인 패트론 88은 일직선으로 쌓을 수 있었다.

르벨 소총을 입수하고 분해한 지 1년도 채 되지 않았을 때 독일군은 새로운 탄약과 함께 게베어 88(M1888) 소총을 소개했다. 르벨 소총처럼 군사 위원회에서 설계한 소총이었다. 탄도학적으로는 르벨 소총과 대등했지만, 새로운 탄창 시스템은 르벨 소총의 관형 탄창보다 확실히 개선되었다. 독일이 다시 선두에 섰다. 무기를 변화시키는 일을 망설이거나 반대하는 논의는 벌어지지도 않았다. 소총을 교체하는 일은 문제가 아니었으며, 독일에 새로운 소총이 도입되어야 한다는 의견에는 아무런 이견이 없었기 때문이다. 독일군이 여전히 신무기였던 게베어 71/84로 완전히 무장하지 못한 것은 문제가 되지 않았다. 프랑스군보다 뛰어난 총기를 보유하는 것은 절약에 관한 사소한 걱정으로는 막을 수 없는 필수 조건이었다.

세계에서 가장 우수한 소총을 향한 경쟁은 게베어 88에서 끝나지 않았다. 2년 후, 프랑스군은 상자형 탄창과 엔 블록 클립을 갖춘 새로운 볼트 액션 소총인 베르시에를 도입했다. 하지만 베르시에 소총은 평범했고 르벨 소총처럼 화기 역사에 큰 영향을 미치지는 못했다. 1890년대에 프랑스는 대체로 독일을 따라잡지 못했다.

나머지 서구 세계와 그 뒤를 따르는 국가들은 유럽에서 가장 앞선 양국 군대를 따라잡으려고 노력했다. 대부분은 비용을 개의치 않고 따라잡았지만, 무기 공장이 없는 작은 나라들은 오베른도르프에 있던 마우저 공장이나 슈타이어의 오스트리아 무기 공단(OEWG)을 비롯한 해외에서 주로 최신식 무기를 구매해야 했다. 그러나 대부분은 자국에서 생산한 특수 탄약에 적합한 자국산 소총을 선호했다. 그 당시 유럽 정계를 가장 꾸준히 지배한 민족주의와 전략 자원을 자급자족하자는 요구가 이러한 경향을 이끌었다.

1895년 오스트리아-헝가리는 우수한 만리허 소총을 새로운 무연 화약에 적합하게 개조했고, 1891년 러시아는 자국 기술자인 세르게이 이바노비치 모신의 볼트 액션 총기와 벨기에 총기 제조자인 레옹 나강의 탄창을 결합해 소총을 만들었다. 이 하이브리드 소총인 모신-나강 소총은 아마도 세계 역사상 가장 널리 사용된 볼트 액션 총기일 것이다. 이탈리아는 1891년에 만리허 소총의 변형인 카르카노 소총을 도입했고, 일본은 1898년부터 자국산 마우저 소총인 아리사카를 제식 무기로 지급했다. 영국은 여전히 흑색 화약을 사용하는 후미 장전식 단발총인 마티니-헨리를 충성스럽게 고수하다가 1888년이 되어서야 탄창식 볼트 액션 소총을 단계적으로 도입하기 시작했다. 1888년에는 리-멧포드, 1895년에는 리-엔필드, 이후 영국군이 '스멜리 Smelly'라는 애칭으로 부른 SMLE(Short, Magazine, Lee-Enfield)를 도입했다.

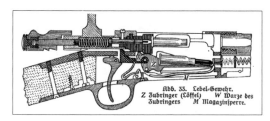

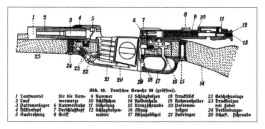

삽화 17

위 그림은 무연 화약 시대의 혁명적인 볼트 액션 소총인 M1886 르벨이다. 관형 탄창(오른쪽)과 탄약 리프터(Z)가 있다. 아래는 M1888 독일 코미션스게베어(게베어 88)로, 상자형 탄창과 탄약 5발이 들어 있는 '클립'이 있다.

미국은 무기 산업이 발달하고 총기 역사도 풍부한 나라치고는 늘 시대에 뒤처졌다. 1866년과 1892년 사이에 여러 번 개조된 흑색 화약 트랩도어 소총은 국경을 지키는 데 쓰기에는 충분했지만, 1890년대가 되자 비용에 민감한 미국인들조차도 무기의 근대화를 더 이상 미룰 수 없다고 느낄 수준이었다. 마우저 소총과 만리허 소총을 모두 거부했던 미 육군 위원회는 노르웨이인인 올레 크라그와 에리크 에르겐센이 공동 설계한 탄창식 볼트 액션 소총이자 당시 덴마크군용이던 소총을 선택했다. 미국에서는 단순히 '크라그'라고 부르는 크라그-에르겐센 소총은 1892년에 미군 무기가 되었는데, 이것은 의아한 선택이었다. 크라그 소총은 1890년대의 다른 유럽 소총과 비슷하게 작동했으나, 크라그 소총의 5발들이 탄창은 특이했다. 탄창은 총몸 오른쪽의 힌지와 용수철이 달린 개폐 장치로 열렸다. 부드럽게 작동했지만 1회당 1발만 채울 수 있었으며, 비슷한 시기에 생산된 다른 소총과는 달리 클립을 이용하지는 않았다.

미군이 크라그 소총을 선택한 주요 원인은 조그만 '탄창 차단 장치' 때문이었는데, 이것은 조정간을 움직여 탄창의 탄약이 약실에 장전되는 것을 막았다. 이 장치는 주로 탄약 낭비를 두려워하고 탄창을 비상시에만 사용하는 예비 탄약을 넣어두는 장치로 여겼던 나이 든 지도자들의 관심을 끌었다. 즉 크라그 소총은 단발식 후장총 겸 현대식 연발총으로 사용할 수 있었다. 그러나 크라그 소총은 잘못된 선택으로 판명나면서 미군의 제식 무기로 오래가지 못했고 도리어 신무기를 적극적으로 수용하자던 이들의 주장을 강화했다. 쿠바를 둘러싼 전쟁, 즉 1898년에 일어난 미국-스페인 전쟁이 벌어지던 동안 미군은 스페인군의 무기가 자기네 것보다 더 낫다는 사실을 깨달았다. 스페인군용 소총은 M1893 마우저 소총으로, 구경이 7밀리미터이며 엔 블록 클립도 갖춘 볼트 액션 소총이었다. M1893은 클립을 사용했기에 미군의 .30-40 크라그 소총탄보다 장전 속도가 빨랐고, 화력과 사정거리도 우월했다. 결국 몇 년 후 크라그 소총은 마우저 소총과 비슷하고, 곧 유명세를 얻게 되는 M1903 스프링필드 소총으로 대체되었다.

제1차 세계대전 당시 소총 수십 종이 도입되었지만, 승자는 마우저 소총이었다. 마우저 소총은 1889년부터 오베른도르프에 있던 마우저 공장의 기술자들이 해외 판매를 위해 연달아 새로운 모델을 고안해내면서 세계에서 가장 인기 있는 소총이 되었다. 벨기에, 오스만 제국, 스페인, 스웨덴, 멕시코, 아르헨티나, 페루, 브라질, 시암(태국), 페르시아(이란) 등도 새롭게 개선된 마우저 모델 중 1종을 채택했다. 심지어 독일군도 게베어 88이 여전히 현대적이며 쓸 만했는데도 신식 마우저 소총으로 무장하려는 유혹을 뿌리칠 수 없었다. 결국 독일군이 '게베어 98'이라고 일컫은 소총이자 마우저의 가장 좋은 디자인인 M1898이 독일군의 제식 소총이 되었고, 제2차 세계대전 때까지 독일 보병의 주력 소총이 되었다.

소총 설계의 혁신 속도와 우수한 보병 무기를 향한 과열된 경쟁은 새로운 세기가 시작되면서 약간 누그러졌다. 먼저 시급히 해결해야 할 문제가 나타났기 때문이었다. 프랑스와 독일은 또 다른 무기 기술 분야인 야포를 두고서 경합을 벌였고, 영국과 독일의 해상 무기 경쟁은 급격히 치열해졌다. 소총의 혁신 속도는 조금 느려졌지만 완전히 멈추지는 않았다. 마우저사는 만리허형 탄창에 사용된 엔 블록 클립보다 저렴하고 우수한 새로운 탄약 장전용 클립을 발명했다. 새로운 세기가 밝아오기 바로 직전에 유럽 군대는 차례차례 새로운 탄약을 도입했다. 사정거리와 관련된 광범위한 실험을 통해 독일의 스피처탄(spitzgeschoß)처럼 끝이 날카로운 탄약은 1900년 이전에 일반적으로 사용되던 끝이 뭉툭하거나 평평한 탄약보다 명중률이 더 높다는 사실이 밝혀졌다. 탄피 밑바닥의 폭이 '보트의 꼬리'처럼 좁아지는 스피처탄은 명중률이 더욱 높아졌다. 이러한 실험 결과에 따라서 탄약과 소총을 개조해야 했기 때문에 적지 않은 비용이 소요되었다. 1905년 독일은 스피처탄을 도입했고, 이후 게베어 98 소총과 구식 게베어 88 소총도 개조했다.

1905년이 되자 모든 서구 군대와 서구의 영향을 많이 받은 일본군, 중국군, 오스만 제국군 등 여러 비서구 군대는 무연 화약과 센터파이어탄과 탄창을 사용하는 근대식 볼트 액션 소총으로 자국 군대의 보병 부대를 무장시켰다. 그러나 문제가 없지는 않았다. 생산이 수요를 따라갈 수 없었던 것이다. 독일은 대체로 자급자족에 성공했지만, 대다수 주요 국가들은 불충분한 국내 생산량을 보충하기 위해 외국에서 소총을 들여왔다. 1917년 미국이 제1차 세계대전에 참전하기 전, 미국 기업들은 연합국인 프랑스, 영국, 특히 러시아에 소총과 탄약을 주로 공급했다. 레밍턴과 뉴잉글랜드 웨스팅하우스 같은 총기 제조업체는 러시아군용 소총인 M1891 모신-나강 소총을 복제하여 생산했고, 윈체스터는 러시아의 직경 7.62밀리미터 탄약에 맞춰 특수 제작된 'M1895 윈체스터 머스킷'이라는 레버 액션 소총을 생산했다.

1914년에 제1차 세계대전이 발발하자 예비군을 포함한 군인들 모두를 무장시킬 근대식 무기가 충분하지 않았고, 때때로 후방 부대는 구식 소총이나 외국산 소총 등으로 임시변통해야 했다. 란츠투름에 속한 반백의 늙은 예비군은 구식 게베어 71을 들고서 기차역의 창고를 지켜야만 했고, 러시아의 최전방 부대는 일본제 아리사카 소총을 가끔 사용했으며, 오스만 제국 군대는 독일제 소총에 크게 의존했다. 그러나 최전방 부대는 대개 근대식 소총을 들고 있었다. 모신-나강, 마우저, SMLE 같은 소총에는 각자 장단점이 있었지만, 전반적인 성능은 거의 비슷했다. 어느 것도 다른 것에 비해 특출나게 뛰어나지는 않았다. 1870년 이후 벌어진 치열한 소총 경쟁의 "승자는 없었다." 1914년부터 1918년까지 소총이 불러온 문제는 전시 수요를 충족시킬 수 있는 장기적 생산 능력을 가진 나라와 그렇지 않은 나라를 나누었다.

2세대 혹은 3세대에 걸쳐 급격한 변화를 겪은 소총은 이제 가장 주목받는 총기의 자리를 내주었다. 완전히 새로운 소화기가 막 알려지기 시작했기 때문이다. 제1차 세계대전에서는 그 무기의 소리를 들을 수 있었다.

12장

전자동 기관총

1883년 초여름의 어느 더운 저녁, 런던 이스트 센트럴에 있는 해턴 가든 57D의 셋집 지하실에서 한 미국인이 힘들게 일하고 있었다. 그의 이름은 하이럼 맥심이었다. 산업화 초기의 미국 발명가들과는 다른 유형이었지만, 그도 토머스 에디슨 못지않게 창의력이 뛰어나 많은 성공을 거두었다. 실제로 맥심은 자신을 에디슨의 라이벌이라고 생각했다. 이 당시 나이 43세에 메인주 출신이던 덩치 큰 맥심은 홀로 공부했다. 책을 좋아하진 않았지만 타고난 천재였다. 그는 악명 높은 바람둥이였던지라 아마 결혼도 여러 번 했을 것이며, 혼자서 일했다.

미국을 떠나 영국으로 향하는 1881년까지, 맥심은 자동 스프링클러 시스템, 증기 동력 비행 기계, 자신의 만성 기관지염과 기타 호흡기 질환을 고쳐 줄 멘톨 흡입기를 발명했다. 그는 자신이 백열전구를 발명했다고 주장했으며, 실제로 뉴욕에 첫 전등 시스템을 설치하기도 했다. 이 일로 토머스 에디슨의 반감을 사자 맥심은 유럽으로 건너가기로 했다.

그때부터 맥심은 관심을 총기로 돌렸다. 추후 맥심은 그가 오스트리아의 수도인 빈에 있을 때 한 미국인 친구를 만났고, 그가 던진 퉁명스러운 조언을 받아들였다고 회상했다. "화학과 전기를 때려치게! 돈을 벌고 싶다면 이 유럽인들이 서로의 목을 더 수월히 딸 수 있는 뭔가를 발명하라고!" 사실이 아닐 수도 있는 이 이야기는 맥심의 마음속 깊이 새겨졌다.

그래서 1883년 하이럼 맥심은 해턴 가든에 있던 자기 실험실에서 그 미국인 친구의 조언을 따라 전혀 전례가 없고 어떤 발명가도 연구한 적 없는, 추진제가 폭발하며 방출된 에너지를 재장전 및 발사에 자동으로 사용하는 화기를 발명하고 있었다. 그는 어렸을 적에 소총을 발사했다가 지나치게 강한 반동 때문에 뒤로 떠밀려 넘어진 적이 있었다. 이 경험으로 그는 총기가 발사되면서 생기는 에너지가 사람에게 얼마나 많이 쏠리는지 알게 되었다. 그래서 맥심은 이 에너지를 이용하여 총기를 장전하고 발사한 뒤 다시 장전하고 발사하는 과정을 반복하는 메커니즘을 개발했다. 이것은 완전히 자동으로 작동하는 총기이자 기계였고, 그 기계를 작동하는 원료는 탄약 자체였다. 기관총이 발명된 것이다.

1883년 여름의 어느 날 밤, 맥심의 기관총 원형은 여전히 매우 원시적이었지만 무언가 심상치 않았다. 그는 근대식 센터파이어탄 몇 발을 탄창 대신 직물제 탄띠에 장전하고, 탄띠를 기관총에 꿴 후 장전 손잡이를 올리고 방아쇠를 당겼다. 6발이 빠르게 연속 발사되었고, 빈 황동제 탄피 6개가 그 무기 밖으로 날아가 쨍그랑거리며 바닥에서 튀어 올랐다. 방아쇠는 단 1회 당겼을 뿐이었다.

1883년에 있었던 간단한 실험이 성공하면서 전장과 군용 화기, 화력 자체의 성격은 이제 영원히 달라졌다.

하이럼 맥심이 진정한 속사 무기를 꿈꿨던 첫 번째 발명가는 아니었다. 19세기 무기 산업의 가장 중요한 목표는 소형 총기와 대포의 사격 속도를 높이는 것이었다. 맥심 기관총이 발명되기 수십 년 전에도 성공한 사례가 있었고, 전장에서 속사포를 사용하기도 했었다.

처음이자 가장 간단한 속사 무기는 총열이 여러 개인 발리건volley gun이었다. 이는 동시에 여러 발을 쏘거나 연속해서 빠르게 쏠 수 있었다. 뉴욕의 치과 의사였던 로체스터와 어느 총기 제작자가 1862년에 함께 발명한 빌링허스트-레콰 배터리도 발리건이었다. 퍼커션 캡 1개를 때리면 가벼운 포차 위에 나란히 1줄로 정렬된 52구경 총열 25개가 동시에 모두 발사되었다. 좀 더 유명한 프랑스 발리건은 수명이 짧았으나 상당한 전투력을 발휘했다. 벨기에 총기 제조자 조셉 몬티니가 만든 총열이 37개인 발리건을 개량한 프랑스의 레피 미트라예즈 발리건은 1866년에 개발되었으며, 둥근 관 속에 가로 5개, 세로 5개씩 총열 25개가 배열되어 멀리서 보면 경량 야전 곡사포 같았다. 직경 13밀리미터짜리 센터파이어탄 25개가 놓인 판이 둥근 관 속의 해당 총열과 맞춰지도록 격자 모양으로 배열되었으며, 탄약이 열린 약실로 들어갔다. 약실을 닫으면 탄약이 총열 묶음으로 밀려들었고, 핸들을 돌리면 1발씩 발사되었다. 핸들을 돌리는 속도에 따라 발사 속도가 달라졌지만, 잘 훈련받은 보병이라면 분당 100발까지 쉽게 발사할 수 있었다.

미트라예즈는 분명 쓸 만한 발리건이었지만, 부피가 크고 무거웠다. 1톤에서 조금 모자란 무게 때문에 대포로 취급되어야 했다. 미트라예즈의 화력은 대단했지만, 보불 전쟁에서는 실망스러운 성과를 냈다. 프랑스 장군들이 미트라예즈의 위협적인 화력을 이용할 가장 좋은 방법을 완전히 이해하지 못했기 때문이다. 적에게 너무 가까이 배치하면 담당 보병이 적의 눈에 띄어 표적이 되기 쉬웠고, 너무 멀리 배치하면 효과가 없었다. 게다가 미트라예즈의 크기와 무게는 전투에서의 역할을 크게 제한시켰다.

속사포 역시 발리건만큼 컸고, 구조적으로 훨씬 더 복잡했다. 실용적인 무기라기보다는 우스꽝스러운 무기를 2배 더 많이 만들어 낸 것 같은 남북 전쟁 기간에 단순한 특허용 모델이 아닌 실전에서 사용된 속사포 2종이 있었다. 그중 1종은 유니언 리피팅건으로, 에이브러햄 링컨은 이것이 특이하게 작동하는 모습을 보고 '커피 원두 분쇄기'라고 불렀다. 그러나 남북전쟁 초기에 사용 범위가 제한적이고 성능이 불만족스러워 점점 사용하지 않게 되었다. 그러나 동시대에 발명된 개틀링 기관총은 그렇지 않았다.

미국 노스캐롤라이나주에서 태어난 발명가이자 의사인 리처드 개틀링은 경이로운 기계를 발명해 1862년에 특허를 받았다. 개틀링 기관총의 디자인은 외관상 단순했다. 중심축을 중심으로 둥그렇게 모인 총신 여러 개를 크랭크로 회전시켰다. 크랭크를 돌리면 맨 위에 있는 총신 끝부분이 탄약 송탄 장치와 맞물리면서 중력에 의해 탄약이 작은 강철 관으로 들어가 약실까지 공급되었다. 이 관이 탄약통과 같은 역할을 했다. 탄약은 58구경 강선 머스킷용 탄약이었고, 탄약 뒤쪽에는 뇌관이 있었다. 크랭크를 돌리면 공이치기가 뇌관을 때리며 화약을 폭발시켰다. 총열이 회전하면 다 쓴 탄피가 떨어졌고, 다시 새로운 과정이 반복되었다. 발사 속도는 다양했으나, 분당 200~250발까지 발사할 수 있었다. 이 모든 것은 개틀링 기관총을 발사하는 군인과 그의 팔 힘에 달려 있었다.

개틀링 기관총은 처음 발명된 1862년에는 이상적인 무기가 전혀 아니었다. 1분당 3발 쏘는 머스킷에서도 골칫거리였던 흑색 화약 찌꺼기는 정교한 후장식 구조에, 부품이 끊임없이 움직이는 속사 무기에서도 불발과 기계 고장을 일으켰다. 금속 탄피는 재사용할 수 있었지만, 약실이 완전히 밀폐되지 않았기 때문에 발사 중에 가스가 상당히 누출되었다. 따라서 개틀링 기관총의 신뢰성은 림파이어탄을 사용한 1865년 모델과 무연 화약을 사용한 이후 모델 등 후속 버전이 더 나았다. 하지만 개틀링 기관총의 주요 문제는 신뢰성이 아니라 무게였다. 발리건처럼 개틀링 기관총도 매우 무거웠기에 전장에서 사용하려면 거치대가 필요했다. 미트라예즈 발리건과 마찬가지로 개틀링 기관총은 보병을 지원하는 대포이거나, 대포처럼 사용하는 보병용 총이었다.

그러나 개틀링 기관총에는 장점도 있었다. 그중에는 다중 총열 설계가 있었다. 개틀링 박사는 빠른 발사 속도를 추구하면서 속사 화기 공학의 가장 골치 아픈 문제 중 하나인 총열의 온도를 유지하는 문제도 해결했다. 속사 화기는 빠르게 가열되고, 빠르게 마모된다. 발사 속도가 높을수록 총열이 받는 충격도 컸다. 하지만 개틀링 기관총에서는 그 문제가 해소되었다. 사용된 총열이 되돌아와 장전되고 발사 준비를 마치는 데 걸리는 시간은 짧았지만, 주위를 순환하는 공기가 총열을 냉각시키기에는 충분해서였다. 냉각은 매우 중요했다. 과열에 따른 사고를 방지하고, 총열의 수명도 연장시켰기 때문이다.

개틀링 기관총은 이전의 속사 화기보다 뛰어났지만, 남북 전쟁에서 보여 준 성과는 미미했고, 북군이 극소수만 구입했기 때문에 개틀링 박사는 매우 실망했다. 끔찍한 무기를 발명하는 이들이 흔히 착각하듯, 그는 더 치명적인 무기가 전장에서 어떻게든 생명을 구하고, 전쟁으로 치러야 할 대가도 줄일 것이라 믿었다. 그러나 개틀링 기관총의 시시한 활약은 매우 예상 가능했다. 개틀링 기관총은 기술적 성과가 입증되지도 않았고, 전투에서 맡을 역할도 분명하지 않았다. 그러나 전쟁이 끝난 후 개틀링 기관총은 틈새시장과 열정적인 지지자들을 찾았다. 덕분에 여러 번 더 크게 개조되어 '갑판을 쓸어버리는' 대인용 함포로 사용되었다.

근대적인 무연 화약과 센터파이어탄을 받아들이자 개틀링 기관총은 정말로 유용해졌다. 당시 진정한 기관총의 첫 세대가 급부상하면서 개틀링 기관총은 점점 쓸모없어졌지만, 1898년에 벌어진 미국-스페인 전쟁에서 화려한 업적을 남기기도 했다. 존 헨리 파커 중위의 개틀링 포대는 7월 1일 쿠바의 산 후안 고지를 공격하는 미군의 작전에서 본격적인 공격에 앞서 언덕 위에 있던 스페인군의 방어력을 약화시켰다. 며칠 후에는 산티아고 공성전에 참가하여 1,830미터 정도 떨어진 곳에서 스페인군의 요새포를 파괴하고 적군을 말살했다. 미군 장교들은 작전 성공의 공을 대부분 파커의 개틀링 포대에 돌렸다. 특히 가장 크게 목소리를 낸 사람은 작전 내내 개틀링 기관총 근처에서 싸웠던 30대 지원병이자 안경 쓴 기병대 중령이었으며 후일 미국 제26대 대통령이 될 시어도어 루스벨트였다.

개틀링 기관총은 기관총의 역할을 완전하게 수행하지는 못했다. 설계 특성상 보병과 함께 배치할 수 있을 정도로 이동 가능한 소화기처럼 쓸 수는 없었기 때문이다. 그럼에도 완전히 사라지지는 않았다. 총열을 각각 연속적으로 사용함으로써 빠른 속도로 사격한다는 개틀링 기관총의 핵심 개념은 다른 발명가들에게서 환영을 받았기 때문이다. 1870년대에 영국 해군은 어느 스웨덴인이 설계한 다중 총열의 노르덴펠트 속사포를 크고 작은 군함의 갑판 위에 설치했다. 리처드 개틀링 박사는 내구성이 가장 뛰어나고 가장 오랫동안 반복하여 쏠 수 있는 가장 가치 있는 총은 자신의 이름이 붙은 총이라는 사실을 증명하기 위해 노력했다. 그는 개틀링 기관총의 성능을 가장 많이 제한하는 요소가 사람의 힘과 인내력이라는 사실을 알고 있었다. 개틀링 기관총은 불발이나 걸림이 발생하지 않는다면 사람이 크랭크를 회전시키는 속도만큼 발사할 수 있었다. 즉, 외부 동력원이 무기 성능의 핵심이었다. 1893년 개틀링 박사는 자신의 총을 당시 새롭게 발명된 전기 모터와 결합했고, 그 결과는 충격적이었다. 발사 속도가 분당 3,000발에 달했던 것이다. 하지만 의외로 이 2가지 기술의 결합은 제2차 세계대전 이후에도 그다지 주목받지 못하다가 M61 벌컨포로 1959년에 다시 태어났다. 직경 20밀리미터짜리 폭발탄을 분당 6,000발, 즉 초당 100발이라는 놀라운 속도로 발사할 수 있는 모터 구동 벌컨포는 20세기 후반에 가장 효과적이고 널리 사용되는 항공 무기가 되었다.

미트라예즈와 개틀링 기관총은 21세기의 관점에서 볼 때는 인상적이지만, 실제 전쟁 수행 방식에는 큰 영향을 끼치지 않았다. 미트라예즈는 프랑스 군이 열정적으로 받아들였기 때문에 전술과 결합할 방법을 찾았을 수도 있다. 하지만 개틀링 기관총은 대포만 한 크기나 사정거리가 문제였고, 발사 속도가 빠른 편이 아니었기 때문에 지상전에서는 결코 기회를 얻지 못했다. 많은 방구석 전문가들은 개틀링 기관총을 '새로운 것을 무조건 싫어하는 따분하고 고집스러운 보수주의자들'에 의해 밀려난 또 다른 유망 기술로 여긴다. 그러나 개틀링 기관총은 새로운 시대의 전술에 포함되지 못해 큰 효과를 거둘 가능성을 보여 주지 못했고, 비용이나 수고를 상쇄할 만한 장점도 없었기 때문에 기회를 얻지 못한 것이다. 진정한 혁신을 이루기 위해서는 대포만 한 개틀링 기관총과는 달리 이동하기 쉬운 소형 속사 화기가 필요했다.

다시 하이럼 맥심의 훌륭하지만 끔찍한 발명품으로 돌아가 보자.

맥심 기관총은 매우 단순하고 정교한 특성 덕분에 무기 역사상 가장 높은 자리를 차지해야 마땅하다. 맥심은 시제품을 공개하기 전에 수많은 특허를 냈고, 그 행위만으로도 그가 총기 기술을 얼마나 깊이 이해하고 있었는지 알 수 있다. 그는 총기의 탄약이 폭발하며 방출되는 에너지를 여러 방법으로 모아서 다른 목적으로 재사용할 수 있다는 사실을 매우 확실하게 인지하고 있었다. 그는 특히 3가지 방법을 알아냈다. 첫 번째는 총열의 역행 운동인 반동을 사용하여 총의 장전-발사 장치에 동력을 공급하는 '반동 작동식'이다. 반동 작동식과 밀접한 관련이 있는 두 번째 방식은 오늘날 '블로우백blowback 작동식'이라고 한다. 이는 추진제가 폭발하면서 생겨난 에너지를 이용하는 것으로, 이 에너지는 다 쓴 탄피를 약실에서 밀어내는 에너지와 같다. 세 번째는 가스가 탄자를 밀어내고 남은 에너지를 활용하는 방식이다. 탄자가 총열에서 발사될 때 여분의 가스가 총구로 내뿜어졌다. 이러한 잉여 가스를 사용하는 방식을 '가스 작동식'이라고 한다. 맥심은 이 3가지 방식을 이용한 설계 모두를 특허 냈다. 그는 결국 사업가였고, 그의 의견이 옳든 아니든 자신의 부와 명성을 토머스 에디슨에게 갈취당했다고 믿었다.

맥심 기관총은 매우 단순한 반동 작동식 기관총이었다. 탄약은 군인이 어깨에 두르던 탄띠와 비슷한 직물 탄띠에 고정되어 기관총에 장전되었다. 총열 후미의 약실 바로 위에 있는 급탄 장치에 탄띠를 집어넣는다. 총열 뒤에는 단면이 직사각형인 강철 상자처럼 생긴 총몸이 있고, 그 안에 장전 장치가 있다. 레일이 총몸 내부의 양 측면에 걸쳐져 있고, 그 위에 가장 중요한 부품인 잠금 장치가 있었다. 잠금 장치는 노리쇠 뭉치, 공이 및 공이를 앞으로 밀어내는 용수철의 하우징, 그리고 다 쓴 탄피를 배출하는 장치이기도 했다. 강력한 코일 용수철, 즉 '신관 용수철'은 내부 레일을 따라 앞뒤로 이동 가능한 잠금 장치를 총열 끝의 약실 쪽으로 세게 밀었다.

맥심 기관총이 장전되고 작동이 시작되면 탄약 1발이 약실로 들어오고, 잠금 장치가 그 탄약을 제자리에 고정시킨다. 공이가 당겨져 용수철이 꾹 눌리면 잠금 장치 전면의 배출 장치가 위아래로 움직이면서 발사되지 않은 탄약과 급탄 장치 바로 위에 있는 탄띠의 새로운 탄약을 움켜쥐었다. 그때 방아쇠를 당기면 공이가 풀리면서 약실의 센터파이어탄을 발사했다. 고정되지 않은 총열은 사격에 따른 반동으로 격렬하게 뒤로 밀리는데, 이것이 전체 동작의 핵심이었다. 총열이 뒤로 움직여 잠금 장치를 '풀고' 다시 레일을 타고 움직여 코일 용수철을 압축시켰다. 이러한 동작이 이루어지는 동안, 이 메커니즘의 가장 경이로운 장치인 잠금 장치는 몇 분의 1초 만에 작업을 모두 끝냈다. 아울러 급탄 장치의 탄약과 약실의 빈 탄피를 움켜쥔 다음 뒤로 움직이면서 이 2개 모두를 빼냈고, 이후 공이가 당겨지면서 잠금 장치가 후퇴하면 급탄 장치에서 방금 공급된 새 탄약이 빈 약실에 완벽히 맞물릴 정도만 배출 장치가 하강했고, 동시에 빈 탄피는 총열 바로 아래에 있는 배출구와 맞물리면서 밖으로 빠져나갔다. 잠금 장치가 뒤쪽 끝까지 도달하면 압축된 용수철이 잠금 장치를 다시 앞으로 밀었다. 잠금 장치는 약실에 '쾅' 하고 부딪히며 제자리로 돌아와 다음 발사를 준비했다. 그러면 다시 새로운 탄약이 약실에 들어오고, 빈 탄피는 배출구로 빠져나가 땅에 떨어졌다. 급탄 장치의 멈춤쇠가 직물 탄띠를 정확히 탄약 1발씩만큼만 전진시키면, 배출 장치가 위로 움직여 새 탄약과 빈 탄피를 움켜쥐었다. 사수가 방아쇠를 누르고 있는 동안에는 공이가 앞으로 움직이며 탄약이 발사됐고, 다시 새로운 과정이 시작되었다.

이 모든 것이 단지 10분의 1초 만에 이루어졌다.

하이럼 맥심의 새로운 총은 다음 10년 동안 진화했다. 총열이 1개인 속사 화기가 으레 그렇듯, 주요 장애물은 냉각이었다. 맥심의 해결책은 우아하지는 않지만 간단했다. 그는 윗부분의 유입구로 물을 채우며 바닥의 배수 꼭지로 물을 빼내는 원통형 물탱크인 냉각수 통으로 총열을 둘러쌌다. 총열이 뜨거워지면 물이 금방 끓을 정도였기에 물탱크를 자주 채워야 했다. 하지만 고무호스로 증기를 외부의 응결통으로 내보내 냉각-응결시키고, 차가워진 물을 다시 냉각수 통에 넣어서 재활용할 수 있었다. 냉각수가 없으면 총열은 매우 빠르게 과열되면서 막히거나 작동 불가능해졌고 숫제 망가질 수도 있었다. 하지만 냉각수 통을 가득 채우면 맥심 기관총은 거의 무한정 발사할 수 있는 '지속 발사 무기'나 다름없었다.

1883년에는 아직 무연 화약이 나오지 않았기 때문에, 맥심 기관총의 원형은 흑색 화약에 맞춰 설계되었다. 이후 무연 화약과 전피갑탄(피갑을 씌운 탄자)을 비롯한 새로운 탄약 관련 기술이 기관총에 유용하다는 것이 드러나자, 맥심은 새 탄약과 그 압력에 맞춰 맥심 기관총을 개량했다. 무연 화약은 흑색 화약처럼 기계 장치를 오염시키지 않았으므로, 맥심 기관총은 더욱 오래 지속 가능한 안정적인 무기가 되었다.

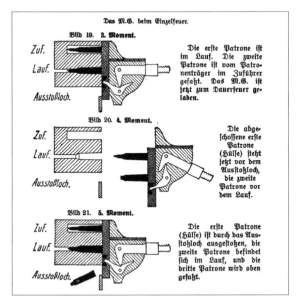

삽화 18

맥심 기관총의 발사 과정. 그림 3개는 기발할 정도로 단순한 맥심 기관총의 동작을 보여 준다.

3. Moment.: 잠금 장치와 약실이 걸려 있다. 잠금 장치는 급탄 벨트에서 새로운 탄약을
움켜쥐고 (맨 위의 검은 탄약), 그 아래의 탄약은 곧 발사될 예정이다.

4. Moment.: 기관총이 방금 발사됐다. 반동으로 총열이 뒤로 밀려나면서 잠금
장치가 뒤로 젖혀지는 동시에 약실에서 떨어진다. 잠금 장치의
전면이 하강하면서 급탄 벨트에서 공급된 새로운 탄약이 총열(Lauf)
반대편에 있고, 빈 탄피는 배출구(Ausstoßloch) 반대편에 있다.

5. Moment.: 잠금 장치가 코일 용수철에 밀려 '쾅' 하고 앞으로 나가면 약실에 새로운
탄약이 장전되고 발사되면서 동시에 빈 탄피는 배출구로 떨어진다.
잠금 장치가 위로 미끄러져 올라가면 이 과정이 다시 시작된다.

19세기에 일어난 총기 관련 기술 혁명에서 센터파이어탄은 가장 중요한 발명품이었다. 센터파이어탄 덕분에 다른 수많은 발전이 가능해졌기 때

문이다. 그러나 하이럼 맥심의 기관총이야말로 18세기와 19세기에 등장한 무기 기술 중 가장 놀라운 혁신이었다. 실제로 맥심 기관총은 세계와 전쟁, 사회와 문화에 매우 분명하고 끔찍한 영향을 미쳤기에 근현대 시대의 가장 중요한 발명품 중 하나로 꼽힐 만하다.

군과 일반 대중이 맥심 기관총을 보고 몹시 놀란 것도 당연했다. 주요 군대가 공식적으로 맥심 기관총을 채택하기 전부터 맥심 기관총은 많은 사람의 관심을 받았다. 이유는 단순했다. 공학이 경이로울 정도로 발전하던 시대에도 기관총은 눈에 띄었다. 보병 개개인의 손에 들린 무기의 화력이 증가한 정도만 봐도 매우 놀라웠는데, 기관총의 화력은 이보다도 우수했기 때문이다. 1850년에 보병은 머스킷으로 분당 3발을 쏠 수 있었고, 사정거리는 90여 미터 정도였다. 어쩌다 거대한 적군 집단에 발사하고 운도 따른다면 사정거리는 180여 미터에 달하기도 했다. 반면 1890년에 보병은 분당 20발을 쏠 수 있었고, 멀리 있는 목표물이라도 볼 수만 있다면 사정거리는 450여 미터까지도 늘어났다. 하지만 기관총의 살상력은 믿기 어려운 수준이었다. 일반적인 소총 탄약을 이용하면 기관총의 사정거리와 명중률은 소총에 못지않거나 더 나았다. 발사 장치가 견고하여 사수가 영향을 덜 받기 때문이었다. 화력의 우위는 매우 놀라웠다. 맥심 기관총으로는 분당 450발에서 600발, 초당 7.5발에서 10발까지 쏠 수 있었다. 이 발사 속도는 물론 이론적인 속도니까 최대 수준이었다. 실제로 1분 내내 쉬지 않고 발사할 수 있는 기관총은 거의 없었다. 그러나 수랭식 맥심 기관총을 사용하면 이론과 비슷한 수준이 되었다. 급탄 장치에 새로운 탄띠를 장전하는 데 걸리는 시간은 단지 몇 초뿐이었기 때문에, 탄띠는 꼬리에 꼬리를 물고 맥심 기관총의 급탄 장치를 통과할 수 있었다.

영국 군사 이론가 J. F. C. 풀러는 "맥심 기관총은 보병 무기의 진수이다."라는 간결한 문장 1줄로 맥심 기관총의 중요성을 요약했다.

하지만 맥심 기관총은 정부가 주도해서 탄생한 것이 아닌, 발명가이자 사업가의 상품이었기 때문에 무연 화약이 그랬던 것처럼 인기를 빨리 끌지는 못했다. 맥심은 1884년 10월에 런던에서 시제품을 공개 시연하여 많은 투자자를 끌어모았다. 그들 중에는 영국 철강업계의 거물인 에드워드 비커스가 있었다. 1개월 후, 하이럼 맥심과 에드워드의 아들인 앨버트 비커스는 맥심 기관총 회사를 설립했다. 완벽한 쇼맨인 맥심은 영국뿐만 아니라 유럽 전역의 군대에 자신의 신제품을 선보였고, 1880년대 후반에 그의 수고는 열매를 맺었다. 전 세계의 군대가 맥심 기관총의 잠재력을 인식했다. 오스트리아-헝가리 군대가 1888년에 첫 주문을 했고, 영국이 머뭇거리며 그 뒤를 따랐다. 1890년대에는 독일, 러시아, 벨기에도 맥심의 치명적인 매력에 굴복했다. 그러나 소총을 대상으로 한 군비 경쟁처럼 절박하지는 않았다. 아무도 맥심 기관총에 생사가 달려 있다고 생각하지는 않았기 때문이다. 기관총은 여전히 알려지지 않았거나 잘 알려지지 않은 물건이었다. 미트라예즈 발리건이 얼마 전 그랬던 것처럼 기껏해야 소총의 유용한 보조 무기나 호기심의 대상으로 인식되었을 뿐이다. 그러나 기관총의 효력이 입증되자 상황은 곧 뒤바뀌었다.

식민지를 개척하고 관리하느라 새로운 무기와 전술을 시도할 기회가 많았던 영국군은 1888년 감비아로 원정을 가면서 처음으로 맥심 기관총을 사용했다. 이후 1893년 10월에 일어난 샹가니 전투에서 맥심 기관총은 큰 활약을 했다. 강한 전사 약 5,000명으로 구성된 마타벨레족 군대가 오늘날 짐바브웨의 샹가니강 근처에서 어둠을 틈타 영국군 소부대를 공격했다. 병력 수가 마타벨레군 병력의 5분의 1 또는 그 이하에 불과했던 영국군은 방어 진지를 구축하고, 맥심 기관총 4~5정을 배치했다. 맥심 기관총이 없었다면 영국군은 창과 영국산 마티니-헨리 소총으로 무장한 마타벨레족의 수에 밀려 전멸했을 것이다. 하지만 맥심 기관총이 전세를 뒤바꿨다. 기관총에서 탄자가 끊임없이 날아가 마타벨레족 전사들을 차례차례 쓰러뜨렸고, 겁에 질린 나머지 전사들은 달아났다. 전장에는 사망자 1,500여 명만 남았다. 5년 뒤인 1898년 9월 허버트 키치너 백작이 수단의 옴두르만에서 벌어진 전투에서 마흐디스트 군대를 격파할 때, 맥심 기관총은 더욱 중요한 역할을 맡았다. 키치너 백작이 마흐디스트들을 상대로 일방적인 승리를 거둔 배경에는 여러 전술적·기술적 이유가 있었지만, 신문에 난 것은 맥심 기관총이었다.

맥심 기관총이 속사 화기의 표준으로 자리를 잡자마자, 다른 발명가들도 맥심의 업적을 따라잡거나 능가하기 위해 달려들었다. 1870년 이후에 전개된 총기 혁명으로 얻은 교훈이 있다면 무기의 노후화가 빨라졌고, 무기 설계 분야에서 혁신이 일어날 때마다 더 나은 무기가 코앞에 있다는 사실이었다. 게다가 특허법이나 허가 문제처럼 외국산 무기에 완전히 의존할 수 없는 타당한 이유가 있었다. 유럽이 열광적인 군비 경쟁에 빠져 있을 때도 무기의 자급자족은 전략적인 면에서 최우선 과제였다.

맥심 때문에 두 번째 기관총 열풍이 일어나면서 아주 짧은 시간 동안 수많은 모델이 나타났다. 오스트리아-헝가리는 매우 다른 2가지 국산 기관총인 살바토르-도르무스의 스코다 기관총과 슈바르츠로제 기관총을 각각 1893년과 1907년에 개발해 최종적으로 채택했다. 맥심처럼 무거운 수랭식 기관총이었지만 블로우백 방식으로 작동했다. 또 다른 오스트리아인인 아돌프 오드콜렉 폰 아우게츠트 남작은 첫 번째 가스 작동식 기관총이라고 추정되는 것을 특허 냈다. 폰 아우게츠트 남작의 기관총은 총열의 출구 중 1쪽으로 잉여 가스를 내보냄으로써 피스톤을 구동해 장치를 작동시켰다. 맥심 기관총의 반동 작동식 장치보다 훨씬 복잡했지만 청결하게 유지되는 한 안정적으로 작동했으며, 공랭식 총열이라는 또 다른 장점도 있었다. 이 기관총은 수랭식 기관총처럼 온도를 유지하면서 오래 발사할 수는 없었지만, 가벼워서 이동성이 좋았고, 물도 필요 없었다. 공랭식 기관총의 이러한 특징이 마음에 들었던 프랑스군은 1897년 식민지에서 사용하는 용도로 폰 아우게츠트 남작의 기관총을 채택했다. 호치키스사가 파리에서 생산한 폰 아우게츠트 남작의 기관총은 제1차 세계대전에서 프랑스군의 주요 자동 화기가 되었다. 호치키스사는 맥심과 같은 미국 뉴잉글랜드 출신이 세웠다. 코네티컷주 태생 총기 제조업자인 벤저민 호치키스(1826~1885)가 창업주였다. 남북 전쟁 동안 자신의 이름을 딴 강선포용 포탄을 제조한 그 호치키스와 동일인이다.

사실 미국인들은 자동 화기 설계와 생산의 최전선에 있었다. 그중 유타주 태생 모르몬교도인 존 모지스 브라우닝은 무기의 세계에서 가장 유명한 사람 중 1명이다. 1880년대 후반부터 브라우닝은 폰 아우게츠트 남작처럼 가스 작동식 기관총을 실험해 왔다. 1889년, 존 브라우닝과 그의 아우인 매슈는 실제로 작동하는 기관총 시제품을 제작했고, 3년 후 특허를 받았다. 콜트 총기 회사는 브라우닝의 특허권을 사들여 M1895 콜트-브라우닝이라는 이름으로 생산했다. 콜트-브라우닝 기관총은 총구 근처의 총열에서 배출되는 가스를 이용하여 레버를 아래로 밀어내 조작봉을 눌러서 탄약을 장전했다. 콜트-브라우닝 기관총은 지면에 너무 가까이 놓이면 레버가 흙에 박히기 쉽다는 특징 때문에 '감자 캐는 기계'라는 달갑잖은 별명을 얻었다.

감자 캐는 기계는 브라우닝이 만든 마지막 총기도 아니었고, 물론 최고도 아니었다. 콜트-브라우닝은 지속적으로 발사할 수 있게 해 주는 총기의 안정성이나 탄약의 용량 면에서 맥심 기관총을 따라갈 수 없었다. 하지만 콜트-브라우닝은 미 해군의 충성스러운 신뢰를 받을 만큼은 잘 작동했다. 미 해군은 1898년에 있었던 미국-스페인 전쟁에서 콜트-브라우닝을 전투함의 표준 무기로 사용했고, 해병대는 그중 일부를 쿠바 해안까지 가지고 갔다. 콜트-브라우닝은 미군이 전투에 처음 사용한 기관총이었다. 제1차 세계대전의 종전을 앞둔 1918년 말에 유럽 서부 전선을 순찰 비행하던 미군 전투기는 콜트-브라우닝의 개량형인 말린Marlin M1917/18을 이용했다.

20세기에 들어서자 기관총은 거의 모든 서구 군대의 표준 무기가 되었다. 오직 한 국가만이 기관총 열풍과 동떨어져 있었다. 아이러니하게도 그 국가는 리처드 개틀링과 하이럼 맥심, 존 브라우닝, 벤저민 호치키스의 모국인 미국이었다. 미국은 기관총을 거의 도입하지 않았다. 국경 수비대의 기능을 담당하는 군대의 규모가 독일과 프랑스, 오스트리아-헝가리, 러시아, 이탈리아의 엄청난 징집군과 비교하면 한심할 정도로 작았으니까 말이다. 미군은 단순히 병력으로만 따진다면, 라틴아메리카라든가 새로운 발칸 국가의 군대와 비슷한 수준이었다. 미국은 더 큰 군대를 필요로 하지 않았다. 미국은 유럽과 같은 야망이 없었기 때문에, 군 지도부 역시 유럽의 국가와 전쟁을 하리라고는 생각하지 않았다. 그러다 마침내 1898년 쿠바에서 유럽 군대인 스페인군과 맞서면서 자국 무기가 매우 뒤떨어져 있다는 사실을 알게 되었다. 스페인군 소총과 대포는 전반적으로 미군 것보다 우월했다. 해병대에서 사용한 콜트-브라우닝 기관총은 그저 그런 성능을 보여 주었으며, 걸림 현상도 잦았다. 아마 총 자체의 결함이라기보다는 사수가 훈련을 적게 한 탓이었으리라. 콜트-브라우닝 기관총을 본 시어도어 루스벨트는 전혀 감명받지 않았으나 개틀링 기관총이 돌아가는 모습을 보고는 크게 감탄했다. 당시 루스벨트는 영향력이 매우 큰 인물이었다.

그럼에도 불구하고 미국은 기관총을 도입하지 않았다. 기관총은 미국을 제외한 다른 모든 곳에서는 필수적인 보병 무기였다. 심지어 나폴레옹의 그늘에서 전쟁을 배운 가장 보수적인 군인들조차도 기관총이 일시적인 유행이 아니라고 인정했다. 기관총은 분명 확실하게 기능하고 있었다. 하지만 전장에서 정확히 어떤 역할을 해야 하고, 그 역할에 맞게 전술을 어떻게 변화시켜야 하는 지는 여전히 불확실했다. 19세기 말 이전에 맥심 기관총은 유럽 바깥에서 비유럽인인 적을 대상으로 주로 방어용 무기로서 장점을 발휘했다. 옴두르만의 샹가니강에서 수많은 원주민이 잘 배치된 맥심 기관총들로 돌진했을 때, 맥심 기관총들은 그들 모두를 쓰러뜨렸다. 하지만 맥심이나 기타 기관총을 공격용으로 사용할 수 있을까? 기관총은 대포에 가까웠던 미트라예즈나 개틀링 기관총처럼 또 다른 종류의 화기인 걸까? 그리고 만약 맥심 기관총의 파괴적인 화력을 마주친 적들이 사정거리 안으로 돌진해 오지 않았다면 무슨 일이 일어났을까?

답은 곧 드러날 터였다. 유럽 또는 유럽식 군대 간의 중요한 첫 대결은 19세기 말인 1899년에 발발해서 1902년에 끝난, 영국과 남아프리카 보어인들의 분쟁인 제2차 보어 전쟁에서 일어났다. 영국제 맥심 기관총은 무연 화약에 고속 탄약을 쓰는 근대식 무기였지만, 영국군 지도부가 기대했던 것과 같은 효과를 보여 주지는 못했다. 영국군은 바퀴가 달린 높은 포차로 맥심 기관총을 운반했기 때문에 사수들은 개방된 공간에 똑바로 서서 적의 포화에 노출되었다. 명사수로 유명한 보어인들은 맥심 기관총 사수들을 쉽게 해치울 수 있었다. 게다가 보어인들도 나름대로 맥심 기관총을 가지고 있었다. 보어인의 나라인 트란스발 공화국이 맥심-비커스 공장에서 구입한 최신 제품이던 그 무기는 '폼폼포(Pom-Pom Gun)'라고 불렸다. 이것은 무게 1파운드(약 0.45킬로그램)에 직경 37밀리미터짜리 폭발탄을 분당 450발씩 발사했다. 맥심 기관총은 탁 트인 장소에서는 기회를 잡을 수 없었다. 이전 세대의 미트라예즈 발리건과 마찬가지로 맥심 기관총은 대포로도 보병 무기로도 적합하지 않았다. 따라서 해결책은 분명했다. 기관총을 포차에 싣지 않는 것이었다.

유럽식 군대가 부딪힌 다음 전쟁은 1904년부터 1905년까지 일어난 러일 전쟁이었다. 러일 전쟁에서 기관총의 역할은 매우 달라졌고, 그 역할도 훨씬 더 명확했다. 일본과 러시아 모두 전쟁이 발발하기 직전에 기관총을 채택했고, 전쟁이 끝날 무렵에는 점점 더 많은 기관총을 사용했다. 일본은 프랑스식 호치키스 기관총을, 러시아는 맥심 기관총을 사용했다. 상대적으로 가볍고 삼각대가 낮았던 호치키스 기관총은 당시 가장 휴대하기 쉬운 기관총이었다. 차르의 군대는 맥심 기관총의 충성스러운 고객이었고, 러시아군과 소련군은 맥심 기관총을 제2차 세계대전 내내 사용했다. 맥심 기관총은 냉각수 통 때문에 호치키스 기관총보다 훨씬 무거웠으나, 덕분에 더 튼튼했으며 더 오랫동안 지속적으로 사격할 수 있었다. 소련군의 첫 번째 맥심 기관총은 영국군이 이전에 사용했던 야전 포차에 실려 이동했다.

러일 전쟁은 유럽 군사계의 뜨거운 관심을 받았다. 약간 낙후한 강대국과 서구의 영향을 받은 신흥국 사이에서 벌어진 전쟁이라서 정치적·전략적으로 흥미로웠기 때문이다. 또한 러일 전쟁에서는 지금껏 검증되지 않은 근대 기술들이 육지와 바다를 가리지 않고 맞붙었다. 이 전쟁은 실망스럽지 않았다. 매우 짧은 시간 안에 기관총 전술을 비롯한 많은 교훈을 얻을 수 있었기 때문이다. 이전에 주로 영국군이 사용했던 기관총 전술은 러시아군이나 일본군에 별다른 도움을 주지 못했기 때문에, 양국 군대는 전쟁을 벌이며 경험을 쌓아 나갔다.

러시아는 러시아대로 맥심 기관총의 방어적 특성을 탐구했다. 맥심 기관총 사수들이 죽거나 부상을 입는 경우가 늘어나자, 낮은 받침대를 임시로 사용하기 시작했다. 전쟁이 끝나갈 무렵 러시아 육군은 적군의 이목을 끄는 높은 포차를 공식적으로 폐기하고 M1905 소콜로프 포차를 도입했다. 이것은 지면에 가깝고 바퀴가 2개인 포차였는데, 무겁지만 쉽게 이동 가능하며, 다리를 접어서 삼각대로 사용할 수도 있었다. 러시아군은 일본군의 공세를 무너뜨리는 데 맥심 기관총을 사용하면서 맥심 기관총을 이동시키는 것이 효과적이라는 사실을 발견했다. 이런 소름 돋는 일도 있었다. 러시아군 참호에 배치된 맥심 기관총 2정이 러시아군을 공격하려다 들통 난 일본군 보병 400명을 단숨에 해치운 것이다. 총구가 불을 뿜자 일본군은 쏟아지는 탄자 세례에서 벗어나려고 노력했지만, 전진도 후퇴도 하지 못하고 속수무책으로 쓰러졌다. 겁에 질린 일본 군인들이 "빠져나가려고 우왕좌왕하고, 부상자들을 짓밟고, 시체 더미를 기어오를 때", 어느 목격자는 "맥심 기관총만이 할 수 있는 일을 했다."라고 짤막하게 언급했다.

일본군은 경기관총으로 매우 다른 역할을 개척했다. 일본군은 작전상 자주 공세를 펼쳤으므로, 보병의 공격에 호치키스 기관총을 투입했다. 러시아군의 방어선을 제압하기 위해 기관총을 집중적으로 발사하면서 보병을 탄막 사이로 전진시키는 방법을 쓴 것이다. 호치키스 기관총은 휴대하기가 용이해서 공격 도중 보병들과 함께 전진할 수 있었다.

러일 전쟁은 20세기 초의 소규모 군비 경쟁 분위기를 바꾸었다. 1904년 이전의 기관총은 '헤레로족과 호텐토트족을 공격하는 무기', 즉 서양의 재래식 전쟁에서 쓰는 무기라기보다는 식민지 원주민을 제압하는 수단이었다. 러일 전쟁은 기관총에 대한 고정 관념과 모든 의심을 제거했다. 1906년부터 1914년까지 유럽 군대는 서둘러 자동 화기 분야를 강화하고, 기관총을 전술에 포함했다. 기관총에 열성적이지 않았던 군대도 적극적으로 사용하기 시작했다. 1880년대와 1890년대에 이미 기관총을 채택했던 국가는 러일 전쟁에서 얻은 몇 가지 힌트를 적용해 기관총과 거치대를 개선했다. 독일 제국은 썰매처럼 생긴 독특한 거치대에 맥심 기관총인 MG08을 장착했고, 오스트리아-헝가리 제국은 1907년형 슈바르츠로제 기관총을, 영국은 맥심의 옛 동업자 비커스가 특허를 낸 맥심 기관총의 개량형을 선택했다. 미군이나 이탈리아군처럼 꾸물거리는 군대는 기관총의 중요성을 몰라서가 아니라 인색해서 기관총을 도입하지 않았다.

1914년 여름, 전쟁이 더욱 위협적으로 유럽에 닥쳐오자 기관총이 지상전에서 중요한 역할을 맡으리라는 예상은 현실이 되었다. 방독면이나 전차처럼 각지고 볼품없던 맥심 기관총은 후회나 양심의 가책 없이 무자비하게 살상하는 기계로서 산업화 시대의 비인간적이고 불명예스러운 모든 것의 표본이 되었다.

기관총은 제1차 세계대전에 대한 역사의식에 깊이 뿌리내리며 '제1차 세계대전' 하면 떠오르는, 집단적 이해를 형성한 인식을 상징하게 되었다. 그 인식이란 지도자들의 실패와 일반인들의 희생이었다. 기관총은 기계화된 죽음의 화신이나 다름없었고, 제1차 세계대전 당시 전장에서 일어난 대량 살육은 지휘관들이 기관총의 치명적인 성능을 제대로 인식하지 못했기 때문에 벌어졌다는 주장이 제기됐다. 병사들을 연이어 '참호 밖으로', 그리고 덜컥거리는 기관총이 추수할 곡식을 베듯 병사들을 쓰러뜨리던 핏빛 전장으로 보낸 장군들의 가벼운 결정보다 전쟁, 특히 제1차 세계대전의 허무함을 더욱 잘 보여 주는 것은 없다고 했다.

이러한 주장에는 약간의 진실이 있지만, 그저 '약간'일 뿐이다. 역사학자 폴 코니시가 지적했듯이, 기관총은 가장 많은 전사자를 발생시킨 3가지 기술인 속사포, 고성능 폭약, 자동 화기의 일부였다. 이 중 속사포와 고성능 폭약을 사용하는 포탄(고폭탄)이 가장 치명적이었고 압도적이었다. 기관총은 소화기 사이에서는 왕이었다. 심지어 강대국들이 그토록 근대화하려 애썼던 최신 소총보다 더 치명적이었다.

기관총의 빠른 발사 속도가 그러한 파괴력의 주요 원인이었던 것은 분명하다. 하지만 그 밖의 탄도 특성은 간과되곤 한다. 기관총은 그때나 지금이나 정밀 기계다. 제1차 세계대전 당시의 일반적인 기관총, 그러니까 수랭식에 총신이 무겁고, 그만큼 무거운 받침대에 볼트로 고정된 기관총은 꽤 안정적이었다. 기관총을 받침대에 고정하면 움직이지 않았고, 조준경은 일반적인 소총에서 흔히 볼 수 있는 개방형 가늠자보다 품질이 훨씬 뛰어났다. 사수는 조준기로 매우 먼 곳까지 정확히 볼 수 있었고, 묵직해서 표적이 설정된 뒤에도 덜 흔들렸다. 그래서 기관총은 소총에 비하면 사수의 실수에 영향을 받을 가능성이 적었다. 피곤하고 배고프고 스트레스를 받고 겁먹은 군인의 손에 들린 소총은 안정적이지 않았지만, 기관총은 안정적이었다.

기관총은 매우 정확하고 빠른 소총 그 이상이었다. 같은 탄약을 발사하더라도 기관총과 탄창식 볼트 액션 소총의 차이는 속도 면에서 어마어마했다. 러일 전쟁으로 서구 군대는 기관총의 기량과 잠재력을 맛보았지만, 기관총의 강력한 특성이 처음 드러난 것은 제1차 세계대전 때였다. 그중 하나는 우연히 발견되었으나 효과가 매우 분명했다. 그것은 바로 기관총 사격이 만드는 '피탄지(beaten zone)'였다. 총을 완벽하게 고정하더라도 모든 탄자가 정확히 같은 비행경로를 따라 날아가지는 않았다. 그러나 비행경로의 방향이나 범위가 크게 달라지지도 않았다. 각 탄자 간 총열의 온도, 탄자의 무게와 모양, 추진용 화약의 무게, 바람과 같은 외부 요인 등 감지조차 힘든 미세한 차이가 발생하면 탄도의 방향도 아주 약간 변화될 수 있었다. 하지만 아주 멀리서 발사하면 각도가 아주 조금만 변해도 탄자는 목표물의 앞이나 뒤, 왼쪽이나 오른쪽에서 꽤 벗어난 곳에 떨어질 수 있었다. 탄자가 표적 주위에 큰 원을 그리며 떨어지기 때문에 이를 '화력의 원뿔'이라고 일컬었다. 다른 말로 하면, 탄자는 화력의 원뿔을 지나 일정한 범위, 즉 피탄지를 강타하기 때문에 기관총 1정만으로도 전체 지역이 위험해질 수 있었다. 피탄지 주위에 탄자를 쏟아부으면 기관총은 전체 지역을 모두 덫으로 만듦으로써 적군이 그곳에 발도 못 디디게 할 수 있었다. 존재 자체가 위협적이었던 총검이나 파이크처럼 기관총 또한 자체적인 특성만으로도 적을 위협해 전술적인 목적을 달성할 수 있었다.

기관총은 평범한 소화기 또는 대포와는 달랐다. 기관총은 둘 다의 속성을 가졌고, 야포나 재래식 보병 화기가 흉내낼 수 없는 독특한 특성이 있었다. 기관총은 특수 무기였고, 기관총 사수는 특수 훈련을 받을 만한 가치가 있었다. 독일군은 이 사실을 가장 먼저 깨닫고, 기관총 사수들에게는 일반 보병들과 달리 더욱 엄격한 훈련과 독일군만의 교본과 전술 교리를 제공했다. 기관총 사수의 특수 훈련도 독일에서 처음 시작되었다. 제1차 세계대전 당시 다른 국가의 군대는 보병대의 소규모 분대마다 기관총을 지급했지만, 독일군은 특수한 보직을 담당한 장교가 지휘하는 대규모 부대에 기관총을 집중했다. 기관총은 소규모 보병 부대에 분산될 수도 있었고, 중요한 목표물에 화력을 집중시키기 위해 전부 함께 투입할 수도 있었다. 또한 기관총 부대는 자동 화기를 속속들이 잘 아는 장교의 감독을 받았다.

제1차 세계대전에서의 전투 경험으로 독일식 기관총 전술은 더욱 인정받았다. 독일군보다 더 효과적으로 기관총을 사용한 군대는 없었다. 연합군도 서둘러 독일군의 선례를 따랐다. 영국군은 1915년 말에 자신들만의 정예 기관총 군단을 창설했고, 프랑스군은 보병대 곳곳에 분산되었던 기관총병들을 모아 기관총 자율 중대를 편성했다. 미국 원정군(AEF)은 각 사단에 기관총 대대 3개를, 각 보병 연대에는 기관총 중대를 포함시켰다. 공장에서 점점 더 많은 기관총이 쏟아져 나오자 각 군대는 전장에 투입한 자동 화기의 수와 전투 부대에서의 기관총 비율을 과감하게 높였다.

기관총 수가 늘어나고 경험도 늘어나자 전술도 발전했다. 제1차 세계대전 당시 지휘관 대부분은 전과 달리 기관총의 독특한 특성을 빠르게 인식하기에 이르렀고, 그 장점에 적합한 전술도 기꺼이 채택했다. 기관총으로는 방어선을 강화하고, 아군의 머리에 탄자가 떨어지는 지형에 있을 때가 아니라면 보병이 공세를 펼칠 때 화력을 지원할 수 있었다. 공세 중인 군인들은 탄자가 머리 바로 위를 스쳐 지나가는 소리를 들으면서 매우 불안했겠지만, 시간이 지날수록 화력 지원의 가치를 이해하게 되었다. 기관총은 대포와 마찬가지로 지도와 나침반을 통해 적 진지의 범위와 방향을 추정함으로써 멀리서도 간접 사격을 퍼부을 수 있었다. 또한 수많은 기관총을 집중 사격하는 방식인 '기관총 탄막'은 전장에서 적을 쫓아내고, 적의 사격을 제압하며, 공격 경로를 준비하는 과정에서 기존의 대포 탄막 전술만큼 효과적이었다.

이 모든 역할을 기관총은 훌륭하게 수행했다. 중거리나 근거리에서도 소총 못지않게 효과적이었지만, 굳이 기관총을 전방 참호에 배치할 필요는 없었다. 기관총은 장거리 무기였고, 멀리서도 여러 임무를 수행할 수 있었기 때문이다. 또한 기관총 사수는 적 포병이나 저격수의 주요 목표물이었기 때문에 먼 곳에 배치하는 것이 더욱 적절했다. 물론 대포의 파괴력과 사정거리가 기관총보다 더 뛰어나긴 했지만, 기관총은 보병의 공격을 억제하는 데 대포 못지않게 효과적이었다. 1916년 7월 1일 솜somme강에서 벌어진 전투 첫날, 독일군 진지를 방어하던 맥심 기관총은 영국군을 상대로 끔찍한 수확을 거두었다. 영국군 역사상 가장 치명적인 날이었던 그날, 엄청난 전사자가 발생한 이유는 다양하겠지만, 영국과 독일의 관찰자들은 모두 독일군의 기관총을 지목했다. 또한 기관총은 방어 못지않게 공격에도 도움이 되었다. 1917년 4월, 연합군이 비미 리지를 공격하던 첫날, 캐나다 군단은 기관총 300여 정으로 대규모 공격을 감행하여 방어 중인 독일군을 수천 명씩 학살했다. 이로써 캐나다 보병대가 돌격할 수 있는 토대가 마련되었다.

기관총과 근대적인 탄창식 소총을 사용하자 강선 머스킷을 비롯한 화기를 사용할 때와는 다른 전투 양상이 나타났다. 개활지 또는 참호로 둘러싸인 적진을 직접 공격하는 것은 자살 행위나 다름없어졌다. 1915년부터 서부 전선에서 전쟁이 교착 상태에 빠진 이유는 양측 모두 기관총을 많이 사용했기 때문이었다.

⊕ ⊕ ⊕

기관총 덕분에 개별 보병은 화력을 엄청나게 많이 쓸 수 있었지만, 그 화력은 여전히 휴대성이 좋지 않았다. 무겁고 부피가 큰 수랭식 총기인 맥심, 비커스, 브라우닝, 슈바르츠로제 같은 기관총은 군인 2~3명이 이쪽에서 저쪽으로 이동시킬 수는 있었지만, 빠르게 이동하는 보병과 함께 이동할 수는 없었다. 심지어 그나마 가벼운 프랑스의 공랭식 호치키스 기관총도 22킬로그램이 넘었다.

하지만 기관총을 휴대할 수 있다면? 보병이 공격할 때 기관총의 화력을 이용할 수 있다면? 멀리서가 아니라 돌격 부대와 함께 적진 바로 앞까지 갈 수 있다면? 그러한 무기의 장점은 명백했고, 제1차 세계대전이 계속되는 동안 소화기 설계의 중심은 이제 '가벼운 자동 화기'가 되었다.

기관총의 무게를 줄여야 할 이유는 많았다. 우선 군사 항공이 첫 번째 이유였다. 항공기가 화기를 방어용으로 사용한다면 기관총이 가장 좋은 선택지겠지만, 초기 항공기의 약한 엔진과 기체는 맥심과 비커스 같은 기관총의 무게를 감당할 수 없었다. 경량화된 기관총은 항공전에서 꼭 필요했다.

보병용 경기관총은 더욱 필요했다. 다행히도 그러한 경기관총은 당시에 이미 사용 가능했다. 1896년에 덴마크의 기술자인 율리우스 라스무센과 테오도르 쇼뷰가 진정한 첫 경기관총을 특허 냈고, 2년 후 '반동 작동식 소총'인 마드센 경기관총이 생산되었다. 마드센은 복잡하지만 놀라울 정도로 안정적이었고, 개머리판과 재래식 방아쇠, 총신 상부의 20발들이 상자형 탄창으로 이루어져 있어 소총처럼 사용할 수 있었다. 소총처럼 어깨에 견착해서 발사할 수 있었지만, 총구 근처에 접이식 삼각대가 있어서 더욱 쉽게 사격을 할 수도 있었다. 9킬로그램이 넘었기에 별로 가볍지는 않았지만, 맥심 기관총과 거치대의 무게에 비하면 새 발의 피웠다. 1명이 마드센 기관총과 여분의 탄창을 모두 가지고 다니면서 기관총을 작동시키는 것도 가능했지만, 부사수가 있으면 훨씬 더 수월하긴 했다. 덴마크는 마드센 기관총을 도입했고, 러시아 역시 마드센 기관총을 도입해 기병대에 보급했다.

그러나 대다수 군대는 항공기를 무장시키는 용도 외에는 경기관총에 관심이 없었다. 경기관총은 중기관총보다 약하다고 여겨졌고, 초기 경기관총은 그렇게 생각할 만했다. 1909년, 일반적으로 무기를 선택할 때 위험을 무릅쓰는 편은 아니었던 미 육군은 호치키스 기관총의 개량형인 베넷-메르시에 기관총을 도입했다. 미국은 베넷-메르시에 기관총을 뉴멕시코주 콜럼버스 외곽을 침공한 멕시코 혁명가 판초 비야(1878~1923)를 진압하는 데 처음 사용했고, 끔찍한 실패를 거두었다. 기관총은 거의 사용하지도 않았는데 걸림 현상과 고장이 반복적으로 일어났다. 이후 검사에서 총 자체는 괜찮았지만, 제대로 훈련받지 않고 조작한 군인들의 실수에서 비롯되었다는 사실이 드러났다. 하지만 이미 나빠진 평판을 되돌릴 수는 없었다. 마드센 말고도 1911년에 미국의 아이작 뉴턴 루이스가 발명한 루이스 경기관총이 있었다. 가스 작동식인 루이스 경기관총은 47발 또는 96발들이 대용량 회전식 탄창을 갖췄고, 견고하면서 안정적이었으며, 12.7킬로그램이라 수랭식 기관총보다 휴대성이 훨씬 더 좋았다. 미국에서는 큰 호응을 얻지 못했지만, 영국과 벨기에는 제1차 세계대전이 발발하기 직전에 상당한 수량을 주문할 정도로 좋아했다.

그러나 주요 군대 대부분이 경기관총에 회의적이었던지라 도입을 꺼렸다. 애당초 경기관총은 중기관총과 완전히 달랐고, 여러 측면에서 성능이 확실히 떨어졌다. 우선, 경기관총은 지속 사격이 불가능했다. 상자형 탄창에는 탄약을 250발까지만 넣을 수 있었기 때문이다. 공랭식 총열은 수랭식 총열보다 훨씬 빨리 과열되어 무한정 발사할 수도 없었다. 가스 작동식 구조는 맥심 및 슈바르츠로제의 반동 작동식보다 부피는 작았으나 안정성은 떨어졌고, 걸림 현상도 자주 발생했으며, 먼지나 흙이 들어가면 고장 날 가능성도 컸다. 간단히 말해서 루이스 경기관총은 비커스 기관총보다 여러모로 부족했다.

하지만 중요한 것은, 권총이 소총과 다른 것처럼 루이스 경기관총은 비커스 기관총이 아니라는 점이었다. 경기관총과 중기관총은 전혀 다른 무기이며, 목적과 적용 범위도 달랐다. 경기관총은 중기관총보다 성능은 떨어졌지만, 중기관총으로는 도저히 할 수 없는 모든 것을 할 수 있었다. 무게가 가벼워서 보병이 운반할 수 있고, 공격이나 후퇴 시 보병과 함께 움직일 수 있었다. 또한 몇 초만에 전개하고 사격할 수 있었기 때문에 군인 1~2명이 즉시 사격할 수 있었다.

이러한 경기관총의 장점은 1914년 여름과 가을에 첫 전투가 벌어졌을 때는 분명하지 않았을 수도 있지만, 그 유용성은 금세 드러났다. 경기관총은 '행군' 또는 '보행 사격'이라는 새로운 돌격 전술의 핵심 무기가 되었던 것이다. 보행 사격에서 보병은 포병대의 지원을 받거나 그냥 빠르게 전진하는 대신, '전진하면서' 적에게 쉬지 않고 사격을 퍼붓는다. 이 전술은 방어자인 적이 몸을 숨기려고 엄폐물을 찾을 만큼 강력한 화력을 공격군이 퍼부어야만 가능했다. 그런데 볼트 액션 소총은 그러한 화력을 낼 수 없었다. 이 전술은 공격군 대부분, 또는 대다수가 기관총을 지녀야만 가능했다. 맥심 기관총과 비커스 기관총은 이 전술에 적합하지 않았다. 그러나 프랑스의 주요 경기관총인 M1915 CSRG 또는 '쇼샤'는 바로 이 목적에 맞춰 설계되었다. 장전하기 전 무게가 9킬로그램인 쇼샤 경기관총 역시 여전히 무거웠지만, 개머리판과 좌측의 손잡이 덕분에 일반 소총처럼 휘두를 수 있었다. 분당 240발이라는 발사 속도는 맥심 기관총보다 낮아서 조작이 쉬웠고, 이는 경기관총의 장점이었다. 프랑스에는 아쉽게도 쇼샤 경기관총의 생산량이 부족해 군대의 일부만 무장시키는 데 그쳤고, 설계 자체에도 큰 결함이 있었다. 1918년에 AEF는 쇼샤 경기관총을 주력 기관총으로 도입했으나, 곧 완전히 형편없는 화기라는 사실을 깨달았다.

전쟁이 끝날 무렵, 경기관총은 전투 부대 대부분에서 일반적인 무기가 되었다. 영국군과 영연방군은 안정적인 루이스 경기관총을 계속 사용했다. 미군은 처음에 쇼샤 경기관총을 선택해서 고생했지만, 이후 20세기에 가장 오랫동안 사용된 경기관총인 존 브라우닝의 M1918 BAR(Browning Automatic Rifle)을 도입해, 제2차 세계대전과 6·25 전쟁에서도 사용했다. 독일군은 특유의 상상력으로 표준 중기관총인 맥심 MG08의 크기를 줄이고, 개머리판과 손잡이를 덧붙이면서 거대한 '썰매식' 삼각대를 양각대로 대체했다. MG08은 거치대와 물이 가득 찬 냉각수 통까지 포함하면 무게가 자그마치 69킬로그램이었고, 크기를 줄인 버전인 MG08/15의 무게는 18킬로그램이었다. 훨씬 가벼워지긴 했으나, 여전히 무거운 수랭식 기관총이었기에 조작하려면 군인 2명이 필요했다.

경기관총의 설계 목적인 보행 사격 전술은 전쟁 전 지지자들이 기대하거나 기대했던 범위 내에서는 전혀 구현되지 않았다. 1918년에 미군, 프랑스군, 영국군이 포위된 독일군을 동쪽에 있던 그들의 고향으로 밀어냈던 제1차 세계대전의 마지막 전투에서야 경기관총은 본래 임무를 수행했다. BAR과 루이스, 쇼샤 같은 경기관총은 빠르게 전진하는 보병과 함께 이동하면서 독일군을 패전으로 몰아넣었다. 이는 기관총의 역사에서 중요한 순간이었다. 맥심 기관총으로 대표되는 중기관총은 사라예보에서 암살 사건이 일어나기 전에 이미 그 가치를 충분히 증명했고, 이후 수년간 서구 무기고의 주요 무기로 남아 있었지만, 경기관총은 1918년 당시에 두각을 드러낸 화기였다. 1918년에 봤듯이 지상전에서 기동성이 회복된다면, 휴대용 기관총이 제공하는 화력은 미래 보병 전술에서 필수 요소가 될 것이었다.

제1차 세계대전 당시 기관총

삽화 19a

1908년에 독일군이 도입한 기관총인 MG08.

삽화 19b

악명 높은 쇼샤 CSRG 경기관총으로 사격을 연습하는 미 육군 제16 보병 연대 군인들.

13장

고성능 폭약

1870년이 되자 대포는 매우 달라졌다. 이제는 전장포 대신 후장포, 활강포 대신 강선포를 만들었고, 철이나 청동 대신 주강을 소재로 선택했다. 폭발탄과 유산탄 같은 폭발성 포탄은 예전엔 불안한 특성 탓에 드물게 사용했지만, 이제는 둥그런 포탄만큼이나 흔했고, 정밀 신관이 생겨나면서 포병은 몇 분의 1초 단위로 폭발탄의 폭발 시점을 조정할 수 있게 되었다. 그러나 신기술은 단번에 모든 사람에게 받아들여지지는 않았고, 때로는 신기술의 장점이 즉각 드러나지 않기도 했다. 후장포는 전장포와 비교하면 추가로 들어가는 비용이나 수고가 늘어났지만, 장전 또는 발사 속도가 그렇게 빠르지는 않았다. 일부 비평가는 후장식 구조에는 전장식만큼 장약을 많이 넣을 수 없다고 우려했다. 강선포 역시 활강포보다 항상 효과적이지는 않았다. 1864년 제2차 슐레스비히 전쟁에서 프로이센군의 현대식 강선포는 덴마크군의 토루土壘를 파괴할 수 없었는데 반해, 덴마크군의 구식 활강포는 프로이센군에 상당한 피해를 입혔다.

하지만 아주 짧은 시간 안에 그러한 우려는 모두 사라졌다. 강선포의 명중률과 화력이 활강포의 것보다 월등해졌기 때문이다. 후장식의 장점 역시 총기에서만큼이나 대포에서도 확실했고, 더군다나 더 안전했다. 1879년에는 포탑을 갖춘 영국 장갑함 HMS 선더러에 탑재한 12인치 대형 전장식 강선포 2문 중 1문이 폭발했다. 포격 훈련 중 대포가 불발된 것을 몰랐던 포병이 그대로 남아 있던 장약 위에 새 장약과 새 폭발탄을 무심코 쑤셔 넣어 사고가 난 것이었다. 장약과 포탄이 2개씩 장전된 38톤짜리 거대한 대포가 폭발하자 승무원 12명이 사망하고 그보다 3배 많은 승무원이 부상을 입었다. 새로운 대포가 어떻든 간에 후장포는 이중으로 장전할 일이 없었다.

1870년에도 서양 군대 대부분은 대포의 크기나 화력을 증가시키거나 더 쉽고 빠르게 장전하려고 특별히 서두르지는 않았으나, 몇 년이 지나자 달라지기 시작했다. 보불 전쟁 이후부터 제1차 세계대전이 일어나기 전까지 대포는 소총과 매우 비슷한, 사실상 거의 같은 변화 과정을 거쳤다. 1914년에 제1차 세계대전이 발발하기 전, 1880년대에 흑색 화약이 새로운 추진제로 대체되면서 새로운 대포의 명중률, 사정거리, 발사 속도는 매우 증가했다. 게다가 화학 분야의 수준이 점점 높아지면서 새로운 발명품인 무연 화약이 나타났다. 이로써 흑색 화약의 시대가 끝났다. 통칭 '고성능 폭약'이라는 새로운 화학 혼합물은 폭발성 물질로서 흑색 화약과 같은 역할을 했다. 그리고 제1차 세계대전에서 그 효과가 드러났다. 대포는 이제 전쟁터에서 가장 살상력이 뛰어난 무기가 되었다.

놀랍든 아니든 대포 관련 기술이 빠르게 발전하도록 이끈 원동력은 1870년 이후의 소총과 마찬가지로 초라해진 프랑스와 급부상한 독일 간의 피 튀기는 경쟁이었다. 1870년 이전까지 영국과 미국은 대포 연구와 개발 분야에서 세계를 이끌었다. 하지만 프로이센군이 대포 기술의 선두 자리를 소총의 경우와 마찬가지로 조용히 가로채기 시작했다. 프로이센군은 알프레트 크루프의 뛰어난 능력과 에센에 있는 크루프 제철소의 생산력에 크게 의존했다. 알프레트와 그의 아버지 프리드리히는 혁명적인 베서머 제강법을 개량했다. 이 기술은 크루프사가 1840년대 초부터 포열에 적용한 기술이었다. 철강을 소재로 쓴 강선식 후장포는 이후 1850년대 후반에 등장했다. 1866년 여름 비스마르크가 오스트리아와 전쟁을 벌일 때, 프로이센군 대포는 전장식에서 후장식으로 전환되고 있었다. 1866년 7월 프로이센군이 쾨니히그레츠에서 오스트리아군과 전투할 때는 구경이 제각각인 야포 3종을 사용했다. 12파운드 전장식 활강포 1종과 크루프에서 주강으로 만든 후장식 강선포 2종이었다.

후장식에 강선포인 91.5밀리미터 구경 C/61 6파운드 대포와 78.5밀리미터 구경 C/64 4파운드 대포였던 새로운 크루프 야포들은 오스트리아군의 주력 대포보다 우수했다. 오스트리아군은 4파운드와 8파운드 전장식 강선포를 썼다. 크루프 대포는 오스트리아 대포보다 사정거리가 더 길고, 발사체가 컸으며, 발사 속도도 빨랐다. 이상하게도 프로이센의 4파운드 대포용 폭발탄은 오스트리아의 6파운드 대포용 폭발탄보다 더 무겁고, 프로이센의 6파운드 대포용 폭발탄은 오스트리아의 8파운드 대포용 폭발탄보다 더 무거웠다. 아이러니하게도 이러한 기술적 우위로도 오스트리아군의 뛰어난 전술을 따라잡을 수 없었다. 반면 오스트리아군은 1859년 롬바르디아에서 프랑스 포병대에 호되게 얻어맞았다. 이 경험으로 오스트리아군 최고 사령부는 '대규모로 집결시킬 수 있는' 기동력이 뛰어난 대포의 가치를 깨닫게 되었다. 반대로 프로이센의 포병들은 이를 1866년에 오스트리아군에게서 배웠다.

1870년에 발발한 다음 전쟁에서 프로이센은 프랑스에 맞서 완전히 개조한 대포를 끌고 나갔다. 1866년에도 여전히 사용했던 구식 활강포는 오스트리아와 벌인 7주 전쟁 직후 무거운 C/61 후장포와 함께 폐기되었고, 야전 포대에서는 C/64와 개량된 후속 모델인 78.5밀리미터 구경 C/67이 새롭게 자리를 잡았다. 새로운 대포는 혁신적으로 설계되었고, 다른 서구 군대의 어떤 대포보다 훨씬 앞서 있었다. 프로이센군은 크루프가 특허 낸 특수 후장식 구조인 이중 쐐기 잠금 장치(Doppelkeilverschluss)를 도입했다. 이 후장식 장치는 강철 쐐기 2개와 그 사이의 약실 폐쇄용 스크루로 이루어져 있었는데, 기계적으로는 단순했지만 밀폐력이 뛰어났다. 가스 누출은 후장식 소총과 마찬가지로 후장포에서도 많은 문제를 일으켰다. 그리고 프로이센의 대포는 프랑스의 그 어떤 대포보다 훌륭했다.

나폴레옹 3세와 그의 장군들은 1866년에 프로이센의 몰트케 장군이 쾨니히그레츠에서 오스트리아군을 물리친 것을 보고서 현실에 안주하지 않았다. 이들은 언젠가 일어날 수밖에 없는 프로이센과의 전쟁을 준비하기 위해 최선을 다했다. 프랑스는 소화기에 관심을 쏟았고, 또 상당한 성공을 거두기도 했다. 프랑스의 샤스포 소총이 프로이센의 드라이제 소총보다 모든 면에서 뛰어나다는 점은 부인할 수 없는 사실이었다. 또한 1867년부터 1870년까지 프랑스 국내에서 샤스포 소총을 100만 정이나 생산해 냈다는 사실도 작은 기적이었다. 대포를 혁신시키는 것도 간과하지는 않았으나, 대포는 최우선 과제가 아닌 것이 확실했다. 프로이센과의 전쟁이 발발하기 불과 몇 달 전, 프랑스군은 85밀리미터 구경 M1870 7파운드 야포를 채택했다. 청동으로 주조한 M1870은 최신 기능을 자랑했으나 너무 늦게 개발되어 다가올 전쟁에서 많은 역할을 할 수 없었다. 새로운 대포 200여 문은 전쟁이 일어나기 전부터 사용되었지만, 충분하지 않았다. 전쟁이 시작되던 해인 1870년에 프랑스 무기고에는 구식 전장포와 활강포와 강선포, 최신식 후장포가 뒤죽박죽 섞여 있었다.

외국 관전 무관에게는 매우 놀랍게도 전쟁을 승리로 이끈 것은 프로이센의 대포였다. 대포는 드라이제 소총의 심각한 결함을 보완했다. 포병대의 지원이 없으면 프로이센 보병대의 공격은 프랑스 보병대의 샤스포 소총에 밀리기 일쑤였다. 하지만 프로이센 포병대는 프랑스 포병대를 완전히 능가했다. 크루프사의 C/64 대포와 C/67 대포는 뛰어난 정확도로 3,800미터 떨어진 곳까지 폭발탄을 발사할 수 있었고, 정밀 신관 덕분에 안정적으로 공격할 수 있었다. 반면 프랑스 대포는 그중 가장 좋은 대포를 이용해도 3,100미터 밖에 있는 목표물을 정확히 맞힐 수 없었고, 폭발탄용 신관은 독일 것보다 기능이 떨어졌다. 하지만 기술은 전쟁의 일부에 불과했다. 당대의 위대한 군사 이론가이며 호엔로에-잉겔핑엔의 대공이던 크라프트와 같이 혜안을 가진 포병 지휘관들은 현장에서 몇 가지 실험을 한 후, 보병의 공격을 지원하기 위해 다음과 같은 2단계 '포격전'을 개발했다. 우선 야포 다수를 집결시켜 대규모 포대를 만들고 프랑스 대포의 사정거리 밖에 배치한 후, 집중 사격으로 적 포대를 물리친다. 이후 큰 포대는 분산되어 보병대와 함께 전진하면서 사정거리 내에 있는 프랑스 보병대를 공격한다. 이것은 드라이제 소총이 아니라 대포의 화력으로 적을 약화시키고 보병의 공격을 준비하는 방식이었다. 프로이센 포병들은 1866년보다 훨씬 잘 훈련되어 있어서 아군 보병들이 프랑스 진지를 공격하려고 진격하는 동안 아군 보병의 머리 위로 포탄을 발사하는 엄호 사격으로 프랑스의 방어 사격을 제압하는 등 상당히 까다로운 작전을 수행할 수 있었다. 이것은 포병대의 기술과 보병대의 담력을 필요로 하는 전술이었다.

새로운 크루프 야포는 1864년 이전에 드라이제 소총이 그랬던 것과는 달리 기밀이 아니었다. 크루프 대포의 특성은 유럽 전역의 군사계에 알려졌고, 프랑스인들은 자국 대포의 성능이 적 대포의 성능보다 부족하다는 사실을 뼈아프게 깨닫고 있었다. 또한 프로이센 포병대의 우수한 기술과 조직, 그리고 대규모 포격을 유연한 전술로 활용하는 높은 숙련도는 모두의 주목을 끌었다. 유럽의 주요 강대국들은 이후 40여 년 동안 소화기의 설계와 성능을 최적화하고, 군함 관련 기술에 막대한 돈과 시간을 쏟아붓는 동시에 대포를 꾸준히 개선했다.

1870년 9월에 벌어진 스당 전투에서 마침내 프랑스가 패배하고 2년이 지난 뒤 전장포는 초기형 포탑을 갖춘 함선을 제외한 서구 군대에서 거의 사라졌다. 1870년의 크루프 대포를 시초로 한 신세대 후장포는 구세대의 암스트롱 대포와 동시대의 다른 대포들보다 월등했다. C/64 크루프 대포의 쐐기 잠금 장치 같은 후장식 구조는 이전 후장포의 구조보다 훨씬 더 견고해서 장약량을 늘릴 수 있었고, 이는 다시 화력과 사정거리의 증가로 이어졌다. 또한 조작이 간단하고 빨라서 발사 속도 역시 증가했다.

대포는 점점 더 나아졌다. 아이러니하게도 대포 발전의 선두에는 프랑스가 있었다. 프랑스는 1871년 이후 대포를 재정비했다. 대부분 보불 전쟁에서 파괴되었고, 나머지는 승리한 독일군이 전리품으로 끌고 가서 그야말로 남은 것이 1문도 없었기 때문이었다. 무엇보다 가장 큰 원인은 전쟁의 굴욕에 시달린 프랑스군과 대중이 복수를 갈망했다는 사실이었다. 그러나 종종 간과되는 점은 프랑스가 아주 최근까지 유럽의 가장 큰 군사 강국이었을 뿐만 아니라, 오랫동안 훌륭한 기술자를 배출했다는 명성을 누려왔다는 사실이다. 프랑스는 무기 설계 분야에서 영국과 독일보다 뛰어났다. 또한 프랑스 정부에는 크루프 가문 못지않은 산업 파트너인 외젠 슈나이더가 있었다.

보불 전쟁이 막 끝날 즈음, 포병대 장교 앙리 페리에 드 라히톨과 샤를 라공 드 뱅주, 그리고 뫼동에 있는 국영 대포 공장의 뛰어난 감독관이자 제대로 인정받지 못한 미트라예즈 발리건을 발명한 장바티스트 베르세르 드 레피가 설계한 새로운 야포 모델이 슈나이더-크레소 제철소에서 생산되기 시작했다. 레피와 드 라히톨, 드 뱅주의 대포들은 독일 및 여타 서양 국가의 대포보다 훨씬 앞선 기능을 자랑했다. 이들이 제작한 대포 모두 나사식 회전 폐쇄기를 추가하여 단지 약실 레버를 4분의 1 바퀴 회전시키는 것만으로 약실을 잠금 해제하고 열 수 있었기 때문에 기존 후장포보다 발사 속도가 더 빨랐다. 게다가 프랑스는 대포용 탄약에도 소총용 탄약의 원리를 적용했다. 황동으로 만든 탄피에 추진제, 발사체, 점화약을 모두 집어넣은 것이다. 소총용 탄피와 마찬가지로 대포용 황동제 탄피는 약실을 효과적으로 밀폐해 가스 누출을 막는 장치 역할도 했으며, 일체화된 탄약을 장전했기에 장약과 포탄을 별도로 장전할 때보다 훨씬 빨랐다. 다시 말해서, 프랑스는 '속사 야포(속사포)'라는 것을 발명한 것이다. 이 대포는 정말 빨라서, 훈련받은 포병은 이전 세대의 후장식 야포로 1분당 2발을 발사할 수 있는 반면, 일체화된 탄약을 장전하는 새로운 속사포로는 1분당 7발을 발사할 수 있었다. 말 그대로 야포 화력이 3배 이상 늘어난 것이다.

1870년대에 프랑스는 대포 설계 경쟁에서 크게 앞섰고, 1914년에 제1차 세계대전이 발발할 때까지 선두를 내주지 않았다. 1870년과 1914년 사이에 대포를 발전시킨 모든 획기적인 혁신은 프랑스의 공장과 기술자 들에게서 비롯되었다. 프랑스의 이웃 국가들과 경쟁국들이 빠르게 모방한 속사포 제작은 제1차 세계대전 이전에 일어난 대포 혁명의 서막을 연 첫 번째 사건에 불과했다. 기관총을 제외하면 동시대에 유사하게 일어난 소화기 혁명보다 대포 혁명의 범위가 더 넓고 깊었다.

게다가 대포의 발사 속도, 사정거리, 명중률이 높아지면서 지상전 전술도 진화하고 있었다. 남북 전쟁 때부터 군사 사상가들과 전술 이론가들은 새로운 화기가 공격보다는 방어에 적합하다는 견해를 전반적으로 갖게 되었다. 그렇다고 해서 전통적인 보병 공격이나, 심지어 개활지를 가로지르는 정면 공격이 모두 사라진 것은 아니었다. 여전히 정면 공격은 가능했고, 효과적일 수도 있었다. 하지만 속도와 규율, 그리고 약간의 잠행이 필요했다. 남북 전쟁 당시 북군 대령 에머리 업턴은 1864년 5월 10일에 스폿실베이니아에서 남군을 번개처럼 기습함으로써 강선 머스킷으로는 재빠르고 단호한 착검 돌격을 막을 수 없다는 사실을 분명히 보여 주었다. 하지만 다른 모든 조건이 동등하다면 전술적 방어가 전술적 공격보다 우세했고, 소화기와 대포의 발사 속도가 높아짐에 따라 공격과 방어 사이의 격차는 더욱 커지기만 했다.

이에 대응하는 일반적인 전술은 참호를 파는 것이었다. 야전 요새는 1914년에도, 1904년에도, 1877년에도, 1864년에도 전혀 새로운 것이 아니었지만, 반영구적으로 사용할 수 있는 참호를 이용하려는 사령관들의 의지는 새로웠다. 참호전은 남북 전쟁의 마지막 12개월 동안 동부의 전장에서 율리시스 S. 그랜트 장군과 로버트 E. 리 장군이 리치먼드에 접근하기 위해 참호를 파면서 시작됐고, 이후에는 일반적인 전술이 되었다. 이러한 전술이 꼭 새롭고 강력한 무기가 생겨났기 때문에 나타난 것은 아니었다. 남북 전쟁 때 보병 화력은 나폴레옹 전쟁 때나 18세기에 비해 크게 증가하지 않았다. 그러나 경험이나 훈련이 부족한 군인들이 적의 공격을 피해 참호를 파고 몸을 숨기는 일은 증가했다. 임시 야전 요새를 파는 것은 지휘관들이 의도적으로 시작한 전술이 아니라 개별 군인들이 주도한 경우가 많았다. 남북 전쟁 동안 전문 보병들은 적에게서 총격을 당하는 즉시 땅바닥에 엎드려 총검, 양철판, 숟가락 등 가지고 있는 도구를 이용해 참호를 파헤치기 시작한다는 사실이 관측된 바 있다.

전투 현장에 임시 요새를 건설할 필요가 생기자 지금까지 고안된 것 중 가장 오랫동안 이용된 군사 장비 하나가 발명되었다. 1864년 제2차 슐레스비히 전쟁이 끝날 무렵, 당시 중년의 덴마크 보병 중위였던 마스 요한 부호 린네만은 몸을 숨길 참호를 파는 것이 매우 중요하므로 군인들이 삽 같은 것을 휴대해야 한다는 결론을 내렸다. 3년 후 린네만은 자신의 해결책인 '린네만 야전삽'을 세상에 내놓았다. 린네만 야전삽은 그저 작은 삽에 불과했다. 길이가 60센티미터 정도였던 린네만 야전삽은 완벽히 균형 잡혀 있어 휘두르기 쉬우며, 크기가 작아서 허리에 매달고 다녀도 움직임을 방해하지 않았다. 린네만의 아이디어는 군인 2명 중 1명이 이 삽을 들고 다니며, 나머지는 곡괭이나 나무 덤불을 자르는 칼 같은 것을 들고 다닌다는 식이었다. 린네만 야전삽은 매우 유용해서 임무를 수행하는 모든 군인이 소지하는 표준 장비가 되었다. 1870년 덴마크 육군이 린네만 야전삽을 처음 도입했고, 러시아와 오스트리아-헝가리의 육군도 도입하면서 허가를 받고 생산했다. 독일과 프랑스는 린네만의 특허를 인정하지 않고, 자신들의 버전을 만들어 생산했다. 린네만은 상당한 재산과 기사 작위를 받았고, 일반 병사들에게는 무거운 장비가 추가됐다.

참호는 의외로 오래갔다. 물론 소총 공격에 맞서 효과적으로 엄폐하는 것이 참호의 첫 번째 목적이었지만, 적군에게 거센 포격을 당해도 쉽게 무너지지 않았다. 프로이센군은 1864년에 덴마크 영토를 침공하면서 이 사실을 깨닫고 좌절한 적이 있었다. 데니버그강 강변과 뒤벨에 있던 방어 시설은 흙으로 만든 평범하고 단순한 참호였지만, 프로이센군의 강선포로 아무리 공격해도 꿈쩍하지 않았다. 흙벽은 둥근 포탄이든 폭발탄이든 포탄의 충격을 흡수했고, 폭발하기 전에 흙벽 깊숙이 파묻힌 폭발탄은 거의 해를 끼치지 못했다.

1877년부터 1878년까지 벌어진 러시아-튀르크 전쟁에서도 참호의 효과가 입증되었다. 군사 애호가들에게는 잘 알려지지 않았지만 이 전쟁은 유럽의 몇몇 전쟁만큼이나 면밀히 조사되었다. 오스만 제국이 발칸반도에서 통치했던 민족들의 미래가 달려 있었을 뿐 아니라, 새로운 군사 기술에 관한 교훈도 배울 수 있었기 때문이다. 보불 전쟁이 벌어진 이후에 무기 기술 분야에서는 많은 일이 일어났다. 그리고 러시아-튀르크 전쟁은 보불 전쟁 이후 처음 일어난 유럽 국가들 간의 갈등이기도 했다. 따라서 살펴볼 점이 많았으나, 단연 눈에 띄는 것은 참호의 역할이었다. 결국 전쟁에서 패배하고 발칸반도에서 소유했던 지역 대부분을 뺏기기 전까지 오스만 누리 파샤(장군)는 압도적으로 우세한 러시아, 루마니아, 불가리아 연합군을 상대로 뛰어난 지략을 펼치며 플레브나를 5개월 동안 사수했다. 튀르크군은 러시아의 화기보다 더 뛰어난 소총과 독일에서 구매한 크루프제 최첨단 후장포를 이용하긴 했지만, 무엇보다 주로 참호를 이용했다. 어느 영국 관전 무관은 "러시아군의 본성 탓에 러시아군은 1일만 머물 수 있는 참호를 30일 동안 판 반면, 튀르크군은 30일간 머물 수 있는 참호를 1일만에 팠다.*"라고 지적했다. 제1차 세계대전은 남북 전쟁 당시의 유명한 피터즈버그 참호전보다는 지지부진했던 플레브나 전투의 참혹한 러시아 보병전과 더욱 가까웠다.

　포병의 관점에서 볼 때, 플레브나 전투에서 러시아군의 경험은 다소 우려스러웠다. 러시아군 대포는 튀르크군의 크루프 대포보다 사정거리가 짧기는 했으나 최신 후장식 강선포였고, 폭발탄을 발사했다. 그러나 러시아군의 수많은 포격은 플레브나 외곽에 있던 튀르크군 참호에 흠집도 남기지 못한 것처럼 보였다. 프로이센군이 뒤벨에서 겪었던 것과 마찬가지로 러시아군의 대포 탄막도 참호에 큰 피해를 입히지는 못한 것이다. 이러한 결과는 분명 혼란스러운 교훈을 남겼다. 단지 몇 년 전에 일어난 보불 전쟁에서는 재래식 야전에서 신속한 포격의 파괴력을 확인할 수 있었다. 프로이

---

* 　William McElwee, *The Art of War, Waterloo to Mons* (Bloomington: Indi- ana University Press, 1974), p. 204.

센군은 뛰어난 대포 덕분에 적지 않은 승리를 거두었었다. 그리고 얼마 지나지도 않은 지금, 대포의 효과는 예전 같지 않았다. 잘 구축한 참호는 대포의 위력을 떨어뜨렸다.

프랑스도 참호에 대비하는 해결책을 준비하고 있었다. 유럽 전역의 기술자들과 화학자들은 1850년대부터 새로운 추진제와 새로운 폭발물을 실험하고 있었는데, '니트로셀룰로오스'라고도 하는 면화약의 실험은 첫 성공을 거두었다. 이후로도 프랑스 정부는 이 문제에 관해서 끈질기게 고민했다. 1884년 폴 비에유가 발명한 첫 번째 무연 화약인 푸드르 B 또는 피로셀룰로오스는 소총 못지않게 대포에도 중요했다. 푸드르 B는 크고 작은 화기에 모두 유용했기 때문이다. 푸드르 B를 쓰면 사격 속도, 사정거리, 관통력, 탄도 같은 성능이 어떤 화기에서든 개선되었다. 하지만 오염 물질이 거의 나오지 않는다는 점은 소총보다 대포에 더욱 유리했다. 포병은 이제 사격이 끝날 때마다 약실에 남은 불꽃과 불씨를 모두 제거하려고 포열을 박박 닦을 필요가 없었다. 포대 지휘관 역시 더 이상 흑색 화약을 쓰는 대포가 만들어내는 연기구름과 싸울 필요가 없었다. 대포를 쏘면 발생하는 흑색 화약 연기는 전장에서 시야를 가리면서도 가장 조심스럽게 감춘 포대의 위치는 드러냈다. 1898년에 발발한 미국-스페인 전쟁에서도 미군은 구식 흑색 화약 대포 탓에 스페인 저격수들과 스페인 포대에 위치가 발각되어 많은 인명 피해를 입었다.

폴 비에유가 첫 무연 화약을 발명한 이후, 유럽 전역의 연구소에서 새로운 무연 추진제가 연달아 다수 발명되었다. 다이너마이트로 유명한 알프레드 노벨은 1887년 발리스타이트를 특허 냈다. 2년 후 영국 공식 폭발물 위원회는 코르다이트를 발명했고, 프레더릭 에이블과 제임스 듀어 경이 특허를 냈다. 1890년대와 1900년대 미국 화학자들은 거대한 화학 회사인 듀폰과 함께 몇 가지 무연 화약을 개발하기도 했다. 이 무연 화약들은 모두 다른 성질을 지닌 다른 제재였지만, 본질은 매우 비슷했다. 흑색 화약보다 더 느리게 연소하고, 연기나 오염 물질을 거의 발생시키지 않았으며, 이 화약들로 추진한 발사체는 더 빠르고 평평하게 날아갔다.

새로운 무연 화약은 추진제로는 훌륭했지만, 폭발물로는 형편없었다. 물론 폭발하긴 했으나 예측 또는 통제가 불가능해 폭발탄용으로는 적합하지 않았다. 피로셀룰로오스는 충격에 민감하여 이것으로 만든 폭발탄은 포강을 빠져나가기 전에 폭발할 가능성이 매우 높았다.

다시 한 번 프랑스 군수 산업계로 돌아가 보자. 그곳엔 완전히 새로운 폭발성 화합물인 고성능 폭약이 있었다.

고성능 폭약은 폭발할 때 음속보다 더 빠른 폭발을 일으키는 화합물이다. 무연 화약은 흑색 화약보다 더 천천히 연소하지만, 고성능 폭약은 훨씬 더 빨리 연소한다. 또한 추진제로서는 매우 효과적이며, 흑색 화약보다 훨씬 더 파괴적이고 강력하다.

첫 번째 진정한 고성능 폭약인 액체형 니트로글리세린은 1847년에 처음 합성되었으나, 실용적인 용도로 사용하기에는 너무 불안정해 이후 40년이 지나서야 탄약용으로 연구되었다. 1885년 프랑스의 폭발물 전문가인 외젠 터핀은 영국 국적을 가진 독일인 화학자 헤르만 슈프렝겔이 폭발적인 성질을 처음 발견한 피크르산을 압축하고 가공하면 다양한 용도로 사용할 수 있다는 사실을 발견했다. 피크르산은 무연 화약보다 민감도가 낮고, 니트로글리세린과 달리 휘발성이 없으며, 흑색 화약보다 훨씬 강력해 폭발탄에 사용하기에는 안성맞춤이었다. 따라서 프랑스 정부는 1887년에 폭발탄을 제조하는 용도로 피크르산을 도입한 뒤 면화약과 결합해 폭약을 만들어 '멜리나이트'라는 상표명으로 생산했다.

푸드르 B에 흑색 화약의 추진성이 있었다면, 멜리나이트에는 흑색 화약의 폭발성이 있었다. 하지만 멜리나이트는 흑색 화약보다 모든 면에서 더 뛰어났다. 안정적으로 폭발했지만 휘발성은 낮았고, 열과 습기에 덜 취약하면서도 더 강력했다. 폭발물로서 흑색 화약의 가장 큰 단점은 쓸 만한 폭발을 일으키려면 그만큼 많은 양이 필요하다는 점이었다. 따라서 지름이 수 미터 이상인 폭발 범위 안에서 상당한 피해를 입힐 만한 위력을 가진 폭발탄을 발사하려면 요새나 군함의 커다란 대포로 쏴야 했다. 포구 지름이 10센티미터 이하인 야포의 폭발탄에는 흑색 화약을 이렇게 많이 채울 수 없었다. 하지만 고성능 폭약은 적은 양으로도 효과가 좋았고, 유례없는 파괴력도 자랑했다. 비교적 작은 75밀리미터 구경 야포로 고폭탄을 발사하면 더 넓은 유효한 범위에서 폭발만으로도 적을 죽일 수 있었다. 게다가 폭약에 의해 강철 파편이 초음속으로 날아가 사상자와 파괴가 추가되었다.

1884년부터 1887년까지 프랑스는 모든 이웃과 적 들 사이에서 화력 분야의 선두를 달렸다. 첫 고농도 무연 화약, 첫 근대식 소총, 그리고 군용으로 특수 설계된 첫 고성능 폭약인 멜리나이트, 이 3가지 발명품은 이미 매우 치열했던 군비 경쟁에 불을 붙이며 유럽 대륙 전역의 군사계 및 외교계에서 커다란 파장을 일으켰다. 영국, 독일, 오스트리아-헝가리도 경쟁을 벌이며 프랑스를 뒤쫓았고, 머지않아 프랑스를 따라잡았다. 재능 있는 화학자들은 어디에나 있었고, 스파이들도 어디에나 있었기 때문이다.

초기 대포의 거의 모든 주요 특징은 1860년에서 1880년까지 20년 동안 변화되었다. 1860년의 대포는 기본적으로 300년 전 것과 동일했다. 철 또는 청동으로 주조하고, 포구로 장전하며, 포신에는 강선이 없었다. 그러나 이제는 철이나 청동 대신 주강, 활강식 대신 강선식, 포구에 꽂을대와 스펀지를 밀어 넣는 전장식 대신 후장식, 둥그런 고체탄 대신 길쭉한 폭발탄, 흑색 화약 대신 무연 화약과 고성능 폭약을 이용했다. 이제 한계는 단 1개만 남아 있었고, 모든 포병은 그 한계가 무엇인지 알고 있었다. 바로 '반동'이었다. 반동은 대포의 성능을 손상시킨다. 특히 사격 속도를 가장 많이 늦추는 요인이기 때문에, 19세기가 끝나갈 무렵에는 반동을 없애는 것이 무기 기술자들의 최우선 과제였다.

요새나 배 위에서는 반동이 도움이 되기도 했다. 반동으로 대포가 뒤로 밀려나면 요새의 포대나 함선의 포열 갑판에서 일정한 범위를 벗어나지 않는 한 포구로 안전하게 화약과 포탄을 재장전할 수 있었기 때문이다. 그러나 지상전에서 이동식 야포를 이용하는 포병에게 반동은 확실히 골칫거리였다. 또한 포차의 바퀴 때문에 반동이 더욱 심해졌으며, 뒤로 밀려나는 대포를 손으로 막아내는 것도 위험했다. 평평하고 건조한 땅 위에서 일반적인 야포는 발사 시 약 1~2미터 정도 밀려났다. 그 때문에 장전이 지연되지는 않았지만 포병은 대포를 포대로 끌어당겨 올려 다시 목표물을 조준해야 했다. 대포의 각도는 그대로 두더라도 조준은 무조건 다시 해야 했다. 반동은 포격 시간을 훔치는 도둑이었다.

유럽 전역의 무기 기술자들은 반동 억제 방안을 공격적으로 찾았다. 제안된 해결책 대부분은 슬라이드를 따라 앞뒤로 움직이는 비고정식 포열을 포차에 장착해, 용수철이나 유압식 충격 흡수 장치로 대포의 이동을 조절하는 방식이었다. 하지만 이들 중 도입할 가치가 있을 만큼 잘 작동하는 것은 없었다.

1가지 설계 방식은 도입할 만했다. 1888년에 똑똑하지만 매우 불운했던 크루프사의 젊은 기술자 콘라트 하우스너는 자신이 설계한 유압식 반동 억제 시스템을 장황하게 설명한 제안서를 고용주에게 제출했다. 예전과 달리 군사 무기 분야의 선도 기업이 아니었던 크루프사의 임원진은 하우스너의 아이디어를 즉각 거부했다. 크루프사를 떠난 하우스너는 자기 발명품을 특허 냈고, 원형 제작에 필요한 자본을 조달한 뒤 독일군에 시제품을 제출했다. 하지만 또다시 거절당했다. 크루프의 주요 경쟁자인 하인리히 에르하르트는 하우스너의 발명품을 알아보고 자신이 설립한 금속 제품·기계 제조 회사인 라인메탈을 위해 기술을 획득했다. 하우스너는 에르하르트와 합작해 독일군 당국에 제품을 선보였으나 당국의 보수적 여론에 밀려 또다시 거절을 당했다. 1896년에 독일군이 도입했던 새로운 야포인 M1896 77밀리미터 구경 대포는 이미 오랫동안 유효성이 입증된 고정포였는데, 반동 흡수 장치 같은 것이 없었다.

그러나 프랑스는 이 문제에 줄곧 세심한 주의를 기울이고 있었다. 프랑스군 포병장교인 샤를 마티외 장군은 하우스너의 기술을 파악하고, 그 기술로 이익을 얻을 기회도 잡았다. 프랑스는 반동 문제를 해결하려고 그 어떤 국가나 기업보다 애썼다. 대포에 관한 한 프랑스의 최고 전문가였던 이폴리트 랑글루아는 진정한 속사포가 필요하다고 강조했었다. 나폴레옹이 대포를 배운 파리의 군사 학교에서 대포를 가르쳤던 랑글루아는 야포를 이용한 공격 전술을 만들었다. 빠른 이동이 가능한 속사포를 대규모로 사용해 탄막을 만들어 적 포병대와 보병대에 맹렬하고 집중적인 포격을 가하는 전술이었다. 프랑스군에서 '라팔rafale'이라고 일컬은 이 일제 사격 전술을 구사하려면 볼트 액션 소총과 거의 같은 속도로 장전하고 발사할 수 있는 대포가 필요했다. 그러나 그러한 대포는 아직 존재하지 않았다. 반동이 길을 가로막고 있었기 때문이다.

이러한 대포를 발명하는 것은 어려운 일이었지만, 마티외 장군의 부하들과 기술자들은 이러한 임무를 퓌토의 국영 군수 공장 출신이던 조제프-알베르 디포트 중령에게 맡겼다. 디포트와 그의 팀은 극비리에 하우스너의 설계를 활용하여 1892년과 1897년 사이에 새로운 야포를 만들었다. 이 새로운 야포는 1898년 프랑스군에 채택되었고, 1899년 7월 14일 '바스티유의 날' 퍼레이드에서 마침내 세상에 공개되었다.

이 대포는 기밀 유지와 과대 선전에 상응하는 가치가 있었다. 공식적으로 '마테리엘 드 75밀리미터 모델 1897(Mle1897)'로 명명된 이 대포는 기존 프랑스 대포의 특징들을 혼합해 설계한 것으로, 19세기 말에 존재한 유럽의 어떤 무기와도 비슷하지 않았다. 대포와 포차는 포병용 일체형 강철 좌석, 소총 사격에서 포병을 보호하기 위한 직사각형 강철 방패, '시준기(collimator)'라는 망원 조준경 등 여러 혁신적인 장치로 구성되었다. 스웨덴 기술자 토르스텐 노르덴펠트가 발명한 후미 장전 장치는 부드럽고 빨랐다. 이전 세대의 프랑스 야포처럼 Mle1897 75밀리미터 구경 야포도 가스를 밀폐하는 일체형 금속제 탄약을 사용했기에 가스가 새어나갈 문제는 없었다. 포탄을 발사하면 후미의 기계 장치가 반동을 받아 자동으로 열리면서 다 쓴 탄피를 배출했다. 핸들을 간단히 반 바퀴 돌리면 약실이 닫히면서 발사 준비가 완료되었다.

제1차 세계대전 당시 프랑스 병사들에게는 '마드모아젤 75'로, 대중에게는 '프렌치 75'로 불렸던 프랑스 야포의 가장 혁신적인 특징은 하우스너의 특허 기술을 기반으로 한 주퇴 복좌기였다. 포격 시 슬라이드를 따라 롤러 위의 포열이 뒤로 이동하면, 포열 위아래의 기름과 가스를 채운 관들로 이루어진 장치가 포열의 이동 속도를 줄임으로써 반동을 억제시켰다. 그리고 복좌기의 관에 담긴 압축된 질소 가스가 포대의 제자리로 포열을 밀어냈다. 대포가 제자리로 돌아가는 전체 과정은 2초도 채 걸리지 않았다. 반동 억제 시스템은 거의 모든 반동을 흡수했다. 포차 맨 뒷부분에 장착된 삽처럼 생긴 부속품인 포다리와 발톱(trail-spade)을 땅바닥에 꽂아 대포를 단단히 고정시키면, 이후 나머지는 자동으로 이루어졌다.

프렌치 75는 1발씩 발사할 때마다 다시 조준할 필요가 없었다. 일단 목표물을 조준하면 각도가 고정되므로, 다시 조정하거나 각도를 맞추기 위해 멈출 필요 없이 포탄을 장전하는 족족 대포를 발사할 수 있었다. 또한 멜리나이트를 가득 채운 고폭탄은 사정거리가 8,500미터, 발사 속도는 1분당 20~30회였고, 명중률도 뛰어났다. 경이로운 기술의 시대에도 프렌치 75의 성능은 상상하기 힘든 수준이었다. 프랑스가 자국의 새로운 야포에 관한 비밀을 유지하려고 엄청난 노력을 기울이고, 심지어 독일 스파이를 현혹하기 위해 가짜 정보를 유포한 것은 놀랄 일이 아니었다. 1899년에 프렌치 75가 대중에게 공개된 이후 1901년에 중국에서 일어난 의화단 사건에서 실제로 사용되기 전까지 그 자세한 성능은 비밀로 남아 있었으니까 말이다. 극적인 한 사례는 몇 안되는 정예 주아브* 경보병이 저항 세력 2,000여 명이 방어하는 마을을 공격할 때 일어났다. 주아브 보병대는 프렌치 75 단 2문만으로 보병대를 엄호하고 포격을 가하여 저항을 완전히 제압한 뒤, 아무런 피해 없이 마을을 차지할 수 있었다.

이제 유럽의 다른 야포 모델은 모두 쓸모없어졌다.

삽화 20

프렌치 75밀리미터 구경
야포, '모델 1897'로
더 잘 알려진 마테리엘 드
75밀리미터 모델 1897.

세기말에 발전한 다른 군사 기술과 마찬가지로, 프랑스도 프렌치 75의 기술을 오랫동안 독점할 수는 없었다. 프랑스 야포의 우수한 특성에 관한

---

* 프랑스가 북아프리카 식민지의 원주민들로 구성한 군대다. - 편집부

소문이 빠르게 퍼졌고, 나머지 유럽 국가는 필사적으로 따라잡았다. 영국과 노르웨이는 라인메탈에서 하우스너가 설계한 대포를 대량 구매했고, 서구 전역의 대포 기술자들은 자신만의 최신 야포를 만들기 시작했다. 독일군은 언짢게도 자신들의 최신식 야포인 M1896 77밀리미터 구경 대포가 이미 쓸모없어졌다는 것은 물론, 하우스너의 대포를 반복적으로 거부함으로써 중요한 군사 기술의 선두 자리를 프랑스에 빼앗겼다는 사실도 깨달았다. 이게 다 독일군 자신과 크루프 탓이었다. 그러나 독일군도 곧 현실을 받아들이고 1905년부터는 M1896 대포를 크루프와 라인메탈에 보내 새로운 포차와 유압식 스프링 반동 장치를 갖추게 했다. 제1차 세계대전이 발발했을 때, 거의 모든 주요 국가들은 물론, 많이 뒤처져 있던 미국까지 반동을 억제하는 속사포를 공식적으로 채택했다.

전술에 미친 영향은 엄청났다. 무연 추진제, 고폭탄, 반동 억제 장치를 갖춘 대포로 훨씬 더 많은 사람을 더 빨리 죽이고, 1860년에 상상했던 것보다 더 많은 땅을 점령할 수 있었다. 야포는 적어도 이론적으로는 전장에서 가장 치명적인 무기가 되었다. 포병대 장교들은 이것을 누구보다 잘 이해했다. 구체제 시대(ancien regime)에 공학과 대포에 관한 소위 '기술 분야의 전문인들'은 부유하고 야심 차며 뛰어난 교육을 받은 중산층에서 나온 반면, 보병과 기병의 명예로운 직위는 귀족들에게 돌아갔다. 그래서 포병들은 주로 중산층이었고 보병과 기병의 전술가들보다 변화와 혁신에 더욱 개방적이었다. 그들은 야포가 주된 역할을 맡았던 보불 전쟁이나 러시아-튀르크 전쟁에서보다 1900년에 대포로 할 수 있는 일이 더욱 많아졌다는 것과, 이제껏 사용했던 포병 전술의 핵심 개념을 버려야 한다는 사실을 그 누구보다 잘 이해했다.

기관총부터 군함까지와 마찬가지로 현대식 대포의 가장 큰 실험실은 1904년부터 1905년까지 벌어진 러일 전쟁이었다. 러시아와 일본의 육군은 현대식 무기로 잘 무장했다. 1904년의 전장에 놓였던 러시아와 일본의 대포는 프렌치 75만큼 높은 수준에는 미치지 못했지만, 어쨌든 최신식이었다. 러시아군의 주력 야포인 M1900는 76밀리미터 구경 대포는 일본군의 31식 76밀리미터 구경 대포보다 사정거리가 1,000미터나 더 길었고, 약간 더 발전된 반동 억제 장치를 갖추고 있었다. 2종 모두 무연 화약과 고폭탄을 사용하는 속사포였다. 또한 첫 세대 야전 전화로 통신할 수 있었는데, 이는 원시적이고 민감하긴 했지만 매우 유용했다.

혁신적인 전술을 사용한 쪽은 열등한 대포를 가진 일본군으로 드러났다. 구식 포병 전술을 계속 고수했던 러시아군 포병대는 일본군 포병대와 교전하기 위해 대포를 전개하는 과정에서 학살당했다. 반면 일본인들은 매우 다르게 접근했다. 일본군 포병대 지휘관들은 함께 일하면서 문제를 해결하는 데 익숙했고, 따라서 일본군 포병대에는 러시아군에 없던 전술적 유연성과 단결성이 있었다. 남자다움을 과시하는 나폴레옹식 전통이나 대포에 관한 자신감이 없었기 때문에 일본군은 포대를 언덕 뒤편 경사면 등 잘 보이지 않는 곳에 배치해 매복하거나 그물, 나뭇잎, 그림자를 이용하여 대포의 위치를 위장함으로써 부족한 성능을 보완했다. 게다가 대포를 매복시킨 데 더해 무연 화약도 사용하였기에 러시아군은 일본군 대포를 거의 볼 수 없었다.

일본군은 다른 누구보다도 먼저 조준선 밖에 있는 목표물을 타격하는 간접 포격의 원리를 깨우쳤다. 이것은 1904년 당시에는 참신한 아이디어였다. 러일 전쟁 초기 유럽에서 온 관전 무관들은 간접 포격을 하는 일본군이 비겁하다고 조롱했다. 하지만 일본인들이 시작한 간접 포격은 현대 포술의 중요한 특징 중 하나가 되었다. 보이지 않는 표적을 맞추는 것은 그야말로 어렵고 까다로운 일이었다. 이 전술은 자신이 본 표적을 지도에 정확히 표시할 수 있는 관측수가 필요했고, 포병은 관측수의 지시를 정확히 따라서 조준 각도와 방향을 조정해야 했다. 또한 간접 포격에는 빠른 통신 수단도 필요했다. 비상시에는 깃발 신호를 사용했으나 가장 효과적인 것은 야전 전화였다. 몇백 년 동안 전쟁의 가장 흔한 통신 수단이었던 '말을 타고 달리는 젊은 중위'만으로는 이제 충분하지 않았다.

러시아군과 일본군의 포병 전술은 매우 극명하게 달랐다. 러일 전쟁의 첫 번째 주요 교전인 1904년 4~5월의 압록강 전투에서 일본군의 포격은 러시아군을 전장에서 몰아내는 데 결정적인 역할을 했다. 일본군이 압록강을 건너지 못하게 하는 임무를 맡은 러시아군 포대는 공개적으로 배치된 반면, 야포 36문과 곡사포 20문으로 구성된 일본군 주요 포대는 매복하고 있었다. 일본군은 포구의 불빛을 차단하기 위해 나무를 뽑아서 포좌 앞에 심기까지 했다. 후방을 바라보는 고지대에 설치한 포병 관측소는 야전 전화로 포대와 교신했다. 4월 29일 새벽, 일본군이 러시아군 진지를 공격하자, 러시아군 야포는 30분 만에 모두 파괴되었다. 영국의 공식 관전 무관단 단장 신분으로 일본군을 주시하던 이언 해밀턴 장군은 "일본군은 보이지 않았기에 비교적 안전했던 반면, 러시아군은 눈에 띄었기에 어디서든 가장 취약했다."라고 지적했다.

러일 전쟁은 유럽 군사계에 많은 시사점을 주었다. 20세기의 전쟁터를 간략하고 설득력 있게 보여 주었으며, 속사포와 현대식 추진제, 고성능 폭약이 결합된 데 따른 효과를 보여 주었다. 그러나 그 무엇으로도 다가올 제1차 세계대전에서 엄청난 범위와 규모와 화력으로 치러질 포병 작전을 예비할 수는 없었다.

대포는 제1차 세계대전에서 주요 무기였다. 물론 다른 무기도 많았다. 그중 일부인 독가스, 화염 방사기, 전차, 기관총 등으로 '제1차 세계대전'하면 떠오르는 다양한 참상이 빚어지기도 했다. 하지만 가장 많은 이들의 목숨을 앗아간 것은 흔하디 흔한 대포였다. 물론 고폭탄이나 유산탄보다 더 많이 발사된 것은 소총과 기관총의 탄환이었지만, 속사포와 고성능 폭약, 정밀 조준 장비의 조합은 매우 치명적이었다. 제1차 세계대전 당시 독일군 전사자의 60퍼센트 미만이 포격에 의한 것이었다.

대포가 주요한 역할을 하긴 했지만, 그 역할은 군사 전문가들이 기대한 것은 아니었다. 서부 전선의 주력 부대가 예상과 달리 거의 움직이지 않았던 것처럼* 대포의 활용도 예상과는 달랐다. 사실 2가지 특징이 밀접하게 관련되어 있었다. 전장에서 대포의 중요성을 과장한 이유는 상대적으로 기동력이 부족했기 때문이다. 군대가 움직이지 않으니까 대포도 움직일 수 없었고, 따라서 포병대는 그들의 위치를 감추는 데 더 많은 시간을 할애하면서 관측과 통신에 더 많은 주의를 기울일 수 있었다. 러일 전쟁에서의 경험에서 알 수 있듯이, 포격은 대개 직접 조준하는 방식이 아니라 멀리 떨어진 관측수가 표적을 확인하면서 이루어지는 간접 포격이었다.

하지만 러일 전쟁에서와는 달리, 포병대 지휘관은 매우 새롭고 유용한 자원인 군용기를 포격 통제에 이용할 수 있었다. 군용기는 1914년 개전 당시 초기 수준이었지만, 제1차 세계대전 내내 급속하게 발전하여 추적, 정찰, 근접 지원, 전략 폭격에 이어 가장 중요하고 유용한 포병 관측 임무까지 수행할 수 있었다. 2인승 정찰기나 고정식 관측기구의 관측수들은 전장의 전망을 관찰할 수 있었다. 이는 다른 수단으로는 할 수 없던 일이다. 유일한 약점은 공중의 관측수들과 지상의 사격 통제 지휘관들 간의 통신이었다. 그러나 기구에서는 야전 전화나 전신으로 통신할 수 있었고, 비행 중인 항공기와 통신을 주고 받는 일은 다소 까다롭긴 했으나 결코 불가능하

---

* 　동부 전선은 유동적인 경우가 많았다.

지는 않았다. 항공기에서 지상으로 보내는 무선 전신은 전쟁 내내 일반적으로 사용되었고, 1915년에 영국은 음성 대 음성 전송 실험을 성공적으로 수행했다. 흔들리는 비행기의 지붕 없는 조종석에서 보고서를 작성해야 했던 관측수들은 아마 힘들었겠지만, 무선 전신 덕분에 공중의 관측수들과 포병은 매끄럽게 연결될 수 있었다.

그러나 참호전이 자주 벌어졌던 서부 전선과 참호전이 가끔 벌어진 동부 전선에서 대포가 맡은 역할은 러일 전쟁 때와는 다소 달랐다. 러일 전쟁에서는 보이든 보이지 않든 야포가 공격 대부분을 담당했기에 전쟁 전 경량 속사포에 쏟았던 관심이 정당한 것처럼 보였다. 하지만 1914년 당시 최첨단 야포는 참호전에서 가성비가 떨어졌다. 고폭탄은 강력했고, 프렌치 75는 빠르며 정확했지만, 소구경 폭발탄으로는 잘 만든 참호에 입힐 수 있는 피해가 제한적이었다. 전선의 병사들은 지하 엄폐호로 대피할 수 있는 한, 적어도 물리적으로는 포격의 영향에서 비교적 안전했다. 하지만 전투가 이렇게 정적으로 흘러가자 보통은 공성전에서나 사용했을 법한 커다란 대포를 거의 모든 작전에서 사용하게 되었다. 여기서 독일군은 다른 적들보다 앞서 나갔다. 프랑스와의 전쟁에서 승리하기 위해서는 프랑스와 벨기에가 콘크리트로 만든 요새를 신속히 박살내야 한다고 믿었던 독일의 대포 설계자들은 105밀리미터와 150밀리미터 구경의 훌륭한 곡사포를 개발했다. 이러한 대형 곡사포로 인체는 물론 흙으로 된 참호에도 더 많은 물리적 타격을 입힐 수 있었다.

고속 야포의 평평한 궤도 역시 참호전에 적합하지는 않았다. 표적보다 각도를 높여 발사하지 않는 이상 고폭탄을 참호에 떨어뜨리는 일은 매우 어려웠기 때문이다. 그러나 곡사포와 박격포는 야포와 달랐다. 포탄이 솟구쳤다가 급강하하는 곡사포와 박격포는 고폭탄을 참호의 전면이나 측면에 쏘기보다는 위에서 떨어뜨렸고, 따라서 참호전에 이상적이었다.

제1차 세계대전은 재래식 무기인 박격포에 새로운 활력을 불어넣었다. 이전에 박격포는 공성전에는 상당히 효과적이라 공성전에만 사용되었다. 남북 전쟁 동안 북군은 박격포를 대량 사용했지만, 박격포가 이동하는 일은 거의 없었다. 박격포는 흑색 화약을 쓰는 폭발탄의 상대적인 약점 때문에 구경이 커야만 했고, 따라서 다루기 힘들었다. 미국의 10인치 해안 박격포인 M1841의 무게는 3톤이 조금 안 되며, 13인치 박격포는 8.5톤이었다. 이렇게 거대한 대포는 찰스턴, 피터즈버그, 빅스버그에서의 전투와 같은 장기간의 공성전에서만 사용 가능했다.

속사 야포에 모든 관심이 쏠리면서 19세기 후반 서양 군대는 박격포를 숫제 잊어버린 것 같았다. 하지만 독일군은 아니었다. 러일 전쟁 당시 독일인 관전 무관은 작전 시 박격포가 이용되는 것을 보면서 그 효과에 깊은 인상을 받았다. 1910년에 독일군은 미넨베르퍼Minenwerfer, 즉 '지뢰 투척기'의 여러 모델 중 첫 번째이자 214파운드짜리 고폭탄을 발사하는 250밀리미터 구경 박격포를 도입했다. 이 박격포의 사정거리는 360미터 정도였다. 이후에는 좀 더 가볍고 기동성도 좋은 모델을 도입했다. 1914년에 전쟁이 시작되었을 당시 사용 가능한 박격포는 많지 않았지만, 프랑스군과의 전쟁이 참호전으로 전환되자 몇몇 박격포는 가치를 신속히 증명했고, 독일군은 박격포를 대량 생산하기 시작했다.

다른 군대도 독일군의 뒤를 따랐다. 전쟁 중반에는 전장 어디서든 대구경 박격포가 흔했다. 그러나 독일군의 초기 우위에 관한 가장 흥미로운 반응은 영국 군수부에서 복무했던 토목 기사인 프레더릭 윌프레드 스콧 스토크스에게서 나왔다. 스토크스는 자신의 경력 대부분을 무기가 아니라 철교와 크레인을 설계하는 데 보냈지만, 1915년에 독일의 미넨베르퍼에 반격하는 기발한 방법을 떠올렸다. 스토크스 참호용 박격포는 경이로운 기계 시대의 무기치고는 매우 단순했다. 3인치 구경의 단순한 활강식 포신이 무거운 받침대 위에 고정되어 있고, 스트라이커striker 또는 공이가 포신 바닥에서 솟아 있었다. 스토크스 박격포는 고폭탄, 추진제, 맨 아래에는 점화약이 들어 있는 특수한 지름 3인치짜리 탄약을 발사했다. 발사할 때에는 먼저 포병이 탄약을 포신에 밀어 넣는다. 그러면 탄약이 미끄러져 내려가 약실에 떨어진다. 이때 탄약 아래의 점화약이 고정된 공이에 부딪히면서 점화와 폭발이 일어났다. 다음은 탄약의 추진제가 저 멀리 약 700여 미터까지 탄약을 높이 날렸다. 박격포의 다리를 조정해 각도를 바꿈으로써 사정거리를 조절할 수도 있었다. 발사 속도는 분당 25발 정도로 매우 빨랐다. 전체 조립품의 무게는 총 47킬로그램 정도인데, 3개 부분으로 분리해 쉽게 운반할 수 있었다. 스토크스 박격포에는 움직이는 부품이 거의 없었고, 생산 비용도 저렴했다. 스토크스 박격포로는 어디서든, 공격 중인 보병을 비롯한 누구든 훨씬 더 큰 야포만큼 강력한 포격을 퍼부을 수 있었다.

영국군 최고 사령부는 처음에 스토크스 박격포의 도입을 거부했으나, 이후 데이비드 로이드 조지 총리가 개입하자 결국 받아들였다. 제1차 세계대전 후반에는 스토크스 박격포가 많이 사용되었고, 스토크스는 전쟁에 기여한 공로로 기사 작위를 받았다. 다른 군대도 스토크스 박격포의 단순한 개념을 받아들였다. 하지만 스토크스 박격포의 영향을 받은 박격포 대부분은 너무 늦게 제작되어 1918년 11월에 전쟁이 끝나기 전까지 많은 활약을 하지는 못했다. 박격포가 휴대용 경포의 주요 형태로서 훨씬 더 큰 역할을 맡게 되는 시기는 다음 전쟁이었다. 제2차 세계대전에 사용된 보병용 박격포들은 1915년에 설계된 스토크스 박격포와 거의 비슷했다.

박격포를 비롯한 대포는 제1차 세계대전에서 특이하고 전례 없는 임무를 맡았다. 대포는 독가스를 살포하는 가장 효과적인 수단으로 드러났다. 독일이 이 새롭고도 끔찍한 방법을 사용하기 시작했다. 1915년 1월 31일, 볼리모프 전투에서 독일군은 일종의 최루 가스인 크실릴 브로마이드xylyl bromide를 채운 포탄을 러시아군에 발사했다. 하지만 극저온과 역풍 때문에 효과를 보지는 못했다. 3개월 후, 독일군은 춘계 공세에서 이프르 근처의 프랑스군 진지에 염소 가스탄을 퍼부었다. 프랑스와 영국도 앞다퉈 독일을 따라잡았다. 1916년부터 전쟁이 끝날 때까지 독가스는 전장의 끔찍한 일상이 되었고, 살포 수단은 항상 대포였다.

무연 화약, 고성능 폭약, 내구성이 강한 강철 대포로 대포 화력의 혁명이 일어나면서 해안포와 함포 같은 진정한 대형 포의 기본적인 설계와 성질도 재설정되었다. 대형 포는 1915년에 있었던 다르다넬스 전투와 같은 해상전이나 몇 가지 경우를 제외하고는 제1차 세계대전 당시 군사 작전에서 매우 주목받는 무기는 아니었지만, 대형 포의 사정거리와 화력은 거의 기하급수적으로 증가했다. 미국과 영국은 특히 대형 포에 막대한 금액을 투자했다. 영국이 가장 우선시한 것은 결국 해군이었고, 해군의 주요 무기는 군함의 거대한 함포였다. 반면 미국은 대서양, 태평양, 멕시코만 연안 곳곳에 만든 소위 '엔디콧 요새*'들처럼 강화 콘크리트로 건설한 항구용 요새를 무장하기 위해 해안포가 필요했다.

지금까지 고안된 중화기 중 가장 큰 것은 '열차포'인데 1~2문이 전장에 모습을 드러냈다. 이는 초대형 대포를 열차에 장착하여 수송하고, 발사 위치에 배치하는 것이다. 프랑스, 영국, 오스트리아-헝가리, 러시아, 그리고 특히 독일은 열차포를 종종 사용했다. 가장 성공적인 열차포는 독일군의 38센티미터 구경 랑거 막스Langer Max 대포였다. 1915년 초에 처음 도입된 이 270톤짜리 대포는 고성능 폭약 100파운드 이상을 채운 1,600파운드짜리 고폭탄을 40킬로미터 정도까지 발사할 수 있었다. 그러나 랑거 막스는 20세기에 가장 유명했던 대포인 카이저 빌헬름Kaiser Wilhelm 대포에 필적

---

*   미 육군 장관 윌리엄 앤디콧이 제의하여 1885년부터 1905년까지 건설되었다. - 편집부

할 수는 없었다. '파리 포(Paris Gun)'로 더 잘 알려진 이 대포는 무게 256톤, 길이 34미터로 지름이 238밀리미터인 고폭탄을 120킬로미터 정도 떨어진 곳까지 발사할 수 있었다. 독일군은 파리를 공격하기 위해 파리 포를 사용했는데, 혼란만 좀 일어났을 뿐 실제 피해는 거의 없었다. 제1차 세계대전에서 이용된 모든 초대형 대포와 마찬가지로, 파리 포의 성과는 이 포에 소비된 시간, 에너지, 자원을 고려하면 가성비가 나빴다.

열차포에 거는 기대는 높았지만, 특수 무기라는 것이 대개 그렇듯 열차포도 그저 신기한 것에 불과했다. 경포와 중포를 이용한 일상적인 전투 작전이 벌어지고, 매일 적의 진지를 포격하면서 대포는 제1차 세계대전에서 가장 중요하고 파괴적인 일을 했다. 장군들의 눈에는 보병 공격의 필수적인 요소인 대포가 참호전으로 인한 전술적 교착 상태를 타개하는 열쇠였다. 결국 보병만이 진지를 장악할 수 있었지만, 먼저 대포로 적 진지를 때려야 적을 굴복시킬 수 있다고 생각한 것이다. 그런 생각이 옳았을 수도 있다. 그러나 대포에 기동성을 더하고 기동 훈련을 하는 데에도 도움이 되는 포병 전술을 개발하기 위해서는 많은 시간과 탄약이 필요했고, 생명을 잃을 위험까지도 무릅써야 했다.

전쟁 초기에 포병대가 요새화된 적의 진지를 공격할 때는 대개 프랑스어로 라팔, 즉 적의 전선에 맹렬한 포격을 집중적으로 쏟아붓는 일제 포격 형태로 지원했다. 라팔은 적 방어군을 공격하고, 생존자들의 사기를 떨어뜨리며, 참호를 사람이 머물 수 없는 곳으로 만들고, 기관총 진지와 가시철조망을 파괴하려는 목적으로 시행되었다. 하지만 이러한 목적 중 어떤 것도 이루지 못했고, 쓰라린 실패만 남았다. 방어군은 포격이 끝날 때까지 지하 엄폐호로 대피할 수 있었고, 후방의 지원 부대는 라팔이 끝나자마자 제 위치로 이동할 수 있었다. 이러한 집중 포격은 본격적으로 공격하기 전에 적을 약화시키려고 했던 것이지만, 도리어 적에게 공격 위치를 알려 주고 포탄만 낭비하는 역효과를 불러왔다.

제1차 세계대전에서 가장 유명한 포격 작전은 라팔 전술의 허점을 드러냈다. 1916년에 솜 전투의 첫날을 연 것은 영국군의 포격이었다. 일주일 동안 영국군은 1,500문이 넘는 대포로 독일군 진지에 포탄을 160만 발 이상 퍼부었다. 독일군 참호에 큰 피해를 입히긴 했지만, 포격은 독일군의 가시철조망 방어선을 파괴하지도, 독일군을 제거하지도 못했다. 공격 이전의 일제 포격이 이후의 보병 공격에 도움이 되었는지 방해가 되었는지는 말하기 어렵다. 하지만 영국군 역사상 가장 피비린내 나는 날이었던 1916년 7월 1일의 보병 공격은 엄청난 참사였다. 포격 때문에 영국군의 진격로는 지나가기 힘들 정도로 뒤틀렸지만, 방어선은 피해를 조금만 입었다. 당시 전사자는 1만 9000명 이상, 총 사상자는 전체 병력 중 거의 절반인 5만 7000명에 달했다는 사실에서 화력이 아무리 개선되어도 대포만으로는 단결된 적을 물리칠 수 없다는 사실을 분명히 알 수 있다.

이후 좀 더 정밀한 탄막 포격이 일제 포격을 대체했다. 포격은 여러 형태를 취할 수 있지만, 중요한 것은 표적을 신중히 선택한 뒤, 세심하고 정확한 계획에 따라 해야 한다는 점이다. 탄막은 적의 전선을 강타한 다음, 최전방 참호 너머의 목표 지역으로 '넘어가' 다가오는 증원군을 공격하거나, 증원군이 진격하지 못하도록 막아냈다. 제일 유명한 탄막 전술은 아마도 포격과 보병의 공격을 동반한 '이동 탄막 사격(creeping barrage)'일 것이다. 보병대가 전진하면 포병대가 보병대의 앞과 옆에서 함께 이동하면서 보병대가 목적지에 도착해 본격적인 공격을 시작할 때까지 적군을 제압하는 방식이다. 이동 탄막 사격을 성공시키려면 세심한 주의를 기울여 타이밍을 완벽하게 맞춰야 했다. 포병대가 너무 느리게 움직이면 뒤쳐져서 아군 보병대가 공격받을 가능성이 있었고, 포병대가 너무 빠르거나 보병대가 속도를 맞추지 못하면 공격 위치를 잡기도 전에 적이 전열을 재정비할 수도 있었다. 그러나 모든 조건이 적절하다면 이동 탄막 사격은 놀라운 결과를 가져올 수 있었고, 종종 성공을 거두기도 했다. 1917년 4월 비미 리지 전투에서 캐나다 군단이 거둔 놀라운 승리는 연합군 포병대와 캐나다 보병대 간의 효과적인 합동 공격 덕분이었다.

삽화 21

영국 BL 6인치 구경 Mk7 함포는 제1차 세계대전 당시 서부 전선의 야포였다.
1914년 이전에 유럽 군대는 프랑스가 M1897을 공개한 이후 주로 야포를 사용했지만,
참호전에서는 대형 포와 곡사포가 훨씬 더 효과적인 것으로 밝혀졌다.

　　일제 포격과 탄막 포격을 위해 아무리 세밀하게 계획해 사용했다 해도 대포는 거칠고 위험한 도구이며, 적을 때리고 말살하도록 고안된 야만적인 폭력 행위용 도구였다. 몰래 공격할 수도 없었다. 이동 탄막 사격조차도 곧 공격이 시작될 것이라는 사실을 적에게 숨길 수 없었다. 제1차 세계대전에

서 사용된 대포의 원초적인 위력은 산업화 시대의 직접적인 결과였다. 또한 산업화와 함께 발전된 사정거리, 정밀도, 속도, 첨단 광학 장비와 거리 측정 장치로 직접 볼 수 없는 목표물을 조준하는 능력 등은 대포의 품질에 영향을 미쳤다. 따라서 전보다는 훨씬 더 교묘하게 사용할 수 있었다.

제1차 세계대전에 관한 해설 대부분은 장군들을 '적 참호를 무의미하게 공격함으로써 병사들을 사지로 몰아넣었던 답답한 멍청이들'로 묘사하는 편이지만, 유럽의 장군들은 사실 그들이 직면했던 전술적 난제들을 완전히 이해하고 극복하기 위해 능동적으로 대처하면서 다양한 수준의 성공을 거두었다. 솜 전투 첫날 영국 보병이 전멸당한 일이 비극적이기는 하지만, 영국 장군이 과실을 범했다거나 무관심하고 무능력했기 때문이라기보다는 실험과 계산에 실패했기 때문이었다. 그것은 수천 명의 목숨을 앗아간, 큰 대가를 치른 계산 착오였으나, 터무니없는 계산은 아니었다. 영국의 공격 전술은 적어도 서류상으로는 완벽했고, 현대 무기를 합리적으로 이해하고서 오랫동안 공격전을 검증해 왔던 가정을 기초로 했다. 1916년 솜 전투는 그 모든 비극과 희생에도 불구하고 귀중한 교훈을 주었다. 대포와 포격 전술이 아무리 강력하더라도, 그 자체만으로는 적의 응집력을 파괴할 만큼 충분하지 않았다는 점이 그것이다. 그 이상이 필요했다.

그러나 솜에서 비극이 전개되는 동안에도 다른 곳에서는 참호전의 교착 상태를 타개할 수 있는 더 나은 해결책들이 나타나고 있었다. 그들 모두 대포에 주도적이면서 완전히 다른 역할을 부여했다. 해결책은 연합군의 가장 뛰어난 작전 중 하나였던 1916년 브루실로프 공세에서 나왔다. 1916년 봄, 처참한 살육이 벌어지는 작전이 진행되는 동안 알렉세이 알렉세예비치 브루실로프 장군은 갈리시아에서 오스트리아-헝가리 군대를 상대로 약 480킬로미터에 달하는 전선을 기습하는 대담한 공격을 제안했다. 적 전선 중 비교적 병력과 무장이 약한 곳에 몰래 침투해 공격하는 작전이었다. 이 작전은 그때까지 군 지휘관들이 숭배하던 "적의 방어 거점을 공격해야 결국 나머지가 함락될 것"이라는 요지의 나폴레옹 전술과는 반대되는 것이었다. 브루실로프는 방어 거점이 아닌 취약한 적진에 주요 공격 부대를 침투시켜 거점을 우회하고 차단하여 고립시킴으로써 적을 위축시키는 방식을 선택했다.

브루실로프의 전술에서도 대포가 핵심이었지만, 예전처럼 복잡하지는 않았다. 공격 전 몇 시간 동안 쏟아붓던 일제 포격은 이제 없었다. 일제 포격은 적에게 공격 장소와 시간을 알려 주어 증원군을 요청하고 준비할 기회를 제공했기 때문이었다. 또한 이동 탄막 사격도 없을 터였다. 공격이 진행될 장소를 포탄에 패인 구덩이들로 뒤덮어 버림으로써 속도와 잠행이 중요한 시점에 초기 공격을 둔화시킬 것이기 때문이었다. 대포는 이제 아주 다른 역할을 맡았다. 실제 공격이 있기 며칠 전, 겉보기에는 임의의 표적을 향해 임의의 시간에 임의의 기간 동안 짧은 탄막을 만들어 적이 실제 공격 장소와 시간을 눈치채지 못하도록 혼란을 유발한 것이다. 공격 전 탄막 사격은 짧고 정확해야 하며, 적이 복구하거나 대응할 기회를 주어서도 안 되었다. 보병대가 힘든 일을 맡았지만, 포병대가 육체적으로나 심리적으로 앞서서 길을 준비했다.

독일군 또한 1915년부터 참호전에서 돌파구를 마련하기 위한 제병 협동 작전을 부지런히 계획했다. 한 작전은 브루실로프의 것과 다르지 않았는데, 1917년부터 1918년까지 사용된 슈토스트루펜Stoßtruppen이 그것이다. 빌리 로어라는 독일 육군 장교가 시작하고 오스카 폰 후티어 장군이 장려하면서 더욱 발전시킨 이 슈토스트루펜 전술은, 근접 전투 훈련을 받은 슈토스트루펜, 즉 경보병인 돌격대가 적진에 은밀히 침투하는 것이 관건이었다. 브루실로프의 공격처럼 이 돌격대가 적의 전선에 있는 참호에 침투하면, 일반 보병대가 이들을 따라갔다. 여기에서도 대포가 중요한 역할을 맡았다. '불의 왈츠(Feuerwalz)'라는 전술은 적 진지에 일반적인 포격을 퍼부었지만 공격 목표를 특별히 정하지는 않고서 주로 도로와 교차로, 탄약고, 통신 센터, 예비 참호 같은 후방 진지를 겨냥했다. 이 전술의 목적은 적의 최전방 방어선을 공격하기보다는 적의 대응 능력을 마비시키고, 전선에 증원군을 투입하는 것을 막으며, 전방과 후방 사이의 통신을 악화시키거나 완전히 차단하는 것이었다.

1870년과 1914년 사이의 대포 관련 기술은 같은 시기에 발생한 여러 기술 혁신의 결과였다. 그러니까 무연 화약, 고성능 폭약, 고품질 주강, 일체형 탄약, 신속한 사격이 가능한 후장식 장전 구조, 반동 억제 장치, 항공 관측수에 의한 간접적인 사격 통제, 무선 통신 등 덕분이었다. 반박하는 주장도 있지만, 기계화는 대포 관련 기술과는 거의 관련이 없었다. 제1차 세계대전 동안 가솔린 엔진이나 디젤 엔진을 장착한 트랙터로 대포를 운반하긴 했지만, 말이 끄는 포차가 훨씬 더 흔했다. 당시에는 말의 힘이 기계의 힘보다 더 셌기 때문이다. 모든 관련 기술 중에서는 고성능 폭약이 가장 중요했다. 대포 사격 속도와 명중률은 대포 자체의 특성에서 비롯됐지만, 고성능 폭약은 대포는 물론 폭파 등 응용 분야가 워낙 많아서 보편적인 혁신 기술로 자리를 잡았다. 고성능 폭약은 전쟁이 끝날 때까지 스토크스 박격포와 그 모조품들을 통해 보병에게도 강력한 화력을 제공했다.

고성능 폭약은 제1차 세계대전 당시 근거리 전투를 완전히 변화시키고 20세기의 소부대 전술을 재정립하는 등 또 다른 방식으로 보병을 지원했다. 효과가 의심스러운 고대 무기였던 수류탄은 제1차 세계대전에서 재탄생했다. 수류탄은 화약만큼이나 오래되었지만, 거의 항상 즉석에서 급히 만들어 낸 무기였고, 효과도 거의 없었다. 수류탄은 대개 작은 철제 공에 화약을 채우는 식이었고, 작은 폭발탄을 수류탄처럼 쓰기도 했다. 사용자가 목표물에 던지기 직전에 성냥으로 재빨리 불을 붙였다. 17세기 후반과 18세기 초반의 군대는 가장 건장한 보병을 수류탄으로 무장시키곤 했다. 이때 생긴 '척탄병'이라는 용어는 척탄병이 더 이상 폭탄을 손으로 던지지 않았던 19세기까지 사용됐다. 적이 주둔하는 참호를 제압하는 무기인 수류탄은 주로 공성전에서 사용되었는데, 심심한 병사들이 시간을 때우면서 화약으로 직접 만든 것에서 시작됐다. 크림 전쟁에 참전했던 어느 영국 장교는 세바스토폴 포위전에서 휘하 병사들이 소다수 병에 화약과 못을 채우고 심지를 꽂은 즉석 폭탄을 러시아군 참호에 던졌다고 말했다. 남북 전쟁에서는 6파운드 대포의 폭발탄으로 즉석에서 만든 수류탄과 새롭게 특허를 받은 수류탄이 이용되었다. 이 중 가장 유명한 것은 북군의 케첨 수류탄으로, 한쪽 끝에는 지느러미 같은 꼬리가 있고, 반대쪽에는 플런저가 있었다. 케첨 수류탄이 딱딱한 표면에 부딪히면, 앞쪽으로 떨어지는 한, 플런저가 안쪽으로 눌리면서 퍼커션 캡을 때리며 내부의 화약을 점화시켰다.

초기 수류탄은 어설프고, 약하고, 가성비가 떨어져서 가치가 별로 없었다. 하지만 고성능 폭약 덕분에 수류탄도 달라졌다. 수류탄은 오래전에 사라져 진기한 골동품이나 다름없었지만, 러일 전쟁 당시 뤼순항 포위전에서 다시 이용되기 시작했다. 러시아군과 일본군 모두 빈 깡통이나 절단한 쇠파이프, 포탄 탄피 등에 다이너마이트와 피크르산 등 고성능 폭약을 집어넣어 자신들만의 즉석 수류탄을 만들었다. 이러한 수제 수류탄은 포위전 동안 지루한 전쟁에서 잠시 벗어나는 수단이었을 뿐 아니라, 심각하고 치명적인 전쟁 무기였다. 양군 병사들은 수류탄을 이용한 기습 공격으로 적 참호를 제압하고, 시가전에서 적이 점령한 건물들을 모두 파괴했다.

러일 전쟁으로 수류탄이 주목받게 되었지만, 제1차 세계대전이 터졌을 때 수류탄 설계도는 소수였고, 대부분 만족스럽지도 않았다. 영국이 1908년에 만든 No. 1 수류탄의 신관은 너무 민감해서 땅이나 무언가에 닿으면 터졌기에 참호에서 안전하게 사용하기가 어려웠다. 1915년 초, 전쟁이 참호전 위주로 돌아가자 군인들은 수류탄을 스스로 만들기 시작했고, 머지않아 새로운 종류도 생겨났다. 1915~1916년쯤 최초로 '안전한' 수류탄이 사용되기 시작했다. 그중 프랑스의 F-1과 영국의 No. 5 밀스 수류탄이 주목을 받았다. 안전 수류탄은 성냥이 필요 없었으며, 충격 신관이나 격발 신관도 없어서 실수로 폭발할 염려도 없었다. 안전 수류탄마다 세부 구조가 달랐지만 대개 지연 신관을 이용했고, 이 신관은 안전핀으로 고정된 손잡이 레버에 연결되었다. 보병은 수류탄을 잡고서 다른 손으로 레버를 누른 다음 안전핀을 당겼다. 그다음에 수류탄을 던지면 신관에 불이 붙었고, 폭발은 4~7초 뒤쯤 일어났다. 수류탄의 기본적인 유형은 파편성과 폭발성이었다. 영국군이 '방어용 수류탄'이라고 불렀던 파편성 수류탄은 철로 된 보호관에 싸여 있었고, 수류탄이 터지면 파편이 사방으로 빠르게 날아갔다. 폭발성 수류탄은 고성능 폭약 자체의 폭발력을 이용했는데, 이는 일정한 범위 내에 있는 사람을 모두 살상할 수 있으며, 살상 반경 밖에 있는 병사들까지 기절시킬 수 있었다.

전쟁 도중에 생겨난 신무기가 그렇듯, 초기형 안전 수류탄은 문제가 있었다. 올바르게 사용하더라도 사용자와 주변인들을 위험에 빠뜨릴 가능성이 있었던 것이다. 예를 들어, 영국의 밀스 수류탄은 화력이 살짝 과도했다. 영국군은 척탄병들에게 밀스 수류탄의 최대 투척 가능 거리가 약 30미터라고 말했지만(실제로는 15미터 정도), 폭발하면 100미터 떨어진 곳까지도 피해를 입힐 수 있었다. 그러니까 자기가 던진 수류탄에 희생당하고 싶지 않다면, 던진 즉시 피해야만 했다.

그럼에도 고성능 폭약과 지연 신관 덕분에 수류탄은 놀라운 활약을 보였다. 수류탄은 소형 대포만한 화력을 누구나 갖고 다닐 수 있는 작은 용기에 넣은 셈이었다. 그 진가는 근접전과 참호전, 특히 1918년에 독일군이 벌인 춘계 공세에서 드러났다. 독일군 돌격대는 권총, 단검, 야전 곤봉, 야전 삽, 수류탄 등 근접 무기를 주로 사용했다. 공격 중에 적의 저항을 한방으로 무너뜨리는 데는 다른 어떤 것보다 적의 참호에 투척한 수류탄 몇 발이 더 효과적이었다. 기동력이 늘어나고, 시가전이 자주 벌어졌던 제2차 세계대전에서는 수류탄이 더욱 진가를 발휘했다.

고성능 폭약은 제1차 세계대전을 결정지은 군사 기술이었고, 이후에도 한동안은 가장 치명적인 기술이었다. 고성능 폭약은 지상전 전술에 가장 많은 영향을 미쳤고, 제1차 세계대전 당시 사용된 그 어떤 것보다 참호 안에 있던 일반 군인들의 일상에 많은 영향을 미쳤다. 고성능 폭약, 무연 화약, 속사포의 조합은 모든 대포의 파괴력뿐만 아니라 유용성과 다양성마저 크게 확장시켰다. 또한 강철도 산산조각 내는 대포의 위력은 군함 역사에서 가장 위대한 마지막 발전 단계를 불러왔다.

14장

드레드노트와 유보트

서구의 대규모 군비 경쟁과 화력 기술 혁명은 밀접하게 연관되어 있다. 강대국들 간의 경쟁은 무기의 연구, 개발, 끊임없는 발전을 촉진시켰다. 반대로 무기의 끊임없는 발전은 경쟁을 증폭시켰다. 한 강대국이 신무기를 발명하면 다른 강대국이 보유한 무기가 즉각 쓸모없어지기에 곧바로 대응책을 찾아내야 했기 때문이다. 이러한 경쟁은 단지 군사 기술뿐만 아니라 소화기 탄약, 소총, 기관총, 폭발성 화합물, 대포 등 다양한 분야에서 일어났다. 개발과 재무장이 계속 반복되면서 누적된 끝에 막대한 자원과 자본이 군비에 투자되었기 때문이다. 그러나 당시는 서양 국가들이 점점 목소리를 키우던 노동 계급을 달래기 위해 사회 기반 시설, 공공 교육, 사회 복지 프로그램 등 국내 복지 시설에도 많은 투자를 하던 때이기도 했다. 이런 상황에서 군비 경쟁은 부담스러웠지만 실존적인 위험을 무시한 채 내팽개칠 수도 없는 계륵이었다.

이러한 초경쟁 환경에서 해군의 영향력은 육군보다 컸다. 해군은 지속적으로 유지되어야 했기에 육군보다 더 많은 비용이 들었다. 육군은 규모를 비교적 쉽게 줄여서 비용을 절약할 수 있었지만, 더 크고 강력한 최첨단 군함에 투자하는 것은 하루아침에 해낼 수 있는 일이 아니었다. 또한 국내외의 대규모 육군은 타당한 범위 안에서는 국가 방위의 수단으로서 언제나 정당화될 수 있었지만, 거대한 주력함을 보유한 대규모 해군은 야심 찬 외교 정책이나 제국을 확장하려는 계획, 또는 이 모두에서 비롯되었다. 따라서 현대적인 해군을 육성하는 일은 육군을 육성하는 것보다 공격적인 행동으로 보였다. 주력함은 더 이상 궁전처럼 화려하게 장식되지는 않았지만, 16세기에도 그랬듯 여전히 값비싼 존재였다. 군함은 한 국가의 힘을 나타내는 가시적인 징표이자, 본국에서 멀리 떨어진 곳까지 군사력을 드러내는 움직이는 상징이었다. 식민지를 건설하거나 외교 분쟁에 관여하고 싶을 때 분쟁 지역에 전함이나 순양함 1개 소함대를 파견하는 것보다 더 좋은 방법은 없었다. 군함은 국내에서도 숭배의 대상이었다. 바다를 거닐며 조국의 깃발을 휘날리는 거대한 강철 군함은 일반 국민들에게 민족주의적 자부심을 안겨 주었다.

1862년, 햄프턴 수로에서 모니터함과 버지니아함이 충돌한 이후 50년 동안 해상전 기술은 끊임없이 발전했다. 1800년의 주력함과 1850년의 주력함은 겉으로 보기에는 별 차이가 나지 않았고, 변한 것은 주로 추진력과 무기뿐이었다. 그러나 사실 1850년의 주력함과 1900년의 주력함은 차이가 너무 많이 나서 유사점을 찾기가 아주 힘들 정도였다. 일반인의 눈에는 스크루로 구동하는 프리깃과 넬슨 시대의 프리깃이 다를 바가 없었지만, 20세기 초에 등장한 전前 드레드노트 전함*은 쥘 베른의 공상 과학 소설에 등장하는 배처럼 보였을 것이다.

1865년 이후에도 목제 군함은 유물이 아니었다. 사실상 대다수 해군이 범선을 몇 척씩 가지고 있었고, 1870년대까지도 전 세계 해군 대부분은

---

* 드레드노트 전함이 등장하면서 구식이 된 옛 설계 방식 전함이다. - 편집부

스크루로 구동하는 목재 선체로 된 군함을 주로 보유했다. 마지막 세대 목선들은 비록 구식이었지만 아주 오래 뒤에야 현대식 군함으로 대체되었다. 기간이 얼마나 걸리든 군함은 변화되어야 했다. 남북 전쟁 때 남군이 자체 제작한 충각이 달린 장갑함으로 북군 소함대를 혼자서 격파한 버지니아함, 충각을 갖춘 남군 장갑함 애틀랜타를 포탄 단 6발로 쓰러트린, 커다란 대포 2문을 갖춘 포탑이 달린 모니터함인 위호켄함의 교훈을 무시할 수는 없었다.

장갑함은 해군의 일부가 되었다. 남북 전쟁에서의 경험, 특히 후기 모니터함의 성능은 장갑함이 어떤 무기인지를 분명하게 확인시켜 주었다. 유럽 해군 장교들은 모니터함의 성능에서 깊은 인상을 받아 연안 함대의 함선과 항구 방어용 함선으로 장갑함을 도입했다. 하지만 대함대는 좁은 수역에서의 싸움이 아니라 해상전에 적합했고, 장갑함은 보조 함선으로만 사용되었다. 이후 유럽의 차세대 주력함은 대부분 미국의 모니터함보다는 선체가 철제로 된 영국의 워리어함 같은 함선으로 구성되었다. 워리어함은 스크루로 구동하고, 철제로 된 선체 표면을 장갑판이 둘러싸고 있으며, 포탑은 없지만 강력한 대포 몇 문이 갑판에 설치된, 다른 말로 하면 "그냥 배처럼 보이는 군함"이었다.

그러나 전술에 관해서는 남북 전쟁에서 전혀 교훈을 얻지 못했다. 이렇게 발전한 군함으로 어떻게 집단을 이루고서 싸울 것인가? 남북 전쟁 당시에는 함대 작전이 없었다. 1862년 뉴올리언스에서, 그리고 1864년 모빌만에서 일어난 북군 해군의 공격은 함대 작전과 비슷했고, 양 전투에서 남군은 '소함대'를 구성했다고 후하게 쳐줄 수 있을 정도로 여러 함선을 급하게 한데 모으긴 했지만 우세한 북군 군사력에 빠르게 제압당했다. 수많은 배들이 워리어함이나 프랑스의 철갑 프리깃인 글루아르함과 같다면, 트라팔가르 해전 같은 것을 어떻게 치를까? 또한 모든 배들이 포탄을 견뎌낼 수 있는 장갑판을 둘렀다면, 어떻게 한쪽이 다른 쪽을 무찌르고 승리를 거둘 수 있을까?

완전히 만족스럽지는 않지만, 아드리아해에서 답이 하나 나왔다. 1866년의 소란스럽던 여름, 프로이센 군대가 오스트리아를 상대로 예상치 못한 승리를 거두자, 이제 막 이탈리아 반도를 통일한 이탈리아 왕국은 합스부르크 황가에서 베네치아 지배권을 빼앗으려 했다. 이탈리아 함대는 아드리아해로 나가 요새화된 리사섬에서 실시하던 상륙 작전을 지원했고, 급조된 오스트리아 함대가 이에 맞섰다. 여기서 리사섬은 현재 크로아티아의 비스섬을 말한다. 이탈리아 함대는 병력과 기술 면에서 우위에 있었다. 이탈리아, 프랑스, 미국, 영국의 조선소에서 건조된 근대식 장갑함 12척이 근대식 강선포로 무장했으며, 비장갑 군함 17척도 지원해 주고 있었다. 오스트리아 함대의 규모는 장갑함 7척, 목제 군함 11척으로 비교적 적었고, 대포 개수와 크기 면에서도 매우 불리했다. 그러나 오스트리아군에는 당시 가장 뛰어난 해군 전술가인 빌헬름 폰 테게토프가 있었다. 테게토프는 오스트리아 함대의 물리적 결점을 보완할 수 있는 사람이었다.

1866년 7월 20일, 리사섬 앞 바다에는 여전히 이상적인 해상 전술로 여겨지던 단종진의 반듯한 대형은 없고, 혼란스러운 전투에 따른 소용돌이만 감돌고 있었다. 테게토프는 이탈리아군이 우월한 함포로 멀리서 오스트리아군을 격파할 기회를 주지 않으려고 서둘러 접전을 벌였다. 이탈리아군은 혼란스러웠고, 준비를 하고 있지도 않았다. 이 전투는 정신없이 함대 함전으로 흘러갔고, 단종진 등장 이전의 혼란스러운 해상전과 유사해졌다. 전술가가 리사 전투에서 얻을 만한 교훈은 거의 없었다. 이탈리아군은 함포와 장갑함이 있어서 우월했는데도 이날 승리하지 못했다. 뛰어난 기술이 곧 명백한 이점을 보장하지는 않았다. 대형 함포도 전쟁의 승패에 결정적인 영향을 미치지 못했고, 장갑함 함대 간의 전투는 4년 전 모니터함과 버지니아함의 결투처럼 김빠지는 무승부로 끝날 것 같았다. 소음과 연기, 전투의 기세와 포격은 요란했지만, 이탈리아 군함 단 2척만이 격침되면서 전투가 끝났다.

하지만 리사 해전에서 일어난 한 사건은 후세에 교훈을 남겼다. 이 당시 유럽 해군들은 함포의 효과를 장갑이 감소시키기 때문에 충각 전술만이 장갑함을 격침시킬 수 있는 유일한 방법이라는 강한 확신을 가지고 있었다. 1862년에 버지니아함이 충각으로 컴벌랜드함을 격침시켰던 사례가 이러한 확신을 뒷받침했다. 그러나 남군 함선이 충각으로 북군 함선을 물리치지 못한 경우도 많았다. 여하튼 리사 해전에 참전한 장갑함을 비롯한 유럽의 장갑함 대부분은 함수의 흘수선 바로 아래에 강력한 충각을 장착했고, 리사에서 잃은 이탈리아 군함 2척도 충각의 희생물이었다. 오스트리아군의 기함인 에르처초크 페르디난트 막스는 이탈리아 장갑함 팔레스트로를 연달아 들이받아 불을 지르고 폭발을 일으켜 격침시켰다. 게다가 막스함은 좌현에 있던 미국제 장갑함 레디탈리아도 공격하여 흘수선 아래에 너비 5미터가 넘는 구멍을 뚫었다. 레디탈리아함은 충격으로 휘청거렸고, 테게토프의 기함이 후진하자 곧바로 좌현으로 기울었다. 충각에 부딪혀 찢어진 틈으로 바닷물이 밀려들어 온 지 10분도 안되서 레디탈리아함은 모든 승무원과 함께 침몰했다.

리사 해전은 충각을 다시 보게 만들었고, 이후 20년 동안 충각은 군함의 일반적인 특징이 되었다. 그러나 해군과 조선업자 들은 대형 함포를 여전히 신뢰했고, 1870년부터 1900년까지 대포 기술이 빠르게 발전하면서 함포도 더불어 발전했다.

리사 해전부터 제1차 세계대전까지 서구 군함은 전반적으로 매우 급격히 발전했다. 그러나 1870년대까지도 서구 해군은 초기 군함이 발전했던 시대의 기본적인 설계 요소의 일부를 여전히 선호했다. 그중에는 돛대와 돛이 있었다. 남북 전쟁 시대의 미국 장갑함 대부분은 범선용 장비가 전혀 없는 특이한 경우였다. 하지만 어디서든 원양 함선은 돛대 3대를 갖춘 범선 양식을 고수했다. 돛의 힘은 이제 증기력을 보완할 뿐이었지만, 장거리 항해에서는 연료를 절약하게 도와주는 실질적인 이점이 있었기 때문에, 범선용 장비 대부분은 해군의 단순하고 보수적인 사고에 따라 꾸준히 유지되었다. 1860년대와 1870년대에 함대를 지휘하고 해군 정책을 수립한 사람들은 증기선 이전 세대들로, 그들에게 증기력은 온전히 신뢰할 수 없는 신기술이었다. 하지만 곧 기술자로서도 훈련을 받아온 신세대 해군 장교들이 그 자리를 차지했다. 그래도 돛대(마스트)는 여전히 군함의 일반적인 특징이었으며, 관측과 통신이라는 실질적인 역할도 수행했기 때문에 제1차 세계 대전 이후까지 사용되었다. 하지만 돛과 돛대를 연결하는 복잡한 삭구는 1880년 직후에 모두 사라졌다.

측면 무장 역시 과거로 후퇴하는 설계 요소였지만, 점차 변화했다. 계속 함선 측면에 대포를 장착한 이유는 실용적인 부분도 있고, 전통적인 부분도 있었다. 카라크선이 대서양을 지배하던 시절부터 대포는 함선 측면에 장착되었다. 그래야 무기를 가장 많이 실을 수 있기 때문이었다. 여전히 가장 바람직한 전술이었던 단종진에서도 측면 함포가 유리했다. 모니터함의 회전 포탑으로는 매우 제한적인 무장만 가능했다. 함포는 많을수록, 간단할수록 더 좋았다. 포탑을 회전시키는 구조는 전투 중 파괴될 가능성이 있었다. 게다가 측면 함포는 범선의 삭구와도 조화를 이루었다. 돛대나 이리저리 연결된 삭구에 유효한 사격 범위가 가려지면 포탑은 제 기능을 하지 못했다.

이러한 문제점이 있는데도 군함 건조업자들은 포탑과 범선 삭구를 결합하려고 시도했지만, 그 결과는 이상적이지 않았다. 특히 스크루로 구동하는 영국 철제 증기 군함 HMS 캡틴과 관련된 사건은 악명이 높았다. 이 배의 설계자인 쿠퍼 핍스 콜스는 자신이 설계한 포탑 2개를 주갑판에 장착하면서도 돛대 3개 모두에 삭구를 달았다. 캡틴함의 건현은 상당히 낮았지만 무게중심은 높았고, 이는 거친 바다에서 배가 매우 불안정하다는 것을 의미했다. 1870년 4월, 취역한 지 5개월 만에 캡틴함은 스페인 해안의 피니스테레곶에서 폭풍우에 휘말려 침몰했다. 포탑과 돛은 이렇듯 위험한 조합이었다.

상업용 배에서 여전히 주요 동력원으로 사용되던 돛은 캡틴함 침몰 사건 이후 신속히 사라졌다. 하지만 장갑 포탑은 계속 살아남았다. 이상하게도 리사 해전 이후 포탑은 더욱 발전했다. 충각 전술이 해상전에서 공세 전술로서 선호되었듯이, 전방 포도 측면 포만큼 중요했다. 2가지 포탑이 등장했다. 첫 번째는 회전하는 플랫폼 위에 장착된 채 위쪽이 개방된 장갑 포좌에서 포를 쏘는 바베트barbette 포탑이었고, 두 번째는 미국의 모니터함에 장착된 것처럼 완전히 밀폐된 원형 포탑이었다. 어느 쪽이든 이 2가지 새로운 포탑은 측면 포를 없애거나 줄였고, 주요 무기인 함포를 배의 중심축을 따라 정렬된 중앙 '요새(citadel)'에 모았다. 1872년에 기공되고 1877년에 진수된 세계 최초의 돛대 없는 전함인 HMS 선더러를 시작으로, 1880년에는 포탑이 장착된 증기 장갑함이 유럽의 표준이 되었다.

대형 함포의 크기와 화력은 점점 빠르게 증가하여 장갑으로도 막을 수 없는 수준이 되었다. 1850년대에는 프랑스의 펙상포를 시작으로 강력한 폭발탄이 발사되는 전장식 강선포가 나타났고, 1860년대에는 거대한 강선포인 암스트롱포가 펙상포를 대체했다. 영국은 안정적인 암스트롱 전장포를 1870년대까지 고수하다가 1879년 선더러함의 암스트롱포가 폭발하자 다른 방식으로 장전하는 함포를 찾게 되었다. 프랑스와 독일은 그즈음 이미 슈나이더와 크루프에서 만든 거대한 주강제 후장포를 사용하고 있었으며, 1880년대에는 후장포가 서구 주력함의 표준 무기가 되었다.

1880년대에는 새로운 추진제, 특히 코르다이트가 발명되기까지 했기에 야포보다 함포에 더 많은 변화가 일어났다. 코르다이트는 흑색 화약보다 발사 속도가 빨랐고, 탄도는 곧았으며, 사정거리도 늘어나 쇠나 철강으로 만든 장갑판도 쉽게 관통했다. 이후 첫 번째 철갑탄이 나왔다. 처음에는 길고 단단한 탄자인 볼트bolt를 부분적으로 '냉각' 또는 경화시켜 만들었다. 나중에는 폭발성 물질을 약간 집어넣은 경화 폭발탄을 만들어 장갑을 관통한 뒤 표적 내부에서 폭발하게 했다. 새로운 철갑탄이 코르다이트의 위력과 결합되자 그 효과는 매우 뛰어났다. 19세기 말에 이르러서는 이러한 발사체들로 그 당시 사용하던 모든 장갑을 박살 낼 수 있었다.

이렇게 발전한 함포의 발사 속도는 야포와 마찬가지로 증가했다. 크기가 어떠하든 대포는 대포였고, 새로운 후장포 기술과 관련된 특허와 장치가 빠르게 쏟아져 나오면서 함포도 달라졌다. 야포처럼 가스가 새지 않는 반자동 후장 구조와 일체형 포탄을 갖추자 발사 속도는 매우 개선되었다. 또한 강철 주물 기술이 발달하면서 대포는 더욱 커지고, 포탄 속 폭약의 양도 더욱 늘어났다. 1880년대 말이 되자, 한때 거대하다고 여겼던 6인치 함포는 이제 소형 대포가 되었다.

대포의 성능이 향상되자 장갑도 따라서 발전했다. 1855년 크림 전쟁 당시 킨번에서 프랑스 군함을 천하무적으로 만든 것은 4.5인치 두께의 연철 장갑판이었지만, 10년 뒤에는 그것마저 딱할 정도로 충분하지 않았다. 주력함 장갑용 연철판의 표준 두께는 1868년에는 9인치, 1871년에는 12인치, 1875년에는 14인치였다. 곧 장갑은 불편할 정도로 두꺼워졌다. 1876년에 진수된 영국 전함 인플렉시블은 티크 목재 층을 겹겹이 끼운 12인치 벨트 2개를 덧붙인 두께 24인치의 철제 장갑 벨트를 흘수선에 둘렀고, 1880년에는 두께 22인치의 단일 철제 장갑판을 사용하기 시작했다. 하지만 거의 무의미한 노력이었다. 당시 가장 큰 함포였던 17.7인치 구경 강선포로는 22인치 두께 철판을 뚫고, 22인치 두께 강철판도 산산조각 낼 수 있었기 때문이다. 간단히 말해서 대포가 장갑을 이기고 있었다.

하지만 상황은 또다시 변했다. 새로운 건조 방법과 처리법이 나타나면서 터무니없는 두께의 장갑이 없어도 포탄을 막을 수 있게 된 것이다. 장갑판은 꾸준히 강력해졌다. 영국 셰필드의 2개 회사에서 철판 위에 강철판을 용접하는 방식으로 복합 장갑을 처음 개발했고, 1880년대 초에는 프랑스의 슈나이더사에서 강철을 기름에 담금질하거나 강철에 니켈을 5퍼센트 합금해 강력한 장갑을 만들어냈다. 1880년대 말에는 주강 그리고 주강을 경화시켜 만든 소재로 발사체를 만듦으로써 수많은 장갑을 잠시 무용지물로 만들기까지 했다. 그러나 1891년 미국 뉴저지주 뉴어크 출신 발명가 H. A. 하비가 침탄강 장갑을 제작하는 방법, 즉 탄소를 많이 함유한 초경화 강철판을 만드는 방법을 고안했고, 그 결과물은 강철 발사체를 더욱 잘 막아낼 수 있었다. 하비의 방법으로 가공된 장갑은 3년 정도 최고 자리를 지키다가 크루프에서 만든 새로운 장갑판에 자리를 내주었다. 크루프 장갑판은 니켈크롬강에 표면 경화를 어느 정도 일으켜 만든 장갑판으로, 하비식 장갑판을 쉽게 능가했다. 이 크루프 공정은 곧 다른 나라들에서도 널리 모방되었고, 제1차 세계대전이 끝난 이후에도 전함 장갑의 국제적인 표준으로 남았다.

금속 공학 및 화력의 발전과 더불어 해군 무기가 혁신되는 속도도 너무 빨라서 1880년 이후에는 변화를 따라가는 것이 불가능해졌다. 전함은 기공되자마자 노후화되었다. 해군 장교들과 정치 지도자들이 가장 우수한 기술을 보유하려는 것은 당연했고, 따라서 이들은 1880년대와 1890년대에 가장 강력한 대포와 방어력이 가장 뛰어난 장갑으로 무장한 거대한 전함을 가장 많이 보유하려고 노력했다. 그러나 오토 폰 비스마르크 시대에 국제적인 군비 경쟁이 심화되면서 요구 사항이 더욱 늘어나자, 최신식 해군 기술을 도입하려는 열망은 강박으로, 나아가 불가피한 전략이 되었다. 특히 "영국은 2위와 3위인 타국 해군력을 합친 것만큼 해군력을 유지해야 한다."라는 소위 '2국 표준주의'에 전념했던 영국은 무기의 현대화가 매우 부담스러웠다. 이전에 영국 해군의 걱정거리는 프랑스 및 기타 유럽 국가의 소규모 해군이 전부였다. 그러나 1870년 이후 독일, 이탈리아, 러시아, 오스트리아-헝가리, 미국, 프랑스 등이 만든 여러 강력한 함대가 등장하자 영국은 불안해졌다. 특히 독일이 가장 큰 불안 요인이었다. 1871년에 공식적으로 통일한 독일은 순식간에 유럽의 새로운 초강대국이 되었고, 영국을 능가하는 산업 역량과 영국의 제해권에 도전하려는 의지를 갖고 있었다.

이전보다 훨씬 더 압축적이고 긴급하며 비용이 많이 드는 편이었던 19세기 후반의 군비 경쟁은 영국이나 프랑스, 독일과 같은 강대국 또는 부유한 국가 들도 따라잡기 쉽지 않았고, 자원과 수단이 적은 다른 국가들은 절대 따라잡을 수 없었다. 스페인, 네덜란드, 덴마크, 스웨덴은 한때 1류 함대를 가지고 있던 국가들이었다. 아시아에 식민지를 많이 보유했던 네덜란드 해군은 여전히 훌륭했지만, 한때 북유럽을 지배했던 17세기 네덜란드 함대와는 비교할 수 없었다. 덴마크도 프로이센과 오스트리아의 해군 연합을 막아냈던 1864년까지는 수준이 매우 높은 함대를 유지했지만, 거대한 전함을 건조할 만한 산업도 없고 수입할 자금도 없었기에 대함대를 유지할 수 없게 되었다.

모든 전문가가 거대 군함으로 구성된 거대 함대를 필수라고 생각하지는 않았다. 사실 점점 많은 젊은 해군 지휘관들이 주력함과 대형 함포에만 집중해서는 안 된다는 결론을 내리고 있었다. 대형 군함은 신속하게 움직일 수 없었고, 그 느린 속도는 작고 빠르며 저렴한 선박에 농락당할 수도 있는 약점이었다. 그 유명한 펙상도 큰 대포 몇 문으로 무장한 작고 빠른 포함으로 이루어진 함대를 구상했다. 펙상의 생각은 중무장한 대형 전함의 시대에는 실용적이지 않았을지 모르지만, 1870년대에 어떤 무기가 등장하자 '작은 군함으로 이루어진 해군'이라는 개념은 다소나마 실현되었다.

보통 '어뢰(torpedo)'라고 하면 잠수함이 발사하는 수중 폭탄이 아무런 낌새도 알아채지 못하는 군함을 향해 물속을 우아하게 가르는 모습을 떠올린다. 하지만 1860년대 말까지 '어뢰'라는 단어는 이러한 의미를 가지고 있지 않았다. 이 단어는 첫 상업 증기선을 개발하여 유명해진 로버트 풀턴이 처음 사용했다. 곧 어뢰는 오늘날의 기뢰를 포함한 수중 폭발 장치를 일컫는 말이 되었다.* 수중 지뢰, 즉 기뢰(naval mine)는 꽤 오래 전부터 있었지만, 17세기 이후로 사용되었던 경우는 매우 드물었다고 한다. 멀리서 몰래 선박을 침몰시킨다는 아이디어는 매력적이었지만, 여러 공학적 문제를 풀어내기는 쉽지 않았기 때문이다. 종종 해군 장교들은 어뢰를 혐오감과 공포심을 가지고 바라보았으며, 불공정하고 부정직하다고 여겼다. 기뢰는 제한적이나마 쓰임새가 있었고, 대개는 필사적인 상황에서 쓰였다. 미국은 미영 전쟁 당시 항구를 방어하는 수단으로 기뢰를 사용했다. 러시아는 크림 전쟁 당시 영불 함대에게서 핀란드만을 보호하기 위해 기뢰를 사용했다. 남북 전쟁에서 기뢰는 더욱 활발하게 사용되었다. 전통적인 해군력이 부족했던 남군은 북군의 항구 공격을 막기 위한 전략으로, 때로는 역공을 펼치려고 어뢰와 기뢰를 사용했다.

---

*   1866년 로버트 화이트헤드가 자주식 어뢰를 개발하기 전까지 torpedo는 오늘날 기뢰와 비슷한 뜻으로 쓰였다. - 편집부

남군은 어뢰와 기뢰로 상당한 성공을 거두었다. 기뢰는 좁은 수역에서 북군의 작전을 방해했고, 북군의 거침없는 진격을 막지는 못했지만 북군의 군함과 인명에 피해를 입혔다. 남북 전쟁의 가장 극적인 순간 하나를 보자. 1864년 8월 모니터함 USS 테쿰세는 남군의 주력 무기였던 기뢰에 부딪혀 모빌만에서 돌처럼 가라앉았다. 당시 북군 제독 데이비드 패러것은 다음과 같은 유명한 말을 외쳤다. "빌어먹을 기뢰! 전속력으로 진격하라!"

　　그러나 기뢰가 항상 방어용으로만 사용될 필요는 없었고, 초기에는 배에 탑재된 무기로서 사용되기도 했다. 남북 전쟁에서 남군은 함수에 튀어나온 길쭉한 막대기 끝에 기뢰를 고정시킨 후, 밤이 되면 방심한 적 군함에 쏘아서 꽂는 퍼커션 캡 방식 어뢰인 '활대 기뢰'로 성공을 거두었다. 물론 북군도 이러한 기술을 도입했다. 젊은 미 해군 중위 윌리엄 B. 쿠싱은 1864년 10월에 증기 추진 잡역선에 활대 기뢰를 부착해 골칫거리였던 남군의 연안 장갑함 CSS 앨버말을 격침시켰다. 활대 기뢰는 때때로 효과적이었지만, 다소 위험하기도 했다. 사용자 근처에서 폭발할 경우 사용자에게도 피해를 입힐 수 있기 때문이었다. 쿠싱 중위의 배는 앨버말함에 충돌하면서 가라앉았고, 승무원 일부만 살아남았다. 그러나 그 원리는 계속 살아남았고, 1877년에 루마니아 해군의 영국제 어뢰정인 른두니카가 활대 기뢰로 오스만 제국의 모니터함을 공격해 격침시키는 사례로도 이어졌다.

　　활대 기뢰의 명백한 단점에 대한 해결책은 오스트리아 해군에서 나왔다. 1866년 오스트리아-헝가리 해군에서 복무했던 크로아티아 태생 장교인 조반니 루피스와 영국인 기술자 로버트 화이트헤드가 협력해 자주식 어뢰인 '기뢰함(Minenschiff)'을 만들었다. 첫 어뢰는 실망스러울 정도로 문제가 많았지만, 화이트헤드는 성공할 때까지 개량을 거듭했다. 화이트헤드의 어뢰는 압축 공기로 구동되었고, 수면 아래에서 꾸준히 달릴 수 있도록 정역학적 밸브를 내장했다. 화이트헤드와 루피스가 만든 첫 어뢰는 다이너마이트를 18파운드나 탑재한 탄두를 약 6노트의 속도로 몇백 미터나 밀어낼 수 있었다. 성능은 그 후 몇 년간 꾸준히 개선되었다. 1880년대가 되자 자주식 어뢰는 더 이상 신기한 것이 아니라 해군의 필수 무기가 되었고, 곧 영국에 있는 화이트헤드의 공장은 유럽 전역에서 들어온 주문량을 소화하느라 애를 먹었다. 19세기 말에 어뢰는 길이 약 4.9미터, 무게 500킬로그램, 사정거리 1킬로미터, 속도 30노트를 자랑하는 무기가 되었다. 압축 공기는 증기 기관으로 대체되었고, 1898년 이후에는 회전식 조타 장치로 안정성과 정확성을 확보했다.

화이트헤드의 발명은 가치를 신속히 증명했다. 1877년에 처음 사용된 이후, 그다음 해에 일어난 러시아-튀르크 전쟁에서 어뢰는 처음으로 피맛을 봤다. 러시아 어뢰정 벨리키 크냐즈 콘스탄틴이 오스만 제국 증기선 인티바를 격침시키면서 말이다.

유럽 해군은 재빨리 어뢰정을 받아들였다. 어떤 이에게 어뢰정은 신의 선물이었다. 주네 에콜Jeune École, 즉 '청년 학파'라 알려진 프랑스 해군의 개혁가들은 해상전의 미래가 빠르고 기동력이 높은 함선에 달려 있다고 믿었다. 당시 펙상이 꿈꿨던 포함 함대는 19세기 후반의 장갑과 대형 함포 때문에 터무니없이 멀어져 있었다. 하지만 증기 추진식 어뢰가 있다면 상황은 달라질 수도 있었다. 어뢰는 모든 함정을 공격할 수 있었고, 중대형 함포와는 달리 크고 안정적인 포좌도 필요 없었다. 1870년부터 1871년까지 프랑스 제2 제국이 독일에 패할 때 프랑스 해군은 거의 쓸모가 없었다. 당시 독일은 주요 해상 강국이 아니었지만, 프랑스 안보의 주 위협 요인이었다. 이런 상황에서 청년 학파가 원했던 것과 같은 함대는 사실 타당했고, 자금난에 처한 프랑스에는 더욱 적합했다.

1870년대 후반, 프랑스와 영국은 초기 어뢰정을 차근차근 도입했다. 초기 어뢰정은 매우 작아서 전함이 싣고 다닐 수 있도록 설계되었으며, 잔잔한 바다에서 적을 몰래 공격할 때 사용되었다. 그러나 1880년대에는 이전보다 더 커지면서 어뢰 발사관을 선수에 다수 탑재했고, 속도도 20노트 이상으로 올라가서 바다 위를 달리다시피 할 정도였다.

프랑스군은 어뢰정을 부지런히 도입했다. 영국 해군은 작은 군함이 열등한 국가들의 필사적인 선택이라고 생각했지만, 결국 해협 너머의 경쟁 국가들을 본받아 어뢰정을 정규 함대에 편입했다. 주요 해군은 모두 어뢰정을 도입했고, 소규모 해군도 대부분 어뢰정을 받아들였다. 강한 해군 전통을 가지고 있지만 그다지 경쟁적이지 않고, 자원도 제한된 덴마크와 네덜란드 같은 국가들에 어뢰정은 전례 없는 전략적인 선택권을 제공했다. 소규모 국가는 대형 함포를 갖춘 전함을 보유할 수 없었지만, 빠른 어뢰정은 순식간에 수십 척이나 생산할 수 있었고, 어뢰정이라면 적절한 상황에서 적국의 대형 전함을 공격할 수도 있었던 것이다. 어뢰정은 해안과 항구를 방어하는 데도 적합했다. 거대한 전함 함대를 물리치거나 무기한 저지할 수는 없겠지만, 적국에 따끔한 맛을 보여 줄 수는 있었기 때문이다. 기술 발전에 드는 막대한 비용 탓에 몇몇 국가에만 군사력이 쏠리던 시대에, 어뢰정은 작고 약한 국가들의 선호를 받은 몇 안 되는 신무기였다.

어뢰정은 대규모 투자가 필요했던 전함의 패권을 위협했기에 해군 장교들은 어뢰정을 두려워할 수밖에 없었다. 아무리 빠른 전함도 어뢰를 떨쳐낼 수는 없었기 때문이다. 그래서 스페인 해군 장교 페르난도 빌라밀은 어뢰정에 대응할 수단을 발명했다. 마드리드에 있던 상부의 승인을 받은 빌라밀은 어뢰정을 경계하고 추격하는 특수 군함을 설계했다. 1887년에 완성된 빌라밀의 군함인 디스트럭터는 약 23노트라는 빠른 속도를 냈으며, 날렵했고, 크기에 비해 중무장했다. 디스트럭터가 갖춘 90밀리미터 구경 후장포, 57밀리미터와 37밀리미터 구경 속사포 몇 문은 대형 함선의 무장과 비교할 만한 수준은 아니었으나, 그런 배를 공격하려는 용도로 제작된 것이 아니었다. 디스트럭터의 속사포와 추가로 선수에 장착한 어뢰 발사관 2개는 적 어뢰정을 가볍게 해치울 수 있었다. 빌라밀은 자신의 발명품을 '어뢰정 파괴함'이라고 불렀다. 디스트럭터 그 자체만으로도 가치가 크고, 많은 면에서 어뢰정과 동일한 기능을 수행하지만 더 우수하다는 것이 증명되었다. 디스트럭터 같은 함정은 1914년 이후 단순히 '구축함'이라고 불렸으며, 대규모 함대에서도 가장 많이 이용하는 군함이 되었다.

측면을 무장한 목제 전열함은 중앙의 포탑에 대포를 장착한 장갑함으로 진화했다. 범선 시대를 수놓았던 쌍돛대 범선인 브리그와 삼각돛 범선인 슬루프 같은 연안용 함정은 어뢰정과 구축함으로 다시 태어났다. 일상적인 작전을 수행할 때는 거대한 3층 갑판 전열함보다 훨씬 더 유용했던 프리깃은 어떻게 됐을까? 프리깃도 진화하긴 했지만, 목제 선체와 돛대 3개에 가로돛을 단 기존 형태를 다른 함정보다 더 오래 유지했다. 그러나 1880년 대에는 새로운 함선인 장갑 순양함으로 다시 태어났다. 마치 작은 전함처럼 보이는 이 함선은 포탑을 갖춘 주포와 부포가 있었다. 측면에는 속사포를 장비했으며, 12인치 구경에 더 커다란 강선포, 즉 1880년대와 1890년대에 존재하던 가장 큰 함포를 제외한 모든 포의 포격을 견뎌낼 수 있을 만큼 충분한 장갑을 갖췄다. 순양함은 제대로 된 전함과 함대함 전투를 벌이거나 함대에 포함되어 전함을 공격하는 용도로 사용되지는 않았다. 순양함이 적과 맞서는 강점은 속도였다. 이전 세기의 프리깃과 마찬가지로 순양함의 장점은 '순항'이었기에 모항에서 몇천 킬로미터 떨어진 곳을 순찰하고 함대의 작전을 위해서 전함을 보호하는 등 장거리를 다니며 독립적인 임무를 수행했다. 미국처럼 예산을 아껴 쓰는 해군에 순양함은 전함을 대체할 수 있는 합리적 선택이었다.

첫 장갑함이 등장한 이후 반세기 동안 해군의 기술 분야에서 일어난 거대하고 광범위한 변화에도 불구하고, 서구 해군은 이렇게 새로운 군함과 무기로 무엇을 할 수 있을지 제대로 알지 못했다. 다양한 실험을 통해 장갑의 강도나 장갑을 관통하는 코르다이트 폭약을 쓰는 철갑탄으로 적에게 끼칠 수 있는 피해의 종류는 알 수 있었지만, 실제 전투가 어떻게 전개될지 예상할 수는 없었기 때문이다. 해군 전문가들은 대부분 시대에 뒤떨어진 경험과, 현대 무기와 선박 건조법에 관한 이론적인 이해를 기반으로 논리적인 추측을 했을 뿐이었다. 예를 들어 함대 작전에서 포탑을 갖춘 전함이 어떻게 활약할 것인지, 19세기 말부터 20세기 초의 소위 '벨 에포크Belle Epoque' 시대에 생겨난 완전히 다른 기술을 고려하면서 단종진이 여전히 실용적일지 등을 추측했다. 모든 것이 잘 돌아갈 것만 같던 벨 에포크 시대에는 대중이 과학을 매우 신뢰했지만, 실제로는 괴물 같은 강철 전함들이 바다에서 고삐가 풀리면 어떻게 될지 아무도 몰랐다.

그 이유는 거센 군비 경쟁과 국수주의에도 불구하고 1866년에 리사 해전이 일어난 이후 1904년에 러일 전쟁이 발발하기 전까지 해전이 거의 발발하지 않았기 때문이었다. 서방에서 온 해군 관전 무관은 관심을 꾸준히 유지하면서 가급적 모든 의미를 찾아내려 노력했으나, 그럴싸한 교훈을 얻을 수는 없었다. 1894년 9월, 일본의 현대식 함대는 청나라의 구식 함대를 압록강 해전에서 격파했으나, 이 해전은 딱히 유용한 교훈을 남기지 않았다. 양측 함대 간 격차가 너무 컸기 때문이었다. 1898년 미국-스페인 전쟁에서 미 해군 또한 승리에 결정적인 역할을 했지만, 새로운 기술이 승리에 영향을 미쳤다는 확증은 얻을 수 없었다.

그러나 1904년에 러시아와 일본이 전쟁을 시작했을 때는 달랐다. 일부 유럽 관전 무관들은 러일 전쟁과 양국 군대를 무시했다. 러시아군은 지도력과 사기, 조직력이 형편없어서 무시했고, 일본군은 대부분 인종주의적인 반감 때문에 무시했다. 그러나 양국 모두 최신식 전함, 순양함, 구축함, 어뢰정을 잘 갖추고 있었기 때문에 곧 서양 국가들은 이 전쟁을 주의 깊게 지켜보았다.

전쟁 결과는 꽤 놀라웠다. 일본군이 정박 중인 러시아 함정에 어뢰 공격을 했지만 결과는 꽤 실망스러웠다. 이 전쟁을 개시하려고 1904년 2월 8일부터 9일까지 뤼순항에서 벌인 야간 기습 공격에서 일본 구축함은 어뢰 16발을 쏴서 3발을 명중시켰다. 러시아 함대의 전함 2척과 방호 순양함 1척이 훼손됐으나, 격침당한 함정은 1척도 없었다.

그러나 유럽에서 온 관전 무관이 정말 보고 싶었던 것은 새로운 기술이 거대한 함대에 미치는 영향이었고, 그들의 기대는 곧 충족되었다. 1904년 8월 10일, 러시아와 일본의 해군은 황해에서 격돌했다. 이 해전은 주력 함대 2개가 단종진으로 늘어서서 맞붙은 총력전이었고, 최신식 함포에 관한 예상 밖의 진실 몇 가지를 드러냈다. 주력함에 대규모로 장착한 약 6인치 구경 중형 속사포는 양쪽 군함에 별 피해를 주지 못했다. 다만 거대한 전함의 12인치 구경 주포는 실질적인 피해를 입혔다. 또한 장거리 포격이 단거리 포격보다 더 효과적이라는 사실도 입증되었다. 사정거리가 길면 대형 폭발탄이 목표물에 수직으로 낙하하면서 비교적 무방비 상태인 갑판에 떨어지는 반면, 사정거리가 짧으면 폭발탄이 수평으로 날아가 장갑이 두꺼운 측면에 부딪히는 경향이 있었다. 1905년 5월 27일부터 28일까지 일본 제독 도고 헤이하치로의 함대가 러시아 발트 함대를 완전히 파괴한 쓰시마 해전은 황해 해전에서 얻은 교훈을 상기시켜 주었고, 그 결과는 황해 해전보다 더욱 극적이었다. 일본군은 거리 측정기의 성능, 포병의 실력, 고성능 폭약을 쓴 철갑탄 등 모든 면에서 우월했다. 또한 황해 해전에서와 마찬가지로 부포 따위는 함대 작전에서 완전히 쓸모가 없었다.

이 교훈은 해군계에서 총성처럼 울려 퍼졌다. 더 이상 전함에 여러 구경의 함포를 마구잡이로 집어넣을 필요가 없게 된 것이다. 오직 대형 포가 중요했다. 전함의 속도도 중요했다. 쓰시마 해전에서 일본 전함은 러시아 전함보다 훨씬 더 빨랐기에 유리했다.

특히 영국군에는 낭비할 시간이 없었다. 해군 본부는 물론 일반 대중의 관점에서도 군비 경쟁은 생사가 걸린 문제였다. 강력한 신생 독일 제국과 그 나라의 변덕스러운 지도자인 빌헬름 2세 황제가 영국의 안보를 위협하고 있었기 때문이다. 러일 전쟁은 기술 면에서 뒤처지는 데 따른 위험을 적나라하게 보여 주었다. 해군 제독 존 '재키' 피셔 경의 지원과 지도에 따라 새로운 전함이 플리머스의 왕립 조선소에서 모양을 갖추었고, 황해 해전과 쓰시마 해전에서 배운 교훈에 따라 전함의 특성이 변경되었다. 피셔의 배는 비전문가가 보기에 이전 세대의 전함과 크게 다르지 않아 보였다. 물론 전함의 세계에서 '이전 세대'는 단지 5년 전이었다. 새로운 전함은 12인치 포만 이중 포탑에 탑재했고, 1개 포탑에 대포 2문을 장착했다. 기술자들은 현대식 전함에는 대형 함포를 적어도 8문은 장착해야 한다고 판단했고, 이후 대포를 총 10문 장착한 장갑 포탑* 5개를 설치했다. 부포 같은 것은 대부분 없어졌으나 전부는 아니었다. 어뢰정에서 배를 보호하기 위해 속사포도 24문 탑재했다. 선체에는 11인치, 포탑에는 12인치 두께의 강철

---

* 조준 과정에 따라 대포의 최소 문 수가 결정됐다. 정교한 거리 측정기로도 첫 번째 포격을 바로 명중시키는 일은 드물었기 때문이다. 마스트 위의 밀폐된 자리 같은 전함의 상부 구조물에 최대한 높이 올라가 함포의 조준을 '바로잡는' 일은 사격 통제 장교들의 몫이었다. 이들은 목표 선박 주위의 해수면에 튀는 물방울을 보고 선박 위치를 파악했다. 만약 물방울이 짧게 튀면 포병은 각도를 높이라는 지시를 받았고, 물방울이 길게 튀면 각도를 낮췄다. 포탄이 표적을 '가로지르면' 양 측면에 떨어지거나 명중했다는 뜻이었다. 대형 포로 4발을 발사해야 장거리 포격을 위한 정확한 조정이 가능하다는 것이 기정사실이었다. 따라서 대포 8문 중 4문으로 표적을 찾고, 나머지 4문은 장전 등 포격 준비를 했다.

장갑을 둘렀으며, 심지어 갑판에도 장갑을 올렸다.

이것은 단지 시작에 불과했고, 겉모습일 뿐이었다. 새로운 전함은 내부도 달라졌다. 피셔의 전함은 또 다른 새로운 해양 공학 기술을 도입했다. 당시 모든 전함은 동력원으로 대형 증기 터빈 왕복 엔진을 탑재했다. 거대한 전함을 물속에서 밀어낼 수 있을 만큼 강력한 왕복 엔진의 크기는 엄청났고, 그 결과 엔진과 선체에 많은 무리가 갔다. 장거리 항해에서는 엔진이 수시로 고장났기 때문에 신중한 함장이라면 짧은 시간 동안 전속력으로 배를 몰지는 않았다. 쓰시마 해전 당시 도고 제독은 휘하 함장들에게 전투 중에도 표준 속도인 15노트 이상을 넘기지 말라고 경고했다.

전함 설계의 혁명

삽화 22a

드레드노트의 시초인 HMS 드레드노트, 1906년.

삽화 22b

BB-38 USS 펜실베이니아, 1915년에 진수된 미국의 슈퍼드레드노트, 3연장 주포 포탑에 주목하라.

14장 드레드노트와 유보트

그즈음 영국 해군은 기술자이자 기업가인 찰스 파슨스가 1884년에 고안한 새로운 복합 증기 터빈으로 실험을 시작했다. 파슨스 터빈은 소형 선박에서 완벽하게 작동했다. 1897년에 제작된 증기선 터비니아는 34노트의 속도로 순항했고, 1899년에 제작한 구축함 바이퍼는 36.6노트라는 세계 신기록을 달성했다. 곧 파슨스 터빈은 대형 선박에도 장착되었다. 그중 가장 유명한 것은 쿠나드사의 불운한 정기 여객선 RMS 루시타니아로, 거대 선박의 속도로는 상상하기 힘든 25노트로 바다를 달렸다.

피셔는 파슨스 터빈 4대와 보일러 18대를 새로운 전함에 설치했다. 또한 호이스트, 펌프, 윈치, 조명 및 전화를 비롯한 선박의 전자 장치에 동력을 공급하기 위해 보조 증기 기관과 디젤 엔진까지 설치했다. 게다가 사격 통제 통합 시스템을 구축해서 관측수들이 전성관으로 각 포탑에 사정거리와 조준 정보를 전달할 수 있게 했다. 1906년에 만든 피셔 제독의 최첨단 전함과 그보다 1세기 전에 만든 넬슨 제독의 기함 HMS 빅토리 사이에서 비슷한 점을 찾기는 쉽지 않다. 2척 모두 함포 중심 군함이라는 사실 빼고는 비슷한 점이 거의 없으니까 말이다. 양 전함에 사용된 기술은 매우 달랐다. 또한 피셔의 전함은 동시대의 다른 전함과도 달랐다.

1906년 2월에 진수되고 몇 달 후 해상으로 나갈 준비를 마친 피셔 제독의 전함은 'HMS 드레드노트'라는 함명을 받고 취역했다. 드레드노트함의 성능은 대단했다. 첫 시험 항해에서는 21노트라는 놀라운 속도를 기록했는데, 이는 배의 엄청난 크기, 장갑, 무기를 고려하면 매우 인상적이었다. 또한 이 속도는 지속 가능했다. 도고 헤이하치로의 기함으로 1902년에 취역한 미카사함처럼 기존의 왕복 증기 기관을 탑재한 이전 세대의 전함은 고장이나 영구적인 손상을 입을 가능성이 있어서 그 정도의 속도를 오래 유지할 수 없었다. 그러나 드레드노트함은 탄력성이 좋은 파슨스 터빈을 장비해서 고장날 염려 없이 며칠 동안 고속으로 항행할 수 있었다. 임무 초기에 드레드노트함은 1만 1265킬로미터를 평균 17.5노트로 쉬지 않고 달렸는데도 엔진이 멀쩡했다.

드레드노트함은 빠른 데다 매우 강력하게 무장했으며, 당대의 가장 강력한 대포의 포격도 견딜 수 있었을뿐더러, 동시대 어느 전함보다도 정교한 시스템을 갖췄다는 점에서 혁명적이었다. 드레드노트함이 진수되던 그 순간부터 다른 전함은 모두 순식간에 쓸모가 없어졌다. 곧 '드레드노트'는 해상전의 최고 포식자와 그것을 탄생시킨 시대를 의미하는 일반적인 용어로 쓰이게 되었다.

다른 모든 해양 강국도 드레드노트함에 주목하고서 심호흡했다. 그리고 다시 경쟁이 시작되었다.

터빈으로 움직이는 슈퍼 전함인 드레드노트는 주력함의 새로운 기준을 세웠지만, 동시에 해군 군비 경쟁을 너욱 위험하고 값비싼 새로운 단계로 몰고 갔다. 독일은 르벨 소총과 발 M, Mle1897 야포로 프랑스에 뒤처졌던 것처럼, 해군 군비 경쟁에서 선두를 꿰차려는 결정적 순간에 다시 영국에 뒤처지고 말았다. 독일은 다시 군비 경쟁, 국수주의, 군사주의의 논리에 따라 비용을 개의치 않고 즉시 드레드노트함에 대응했다. 또한 자국의 국가적 위상에 관심을 갖는 모든 서구 국가들도 부지런히 움직였다. 프랑스, 이탈리아, 오스트리아-헝가리, 러시아, 미국, 일본이 영국의 선례를 따랐다. 그중에서도 영국과 독일의 경쟁은 주목할 가치가 있다.

독일군은 드레드노트함보다 더 뛰어난 전함을 건조하기 위해 각고의 노력을 기울였다. 첫 번째 단계는 지금껏 보았던 그 어떤 배보다 큰 배가 출입할 수 있는, 즉 영국 것보다 더 큰 드라이 독을 만드는 것이었다. 독일은 향후 완성될 거대한 독일산 드레드노트가 덴마크 영해를 통과하지 않고도 북해와 발트해를 빠르게 왕복할 수 있도록 킬 운하를 넓혔다. 1908년 독일 최초의 드레드노트가 기공될 때, 독일 해군은 약 10년 안에 영국 해군의 것을 능가하는 주력함을 만들겠다고 맹세했다. 이는 영국이 주장하던 제해권을 심각하게 위협하는 행위였다. 영국은 제국을 유지하기 위해 전 세계 여기저기에 군함을 내보내야 했던 반면, 독일은 북해와 발트해에만 집중했기 때문에 영국보다 많은 군함을 만들 필요가 없었기 때문이다. 이러한 상황은 영국 해군에 더욱 위협적이었다. 이제 영국 해군은 본토 근해에 독일 함대만큼 큰 전력을 유지하면서 다른 곳까지 챙겨야 했기 때문이다.

이러한 전망은 영국 정부뿐 아니라 영국 국민의 경각심도 불러일으켰다. 영국 국민은 이념을 막론하고 함대를 확장시켜 다시 독일보다 앞서자고 주장했다. 1914년에 영국 해군은 드레드노트 20척과 순양 전함 9척을 보유했고, 독일은 각각 14척과 4척을 보유했다. 그러나 숫자는 새로운 군비 경쟁의 일부일 뿐이었고, 기술적 우위에 서는 것 역시 중요했다. 새로운 세대의 드레드노트는 1~2년마다 새롭거나 개선된 기술을 적용받고서 건조되었다. 초기 드레드노트의 사격 통제 시스템은 이제 완전히 전기로 작동되었기에 사격 통제 담당자는 동시에 모든 포탑으로 표적 관련 정보를 전송할수 있었다. 주로 개선된 것은 장갑과 무기, 선체 크기였다. 선체와 포탑의 장갑 두께는 더 늘어났다. 주력 화기는 12인치와 14인치 구경 함포였지만, 개수와 배치가 달라졌다. 사우스캐롤라이나급 드레드노트로 영국의 뒤를 바짝 따라붙은 미 해군은 두 번째 포탑을 갑판의 주포탑 바로 뒤에 더 높이 장착하는 배치인 적층식 포탑을 도입하여 공간을 조금 더 추가로 이용해 갑판의 무장을 2배로 늘렸다.*

---

* 1906년부터 워싱턴 해군 군축 조약이 체결된 1922년까지 건조된 모든 드레드노트 중 단 1척만이 오늘날까지 남아 있다. 1912년에 진수한 미 해군의 뉴욕급 전함인 USS 텍사스(BB-35)는 현재 텍사스주 휴스턴 근교의 박물관에 전시되어 있다.

드레드노트가 출현한 지 몇 년 만에 더욱 강화된 새로운 드레드노트인 슈퍼드레드노트가 등장해 주력함의 기준을 훨씬 더 높였다. 슈퍼드레드노트는 전 세계 함대의 선두에 섰다. 심지어 브라질과 아르헨티나도 미국과 영국의 조선소에서 구입한 슈퍼드레드노트를 보유했다. 대부분 14인치와 16인치 구경 함포를 여럿 탑재하고, 두꺼운 장갑과 거대한 선체를 자랑했다. 1910년에 만든 영국의 오리온급 슈퍼드레드노트는 이전의 드레드노트보다 부피가 훨씬 더 컸고, 동시에 발사 가능한 발사체의 총 무게인 측면 무게가 이전의 2배에 달했다. 해군 군비 경쟁이 이렇게 빠르고 맹렬하게 진행되자 다른 전함들을 쓸모없게 만든 드레드노트도 불과 5년 만에 노후화되었다.

해군 군비 경쟁은 순양함까지 확대되었다. 러일 전쟁에서 대형 전함보다 작은 전함은 단종진으로 싸울 수 없다는 것이 밝혀졌기 때문이다. 소형 대포와 얇은 장갑으로 무장한 소형 전함으로 함대를 결성하는 것은 전투에서의 약점을 보완할 수 있는, 예를 들면 속도와 같은 다른 강점이 없는한 무의미한 일이었다. 피셔 제독도 지적했듯이 싸우지도 도망가지도 못하는 전함은 소용이 없었고, 20세기 초의 순양함 대부분은 2가지 다 불가능했다. 그래서 새로운 군함인 순양 전함이 쓰시마 해전 이후 영국, 독일, 일본의 해군에 의해 개발되었다. 순양 전함은 드레드노트만큼 강력하면서도더 빨랐다. 드레드노트의 함포와 같은 크기의 함포를 갖추면서 장갑을 줄이고, 터빈 엔진을 사용해 속도를 높였다.

드레드노트, 슈퍼드레드노트, 순양 전함 같은 군함은 제1차 세계대전초기에 주요 함대의 핵심이었다. 1914년에 최첨단 함선이었던 슈퍼드레드노트는 군사력과 해군력의 물리적인 화신이었고, 어느 나라의 무기고에서나 가장 비싼 무기였다. 드레드노트도 해외 식민지처럼 한 국가의 위신을드러냈다. 함대는 권력의 상징이었고, 강대국들로만 구성된 모임의 가입 요건이었다.

드레드노트는 해상전에만 영향을 미치지 않았다. 드레드노트와 그 후속 군함들의 우월성 때문에 이제 해군력은 몇 안되는 국가만 보유할 수 있게 되었다. 영국이나 독일이 바랐던 '멀리 떨어진 곳까지 군사력을 마음껏 투사할 수 있는 능력'뿐만 아니라, '국가의 해안선을 지켜 침략을 막는다'는 기본적이고 소박한 목표도 이제 모두의 것이 아니었다. 이제 가장 크고 부유하며, 인구가 많고 산업화된 국가들을 제외한 다른 국가는 해상전을 감당할 수 없었다. 하지만 이를 감당할 수 있는 국가들에도 정말 드레드노트는 투자할 가치가 있는 무기였을까? 군비 경쟁의 역학이 반드시 대차 대조표의 논리에 얽매이는 것은 아니기 때문에 돌이켜 생각해 봐도 이 질문에 대답하기는 어렵다. 일단 군비 경쟁이 시작되면, 회피나 무관심은 강대국이 되고자 하는 국가에 현실적인 선택이 아니었기 때문이다. 잠재적인 적국이나 경쟁국이 앞서가면 기술 격차는 어느새 따라잡기 힘들 만큼 벌어졌고, 결국 전쟁에서 빠르고 굴욕적으로 패배할 수 있기 때문이었다. 따라서 일단 시작된 군비 경쟁은 정당화되는 경향이 있었다.

그러나 제1차 세계대전에서 드레드노트는 적 함대가 우리 영해에 접근하는 것을 막는 예방적 효과 외에는 그 값을 하지 못했다. 1915년에 다르다넬스 해협 입구의 갈리폴리에서 연합군이 상륙 작전을 벌일 때 드레드노트가 화력을 지원했던 것처럼 지원 역할을 맡기도 했다. 그러나 드레드노트와 슈퍼드레드노트로 교전하는 전통적인 대규모 함대 작전은 매우 드물었다. 가장 최근에 일어난 함대 간 전투 중 가장 큰 전투는 1916년 5월 31일부터 6월 1일까지 진행된 유틀란트 해전과 1916년 8월 19일에 벌어진 해전이었다. 대략 250척이 교전했던 유틀란트 해전의 규모는 매우 컸다. 영국 해군은 해군 수병 약 6,000명과 최신 순양 전함 3척을 비롯하여 14척을 잃었고, 독일 함대는 순양 전함 1척, 소형 혹은 구식 함정 10척과 수병 2,500여 명을 잃었다. 유틀란트 해전은 규모는 컸으나 승패를 결정짓지 못했고, 영국 군함보다 장갑을 더 잘 갖추고 더 분산된 독일 군함이 영국 군함보다 더 많은 충격을 흡수할 수 있다는 것 외에는 특별한 교훈을 남기지 못했다. 드레드노트 대부분은 제1차 세계대전에서 이렇다 할 성과를 거두지 못했다.

진정한 해전은 수면 아래에서 일어났다.

1914년 이전에 대함대에 쏟아진 관심과 자원으로 판단했을 때, 제1차 세계대전의 해상전은 드레드노트 전쟁이어야만 했다. 그러나 예상과는 아주 달리 잠수함 위주로 흘러갔다. 잠수함은 제1차 세계대전의 또 다른 상징적 무기로서, 20세기 전쟁의 새로운 특징인 몰인격성을 드러냈다. 잠수함은 연합군, 특히 영국과 프랑스에 매우 의미 있었는데, 이는 잠수함전의 기술이 주로 자신들을 공격했고, 그로 인해 가장 큰 피해를 입었기 때문이었다. 독일이 무차별적으로 벌인 유보트U-boat 전쟁은 민간인을 표적으로 삼았고, 실제로 이 전쟁에서 미국 민간인 사상자 발생의 거의 유일한 원인이었다.

잠수함전은 제1차 세계대전이 발발하기 전 몇십 년 동안 군함 건조 기술이 빠르게 발전하면서 가능해졌다. 그러나 '수중 전투함'이라는 개념은 꽤 오래되었다. 미국 독립 전쟁 동안 데이비드 부슈널이라는 미국인 발명가가 도토리처럼 생긴 1인승 잠수정을 만들었는데, 이것은 1776년 뉴욕 항에 있던 영국 기함 HMS 이글의 선체에 폭탄을 고정하려는 실패한 시도에 이용되었다. 뛰어난 미국인 기술자이자 증기 기관의 지지자인 로버트 풀턴은 조금 더 큰 잠수정인 노틸러스를 만들어 1800년에 파리 근교의 센Seine 강에서 성공적인 시연을 벌였다. 수면 위에서는 돛, 수면 아래에서는 수동 프로펠러로 움직이던 노틸러스는 매우 참신했지만, 느려서 물속에서는 최대 속도가 2~3노트에 불과했다. 빌헬름 바워라는 바이에른 출신 기술자는 1850년대에 프로이센과 러시아를 위해 잠수함과 비슷한 함선 2척을 만들 었다. 또한 획기적이고 우스꽝스러운 신무기의 원천이었던 남북 전쟁도 잠 수함을 1척 이상 세상에 내놓았다. 미 해군은 1862년에 프랑스에서 설계되 고 필라델피아에서 건조된 USS 앨리게이터를 공식적으로 도입했다. 다음 해에 남부의 변호사였다가 아마추어 기술자로 전업한 호러스 로슨 헌리는 그의 세 번째 잠수함이자 가장 유명한 잠수함인 H. L. 헌리함을 만들었다.

이 잠수함들은 꽤 기발했으나 호기심 이상의 것을 채워 주지는 못했 다. 모두 효과적인 수중 추진 수단이 부족했고, 적절한 무기를 갖추지도 못 해서였다. 헌리함의 비극적인 결과보다 이러한 한계를 더 잘 보여 주는 것 은 없었다. 남군은 남부의 목을 조르는 북군의 항구 봉쇄 작전을 깨트릴 방 법을 필사적으로 찾고 있었다. 남군 해군은 국내산 장갑함을 주로 이용했지 만, 조금 더 급진적인 방법을 시도했던 육군은 '데이비즈'라는 시가처럼 생긴 소형 어뢰정을 선택했다. 데이비즈함은 수면 아래로 살짝 내려갔을 뿐 수 상함이었던 반면, H. L. 헌리함은 확실히 잠수함이었다. 헌리는 뉴올리언 스와 모빌에서 시제품 잠수함을 제작했던 설계 팀의 일원이었고, 1862년에 는 단독으로 일했다. 주철로 만든 헌리함은 장교 2명과 승무원 6명을 태울 수 있었고, 수동 프로펠러를 돌려 최대 4노트의 속력을 냈다. 1864년 2월 17일 밤, 헌리함은 찰스턴 항 바로 외곽에서 북군 슬루프인 USS 후사토닉 을 공격했다. 헌리함의 활대 기뢰는 후사토닉함에 닿자 폭발하면서 수선 아래 선체에 커다란 구멍을 내어 후사토닉함을 격침시켰다. 헌리함의 선수 에서 6미터가량 떨어진 곳에서 거대한 폭발이 일어나면서 헌리함 역시 침 몰했고, 승무원들도 즉사했다. 활대 기뢰와 같은 접촉식 무기는 확실히 잠 수함에 적합하지 않았다.

수중에서도 잘 작동하는 엔진과 멀리서 공격할 수 있는 무기를 만드는 문제는 쉽지 않았다. 하지만 생각보다 매우 빨리 문제가 차례차례 풀리면서 현대식 잠수함이 등장했다. 추진력이 가장 어려운 문제였다. 1863년 초부터 프랑스 해군 장교인 시메옹 부르주아와 기술자인 샤를 브룬은 프랑스 해군을 위해 잠수함 플런저를 설계 및 제작했다. 플런저함은 수면 아래에서 항해하는 동안 압축 공기식 왕복 엔진으로 스크루에 동력을 공급했다. 영리하긴 했지만, 실용적이지는 않았다. 플런저함은 헌리함보다 속도가 느렸으며, 재충전하지 않으면 5해리밖에 갈 수 없었다. 석탄을 태우는 보일러는 산소와 환기가 필요하므로 수면 아래에서는 쓸 수 없기 때문에 수상함의 표준 기관인 증기 기관은 선택할 수 없었다.

그러나 만약 증기 기관을 이용할 수 있다면 어떨까? 영국 성직자이자 기술자였던 조지 개릿은 1878년부터 1879년까지 혼자서 증기 구동 잠수함을 만들었다. 개릿의 잠수함인 리서감은 예비 온수 탱크를 사용하여 배기 문제를 해결했다. 수면 위를 달리는 동안 보일러의 물을 가열해 얻은 잠열로 몇 시간 동안 수면 아래에서 증기 기관을 구동시킬 수 있었던 것이다. 매우 느린 속도였지만 말이다. 개릿의 아이디어는 그렇게 억지스럽지는 않았다. 스웨덴의 노르덴펠트사는 개릿의 아이디어를 눈치채고, 1880년대 후반에 스톡홀름 공장에서 그와 같은 원리로 잠수함 여러 척을 건조했다. 리서감보다 더 큰 노르덴펠트 잠수함은 1,300마력짜리 증기 기관으로 동력을 얻었고, 수면에서 14노트로 항해할 수 있었으며, 수중에서는 5노트로 30여 킬로미터를 항해했다. 노르덴펠트는 잠수함의 무기도 해결했다. 현재 널리 이용되는 화이트헤드 자주식 어뢰는 이때 개발되었다. 노르덴펠트는 그들의 첫 잠수함에 외부 어뢰 발사관을 장착했다. 이후의 모델에는 어뢰 발사관을 내부에 2개 장착했다.

증기 기관도 장착 가능하긴 했으나 이상적이지는 않았고 쓸 만한지 의심스러울 만큼 잠수함의 작전 범위를 제한했다. 세심한 배기 장치를 갖춘 노르덴펠트 잠수함을 사용하더라도 석탄이 연소되면서 배기가스가 상당히 많이 나왔다. 그렇다면 불편한 것은 잠수함 내부의 승무원들만은 아닐 터였다. 수중에서 항해를 지속하려면 배기가스를 없애야 했다. 이러한 한계를 비상시 잠수함을 잠수시켜야 하는 함장이 좋아할 수는 없었다.

다행히도 다른 선택지들이 있었다. 같은 시기에 스페인과 프랑스의 기술자들이 전기 모터로 움직이는 소형 잠수함을 실험하기 시작한 것이다. 스페인은 잠수함에 관한 관심을 빠르게 잃었으나, 프랑스는 잠수함 건조를 꾸준히 추진했다. 잠수함은 프랑스의 주요 해군 정책과도 일치했다. 어뢰정, 소형 함정, 은밀성을 선호하는 청년 학파에게 많은 영향을 받았기 때문이었다. 1886년부터 1902년까지 프랑스 기술자들은 최첨단 잠수함을 건조하기 위해 그 어느 나라 기술자보다도 열심히 일했다. 1888년에 건조한 18미터짜리 잠수함 짐노트는 완전 전기 구동식으로, 수면에서는 7노트, 수중에서는 5노트로 달렸다. 그러나 초기 전기 추진 보트처럼 배터리 수명이 짧아 항행거리가 제한적이었고, 자체적인 배터리 충전 수단도 없었다. 막심 로뵈프는 1899년에 잠수함인 나르발을 제작하면서 배터리와 여타 문제들을 해결했다. 나르발함은 이중 선체로 부력을 높이고, 석유 연소식 증기 기관을 전기 모터와 결합하는 2가지 중요한 특징을 선보이면서 수면에서 10노트, 수중에서는 6노트의 속도를 달성했다. 외관상으로는 선수에 어뢰 발사관 4개가 있고, 배 중간에 사령탑이 있었기에 현대식 잠수함 같았다. 3년 후 로뵈프가 새로운 잠수함을 개발하자 획기적이었던 나르발함도 구식이 되었다. 로뵈프의 에이그레트급 잠수함은 증기 기관 대신 1895년에 루돌프 디젤이 특허를 낸 획기적인 디젤 엔진을 이용했다.

1902년에 프랑스는 다른 유럽 국가보다 잠수함 기술 면에서 몇 년 앞서 있었다. 제1차 세계대전이 시작되었을 때, 프랑스의 잠수함 함대는 해상 강대국들의 부러움을 샀다. 그러나 격차가 그렇게 크지는 않았기에 다른 강대국들도 빠르게 따라잡았다. 1905년에는 영국, 러시아, 이탈리아도 잠수함을 활발하게 연구 및 제작했고, 심지어 미국도 1890년대에 아일랜드 태생 발명가인 존 필립 홀랜드와 협력해 1900년에는 가솔린-전기 구동식 잠수함인 USS 홀랜드를 보유했다.

잠수함 경쟁의 마지막 참가국은 독일이었다. 독일은 20세기 초에 군함 기술의 최전선에 있었지만, 잠수함에는 별 관심이 없었다. 1902년이 되자 킬의 크루프 조선소는 오스트리아인 기술자인 러몬도 로렌초 디에크에 빌리 몽저스틴을 고용했다. 몽저스틴은 프랑스 조선소에서 일하면서 로뵈프의 잠수함을 가까이에서 본 적이 있었기에 크루프에서 새롭게 활성화된 잠수함 프로그램을 이끌었다. 1년이 지나고 몽저스틴의 지휘 아래 크루프는 러시아에 판매하기 위해 이중 선체에 등유와 전기로 구동하는 카프급 잠수함을 제작했고, 독일 해군의 주목도 받았다. 얼마 지나지 않아 크루프는 독일 해군, 즉 카이저리히 마리네Kaiserliche Marine로부터 주문을 받았고, 1906년 독일 최초의 현대식 잠수함인 운터제보트Unterseeboot, 줄여서 유보트를 킬에서 만들었다. U-1이라고 이름 붙인 이 새로운 잠수함의 엔진은 후진도 가속도 할 수 없었으며, 완벽과는 거리가 멀었다. 그러나 독일은 프랑스와 영국이 벌려 놓은 기술 격차를 좁히고 있었다.

제1차 세계대전 당시 독일 스스로도 잠수함전에서의 승리를 예상하지 못했다. 심지어 잠수함전이 해군 작전의 매우 중요한 요소가 될 것이라고도 예상하지 못했다. 잠수함은 여전히 신기한 것이었고, 잠수함의 능력이 어디까지인지, 아직 파악되지 않은 특성은 무엇인지, 또한 현대 해전에서 어떻게 이용할 수 있는지 등을 누구도 제대로 알지 못했다. 그래서 제1차 세계대전이 시작되던 당시에는 정해진 교범이 없었다. 잠수함 함장이 전쟁을 경험하면서 무엇을 어떻게 해야 하는지 알아내야 했다.

영국과 프랑스는 규모가 가장 큰 잠수함 함대를 보유했고, 다양한 방식으로 잠수함을 활용했다. 영국의 장거리용 잠수함은 수상 함대와 동행했고, 다른 잠수함은 독일 북해 연안을 정기적으로 순찰했다. 일부는 발트해까지 진입해 러시아의 소형 잠수함 함대와 협력하기도 했다. 근거리용 잠수함은 영국 해안선 근처에 머물며 적의 공격을 막았다. 영국과 프랑스의 잠수함은 지중해와 아드리아해에서 적극적으로 전투에 투입됐고, 1915년 다르다넬스 전투에서도 확실한 존재감을 드러냈다. 오스만 제국의 전함 바르바로스 하이레딘을 격침한 경우처럼 잠수함도 꽤 성과를 거뒀으나, 작전의 방향을 좌우할 정도는 아니었다.

제1차 세계대전에서 연합국의 반대 진영에 섰던 동맹국 잠수함들의 활약상도 연합국 잠수함들과 거의 비슷했다. 물론 전쟁 초기에 몇몇 주목할 만한 승리를 거두기는 했다. 1914년 9월 어느 날 아침 독일 잠수함 U-9은 북해에서 영국 장갑 순양함 3척을 어뢰로 격침시켰다. 오스트리아-헝가리의 소형 유보트인 U-5와 U-14는 크기에 비해 인상적인 기록을 거두었다. 이 잠수함들의 함장으로 취임했던 진취적인 게오르크 루트비히 리터 폰 트라프는 프랑스 순양함 레옹 강베타를 포함한 총 13척을 격침시켰다. 이 업적으로 오스트리아-헝가리 제국의 해상 영웅이 되었고, 1930년대에 트라프의 가족이 나치를 피해 도망친 이야기가 미국 뮤지컬과 영화 〈사운드 오브 뮤직〉으로 만들어지면서 트라프는 미국 대중문화계에서 훨씬 더 큰 명성을 얻었다.

잠수함의 새로운 용도를 찾아낸 자들은 독일인이었다. 영국이 독일 항구를 더욱 강하게 봉쇄하자 독일 해군 지휘관들은 영국을 오가는 연합국과 중립국의 선박을 겨냥한 공격 작전인 일종의 '반反 봉쇄 작전'에 유보트를 사용하기 시작했다. 이는 1915년 2월 독일 정부가 영국 본토 주변에 설정한 전쟁 지역에 진입하는 모든 선박을 격침하겠다는 의지를 선언하면서 '무제한 잠수함 작전'으로 처음 구체화되었다. 무제한 잠수함 작전은 연합국은 물론 연합국과 정기적으로 교역하던 미국과 같은 중립국들의 분노를 불러일으켰다. 실제로 1915년 5월에 독일이 쿠나드사의 여객선 루시타니아호와 미국 선박 네브라스칸호를 어뢰로 공격한 일은 미국 대중의 거센 비난을 일으키면서 미국을 전쟁에 거의 끌어들일 뻔했다.

그 후 독일군은 미국이 참전하는 것이 두려워서 한동안 기세를 꺾었다. 또한 이 정책은 독일에서도 보편적으로 인정받지는 못했다. 사전 경고 없이 비전투선을 격침시키는 작전은 독일 제국 정부의 일부 고위층에게 도저히 받아들일 수 없는 도덕적 혐오를 불러일으켰던 것이다. 그러나 1917년 초에 궁지에 몰린 독일은 또다시 이 작전을 사용했다. 그리고 제대로 역효과를 불러왔다. 1917년 4월 미국이 공식적으로 선전 포고를 한 것이다.

그 와중에도 독일의 유보트는 쉬지 않고 활약했다. 1915년 10월부터 1916년 2월까지 5개월 동안 독일 유보트는 연합국 선박 209척을 침몰시켰다. 이는 총 50만 톤에 해당했다. 1916년 10월부터 1917년 1월까지는 757척을 공격했는데, 이는 총 130만 톤 이상에 해당했다. 1917년 1월에 무제한 잠수함 작전이 재개되자 상황은 더욱 악화되었다. 1917년 2월에는 52만 412톤, 3월에는 56만 4497톤, 4월에는 86만 334톤으로 잠수함 공격에 따른 피해가 극에 달했다. 1918년 연초부터 11월에 패전할 때까지 독일 잠수함은 선박 275만 톤을 파괴했다.

이러한 규모의 손실은 오래 감당하기가 어려웠다. 하지만 연합국은 다행히 유보트 공격을 막을 수 있었다. 1914년 이전부터 이미 전 세계 해군에는 대잠수함 전술이 있었다. 정박 중인 수상함 주변의 수면에 떠 있는 방책에 쇠사슬 장벽을 걸면 어뢰를 어느 정도 막을 수 있었고, 선박이 가장 자주 공격받을 수 있는 항구나 만에서는 주로 거대한 수중 그물을 이용해 어뢰를 막아냈다. 장갑을 갖추지 않은 잠수함은 소구경 함포에도 매우 취약했다. 따라서 영국은 작은 대포를 장착한 큐-십Q-ship이라는 무장 상선을 투입했다. 큐-십은 가급적 은밀하게 무기를 가지고 다니면서 잠수함의 갑판포로 포격할 만한 상선들을 이용하여 잠수함을 수면으로 유인한 다음 대포로 공격해 격침시켰다.

물론 잠수함은 수중에 있으면 포격에 취약하지 않았다. 그래서 제1차 세계대전이 시작되기도 전에 영국과 여타 국가들은 이미 잠수함을 공격하기 위해 특수 설계한 수중 폭발물인 폭뢰를 개발하고 있었다. 폭뢰는 수상함 갑판에서 잠수함으로 투하하며, 일정한 수심에 도달하면 수압을 이용한 기폭 장치가 작동하여 폭발하는 고성능 폭탄이었다. 폭뢰는 제1차 세계대전에서 몇 척 안되는 잠수함만을 파괴했기에 그다지 돋보이지 않았지만, 제2차 세계대전에서는 본격적인 활약상을 보였다. 항공기 또한 환기를 하거나 먹잇감을 찾으려고 수면 위로 올라온 잠수함을 발견하고 때로는 폭격까지 하는 대잠수함 작전의 효과적인 도구였다. 하지만 해안선 근처에 있는 잠수함만 공격할 수 있었다. 무엇보다 가장 효과적인 대잠수함 작전 방식은 호위함 투입이었다. 유보트의 주요 먹잇감은 호위 받지 않는 상선이었지만, 연합군이 위험한 항로를 지나가는 상선대를 위해 호위 구축함을 투입하자 유보트는 더 이상 상선을 공격할 수 없게 되었다.

유보트 자체의 기술도 발전했다. 1880년대와 1890년대의 원시적인 증기 동력 잠수함은 크게 진화하여 1914년에는 정교한 기계가 되었다. 디젤-전기 기관은 전시에도 잠수함의 표준 동력원이었고, 제1차 세계대전 내내 성능이 더욱 향상되긴 했으나 수상 속도는 12~16노트, 수중에 있거나 전기 모터로 움직일 때는 6노트라서 특별히 빠르지는 않았다. 영국과 독일이 항공기를 발진시키는 잠수함을 개발하는 등 몇몇 특이한 실험이 있었지만, 잠수함은 대개 다음과 같은 3가지 종류로 나뉘었다. 독일 UB-III급과 같은 소형 연안 잠수함은 항구 근처에서만 활동했으며, 배수량은 수상에서는 516톤, 수중에서는 651톤이었고, 어뢰 발사관을 선수와 선미에 각각 4개와 1개를 갖추고 있었다. 독일 U-93급과 같은 원양 잠수함은 배수량이 수상에서는 838톤, 수중에서는 1,000톤이었으며, 어뢰 발사관을 선수에 4개, 선미에 2개 탑재했고, 다소 먼 곳까지 항해할 수 있었다. 독일 해군에만 있었던 대형 유보트, 소위 '순양 잠수함'은 항속 거리가 더욱 길었다. 가장 큰 순양 잠수함은 독일이 제작한 U-139급으로, 정말 인상적인 이 잠수함의 배수량은 수상에서는 1,930톤, 수중에서는 2,483톤, 선체 길이는 92미터에 달하며, 150밀리미터 구경 갑판포 2문과 어뢰 24발을 갖춘 어뢰 발사관을 선수에 4개 선미에 2개 탑재했다. 모든 독일 순양 잠수함과 마찬가지로, U-139 또한 대서양 반대편인 미국과 캐나다의 동해안에서 작전을 수행한다는 특수한 목적을 위해 설계되었다. 이런 작전은 현지 선박들에 큰 피해를 입히는 데 더해, 적국 국민들이 전쟁을 실감하게 만들 수 있었다.

삽화 23번

독일 유보트 도이칠란트. 도이칠란트호는 미국이 제1차 세계대전에 참전하기 직전인 1917년 초까지 잠수 상선으로 사용되었다. 이후 U-151급 대형 잠수함 중 1척인 U-155로 취역했다. 소위 '순양 잠수함'이었던 U-155는 장거리 원양 항해가 가능했고, 1917년부터 1918년까지 아조레스 제도, 캐나다 영해, 뉴잉글랜드 일대에서 작전을 수행했다.

마침내 독일의 잠수함전은 패배로 끝났다. 연합군의 대응책과 몇몇 사고로 인해 유보트는 큰 손실을 입었다. 351척 중 절반 이상인 178척을 전투에서 잃었다. 그중 대부분은 기뢰에 격침당했다. 독일 조선소가 전투 손실을 메울 만큼 재빨리 새로운 유보트를 만들어 낼 수 없었던 상황에서 유보트의 손실이 늘어나자 전쟁이 끝나기 몇 달 전에는 유보트 승무원들의 사기가 곤두박질쳤다. 또한 유보트 작전은 1917년부터 1918년까지 미국의 참전을 직접적으로 초래해 전략적 재앙을 불러일으켰고, 결국 1918년 가을에 독일은 최종 패배를 시인했다.

독일 잠수함전의 실패는 큰 교훈을 주었다. 독일군의 잠수함과 병력의 높은 손실률은 연합군에 별 위안이 되지 못했다. 독일 및 오스트리아-헝가리의 유보트는 전쟁 내내 총 1300만 톤에 가까운 연합국 및 중립국 상선과 연합군 함선 119척을 파괴했다. 군함에 입힌 손실도 컸지만 민간 선박에 입힌 손실은 더욱 막대했다. 전쟁이 끝날 때까지 독일군은 영국 조선소에서 선박을 만들어 내는 속도보다 더 빨리 영국 화물선을 격침시켰다. 모든 참전국이 받은 교훈은 명확했다. 만약 독일군이 잠수함을 더 많이 보유했다면, 만약 독일군이 그보다 더 공격적이었다면 아마도 유보트 함대는 영국을 굴복시킬 수 있었을 것이다.

하지만 이러한 교훈에도 불구하고 승전국의 해군 기득권층은 그들의 자원을 수면 위에서 수면 아래로 옮기려 들지 않았다. 장성 계급 이상의 해군 장교 대부분은 4세기 이상 바다의 주인공이었던 대형 전함과 함포가 우월하다고 확고하게 믿고 있었다. 전쟁 전 거의 모든 해군 전술의 초점이자 군사비의 대부분을 차지할 만큼 큰 기대주였던 드레드노트와 슈퍼드레드노트가 제1차 세계대전에서 큰 활약상을 보이지 않았다는 사실도 해상전에 관한 묵은 관념들을 변화시킬 수는 없었다. 1920년대와 1930년대에 함대를 재건할 때, 드레드노트 시대의 것과는 정도만 다를 뿐, 전함과 순양함은 함대의 선두 자리와 예산상의 우위를 점하게 될 터였다.

하지만 선견지명이 있는 사람들은 제1차 세계대전을 보며 유보트와 같은 혁신적 기술에 큰 가능성이 있기 때문에 다음 전쟁에서는 전함과 대형포가 전쟁의 주인공이 아닌 보조 역할을 맡을지 모른다고 예상했다. 실제로 전함이 오랫동안 누렸던 우월한 위치를 위협하는 것은 잠수함만이 아니었다. 해상전 자체도 해군력의 성격, 범위, 적용을 근본적으로 바꿀 혁명을 곧 겪게 될 터였다. 잠수함도 물론 그 혁명의 일부였다. 하지만 더 중요한 요소는 그 당시 높이 떠오르고 있던 어떤 기계였다. 미래의 해군력은 새로운 무기 그리고 새로운 차원의 전쟁과 떼려야 뗄 수 없는 관계를 맺게 될 것이었다. 바야흐로 비행기를 이용한 항공전의 시대가 열렸다.

15장

새로운 기술: 항공과 장갑

산업화 시대에 새로운 혁신적 무기나 군사 장비가 발명될 때마다 다른 쓸 만한 무기나 장비도 수백 개씩 생겨났으나, 모두가 전쟁 수행 방식에 주목할 만한 영향을 미치는 것은 아니었다. 또한 새로운 무기의 용도가 터무니없이 비현실적이고 쓸모없는 경우도 허다했다. 신무기가 1급 또는 2급으로 결정되는 기준은 기술의 기발함이나 정교함보다는 현재의 수요를 충족시키고, 군사적 이익이 도입 비용을 정당화하며, 전쟁을 완전히 새로운 차원으로 변화시키느냐에 달려 있었다. 그런 면에서 맥심 기관총과 린네만 야전삽은 전쟁 수행 방식을 결정하는 1급 무기였다. 맥심 기관총은 1800년대 후반 등장한 경이로운 기계였던 반면, 린네만 야전삽은 매우 잘 설계되긴 했지만 작은 삽일 뿐이었다. 그러나 양자는 당시의 긴급한 수요를 충족시켰고, 도입 후에도 오랫동안 그 필요성이 지속되었으며, 이후의 전투 방식에도 지대한 영향을 미쳤다.

제1차 세계대전에 등장한 신무기 대부분은 '쓸 만은 하지만 그 이상은 아닌' 2급 무기였을 것이다. 그중 일부는 매우 기발했을지도 모른다. 2급 무기에는 제1차 세계대전을 상징하는 무기들이 여럿 포함되어 있다. 이 무기들은 기계화된 살상의 시대에 벌어진 제1차 세계대전의 참상을 상징하는 무기였다. 화염 방사기도 그중 하나였다. 질소와 같은 비활성 추진 가스를 이용해 근거리 표적에 액화 연료를 점화시킨 화염을 집중적으로 분사하는 현대의 화염 방사기는 제1차 세계대전 직전에 처음 생겨났다. 독일군은 전쟁이 발발하기 직전에 화염 방사기를 도입했고, 1915년에 처음 전투에 사용했다. 화염 방사기는 참호와 벙커를 제압하는 데 유용하며, 잔인할 정도로 효과적인 무기였다. 폭탄도 버텨 내는 벙커와 같은 밀폐된 공간에 화염을 강렬하게 분출하면 곧 산소가 모조리 소모되고, 화재로 인해 질식사할 가능성이 높았다. 그처럼 끔찍하고 고통스러운 방식으로 죽을 수 있다는 생각은 화염 방사기를 마주한 군인들을 비참한 공포에 시달리게 했다. 파이크, 총검, 기관총과 마찬가지로 화염 방사기는 목적을 달성하기 위해 사람을 죽일 필요가 없었다. 노련한 군인들조차 화염 방사기를 보기만 해도 사기를 잃었으니까 말이다.

그러나 화염 방사기에는 상당한 한계가 있었다. 주로 화염 방사기를 운용하는 군인이 등에 메는 연료 탱크와 추진제 탱크는 휴대성을 위해 반드시 작아야 했고, 따라서 연료를 재충전하지 않는 이상 사용 시간이 현저히 짧았다. 또한 불꽃 때문에 멀리서도 잘 보이는 화염 방사기 사수는 저격수들이 가장 좋아하는 표적이었다. 화염 방사기는 끔찍한 공포를 유발하는 무기이긴 했으나 전쟁에 결정적인 영향을 미치는 무기는 아니었다. 역사를 가정하는 것은 늘 위험한 일이지만, 화염 방사기를 제1차 세계대전에서 사용하지 않았다거나 반대로 더 많이 사용했더라면 전쟁 결과가 달라졌을 것이라고 상상하기는 어렵다. 다만 화염 방사기 때문에 전투는 더 잔인해졌고, 전선에서 싸우는 병사들은 더 비참해졌을 뿐이다.

일반적인 의견과는 다를 수 있으나 독가스 역시 화염 방사기와 유사하다. 제1차 세계대전에서 독가스는 화염 방사기보다 훨씬 더 널리 사용됐다.

1899년과 1907년에 체결된 헤이그 협약은 전투 시 독가스 사용을 금지하려 했으나, 1914년 말에 확연히 두드러진 서부 전선과 동부 전선의 전술적 교착 상태를 타개하기 위해서 연합국도 동맹국도 거리낌 없이 독가스를 사용했다. 독일은 다른 많은 무기와 마찬가지로 독가스 분야에서도 선구자였다. 1915년 4월 이프르 근처에 배치된 프랑스 식민지 군대에 대항하여 염소 가스를 처음 사용한 것이다. 연합군도 곧 뒤따랐다. 독가스 사용의 가장 큰 문제는 발사 방식이었다. 초기에는 공기보다 더 무거운 독가스를 긴 관으로 발사했으나 바람에 많은 영향을 받았기 때문에 매우 까다로웠다. 바람의 방향이 순간적으로 바뀌면 독가스가 애초 목표에서 벗어나 사수의 얼굴로 향할 수도 있었기 때문이다. 따라서 1916년까지 가장 선호했던 안전한 살포 수단은 대포였다. 특수 설계된 가스탄에 폭약을 소량 넣어 쏘면 떨어진 가스탄의 외피가 갈라진 틈으로 가스가 새어 나왔다. 이 방법으로 독가스를 적군의 참호 바로 앞이나 안쪽까지 꽤 정확히 쏠 수 있었다.

일반적인 독가스가 신체에 미치는 피해와 고통은 상상을 초월할 정도로 끔찍했으며, 그에 따른 심리적 효과는 더욱 컸다. 염소 가스는 흡입하면 폐의 내벽을 파괴할 수 있었다. 감지하기 어려운 포스겐은 호흡 곤란을 유발했고, 제1차 세계대전에서 가장 치명적이었다. 전쟁의 마지막 2년 동안 가장 흔했던 겨자 가스는 치명적이지는 않았지만 노출된 피부에 고통스러운 화상을 입히고, 만성 호흡기 질환도 일으켰다. 이 중 가장 은밀히 확산되는 가스는 클로로피크린으로, 대다수 방독면을 통과할 수 있었고, 즉각적인 구토를 유발해 군인들이 방독면을 벗도록 만들었다. 이러한 자극성 가스는 위험하다기보다는 성가신 편이었으나, 자극성 가스와 겨자 가스 같은 유독 가스를 혼합하면 효과는 배가되었다. 유독 가스가 있는데도 자극성 가스 때문에 마스크를 안 벗을 수가 없기 때문이었다.

독가스는 제1차 세계대전에 참전한 모든 병사의 일상에서 피할 수 없는 부분이었다. 방독면은 군인의 개인 장비 중 가장 중요한 것이었다. 독일과 프랑스 같은 공격적인 국가는 독가스 개발에 막대한 돈을 쏟아부었다. 독일의 노벨상 수상자인 프리츠 하버와 프랑스의 빅토르 그리냐르를 비롯한 유럽의 뛰어난 화학자들은 전시에 독가스를 개발하며 경력을 쌓았다. 존 싱어 사전트의 그림 〈독가스에 중독된 군인들(Gassed)〉이나 윌프레드 오언의 시 〈달콤하고 명예로운 일(Dulce et Decorum Est)〉의 시구인 '불이나 진흙탕에서 허우적거리는'에 묘사된 것처럼 방독면을 쓴 군인은 가장 오랫동안 기억에 남는 제1차 세계대전의 이미지이자, 비인간적이고 몰인격적인 전쟁의 상징이 되었다.

독가스 공격을 받고도 살아남을 만큼 '운이 좋은' 사람들은 영구적인 안면 손상을 겪거나 폐 기능이 저하되고, 수명이 단축될 수 있었다. 이렇게 독가스에 쏟은 노력이나 독가스가 초래한 고통이 엄청났지만, 독가스 역시 전쟁에 결정적인 영향을 미치지는 못했다. 작전 차원에서 간혹 영향을 미쳤을 수도 있지만, 독가스가 제1차 세계대전의 결과에 영향을 미쳤다고 주장하는 것은 과장일 것이다. 비록 끔찍한 무기였고, 여러 윤리적 질문을 제기했으며, 많은 두려움을 끼쳤지만, 독가스는 결정적인 무기는 아니었다.

화염 방사기는 이후의 전쟁에서도 계속 등장했다. 특히 독일군과 미군은 콘크리트 벙커를 제압하는 데 매우 유용하게 사용했다. 미국과 독일, 영국의 전차는 포탑에 화염 방사기를 장착하기도 했다. 반면 제2차 세계대전의 주요 참전국은 모두 가스전에 대비했기에 전쟁 초기 2~3년 동안 방독면은 모든 병사의 표준 장비로 제공됐다. 하지만 독가스는 제2차 세계대전 당시 군사 작전에서 거의 사용되지 않았다.

제1차 세계대전에서부터 4급 무기도 등장했다. 1~3급 중 어디에도 들어맞지 않았던 4급 무기는 발명된 지 얼마 안 된 참신한 기술이면서 향후 가능성이 많은 무기를 지칭했다. 또한 제1차 세계대전에서 전쟁 수행 방식을 형성할 만큼 정교하지는 않았지만, 전쟁이 끝난 이후에도 살아남아 발전하기에는 충분했다. 1914년에는 아무도 예상치 못했던 방향으로 이후의 전쟁을 이끌어갈 4급 무기, 즉 전차와 군용기라는 서로 다른 2가지 무기는 제1차 세계대전을 시험장으로 삼아 발전했다.

항공기는 1914년, 심지어 1903년에도 완전히 새로운 것은 아니었다. 1903년은 윌버 라이트와 오빌 라이트 형제가 노스캐롤라이나주의 키티 호크에서 그들이 만든 동력 비행기로 짧지만 세계 최초의 비행을 한 해였다. 2년 후, 라이트 형제는 훨씬 개선된 라이트 플라이어호를 타고 오하이오주의 데이턴에 있던 그들의 집과 직장의 상공에서 38킬로미터 이상 비행했다. 군사 전문가들은 매의 눈으로 지켜보았다. 그들 중 일부는 수십 년 동안 항공전을 구상했기 때문이었다. 라이트 형제가 동력 비행기를 발명하기 훨씬 전부터 기구는 전쟁에 쓸모가 있었다. 프랑스 혁명 정부는 1793년에 기구 부대인 항공 군단을 창설했다. 1799년에 해체될 때까지 이 군단에 소속된 공중 관측수들은 프랑스군을 위해 종종 정찰을 수행했다. 남북 전쟁에서도 새디어스 로가 주도했으며 단명한 북군 기구 부대가 정찰 비행을 몇 번 했고, 이후 미국–스페인 전쟁에서도 미 육군이 기구를 정찰에 사용했다.

기구는 묶여서 지상에 고정되어 있고, 바람의 영향도 많이 받기 때문에 할 수 있는 일에 한계가 있었다. 따라서 1880년대의 야심 찬 비행사들은 이미 더 새롭고 유연한 비행 방법을 모색하고 있었다. 그중 가장 유명했던 독일의 초창기 비행사인 페르디난트 그라프 폰 체펠린의 경식 비행선 실험은 국제적인 찬사와 …… 우려를 받았다. 프랑스와 이탈리아, 독일의 육군 모두 경식 비행선에 투자했고, 좀 더 선견지명이 있는 군인들은 무기로서의 사용 가능성을 내다보기 시작했다. 체펠린식 비행선은 정찰에만 유용한 것은 아니었다. 비행선의 이동성과 이동 범위 덕분에 적의 머리 위를 날아다니며 공격할 수 있을뿐더러, 그 당시 화기의 유효한 범위를 거뜬히 벗어나는 고도에서 공격할 수도 있을 터였다. 그렇다면 비행선을 막을 수 있는 것은 아무것도 없었다. 결국 비행기가 첫 비행을 하기 4년 전인 1899년에 헤이그 협약에서는 군사 항공이 열띤 논쟁거리가 되었고, 최종적으로 '기구나 유사한 수단에 의한 모든 종류의 발사체나 폭발물의 방출'과 관련하여 5년간 유예하기로 했다.

그러나 헤이그 협약의 결의안으로도 항공전에 대한 관심은 약화되지 않았다. 독일이 비행선을 만들며 앞장을 섰다. 1912년, 독일 육군은 관측용 소형 기구부터 1908년에 했던 첫 비행에서 12시간 동안 350킬로미터나 날아다닌 LZ-4와 같은 거대한 체펠린식 비행선에 이르기까지 다양한 비행선으로 구성된 함대를 보유했다. 새로운 무기와 전술을 시험하고 세계에 과시하기 위한 군사 훈련은 20세기 초부터 전쟁 전까지 흔한 일이었고, 독일군은 체펠린을 폭격기로 이용할 수 있는지를 당당하게 시험했다. 거대한 비행선이 수백 킬로미터나 날아가서 무력한 민간인들을 무차별적으로 폭격할 가능성, 그런 비행선들을 막을 방법이 아무것도 없다는 생각은 독일 밖에 사는 누구에게나 두려움을 불러일으켰다.

1908년에 비행선은 대유행했고, 그 뒤를 비행기가 바싹 따라왔다. 라이트 형제는 미국에서 그다지 큰 호응을 받지는 못했으나, 1908년에 윌버가 판매 여행을 떠났던 유럽에서는 상당한 주목을 받았다. 곧 유럽에도 앙리 파르망과 루이 블레리오 같은 열성적인 조종사들이 생겨났고, 1909년 8월 프랑스는 랭스에서 7일간 항공 회의를 개최하면서 100만에 달하던 넋 나간 관중 앞에서 비행기 수백 대와 조종사들을 자랑했다.

비행기는 다른 군사 기술과 달리 이렇게 대중의 강렬한 사랑을 받았기 때문에 민간 부문에서도 발전할 수 있었다. 윌버 라이트가 방문한 지 몇 달 만에 유럽 전역에는 비행 클럽이 생겼다. 당시에 비행은 일종의 스포츠였기에 비행에 참여할 만한 여유 있는 사람들은 대개 부유하고 젊고 유력한 이들이었다. 주요 유럽 국가의 군대와 민간 비행 애호가 간에 시작된 협력은 다양한 이익을 가져왔다. 민간 조종사들은 새로운 비행기를 시험 비행한 경험을 공유하고 싶어 했다. 비행기도 전함처럼 대중의 사랑을 받았기에 에어쇼에는 엄청난 군중이 몰렸다. 새로운 전투기 사업에 자발적으로 현금을 기부하는 일은 일반인들이 자신의 민족주의적 열정을 표현하는 인기 있는 방법이 되었다.

비행기가 현대 전투에서 성취할 수 있는 모든 놀라운 일을 추측하는 것과, 실제로 비행기를 이미 확립된 전쟁 패턴에 통합시키는 일은 달랐다. 그때까지 전쟁사상 비행기와 유사한 무기는 1종도 없었기 때문이었다.

모든 주요 군대는 비행기를 어떻게 사용해야 할지 몰랐으나 1910년 이후 민족주의와 민간 지원에 힘입어 항공 사업을 빠르게 구축하고 있었다. 또한 1914년에 일어날 전면전에 점점 더 가까워짐에 따라 공군력은 무대에 데뷔할 준비를 어느 정도 하고 있었다. 제1차 세계대전 이전에 군용기는 1910년대 초반에 벌어진, 3회나 이어진 소규모 전쟁에 등장했다. 가장 국제적인 관심을 끈 전쟁은 1911년부터 1912년까지 벌어진 이탈리아-튀르크 전쟁이었다. 항공기 9대, 기구와 비행선 몇 대를 갖춘 이탈리아 공군은 육군과 함께 리비아로 갔다. 그해 가을, 이탈리아군은 최초로 여러 일들을 수행했다. 비행기로 항공 정찰 임무를 수행했고, 항공 사진 촬영도 했으며, 폭격 작전을 벌였고, 조종사가 전투 중에 부상당했다. 또한 이탈리아의 전기 공학자인 굴리엘모 마르코니의 도움을 받아 처음으로 항공기에서 지상으로 무선 전신을 보내는 데 성공했다.

외국 관전 무관들은 공군력이 뛰어난 이탈리아군과 그렇지 않은 튀르크군의 기울어진 전쟁을 시종 관심 있게 지켜봤으나, 이탈리아군의 승리에서 큰 인상을 받지는 못했다. 어느 종군 기자는 실망감을 감추지 못하면서 "전쟁에 혁신은 없었다."라고 기록했다. 하지만 좀 더 상상력이 풍부한 관찰자 또는 항공기의 미래를 기대하는 사람들에게 리비아에서 벌어진 이탈리아의 전쟁은 일종의 계시나 다름없었다. 그중 줄리오 두에라는 무명의 이탈리아 육군 참모는 1912년에 이렇게 말했다. "새로운 무기가 나왔고, 하늘은 이제 새로운 전쟁터가 되었다."

이탈리아-튀르크 전쟁은 물론 1912년부터 1913년까지 일어난 2회에 걸친 발칸 전쟁에서도 항공전이 발발하자 비행기는 더욱 각광을 받게 되었고, 정부의 투자도 늘어났다. 제1차 세계대전이 시작되던 날, 유럽의 공중 함대는 어마어마했다. 독일 육군은 전투 준비를 한 항공기가 232대, 러시아는 190대, 프랑스는 162대, 영국, 오스트리아-헝가리, 이탈리아는 각각 100여 대를 보유하고 있었다. 반면 동력 비행과 항공 사진의 발상지인 미국은 8대뿐이었다.

제1차 세계대전 초기에 사용된 첫 군용기는 동력 비행이 시작된 지 고작 10년 정도 지났다는 사실을 고려하면 인상적이었으나, 4년 후 전쟁 말기의 일반적인 항공 기술과 비교해보면 엉성하기 짝이 없었다. 블레리오 XI은 1914년에도 꽤 현대적이었다. 이 비행기는 루이 블레리오와 레이몽 솔니에르가 1909년에 설계하고, 같은 해에 블레리오가 직접 타고서 영국 해협을 횡단하는 데 썼다. 블레리오 XI은 그 당시 항공기의 일반적인 특징을 갖추고 있었다. 동체는 목재로 만들고, 일부는 직물로 감싼 상자-보 구조였다. 전면에는 25마력짜리 로터리 엔진이 있었으며, 바로 뒤에 조종석이 있었다. 후속 세대 비행기처럼 날개 뒷전에 보조 날개, 즉 에일러론이 있지는 않아서 날개를 비틀어 가로축을 조절했다. 즉, 조종사는 케이블과 도르래 연결 장치로 날개의 뒷전을 비틀었다. 블레리오 XI은 1910년에 더 강력한 엔진을 갖추면서 시속 109킬로미터라는 최고 속도를 달성했다.

제1차 세계대전 당시 항공기에서 가장 주목할 만한 것은 항공기의 빠른 발전 속도다. 산업 혁명 초기에 구축된 '연구에서 제조로 이어지는 네트워크', 즉 군사 기관, 산업, 기술자, '최종 사용자'인 조종사 간의 협력 관계는 그 당시 매우 생산적이었다. 공군은 초기에 육군의 하부 조직이었고, 육군은 잠시뿐이더라도 적보다 우위에 서는 데 도움이 될 신기술을 갈망했다. 마찬가지로 산업가들도 새로운 사업 기회를 갈망했다. 그때까지만 해도 공기 역학이 정식 과학 분야로서 완전히 자리를 잡은 것은 아니었으나, 모든 주요 강대국에는 뛰어난 기술자 수십 명이 있었다. 앤서니 포커, 이고리 시코르스키*, 허버트 스미스, 제프리 드 하빌랜드와 같은 사람들은 긴박한 상황 속에서도 새로운 비행 기술을 도입해 놀라운 발전을 신속히 이루었다.

항공기는 조종사들의 요구에 따라 발전했다. 조종사는 자기 목숨이 기계의 효율성에 달려 있다는 사실과, 어떤 기술이 발전하는 것이 가장 도움이 될지를 누구보다 잘 알고 있었다. 그즈음 발명된 많은 기술은 적절한 시험 절차를 거치지 않았기 때문에, 제1차 세계대전 동안 항공기 발전은 정신없이 이루어졌다. 그러나 기술 발전 중 거의 대부분은 항공 기술자들의 뛰어난 재능 덕분에 어쨌든 긍정적인 결과를 가져왔다. 이렇게 과열된 혁신 사례 중 하나는 미국제 리버티 엔진이었다. 리버티 엔진은 워싱턴 DC의 호텔 방에서 6일간 모인 기술자 몇 명에 의해 설계되었고, 2개월 후에 제작 및 시운전된 뒤, 그로부터 1개월 후 생산에 들어갔다. 심지어 효과가 있었다. 리버티 엔진은 제1차 세계대전에서 드 하빌랜드가 설계한 에어코 DH. 4 경폭격기와 브레게 14 경폭격기를 비롯한 많은 연합군 항공기에 동력을

---

*   우크라이나 태생인 이고리 시코르스키는 러시아 혁명 도중에 미국으로 이민을 갔다. 미국에서 수직 비행을 개척한 그는 헬리콥터의 초기 모델 중 몇 가지를 설계했고, 미국 역사상 가장 성공적인 항공사를 코네티컷주 스트랫퍼드에 설립했다.

공급했고, 1930년대까지 활발하게 사용되었다. 리버티 엔진은 성공 사례 중 하나였다. 하지만 그렇게 긴박한 상황에서 개발된 혁신적인 기술이 항상 좋은 결과를 맺지는 않았다.

이 당시 정신없이 빠른 속도로 혁신이 이루어진 이유는 순전히 '동력이 필요해서'였다. 군용기는 제1차 세계대전 동안 여러 방식으로 발전했다. 그래서 제1차 세계대전 후반의 군용기에는 고도계, 회전 속도계, 대기 속도계와 같은 계기와, 보조 날개 및 승강타 등 힌지가 달린 조종면이 있어서 전쟁 초반의 군용기처럼 날개를 비틀 필요가 없었다. 그러나 조종사들은 힘과 속도, 상승 속도, 날개를 망가뜨리지 않고도 빠르게 하강하는 능력, 높은 고도에서 작전을 수행하는 능력을 비롯한 여러 성능이 필요했다. 게다가 더 많은 폭탄과 기관총, 탄약, 카메라, 무전기는 물론 비행시간을 늘리기 위해 더 많은 연료를 실어야 했고, 결국 더 큰 항공기가 필요했다.

제1차 세계대전 당시 항공 기술자들은 훌륭하긴 했으나, 새로운 연구 분야였던 공기 역학에 관한 지식이 부족해 어려움을 겪었다. 양력과 항력의 기본 원리 외에는 비행 관련 물리학을 완전히 이해하지 못했기에 비행이 항공기에 가하는 응력을 시행착오를 거치면서 배웠다. 항공기는 1920년이 되어서야 공예가 아닌 과학 기술이 되었다. 그렇다고 해도 항공기의 비행 성능을 개선한 초기 항공 기술자들의 성공은 매우 놀라웠다. 그들의 선택은 제한적이었다. 당시에는 날렵한 항공기를 만들기 위해 할 수 있는 것이 거의 없었으니까 말이다. 초창기 설계 과정에는 쇠붙이나 케이블이 많이 필요했으며, 이 모든 것은 고정식 착륙 장치와 함께 항력을 증가시켰다. 또한 어느 정도 수준 이상으로 항공기를 가볍게 만들 수도 없었다. 제1차 세계대전 당시 항공기는 광택제를 두껍게 바른 직물로 목재 프레임을 감싸서 동체와 날개를 만들었기에 처음에는 매우 가벼웠다. 그러나 프레임이 너무 가벼우면 연약해서 실용적이지 않았다. 항공기를 빠르고 튼튼하게 만드는 유일한 방법은 엔진을 더 크고 강력하게 만드는 것이었다.

1918년 당시 영국, 프랑스, 독일, 오스트리아-헝가리, 이탈리아 등 주요 공군의 전형적인 전투기는 1914년에 활약하던 '조상님'과 외관상으로는 비슷하나 성능은 전혀 달랐다. 목제 뼈대와 직물 외피는 그대로였다. 1916년에 독일의 융커스사가 금속제 프레임으로 전투기를 제작했으나, 거의 사용되지 않았다. 날개가 위아래에 달려 있는 복엽기가 제1차 세계대전이 끝날 때까지 주로 사용되었다. 고정된 날개 1개로 만든 단엽기는 일반적으로 약하다고 여겨졌는데, 이는 앤서니 포커의 최신식 전투기인 포커 D.VIII이 만들어낸 기록에 의해 확증된 편견이었다. 포커 D.VIII은 단엽기라서 속도나 상승 면에서는 동시대에 활약한 거의 모든 전투기를 능가했으나, 급강하 시 날개가 떨어져서 부끄러운 명성을 얻었다. 하늘을 멋지게 날던 뉴포르 정찰대를 구성했던, 아랫날개가 윗날개 면적의 절반 이하 밖에 되지 않는 일엽반기도 동일한 문제를 겪었다. 1916년 영국의 소프위드가 만든 트라이프 전투기와 1917년 독일의 '붉은 남작'이라는 별명으로 유명한 만프레트 폰 리히트호펜이 애용하던 전투기인 포커 Dr. 1처럼 날개가 3개인 삼엽기는 상승 능력이 개선되었으나, 항력이 복엽기보다 더 늘어났다.

삽화 24번

비행 중인 포커 아인데커(단엽기). 아인데커는 앤서니 포커의 프로펠러 동조 장치를 사용한 첫 전투기였다. 1915년부터 1916년까지 한동안 이 단엽기는 서부 전선 상공을 비행하면서 보는 이에게 공포를 주었다.

1918년 당시 전형적인 전투기는 엔진이 전면에 장착되고, 프로펠러가 엔진 앞에 있어서 비행기를 밀기보다는 당기는 방식인 전방 엔진 타입이었다. 그 반대인 후방 엔진 타입도 전쟁 초기에는 흔했다. 영국과 프랑스의 기술자들은 몇 가지 장점 때문에 후방 엔진 타입을 선호했다. 후방 엔진 타입은 조종사나 관측자의 시야를 엔진 블록, 프로펠러, 배기 다기관 등으로 방해하지 않았으며, 기관총도 단순하게 배치할 수 있었다. 그러나 프로펠러와 항공기 꼬리 사이에 공간이 있어야 했기 때문에 본질적으로 매우 약할 수밖에 없었다.

1914년과 1915년에 만든 항공기와 1917년과 1918년에 만든 항공기의 가장 큰 차이는 동력 장치에 있었다. 항공 산업과 함께 성장하던 자동차 산업이 특히 도움을 주었다. BMW, 메르세데스, 롤스로이스, 패커드, 캐딜락, 링컨과 같은 유명한 자동차 회사는 전쟁 당시 항공 분야에도 진출했다. 1914년에 항공기의 동력 장치는 대개 로터리 엔진이었는데, 작동 중에 크랭크실과 실린더가 축 주위를 회전하는 동안 크랭크축이 정지 상태를 유지하는 방식이었고, 정격 출력은 25~50마력을 넘지 않았다. 로터리 엔진은 전쟁이 끝날 때까지 사용되었지만, 크기가 커질수록 비행기에 적합하지 않았다. 왜냐하면 로터리 엔진은 비행 중인 비행기에 회전 효과를 일으켜 비행기를 한쪽으로 기울이는 경향이 있었기 때문이었다. 유명한 소프위드 캐멀 전투기에 사용된 110~160마력짜리 엔진과 같이 크고 강력한 로터리 엔진에서 발생하는 회전 효과는 꽤 위험할 수도 있었다. 따라서 수랭식 피스톤 엔진이 로터리 엔진을 점점 대체했으며, 엔진 자체도 훨씬 강력해졌다. 제1차 세계대전 당시 가장 뛰어난 전투기였던 독일의 포커 D.VII 복엽기의 최종 엔진은 180마력부터 200마력까지 낼 수 있는 BMW와 메르세데스의 고압축 엔진이었다. 항공기 엔진은 4년도 채 지나지 않아 출력이 4배나 늘었다.

제1차 세계대전 당시 등장한 군용기는 가장 순수한 형태에서 시작되었다. 유럽에서 전쟁이 발발했을 때 비행술은 분명 초기 단계에 있었다. 교전국들이 전쟁 초기부터 전투에 비행기를 사용할 준비가 되어 있었을 리는 없었다. 동력 비행 자체가 새로운 것이 아니라 이미 확립된 기술이었더라도 비행기가 전쟁에서 맡을 수 있는 역할이 무엇인지가 불분명했기 때문이다. 이탈리아-튀르크 전쟁과 발칸 전쟁에서 얻은 경험의 범위는 매우 제한적이어서 조종사에게 거의 쓸모가 없었고, 이탈리아-튀르크 전쟁 직후 줄리오 두에가 쓴 군용기 조종사용 교본인《제공권》에는 추측성 내용이 많았다.

일부 이론가들은 항공전이 해상전과 다소 유사하며, 하늘의 광활한 공간은 광대한 바다에만 비견될 수 있고, 너무 멀지 않은 미래에 공중의 전함과 순양함 함대가 이 제3의 영역을 지배할 것이라고 추측했다. 좀 더 실용주의적인 다른 이들은 항공 함대가 전통적으로 기병이 수행했던 정찰이나 초계, 급습과 같이 중요한 임무를 담당하리라 여겼다. 초기 공군의 어휘가 기병의 어휘에서 여러 부분을 차용한 것은 괜한 일이 아니었다. 군용기의 기본 단위는 스쿼드론squadron*이었다. 심지어 리트마이스터Rittmeister와 같은 계급명도 독일군 기병 대위를 지칭했던 단어로, 기병의 용기와 자유로운 기동력을 떠올리게 했다. 군대 내부와 일반 대중도 공군은 기병대처럼 뭔가 뛰어나고 고귀한 존재이며, 지상에서 보병대를 지휘하는 것보다 비행기를 조종하는 것이 더 우월하다고 여겼다. 나는 것은 본질적으로 고귀했으니까 말이다.

초기 공군과 조종사와 지휘관이 실전 경험을 거치며 항공기의 주 기능을 깨닫는 데는 그리 오래 걸리지 않았다. 전쟁이 끝날 무렵인 1918년에 항

---

* '기병 대대'라는 의미였으나 현재는 '비행 중대'라는 의미로 사용된다. - 옮긴이

공기는 서로 다르지만 상호 보완적인 4가지 역할을 주로 수행했다. 이탈리아 조종사들은 이미 리비아에서 그중 2가지 기능을 수행했고, 나머지 2가지는 제1차 세계대전 초기에 군용기가 발전하면서 생겨났다.

제1차 세계대전에서 공군이 처음 맡은 가장 중요한 기능은 물론 정찰과 관찰이었다. 가장 지루하고 위험한 임무였지만, 지상전에 도움을 주는 가장 지속적이고 확실한 방법이었다. 이탈리아-튀르크 전쟁에서 이탈리아인들이 배운 교훈은 제1차 세계대전에서도 충분히 적용 가능했다. 지상전이 수렁에 빠진 1915년 당시 서부 전선에서도 항공 정찰은 대규모 공세를 벌이기 직전에 적의 수상한 낌새를 탐지하는 최선의 방법이었다. 매일 항공 사진을 분석하는 것이 참모들에게는 일상이 된 것처럼, 항공 사진을 촬영하며 정찰하는 것이 특수 관측 비행 중대의 일과가 되었다.

정찰 임무에는 항공기당 최소 2명이 필요하다는 것이 전쟁 초기에 분명해졌다. 조종사는 항공기를 조종하면서 특이한 무언가를 메모할 수 있을지는 모르나, 카메라를 조작하거나 상세한 보고를 할 수는 없었기 때문이다. 특수 훈련을 받은 관측수인 두 번째 승무원이 항공 카메라와 비행기에 있는 통신 장비 조작을 비롯한 정찰 임무 자체를 담당해야 했다. 항공전이 점점 더 치열해지면서 관측수는 총도 쏴야 했다. 조종사가 회피 기동, 즉 적기를 피하는 동안 회전식 고리 거치대에 장착한 기관총을 발사해 적기의 공격을 막았다. 이러한 정찰기는 특수 기종으로서, 주로 독일의 AEG, LVG, 럼플러, 롤란드에서 만든 모델과 영국의 B.E.2 및 R.E.8이 있었다. 가장 일반적인 형태는 2인승 전방 엔진 복엽기로, 관측수 앞에 조종사가 앉았다.

항공 사진 정찰보다 훨씬 더 중요한 임무는 포병을 위한 관측일 것이다. 이는 정찰기에 다른 장비를 갖춰 이루어졌다. 간접 포격은 러일 전쟁 이후 야포의 일반적인 전술로 자리를 잡았고, 항공 관측으로 간접 포격을 위한 기회나 문제를 쉽게 파악할 수 있었다. 항공 관측수는 지상에 고정된 기구에 있든, 비행기에 타고 있든 지상의 전방 관측수보다 덜 위험한 위치에서 전장의 더 나은 전망을 확보할 수 있었다.

정찰기의 가장 큰 문제는 통신이었다. 아군의 전선에 고정된 관측 기구는 현장의 전화나 유선 전신을 이용했고, 긴급한 상황에서는 신호로 쉽게 소통할 수 있었다. 하지만 유선 연결은 항공기에는 사용할 수 없었다. 가장 간단하고 단순한 해결 방법이 있었다. 조종사가 항공기를 착륙시켜 지상의 포병에게 관찰한 내용을 직접 전달하는 것이었다. 하지만 효과적이거나 만족스러운 방법은 아니었다. 그러나 마르코니의 무선 전신과 같은 매우 효과적인 통신 장비를 정찰기에 장착하면, 관측수는 지도의 좌표와 표적 관련 데이터를 포병대에 직접 전송할 수 있었다.

항공기가 더 정교한 기계로 진화했지만, 항공 관측 분야의 오래되고 단순한 기술인 기구도 여전히 더욱 개선될 여지가 있었다. 유럽의 초기 공군은 항공기를 개발하는 동시에 기구와 경식 비행선도 계속 개발하고 유지했다. 독일의 드라켄(용)과 같은 '연凧' 기구가 가장 일반적이었다. 연 기구는 동시대의 체펠린 비행선에 비해 구조가 훨씬 간단했으며, 수소를 채운 단순한 직물 주머니에 불과했다. 하지만 언뜻 보기와는 다르게 정교했고, 바람에 흔들릴 때도 공기 역학적으로 안정적이었다. 연 기구는 아군 측 전선 뒤쪽에 묶여 있었고, 관측수 1~2명이 기구에 매달린 바구니 안에 서서 적을 관측했다. 관측수는 적의 움직임이나 포격을 직접 확인할 수 있었고, 유선 통신으로 지상에 관측 내용을 전달했다.

연 기구는 대포를 발견하는 관측 초소로 비행기보다 더 적합했을 것이다. 하지만 매우 취약했다. 연 기구는 적 포병의 단골 표적이었고, 전투기 조종사에게도 놓칠 수 없는 공격 대상이었다. 기구를 파괴하는 일은 그리 간단하지 않은, 위험하고 까다로운 일이었다. 하지만 용감한 전투기 조종사들에게는 그리 어렵지 않았다. 전투기의 기관총으로 소이탄 몇 발을 발사하면 기구의 천을 찢고 수소에 불을 붙일 수 있었으니까 말이다. 이러한 비상 상황에서 기구 관측수는 항공기 조종사에게는 없는 1가지 장점이 있었다. 당시의 또 다른 발명품인 낙하산을 착용할 수 있었던 것이다. 초기의 낙하산은 안전한 착륙을 보장하지는 않았지만, 적어도 살아남을 기회는 주었다.

정찰 비행 중대는 영웅을 배출하지는 않았다. 신문에 대서특필된 몇 안되는 정찰기 조종사는 리히트호펜 남작처럼 유명한 전투기 조종사가 되거나, 유명한 전투기 조종사에 의해 격추된 이들이었다. 하지만 인력을 훈련시키고 장비를 배분하는 과정에서는 정찰기와 해당 장비가 최우선했다. 전쟁 중반에 영국 공군은 가용 비행 자원 중 약 3분의 2를 포병 관측에 투입한 것으로 추정된다.

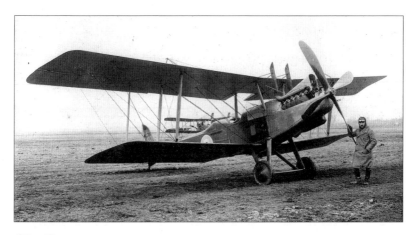

삽화 25번

로열 에어크래프트 팩토리의 R.E.8 정찰 및 포병 관측용 항공기는 초기 항공기 부대의 주력 무기였다. R.E.8은 1917년과 1918년에 영국 관측 비행대의 주요 항공기였다. R.E.8은 볼품없어서 공군에서는 인기가 없었으나, 일반적인 정찰용 항공기였다. 속도는 시속 165킬로미터 또는 90노트로 느리긴 했으나 안정적이었다. 조종사는 전방 조종석에, 관측수 겸 기관총 사수는 후방에 앉았다. 무장은 전방 발사용 비커스 기관총 1정과 관측수 좌석에 있는 회전 가능한 루이스 경기관총 1~2정이었다.

군용기의 두 번째 기능은 폭격이었다. 폭격은 20세기가 오던 무렵 유럽 어디서나 흔히 보이던 '미래의 전쟁'에 관한 글에 자주 등장했던 소재였다. 인류가 비행기나 비행선으로 나는 법을 배우면 누군가가 공중에서 폭발물을 떨어뜨리는 것이 좋은 생각이라고 판단하는 것은 시간 문제라는 내용이었다. 1899년 헤이그 협약에 참석한 대표단은 모두 이 생각에 동의했다. 이탈리아가 리비아에서의 전쟁에서 시도한 폭격은 전쟁에 결정적인 영향을 미치지는 못했지만, 추후 시도를 중단할 만큼 효과가 없지는 않았다.

1914년, 유럽의 공군 지휘관들은 항공기를 무기, 특히 폭격기로 사용할 의사가 충분히 있었다. 하지만 아직 기술이 따라주지는 않았다. 1914년경에 존재한 항공기 대부분은 비행기의 승무원과 상당한 양의 폭탄을 지상에서 한꺼번에 들어 올릴 만한 힘도 없었고, 당연히 높은 고도로는 올라갈 수도 없었다. 이탈리아-튀르크 전쟁과 발칸 전쟁에서 이루어진 항공전에서 조종사들이 무언가를 배웠다면, 그것은 고도 300미터 아래를 비행하는 항공기는 지상의 대포와 기관총 사격에 당할 가능성이 매우 높다는 사실이었다. 또한 폭격을 하려면 항공기에 폭탄 거치용 선반, 폭탄 투하 장치, 폭격 조준기 같은 새로운 장비도 실어야 했다. 이러한 장비는 아직 생겨나지도 않았을뿐더러, 초창기 관측용 항공기에는 무거운 짐을 실을 수 없었기 때문에, 첫 폭격은 소형 포탄 크기 정도 되는 가벼운 폭탄 또는 수류탄을 관측수가 손으로 떨어뜨리는 방식으로 이루어졌고, 이는 당연히 효과가 제한적인 기술이었다.

그래서 폭격기로 체펠린 비행선이 선택되었다. 독일 공군은 제1차 세계대전이 시작되기 전 몇 년 동안 폭격기로서 체펠린 비행선을 광범위하게 시험했고, 사용 방법 관련 아이디어도 약간 가지고 있었다. 또한 체펠린 비행선은 항공기보다 적재량이 많았으며, 비행 거리가 길고, 비행 고도도 높다는 점 등 물리적으로 훨씬 더 많은 장점이 있었다. 하지만 비행선은 전장에 적합하지 않았다. 지상군에게서 포격을 당할 가능성이 컸고, 거대한 부피와 느린 속도로 표적이 되기도 쉬워서였다. 독일군은 전쟁 첫 달에만 서부 전선에서 비행선 3대를 잃었다. 프랑스군의 비행선 배치 시도 역시 실망스러웠다. 비행선만 보면 으레 독일군의 체펠린 비행선이라고 생각한 프랑스군이 아군이든 적군이든 상관없이 모든 비행선을 공격했기 때문이었다.

그러나 방어력이 약한 후방의 표적을 공격할 때 비행선은 매우 효과적이었다. 머지않아 체펠린 비행선은 도시와 민간인 같은 후방의 표적을 대상으로 하는 폭격기가 되었다. 이것은 독일에 매우 유리했다. 프랑스와 영국은 독일의 비행선 격납고 범위 내에 있었던 반면, 독일의 대도시는 프랑스와 영국의 비행장에서 쉽게 접근할 수 없었기 때문이었다. 독일군은 1915년부터 1918년까지 런던과 그 주변 지역에 폭격을 총 54회 감행하면서 놀라운 성공을 거두었다. 겁에 질린 영국인들이 1916년 가을까지 적절한 대책을 마련하기 이전에 체펠린 비행선은 아무런 방해도 받지 않고 영국 상공을 자유롭게 날아다녔다. 그러나 그 무렵 탐조등, 빽빽하게 밀집한 대공포대, 소이탄을 발사하는 전투기가 독일의 비행선 부대에 치명적인 손실을 입히기 시작했고, 이로써 체펠린 폭격기의 시대는 끝났다.

그동안 항공기는 체펠린 비행선을 대체할 수 있을 정도로 발전했고, 항공기 조종사들 역시 시행 착오를 거치며 폭격의 원리와 전술을 습득했다. 2인승 정찰기는 날개 밑에 폭탄 거치용 선반과 원시적인 폭격 조준기를 갖추며 전투용 항공기로 발전했고, 엔진과 기체가 개선되면서 적재량도 늘어났다. 폭격 조준기는 제1차 세계대전 동안 크게 발전하지는 않았다. 그러나 자주 사용되면서 조종사는 성능이 부족한 폭격 조준기를 본능으로 보완하는 기술을 익혔다. 1915년에 주요 공군 사령부들은 군용기의 공식 전술과 교리 등을 책자로 만들었다. 폭격기는 예전처럼 무작위로 떼지어 다니지 않고 대형을 이루면서 표적에 접근했다. 폭격기 편대는 지상의 여러 지휘관에게 하늘을 날아다니는 포병이나 다름없었다. 폭격기는 대형 포로 공격하고 싶지만 너무 후방에 있어서 접근할 수 없는 표적을 주로 공격했다. 탄약을 실은 열차, 보급품 및 탄약 더미, 중요한 교차로 등이 폭격기 편대의 주요 표적이었다.

항공기를 사용하는 요령은 이렇게 늘어났으나, 결과는 한마디로 실망스러웠다. 개별 폭탄은 크지 않았고, 목표물에 실질적인 피해를 주려면 항공기와 승무원도 직접적인 타격을 피할 수 없었기 때문이다. 또한 적당한 고도에서 폭탄을 투하할 때조차 제대로 된 피해를 입히기는 쉽지 않았다. 1915년 봄, 서부 전선의 프랑스와 영국의 폭격기 편대는 16주 동안 독일 측 후방의 기차역에 폭탄을 141회 투하했으나, 그중 단 3회만 '성공'으로 칠 수 있었다.

그동안 항공기와 승무원에 투자한 시간과 돈은 물론 인명 손실까지 감안하면 이러한 실패율은 실망스러웠다. 하지만 폭격기를 계속 유지했던 이유는 때때로 기막힌 성공을 거두었기 때문이었다. 1917년 6월에 메신 전투에서는 독일군 폭격기가 영국군 탄약 수송 열차를 파괴하여 연합군의 물류를 방해해 그 지역에 있던 영국군 포대의 반격을 3시간 동안 막았다.

정찰기를 개조한 경폭격기의 주요 결함은 적재량이었다. 폭탄이 크고 개수가 많을수록 부정확한 투하 위치를 보완하는 데 큰 도움이 됐다. 기술자들은 이미 이 문제를 두고 씨름했다. 전쟁 전부터 이탈리아의 조반니 카프로니와 러시아의 이고리 시코르스키는 개별적으로 날개 부분에 엔진 여러 개를 장착한 대형 복엽기를 제작하고 있었다. 1915년 초에는 독일 항공기 산업도 그 뒤를 따랐고, 1916년 말에는 폭격 전용으로 특수 설계된 첫 번째 실질적인 대형 항공기를 도입했다. 제작된 도시에서 이름을 따 명명된 첫 고타 폭격기는 중폭격기로 분류되었고, 1917년 봄부터 체펠린 비행선을 대체하기 시작하면서 밤낮을 가리지 않고 영국을 공습했다. 독일 기술자들은 엔진이 2개인 쌍발 폭격기에서 멈추지 않고, 소위 '거대한 비행기 (Riesenflugzeug)'까지 설계하고 생산했다. 대형 엔진 4개를 장착한 이 거대한 비행기들은 사실상 전쟁에서 아무런 역할을 하지 못했다. 대부분은 원형 단계 이상을 넘어서지 못했고, 1918년 11월에 종전 선언이 이루어지기 전까지 완성된 기체도 거의 없었다. 의미 있는 군사적 역할을 했던 유일한 모델은 날개폭이 42미터가 넘는, 기괴할 정도로 거대한 비행기인 체펠린-슈타켄 R.VI였다.

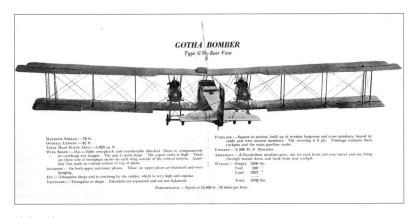

삽화 26번

독일군 폭격기 고타 G.V의 배면도로 그 크기를 짐작할 수 있다. 기체 길이는 12미터 정도, 날개폭은 약 24미터다. 조종사, 전방 사수, 후방 사수 1~2명 등 승무원 3~4명이 탑승 가능했다. 260마력짜리 수랭식 메르세데스 엔진 2개를 이용해 시속 140킬로미터로 날 수 있었는데, 이는 당대 전투기보다는 훨씬 느린 속도였다. 하지만 파라벨럼 기관총 3정의 발사 범위는 넓었고, 폭격기는 당시 연합군 전투기 대부분의 실용 상승 한도보다 훨씬 높은 고도 6킬로미터를 넘어서 더 높이 올라갈 수 있었다. G.V와 이전 모델들, 특히 고타 G.IV는 영국과 프랑스의 민간 표적을 대상으로 하는 폭격의 대부분을 담당했다.

특수 제작된 폭격기와 폭격기로 사용되는 정찰기에는 공통적으로 2가지 약점이 있었다. 2종 모두 속도가 느렸고, 조종이 어려웠다. 적진을 정찰하고 항공 사진을 찍는 용도라면 폭격기의 안정성은 장점이었지만, 지상에서 쏘아대는 대공포 사격에는 취약할 수밖에 없었다. 이렇게 속도가 느린 중폭격기와 경폭격기를 공격하는 새로운 비행기인 전투기도 나타났다.

적의 비행기를 공격하고 격추하는 것이 제1차 세계대전에서 항공기가 맡은 세 번째 기능이었다. 이것은 제1차 세계대전 이전에는 예상하지 못했던 군용기의 새로운 역할이었다. 전쟁 초기에 연합군과 동맹군 양측의 비행기는 항로가 겹쳐도 서로 비행을 방해하지 않았다. 당시 조종사가 되는 것은 용감하고 기사도적인 일이었기 때문이다. 이는 초창기 조종사들이 주로 상류층 출신이었고, 그래서 비행기 조종사를 과거의 기사와 동일시하던 관점에서 비롯되었던 과장된 태도였다. 그러나 얼마 지나지 않아 조종사와 관측수 들이 주로 소총, 권총, 민간용 산탄총 같은 무기를 공중으로 가져가기 시작했다. 또한 1인승 정찰기나 전투기의 우수한 비행 성능을 발견하자 적의 더 느린 비행기도 표적이 될 수 있다는 사실을 발견했다.

기관총은 소총의 탄도와 산탄총의 탄자 확산 능력이 결합되었기 때문에 총알을 광범위하게 뿌려댈 수 있었다. 2인승 비행기의 관측수가 기관총을 갖추는 것은 단순한 일이었다. 고도가 높으면 온도가 낮아서 총신의 온도를 충분히 낮게 유지할 수 있었기 때문에 기관총의 냉각수통을 제거하거나 총열 덮개로 개조함으로써 무게를 줄였다. 또한 단순한 회전식 받침대 또는 회전식 고리 받침대를 사용하면 사격 범위를 확장할 수 있었다. 하지만 1인승 비행기는 기관총을 장착할 수 있는 유일한 공간이 비행기 앞부분이었기에 조종사는 비행기 앞부분이 표적을 향하게 해야 했다. 즉, 비행기로 기관총을 조준해야 했다. 하지만 프로펠러가 앞에 있는 견인식 정찰기는 적보다 자기 기체의 프로펠러를 먼저 맞출 수밖에 없었다.

여러 해결책이 있었으나, 대부분은 만족스럽지 못했다. 일반적인 방법 하나는 기관총을 복엽기의 위쪽 날개 위에 장착하여 프로펠러 위로 발사하는 것이었다. 총과 조종석의 거리가 꽤 멀었고, 총신을 정리하거나 재장전하려면 죽음도 무릅쓰는 민첩함과 비행술이 필요했기에 표적을 겨냥하기는 쉽지 않았다. 조종사는 좌석에 똑바로 서 있으면서 기관총을 만지작거려야 했고, 그동안 비행기는 수평으로 날아야만 했다. 그러나 프랑스 조종사들은 빠르기로 유명한 프랑스의 뉴포르 11 전투기와 뉴포르 17 전투기에 앉아서 꽤 잘해냈고, 영국에서 만든 '코끼리'라는 별명의 볼품없는 마틴사이드 G.100 전폭기의 조종사들도 마찬가지로 해냈다.

또 다른 해결책은 견인식 대신 추진식 비행기를 사용하는 것이었다. 프로펠러와 엔진을 후방에 두면 조종사는 자신의 전방과 양 측면을 확실한 발사 범위로 사용할 수 있었다. 영국의 초기 전투기 중에는 추진식으로 유명한 2인승기인 F.E.2와 '건 버스Gun Bus'라는 별명을 가진 비커스 F.B.5, 1인승기인 에어코 DH.2가 있었다. 이 비행기들은 전투기 겸 경폭격기로서 귀중한 임무를 수행했다. DH.2를 이용한 여러 영국 조종사들이 적기를 5대 이상 격추한 공로를 인정받는 에이스 칭호를 얻은 반면, 1916년까지 독일은 뚜렷한 성과를 거두지 못했다. 그리고 여전히 추진식 비행기보다는 속도가 빠르고 조종하기 쉬우며 좀 더 견고한 견인식 비행기를 선호했다.

프랑스와 독일의 기술자들은 또 다른 해결책을 찾고 있었다. 그들의 아이디어는 기관총의 발사와 엔진의 기계적인 작동을 연결하는 동기화에 초점을 맞췄다. 프로펠러의 블레이드가 기관총 총구 앞에 있으면 탄자 발사를 안전 장치로 막는 방식이었다. 하지만 프랑스와 독일 모두 1915년 봄까지 성공하지 못했다. 이것은 매우 어려운 방식이었기에, 프랑스의 항공기 개척자인 레이몽 솔니에르는 동기화를 완전히 포기하고 더 직접적이고 원시적이기까지 한 방법을 사용했다. 솔니에르는 실제로 회전 중인 프로펠러에 10발 중 1발만이 부딪힌다는 것을 알아내고, 각 프로펠러의 블레이드에 탄자의 비행 경로를 바꿔 주는 강철 쐐기를 끼웠다. 프로펠러의 블레이드와 탄자의 비행 경로가 겹치면 탄자가 쐐기에 충돌하면서 아무런 피해를 주지 않고 튕겨 나갔다.

이 방법은 그렇게 기발하지는 않았다. 강철 쐐기는 프로펠러의 효과를 떨어뜨렸고, 쐐기에 탄자가 부딪히면 크랭크축에도 위험한 압력이 더해졌다. 또한 조종사는 탄자가 자기 얼굴로 튀어 오르는 불안한 상황을 견뎌야 했다. 하지만 효과는 있었다. 전직 자동차 딜러였던 젊고 유명한 롤랑 가로스는 솔니에르의 강철 쐐기와 호치키스 기관총을 장착한 비행기를 타고 날아올라 역사에 남았다. 1915년 4월 1일, 가로스는 모레인-솔니에르 타입 L 단엽기로 서부 전선을 날다가 독일의 2인승 정찰기를 발견하고 추격했다. 적에게 비행기 전방을 고정시킨 다음 기관총을 몇 발 발사하자 독일군 정찰기가 추락했다. 이후 2주 동안 가로스는 독일군 비행기 2대를 추가로 격추시키며 1915년 봄의 하늘에서 독일군을 잠시 공포로 몰아넣었다. 그러나 첫 승리 후 몇 주 만에 가로스는 독일 측 후방에 불시착해 포로 수용소에서 긴 시간을 보내게 되었고, 그의 활약은 갑작스럽게 중단되었다.

독일군도 솔니에르의 강철 쐐기를 손에 넣었지만, 항공 감찰국의 전문가들은 솔니에르식 장치가 독일군에는 맞지 않다고 생각했다. 이유를 하나 들자면 독일제 탄자는 프랑스제 탄자보다 단단해서 강철 쐐기를 깨트릴 가능성이 있었다는 점이다. 또한 독일군 기술자들도 해결책을 고민하고 있었다. 그중 하나는 앤서니 포커가 메클렌부르크주의 도시인 슈베린에 있는 그의 회사에서 연구한 결과였다. 가로스가 독일에 억류되었을 즈음, 네덜란드에서 가장 유명한 조종사였던 포커는 25세 생일을 축하하고 있었다. 고등학교 중퇴자이자 공학 천재였던 포커는 21세 때 첫 비행기를 만들고, 22세 때 독일에 첫 항공기 공장을 세웠다. 그는 신경질적이고 괴팍한 사람이었지만, 재능은 뛰어났다. 제1차 세계대전이 발발한 후 독일 정부가 슈베린의 공장을 장악하자 포커는 감독으로 일하기로 했다.

포커는 뛰어난 전투기를 설계함으로써 독일 제국 육군 항공대의 매우 귀중한 자산이 되었다. 포커 아인데커 전투기는 투박하지만 매우 치명적인 단엽기로, 전설적인 에이스인 오스발트 뵐케와 막스 이멜만이 주로 이용한 전투기였다. '붉은 남작' 리히트호펜이 애용한 전투기였던 포커 Dr.I 삼엽기, 제1차 세계대전 당시 가장 뛰어난 전투기였던 포커 D.VII 복엽기 등은 모두 포커의 작품이었다. 그러나 독일의 전쟁 수행 노력과 화력의 역사에 기여한 포커의 가장 큰 공헌은 비행기가 아니라 롤랑 가로스가 포로로 잡힌 지 몇 시간 뒤 처음 세상에 나타난 기계였다.

포커와 그의 팀은 동기화 문제를 독립적으로 연구해 왔으나, 1915년 봄에 형태를 갖춘 포커의 해결책은 솔니에르의 첫 해결책과 다르지 않았다. 하지만 포커의 동기화는 방해의 원리에 따라 작동하지 않았다. 즉, 프로펠러가 기관총 사격을 막지는 않았다. 포커의 동기화는 솔니에르의 것과는 반대로 동기화 장치를 사용해 프로펠러가 기관총을 발사했다. 프로펠러의 블레이드는 회전 운동을 다른 운동으로 바꾸는 장치인 캠에 동력을 공급하고, 캠은 작동봉을 뒤로 밀어 기관총을 발사하지만, 프로펠러의 블레이드가 기관총 발사 범위 밖에 있을 때에만 작동봉이 뒤로 밀렸다.

삽화 27

알바트로스 D.Va는 1917년부터 1918년까지 독일에서 가장 흔히 사용된 정찰기 또는 전투기 중 1종이었으며, 성능은 제1차 세계대전의 마지막 해에 일반적으로 사용된 비행기와 비슷했다. 180마력짜리 고압축 메르세데스 엔진으로 시속 186킬로미터까지 속도를 낼 수 있었다. 제1차 세계대전 말기의 일반적인 정찰기처럼 알바트로스 D.Va는 전방 기관총 2정과 프로펠러 동조 장치를 탑재했다.

포커의 동기화 장치는 솔니에르의 강철 쐐기보다 효과가 훨씬 더 좋았고, 다른 모든 경쟁 장치보다 뛰어났다. 5월 말, 젊은 포커는 항공 감찰국에서 자신의 단엽기에 기관총을 장착한 후 직접 장치를 시연했다. 포커는 몇 주에 걸쳐 비행기에 동기화 장치를 차례차례 장착했고, 그해 여름 '포커의 징벌'이 시작되었다. 포커의 새 장치를 갖춘 독일의 아인데커 전투기는 연합군의 정찰기를 단숨에 해치웠지만, 프랑스와 영국의 비행 중대는 반격할 만한 수단이 거의 없었던 것이다.

1916년 봄, 지상전과 마찬가지로 항공전도 소모전으로 흘러가면서 양측 모두 확실한 승리를 예상할 수 없는 지지부진한 상태가 지속됐다. 영국과 프랑스, 러시아의 군대는 서부 전선 밖에서도 자국산 전투기로 싸웠다. 처음에는 2인승 F.E.2 시리즈와 1인승 DH.2 같은 추진식 복엽기, 이후에는 자국제 프로펠러 동조 장치를 장착한 견인식 비행기를 이용했다. 다음 2년 동안 적어도 서부 전선에서는 누구도 상대국보다 확실한 우위를 점하지 못한 채 비등한 싸움을 벌였다. 점차 전투기 성능이 발전하면서 전쟁 말기에 일반적으로 사용된 전투기는 목재와 직물로 만들고 전방으로 발사하는 기관총 2정으로 무장한 견인식 복엽기로, 대기 속도가 시속 160킬로미터에 달했다. 전투기마다 차이점이 있긴 했으나 독일에서는 포커, 알바트로스, 팔츠 전투기를, 프랑스와 미국에서는 뉴포르와 스패드(SPAD)를, 영국에서는 S.E.5와 소프위드 전투기를 주로 사용했고, 성능은 모두 거의 비슷했다.

제1차 세계대전 당시 공군 조종사들은 오늘날 '근접 지원'이라고 부르는 네 번째 역할도 개척했다. 전쟁 당시 대부분 기간 동안 공중과 지상이 공식적으로 협력했던 작전은 거의 없었으나, 장교들은 공군력이 제공할 수 있는 지원의 가능성을 점차 파악하기 시작했다. 1917년 서부 전선의 독일군 지휘관들은 지상 공격을 지원하기 위해 공군력을 실험하기 시작했고,

지상 공격에 앞서 적 보병과 포병을 제압하기 위해 경폭격기로 지상 표적에 기관총을 쏴대고 가벼운 폭격도 실시했다. 이 전술은 1917년 11월 캉브레 전투에서 인상적인 결과를 만들었고, 항공 감찰국은 근접 지원에 더 많은 물자를 쏟아 넣었다. 결국 독일은 특수 설계된 지상 공격용 비행기를 개발했다. 할버슈타트 CL.II와 CL.IV는 강력한 엔진을 탑재하고 중무장한 작은 2인승 비행기로, 당시 대다수 1인승 전투기와 같은 성능을 발휘했다. 연합군, 특히 영국군도 비슷한 전술을 도입했지만 독일군을 따라잡지는 못했다. 독일군의 이러한 경험은 이후의 전쟁에도 큰 도움이 되었다.

1914년 이전에 불었던 동력 비행기 열풍에서 봤듯이 항공에 관한 대중의 인식은 매우 긍정적이었다. 전쟁에 참가한 모든 국가의 대중 매체도 전투기 조종사를 최고의 전쟁 영웅으로 떠받들고, 항공전을 외견상 매력적으로 그려내면서 긍정적인 인식을 형성하는 데 일조했다. 물론 현실은 아주 달랐다. 공군은 참호의 진흙과 오물 속에서 고된 작업을 하지는 않았지만, 군 조종사의 삶은 전반적으로 골치 아프고 짧았다. 초기 군용기에는 안락한 시설도, 현대적인 비행계기도, 보호 장치도 없었기 때문이다. 심지어 당시에 유명한 발명품이었던 낙하산을 실을 공간조차 없었다. 심하게 파괴된 비행기의 조종사는 안전하게 착륙할 수 없다면 뛰어내려 죽거나 비행기와 함께 추락할 수밖에 없었다. 품질 낮은 엔진에 더해 제대로 된 훈련도 부족하다 보니 수많은 조종사가 경력 초기에 사고로 죽었다. 1918년 영국 조종사의 평균 재직 기간은 비행시간 18시간 정도, 즉 대략 3주 정도였다고 추정된다. 많은 찬사를 받았던 에이스 조종사 중 전투에서 살아남은 이들은 거의 없었고, 대부분이 매우 젊은 나이에 죽었다. 독일에서 가장 인정받던 에이스 조종사 2명인 오스발트 뵐케와 만프레트 폰 리히트호펜은 모두 단련된 군인이었지만 고작 25세라는 젊은 나이에 사망했다. 영국군 에이스인 앨버트 볼 역시 1917년에 치명적인 충돌 사고를 겪고 20세에 사망했다.

그러나 군용기는 전쟁이 끝나기 전까지 그 가치를 입증했다. 판단력이 뛰어난 관전 무관이라면 누구도 이 말에 반대하지 않을 것이다. 1918년 이후 비행기 없이 전쟁을 치른다는 것은 더 이상 상상할 수 없었다. 공군이 지난 4년간 군사 작전 수행에 주목할 만한 영향을 미쳤는지 아닌지는 별로 중요하지 않았다. 전투 조종사들은 힘들고 피비린내 나는 경험을 통해 전쟁에서 항공기의 역할과 그 역할의 기본적인 한계를 깨달았다. 제2차 세계대전 사상자 수에서 장거리 전략 폭격으로 발생한 사상자 수가 비율 면에서 아주 적은 부분만 차지했는데도 불구하고, 공군은 민간인을 전쟁에 개입시키고 후방을 교란할 수 있었다. 제1차 세계대전 후반에 이루어진 근접 지원 전술은 전폭기와 지상군의 협력 가능성을 보여 주었고, 20년 후에 일어난 독일군의 공습은 그 가능성을 최대로 세상에 드러냈다.

제1차 세계대전 당시 항공전에서 제기된 유일하고 실질적인 문제는 다음과 같이 공군력의 위상에 관한 것이었다. 공군력은 단순히 부차적인 전력이자, 육해군의 보조 병력으로서 육군이나 해군에 종속되어야 하는가? 항공전은 지상전이나 해상전과는 구분되는 또 다른 종류의 전투 방식인가? 그렇다면 육군이나 해군에서 독립된 지휘 구조로 운영할 가치가 있는 것일까? 이탈리아의 두에가 예언한 것처럼, 하늘이 필수적이고 결정적인 전장이 될 가능성이 있을까? 그렇다면 미래의 전쟁은 전적으로 하늘에서만 일어날 수도 있을까?

공군은 제1차 세계대전에서 큰 성과를 거두었다. 다만 더 나은 비행기와 전술을 계획하고 조직할 시간이 필요했다. 그러나 제1차 세계대전 당시 등장한 또 다른 신기술인 전차는 비행기와 달랐다. 전차 또한 제1차 세계대전의 발명품이었다. 전차는 제1차 세계대전에서 처음 모습을 드러냈고, 처음 전투에 사용되었다. 이때 전차가 등장했기에 제2차 세계대전에서 전차전의 영웅들이 나타날 수 있었다. 그러나 20여 년 후에 일어난 변화를 고려하지 않고 제1차 세계대전 당시의 성능만으로 전차를 평가한다면, 그 결과는 부정적이었다. 전차는 효과가 별로 없었고, 자원을 투입할 가치도 거의 없었다.

전차는 제1차 세계대전에서 처음 등장했지만, 전차의 구성 요소는 그렇지 않았다. 자동차와 주로 경작용 트랙터 같은 차량은 이미 많이 발전했다. 1892년 고틀리프 다임러는 자신의 내연식 가솔린 엔진을 특허로 등록했고, 1895년에는 루돌프 디젤의 엔진이 특허로 등록되었다. 심지어 1912년에는 에드워드 디즈와 찰스 케터링의 전기 자동 시동 장치도 상용화되면서 초기 자동차의 수동식 크랭크 시동 장치를 대체했다. 제1차 세계대전이 시작되면서 비행기가 급속도로 인기를 얻기는 했지만, 자동차 문화는 훨씬 더 보편적이었다. 전쟁 전부터 자동차는 세계 곳곳, 서양의 거의 모든 곳에서 굴러다녔고, 북미와 유럽 전역에서 꽃을 피웠던 프로 스포츠계의 중심에 있었다. 미 공군의 가장 뛰어난 에이스인 에디 리켄베커는 미국이 제1차 세계대전에 참전하기 전에는 프로 레이서였고, 자동차를 즐겼던 군인은 리켄베커뿐만이 아니었다.

자동차도 제1차 세계대전에서 상당한 역할을 맡았다. 말과 노새도 여전히 대포를 포함한 전쟁 물자를 운반했지만, 서방의 연합군은 점점 더 트럭으로 물자를 운반했다. 프랑스군은 전쟁 내내 서부 전선의 전투 지역 안팎에서 트럭을 이용했고, 전쟁이 끝날 무렵에는 트럭을 거의 25만 대나 동원했다. 1914년에 정교하고 쓸 만한 기계였던 오토바이 또한 전령의 중요하고 까다로운 임무 수행을 위해 말 대신 사용되기 시작했다.

그러나 '전투에 자동차를 사용하는 것'과 '전투를 위해 자동차를 사용하는 것'은 서로 다른 일이었다. 제1차 세계대전 이전부터 전 세계 육군 장교들은 자동차와 트럭을 무기 운반 수단으로서 뿐 아니라 아예 무기 자체로 이용할 방법을 떠올렸다. 규모가 크든 작든 대다수 군대는 20세기 초에 장갑차를 도입했다. 이탈리아군은 리비아에서 튀르크와 벌인 전쟁에 장갑차를 이용했고, 제1차 세계대전에서도 장갑차는 흔한 무기였다. 소화기의 화력을 막을 수 있을 만큼 가볍게 장갑을 두르고, 기관총 1~2정을 갖춘 경쾌한 장갑차는 꽤 유용했다. 장갑차는 현대식 기병으로서 정찰과 호송을 수행했고, 영국군이 장갑차를 기병처럼 대량으로 사용한 팔레스타인과 같은 특수한 전쟁터에서는 귀중한 전략 자산이었다. 그러나 바퀴가 달린 차량은 부서진 땅이나 움푹 팬 도로에서 성능이 떨어지는 경향이 있어 사용하기 어려울 수도 있었다.

　　장갑차가 이후에 바로 전차로 발전한 것은 아니었다. 실제로 전차는 20세기 초에 등장한 대다수 무기 제작 기술과 비교하면 무계획적으로 발전한 편이다. 전차는 전쟁 당시에 생겨나고 발전한 무기 시스템의 완벽한 사례이자, 1915년부터 서부 전선을 옭아맨 교착 상태와 같이 절박한 상황에서 나온 절박한 해결책이었다. 전차 기술도 국제적 협력 없이 여러 곳에서 동시에 독자적으로 발전했다. 전차의 역할은 처음부터 불확실하고 모호했다. 실제로 전투에 투입되는 방법, 기존 육군과 함께 움직이는 방법과 관련한 개념은 거의 없었다. 그 누구보다 전차를 먼저 탐구하고 만들어 낸 영국군과 프랑스군에 전차의 용도는 단 1가지, 요새화된 적진을 뚫는 것이었다.

　　영국에서 이 용도는 처음에 섣부른 아이디어처럼 보였지만, 점차 많은 지원을 얻을 만큼 충분히 매력적으로 보이게 되었다. 전차의 초기 지지자들 중에는 당시 해군 장관이자 불굴의 의지를 지닌 윈스턴 처칠 경과 육군 기술자였던 어니스트 D. 스윈턴이 있었다. 스윈턴과 처칠 모두 당시의 발명품인 농업용 트랙터에 끌렸다. 토크 값이 높은 저속 차량으로, 거칠고 더러운 땅 위에서 무거운 장비를 끌어당겼던 농업용 트랙터는 수십 년 동안 미국과 영국에서 상업적 농업에 사용되었다. 대다수 트랙터는 바퀴 달린 차량이었으며, 초기에는 증기 기관을 쓰다가 이후에는 가솔린 엔진을 사용했다.

하지만 제1차 세계대전이 일어나기 10년 전, 대서양 반대편에서 미국의 홀트와 영국의 혼즈비라는 회사들이 독자적으로 궤도식 트랙터를 발명했다. 영국군 지도부는 그 당시 저속 차량의 가능성을 보지 못했지만, 전쟁이 시작되자 달라졌다. 트랙터는 분명 무거운 대포를 끌고서 질퍽하고 포탄으로 뒤덮인 지형을 가로지르는 데 유용할 터였다. 영국군은 바로 이 목적으로 미국제 홀트 트랙터를 구입했고, 트랙터가 작동하는 모습은 스윈턴과 처칠에게 깊은 인상을 남겼다. 양자는 각자 같은 의문을 가졌다. 트랙터를 공격용 무기로 변신시킬 수 있을까? 무기와 장갑을 갖춘 트랙터 수백 대가 포탄 구덩이나 참호와 같은 장애물을 밟고 적을 향해 굴러갈 수 있을까? 트랙터가 철조망을 부수고 적이 도망가게 하는 등 이후의 공격을 앞서서 이끌 수 있을까?

처칠과 스윈턴의 열렬한 지지를 받고, 프랑스와 벨기에의 교착 상태에도 자극을 받은 영국군은 트랙터를 군용으로 바꿔 보기로 했다. 계획은 빠르게 진행되었다. 첫 전차의 원형은 농기계 회사인 윌리엄 포스터 앤드 컴퍼니에서 만든 장갑 트랙터로, 1915년 말에 처음 선보였다. 군용으로 만든 두 번째 전차는 1916년 2월 내각 전체와 장군들 앞에서 그 기능을 선보였다. 전차의 시연은 인상적이었다. '마더'라고 일컬었던 두 번째 전차 원형은 현대의 전차와는 전혀 다른 모습이었다. 이 전차는 무한궤도 위에 있는 것이 아니라, 약 9.8미터 길이의 차체 좌우에 무한궤도가 감겨 있어 짓눌린 마름모처럼 보였고, 양 측면에 소형 장갑 돌출 포탑을 부착했다. 첫 시험에서 마더의 모습은 매우 충격적이었다. 스윈턴은 "신호가 전달되면 거대한 민달팽이 같은 것이 둥지에서 빠져나와 적진의 밝은 노란색 점토 위로 거대한 회색 차체를 들어올렸다."라고 회상했다. 며칠 후 영국 정부는 이 전차를 총 150대까지 대량 주문했다. 공식적으로 '마크 I'이라고 명명된 이 새로운 전차는 무게가 무려 31톤이나 나갔다. 마크 I은 마더와 거의 흡사했지만, 2가지 다른 모델로 생산되었다. '여성형' 전차에는 비커스 기관총 6정을 탑재했고, '남성형' 전차에는 기관총 4정에 더해 양 측면에 6파운드 속사 함포를 1문씩 장착했다.

영국은 제1차 세계대전 내내 마크 I을 개량했다. 가장 일반적인 버전인 마크 IV는 1917년 5월에 생산을 시작했다. 최종 버전인 마크 V는 장갑과 엔진, 조종 장치, 변속기 등을 대폭 개선했으나 근본적으로는 이전과 같았다. 스윈턴이 만든 마더의 후속 버전인 마크 시리즈는 가장 유명하고 강력한 중전차였지만, 유일하진 않았다. 마크 I이 생산될 즈음, 프랑스군 또한 독자적으로 영국군과 거의 유사한 용도, 즉 공격 무기, 더 정확하게는 가시철조망을 뭉개고 참호를 짓밟으며 방어선을 파괴해 보병의 공격을 지원하는 무기로서 '장갑 괴수'를 개발한 것이다. 프랑스군 최고 사령관 조제프 조프르 장군은 참호전에 따른 절박한 상황에서 벗어날 방법을 찾고 있었다. 1915년 말, 한 포병 장교가 장갑을 갖추고 무장도 한 트랙터를 제안하자 조프르는 귀가 번쩍 띄었다. 프랑스는 바로 개발에 들어갔고, 1916년 9월에 프랑스 최초의 '육상 전함'이 전투에 투입될 준비를 마쳤다.

프랑스의 기본 모델인 슈나이더 CA1과 생 샤몽은 서둘러 생산한 탓인지 성능이나 외관이 영국 전차보다는 부족했다. 생 샤몽의 앞부분은 커다랗게 돌출되어 금방 눈에 띄었고, 차체가 무한궤도 앞으로 튀어나와 있어 참호를 통과하기가 매우 어려웠다. 프랑스 설계자들은 전차의 안정성이나 민첩성보다는 화력에 더 많은 관심이 있었다. 마크 I 및 그 후속 모델과는 달리 슈나이더와 생 샤몽은 75밀리미터 구경 대형 야포 1문으로 무장했다.

독일군에 전차는 중요한 무기가 아니었다. 그들이 근시안적이어서가 아
니라 초기 전차의 한계를 인식했기 때문이었다. 독일군의 전차 연구는 열의
없이 이루어진 것으로 보이며, 독일군 전차의 최종형에는 그러한 무관심이
반영되어 있다. '슈투름판처바겐sturmpanzerwagen(장갑 돌격 차량)'인 A7V는
당시 생산된 전차 중 가장 우스꽝스러웠다. 길이 약 8미터, 높이 약 3.4미
터로, 작은 바퀴 위에 헛간을 얹은 모양이었다. 운전병과 전차장은 얇은 장
갑으로 감싼 차체 꼭대기에 앉았고, 승무원 18명 중 나머지는 앞면에 있는
57밀리미터 구경 대포 1문과 측면과 후면을 따라 설치된 맥심 기관총 6정
등 무기를 담당하고 엔진을 작동시켰다.

영국 중전차는 프랑스와 독일의 모델보다 분명히 뛰어났으나, 처음부
터 그런 것은 아니었다. 또한 그렇게 특출난 전차도 없었다. 어떤 전차든 기
계적으로 유사한 문제들에 시달렸다. 모두 동력이 부족한데다가 매우 무거
워서 속도가 느릴 수밖에 없었다. 프랑스제 슈나이더 전차의 70마력짜리
엔진은 최고 속도가 시속 약 6킬로미터였고, 가장 빨랐던 독일의 A7V는
100마력짜리 엔진을 2개 장착해 33톤짜리 차체를 시속 약 13킬로미터로

움직였다. 이러한 속도는 손상되지 않은 평평한 노면에서만 낼 수 있었다. 포탄에 패인 구덩이 등으로 울퉁불퉁한 전장에서는 최고 속도가 훨씬 낮을 수밖에 없었고, 조금만 흔들려도 엔진과 변속기가 고장나기 쉬웠다. 마크 V 이전의 영국 중전차는 '조타수' 4명이 무한궤도 2개를 개별적으로 작동시켜 속도를 늦추거나 정지시켜 차량을 회전시켰다. 연료 탱크를 비우기 전에 중전차의 최대 주행 거리는 평균 32~48킬로미터였다.

　전차병에 지원한 어리석은 이들이 감내해야 하는 운전 조건은 견디기 힘든 수준이었다. 장갑은 얇았으며, 마크 V의 장갑 두께는 12.7밀리미터, A7V는 25.4밀리미터 정도로 각기 달랐다. 전차 장갑은 대개 소총과 기관총 탄자를 막기에 충분했다. 하지만 1917년에 독일이 장갑을 꿰뚫는 철심 철갑 소총 탄자를 도입하기 시작했다. 제1차 세계대전 당시 전차 중 포탄을 막을 수 있는 것은 없었다. 저 멀리 경야포에서 날아온 포탄 1발이 당대의 모든 전차를 뚫고 폭발시켜 그 안의 병사들을 전멸시킬 수 있었다. 전투의 공포를 차치하더라도 전차를 운전하는 일은 고문 그 이상이었다. 병사들의 편안함은 전혀 고려하지 않은 구조 때문에 전차 내부는 덥고 답답했다. 생 샤몽과 A7V의 엔진은 주요 공간 내부에 노출되어 있었다. 이는 작동 중에 전차 내부에 배기가스가 차올라 더욱 위험했다. A7V의 전차병은 전차를 운전하는 동안 일산화탄소에 과도하게 노출되어 질병에 걸릴 수 있었다. 상황이 아무리 순조롭고 적의 포화를 받지 않더라도 작동 중인 전차 내부는 숨 막히게 더울뿐더러 배기가스와 땀과 토사물 냄새가 진동했다. 또한 전차병은 자기가 모는 전차가 고장나 양측 참호선 사이의 무인 지대에서 발이 묶이지 않을까 끊임없이 두려워했다. 이런 악조건에서 전차 승무원이 제 역할을 다할 수 있었다는 것은 놀라운 일이었다.

　어쨌든 전차병은 임무를 어느 정도 완수했다. 폭격 임무와 정찰 임무가 첫날부터 수립되고 계획됐던 항공기와는 달리, 전차는 전투에서 어떻게 사용할지에 관한 확실한 개념이 없었기 때문에 전쟁을 치르면서 전술을 만들어야 했고, 따라서 제1차 세계대전 후반부는 장기간의 전차전 실험이었다. 스윈턴은 보병 및 기병과 긴밀히 협력하는 제병 협동 부대에서 전차가 대규모로 이용되어 적의 방어선을 무너뜨리는 전술을 상상했다. 스윈턴의 주장에 따르면, 전차는 '개별적으로 또는 소규모로' 이용되면 쉽게 무력화될 수 있었다. 또한 전차병은 무전기 또는 야전 전화로 전차 뒤를 따르는 보병대와 포병대 및 다른 전차와 계속 통신해야 했다. 전차를 활용하는 전술을 심각하게 고민한 사람은 스윈턴뿐이었던 것 같다. 영국군과 프랑스군은 전차를 호의적으로 받아들였지만, 실상 이 신무기를 어떻게 사용할지에 관해서는 진지하게 고민하지 않았다. 첫 전차병들은 영국에서 시제 전차 2대로 기본적인 훈련을 받았지만, 지도 읽기나 신호 전달과 같은 기초적인 군사 교육을 받지는 못했다.

어쨌든 1916년 여름과 가을의 솜 전투에서 전차가 전투에 투입되기 시작했고, 전차를 처음 만든 영국이 첫발을 내디뎠다. 프랑스에서 영국군을 지휘하던 더글러스 헤이그 경은 2개월간 공세를 펼쳤지만 별 소득 없이 막대한 연합군 사상자만 발생하자 절망에 빠져 전차로 시선을 돌렸다. 1916년 9월 15일 이른 아침, 마크 I 35대와 어리숙한 전차병들이 영국 측 후방의 출발 지점에서 느리게 전진했다. 전차가 처음으로 등장하는 모습은 독일군에게 충격적이었다. 4대를 제외한 나머지는 모두 독일 참호 1선을 통과했다. 하지만 전차가 흩어지자 전반적인 기세도 약화되었다. 무시무시한 첫인상과는 달리 야포로 조심스럽게 발사한 포탄 몇 발로 전차가 손쉽게 제압되자, 전차는 웃기는 신무기일 뿐이라는 독일군의 믿음만 더욱 강화되었다.

독일군이 그렇게 믿을 만한 상황이었다. 스윈턴이 지적한 바와 같이, 전차는 집단적으로 투입되고 보병 및 다른 부대와 긴밀히 협력해야만 효과를 볼 수 있었다. 솜 전투에서 있었던 전차의 신통찮은 데뷔전은 기계적 취약성, 불충분한 장갑, 가벼운 무장만큼이나 편성과 집중에 실패했기 때문이었다. 그렇지만 영국군과 프랑스군 지휘관들은 실수에서 교훈을 얻었고, 전차를 아예 포기하는 대신 전차와 전차 전술을 개선하는 데 더 많은 시간과 노력을 투자했다. 특수 전차 부대를 편성하고 엄격한 훈련 프로그램도 도입하여 열정적이고 진지한 자세로 새로운 직무에 임하는 장교들과 유능한 전차병들을 양성했다. 곧 유명세를 타게 될 J. F. C. 풀러를 비롯한 영국군 최고의 인재들은 전차전 전술을 계획하는 데 세심하게 주의를 기울였다.

영국의 시도는 성공적이었고, 1917년부터는 전차를 대거 투입해 전보다 훨씬 더 효과를 거둘 수 있었다. 그러나 훈련과 전술이 갖춰졌더라도 반드시 승리가 보장되거나 전차의 기계적 결함이 보완되는 것은 아니었다. 1917년 4월, 니벨 공세 첫날 프랑스 제5 군이 진격할 때 선봉에 선 슈나이더 전차 128대는 아무런 쓸모가 없었다. 무인 지대의 험한 지형을 가로지르는 것은 거의 불가능했고, 도중에 고장나기 일쑤였던 것이다.

1917년 11월부터 12월까지 캉브레 전투 때 영국군은 전차를 이용해 공세를 펼쳤다. 공세가 개시되자마자 대부분 개량형인 마크 IV인 전차 400대가 각자 장교들의 지휘 아래 한데 뭉쳐 앞으로 진격했다. 결과는 놀라웠다. 검은 배기가스를 내뿜으며 독일 전선으로 몰려간 전차 부대는 가시철조망을 짓밟고 독일군 방어선을 손쉽게 뚫고서 나아가 보병대의 길을 열었다. 단 1일 만에 전차로 독일군 전선에 깊이 8킬로미터짜리 구멍을 뚫은 것이다. 이러한 성과는 대단했지만 잠시뿐이었다. 독일군의 저항이 거세지고 독일군의 전열을 보강해 줄 지원군도 도착하자 전투는 교착 상태에 빠졌다. 초반의 기세를 이어가기 위한 예비 전차도 없었다. 가장 눈에 띄던 것은 그날 전차의 상태였다. 절반가량이 작동하지 않거나, 포격으로 망가졌거나, 참호에 빠져서 전차병에게 버림받거나, 엔진이나 변속기가 고장나서 사용이 불가능했다.

그럼에도 불구하고 전차는 캉브레 전투에서 무언가를 성취했다. 그 무언가가 결과를 뒤바꿀 정도는 아니었다. 하지만 가능성을 본 영국군과 프랑스군은 전차 생산에 박차를 가했고, 1917년 중반에 참전한 미군 역시 전차 생산에 뛰어들어 연합군의 전차 부대 구축 경쟁에 참여했다. 독일군은 전차 수나 설계, 전술의 정교함 측면에서 연합군을 따라갈 수 없었고, 시도도 하지 않았다. 제1차 세계대전에서 독일 무기고에 있던 전차는 35대로, 그중 15대는 노획한 영국군 전차였다. 반면 영국군은 마크 IV만 1,200대 이상 만들었다. 양측 모두 마크 IV, 슈나이더, A7V와 같은 소위 '중전차'에 집중하긴 했으나, 전쟁이 끝나기 전부터 영국, 프랑스, 독일, 미국 등 4개 '전차군戰車軍' 모두 경전차를 실험하기 시작했다.

중전차보다 전차병, 무기, 장갑 등이 더 적은 경전차는 중전차와 같은 용도로 설계되지 않았다. 경전차를 가장 선호했던 프랑스군은 보병이 공격할 때 함께 이동하면서 기관총 사격에서 보병을 보호하는 보병 전차 용도로 경전차를 사용했다. 영국군은 경전차의 이상적인 용도가 기병대를 대신하는 기병 전차라고 봤으며, 중전차와 보병이 앞서서 돌파구를 만들면 보병보다 빠른 경전차로 공세를 이어가려고 했다.

첫 경전차는 1917년 전장에 나타났다. 영국의 휘핏은 경장갑에 기관총을 탑재한 트랙터로, 대다수 중전차보다 2배 빠른 시속 12킬로미터로 달릴 수 있었다. 독일군은 포획한 휘핏을 인상 깊게 보고 모방 설계하려 했으나, 휘핏보다 더 좋은 장갑을 갖추고 중무장한 시제품을 대량 생산하는 데까지는 이르지 못했다. 그러나 가장 인상적인 모델이자 제1차 세계대전에서 가장 중요한 전차는 프랑스에서 만들었다. 슈나이더와 생 샤몽의 밋밋한 활약에 실망한 프랑스군은 1916년 여름에 다시 경전차 개발에 주력했다.

최종 모델은 르노에서 만든 2인승 전차로, 공식 명칭은 FT-17이었다. 첫 FT-17은 대단해 보이지는 않았다. 운전병은 전차 앞에 앉았고, 강철 문짝 1쌍이 그의 몸을 가렸다. 사수는 전차 중간에 섰고, 수동으로 작동되는 포탑 안에 그의 머리와 상반신이 있었다. 회전 포탑 내부에는 사수 혼자서 장전하고 조준하고 발사하는 기관총이나 대포 1문이 있었다. 르노 전차 대부분에는 호치키스 경기관총을 탑재했지만, 일부는 포신이 짧은 37밀리미터 구경 경포를 탑재했다. 그 외에 다른 무기는 없었다. 중전차와 달리 전차 사방에서 기관총 총구가 튀어나오지는 않았다. FT-17의 가장 큰 특징인 이 회전 포탑 덕분에 FT-17은 제1차 세계대전에 등장한 다른 모든 전차보다 훨씬 우수했다. FT-17의 포탑은 이후 모든 전차 설계에 영향을 미쳤다. FT-17은 제1차 세계대전 당시는 물론, 20세기에 가장 흔한 전차 중 1종이었다. 제1차 세계대전이 끝나기 전에 프랑스군은 FT-17을 3,000대 이상 제작했다. 미국은 FT-17을 약간 변형한 6톤짜리 전차인 M1917을 1,000대 가까이 생산했지만, 1918년에 전쟁이 끝나기 전 완성되어 투입된 전차는 거의 없었다.

삽화 29번

프랑스 경전차 FT-17. 제1차 세계대전 당시 가장 흔했으며, 가장 성공적으로 사용된 이 전차는 2인승으로, 작은 회전 포탑에 호치키스 기관총이나 37밀리미터 구경 경포를 장착했다. 미군과 프랑스군은 1918년 9월 생 미이엘 근처에서 일어난 전투에서 FT 전차를 사용했다. 이 전투에서 AEF의 제347 전차 대대의 마크가 새겨진 FT 전차가 활약했다. 오하이오주의 클리블랜드와 데이턴에 있는 미국 공장들도 FT-17을 모방한 6톤짜리 전차인 US M1917을 생산했지만, 전쟁이 끝나기 전까지 완성된 전차는 거의 없었다.

생산된 전차의 숫자는 경전차가 중전차를 능가하고 있다는 것을 보여주었다. 경전차는 스윈턴과 풀러가 주장했던 집단 전술을 가능하게 했다. 경전차는 중전차보다 생산하기 쉽고, 생산 비용도 저렴했으며, 주행 속도와 작동 방법도 개선되었다. 휘핏과 FT-17이 대량 생산에 들어가면서 전차전의 성격과 범위도 바뀌었다. 1918년 서부 전선에서는 보병의 공격을 지원하는 연합군 전차가 수백 대에 달했다. 그해 4월에는 역사상 첫 전차전이 벌어졌다. 춘계 공세 당시 독일군은 아미앵 공격을 위해 거대하지만 일반적으로 한심하던 A7V를 13대 내보냈다. 영국군은 낌새를 눈치채고 전차 20대를 내보내 독일군을 맞았다. 이들은 프랑스의 빌레-브레토뉴 마을 근처에서 맞부딪혔다. 독일군에서는 A7V 3대, 영국군에서는 마크 IV 중전차 3대와 휘핏 경전차 7대가 나와서 격돌했다. 이 짧은 전투는 용두사미처럼 끝났다. 마크 IV 2대가 후퇴했고, A7V 1대가 전장에 버려졌다. 그곳에 있던 독일군은 휘핏에 공격당해 병력 절반을 잃었다.

전쟁이 끝날 무렵 르노 FT-17은 세계에서 가장 뛰어난 전차였다. 미국은 물론 일본과 러시아까지 FT-17을 모방해 전차를 만들었다. 이렇게 뛰어난 르노 전차는 20세기에 벌어진 전쟁 대부분에 모습을 드러냈다. 물론 제1차 세계대전이 끝나고 몇 년이 지나자 FT-17은 구식이 되었다. 자동차 산업이 발전하면서 더욱 강력한 엔진과 변속기가 나타났기 때문이다. 1930년대에 등장한 자동차는 기계적으로나 외부적으로나 1910년대에 등장했던 자동차와는 매우 달랐다. 이러한 변화는 전차전 지지자들이 축하할 만한 현상이었다. 왜냐하면 제1차 세계대전에서 활약한 전차는 속도와 기계적 신뢰성 면에서 아주 큰 문제를 보였기 때문이었다. 그러나 1939년에 제2차 세계대전이 발발하기 전 10년 동안 전차는 단순히 엔진만 개선된 것 이상으로 재탄생했다. 또한 제1차 세계대전과 제2차 세계대전 사이의 기간인 전간기에, 특히 1930년대에 지휘관들은 전차의 새로운 용도를 찾아냈다. 유럽 군대는 다시 전차로 돌아섰고, 제2차 세계대전 발발 첫날부터 전차는 전투의 핵심이자 승패를 가르는 존재가 되었다.

이러한 전차의 부상은 물론, 전차가 살아남은 것 자체가 신기한 일이었다. 제1차 세계대전의 또 다른 첨단 기술인 군용기는 전쟁에서 그 쓸모가 입증되었다. 군용기의 광범위한 활용은 초창기 조종사들이 보았던 가능성을 확인시켜 주었다. 근접 지원과 같이 공군의 아버지들도 예상치 못했던 다양한 역할을 통해 비행기의 가치를 입증했기 때문이다. 군용기는 자원을 투입할 만한 가치가 있었기에 제1차 세계대전이 끝난 이후 항공기를 무시하는 이는 바보나 다름없었다.

전차는 전혀 다른 경우였다. 전차는 제1차 세계대전의 결과나 전투 방식에도 별다른 영향을 미치지 못했다. 캉브레 전투에서 잠시 두드러진 활약을 보였던 경우를 제외하고는 각 전투에서 그리 큰 비중을 차지하지는 못했다. 독일에 쓸 만한 전차가 없었다는 점과, 독일이 전쟁에서 졌다는 점 사이에는 아무런 상관관계가 없었다. 독일이 제1차 세계대전에서 패배한 것은 전차와 상관없었다. 하지만 만약 독일이 전차처럼 공군을 소홀히 대했고, 그래서 양측의 공군력 격차가 전차만큼 컸다면 상황은 매우 달라졌을 것이다. 독일에 공군(제국 육군 항공대)이라는 막대한 자산이 없었더라면 독일은 그만큼 잘 싸울 수 없었을 것이다. 요약하면 군용기는 제1차 세계대전에서 쓸모를 입증했지만, 전차는 그렇지 않았다.

그러나 양측의 몇 안 되는 지도자들, 특히 젊은 사람들은 전차의 상당한 단점 속에 숨겨진 가능성까지 볼 수 있었다. 첫 번째 인물은 미국 경전차 학교의 창립자이자, 제1 전차 여단의 지휘관이자, 젊고 여유 만만한 캘리포니아주 출신이던 미군 중령 조지 S. 패튼 주니어였고, 두 번째는 더 젊

4부
화력의 황혼

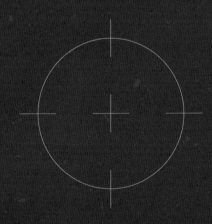

1918년부터 | 1945년까지

16장

제1차 세계대전의 교훈

제1차 세계대전과 같은 일은 전에도 없었고, 앞으로도 없을 것이다. 그리고 제2차 세계대전은 측정 가능한 거의 모든 측면에서 제1차 세계대전을 초월할 것이다. 제2차 세계대전은 군인과 민간인을 막론한 더 많은 이들의 생명을 앗아가고, 기존의 세계 질서를 뒤흔들며, 곳곳이 잿더미가 된 유럽뿐만 아니라 세계의 지도를 다시 그릴 것이다. 하지만 제1차 세계대전이 더욱 충격적이었다. 전례가 없었기 때문이다. 제1차 세계대전으로 제2차 세계대전이 가능해졌고, 제1차 세계대전의 여파가 불가피하게 제2차 세계대전으로 이어졌으며, 그래서 제1차 세계대전이 끝나고도 이후에 일어날 전쟁을 예상할 수밖에 없었다. 하지만 제1차 세계대전은 비교 대상이 없었다. 1914년 이전에 일어난 어떤 일도 앞으로 다가올 대재앙을 준비하게 해 주지는 못했다. 대규모 육군과 해군, 하늘 위와 바닷속에서 이루어진 치명적인 공격, 기계화된 살상 등 제1차 세계대전의 독특하고 불안한 모든 요소는 이전에는 없던 것이었다.

제1차 세계대전은 대중의 인식뿐만 아니라 객관적인 수치로 따져 봐도 새로운 차원의 전쟁이었다. 투입된 병력이 수만이나 수십만 명이 아니라 수백만 명에 달했고, 그에 따른 전쟁의 물질적 수요는 30년 전쟁의 암흑기에도 볼 수 없었던 방식으로 모든 생활 제도를 혹사시켰다. 참전국은 전투 부대에 가장 기본적으로 필요한 식량, 사료, 가축, 옷, 군화, 개인 장비를 보급하느라 애를 먹었다. 1914년부터 1917년까지 러시아가 전쟁 물자를 보급하면서 겪은 어려움에서 알 수 있듯이, 모든 참전국이 수요를 채울 수 있었던 것은 아니었다.

신기술이 발전하면서 전쟁 물자 보급은 더욱 어려워졌다. 디젤유나 가솔린으로 움직이는 대다수 차량과 해군 함정은 연료가 끊임없이 필요했기 때문이다. 속사 화기도 전장식 화기와는 달리 더 많은 탄약이 필요했고, 정밀 탄약은 최소한의 장비와 반숙련 노동력으로 즉석에서 제조하는 것이 불가능했다. 심지어 가장 철저하게 산업화된 경제를 갖춘 국가도 수요를 간신히 맞출 수 있었다. 1916년 여름, 솜 전투의 포문을 연 포격 작전에서 영국군은 7일 동안 대포 약 1,400문으로 포탄을 총 174만 발이나 독일군 진지에 발사했다. 이는 영국에서 1915년에 생산된 포탄 총 개수의 10퍼센트 이상, 제1차 세계대전 당시 생산된 포탄 총 개수의 1퍼센트였다. 매우 산업화된 국가였음에도 국내 공장만으로는 그렇게 정신없는 생산 일정을 따라갈 수 없었던 영국은 당시 중립국이던 미국의 공장에서 영국과 러시아에 수출하려고 생산된 소총탄과 포탄 수백만 발을 수입해야 했다.

또한 처음으로 육군과 해군의 병력 상당수가 전투병 대신 지원병으로 투입되었다. 19세기 말 이전에는 지원 부대가 사실상 없었다. 모든 군인은 전투병이었고, 그렇게 훈련받았다. 물론 몇몇 군인이 운전사, 편자공, 요리사 같은 지원 업무를 특별히 담당하기도 했지만, 전투 인력과 비전투 인력의 비율은 비교할 만한 수준이 아니었다. 하지만 세기가 바뀌면서 전쟁이 산업화되자 비전투 병력도 양성해야 했다. 통신과 운송 분야의 기술 자체가 발전하면서 기차역과 창고에서 일하고, 선로를 깔고, 기차를 유지하고,

자동차를 운행하거나 유지하고, 전신과 전화선을 설치하고 보호하는 일에 점점 더 많은 비전투 병력이 필요했기 때문이다. 전투 병력은 여전히 전투 대형에서 큰 부분을 차지했다. 예를 들어 프랑스에 주둔한 일반적인 미군 보병 사단 병력 중 약 80퍼센트는 전투 병력이었지만, 비전투 병력 비율도 전반적으로 급격히 증가했다. 프랑스에 주둔한 미군 중 약 50퍼센트는 전투병이었고, 약 40퍼센트는 물류 및 보급 분야에서 근무했으며, 나머지는 거의 본부 계원*이었다.

전술과 전략 면에서도 규모는 중요했다. 그 어느 서구 전쟁에서보다 육군 병력이 많았기 때문에 전투의 기본 요소들은 크게 바뀌었다. 제1차 세계대 전은 넓은 전선을 따라 펼쳐졌고, 후방 깊숙한 곳에 예비 참호와 지원 부대 가 있었다. 전투의 흐름도 바뀌었다. 19세기와 그 이전의 전투는 시작과 끝 이 명확한 개별적인 사건이었다. 전투는 대개 1일이나 2일, 3일 정도 지속되 다 끝이 났고, 군대는 철수했다. 그게 다였다. 하지만 제1차 세계대전, 특히 1915년 서부 전선에서의 전투는 전혀 달랐다. 만약 특정한 지역에서 지속 적으로 싸우는 것을 전투라고 생각한다면, 제1차 세계대전의 전투는 며칠 이 아니라 몇 주, 심지어 몇 달이나 지속되는 길고 긴 싸움이었다. 1916년 솜 전투는 보병대가 공격을 개시하기 전에 포격이 거의 7일 동안 지속됐 으나 공격이 제대로 이루어진 날은 1일뿐이었고, 이후 거의 4개월 반 동안 지지부진한 전투가 이어졌다. 미국 전쟁사상 가장 크고 피비린내 나는 전 투인 뫼즈-아르곤 전투는 6주나 걸렸다(1918년 9월 26일부터 11월 11일까지).

---

*   John McGrath, *The Other End of the Spear: The Tooth-to-Tail Ratio (T3R) in Modern Military Operations* (Fort Leavenworth, KS: Combat Studies Institute Press, 2007), pp. 12~20.

제1차 세계대전 당시 전투는 기간 면에서 이전의 군사 작전과 비슷하다고 볼 수 있었다.

전투의 성격이 이렇게 달라지자 얼마나 많은 사람이 전투로 죽었고, 각 무기가 얼마나 효과적이었는지 평가하기가 더욱 어려워졌다. 제1차 세계대전을 유례없는 유혈 전쟁이라 여기고, 그 책임을 무기와 지휘관에 돌리는 것은 손쉽고 흔한 관점이다. 이러한 관점은 제1차 세계대전을 따라다녔던 가장 끈질긴 고정 관념 중 하나였다. 고정 관념의 내용은 다음과 같다. 지휘관들, 특히 서부 전선과 동부 전선의 지휘관들은 모두 1870년 이후에 등장했던 무시무시한 신무기로 현대전을 치르는 임무를 감당하지 못했다. 기관총과 고폭탄의 살상력을 이해하지 못했거나 단순히 적응할 마음이 없었던 이 편협하고 꽉 막힌 장군들은 현대식 전장과는 아무 관련도 없는 나폴레옹식 전통에 빠져 있었다. 그에 따라 용감하지만 불운한 일반 병사들은 당나귀에 이끌리는 사자와 같았고, 그들의 장군인 당나귀들은 새로운 무기의 화력을 정확히 이해하지 못한 채 헛된 착검 돌격을 명령하며 부하들을 '참호 밖으로' 내보냈다.*

그러나 이러한 고정 관념은 심각한 결함이 있으며, 명백히 잘못된 주장

---

* 군사학자 제이 루바스가 처음 제기하고, 드루 길핀 파우스트가 최근 반복한 이 주장의 변형은 "유럽 전술가들이 남북 전쟁 당시 발생한 미국의 참호전, 특히 피터즈버그 전투를 의도적으로 무시한 것이 큰 실수였다."라는 주장이다. 참호전에 무지했기에 1915년부터 1918년까지 서부 전선에서 대학살이 일어났다고 보는 것이다. 적어도 비코카 전투 때부터 군인들이 야전 요새와 화력을 결합해 왔으며, 플레브나 전투나 뤼순항 포위전에서 현대 화력과 참호전을 직접 경험했다는 점을 고려하면 이것은 이상한 주장이다. Jay Luvaas, *The Military Legacy of the Civil War: The European Inheritance* (2nd edition, Lawrence: University of Kansas Press, 1988); Drew Gilpin Faust, "Two Wars and the Long Twentieth Century," The New Yorker, 2015년 3월 13일 게재. 루바스와 파우스트의 주장을 바로잡는 주요 문헌은 다음과 같다. Hugh Dubrulle, "The Military Legacy of the Civil War in Europe," Essential Civil War Curriculum, 2018년 7월 게재.

이다. 사실을 말하자면, 제1차 세계대전에서 사용된 모든 무기는 이전에 쓰던 것보다 훨씬 더 치명적이었다. 지상전에서 연발총, 기관총, 속사포가 생성해 내는 엄청난 화력은 전술에 영향을 미치지 않을 수 없었다. 그러나 제1차 세계대전에서 벌어진 대학살은 유럽의 지휘관들이 무기의 치명성을 몰랐기 때문에 일어난 것이 아니었다. 유럽은 이미 러일 전쟁과 그 외 다른 곳에서 (탄창식) 연발총, 기관총, 고폭탄을 본 적이 있었고, 신무기 기술을 현실적으로 평가해 놓은 방대한 문헌도 이미 가지고 있었다. 제1차 세계대전에서 지휘관들이 골머리를 앓았던 이유는 무기 자체 또는 무기의 성능 때문이 아니었다. 제1차 세계대전 당시 전투가 피비린내 나는 장기전이 된 이유는 새롭고 강력하며 복잡한 무기와 어리숙한 시민군으로 이루어진 거대한 군대가 결합했기 때문이었다. 현대식 무기와 서투른 대규모 군대는 위험한 조합이었다.

지휘관들은 20세기 전장에서 시대에 뒤떨어진 전술을 무심코 적용하기는커녕, 신무기를 이용하면서 적군의 손에 들린 동일한 무기에도 대응할 가장 적절한 방법을 찾으려고 노력했다. 그렇다고 해서 무능하거나 태만하거나 무지한 장군들이 없었다는 것은 아니며, 제1차 세계대전이 상상할 수 없을 정도로 끔찍한 비극이 아니었다는 것도 아니다. 전쟁이 삶의 방식과 젊은 세대 전부를 파괴했다는 사실은 분명하다. 하지만 최첨단 무기로 무장한 대규모 군대가 전쟁을 치르는 문제는 매우 새롭고 어려운 일이었으며, 장군들은 경험을 통해 배워야 했다. 제1차 세계대전은 서구사상 중요하고 독특한 시기에 일어난 전쟁의 과학과 전술의 실험 또는 작은 실험들의 거대한 혼합체에 가까웠다.

제1차 세계대전 당시 가장 악명 높은 날 중 하루를 예로 들어보자. 1916년 7월 1일은 영국군이 치렀던 솜 전투의 첫날이었다. 그날 영국군 사령관은 무엇에 맞서 싸워야 하는지 잘 알고 있었다. 보병과 포병을 긴밀히 결합한 전술로 미루어 보아 그들은 더 나은 해결책을 떠올리지 못했거나 기관총의 효능을 의심했기 때문에 병사들을 생각 없이 '참호 밖으로' 내보낸 것은 아니었다. 대신, 그들은 소화기와 대포의 화력에 관한 이해를 바탕으로 새롭고 합리적인 전술을 실험하고 있었다. 그러나 그 전술은 계획대로 진행되지 않았고, 영국 군인 수만 명은 실패한 실험의 희생양이 되었다. 그러나 그 실패는 분명 무지하거나 반사회적인 리더십의 결과물이 아니었다.

제1차 세계대전 당시 솜 전투와 그 밖의 많은 전투는 1가지 중요한 교훈을 남겼다. 전술 면에서의 협조가 순조롭게 이루어지려면 전장에서 통신이 원활하게 이루어져야 한다는 점이었다. 만약 보병과 포병이 함께 적을 공격한다면, 보병이 공격하기에 앞서 적진에 대규모 포격을 가하든 일제 엄호 사격을 가하든 포병대는 그 과정에서 관측수 및 보병 지휘관과 즉시 교신할 수 있어야 했다. 완벽한 타이밍에 이루어지는 제병 협동 작전은 제1차 세계대전이 진행되면서 더욱 주목받았다. 이미 제1차 세계대전 마지막 해에 서부 전선 작전의 일부가 된 공군의 근접 지원 역시 실시간 통신과 계획된 협력이 반드시 필요했다.

이러한 수준의 통신과 협력은 제1차 세계대전 당시 육군 지휘관들이 원했으며, 독일군이 가능성을 보인 것과 같은 더욱 동적인 전쟁을 불러오는 열쇠였다. 후티어와 브루실로프 등이 발전시킨 독일과 러시아의 공격 전술도 현대전에서 기동 화력이 중요하다고 강조했다. 이렇듯 기동성이 중요하다는 인식이 늘어나면서 프랑스, 영국, 독일, 미국은 실용적인 경기관총을 제작하기 위해 노력했고, 전후 독일은 첫 기관단총을 사용했다. 1920년대와 1930년대에는 이러한 전술적 문제를 염두에 두고서 전술과 무기를 발전시켰다.

개방적인 관전 무관이라면 제1차 세계대전을 보면서 미래에 기계화가 무슨 역할을 할지 눈치챘을 것이다. 서부 전선 양측의 후방 도로는 트럭과 오토바이로 어지러웠지만, 여전히 짐 끄는 짐승들이 가장 많았다. 말과 노새가 여전히 운송 수단의 대부분이었던 반면, 트럭은 악천후나 열악한 도로 상황에서도 사용할 수 있을 만큼 안정적이거나 강력한 운송 수단이 아니었고, 주요 전투원들의 수요를 채워 줄 만큼 많지도 않았다. 그러나 차량이 더욱 강력한 엔진과 변속기를 갖춘다면 다음 전쟁의 모습은 달라질 수 있었다. 1916년부터 투입된 전차는 제1차 세계대전에서 성공적이지는 않았지만, 보수적인 이들이 보기에도 향후 기동전에서 기병을 대체할 가능성은 충분했다.

해상전의 교훈은 덜 분명했다. 전쟁 전 10년 동안 막대한 비용을 투자해 건조한 드레드노트와 순양 전함은 제1차 세계대전에서 신통찮은 성과를 보였기에 더 이상 투자할 가치가 없었다. 이는 주력함이 기술적 관점에서 실망스럽다기보다는 가성비 면에서 아쉽다는 뜻이었다. 유일한 전통적 함대함 전투인 유틀란트 해전과 기타 소규모 해전 외에 이렇다 할 함대함 전투는 없었다. 막대한 비용을 투자하고 정교한 기술을 쏟아부었는데도, 대형 군함은 한 일이 거의 없었다.

해군력 자체의 중요성은 그대로였다. 그만큼 변한 것이 없었다. 특히 구세계가 점점 더 신세계의 자원에 의존함에 따라 제해권은 그 어느 때보다도 중요했다. 대서양을 건너오는 원자재, 공산품, 군대는 연합국의 생존에 매우 중요했으며, 독일과 동맹국의 생존에도 똑같이 중요했다. 그래서 상선을 가로막고 위협하는 잠수함, 화물선과 병력 수송선을 잠수함에서 보호하기 위한 구축함과 기타 호위 함정이 생겨나기 시작했다. 보수적인 해군에 잠수함은 공포와 혐오를 동시에 불러일으켰고, 독일이 유보트로 민간 선박을 공격하자 혐오는 더욱 늘어났다. 그러나 전반적으로 잠수함은 그 가치를 증명했고, 주력함은 도저히 따라올 수 없는 위력을 발휘했다. 잠수함은 작고 저렴해서 쉽게 대체 가능하고, 적은 승무원으로도 충분히 운용 가능하며, 가장 강력한 전함도 바다 밑으로 가라앉힐 수 있었다. 20세기의 가장 영향력 있는 무기 중 하나였던 잠수함은 강대국에서만 선호되지 않았다. 항구 1~2개에 평범한 조선업을 보유한 나라라면 누구나 해안을 방어하거나 적을 공격하기 위해 잠수함 함대를 보유할 수 있었다. 제1차 세계대전의 바다에서 살아남은 것은 잠수함이었다.

현대 기술은 작은 국가나 고만고만한 국가에 몇 가지 선택권을 주었지만, 해상전에서는 예외였다. 제1차 세계대전이 남긴 확실한 교훈은 기술에 관한 한 무기 자체의 전술적 의미보다는 경제가 더 중요하다는 점이었다. 전쟁이 끝날 무렵, 살아남은 참전국은 주요 산업 기반이 갖춰진 영국, 프랑스, 미국, 독일과 이들보다 조금 부족한 이탈리아였다. 사실, 오스만 제국과 오스트리아-헝가리도 마지막까지 살아남기는 했지만, 2개국 모두 독일의 군사적·재정적 지원을 받았다. 러시아가 전쟁에서 물러난 것은 1917년에 발발한 10월 혁명 등 여러 요인 때문이었으나, 레닌이 다시 고향으로 돌아왔을 때 러시아의 전시 경제는 이미 삐거덕거리고 있었다. 1918년에 연합국이 승리했던 가장 중요한 이유는 결국 뛰어난 생산성 덕분이었고, 독일에 결정적인 치명타를 입힌 것은 세계의 선두를 달리는 산업 경제 국가인 미국의 적극적 개입이었다. 전쟁의 마지막 몇 달 동안 승패에 결정적인 영향을 미친 미국에 뛰어난 리더십이나 더 우월한 무기는 없었다. 다만 미국은 압도적인 노동력과 산업 생산력을 가진 나라였고, 이는 독일 정부가 1918년 11월에 항복을 결정하도록 강요했다.

제1차 세계대전은 소모전이었고, 교훈은 명백했다. 산업 생산력이 곧 군사력이었으며, 군수품을 대량 제조할 수 있는 능력이 군수품의 정교함보다 더 중요했다.

이 교훈은 제2차 세계대전에서 훨씬 더 뚜렷한 방식으로 다시 입증될 터였다. 제2차 세계대전은 제1차 세계대전보다도 훨씬 더 '대규모 전시 경제들 간의 싸움'이었다. 따라서 제2차 세계대전에서의 승리는 결국 세계에서 가장 크고 강하고 회복력이 있는 양대 경제 대국인 미국과 소련에 돌아갔다. 미국 그리고 소련과 동맹을 맺은 여타 국가들, 특히 영국과 영연방 국가들이 맡았던 중요한 역할을 무시하는 것은 아니다. 1940년에 프랑스가 나치 독일에 점령되고 1년 후 히틀러가 소련을 침공할 때까지 영국과 영연방은 강력한 동맹국 하나 없이 나치에 대항해야 했다. 미국이 1942년에 참전하기 전까지 영국은 홀로 분투했다. 이는 또한 매우 훌륭하면서도 결함이 있는 전시 경제를 가진 국가인 독일과 일본을 무시하려는 것은 아니다. 다만 미국과 러시아의 뛰어난 생산력과 제3 제국(나치 독일) 및 그 동맹국인 이탈리아와 일본의 부족한 생산력에서 연합국의 승리가 비롯되었다는 사실은 부인할 수 없다.

무기 제작 기술에도 동일한 논리가 적용될 수 있다. 제2차 세계대전 당시 무기 제작 기술은 물론 전반적인 기술이 매우 발전했다는 사실은 분명하다. 또한 나치 치하의 독일이 이러한 발전 대부분을 담당했다는 사실 또한 명백하다. 제트 추진과 제트기, 로켓 기술, 소화기 및 대포와 장갑, 잠수함 등은 독일의 기술이 연합국 것보다 훨씬 앞섰거나 독보적이었다. 심지어 이 전쟁에서 등장한 궁극적 혁신 기술인 원자력에서도 독일 과학자들은 연합국 과학자들보다 앞서 나갈 뻔했다. 1943년부터 1945년까지 계속 공습을 받지 않았다면, 독일 과학자들과 기술자들은 이 죽음의 기술을 더욱 발전시켰을 것이며, 전쟁은 더욱 힘들고 아슬아슬했을 것이다. 그러나 결국 독일제 무기보다 못한 미국제 그리고 소련제 무기가 승리했다. 미국과 소련은 무기를 대량 생산할 수 있었던 반면, 독일은 그럴 수 없었기 때문이다.

제2차 세계대전 당시에는 무기의 성능보다는 양이 더 중요했다.

물론 제2차 세계대전 당시 무기를 양 대 질이라는 단순한 문제로만 바라볼 수는 없다. 1920년대와 1930년대 서구 군사 조직과 일본은 산업계 및 과학계, 기술계와 협력하여 제1차 세계대전에서 배운 전술적 교훈을 다음 세대의 무기에 접목했다. 1914년 이전의 수십 년과는 달리, 전간기는 육군과 해군의 침체기였다. 매우 단기간이었지만 세계 곳곳에서 군비 축소를 고려했으며, 1920년대와 1930년대의 경제 불황으로 유럽과 미국은 허리띠를 졸라매야 했다. 국방 예산은 대폭 삭감됐고, 무기 생산량 또한 감소했다. 제1차 세계대전이 끝나고 서방 세계에는 막대한 양의 잉여 무기와 탄약이 남았다. 그중 일부는 폐기되어야 했지만, 소화기와 대포 상당수는 여전히 사용할 만했거나, 고물이 될 것 같지는 않았다.

군인과 기술자 들은 제1차 세계대전의 교훈을 무기에 반영하는 작업을 대폭 삭감된 예산만으로도 진행했다. 지상전 무기의 기동성을 끌어올리려는 수요 또는 갈망도 엄청났다. 1916년에 있었던 러시아군의 브루실로프 공세와 1918년에 있었던 독일군의 춘계 공세는 참호전이 기동전에 대체당하는 미래를 보여 주었다. 따라서 무기 설계자들은 새로운 소형 무기를 실험할 때 기동력을 우선적으로 고려했다. 우선적으로 고려한 또 다른 무기는 제1차 세계대전에서 등장한 신무기인 군용기와 전차였다. 군용기는 제1차 세계대전에서 그 가치를 입증했고, 1920년대와 1930년대에 조종사와 기술자 들은 그 유용성을 성공적으로 확장시켰다. 1918년까지 신통찮은 신무기였던 전차는 1939년에는 군용기와 마찬가지로 재래식 군대에서 없어서는 안 될 자산이 되었다.

하지만 1870년에서 1914년까지와는 달리, 1918년에서 1939년까지는 무기에 급격한 변화가 일어나지 않았다. 물론 1918년의 전투기와 20년 후의 전투기 또는 고타 폭격기와 보잉의 B-17 플라잉 포트리스 폭격기의 차

이는 '혁명적'이라고 일컬을 만하다. 그러나 무기의 종류와 그 본질적 특성은 거의 그대로였다. 제2차 세계대전 당시 기관총은 대부분 제1차 세계대전 당시 기관총보다 낫지만, 많이 나은 것은 아니었다. 제2차 세계대전 당시 보병 대부분은 제1차 세계대전에서 썼던 소총을 그대로 들고 나갔다. 더 작거나 더 가볍거나 더 좋은 조준기를 장착했을 뿐, 기능적으로는 거의 그대로였다. 제2차 세계대전 당시 군용기와 전차도 제1차 세계대전 당시 것보다는 훨씬 더 나아졌지만, 엔진과 변속기, 서스펜션, 기체 프레임 등이 개선되는 등 상당히 예상 가능한 방식으로 발전했을 뿐이다. 양차 세계대전을 연결하는 기술적 요소는 양차 세계대전을 분리하는 기술적 요소보다 더 많았다.

제2차 세계대전에서 사용된 무기와 전투의 상호 작용이 제1차 세계대전 때의 것과 달라진 점은 무기 그 자체가 아니라 각 부대와 무기를 조직적으로 결합하는 무기 사용 방식이었다. 1939년의 폴란드 침공, 1940년의 저지대 국가 및 프랑스 침공, 1941년의 소련 침공에서 볼 수 있었던 독일군이 사용한 전격전 전술, 즉 기동전에 대한 독일군의 접근 방식 말이다. 이 전술은 기계화 보병, 기갑, 근접 지원 항공기 등을 결합하고, 무선 통신을 사용하여 움직임을 동기화해 전장의 변화하는 상황에 대처함으로써 효과를 극대화했다. 유럽의 지상전에서는 주로 이러한 전술이 국가마다 약간씩 다른 형태로 채택되었다. 1941년부터 1945년까지의 독소 전쟁, 북아프리카에서 독일과 이탈리아를 상대로 한 영국과 미국의 연합 작전, 그리고 이탈리아, 프랑스, 독일의 모든 전쟁터에서 이러한 전술을 이용했다. 또한 태평양에서 일본을 상대했던 연합군의 인류 역사상 가장 긴 상륙 작전에서도 육군과 해군을 결합하는 복잡한 작업이 추가되었다.

반면 제2차 세계대전에서 해전은 제1차 세계대전에서와는 다른 양상으로 전개되었다. 드레드노트나 슈퍼드레드노트와 같은 주력함이 실망스러운 모습을 보였는데도 포탑 장착 전함은 전 세계 조선업자들의 관심과 집착을 전간기 내내 한 몸에 받았다. 물론 다른 대형 수상함들도 제2차 세계대전에서 사소하지 않은 역할을 맡았다. 그러나 제2차 세계대전 당시 해상전의 주인공은 전함과 순양 전함이 아니었다. 제1차 세계대전에서와 마찬가지로 대서양에서 일어난 해상전의 주인공은 나치 독일의 유보트와 연합군의 호송 선단이었다. 태평양에서는 거대 함대의 중심에 전함 대신 항공모함이 자리했고, 해군 작전은 주로 떠다니는 강철 비행 기지인 항공모함을 중심으로 진행되었다. 지상전은 물론 해상전과 항공전 모두 공군, 육군, 해군의 공조가 핵심이었다.

이 모든 새로운 군사적 역할과 방식이 무기 제작 기술에 반영되었다. 그러나 기동전을 향한 갈망은 일반 보병의 제식 무기에서 가장 잘 드러났다.

17장

이동식 화력

제1차 세계대전은 크고 어려우며 혹독한 교훈을 남겼지만, 엄밀히 말하면 전투에서 신무기를 경험하며 쌓은 작은 교훈들도 남겼다. 소화기에서 얻은 교훈은 세상이 깜짝 놀랄 정도는 아니었지만 향후 수십 년간 무기 설계에 영향을 미칠 만큼 중요했다. 그중 1가지는 사정거리, 명중률, 사격 속도 중 무엇을 우선시할 것인가와 관련이 있었다. 1914년까지 전술 전문가들은 1880년대에 무연 화약이 발명되면서 소총의 사정거리가 크게 늘어났기 때문에 보병이 전투를 벌일 수 있는 거리도 늘어날 것이라고 예측했다. 즉, 무기의 사정거리가 늘어나면 총격전의 범위도 커질 것이라고 예상한 것이다. 하지만 제1차 세계대전은 예상과 달랐다. 양측 최전방 참호 전선에서 적당한 거리를 두고 소총 사격을 교환하는 총격전은 흔했으나 별 효과가 없었고, 약 100미터 이하의 근거리에서 벌어지는 총격전이 더욱 흔했다. 1886년 이후에 나온 소총이 원리상 명중률과 살상력이 뛰어나고 기존 소총에 비해 사정거리가 늘어났더라도, 장거리 총격전은 자주 일어나지 않았다. 결국 보병 장교들이 예전부터 파악했듯이 소화기의 가장 결정적이고 중요한 요소는 발사 속도였다.

발사 속도 및 휴대성과 함께 제1차 세계대전 당시 지상전에서 얻은 또 다른 교훈은 기동력이 필요하다는 것이었다. 특히 대가에 비해 별로 소득은 없고 전개는 느렸던 서부 전선의 참호전은 지휘관들이 선호하는 전투 방식이 아니었다. 그러나 1918년 서부 전선에서 독일과 연합군의 전쟁은 전술적 교착 상태가 꼭 불가피한 것은 아니며, 유동적인 기동전도 가능하다는 것을 보여 주었다. 1916년에 실시된 브루실로프 공세와 같이 공세 작전에서는 포병대가 주도적인 역할을 했지만, 성공적인 공격 전술은 주로 보병과 이동식 화기에 의존했다. 따라서 제1차 세계대전 이후에 기동력은 소화기의 필수적 특성이 되었고, 이후 새로운 소총과 기관총을 개발하는 원동력이 되었다.

기관총은 독가스와 전차처럼 제1차 세계대전과 매우 밀접하게 연관되어 있어서 현대전에서의 비인간적인 학살, 즉 '죽음의 기계화'를 상징하게 되었다. 기관총은 제1차 세계대전 이전부터 널리 사용되었지만, 제1차 세계대전에서는 그 가치가 더욱 분명해졌고, 전쟁이 끝나기도 전에 전 세계 보병 무기고에 자리를 잡았다. 기관총의 특성은 단순한 살상 무기를 뛰어넘었다. '피탄지' 덕분에 적을 실제로 맞추지 않아도 전술적 목적을 이룰 수 있었으니까 말이다.

제1차 세계대전에서 가장 많이 사용된 기관총은 참호전에 적합하게 만들어져서 기동전에는 적합하지 않았다. 당시 흔했던 맥심, 비커스, 슈바르츠로제, 브라우닝 같은 기관총은 이동이 가능하다는 면에서 휴대용이었다. 그러나 무게가 45~90킬로그램 정도로 실제 이동은 어려웠다. 보병 3명은 있어야 고장 난 수랭식 기관총을 옮길 수 있었다. 독일의 MG08 기관총은 냉각수와 거치대, 탄약을 제외한 총신 무게가 약 27킬로그램이었다. 따라서 1명은 총신, 다른 1명은 38킬로그램이 넘는 거치대, 마지막 1명은 탄약과 냉각수를 날랐다. 만약 이들이 훈련을 잘 받았고 몸 상태도 좋다면, 근거리에서는 다른 보병들을 금방 따라잡고, 몇 초 안에 기관총을 설치할 수 있었다. 그러나 이동 중에는 기관총을 쏠 수 없어서 참호전을 할 때를 제외하고는 보병 무기로 사용할 수 없었다.

그래서 경기관총이 생겨났다. 경기관총은 전간기에 가장 각광받았던 소화기였다. 경기관총은 휴대용 자동 화기의 필요성이 빠르게 부각됐던 제1차 세계대전 때 발명되었으며, 서부 전선의 마지막 전투에서는 덴마크의 마드센, 호치키스사의 '들고 다닐 수 있는' 기관총, 루이스 경기관총, 브라우닝 자동소총(BAR)이 사용되기 시작했다. 독일군은 또한 견고하고 안정적인 MG08에 권총 모양 손잡이, 개머리판, 양각대를 덧붙여 경기관총으로 개조하려고 시도했지만, 18킬로그램을 살짝 넘는 무게는 이론적으로만 '가벼울' 뿐이었다.

이러한 초기 경기관총의 성능은 전반적으로 중기관총의 성능보다 훨씬 떨어졌다. 중기관총은 매우 견고했고, 빨리 냉각되었다. 총몸이 크고 널찍해 총기가 조작되는 동안에도 공기가 자유롭게 순환되었고, 걸림 현상도 간단히 해결할 수 있었다. 냉각수 통에 물이 가득 차 있기만 하다면 총신 온도를 유지한 채 사격을 지속할 수도 있었다.

경기관총은 무게를 최소한도로 유지하기 위해 이러한 성능을 포기해야 했다. 대부분 가스 작동식이었기에 반동 작동식인 비커스 기관총이나 맥심 기관총보다 안정성이나 견고성이 떨어졌다. 가스 구멍에 먼지가 조금만 들어가도 작동하지 않았고, 다시 작동시키려면 분해한 뒤 철저히 청소해야 했다. 또한 가스 작동식 총기는 반동 작동식보다 가동부가 많아서 더 복잡했으며, 경기관총의 일반적인 특징인 공랭식 총신은 수랭식에 비해 냉각 효과가 떨어졌다. 전투기에서 공랭식 기관총을 사용하는 것은 괜찮았다. 높은 고도의 차가운 공기가 총신 주위에 지속적으로 유입되면서 냉각이 자연스럽게 이루어졌기 때문이다. 하지만 보병용 기관총은 달랐다. 탄약 보급도 문제였다. 중기관총은 대부분 200발 이상을 장착한 직물제 탄약 벨트로 탄약을 장전했는데, 이렇게 긴 탄띠는 이동하면서 다루기가 어려웠다. 따라서 경기관총은 분리 가능한 탄창을 이용했다. 탄창은 탄창 파우치에 쉽게 넣고 다닐 수 있었고, 사수가 다 쓴 탄창을 버리고 새것으로 교체하는 시간은 불과 몇 초였다. 그러나 탄창은 용량이 작을 수밖에 없었다. 루이스 기관총의 상단부에 장착된 탄창에는 47발, 마드센 기관총과 BAR에는 20발이 들어 있었다. 그래서 경기관총의 공랭식 냉각 방식이 효과적이더라도, 지속 사격은 물리적으로 불가능했다.

경기관총의 단점은 안정성과 화력이었고, 장점은 휴대성이었다. 사수가 경기관총을 짧은 시간 안에 신속하게 발사하는 한, 과열을 최소화하면서 제한된 탄약을 최대한 사용할 수 있었다. 또한 휴대성이 뛰어난 경기관총은 새로운 임무에도 투입할 수 있었다. 무엇보다 공세 작전에서 보병대와 함께 이동할 수 있다는 점이 가장 유용했다. 일본군은 러일 전쟁에서 프랑스제 호치키스 경기관총을 이용했다. 프랑스군 또한 '행진 사격 전술' 또는 '전진 사격 전술'을 위한 주력 무기로 경기관총을 사용했다. 프랑스군의 제식 화기인 Mle1915 CSRG 쇼샤 역시 인기는 없었지만 이러한 전술용 무기로 제작되었다.

지상전에서 기동성을 회복하려는 노력이 이어지면서 제1차 세계대전과 그 이후에도 경기관총의 수요는 줄지 않았다. 그러나 제1차 세계대전 당시에는 군대가 새로운 무기를 실험할 수 있을 만큼의 여유나 시간, 자원이 없었고, 전쟁 후에는 경제가 침체되어 폭넓은 연구가 이루어질 수 없었다. 따라서 전간기 초기에 사용된 일부 경기관총은 오래된 무기를 새로운 표준으로 개조함으로써 비용을 절약하려는 검약 정신에서 생겨났다. 예를 들어 당시 소련군은 덩치 큰 맥심 기관총의 휴대성을 개선하는 실험의 일환으로, 공기 순환을 용이하게 하기 위해 강철제 냉각수 통에 구멍을 내기도 했다.

하지만 더욱 확실한 방법이 미국 또는 천재적인 존 브라우닝에게서 나왔다. 브라우닝의 자동소총은 명실상부한 제1차 세계대전 최고의 경기관총이었다. 견고한 신뢰성, 무게, 발사 속도 면에서 동시대 다른 기관총보다 훨씬 뛰어났다. 무게가 9킬로그램이라 루이스 경기관총보다 가볍고, 휴대성이 뛰어났으며, 마드센보다도 만들기 쉽고 저렴했다. 완전 자동 사격이 가능했지만 기관총과 볼트 액션 소총의 격차로 인해 사용 방법은 달랐다. 또한 BAR은 혼자서도 발사 가능했다. 엎드린 자세로 발사할 때는 일체형 양각대로 안정성을 높였지만, 어깨나 엉덩이 높이에서도 발사할 수 있을 만큼 충분히 가벼웠다.

BAR은 이후 경기관총의 표준이 되었다. 미 해병대와 육군이 제2차 세계대전과 6·25 전쟁 내내 사용했으며, 유럽에서도 선호되었다. 벨기에는 허가를 받고 FN 공장에서 벨기에군용과 폴란드군용 BAR을 생산했고, 심지어 중국 국민당군에서도 BAR을 도입했다. 대다수 서구 군대는 자국제 경기관총을 도입했지만, 대부분 BAR의 기본 특징을 크게 벗어나지 않았다. 프랑스의 FM24/29, 체코슬로바키아의 vz. 26, vz. 26을 본떠 만든 영국의 브렌 건, 핀란드의 라티-살로란타 M26, 소련의 DP-28과 막대기처럼 생긴 이탈리아의 브레다 M30은 모두 BAR과 유사했다. 모두 가스 작동식이었고, 무게는 9킬로그램에 개머리판이 달려 있으며, 소총처럼 사용 가능했다.

이 모든 것들이 1939년 늦여름에, 즉 제2차 세계대전이 일어날 당시 가장 흔히 사용된 자동 화기였다. 대다수 육군은 중기관총을 고수했지만 새로운 기본 전술 부대인 소총 분대의 주요 무기는 경기관총이었다. 1920년대와 1930년대의 전술 교리는 제1차 세계대전 말의 충격적인 공세 경험을 바탕으로 소규모 보병대의 이동을 촉진하고 개인이 자주성을 가지도록 장려하는 데 중점을 두었다. 가장 기본적인 보병대는 상급 부사관 또는 소위 1명, 병사 12명 등으로 이루어진 분대였다. 분대 구성원 대다수는 소총병이었으나 저격수 또는 소총으로 총유탄을 쏘는 척탄병과 같은 특기병이 포함되기도 했다. 그러나 중기관총이나 박격포를 갖춘 특수 부대를 제외한 모든 분대에는 적어도 기관총 사수 1명과 부사수 1명이 있었고, 나머지 병사들은 탄약 운반을 맡았다.

독일만 BAR로 시작된 자동소총 또는 경기관총 유행을 따라가지 않았다. 독일은 제1차 세계대전에서 패배한 이후 무기 연구를 광범위하게 할 수 있는 입장이 아니었기 때문이다. 정치적 격변과 세계적 경제난도 이유였지만, 무기 연구가 허락되지 않았다는 점이 가장 컸다. 1919년에 징벌적인 베르사유 조약이 체결되면서 독일은 공군을 없앴고, 해군을 토막 냈으며, 육군을 국경 경비대 수준으로 축소시켰을 뿐만 아니라, 독일 국경 내에서 무기를 개발하거나 제조할 때에는 엄격한 제한을 따라야 했다.

자동 화기 제한은 훨씬 더 엄격했다. 베르사유 조약은 독일의 기관총 재고를 수랭식 기관총 792정과 경기관총 1,134정으로 제한하고, 기관총을 제조하거나 개발하는 것을 전면 금지했다. 그러나 서구 민주주의 국가들의 시선에 별 신경을 쓰지 않았던 히틀러가 1934년에 자신이 '총통'이라 선포하고 베르사유 조약을 파기하자 이러한 제한은 무의미해졌다. 또한 바이마르 공화국, 즉 독일 정부와 국가 방위군(국방군)은 독일의 재무장을 공식화하기도 전에 외국 정부 및 기업과 비밀스런 합의를 맺음으로써 비자발적인 무장 해제를 회피했다. 1922년에 독일은 공산주의 국가라 국제 사회에서 아웃사이더였던 소련과 라팔로 조약을 맺고 소련에 독일의 기술을 제공하는 대신에 소련의 실험 시설과 훈련 시설을 이용하기로 했다. 독일의 무기 제조업자들은 국외에서 계속 새로운 무기를 연구하고 생산했다.

독일은 이미 짜리몽땅한 MG08/15 경기관총과 구식 경기관총인 드라이제 MG13을 보유했다. 공랭식인 MG13은 괜찮은 수준 이상이었고, 권총 모양 손잡이와 탈부착이 가능한 25발들이 상자형 탄창, 개머리판을 갖추고 있어, 당대의 다른 경기관총에 뒤지지 않았다. 그러나 독일 국방군의 무기 전문가들은 완전히 다른 기관총을, 경기관총과 중기관총의 차이를 뛰어넘는 기관총을 개발하고 있었다. 이 '범용 기관총(Einheitsmaschine-ngewehr)'은 지속 사격 무기로서 구식에 수랭식인 맥심 기관총을 대체할 만큼 견고하고 내구성이 뛰어나면서도, 보병 분대용 경량 자동 화기로 쓸 수 있을 만큼 가벼웠다. 게다가 특수 거치대와 송탄 장치를 추가하면 항공기나 함정, 전차, 장갑차, 기타 차량에도 사용 가능했다. 1930년에 독일 국방군이 도입한 MG13도 범용 기관총이라는 목표에 1단계 접근한 무기였으나, 더 유망한 기관총이 이 시기에 이미 개발되고 있었다.

뒤셀도르프에 있는 라인메탈 공장의 무기 기술자 루이스 슈탕게가 이끄는 설계 팀은 독일 국방부에 판매하기 위해 새로운 경기관총을 연구했다. 슈탕게가 MG30이라고 일컬은 이 경기관총은 BAR과는 닮은 점이 없었다. 심지어 BAR과 달리 소총처럼 보이지도 않았다. MG30은 날렵하고 검고 미래지향적이었으며, 개머리판은 물고기 꼬리 모양이었고, 총몸 왼편에는 상자형 탄창이 튀어나와 있었다. 방아쇠 위쪽의 오목한 부분을 당기면 1발씩 발사되는 반자동 모드, 아래쪽의 오목한 부분을 당기면 완전 자동 모드로 사격할 수 있었다. 오스트리아군과 스위스군은 이 파격적인 무기를 도입했고, 라인메탈은 베르사유 조약을 무시하고 국외에서 MG30을 제조할 수 있도록 스위스의 총기 제조업체인 졸로투른의 무기 공장을 사들였지만, MG13에 만족한 독일 국방군은 라인메탈의 제의를 거절했다.

그러나 독일의 다른 이들은 슈탕게가 만든 기관총의 가능성을 보았고, 마우저의 기술자인 하인리히 폴머도 슈탕게가 만든 총이 개선할 가치가 있다고 여겼다. 폴머는 MG30의 기본적인 외관과 장전 방식은 그대로 두면서도 탄띠와 탄창을 모두 사용할 수 있는 송탄 장치와, 과열되고 고장 난 총열을 빠르고 안전하게 제거할 수 있는 신속 교환 총열 같은 여러 새로운 기능을 추가해, 기관총 사수들이 소망하던 기관총을 만들었다. 가벼운 양각대를 거치대로 이용하면 보병용 기관총이 되었고, 라페테lafette라는 유연한 특수 거치대를 몇 가지 모양으로 변형시키면 대공 기관총으로도 사용 가능했다. 무게가 12킬로그램을 조금 넘어서 BAR보다 약간 무거웠지만, MG13보다는 약 1킬로그램 정도 가벼웠다. 또한 발사 기능이 다른 기관총의 것보다 뛰어났다. 공랭식이었지만 신속하게 교환 가능한 총열 덕분에 지속 사격이 가능했고, 발사 준비 상태일 때 노리쇠 뭉치가 당겨져 있는 오픈 볼트 방식을 채택해서 사격 중에 개방된 장전 장치를 통해서 공기가 총기 내부를 순환해 신속히 냉각되었다. 분당 약 800~900발 정도라는 발사 속도는 MG13보다는 1.5배, BAR보다는 2배 정도 빨랐다.

히틀러가 정권을 잡은 후 새롭게 개편된 독일 국방군은 시류에 편승해 폴머 기관총을 MG34라는 공식 명칭으로 도입했다. 1939년에 MG34는 최대 생산에 들어갔고, 독일이 폴란드를 침공할 즈음이던 그해 후반에는 국방군 대다수가 MG34로 무장했다. 이후 히틀러의 모든 군단과 전장에서 기본 분대급 경기관총으로 사용되었고, 장갑차의 주 무기 겸 전차의 보조 무기로도 이용되었다. MG34는 제2차 세계대전이 끝날 때까지 사용되긴 했으나, 정교하고 값비싼 무기였기 때문에 이후 공식적으로 MG34의 문제를 개선해 만든 MG42로 교체되었다. MG42는 정밀하게 제작된 MG34에 비해 프레스 가공 방식으로 더 쉽고 저렴하게 제작되었으며, 분당 1,200발이라는 놀라운 발사 속도로 MG34보다 화력이 1.5배 뛰어났다. MG42는 MG34처럼 범용 기관총이었고, 연합군의 그 어떤 기관총보다 뛰어났다. 사격 시 초당 20발을 발사하면서 나는 독특한 소리 때문에 미군은 '히틀러의 전기톱'이라 불렀고, 전투 중 MG42를 본 군인들은 그 딱딱거리는 소리를 천이 찢어지는 소리와 비교했다.

MG34와 MG42는 기존 자동 화기의 미래였다. 둘 다 독일의 우월한 기술을 상징했지만, 독일의 군수 물자 부족 문제를 해결하기에는 역부족이었다. 연합국 중에서도 미국과 소련은 제1차 세계대전 때부터 썼던 구식 기관총을 고집했지만, 독일군에 배울 점이 많다는 사실도 알고 있었다.

'범용' 기관총은 이름 그대로 여러 용도로 사용 가능했지만, 모든 용도에 다 쓸 수는 없었다. 기관총 발달이 성숙기에 다다르고 그 쓸모도 확실해지자, 특수한 용도에 쓰는 기관총이 전간기에 등장하기 시작했다. 하나는 '중'기관총으로, 무게가 아니라 구경이 커서 중기관총이었다. 제1차 세계대전 당시 '중'기관총은 기존의 소총 탄약을 사용하면서 소총의 구경에 맞춰 제작되었다. 제1차 세계대전에서는 더 작은 구경을 선호했던 이탈리아와 일본을 제외하고는 대개 기관총 구경이 약 0.3인치, 즉 30구경이었다. 30구경 탄자는 인간 그리고 목재와 직물로 만든 비행기같이 부드러운 표적에 효과적이었지만, 금속제 기체나 장갑 차량에는 아무런 피해를 입힐 수 없었다. 소이탄으로는 수소가 가득 찬 관측용 기구를 격추할 수 있었지만, 가느다란 30구경 탄자에 쑤셔 넣을 수 있는 소이탄용 화합물은 많지 않았다.

삽화 30
프랑스 전선에서 MG34를 든 독일 기관총 사수. 독일 최초의 '다목적' 또는 '범용' 기관총인 MG34는 공랭식 기관총이라 쉽게 과열되긴 했지만, 과열된 총열을 냉각된 총열로 교체하는 총열 신속 교환 기능으로 오작동을 방지했다.

그래서 1918년부터 1919년 사이에 다시 중기관총이 나타났다. 그중 하나는 그 유명한 존 브라우닝이 1919년에 제작한 50구경 M2 중기관총으로, 미국이 참전한 모든 전쟁에서 지금까지 활약하고 있다. 발사 속도가 빠르고 탄자 구경이 커서 미군 전차의 보조 화기부터 거의 대다수 군용기의 기본 화기까지 모든 용도에 적합했다.

M2 중기관총은 시작에 불과했다. 제2차 세계대전이 시작되었을 때, 대다수 강대국은 항공기의 무장과 대공화기로 중기관총을 채택했다.

최초의 진정한 첨단 기술 전쟁이었던 제1차 세계대전은 전쟁에서 현대 기술이 담당하는 역할에 관한 여러 잘못된 속설이나 가정을 잠재웠다. 그중 1가지는 인명 피해가 크면 문명화된 나라는 전쟁을 오랫동안 지속하지 못할 테니, 무기의 살상력이 커질수록 전쟁은 더 인도적으로 이루어지고, 기간은 짧아진다는 것이었다. 오늘날의 관점으로는 매우 순진하고 터무니없는 생각이다. 우리는 모두 제1차 세계대전에서 벌어진 끔찍한 참상을 알고 있기 때문이다. 세기가 바뀌는 동안 서양은 진보하는 기술과 과학이 무조건 선할 것이라는 순진한 믿음을 바탕으로 끊임없이 무기를 발전시켰다.

제1차 세계대전은 기본적인 전술 면에서도 전쟁의 본질에 관한 여러 환상을 무너뜨렸다. 그중에는 원거리에서 벌어지는 총격전을 향한 환상도 있었다.

소총의 정확도에 관한 한없이 순진한 믿음은 소총의 가늠자에서 찾을 수 있다. 1850년대에 첫 강선 머스킷이 군대에서 사용되면서, 강선식 무기의 조준기에는 거리를 가늠하기 위한 눈금이 매겨져 있었다. 미국의 M1861 스프링필드 강선 머스킷에는 눈금이 3개인 가늠자가 있었고, 장거리 사격에 필요한 총구 각도에 따라서 각 눈금 높이가 달랐다. 가장 짧은 눈금은 100야드(91미터 정도) 이하, 두 번째는 300야드 이하, 세 번째는 500야드 이하를 목표로 했다. 이러한 가늠자는 전혀 정확하지 않았지만, 멀리 있는 표적을 맞히려면 총구를 얼마나 들어 올려야 할지 알려 주는 일반적인 지침이 되었다.

제1차 세계대전 당시 소총 가늠자는 반대로 훨씬 길었고, 100미터나 100야드 또는 러시아 단위로는 100아르신 간격으로 매우 긴 거리까지 눈금이 매겨져 있었다. 독일군용 소총인 게베어 98의 가늠자는 2,000미터까지 표시되어 있었다. 병사가 망원경도 없이 가늠자로 2킬로미터 떨어진 곳에 있는 사람 크기의 표적을 맞출 수 있다는 개념은 매우 터무니없다. 하지만 서로가 거의 보이지도 않을 정도로 멀리 떨어져 총격전을 벌일 수도 있다고 믿었던 1914년 당시 사격 훈련 옹호자들은 그렇게 생각하지 않았다.

반면 성공적인 참호전 전술은 보통 참호 내에서 접전을 벌이라고 강조했다. 이러한 환경에서 표준 소총은 무용지물에 가까웠다. 발사 속도는 너무 느렸고, 백병전용 무기로 쓰기에는 너무 길고 어색했다. 그래서 1918년에 독일군 돌격대를 이끌었던 충격 보병인 슈토스트루펜은 다른 종류의 무기로 무장했다. 짧은 카빈은 표준 소총보다 선호되었다. 대검, 못이 박힌 몽둥이, 날카로운 참호용 삽, 수류탄, 권총은 참호를 공격하는 군인들이 선호하는 무기였다.

권총은 제한된 사정거리와 평범한 정확도는 큰 문제가 되지 않는 참호에서 쓰기 적합했다. 중요한 것은 휴대성, 속도보다는 탄자의 질량만으로 사람을 죽이거나 무력화할 수 있는 타격력, 빠른 발사 속도였다. 리볼버도 괜찮았다. 리볼버는 그 당시 가장 견고하고 신뢰할 만한 연발총이었다. 그러나 선택이 가능하다면 대다수 군인은 좀 더 최신식인 반자동권총이나 자동권총을 선택할 것이었다.

하이럼 맥심이 그의 첫 번째 기관총에 특허를 낸 이후로, 화기 기술자들은 이러한 화기를 더욱 간편하게 사용할 수 있는 방법을 찾고 있었다. 첫 반자동권총은 1890년대 초에 유럽 민간 시장에서 첫선을 보였다. 이후 10년 만에 대다수 서구 군대에서 리볼버를 대신한 주요 권총으로서 자리매김하기 시작했다. 리볼버는 강력하고 단순해 반자동권총보다 고장 가능성이 낮지만, 반자동권총에는 몇 가지 큰 장점이 있었다. 발사 속도가 빠르고, 방아쇠를 가볍게 당길 수 있으며, 장전 속도도 빨랐던 것이다. 리볼버는 각 탄약을 실린더의 약실에 개별적으로 삽입하여 재장전해야 했지만, 대다수 반자동권총은 다 쓴 탄창을 꺼내고 새 탄창을 넣기면 하면 끝이었다.

그 당시 많은 초기형 자동권총들은 하이럼 맥심의 반동 작동식 장치를 변형시킨 장치로 다음 탄약을 장전했다. 휴고 보르하르트가 1893년에 선구적으로 만든 C-93과 슈바르츠로제 M1898이 그러했고, 유명한 루거 권총과 마우저 권총도 마찬가지였다. 훨씬 더 간단한 블로우백 장치를 사용하는 권총도 있었다. 블로우백 작동식에서는 발사 후 사용된 탄피가 약실에서 저절로 튀어나왔다. 압력 때문에 뒤로 밀려난 장치가 용수철에 의해 다시 앞으로 나가며 공이치기를 치면서 동시에 탄창에서 빠져나온 새로운 탄약이 약실로 들어갔다. 이러한 블로우백 작동식은 소총 탄약의 높은 압력을 감당하기에는 너무 약했지만, 대다수 권총 탄약에는 꽤 쓸 만했다.

완전한 자동권총을 만드는 것도 가능하긴 했다. 1916년 오스트리아-헝가리 제국 육군은 슈타이어 M1912 권총을 완전 자동식으로 생산했다. '빗자루 손잡이(broom handle)'라고 불린, 마우저 권총의 변형인 슈넬포이어(속사) 권총을 비롯해 루거 권총과 마우저 권총도 완전 자동식으로 개조되었다. 이 중 어느 것도 예상했던 용도에서 만족스러운 효과를 보이지 못했고, 발사 성능 역시 아쉬움을 남겼다. 반동 작동식 권총인 루거 권총과 슈넬포이어 마우저 권총의 발사 속도는 분당 800발에서 1,000발이었지만, 실상 권총의 탄창은 1개당 10발 이상 장전할 수 없었기 때문에 무용지물이었다. 게다가 발사 속도가 너무 빨라 권총을 통제하기도 어려웠다. 맥심 기관총보다 2배나 빨리 권총에서 탄자가 쏟아져 나오면 반동이 일어나면서 노리쇠가 뒤로 움직이고 총구가 상승하는 현상이 발생했다. 큰 탄창을 쓰거나 개머리판을 부착해 사수의 몸에 권총을 고정하면 이러한 현상이 완화되긴 했지만, 여전히 속도 빠른 완전 자동권총은 사용하기 어려운 무기였다.

그러나 더 실용적인 소형 자동 화기가 나타나고 있었다. 이번 무기는 기관소총도 자동권총도 아니었다. 이탈리아는 항공기용 경기관총인 빌라-페로사를 이용해 보병용 화기를 만들었다. 빌라-페로사는 권총용 탄약을 이용하고, 독특한 이중 총열 구조를 가진 매우 특이한 총이었는데, 항공기용 기관총으로는 별로였다. 그러나 총열을 1개로 줄이고 개머리판을 추가하자 보병용 경기관총으로는 꽤 쓸만했다. 독일군의 자동 화기는 더 훌륭했다. 독일의 뛰어난 무기 기술자인 휴고 슈마이서는 1915년에 테오도어 베르크만이 소유한 총기 공장의 설계 팀과 함께 소형 자동 화기를 만들었다. 그들은 1년 만에 시제품을 만들었으나, 독일군 최고 사령부는 그것을 거절했다. 시제품의 설계에 문제가 있어서는 아니었다. 슈마이서-베르크만 총 자체는 매우 인상적이었지만 적절한 용도를 찾을 수 없었고, 새로운 무기가 생겨나면 안 그래도 복잡한 보급 문제가 더욱 복잡해지기 때문이었다.

그러나 독일군이 1917년에 새로운 공격 전술을 선보이자, 휴고 슈마이서의 이상하고도 작은 무기는 마침내 쓸모를 찾았다. 1918년 초에 생산하기 시작한 뒤, 첫 생산품이 '마시넨피스톨레 18' 또는 MP18이라는 제식명을 받고서 그해 봄에 독일군의 춘계 공세에 맞춰 최전방 부대에 보급되었다.

MP18의 외관은 평범했다. 짧고 뭉툭한 카빈에 평범한 목재 개머리판을 덧붙인 것처럼 생겼다. 공기를 순환시켜 총열을 냉각시키려고 얇은 강철관에 작은 구멍들을 뚫어서 제작한 총열 덮개가 땅딸막한 총열을 둘러쌌다. 배기구 바로 맞은편에 있는 약실 왼편에는 이상하게 생긴 탄창이 어색한 각도로 튀어나와 있었고, 독일군은 이것을 '드럼'이라고 불렀다. 그러나 내부는 매우 단순했다. 슈마이서는 블로우백 작동식이었는데, 이는 견고한 작동 구조는 아니었지만 독일의 구경 9밀리미터짜리 권총 탄약에는 적당했다. MP18의 발사 속도는 분당 500발 정도로 비교적 낮았다. 무게는 약 5킬로그램으로 마우저 소총보다는 무겁지만, 경기관총이던 MG08/15보다는 훨씬 가볍고 편리했다. MP18은 이것을 운 좋게 지급받은 병사들 사이에서 인기 있는 무기였고, 연합군에게는 두려움의 대상이었다. 적 참호를 제압하는 데는 수류탄을 제외한 그 어떤 무기보다도 더 효과적이었기 때문이다. MP18은 명중률도 꽤 좋았지만, 그렇지 않더라도 상관없었을 것이다. 매우 제한된 범위 내에서 탄자를 분사하는 것이 MP18의 주요 임무였기 때문이다.

전쟁이 끝난 후 MP18은 예상치 못한 용도에서도 존재감을 드러냈다. 바이마르 공화국 초기에 내전이 발발하자, MP18은 독일 의용군인 '자유군단'의 무기로서 스파르타쿠스단을 비롯한 좌파 세력을 공격하는 데 사용되었다. MP18은 잔혹한 시가전에서 기존의 소총과 기관총보다 훨씬 더 뛰어난 성능을 자랑했다.

MP18은 완전히 새로운 무기였던 특수 소화기가 처음으로 실용화된 경우였다. 독일군은 권총 탄약을 이용하고 권총의 탄도 특성도 지닌 이러한 무기를 꾸준히 '기관권총'이라고 불렀다. 하지만 영어권 나라에서 이 새로운 보병 무기를 지칭하는 용어는 용도를 더욱 정확하게 반영한 '기관단총'이었다. 연합군도 뒤늦게 합류했다. 너무 늦어서 제1차 세계대전에서는 기관단총을 사용할 수 없었으나 MP18의 가치마저 늦게 인지한 것은 아니었다. 은퇴한 미군 병참 장교였던 존 탈리아페로 톰슨은 제1차 세계대전 당시 레밍턴 총기 회사의 기술자였다. 그는 블로우백 작동식 반자동소총을 개발하고 있었지만 운이 따라 주지 않았다. 무엇을 시도하든 간에 블로우백 작동식 고성능 소총탄을 감당할 수 없었기 때문이었다. 그러나 미국의 표준 자동권총용 탄약인 45구경 ACP(Automatic Centerfire Pistol) 탄약으로 좋은 결과를 거두자, 톰슨은 계획을 변경하여 자동소총을 '권총탄을 발사하는 휴대용 기관총', 즉 기관단총으로 만들었다. 톰슨의 기관단총인 '애니힐레이터'는 이후 공식적으로 톰슨 M1919 기관단총이라는 명칭을 부여받았으나, 처음에는 군사적인 인기를 끌지 못했다.

제1차 세계대전 직후, 장군들은 기관단총을 전차와 비슷한 발상이라고 보았다. 즉 참호전이라는 특수한 상황에 대응하는 영리한 무기이지만, 본질적으로는 일시적인 해결책이라고 여긴 것이다. 대다수는 제1차 세계대전 당시 참호전은 전쟁사상 다시 반복되지 않을 일시적인 것이라고 생각하기까지 했다. 또한 기관단총은 참호전을 제외한 다른 상황에서는 쓸모를 찾을 수 없으므로 추가 개발이나 투자는 현명하지 않다고 생각했다. 게다가 당시는 절약의 시대였으므로 군 당국이 자유롭게 쓸 수 있는 예산을 군용기, 경기관총과 같이 향후 전쟁에서 확실한 쓸모가 있는 기술에 투자하는 것이 마땅하다고 여겼다. 이러한 사고에는 속물근성도 어느 정도 개입되어 있었다. 무기 업계에서는 '항공기와 기관총은 당연히 존재해야 한다'고 여긴 반면, 몇몇 보수적인 군인들은 기관단총을 여전히 진지하게 받아들이지 않았다.

미국에서는 전간기에 민간 무기 시장이 크게 번창했다. 존 톰슨은 자신의 기관단총이 보병대의 손에 들려 독일군의 참호를 제압하는 모습을 그리며 '참호용 빗자루'로 M1919를 홍보했으나, 유럽 대신 미국에서 M1919의 쓸모가 발견되었다. M1919가 미국 시장을 강타한 직후, 폭력배와 길거리 깡패 들은 경찰의 연발 권총보다 훨씬 뛰어난 '토미 건', 즉 M1919를 적극적으로 받아들였다. 그러자 경찰 당국 역시 M1919를 도입했다.

공식적으로 많은 인정을 받지는 못했으나 기관단총은 살아남았다. 영국군을 제외한 주요 군대 대부분은 전간기에 매우 제한된 방식으로 기관단총을 실험했다. 1930년대에는 1세대 기관단총보다 조금 더 개선된 2세대 기관단총이 등장했고, 1930년대 중반에는 군비를 다시 확충하려는 움직임이 보편적으로 일어나면서 무기 발전이 가속화되었다. 이탈리아의 MAB38A 베레타, 소련의 PPD 시리즈, 핀란드의 KP31과 같은 2세대 기관단총에는 견고하게 만든 개머리판과 총열 덮개 등 1세대 슈마이서 기관단총의 기본적인 특성이 그대로 남아 있었다. 그러나 가장 뛰어난 기관단총은 본질적으로 달라진 독일의 슈마이서 기관단총이었다. 미학을 고려하지 않고 설계된 슈마이서 기관단총인 MP38과 MP40의 외관은 매우 초현대적이었다. 목재 대신 플라스틱인 베이클라이트로 손잡이를 감쌌고, 접이식 철제 개머리판은 총몸 아래에 접어 넣는 구조라 무게가 가볍고 휴대성이 좋았다.

기관단총은 제1차 세계대전 때와 마찬가지로 여전히 특수 부대가 사용하는 특수 무기였다. 예를 들어, 독일의 MP38은 커다란 보병용 소총이 거추장스러운 기갑 부대 등 타 병과 군인들에게 지급되었다. 기관단총은 일반적인 무기가 아니기에 그 군인들이 볼트 액션 소총 대신 기관단총을 사용하는 것을 심각하게 여기는 이는 아무도 없었다. 화기의 품질은 정예 부대의 지위를 반영했다. 1939년 이전의 기관단총은 잘 설계되고 정교하게 생산된 무기였으며, 강철 부품과 마감의 상태가 최고였다. 명중률은 발사 속도만큼이나 중요했고, 초기 기관단총 대부분에는 중거리 사격을 위해 조정 가능한 탄젠트 가늠자가 갖춰져 있었다. 간단히 말해서 기존 소총보다 생산하는 데 더 많은 노동력과 비용이 소요됐다.

그러나 제2차 세계대전에서 새로운 전투 양상이 펼쳐지자 기관단총의 장점이 더욱 확실히 드러났다. 전차 같은 밀폐된 공간에서 많은 시간을 보내는 군인들은 물론, 군용 권총보다 더 많은 화력이 필요한 보병대의 부사관과 하급 장교에게도 휴대성이 좋은 기관단총은 편리한 선택이었다. 그러나 기관단총의 장점은 화력이 다가 아니었다. 제1차 세계대전 때 벌어진 참호전과 마찬가지로 제2차 세계대전에서도 기관단총의 쓸모는 분명했다.

전쟁을 거치면서 기관단총은 정밀 가공된 특수 무기에서 값싼 일회용에 투박하지만 잔인할 만큼 효과적인 대량 생산 화기가 되었다. 나라가 망할지도 모르는 상황에 놓여 있던 영국과 소련이 기관단총 분야의 개척자들이었다. 영국군은 전쟁 전에 톰슨 기관단총을 적정량 도입했지만, 비싸서 대량 구매할 수는 없었다. 또한 1941년에 미국이 뒤늦게 참전하자 미국제 기관단총은 아예 구매가 불가능해졌다. 그러는 와중에 근접전용 무기가 더욱 필요하게 되었다. 1940년 늦은 봄, 영국군이 프랑스에서 퇴각했던 됭케르크 철수 이후, 독일군이 곧 본토를 침공하리라는 우려가 커지면서 영국군은 국내 방어를 위한 기관단총에 투자하게 되었다. 육군은 근본적으로 다른 방향으로 나아간 반면, 해군과 공군은 모두 독일제 MP18의 개량형인 MP28의 모방품이기도 한 '란체스터'를 도입했다.

란체스터는 MP28처럼 정교한 무기였고, 육군용 기관단총 같지도 않았다. 엔필드의 왕립 소화기 공장 설계 팀은 란체스터보다 더 단순하고 훨씬 저렴한 자동 화기를 만들었다. 이 총기의 공식적·비공식적 이름인 '스텐Sten'은 주요 설계자인 R. V. 셰퍼드Shepherd와 존 터핀Turpin과 개발사인 엔필드Enfield 무기 공장 이름의 앞 글자를 따서 만들었다. 스텐은 이전의 그 어떤 총기와도 같지 않았다. MP18의 기름칠한 목재와 윤이 나는 금속의 매력도, MP38의 치명적인 우아함도 없었다. 스텐은 밀링 가공이 아닌 프레스 가공으로 제작한 부품으로 조립되었고 강철 뼈대로 만든 개머리판은 전통적인 총몸과는 달리 기다란 관처럼 생긴 총몸에 용접되었다. 방아쇠울은 각지고 어색했다. 방아쇠 자체도 프레스로 두꺼운 철판을 찍어내 만

들었다. 총몸 왼편에는 막대기처럼 보이는 32발들이 탄창이 직각으로 튀어
나왔다. 외관은 매우 평범했다. 초기 모델에는 걸림 현상이 자주 일어났다.
스텐은 흉하고 명중률도 낮아서 비평가들의 비난을 받았으나 발사 속도는
분당 500발이었고, 적당한 장비를 갖춘 기계 공장이라면 어디서든 생산이
가능했다. 스텐은 값이 싸고, 무엇보다 효과가 있었다. 생산에 소요되는 시
간이나 자원이 기존의 볼트 액션 소총보다도 적었다. 한마디로 스텐은 기
관단총이 볼트 액션 소총을 보조하는 무기가 아니라 대등한 제식 무기가
될 가능성을 보여 주었다.

하지만 영국 육군은 달랐다. 물론 영국 육군도 스텐을 흔하게 사용했
고, 전쟁 내내 스텐 수만 정이 유럽 전역에서의 전투와 게릴라전에서 사용
되었다. 그러나 스텐은 결코 제식 무기가 되진 않았다. 전쟁이 끝날 때까지
육군은 이미 반세기 동안 검증된 볼트 액션식 리-엔필드 소총을 선호했다.

반면 소련군은 소총과 동등한 수준으로 기관단총을 받아들였다. 전쟁
전에 벌어진 스탈린의 대숙청으로 뒤숭숭한 정세 속에서도 소련군은 대담
하게 무기를 개발했다. 1941년 6월, 히틀러가 그의 동맹자 스탈린을 배신하
면서 독일군이 소련과의 국경을 넘을 당시, 소련은 매우 놀라운 화기를 만
들어 내고 있었다. 공산주의 국가의 강제적인 산업화도 게오르기 슈파긴,
바실리 덱탸료프, 세르게이 시모노프, 표도르 토카레프, 알렉세이 수다예
프, 위대한 미하일 칼라시니코프처럼 우수한 총기 제작자 및 기술자가 등
장하는 데 도움이 되었다. 그러나 이들이 당시 주로 개발했던 무기는 자동
소총과 기관총이었다. 기관단총은 우선순위에 없었다.

이제껏 핀란드를 향한 야심을 노골적으로 드러내던 소련은 1939년에
서 1940년까지의 겨울에 전쟁을 일으켰다. 소련과 새로 독립한 핀란드 간
의 병력 차이가 컸음에도 핀란드는 끝내 굴복하기 전까지 2개월 동안 소련
에 밀리지 않았다. 소련은 기갑, 중포, 항공 지원이 충분했던 반면, 핀란드

는 그런 것들이 거의 없었다. 소련은 굴욕을 겪은 셈이었다.

소련이 핀란드와의 겨울 전쟁에서 얻은 가장 큰 교훈은 근거리용 자동 화기의 중요성이었다. 핀란드는 소련군보다 KP31 기관단총을 훨씬 많이 사용했다. KP31이 정교한 PPD보다 질이 더 좋지는 않았으나, 수량은 더 많았다. KP는 핀란드군의 제식무기였고, PPD는 소련군에게 여전히 보조 무기였기 때문이다.

1940년 이전에 소련군은 핀란드에서 얻은 교훈을 바탕으로 신속히 대량 생산할 수 있는 값싼 기관단총을 열심히 개발했고, 다음의 2가지 모델을 발명했다. 1940년 말, 게오르기 슈파긴의 PPSh-41이 첫선을 보였고, 다음 해에는 생산에 들어갔다. PPSh-41의 외관은 목재로 만든 개머리판과 톰슨 기관단총처럼 드럼 탄창을 장착해 구식 PPD와 매우 유사했지만, 금속 부품 대부분을 밀링이 아니라 스탬핑 방식으로 생산했다. 러시아제 무기가 흔히 그렇듯, PPSh는 허술한 공차와 형편없는 마감에도 불구하고 견고하면서 안정적인 성능을 갖춰 끊임없이 사용해도 제 기능을 수행할 수 있었다. PPSh의 발사 속도는 분당 1,000발 이상으로, 당대 가장 빠른 자동 화기 중 하나였고, 넉넉한 71발들이 탄창으로 빠르게 소모되는 탄약을 감당했다.

삽화 31번

슈투름게베어(StG) 44로 표적을 조준하고 있는 독일군 병사. 소총, 경기관총, 기관단총의 모든 장점을 합친 슈투름게베어는 제2차 세계대전 당시 가장 다재다능한 보병 화기였다. 하지만 독일의 다른 여러 '경이로운 무기'와 마찬가지로 승패를 좌우하기에는 너무 늦었다.

PPSh는 유사한 PPS와 비교하면 우아한 예술 작품과도 같았다. 알렉세이 수다예프가 설계한 PPS는 1941년부터 1944년까지 무려 872일간 벌어진 레닌그라드 포위전의 산물이었다. 부족한 군수 물자와 숙련된 노동력이 결합되어 PPS가 생겨났다. 수다예프의 목표는 기계 가공과 용접이 가능한 작업장에서라면 어느 곳에서든 PPSh보다 더 빠른 생산이 가능한 기관단총을 만드는 것이었다. 결과는 스텐과 비슷했다. 외관은 거칠고 조악했으며, 플라스틱제 손잡이를 제외한 모든 부품은 강철을 눌러서 찍어냈다. PPSh에 비해 강철 소모량이 절반뿐이었기에 생산 시간도 절반밖에 안 걸렸다. PPSh보다 발사 속도가 낮아서 통제하기도 더 쉬웠다. PPS는 소련 무기 공학의 최고 결정체였다. 절약과 기능이라는 2마리 토끼를 다 잡은 PPS는 예쁘지는 않았지만 망가지지도 않았고, 더러워져도 걸림 현상이 발생하지 않았다.

히틀러에게 대항하는 제2차 세계대전이 길어지면서 소련군은 PPSh와 PPS에 점점 더 의존하게 되었고, 기관단총은 표준 소총인 모신-나강과 경쟁하거나 모신-나강을 대체하는 수준까지 사용되기 시작했다. 곧 소련은 전원이 기관단총으로 무장한 소총 분대를 전투에 투입했고, 그러면서 소총은 보조 무기로 전락했다. 소련 보병과 독일 보병을 소총 분대끼리 비교해 보면, 독일의 범용 기관총인 MG34와 MG42가 소련의 맥심 및 DP 경기관총을 쉽게 제압할 수 있었기 때문에 중장거리 화력에서는 독일이 소련보다 우세했다. 그러나 단거리 화력에서는 소련이 우위를 점했고, 그것은 기관단총 덕분이었다. 소련군의 기관단총은 전쟁 이후에도 강력한 정치적 상징이 되었다. PPSh는 파시즘에 대한 저항, 국가의 회복력, 소련 국민의 타고난 천재성을 상징하게 되었다. 구소련과 위성국들의 영토를 수놓은 전쟁 기념물이 PPSh를 휘두르는 소련군 보병의 조각상이 된 것은 우연이 아니었다. PPS 또한 상징이었지만, 불운을 의미했다. 레닌그라드 포위전은 스탈린에게 당혹스러운 일이었고, PPS는 레닌그라드의 고통과 회복을 일깨워 주었다. 제2차 세계대전 당시 최고의 기관단총으로 평가받았던 PPS는 전쟁이 끝난 후 조용히 사라졌다.

소련만큼 보병 전술의 핵심 무기로서 기관단총을 사용하기 위해 노력한 국가는 없었다. 그러나 독일도 어느 정도 따라잡았다. 독일 국방군은 기관총을 너무 많이 사용했기 때문에 전쟁 중 MP38과 MP40의 생산이 수요를 따라갈 수 없었다. 다만 다른 군수 물자도 마찬가지였기에 독일군은 적에게서 노획한 구식 무기에 많이 의존했다. 어떤 연합국도 기관단총을 보조 무기 이상으로 여기지 않았다. 그러나 생김새보다 기능과 기술이 점점 더 강조되면서 훌륭한 톰슨 기관단총을 이미 보유하고 있던 미국조차도 스텐이나 PPS와 같은 무기를 생산하기 시작했다. 미국의 M3 기관단총은 1945년에 전쟁이 끝나기 훨씬 전부터 미국의 주요 기관단총이 되었다.

기관단총은 제2차 세계대전 당시 가장 흔했던 전술적 상황에서 구식 소총보다 더 쓸만했다. 특히 1944년부터 1945년까지 동부 전선, 이탈리아, 프랑스, 저지대 국가는 물론 태평양 전역에서도 근접전이 자주 벌어졌고, 기관단총은 근거리에서 사용하기에 적합한 무기였다. 그러나 소련군을 제외하고는 여전히 특수 무기로 여길 뿐이었다. 군사 전문가들의 예측과는 달리 근접전이 한물간 것은 아니었지만, 그것이 곧 보병이 근접전만 벌인다는 의미도 아니었기 때문이다. 장거리 무기의 수요도 여전히 높았다. 하지만 기관단총은 그러한 수요를 충족시키지 못했다.

타협점을 찾을 수 있을까? 기관단총의 발사 속도와 휴대성을 유지하면서도 장거리 사격이 가능한 범용 보병 화기가 있을까? 이러한 무기는 제2차 세계대전 도중에 생겨나기 시작했다.

일반적인 소총병은 아버지 세대가 제1차 세계대전에서 사용했던 소총과 기능적으로 동일한 소총을 들고 제2차 세계대전에 나갔다. 무연 화약과 센터파이어탄 5~10발을 내장형 탄창에 집어넣은 볼트 액션 소총말이다. 독일 국방군은 게베어 98을 축소한 버전인 Kar98k를 주로 선택했다. 러시아의 소총인 M1891 모신-나강 소총은 길이가 짧아지고 시야가 개선된 소련제 M91/30으로 재탄생했다. 영국의 SMLE(No.3, Mk.1)는 제1차 세계대전 당시 SMLE No.1 Mk.3와 거의 구분할 수 없었다. 세계의 거의 모든 주요 참전국은 제1차 세계대전 때 사용한 소총이나 그것을 약간 변형한 버전을 사용했다. 1920년대에 새롭게 군대를 창설한 폴란드, 체코슬로바키아, 헝가리도 제1차 세계대전 이후 독일, 러시아, 오스트리아의 잉여 무기를 이용하여 군대를 무장했다.

하지만 제2차 세계대전 당시에 경기관총과 기관총을 쉽게 사용할 수 있었고, 새로운 전술은 속사 화기와 기동력 위주였다면서 왜 주요 군대는 군인들을 모두 또는 대부분 자동 화기로 무장시키지 않았을까? 그럴 능력은 물론 타당성도 충분했겠지만, 그렇게 하지 않을 이유도 충분했다. 첫 번째는 비용이었다. 기관총은 볼트 액션 소총보다 훨씬 더 비쌌고, PPS와 PPSh 같은 값싼 판금식 기관단총은 추후에 발명되었다. 유럽의 국영 무기 공장 및 민간 제조업체 들은 이미 재래식 소총을 만들 수 있는 기계를 갖추고 있었기 때문에 비교적 간단히 기존 생산 라인을 돌릴 수 있었다. 소총 수백만 정, 탄약 수천만 발 등 잉여 무기는 넘쳐났고, 제1차 세계대전 이후의 자금난은 낡은 무기를 고수할 만한 충분한 이유가 되었다. 군용기와 전함 같은 비싼 물품은 부족한 예산을 가장 먼저 사용하게 했다. 영국과 미국의 무기 전문가들은 새롭게 발명된 탄도학적으로 우수한 탄약과 그러한 탄약에 적합한 소총을 권고했다. 그러나 낡은 소총 탄약이 무기고에서 먼지를 뒤집어쓰는 상황에서 새로운 소총과 탄약을 도입하는 일은 예산을 극심하게 낭비하는 일이기 때문에 군 당국은 그러한 권고를 거절했다. 제1차 세계대전 이전에 몇 년간 군비 경쟁에 시달린 주요 군대들은 그 길을 다시 걸을 생각이 없었다.

게다가 볼트 액션 소총에는 몇 가지 장점이 있었다. 기관총보다 견고했고, 청결을 유지하기 쉬웠으며, 조작도 간단했다. 군인들은 대개 무기를 청결하게 유지하지 못했고, 볼트 액션 소총은 오염에 강했으나 자동 화기는 그렇지 않았다. 더욱 가벼운 가스 작동식 총기가 가장 까다로웠다. 자동 화기는 상당히 무거웠고, 대다수 경기관총을 효과적으로 운용하려면 2명이 필요했다. 또한 제1차 세계대전 동안 소총 탄약의 수요를 따라잡는 것은 산업화된 강대국에도 어려운 과제였기에 완전 자동 화기를 보편적으로 사용하면 탄약 보급은 더욱 어려워질 것이었다. 또는 그럴 것이라 믿었다.

그럼에도 불구하고 볼트 액션만큼 편리하고 안정적인 반자동식 또는 완전 자동식 특수 전투 소총 개념은 제1차 세계대전과 그 이후에도 각광을 받았다. 중요한 것은 경기관총처럼 무게는 상당히 가볍게, 발사 장치는 견고하게 유지하는 것이었다. 존 브라우닝은 이미 윈체스터와 마찬가지로 사냥용 자동 장전식 산탄총과 소총을 특허 냈고, 1908년 마누엘 몬드라곤이라는 멕시코 장군은 멕시코군의 제식 탄약인 마우저탄을 발사하는 가스 작동식 반자동소총을 개발했다. 마우저는 1916년 독일군을 위해 반자동 카빈을 개발했고, 프랑스는 이듬해에 자체적으로 개발한 가스 작동식 소총인 RSC-17을 도입하여 여전히 효과적인 '전진 사격' 전술에 이용했다. 모두 훌륭한 발명품이었지만, 단점도 유사했다. 손상되기 쉬웠고, 비쌌으며, 쉽게 오염되었기에 자주 청소해야 했다. 제1차 세계대전 당시 서부 전선의 진흙투성이 참호에서 후자 같은 문제는 심각한 단점이었다.

전간기 동안 미국과 소련은 휴대성이 좋으면서도 장거리 사격이 가능한 무기를 개발하는 과정에서 상당한 진전을 이루었다. 미 육군은 제1차 세계대전 후 불황에 따른 예산 부족에도 불구하고 1920년대와 1930년대에 몇몇 반자동소총을 도입하려고 고민하다가 1936년 스프링필드 조병창의 정부 기술자인 존 개런드가 제안한 가스 작동식 소총에 안착했다. 소련 또한 유사한 개념을 연구하더니 1938년에 자국 기술자인 표도르 토카레프가 만든 SVT-38로 미국의 뒤를 이었다.

전쟁을 다시 시작하기 직전이던 1930년대 말, 미국과 소련의 군대는 대담한 발걸음을 내딛었다. 이러한 시도는 미국에서는 현명한 조치였지만, 소련에서는 실패한 조치였다. 토카레프 소총의 개량형인 SVT-40은 독일이 소련을 침공하기 몇 달 전 대량 생산에 들어갔다. 1941년 6월, 소련군 최고 사령부는 SVT 생산을 중단하고 오랫동안 사용해 온 모신-나강 소총으로 돌아가는 것이 현명하다고 판단했다. 반면, 현재 공식적으로 M1이라고 부르는 개런드 소총은 일본군이 진주만을 공격하며 미국을 전쟁에 몰아넣었을 때 이미 최대한 생산되고 있었다. 다른 무기와 마찬가지로 개런드 소총이 유럽과 태평양에서 미국이 거둔 승리에 미친 역할을 평가하기는 어렵다. 하지만 일본군보다 확실한 우위에 있도록 해 주었다는 것은 분명하다. 비록 미국 기관총이 독일군 기관총보다 뒤떨어졌더라도, 개런드 반자동소총의 뛰어난 화력은 나머지 부족한 성능을 충분히 보완해 주었다.

반자동소총은 제2차 세계대전 당시 빠르게 유행했다. 독일군도 비슷한 소총을 만들기 시작했지만, 그렇게 늦게 시작한 이유는 알 수 없다. 독일군이 만들어 낸 결과물은 기관총과 기관단총으로 거둔 성공을 고려하면 놀라울 정도로 평범했다. 1941년 발터와 마우저가 만든 첫 번째 소총은 토카레프나 개런드가 만든 소총에 비해 지나치게 복잡하고 신뢰할 수 없었다. 러시아에서 전투를 벌이던 독일군은 토카레프 소총과 마주쳤고, 그 거친 단순함에 즉시 반했다. 토카레프 소총을 운 좋게 노획한 독일군은 이 총을 소중하게 여겼다. SVT 소총에 자극을 받은 발터는 자사의 1941년식 모델 (G41)을 개조했고, 독일군의 초기 반자동소총보다 훨씬 개선된 G43을 만들었다. 그러나 상당한 수량을 생산하기에는 너무 늦게 개발되었다. 그래서 전쟁이 끝날 때까지 총생산량은 50만 정을 넘지 않았다. 따라서 당시 반자동소총을 주로 사용했던 국가는 미국뿐이었다.

개런드 소총은 매우 좋은 소총이었다. 조지 S. 패튼 장군은 과장을 섞어서 "지금까지 고안된 것 중 가장 위대한 전투 장비"라고 불렀다. 미군은 개런드 소총 덕분에 화력 면에서 엄청난 우위를 확보할 수 있었다. 특히 분대에서 자동 화기를 독일군보다 덜 이용했던 일본군에 비해 확실히 유리했다. 그러나 미국이 아닌 곳에서 훨씬 더 효과적인 다른 무기들이 개발되고 있었다. 보병 무기의 다음 진화 단계는 '선택적 사격'이 가능한 소총이었다. 공학적 관점에서 보면 선택적 사격식 소총은 반자동소총이나 경기관총보다 개발하기가 어렵지 않았다. 이 2가지 소총을 단순히 결합했기 때문이었다. 선택적 사격식 소총은 조정간을 돌림으로써 자동 장전, 즉 반자동 또는 완전 자동 장전 기능을 선택해 발사할 수 있었다. 소련의 PPSh와 같은 기관단총이나 독일의 MG34와 같은 경기관총에는 이미 이것과 유사한 기능이 있었다. BAR의 후기 모델 또한 엄밀히 말하면 선택적 사격식 소총이었지만, 무게와 부피 때문에 경기관총으로 분류되었다. 1936년에 토카레프 반자동소총이 도입되기 전, 소련은 최초로 선택적 사격식 소총을 제식 무기로 채택했을 나라가 될 수도 있었다. 세르게이 시모노프의 선구적인 AVS-36은 무게가 4.3킬로그램 정도로, BAR의 절반이었다. 하지만 대다수 경량 자동 화기처럼 결점이 있었다. 명중률이 떨어졌고, 전투 중에 안정적으로 사용하기가 어려웠던 것이다. 따라서 이 총은 상대적으로 소수만 생산되었다.

독일군도 선택적 사격식 소총을 제작하려고 했다. FG42는 제2차 세계대전에서 가장 눈에 띄는 무기 중 하나로, MG34처럼 외관이 초현대적이었다. FG42는 '공수 부대원 소총'을 의미하는 독일어인 팔쉬름예거게베어Fallschirmjägergewehr의 약어로, 독일 공군의 요구에 따라 공수 부대가 사용할 가벼운 자동 화기로서 설계되었다. 가스 작동식인 FG는 제2차 세계대전 당시 가장 정교한 소총으로, 날카롭게 경사진 권총 손잡이와 반동 제어 장치가 '일렬로' 배치되어 총강의 세로축, 즉 반동이 개머리판을 따라 어깨에 똑바로 전해지도록 함으로써 완전 자동 모드에서도 조작이 더욱 쉬워지는 등 뛰어난 인체공학적 설계가 특징이었다. FG의 품질은 훌륭했으나, 비용은 그렇지 않았다. 이렇게 훌륭한 무기는 제식 무기로 삼을 만큼 저렴하게 만들 수 없었다.

FG42를 포함한 모든 초기형 선택적 사격식 소총에는 동일한 결점이 있었다. 편한 것 같으면서도 다소 불편했던 것이다. 경기관총과 마찬가지로 선택적 사격식 소총도 모두 소총 탄약을 썼는데, 미국제 BAR은 개런드 소총과 같은 US .30-06탄을 썼고, AVS는 러시아의 7.62×54밀리미터R 탄약, FG42는 Kar98k 볼트 액션 소총과 같은 7.92×57밀리미터 마우저탄을 사용했다. 모두 2킬로미터나 떨어진 표적도 명중시키고 죽일 수 있도록 고안된 강력한 탄약이었다. 탄약이 강력한 만큼 반동도 강력했고, 이로 인해 복잡한 자동 사격 장치와 소총수의 어깨 모두에 심한 압력이 가해졌다. 또한 완전 자동 모드에서는 총기를 통제하기 어려웠다.

이 문제의 해답은 제1차 세계대전 때 이미 발견되었다. 1918년, 독일의 어느 병기 장교가 당시로서는 급진적인 제안을 했다. 그의 전투 경험에 따르면, 보병은 800미터 이상 떨어져서, 아니 그보다 더 가까운 거리에서조차 총격전을 벌이지 않았다. 그러니 특수 훈련을 받은 저격수를 제외한 일반적인 보병은 사정거리가 800미터의 2~3배가 넘는 소총으로 무장할 필요가 없었던 것이다. 그래서 기존의 소총 탄약보다 추진제를 훨씬 조금 넣는

'중간 탄약'을 제안했다. 중간 탄약으로 추진제를 절약하면 탄피 크기도 줄어들어 황동도 절약할 수 있었다. 또한 개별 탄약이 가벼워지면 병사들은 더 많은 탄약을 휴대할 수 있었다. 탄약이 가벼우면 반동도 줄어들면서 체격이 왜소한 보병도 무리 없이 선택적 사격식 소총을 사용할 수 있을 터였다. 이렇게 품질을 저하시켜도 전투력은 거의 그대로였기에 이것은 기발한 아이디어였으나, 1918년에는 너무 급진적이었다. 이 제안은 바로 거절당했고, 그럴 만도 했다. 목숨을 건 전쟁이 한창인데 어떤 군대가 새로운 탄약을 도입하여 생산과 보급 과정을 복잡하게 만들고 싶어 하겠는가?

그러나 이 아이디어는 총기 기술자들 사이에서 인기를 얻었다. 특히 1920년대와 1930년대 독일 총기 제작자들은 구경을 줄인 중간 탄약을 실험했다. 1941년 이후 독일과 소련의 피 튀기는 전쟁이 교착 상태에 빠지자 이 아이디어는 다시 주목받기 시작했다. 볼트 액션 소총인 Kar98k는 너무 느렸고, 기관단총은 100미터 밖에서는 효과가 별로 없었다. 그러나 독일에는 이미 범용 기관총이 있었다. 그렇다면 볼트 액션과 기관단총의 격차를 보완하는 범용 소총은 어떨까?

휴고 슈마이서와 총기 제조업체 발터는 모두 독일 육군 병기국에 새로운 소총의 원형을 제출했고, 병기국은 2가지 설계안에서 아이디어를 얻어 자체적인 소총을 만들었다. 이것은 잠시 MP43이라고 불렸으나, 정치적인 이유로 오래가진 못했다. 히틀러는 종종 무기 제작 기술에 개입했는데, 이는 항상 더 좋은 결과로 이어지지는 않았다. 히틀러는 새로운 소총이 미심쩍었고, 중간 탄약 개념에 반대했으며, 새로운 기관단총인 MP43이 왜 필요한지를 이해하지 못했다. 그래서 MP43 프로젝트를 완전히 중단하라고 명령했다. 하지만 MP43의 우수한 성능은 숨길 수 없었고, 1943년에 실시한 현장 실험을 본 장군들은 열광적으로 반응했다.

통계 자료도 MP43의 성능을 입증했다. MP43의 무게는 4.5킬로그램 정도로, 제식 무기인 마우저 소총보다 약간 더 무거운 수준이었다. 발사 속도는 완전 자동 상태일 때 분당 500발 정도였다. 선택적 사격식 소총이었던 MP43은 단순히 방아쇠 위에 고정된 조정간을 돌려 완전 자동에서 반자동으로 모드를 전환할 수 있었다. 탈부착이 가능한 탄창에는 새로운 중간 탄약이자 구경 8밀리미터, 정확히는 7.92×33밀리미터인 쿠르츠(짧은)탄 30발을 삽입했다. MP43은 완전 자동 모드에서 기관단총 같은 화력을 내면서도 일반 소총보다 명중률이 훨씬 뛰어나고, 사정거리가 길었으며, 반동이 적었다. 반자동 모드에서는 탄자가 600미터 이상을 날아가도 명중률이 매우 높았다. MP43은 소총, 기관단총, 경기관총이 할 수 있는 모든 것을 비슷한 수준으로 수행할 수 있었다. 또한 FG42처럼 세계 최초의 야간 투시경인 암호명 '뱀파이어(흡혈귀)'의 적외선 조준 장치를 비롯한 혁신적인 외부 기능들까지 자랑했다.

　MP43은 전 세계 어느 소총보다 우수했고, 독일 장군들은 MP43을 요구했다. 히틀러 역시 감명을 받아 1944년 봄부터 MP43을 본격적으로 양산하게 했다. Kar98k 대신 MP43을 보병용 제식 무기로 삼으려고도 했다. 그러나 생산이 시작됐을 때는 이미 늦었다. MP43은 짧은 시간 동안 독일군의 전력에 상당한 도움이 되었으나, 전쟁이 끝날 때까지 50만 정도 생산되지 않았다. 흥미롭게도 MP43이라는 이름 또는 승인 후 첫 공식 명칭인 MP44라는 이름은 오래가지 못했다. 히틀러의 명령 때문인지 아니면 병기국 관료들이 히틀러의 눈치를 보았기 때문인지는 모르지만, 이 뛰어난 무기의 이름이 StG44로 변경되었기 때문이다.

　전쟁 후 연합군의 무기 전문가들은 독일의 StG44를 보고 코웃음을 쳤다. 누군가는 총몸이 너무 섬세하다고 했고, 제식 소총으로 쓰기에는 너무 비싸다고도 했으며, 쿠르츠탄은 총유탄을 쏘기에는 약하다고 했다. 그러나 다른 이들, 특히 소련군은 독일군 소총에서 보병용 소화기의 미래를 보았다. StG44는 소총수에게 전례 없는 화력을 주었다. 전통적인 보병대는 StG44와 지속적으로 사격할 수 있는 경기관총을 장비한 보병대의 적수가 될 수 없었다. StG44라는 새 이름은 오래됐지만 여전히 유용한 전술인 '전진 사격'을 연상시켰다. StG는 '돌격소총'이라는 뜻의 독일어 슈투름게베어 Sturmgewehr의 약어이기 때문이었다.

돌격소총이라는 말에는 여러 의미가 있을 수 있다. 하지만 엄격한 군사적 관점에서 보면 StG로 시작하는 돌격소총은 매우 혁명적이었다. StG는 군용 소화기의 최종판이나 다름없었다. 회의론자들도 있었지만, StG는 제2차 세계대전이 끝나기도 전에 빠르게 모조품을 낳았다. 소련은 이미 구식인 모신-나강 M91/30 소총을 대신할 더 편리한 무기를 찾고 있었다. 해결책 하나는 간단히 M91/30을 카빈의 길이로 줄이는 것이었고, 그 결과는 접이식 총검이 있는 1944년형 볼트 액션 카빈이었다. 그러나 소련 기술자들 역시 중간 탄약을 계속 연구했다. 연구 결과는 독일의 8밀리미터 구경 쿠르츠탄에 버금가는 7.62×39밀리미터짜리 짧은 탄약과 반자동 SKS 카빈, RPD 경기관총이었고, 모두 1945년에 독일이 항복할 때쯤 현장 실험 단계에 있었다.

StG의 직접적인 영향력은 전쟁 직후 소련의 SKS를 대체한 소총에서 더욱 확연히 드러났다. 자동 장전식 소총과 기관단총을 실험해 온 러시아 총기 기술자인 미하일 칼라시니코프는 1946년 총기 설계 대회에 자신의 시제품을 출품했다. 칼라시니코프는 미국의 개런드 소총에서 영감을 약간 받기는 했지만 주로 StG에서 영향을 받았기에 그의 최종 시제품은 StG와 묘하게 비슷했다. 칼라시니코프는 이 대회에서 우승했고, 그의 소총은 1년 후 생산에 들어갔다. 칼라시니코프의 소총은 소련군의 제식 무기가 되었으며, 위성국들의 군대, 혁명 운동가, 게릴라 전사, 전 세계의 테러리스트도 애용했다. '1947년형 압토마트 칼라시니코바', 줄여서 AK47은 제2차 세계대전에서 사용된 소총은 아니었지만, 제2차 세계대전의 산물이었다. 제2차 세계대전의 영향으로 탄생한 AK47은 보병 개개인에게 휴대 가능한 압도적 화력을 제공하는 화기가 되었다.

제1차 세계대전 이후의 기술과 전술이 만난 제2차 세계대전 당시 이루어진 보병 전투가 남긴 가장 큰 유산은, 화력이 세면서 기동력도 뛰어난 화기였다. 제2차 세계대전에서는 무기 제작 기술이 급격하게 발전하거나 혁명적으로 변화하는 일이 없었는데도 이러한 화기가 생겨난 것은 매우 놀랍다. 보병 전투에 관한 한, 제2차 세계대전에서 사용된 무기는 제1차 세계대전에서 사용된 무기와 근본적으로 다르지 않았고, 거의 유사하기까지 했다. 가장 일반적인 보병 무기는 1890년대에 설계된 탄약을 발사하는 볼트 액션식 연발총이었다. 기관단총, 자동 장전식 소총, 경기관총, 중간 탄약 등 제2차 세계대전 동안 보병의 총격전을 수놓았던 무기들은 제1차 세계대전에서 선을 보였거나 그때 처음 개발됐다. 이 점에서 제1차 세계대전과 제2차 세계대전의 주요 차이점은 혁신적인 새로운 무기가 출현한 것이 아니라, 이 무기들이 사용되는 규모와 이 무기들의 특성을 보병 전술에서 활용하는 방식이었다.

　물론 제2차 세계대전에서 사용된 소화기에 혁신적이거나 우수한 특성이 없지는 않았다. 독일의 MG34와 MG42와 StG, 전쟁 내내 주요 전투원의 제식 무기로서는 유일한 자동 장전식 소총이었던 미국의 개런드 소총은 매우 뛰어났다. 하지만 전쟁의 결과에 영향을 미칠 정도로 월등히 뛰어난 무기가 이 중에 있었을까? 물론 판단하기 어렵다. 누구도 자신 있고 확실하게 "그렇습니다!"라고 대답하기는 어려울 것이다. 독일의 우수한 무기가 독일을 패배에서 구하지는 못했다. 또한 M1 소총 덕분에 유럽과 태평양에서 미 육군이 우세했다는 주장을 입증하려면 타당한 근거를 찾기 위해 많은 시간을 들여야 할 것이다.

제1차 세계대전과 1870년 이후의 군비 경쟁에서 얻은 교훈은 여전히 무기 제작 기술에 많은 영향을 미쳤다. 단순하고 견고한 설계와 그것을 뒷받침하는 생산력은 언제나 복잡한 공학적 설계를 뛰어넘었다. 독일의 정교한 MP38과 MP40은 아마 제2차 세계대전에서 사용된 것 중 가장 인상적인 기관단총이자 가장 아름다운 무기였을 것이다. 하지만 소련의 단순한 PPSh-41과 PPS-43이 독일의 기관단총에 못지않았고, 더 낫기까지 했다. 물론 외관은 못생겼고, 마감은 거칠었다. 하지만 튼튼하고 안정적이었으며, 무엇보다 빠르고 저렴하게 생산할 수 있었다. 따라서 소련은 수십만 정을 손쉽게 생산할 수 있었다. 미국의 M1 소총은 정교하고 복잡한 무기였지만, 미국의 생산력은 M1 소총을 대량 생산해 수요를 따라잡을 수 있는 수준이었다. 하지만 독일은 그럴 수가 없었다.

소화기는 제2차 세계대전이 끝나던 1945년에 일종의 정점에 도달했고, 1945년에 존재하던 화기 관련 기술의 모든 특징적인 요소는 제2차 세계대전이 발발한 1939년, 그리고 제1차 세계대전이 끝나고 이듬해인 1919년의 것과 크게 다르지 않았다. 대포 역시 마찬가지였다. 제2차 세계대전에서 사용된 대포는 제1차 세계대전에서 사용된 대포와 전혀 다르지 않았다. 제2차 세계대전 동안 발전한 지상전 전투 수단 역시 제1차 세계대전에서 발전한 기술인 전차와 군용기에서 비롯되었다.

18장

아주 큰 대포

제1차 세계대전은 대형 포가 가장 많이 발전한 시기였다. 제1차 세계대전 당시 사용된 무기 중에는 폭발탄 속 고성능 폭약의 살상력이 가장 뛰어났다. 지난 수십 년 동안 소화기의 화력이 크게 발전했지만, 포격으로 인한 사상자 대 소화기로 인한 사상자 비율은 3 대 2 정도였다. 대포는 정교함과 살상력 면에서 다른 무기들을 능가했다. 보불 전쟁이 발발했던 1870년부터 제1차 세계대전이 발발했던 1914년까지 그 어떤 무기도 대포처럼 압축적으로 완전히 철저하게 변하지는 않았다. 제1차 세계대전에서 대포로 거둬들인 엄청난 죽음이라는 수확물은 20세기 초에 대포 관련 기술에 대규모로 투자한 것이 지혜로운 (혹은 추잡한) 행위였음을 입증했다. 그 투자는 제1차 세계대전 후 수십 년 동안 계속 성과를 거두었다. 제2차 세계대전에서도 대포는 전장에서 가장 치명적인 무기였을 뿐 아니라 가장 다재다능한 무기였다. 장갑 전투 차량인 전차와 결합된 대포는 이전의 전쟁에서는 없었던 기동력을 갖게 되었고, 따라서 이동과 기동을 기반으로 하는 새로운 전술에서 없어서는 안 되는 무기가 되었다.

제1차 세계대전에서 대포는 발전상의 정점에 도달했다. 제2차 세계대전 당시 지상전과 해상전에서는 제1차 세계대전 당시의 대포 관련 기술도 이용되었다. 따라서 제1차 세계대전 이후 대포 화력의 '혁명'은 일어나지 않았다. 새로운 특수 목적용 대포 몇 가지를 제외하고 대포 자체는 제1차 세계대전에서 사용된 대포와 구조, 운영 방식, 성능 면에서 거의 유사했다. 포탄도 마찬가지였다.

대포 관련 기술자들의 아이디어가 바닥난 것은 아니었지만, 전간기에 일어난 대포의 혁신은 1890년대에 일어난 위대한 도약, 예를 들면 고폭탄이나 반동 제어 같은 기능과 비교하면 사소해 보이는 것이 사실이다. 1870년이나 1890년과는 달리, 제1차 세계대전이 발발할 무렵에는 기술이 크게 발전하면서 대포도 과학과 공학 덕분에 빠르게 발전했었다. 그러나 대포 역시 제1차 세계대전 이후의 가혹했던 정치적·재정적 현실에 영향을 받았다. 베르사유 조약의 조건은 독일 기술자들을 괴롭혔고, 전후의 경제 불황은 모두를 가로막았으며, 유럽과 미국의 군대가 쥐꼬리만 한 예산을 할당할 때 대포는 우선순위에 들지 못했다. 제1차 세계대전 이전의 군국주의 시대에는 어디서든 무기와 군수 물자에 물 쓰듯이 돈을 썼지만, 이제 그러한 낭비는 불가능했다.

그러나 상황이 다시 변하고 있었다. 유럽과 아시아의 전체주의 정권과 파시스트 정권은 전쟁 이전 수준으로 군사력을 재건하겠다고 공언했고, 이는 민족주의의 부활과 영토 확장의 기회, 공산주의 혁명에 대한 두려움을 표현한 것이기도 했다. 1930년대에 새로운 군국주의가 부상하자 전 세계는 1890년대와 1900년대보다 훨씬 더 열광적인 속도로 군비 경쟁을 벌이고 무기를 개발했다. 하지만 이때에도 대포는 첨단 무기인 항공기, 군함, 전차의 뒷전으로 밀렸다.

그럼에도 불구하고 전간기에도 제1차 세계대전에서의 경험과 군사 전문가들이 내다 본 전망을 반영함으로써 대포 설계에 몇 가지 변화가 일어났다. 1897년에 프렌치 75는 매우 혁신적이었으나, 이렇듯 작고 가벼운 속사 야포는 모두가 기대했던 것만큼 또는 러일 전쟁으로 예상했던 것만큼 효과적이지는 않았다. 제1차 세계대전 동안 독일 대포는 성능 면에서 프랑스 대포보다 부족했지만, 독일군은 일찍부터 곡사포와 중포에 집중했던 선견지명 덕분에 우위를 점했다. 구경은 크지만 길이는 짧고 발사 각도는 높은 곡사포는 참호전에 적합했다. 마찬가지로 고성능 폭약이 잔뜩 들어간 큰 포탄을 쏘는 중포는 프렌치 75보다 야전 요새 파괴에 더욱 효과적이었다. 이러한 교훈은 전간기에도 잊히지 않았다. 1930년대 중반에 재무장이 본격화되면서 야포와 중포가 우선적으로 생산되었다. 스탈린이 대숙청을 벌이던 동안에도 소련은 1938년에 122밀리미터 구경 곡사포를 도입했고, 독일도 이듬해에 105밀리미터 구경 곡사포를 도입했다. 영국은 예산이 부족해서, 프랑스는 마지노선에 지나치게 집중했기 때문에 곡사포를 뒤늦게 생산하기 시작했다. 2등 국가의 군대도 이러한 추세를 따랐다. 체코슬로바키아의 필센(현재 플젠)에 있는 스코다 공장은 100밀리미터 구경 야포와 100밀리미터 구경 곡사포를 비롯하여 다양한 고품질 중포를 생산했고, 이 모든 것은 1939년에 독일군의 손에 넘어가 제2차 세계대전 동안 독일 국방군의 무기가 되었다.

경포는 갈수록 가벼워졌다. 다음에 벌어질 전쟁이 기동전일 것이라는 믿음은 보병과 포병의 전술과 무기에도 영향을 미쳤다. 1918년과 마찬가지로 야포는 여전히 쓸모가 많았으며, 기계화에 적합하도록 미세하게 수정되고 변형되었다. 예를 들면, 이전 세대의 쇠로 된 바큇살이 달린 나무 바퀴는 고무 타이어가 달린 무거운 강철 바퀴로 대체되었다. 하지만 이러한 바퀴도 다가올 기동전에서 쓸 수 있을 만큼 기동력이 충분하지는 않았다. 산포山砲라고 불리는 야포의 소형 버전은 제1차 세계대전에서 꽤 쓸 만했다. 야포를 경량화한 산포는 병사 1~2명이서도 운반할 수 있었으며, 도로가 없는 험한 지형에서도 일부를 분해하는 방식으로 더 쉽게 운반할 수 있었다. 대다수 대포와는 달리 낙하산으로도 투하할 수 있었기 때문에 공수 부대와 함께 사용하기에도 이상적이었다.

1920년대와 1930년대에 산포는 부활했고, 독일, 체코슬로바키아, 소련, 프랑스, 미국의 육군 모두 이를 채택했다. 바이마르 공화국 시절 독일 국가방위군은 비밀리에 '보병포'로 지정된 일련의 경포를 개발했다. 보병포는 이름 그대로 보병 부대에 개별적으로 배치되어 공격 시 보병이 조작하며, 보병과 동시에 이동 가능했다. 산포 또는 보병포와 기존 대포의 유일한 차이점은 사정거리였고, 소형 대포의 짧은 사정거리는 큰 문제가 아니었다. 기존 대포는 사정거리가 길고 간접 포격에 적합한 반면, 소형 대포는 눈앞의 표적을 직접 포격하여 공세 중인 보병을 현장에서 밀접 지원할 수 있었다. 보병전에서 긴 사정거리는 장점이 아니었다. 박격포도 유용했다. 휴대용 보병 박격포는 제1차 세계대전 당시 그 쓸모가 입증되었다. 박격포는 생산비가 싸고, 휴대하기 쉬웠으며, 조작도 간단했다. 무엇보다 소규모 보병대에 즉각적인 화력을 지원했다. 제2차 세계대전에서도 휴대용 박격포는 기관총과 야전삽처럼 중요한 보병 장비가 되었다.

새로운 보병포에는 어쩐지 익숙한 점이 있었다. 사실 보병포는 오래전에 스웨덴 국왕인 구스타브 2세 아돌푸스의 군대에서 사용된 적이 있었다. 17세기 전장에서 사용된 보병포는 제1차 세계대전 이후 새로운 임무와 낯선 역할을 수행해야 했다. 대전차포 역시 새로운 특수 역할이었고, 대공포도 새로운 역할이었다. 대공포의 개념은 동력 비행 자체만큼이나 오래되었지만, 쉬운 문제가 아니었다. 기관총도 대공포처럼 쓸 수 있었다. 발사 각도를 높일 수 있고, 기동성이 뛰어나며, 발사 속도가 높아 상공의 일정 범위를 탄자로 가득 채울 수 있어서였다. 이는 이론상 멀리서 이동하는 목표물에 발사체 1발만을 명중시키는 것이 거의 불가능하기에 나온 발상이었다. 포가 바닥에 비커스나 맥심의 기관총을 1~2정 장착하면 효과적인 방공 시스템이 완성됐다. 하지만 기관총은 저공 비행하는 항공기에만 효과적이었고, 기관총으로 쏘는 소총 구경의 탄자는 초기 군용기의 목재와 직물로 이루어진 기체에는 적합했지만, 장갑으로 견고하게 감싸고서 빠르게 나는 1930년대와 1940년대의 금속제 기체에는 그다지 효과적이지 않았다. 수십 미터 이상을 나는 현대식 항공기를 격추하기 위해서는 더욱 강력한 발사체가 필요했다.

독일 크루프사는 1909년에 판매 가능한 첫 대공포를 선보였다. 이 대공포는 인기를 끌었고, 제1차 세계대전 중반쯤 되자 주요 군대는 모두 대공포나 대공용으로 개조된 야포를 보유했다. 쉽지 않은 기술이었지만, 개념은 간단했다. 지상에서 1킬로미터 가까이 떨어진 상공을 빠르게 나는 목표물을 정밀하게 공격하는 것은 거의 불가능했기 때문에 대공포는 표적이 된 항공기 주변 상공을 폭발로 가득 채워야 했다. 이는 간발의 차로 빗나간 항공기에도 손상을 입힐 만큼 폭발이 빽빽하고 강력하게 일어나야 한다는 것을 의미했다. 초기 대공포는 당대의 야포와 크게 다르지 않았다. 구경이 76밀리미터에서 127밀리미터인 고폭탄을 8.8킬로미터 이상 높이까지 쏘아 올리는 후장식 속사포였으니까 말이다. 또한 포탄에 장착한 시한 신관으로 표적에 맞든 맞지 않든 지상으로 떨어지기 전에 무조건 폭발이 일어났다. 이는 그 일대 병사와 민간인이 대공포탄 파편으로 피해를 볼 수도 있다는 뜻이었다.

1920년대 후반 이후 항공기가 크게 발전하자 대공포 또한 함께 발전했다. 스웨덴의 40밀리미터 구경 보포스 대공포와 같은 소구경의 경량 자동포부터 미국의 120밀리미터 구경 장거리용 M1 대공포까지 다양한 크기와 성능을 지닌 대공포가 출시되었다. M1은 17킬로미터 이상 높이까지 약 23킬로그램짜리 고폭탄을 발사하는 엄청난 무기였다. 대공포가 보편화되자 항공전은 다시 중요해졌다. 대공포는 그야말로 어디서나 볼 수 있었다. 주요 도시, 산업 중심지, 철도 분기점, 전선에서 몇백 킬로미터 떨어진 후방, 폭탄이 자주 떨어지는 도시의 옥상, 심지어 해군 함정과 일부 민간 선박의 갑판에도 대공포는 빽빽이 배치되어 있었다. 제1차 세계대전에서 처음 제한적으로 사용된 예광탄은 멀리 떨어진 항공기를 겨냥하기에 적합했다. 탄자 내부에 인이나 마그네슘을 소량 주입한 예광탄은 발사 시 뒷부분에서 불빛을 내면서 날아갔다. 또한 금속제 표적에 충분히 근접했을 때 폭발탄을 폭발시키는 근접 신관도 등장하면서 대공포의 효율성과 파괴력이 크게 증가했다. 1943년부터 1945년까지 유럽 대륙의 추축국 기지를 공격한 연합군 폭격기에 가장 큰 피해를 입힌 것은 독일 전투기가 아니라 대공포로, 폭격기 조종사들은 늘 목표물 위에 도착하기도 전에 대공포탄이 폭발하면서 형성된 빽빽한 연기구름과 마주쳤다. 연합군 공군에 이는 매우 흔한 일이었으므로 대공의 독일어 약칭은 전 세계에서 사용되는 일상적인 관용구가 되었다. 대공포를 의미하는 독일어 플리거아프버카노네 Fliegerabwehr-kanone 는 미국에서 FlaK 또는 flak으로 줄어들었다.

대포의 중요성은 제1차 세계대전 때 못지않게 제2차 세계대전에서도 분명했다. 대포는 살상력이 가장 강하고 다재다능하며, 그 무엇으로도 대체 불가능했다. 그러나 대포는 제1차 세계대전에서보다 제2차 세계대전에서 훨씬 더 기동력이 높았고, 훨씬 더 기계화되었다. 제2차 세계대전 때에도 여전히 기마 포병대가 있었으며, 특히 독일군은 수송용 역축을 자주 이용했다. 하지만 트럭과 트랙터가 말과 노새 대신 사용되기 시작했다.

대포에 진짜 기동성을 부여하는 것은 이미 가능했고, 직업 군인과 군사 이론가 들도 그 사실을 깨닫고 있었다. 원한다면 더욱 개발하고 확장할 수 있었지만, 제1차 세계대전에서 싸웠던 많은 군 지휘관들은 그러한 가능성을 부인했다. 하지만 지상전이 기동력을 되찾을 수단으로서 그 가능성(전차)의 잠재력을 알아보고 자신의 모든 명성을 걸고자 하는 몇몇 이단아들이 있었다. 그리고 제1차 세계대전 후 20년이 지나자 전차는 다시 주목받기 시작했다.

제2차 세계대전 이후 전장에 확고히 자리를 잡은 전차는 신속하고 저돌적인 기동전의 상징이 되었다. 전차가 없는 현대전을 상상하는 것은 거의 불가능할 정도가 되었다. 그러나 제1차 세계대전이 끝난 직후인 1919년에는 전차가 미래에 위대한 무기가 될 것이라고 상상할 수 없었다. 그 당시 전차는 느리고, 약하고, 신뢰할 수 없었다. 그 당시 전차는 영국과 프랑스, 독일의 군대가 쏟았던 상당한 노력에 부응하지 못했다.

그러니 제2차 세계대전에서 전차가 부상한 사실이 더욱 놀랍다. 제1차 세계대전에서 서부 전선을 우스꽝스럽게 가로지르는 전차를 보면서 "강력하고 안정적인 엔진과 견고한 변속기, 적절한 장갑만 주어진다면 어떤 성과를 거둘 수 있을지" 상상한 이들은 소수였다. 1920년대와 1930년대에 전차를 지지한 이들의 목록은 20세기 위대한 전술가들의 명단이나 다름없다. 이 중에는 영국의 J. F. C. 풀러와 바질 리들 하트, 프랑스의 샤를 드골, 독일의 오스발트 루츠와 하인츠 구데리안, 소련의 클리멘트 보로실로프와 미하일 투하쳅스키, 미국의 드와이트 D. 아이젠하워와 조지 S. 패튼 등이 있다. 이들이 전투에서 전차를 이용하려는 방법은 모두 달랐지만, 이들 모두 전차가 현대전에서 중요한 구성 요소가 될 것이라고 판단하면서도, 군대는 위험을 무릅쓰고 전차를 무시할 것이라고 생각했다. 또한 전차는 단독으로 운용하면 효과가 떨어지니까 포병, 보병, 근접 지원 항공기 등이 함께 협조하는 합동 작전에 포함되어야 한다고 생각했다. 그리고 전차는 여전히 대다수 군인에게는 익숙한 무기가 아니었기 때문에 효과적으로 이용하려면 고도로 훈련된 인력과 젊고 개방적인 지휘관이 이끄는 독립적인 기갑 부대가 필요하다고 주장했다.

처음에는 영향력 있는 사람들 중에 이러한 주장을 이해하는 이가 거의 없었다. 어려운 시대였고, 전차와 같은 값비싼 발명품은 우선순위에서 밀려났다. 그러나 전차와 기갑 부대는 어떻게든 1920년대에 벌어진 경제 침체에서 살아남았다. 제1차 세계대전 때와 마찬가지로 영국은 주요 무기 제조사인 비커스의 끈질긴 관심 때문에 전차 개발의 선두에 섰다. 비커스는 계속 시제품을 생산했는데, 주로 중전차 또는 경전차였다. 나머지 유럽 국가들은 영국을 따라잡는 데 시간이 걸리긴 했지만, 1930년대에는 크고 작은 나라들이 대개 전차를 받아들였다. 이탈리아, 일본, 헝가리, 체코슬로바키아, 심지어 미국까지 말이다. 미국에서는 더글러스 맥아더 장군이 1931년에 기병대가 경전차를 사용하도록 추진했다. 결국 1930년대 내내 전차는 주된 자금 조달과 연구 및 실험의 대상이 되었다.

유일하게 부족한 것은 "전투에서 전차를 어떻게 사용할 것인가?"라는 물음에 대한 확실한 대답이었고, 이는 심각한 문제였다. 제1차 세계대전에서 교훈을 얻자니 그 당시에는 전차 사용이 너무 제한적이었고, 전후 20여 년 동안 중요한 전차전이 벌어진 적도 없었기에 참고할 만한 사례도 없었다. 유럽의 지휘관들은 제1차 세계대전 이후 벌어질 전쟁이 제1차 세계대전과 전술적으로 유사할 것이라고 추정하는 경향이 있었다. 제1차 세계대전 당시 전차의 주요 목적은 적의 방어선을 돌파하고, 가시철조망을 깔아 뭉개고, 보병 돌격을 준비하기 위해 적의 지휘 체계와 통신을 교란하는 것이었기 때문에, 제2차 세계대전 이전에는 대개 이러한 목적에 따라 전차를 설계했다. 두꺼운 장갑과 대형 포를 장착한 중重전차는 '돌파용' 전차로서 전선과 적진을 뚫고 들어가는 용도였다. '보병 전차'인 중형中形 전차는 보병대와 함께 적진을 공격할 때 이용하며, 주로 적 전차와 교전할 계획이었다. 반면, 경전차 또는 '기병 전차'는 전통적인 기병대처럼 초기에 적 전선이 뚫리면 신속히 공격을 개시하는 용도였다.

삽화 32

1936년 팔레스타인에 투입된 영국 경전차 마크 III. 비커스사에서 만든 이 경전차는 전간기에 생산된 전형적인 모델로, 당시에는 대형 전차보다 작고 빠른 소형 전차나 '기병 전차'를 선호하는 경향이 있었다.

따라서 제2차 세계대전 초에 전차는 주로 기병용인 경전차, 보병용인 중형 전차, 그리고 중전차로 나뉘었다. 1939년, 경전차는 제작이 더 쉽고 비용이 저렴해 다른 종류의 전차보다 수가 더 많았다. 1941년 6월, 독일이 소련을 침공하던 당시 약 2만 3000대로 이루어진 소련 전차 군단은 중전차 2.5퍼센트, 중형 전차 5.8퍼센트, 경전차 91.7퍼센트로 구성되었다. 1930년대까지 영국군의 경전차 품질이 가장 뛰어났지만, 미국 자동차 기술자 J. 월터 크리스티가 일부분을 설계한 소련 경전차 BT 시리즈는 화력이 적지 않은 편인 45밀리미터 구경 주포와 시속 70여 킬로미터라는 놀라운 주행 속도가 결합되어 동급 전차 중 가장 우수한 성능을 자랑했다. 판처* I에 기관총 2정을 탑재하고, 판처 II에 20밀리미터 구경 대포 1문과 기관총 1정을 탑재했던 독일군 경전차처럼, 경전차의 무장은 훨씬 더 가벼워졌다.

---

* 전차의 독일어 명칭인 PzKpfw는 '장갑 전투 차량'이라는 의미의 판처캄프바겐Panzerkampfwagen의 약자다. 이 단어는 점점 줄어들어 '장갑'이라는 뜻의 판처Panzer로 간단히 부르는 것이 일반적인 관행이 되었다.

보병대에서 썼던 중형 전차는 1930년대 중반 이후 주로 사용됐다. 제2차 세계대전 당시 중형 전차는 유명한 미국의 M4 셔먼 시리즈, 소련의 T-34, 독일의 판처 V 판터를 비롯해 상당히 다양한 모델이 생산되었으나, 처음에는 그 역할이 불분명했다. 제2차 세계대전 이전의 유럽에서는 프랑스의 소뮈아 S35가 최고였다. 소뮈아 S35는 엄밀히 말하면 기병 전차였지만, 동시대의 대형 전차들보다 더 중무장했고, 자동 밀폐식 연료 탱크와 자동 소화 시스템 등 여러 최첨단 기능을 자랑했다. 소뮈아는 1940년에 어디서든 최고의 전차였을 것이다. 그해 봄, 독일군이 프랑스를 침공했을 때 프랑스군이 더 많은 소뮈아를 보유하지 못했던 것은 유감스러운 일이었다.

중전차는 가장 실용적이지 않은 전차였다. 1921년에 처음 도입되었을 당시 중전차는 시대를 앞섰던 프랑스의 단일 포탑형 전차 샤르 2C를 제외하고 1930년대까지는 유행하지 않았다. 중전차가 다시 나타났을 때, 그 육중한 차체는 제1차 세계대전 당시 사용된 거대한 육상 전함을 연상시키는 괴물 같았다. 엔진은 개선되었고, 장갑 두께는 늘어났으며, 대포의 크기와 개수도 증가했다. 그중 일부 전차는 포탑이 여러 개였는데, 특히 소련의 T-35가 가장 유명하다. 1933년 소련 공장에서 처음 등장한 T-35는 75밀리미터 구경 대포 1문, 45밀리미터 구경 대포 2문, 기관총 5~6정 등 총 8개 또는 9개에 달하는 화기를 차체에 설치된 포탑 5개에 장착했다. 이 중전차를 작동하는 데는 병사 11명이 필요했고, 무게는 약 45톤이었다. T-35는 너무 무거워서 500마력이나 되는 거대한 V-12 엔진으로도 시속 30킬로미터 이상으로 달릴 수 없었다.

1930년대에 첫 선을 보인 전차들의 외관은 서로 매우 달랐지만, 모두 유사한 특징이 1가지 있었다. 모두 회전 포탑을 가지고 있었다는 점이다. 1917년에 포탑을 360도 회전시키며 발사하는 르노 전차의 우수성은 보편적으로 인정받았다. 전간기에 개발된 전차 대부분은 강철 장갑을 대갈못인 리벳으로 결합시켰다. 이는 분명히 빠르고 저렴한 공법이었다. 하지만 시험 결과 용접이 강철판을 덧붙이는 더 우수한 방법이라는 사실이 밝혀졌다. 리벳으로 결합한 장갑은 쉽게 부서질 수 있었고, 적 포탄에 맞으면 리벳이 부러지고 튕기면서 전차 내부의 병사들까지 위험해질 수 있었다. 따라서 제2차 세계대전 이전부터 용접이 리벳을 대체하기 시작했다. 주물도 이용되었다. 프랑스군의 소뮤아는 단일 강철 주물로 포탑을 만든 첫 번째 일반 전차였다. 소뮤아의 포탑에는 접합선이 없었으므로 리벳 또는 용접으로 덧붙인 장갑보다 더욱 견고했다. 더 큰 대포와 더 많은 병사를 수용할 수 있도록 포탑 크기도 급격히 늘어났다.

제2차 세계대전이 시작하던 1939년에 전차가 전쟁에서 어떤 역할을 맡게 될지는 누구도 짐작할 수 없었다. 그러나 많은 기대가 전차에 걸려 있었다. 한때 독일의 적이었고, 이후에도 변함없이 적대적인 프랑스의 참모장교였던 샤를 드골은 합동 전술로 신속한 선제 공격을 벌일 수 있는 소규모의 전문적이고 기계화된 군대를 요구했다. 고도로 훈련된 전차 군단은 드골이 꿈꾸던 이상적인 군대의 필수 요소였다. 하지만 대규모 시민군과 단순한 방어 전략을 고수했던 보수적인 프랑스군 기득권층은 전차를 단지 움직이는 방어 전력으로만 이용했다. 영국은 제1차 세계대전에서 전차전의 선구자였고, B. H. 리들 하트와 J. F. C. 풀러라는 전차 지지자 2명을 보유하고 있었다. 그러나 영국군 최고 사령부는 육군보다 공군과 해군을 선호했고, 1930년대 말이 되자 영국은 더 이상 전차의 선두주자가 아니었다.

대신 소련이 그 자리를 차지했다. 내전에 따른 혼란과 1919년부터 1920년까지 벌어진 신생 폴란드와의 잔혹한 전쟁에서 막 벗어난 소련은 기계화와 장갑을 모두 수용하는 진정한 선구자들을 배출했다. 그중에는 이오시프 스탈린의 국방 위원인 클리멘트 보로실로프와 젊은 육군 원수인 미하일 투하쳅스키도 있었다. 1930년 이전 러시아의 산업과 경제는 매우 취약했기 때문에 전차전은 노동자와 농민으로 구성된 붉은 군대(소련군)의 선택 사항이 아니었다. 그러나 스탈린이 1928년에 소련의 산업화를 촉진하려는 급진적이고 잔혹한 시도인 제1차 5개년 계획을 일으켜서 전반적으로 성공을 거두자 모든 것이 변화했다. 국방이 다른 모든 것들보다 우선시되면서 곧 소련 전역의 공장들에서는 전차와 기타 차량 들이 쏟아져 나왔다. 1930년대 중반까지 소련은 전차 7,000대 이상과 그보다 더 많은 트럭을 생산했고, 미하일 투하쳅스키가 주장한 '기계화된 제병 협동 작전'도 이로써 가능해졌다. 소련의 전술 교리는 대규모 전차 대형과 포병대와 항공 지원을 결합해 적의 방어선을 뚫으면, 보병대가 그 틈으로 들어가 공격하는 식이었다. 소련이 세계에서 가장 잘 발달된 기갑 부대를 보유하고 있다는 것은 분명했지만, 곧 선두 자리를 내주었다. 1936년부터 1939년까지 벌어진 스페인 내전에서 기갑 부대가 평범한 성과를 보이자, 소련은 곧 전차를 향한 열정을 잃었다. 독재자 스탈린의 살인적인 편집증을 충족시켰던 잔혹한 대숙청은 러시아 최고의 군사 전문가 다수의 목숨을 앗아갔으며, 소련군 사령부에도 돌이킬 수 없는 손실을 입혔다. 투하쳅스키도 희생자 중 1명이었기 때문이다.

전차는 1930년대 내내 계속 발전했지만, 제2차 세계대전 때 기술이 더욱 무르익었다. 항공기를 제외하고 전쟁 내내 전차만큼 빠르게 발전한 무기는 없었다. 1939년에 최신식이던 전차가 1941년에는 구식이 되었다. 1945년에 활약하던 주력 전차는 속도나 신뢰성, 성능 면에서 1939년부터 1941년까지 활약했던 전차보다 21세기의 전차에 훨씬 더 가까웠다. 또한 군용기와 마찬가지로 전차는 전투와 군사 기술의 새로운 관계를 드러냈다. 전장의 지휘관들은 전술을 새로운 기술에 적응시키지 않고, 새로운 기술을 전술에 적응시켰다. 이는 매우 짧은 시간 동안 전쟁터에서 이루어졌다. 전시에 이루어진 전차의 발전은 전쟁사상 새로운 대응력을 보여 주었다.

그리하여 전차는 군용기와 마찬가지로 단기적으로 요구되는 상황에 따라 실시간으로 진화했다. 그러나 군용기와 달리, 지휘관들은 전차의 사용 방법에 관한 명확한 아이디어가 없었다. 군용기는 제1차 세계대전에서 확실히 쓸모가 있었지만, 전차는 존재 가치를 입증하지 못했기 때문이다. 전차가 확실한 쓸모를 찾지 못했기 때문에 1930년대에 전차 설계는 되는 대로 이루어졌다. 하지만 독일은 예외였다.

1936년 이전까지는 소련이 세계 최고의 기갑 부대를 보유하고 있었으며, 대숙청 이후에도 스탈린의 공격적이고 잔인한 경제 정책 덕분에 세계에서 전차를 가장 많이 생산했다. 그러나 1936년 이후 전차에 가장 많은 관심을 쏟았던 나라는 독일이었다. 독일 국방군 지도부, 특히 한스 폰 제크트 장군은 참호전을 순순히 받아들이는 대신 기동력 확보 방안을 모색했다. 기대가 컸으나 실패로 끝난 1918년의 춘계 공세를 경험했던 독일군 사령부와 전술가들은 보병대와 포병대, 그리고 항공 지원 간의 합동작전이 매우 중요하다는 사실을 깨달았다. 전차는 합동 작전에 매우 적합했다. 참호전에 따르는 교착 상태를 타개하기 위한 해결책은 좁은 전선에서 기계화 보병, 전차, 근접 항공 지원을 모두 결합시켜 집중 공격함으로써 적의 방어력을 압도하고 돌파하는 것이었다. 이는 블리츠크리크blitzkrieg*, 즉 '전격전'이라고 알려진 복잡하지만 기발한 전술이었다. 기갑 부대는 이러한 전술에서 중심적인 역할을 맡았으며, 핵심은 육군과 공군이 무전기로 지속적인 통신을 하는 것이었다.

---

* 이 용어 자체는 독일어지만, 공식적이든 비공식적이든 제2차 세계대전 동안 합동 공격 전술을 일컫는 용어로 독일군이 받아들였다는 증거는 거의 또는 전혀 없다.

독일군의 전차 생산 계획은 전격전의 예상 수요에 따라 전개되었다. 처음에는 경전차인 판처 I과 II가 생산되었다. 중형 전차인 판처 III는 기계화 보병과 함께 이동하면서 장갑을 관통하는 포탄으로 적 전차를 격파하는 구축 전차 역할을 했다. 중전차인 판처 IV는 야전 요새나 대전차용 포좌와 같이 '부드러운' 목표물을 제거하기 위해 고폭탄을 발사했다. 독일군이 '돌격포'라 일컫는 특수 전차도 전격전을 지원했다. 슈투름게쉬츠Sturmgeschütz 또는 줄여서 스터그StuG라고 불린 돌격포에는 포탑 대신 낮은 포좌에 전방으로만 사격할 수 있는 대포 1문을 장착했다. 돌격포는 보병대에 화력을 직접 지원했으며, 장갑이 두꺼워 적 포병대에도 가까이 접근할 수 있었다. 1941년 이전, 하인츠 구데리안과 같은 독일군 지휘관들은 판처 III나 IV보다 더 무거운 전차가 필요하다는 사실을 깨닫지 못했기에 소련이 만든 육상 전함처럼 터무니없이 큰 전차는 만들지 않았다.

실제로 전격전은 예상대로 흘러가지는 않았다. 독일 국방군의 기갑 부대는 훗날 알려진 것처럼 강력하거나 기술적으로 진보된 것과는 거리가 멀었기 때문이다. 1938년 3월에 독일군이 오스트리아 병합을 강행했을 때, 오스트리아 국경 너머로 진격한 기갑 부대의 성과는 비참할 정도였다. 독일군이 보유했던 전차 대부분은 판처 I과 II였는데, 기술적 결함과 고장이 빈번해서 독일군과 총통을 당황시켰다. 1년 반 후 폴란드를 침공할 때에도 독일군 전차 대부분은 경전차였고, 판처 III와 IV는 소수였다. 독일군 기갑 부대에서는 체코슬로바키아에서 만든 고급 경전차인 vz.35와 vz.38을 비롯해 노획한 외국산 전차의 비중이 점점 늘어나고 있었다.

현대적이고 강력한 전차가 부족하긴 했으나, 독일 기갑 부대의 활약은 뛰어났다. 이는 물론 제3 제국이 초기에 계속 큰 차이로 완벽한 승리를 거두는 데 도움이 되었다. 폴란드는 훌륭한 군대를 보유하고 있었고, 일반적으로 알려진 것과는 달리 시대에 뒤떨어진 군대가 아니었다. 그러나 폴란드의 기갑 부대는 초소형 경전차나 프랑스군이 제1차 세계대전에서 쓰고 넘겨준 전차만 가지고 있었다. 1940년 봄, 독일군이 정복한 덴마크, 네덜란드, 벨기에의 군대에 장갑차보다 큰 것은 1대도 없었다.

전략적인 차원에서 전격전은 적의 방어가 약한 지점이나 적어도 적이 공격당하리라 예상치 못한 곳을 신속하게 압도적으로 공격하는 것이었고, 전술적인 차원에서는 근접 항공 지원과 포격을 결합해 적의 방어선을 흔드는 것이었다. 독일 기갑 부대는 기계화 보병과 함께 진격하여 돌파구를 더 크게 만들었다.

독일군의 결정적인 이점은 통신이었다. 폴란드에서 그리고 이듬해 프랑스에서도 기갑 부대는 맡은 역할을 훌륭하게 수행했다. 기갑 부대가 보병대와 포병대 및 공군의 근접 지원 항공기와 지속적으로 연락을 취한 덕분이었다. 독일 전차는 무전기를 늘 갖추고 있었고, 지휘관들은 주력 무기 대신 강력한 무전기와 정교한 안테나를 갖춘 특수 지휘 전차(Panzerbefehls-wagen)를 몰았다. 한창 작전 중이던 전차 지휘관들은 추가적인 항공 지원 또는 포격 지원을 즉각 호출할 수 있었고, 이것은 모두 무전기 덕분이었다. 반면 1940년에 독일이 프랑스와 저지대 국가를 침공했을 때 전차에 무전기를 설치하기 시작했던 프랑스군을 제외하고는 어떤 군대도 이러한 통신 장비를 갖추지 않았다.

이는 독일이 첫 번째 전투에서 거둔 승리의 열쇠였다. 즉 기술적 우위가 아닌 조직과 전술 덕분이었던 것이다. 독일이 영국 및 프랑스와 벌인 전투에서 이 점은 더욱 확실해졌다. 1940년, 무력한 경전차였던 마크 VIB나 중형 '순항' 전차*였던 마크 IV와 같은 영국군 전차는 매우 평범했다. 프랑

---

*   고속으로 적 전선을 돌파하거나 우회하여 공격하는 전차로, 기병 전차 개념의 무기다.
     - 편집부

스군 전차는 독일군 전차보다 훨씬 더 뛰어났다. 특히 소뮤아가 그러했다. 그러나 프랑스와 영국은 똑같이 패배했다. 기술적 우위로는 조직과 전술의 부족한 점을 보완할 수 없었으며, 승리도 장담할 수 없었다.

　그렇다고 해서 기술적 우위가 아무런 의미가 없다는 것은 아니다. 독일 군은 이듬해에 소련을 침공하며 쓰라린 교훈을 얻었다. 1941년 6월 독일군 이 소련을 침공하는 바르바로사 작전을 개시했을 때, 독일의 전차 생산량 은 크게 늘어났고, 독일 기갑 부대의 장비는 프랑스와 싸울 때보다 훨씬 더 개선되었다. 1941년 바르바로사 작전 초기 단계에 히틀러의 군단이 러시아 의 거대한 초원 지대를 가로질러 동쪽으로 질주하면서 사기를 잃고 오합지 졸이 된 소련군을 몰아붙일 때, 독일군 기갑 부대는 정점에 오른 기세를 보 여 주었다. 세계에서 가장 큰 기갑 부대를 보유한 소련을 상대로 독일이 동 부 전선에서 손쉽게 얻었던 승리는 정말 놀라웠다.

삽화 33번

소련군의 T-34. 사진 속 T-34 중형 전차는 1941년형 전차를 개조한 것으로, 제2차 세계대전 당시 가장 효과적인 범용 전차였다. 1941년 여름, 히틀러의 군대와 처음 맞닥뜨렸을 때 T-34는 경사진 차체 전면 장갑판 덕분에 독일군의 대전차 무기를 대부분 막아낼 수 있었다.

　하지만 독일군 기갑 부대 역시 처음 마주친 소련군 기갑 부대의 모습 을 보고 놀랐다. 바르바로사 작전은 인적이 드문 광대한 지역에 흩어진 기 갑 부대에 연료, 탄약, 예비 전차, 예비 부품 등을 공급하는 새롭고 힘든 보 급 및 물류 문제를 일으켰을 뿐 아니라, 독일군으로 하여금 소련군 전차가 독일군 전차보다 더 낫다는 불쾌한 사실과 직면하게 했다.

18장 아주 큰 대포

제2차 세계대전 이전에 소련군은 BT 시리즈와 영국 비커스 전차의 영향을 받은 T-26을 비롯해 주로 경전차에 집중했다. T-35와 같은 초중전차에도 상당한 자원을 투입했으나, 이는 추후에 어리석은 투자로 드러났다. T-35는 느리고 무거웠으며, 늘 고장에 시달렸다. 소련군의 T-35와 경전차 모두 개량된 판처 III와 IV의 상대가 되지 못했다. 그러나 독일 기갑 부대 지휘관들은 1939년과 1940년에 공장에서 막 생산된 소련군의 최신식 전차인 KV-1 중전차와 T-34 중형 전차를 처음 접했을 때, 입을 다물지 못했다.

의미 있는 모든 측면에서 볼 때, T-34와 KV-1은 1941년에 존재하던 독일군 전차보다 우수했다. KV-1의 두꺼운 장갑은 전면 90밀리미터, 측면과 후면 70~75밀리미터라서 독일의 가장 큰 전차와 대전차포로도 해치울 수 없었다. 양 소련 전차가 장착한 76.2밀리미터 구경 주포는 그 당시 독일 전차에 장착한 그 어떤 대포보다 강력해서 판처 IV마저 손쉽게 해치울 수 있었다. T-34는 뛰어난 기술자인 미하일 코시킨이 이끄는 설계 팀의 작품으로, 기존 전차 설계의 일반적인 통념을 완전히 벗어난 것이었다. 기술적으로는 중형 전차였지만, 같은 세대의 그 어떤 중형 전차보다 두꺼운 장갑을 갖췄다. 최고 속도는 시속 53킬로미터로 기동력이 뛰어났으며, 넓은 궤도는 독일 전차의 좁은 궤도보다 부드러운 지면에서 더 나은 견인력을 제공했다. T-34는 디젤 엔진을 장착했는데, 이는 또 다른 현명한 선택이었다. 디젤 엔진은 연료 효율이 높았으며, 실수로 발화할 가능성이 낮아서 전차 엔진으로 매우 적합했다. 반면 독일 전차는 항상 가솔린을 연료로 하는 내연기관을 이용했다. 그러나 코시킨이 설계한 T-34에서 가장 혁신적인 점은 차체의 모양이었다. 당시 대다수 전차는 사각형 모양이었기에 전면과 측면 장갑판이 수직으로 붙어 있었다. 반면 T-34의 전면은 경사져 있었고, 포탑은 곡면으로 되어 있었다. 전면 장갑의 경사는 T-34의 중요한 생존 요소였다. 전차 전면에 적 포탄이 명중해도 직접적인 타격을 피할 수 있었고, 따라서 전차의 두꺼운 장갑이 뚫릴 가능성이 훨씬 줄었기 때문이다.

동부 전선에서는 이후 4년 동안 세계에서 가장 큰 양대 기갑 부대들이 맞붙는, 제2차 세계대전에서 가장 강력한 전차전이 펼쳐졌다. 무엇보다 동부 전선의 지형은 전차전을 하기에 상당히 이상적이었다. 초원 지대의 광활한 평야는 적어도 건기 동안에는 전차의 자연 서식지나 다름없었기 때문이다. 이러한 지형은 전쟁 초기 몇 달 동안에는 후퇴하는 소련군을 뒤쫓는 독일군에 유리하게 작용했다. 소련은 소위 '대조국 전쟁'의 첫해에 끔찍한 손실을 입었지만, 전쟁터 밖에서는 큰 승리를 거두었다. 그들은 공장 약 1,500개와 민간인 1000만 명을 비롯한 자국 산업과 인구를 동쪽으로 안전하게 이동시킬 수 있었다. 독일의 침공으로 소련의 중공업은 사실상 파괴되었고, 1941년 말에는 생산력이 절반으로 줄었지만, 공장의 이동으로 소련은 계속 전쟁에 총력을 기울일 수 있었다. 1942년 봄까지 공장의 생산력은 다시 증가세로 돌아섰고, 1944년의 생산력은 1940년의 251퍼센트에 달했다. 생산물 대부분은 장갑판이었다. 이후 밝혀지겠지만 전차전에서 승리하는 핵심 요소는 결국 생산력이었다.

동부 전선에서 일어난 전투가 전부 전차전은 아니었지만, 전차는 1941년에 시작하여 1945년에 끝나는 독소 전쟁의 중요한 요소였다. 소련군은 전쟁 초기에 기갑 부대를 매우 신뢰했지만 독일의 공격으로 엄청난 손실을 입자 독일군과 같이 기갑 부대와 포병대, 보병대, 근접 항공 지원을 결합하는 전술을 채택했다. 독일과 소련의 공격 방식과 방어 방식은 확연히 달랐지만, 근본적인 전술 방식은 유사했다. 예를 들면, 공격할 때는 포병대와 공군이 먼저 적의 대포와 전차를 제압하는 힘든 일을 맡았고, 이후 전차와 보병대가 진격했다. 이때 전차는 주로 '움직이는 대포'로서 적을 공격했다. 소련에서는 '탱크 데산트tankovyy desant'라는 전술, 즉 보병들이 전차 측면에 달라붙어 전투에 들어가는 방식을 이용했는데, 이렇듯 보병과 전차는 물리적으로 매우 긴밀한 협력 관계를 유지했다. 전쟁이 진행됨에 따라 대전차포가 개선되면서 전차 승무원들은 더욱 위험해졌지만, 여전히 전차는 성공적인 제병 협동 작전의 중요한 구성 요소였다.

동부 전선에서 벌어진 전투는 전쟁 전 전차 지지자들이 품었던 낙관적인 기대에 부응하지는 못했다. 전차는 기병대를 대체하지 못했다. 또한 아무도 경전차를 대량 사용하여 교착 상태를 돌파하지는 못했다. 하지만 독소 전쟁에서 사용된 전차의 수는 놀라웠다. 1943년 7월에 쿠르스크 전투가 시작되었을 때, 독일군에는 전차가 약 3,000대 있었고, 소련군에는 약 5,000대가 있었다.

동부 전선은 제2차 세계대전 당시 전차전과 전차 개발의 중심지였다. 독일군은 소련군의 T-34와 KV-1을 보면서 새로운 전차를 설계하지 않을 수 없었고, 판처 III와 IV에도 무기와 장갑을 계속 덧붙였다. 판처 IV는 독일 기갑 부대의 주력 전차가 되었다. 독일 국방군은 또한 소련의 위협에 대처하기 위해 무시무시한 전차로 악명 높았던 판처 VI '티거', '판터'라는 이름으로 더 유명한 판처 V 등 새로운 전차를 생산하기 시작했다. 티거 전차는 속도가 느리고 볼품도 없었지만 연합군의 가장 강력한 전차에서 날아오는 포탄을 거의 다 물리칠 만큼 견고했을뿐더러, 88밀리미터 구경 대포를 장착해 적의 어떤 전차도 다 해치울 수 있었다. 초창기 판터는 기계적인 문제가 발생하긴 했지만, 빠른 속도와 두꺼운 장갑, 강력한 무기로 T-34보다 우수했던, 제2차 세계대전 당시 최고의 중형 전차였다.

그러나 일반적으로 독일 전차 설계의 진화는 불규칙적이고 혼란스러웠으며, 오랜 시간을 들여 이루어졌다. 독소 전쟁에서 문제가 발견될 때마다 기본 모델에 장갑을 덧붙이고 주포를 개선하는 방식으로 보완해서였다. 결국 기본 모델마다 변종이 여러 개가 되면서 심각한 물류 문제가 잇따르게 되었다. 빠르게 노후화된 판처 III의 변종은 12개였고, 판처 IV의 변종은 10개였다. 소련은 현명하게도 주 전차로 T-34와 KV-1을 고집했고, 개조가 드물게 이루어졌지만 할 때는 제대로 했다. 범용 전차인 T-34는 총 5회 개량되었고, 전시에 최종 모델이었던 T-34/85는 85밀리미터 구경 대포를 장착하여 판터와 티거에 필적할 만한 화력을 갖추었다.

다른 전선에서의 전술과 기술 면에서의 경험은 규모가 작았지만 대부분 비슷했다. 물론 전차가 다양한 지형을 모두 돌파할 수는 없었기 때문에 모든 곳에서 이용되지는 않았다. 파시스트 이탈리아는 알프스 국경에서 전차를 사용할 수 없었기 때문에 전쟁 전에는 전차 개발에 많은 투자를 하지 않았다. 태평양 전쟁에서도 전차전은 눈에 띄게 적었다. 비록 미군은 일본군에 맞서 전차를 사용했지만, 섬으로 이루어진 지형에서는 전차를 이동시키기 어려웠으며, 일본군이 보유한 비교적 몇 안되던 전차조차 미군의 가장 약한 경전차보다도 뒤떨어졌다.

따라서 독일과 이탈리아 대 영국과 미국의 전쟁은 완전히 다른 이야기였다. 독소 전쟁과 비슷했으면서도 규모가 더 작았던 것이다. 북아프리카에 주둔하던 영국 육군과 미 육군 모두 전차를 독자적으로 이용하는 것보다 제병 협동 작전의 일부로 이용하는 것이 낫다는 사실을 빠르게 깨우쳤다. 독일군 장성 중 가장 뛰어났던 에르빈 로멜은 대포와 대전차포로 먼저 포격을 시작하는 자신만의 제병 협동 전술을 개발했다. 전차에 많이 투자하지 못했던 이탈리아군도 전격전 전술과 비슷한 사격 및 이동 전술 교리를 개발했지만, 전차의 품질이 낮고, 무전기가 없었으며, 근접 항공 지원을 동원할 수 없었기에 별다른 성과를 거두지 못했다. 1944년 6월에 노르망디 상륙 작전이 이루어지던 당시 미군과 영국군은 공군, 전차, 포병, 보병을 완벽하게 통합하는 데 꽤 익숙했지만, 1944년부터 1945년까지 프랑스, 저지대 국가, 그리고 독일에서 거둔 연합군의 승리에는 기갑 부대보다는 공군이 기여한 바가 더 많았다.

　영국과 미국의 전차가 독일과 소련이 정한 기준에 미치지 못했다는 점도 주목할 만하다. 이는 미국이 중공업 분야에서 세계를 주도했고, 영국이 한때 전차 혁신의 중심지였다는 사실을 고려하면 놀라운 일이었다. 영국군은 1940년에 됭케르크에서 철수하면서 중장비 대부분을 잃었고, 이후 매우 평범한 순항 전차와 중전차를 한정된 수만큼 생산했다. 미국이 참전한 1941년, 미군 전차 대부분은 M3와 M5 시리즈 경전차로, 독일 전차의 적수가 될 만한 수준이 아니었다. 1943년부터 1945년까지 이탈리아와 프랑스에서 전투를 벌인 연합군의 일반 전차는 미군의 주력 전차인 M4 셔먼과 그 개량형이었다. 영국군도 M4 셔먼을 개량해 자국 전차를 만들었다. 초기 셔먼 전차는 태평양에서 일본군 전차를 상대로 좋은 성적을 거두었지만, 판처 IV나 판터 같은 비슷한 급의 독일 전차를 상대로는 확연히 불리했다. 셔먼은 독일 전차보다 속도가 빨라 기동력이 좋았지만, 판터의 경사진 전면 장갑과 75밀리미터 구경 주포에 비할 수준은 아니었다.

　제2차 세계대전에서 이용된 기갑 차량은 전차만이 아니었다. 전차를 상대로 장갑차가 맞붙을 수는 없었지만, 장갑차는 정찰부터 게릴라를 상대로 한 후방 작전까지 다양한 용도로 기능했다. 대다수 군대는 보병대가 돌격할 때 근접 화력 지원을 위해 독일의 돌격포 같은 일종의 '자주포'를 도입했다. 광범위하게 이용된 또 다른 특수 전차는 구축 전차로, 중전차의 강력한 파괴력과 경전차의 기동성이 결합되었다. 구축 전차는 장기간의 전차전에 투입되기보다는, 빠르고 강하게 공격한 다음 적 대포의 사정거리 밖으로 신속히 후퇴하는 방식으로 운용됐다. 대다수 구축 전차는 포탑이 없고, 주포가 차대에 고정되어 있어 비슷한 크기의 기존 전차보다 더 큰 대포를 탑재할 수 있었다. 따라서 구축 전차는 생산 비용도 기존 전차보다 더 저렴했다. 독일과 소련은 구축 전차에 관심이 있었다. 구축 전차는 독일군의 구형 전차나 노획한 외국제 전차 차대를 개조해 만든 경우가 많았기 때문에, 독일 국방군에 구축 전차란 예산을 절약하는 방법이었다. 구식 판처 I과 II 수백 대는 물론 판처 IV까지 포탑을 뗀 구축 전차인 야크트판처Jag-dpanzer 또는 판처예거Panzerjäger로 개조되었다.

전차와 장갑차는 전간기에는 예상치 못했던 다용도 무기가 되었다. 전차 앞에 거리를 어느 정도 두고 무거운 롤러를 장착해 그것으로 지뢰를 폭발시켜 지뢰밭을 청소할 수도 있었고, 주포 대신 화염 방사기를 장착하거나 포탑 꼭대기에 로켓탄 발사기를 설치할 수도 있었다. 전차를 중심으로 한 기갑 부대는 보병대나 포병대와 대등한 전투 부대로 발전하여 독자적인 전술 교리와 조직 규범을 갖추었다. 독일군이 소련, 폴란드, 우크라이나의 게릴라를 상대로 벌였던 전선 뒤의 게릴라전에서, 독일 국방군과 경찰대는 현대의 전장에서는 쓸모없는 구식 경전차도 경무장한 비정규군에게는 효과적이라는 사실을 발견했다. 이렇게 제2차 세계대전에서 전차만큼 많은 변화를 겪은 무기는 거의 없다.

전차 기술 분야에서의 혁신이 빗발치고, 제2차 세계대전에서 사용된 전차 유형이 혼란스러울 정도로 다양해지면서 몇 가지 일반적인 추세가 나타났다. 그중 하나는 경전차보다 중전차가 점점 더 많아졌다는 것이다. 전간기에 전차 지지자들은 전차가 기병과 이동식 야포의 역할을 대신할 것이라고 믿었다. 어쨌든 전차는 제1차 세계대전에서 무의미한 참호전을 겪었던 서구 장군들이 갈망했던 유동성과 기동성을 전쟁에서 구현하기 위해 만든 것이기 때문이었다. 그러나 독일 기갑 부대가 소련의 T-34와 KV-1을 처음 접한 순간부터, 전차는 점점 더 커지기 시작했다. 1920년대와 1930년대의 군사 이론가들이 예상했던 것과는 달리, 전차는 적 보병대나 요새보다 전차와 더 많이 교전했다. 모든 전차는 구축 전차가 되었고, 전차는 이러한 조건을 따라 설계되어야 했다. 장갑이 두꺼워지면서 전차가 포격을 점점 더 잘 견디게 되자 대포의 크기가 점점 더 커졌고, 자연히 더 큰 대포와 포탄을 탑재하면서 포탑의 크기도 커졌고, 이렇게 늘어난 무게를 감당할 강력한 엔진과 변속기, 더욱 탄력 있는 서스펜션도 갖추어야 했다.

따라서 동부 전선에서는 소련군의 KV-1과 T-34의 영향으로 독일군의 티거와 판터가 생겨났다. 하지만 이러한 추세는 여기서 끝나지 않았다. 티거가 생산 라인에서 갓 나오는 동안, 또 다른 독일 중전차가 제작되고 있었던 것이다. 1944년 여름, 독일은 대개 쾨니히스티거Königstiger, 즉 벵갈 호랑이라고 불렀고, 미국인들은 '킹 타이거', 즉 왕 호랑이라고 불렀던 티거 2 전차가 전투에 투입되었다. 거대한 포탑과 두꺼운 장갑을 장착한 티거 2의 무게는 거의 70톤에 달했다. 전장에서 티거 2를 만난 운 나쁜 연합군 기갑부대가 아무리 대포를 쏘아대도 이 괴물 같은 전차에 흠집도 낼 수 없었다. 독일군의 돌격포와 구축 전차도 같은 추세를 따라가면서, 최대 250밀리미터 두께의 장갑을 덧붙이고 128밀리미터 구경 대포를 탑재한 72톤급 야크트티거Jagdtiger가 등장해 정점을 찍었다. 연합군에게는 다행스럽게도 거대 전차는 여러 기계적인 문제에 시달렸으며, 독일이 연료 부족에도 시달리던 시기라 티거 2와 야크트티거 모두 연료를 충분히 보급받지 못했다.

이러한 추세는 독일 밖에서도 마찬가지였다. 전쟁이 끝날 무렵 서구의 주요 4개국은 모두 이러한 추세를 따랐다. 소련은 대포가 강화된 KV-85가 구식 KV-1을 대체했고, 1944년에는 새로운 IS 시리즈 전차가 처음 전투에 등장했다. 소련 최고 권력자 이오시프 스탈린의 이름을 따 만든 IS 시리즈는 독특한 차체 디자인과 냉전 시대에 소련 전차의 설계상 특징이었던 납작한 포탑이 두드러졌다. 미국 또한 유럽에서 전쟁이 끝나기 직전인 1945년 봄에 46톤급 M26 퍼싱 중전차를 선보이며 합류했다. 제2차 세계대전 초기에는 드물었던 중전차는 세계 주요 군대가 다용도로 사용하는 주력 전차 자리를 빠르게 차지했다.

삽화 34번

독일의 티거 2. 제2차 세계대전에서 가장 유명한 중전차일 것이다. '티거 아우스프 B',
'티거 B', 또는 '티거 II'로도 불린다. 더 유명한 전작인 무게가 약 57톤짜리 판처 VI 티거에
비해 훨씬 크고, 무게가 약 70톤에 달했으며, 강력한 88밀리미터 구경 대포를 탑재했다.
연합군에게는 다행스럽게도 독일군은 전쟁이 끝나기 전까지 티거 2를 500대도 채
생산하지 못했고, 연합군의 전략 폭격과 연료 부족, 불안정한 변속기 및 엔진과 같은 문제로
실제 전쟁에서 많이 사용하지도 못했다. 이 사진은 1945년 1월, 벨기에에서 미군들이
연합군의 항공 지원으로 망가진 티거 2를 조사하는 모습이다. 티거 2의 독일식 명칭은
쾨니히스티거로, 미국인들이 '왕 호랑이'로 잘못 번역했으나 원래 의미는 벵갈 호랑이다.

중전차는 제2차 세계대전이 남긴 가장 중요한 유산이었을 것이다. 제2차 세계대전이 남긴 핵심적인 교훈은 기술 고도화보다 생산력이 더 중요하다는 것이었다. 이 교훈은 기관단총과 같은 다른 분야의 군사 기술에서도 확인할 수 있었지만, 전차에서 더욱 확연히 드러났다. 전시의 독일군 전차는 결점이 없진 않았지만, 세계 최고나 다름없었다. 독일 전차는 세세한 부분까지 신경써서 철저하게 설계되었다. 반면, 소련 전차는 외관 마감이 거칠었고, 위장색을 정교하게 칠한 독일군 전차에 비해 도색이 단조로웠으며, 승무원실은 편안함이나 인체 공학을 전혀 고려하지 않았다. 또한 미국

과 영국, 영연방의 전차였던 셔먼은 속도를 제외한 거의 모든 면에서 독일군 전차보다 뒤떨어졌다.

그러나 소련과 미국의 전차가 독일 전차보다 우세했다. 여기에는 연료 보급과 항공 지원도 관련이 있었다. 노르망디 상륙 작전 이후 프랑스에서 독일군 기갑 부대를 무력화시킨 것은 연료 부족과 연합군의 전폭기뿐이었다. 하지만 전차전에서 연합군이 가장 유리했던 점은 산업 생산력이었다. 미국과 소련의 중공업 총생산력은 전쟁 기간 동안 증가했고, 독일과 독일이 점령한 지역의 공장들은 연합군의 공격을 받으며 줄어들었다. 정치적 간섭은 사태를 더욱 악화시켰다. 히틀러는 무기 개발에 간섭하면서 엄청난 시간과 자원, 인력을 허황된 무기 프로젝트에 낭비했다. 티거 2처럼 이미 비현실적으로 큰 전차도 장난감처럼 보일 만큼 거대한 초중전차를 생산하자고 주장한 사람도 히틀러였다. 거대한 포탑 1개에 128밀리미터 구경 대포와 75밀리미터 구경 대포를 장착한 188톤짜리 판처 VIII 마우스는 1944년 말에야 생산되었고, 마우스의 유일하게 남은 시제품 1대는 전쟁 막판에 소련군이 노획했다. 1,000톤급 육상 순양함인 P.1000 라테(쥐)는 너무 큰 나머지 그 존재를 믿기조차 어려웠다. P.1000 라테는 포탑 1개에 280밀리미터 구경 함포 2문을 탑재했고, 야크트티거 및 마우스의 주포와 동일한 128밀리미터 구경 대포 1문도 추가했으며, 소형 포탑 여러 개에 20밀리미터 구경 자동포와 기관총을 무더기로 탑재했다. 이 괴물에는 20기통 선박용 엔진 8대가 들어갔지만, 작동한다손 치더라도 그 무게를 견딜 수 있는 도로나 다리, 수송용 철도 차량은 유럽에 없었을 것이다. 하지만 히틀러는 고집을 꺾지 않았다. 그리고 히틀러가 자신의 우스꽝스러운 환상에 귀중한 시간과 자원을 낭비하고자 했다면 그대로 이루어졌을 것이다. 독일의 적들도 꿈의 무기가 없지는 않았지만, 라테와 같은 육상 전함을 만드는 어리석은 짓은 시도조차 하지 않았다.

제2차 세계대전 당시 우세했던 전차는 단순하고, 적절하며, 안정적이고, 대량 생산되며, 쉽게 수리되거나 빨리 교체될 수 있었다. 그렇다고 T-34나 셔먼이 우수하지 않았다는 말은 아니다. T-34는 독일군 전차 대다수보다 우수했고, 셔먼은 판처 IV처럼 흔한 독일 전차와 성능이 대등하지는 않았지만 비슷했다. 그러나 소련과 미국의 산업은 독일의 계획 경제와는 다른 방식으로 전시 생산을 준비했다. 소련과 미국은 적당히 좋은 전차를 효율적으로 생산하는 데 집중함으로써 총수량으로 독일 기갑 부대를 압도했다. 독일의 전차 대수는 전쟁 내내 점점 줄어들었고, 품질도 떨어졌다. 반면, 소련과 미국의 전차 대수는 점점 늘어났다.

전차를 상대하는 무기 역시 다른 전차 또는 구축 전차였지만, 현대전에서 전차의 위상이 점점 커지자 보병대도 전차를 상대할 수 있는 수단이 필요해졌다. 독일군은 다른 군사 기술과 마찬가지로 또 앞서 나갔다. 이는 당연한 일이었다. 제1차 세계대전 당시에는 연합군이 전차전을 꽉 쥐고 있었기 때문에 독일군은 적어도 1916년부터 연합군의 우수한 전차에 맞설 방법을 찾아야 했다. 연합군 전차 대부분의 장갑판은 중장거리에서 독일군의 77밀리미터 구경 야포로 발사한 포탄을 막을 수 없었기 때문에 전차 공격에는 일반적인 야포만으로도 충분했다. 하지만 항상 야포를 사용할 수는 없었기에 더욱 편리한 대책이 필요했다. 해결책 하나는 독일군의 막대형 수류탄 여러 개를 묶어서 동시에 폭발시키는 것이었다. 이렇게 급조된 대전차 수류탄을 신중하게 던지면 전차의 엔진을 손상시키거나 궤도를 절단시켜 전차를 무력화할 수 있었다.

또 다른 해결책은 대전차 소총으로, 또한 독일이 먼저 개발했다. 1918년 초, 마우저사는 볼트 액션 단발총인 탕크게베어Tankgewehr, 즉 대전차 소총을 만들었다. 탱크게베어의 직경 13.2밀리미터인 강력한 탄자는 강철 심이 있는 철갑탄이라 연합군 전차의 경장갑을 손쉽게 관통했다. 하지만 전차병이나 전차 내부의 부품을 맞춰 목표한 전차를 무력화시키려면 운이 매우 좋아야 했다. 또한 사수의 쇄골을 부러뜨릴 수도 있는 반동은 최대한 억제해야 했다. 탱크게베어는 제2차 세계대전 초기까지 살아남았다. 영국의 보이스, 독일의 판처뷕세, 핀란드의 라티, 소련의 PTRS와 PTRD 같은 대전차 소총들은 제2차 세계대전 초기 2~3년 동안 각 군대의 제식 무기였다. 그러나 1941년이 되자 대전차 소총과 그 탄자로 더 이상 최첨단 중전차와 중형 전차의 장갑을 뚫을 수 없었기 때문에 대부분 거의 사라졌다.

제2차 세계대전이 끝날 때까지 가장 효과적인 대전차 무기는 대전차포였다. 1920년대와 1930년대에 등장한 대전차포는 대다수 군대에서 채택한 보병포와 마찬가지로, 이동과 조작이 쉬워 보병이 기동하면서 사용할 수 있도록 제작되었다. 그러나 전차의 크기가 커지고 방어용 장갑도 두꺼워지면서 경량 대전차포는 효과가 없어졌고, 그 대신 크고 무거운 전차포가 발전하기에 이르렀다. 제2차 세계대전이 끝날 무렵 유일하게 효과적이었던 대전차포는 중전차와 구축 전차에 장착된 것과 동일한 대포였다. 독일의 범용 대전차포인 FlaK18은 의심할 여지 없이 가장 유명했다. 88밀리미터 구경 고속 대포인 FlaK18의 원래 용도는 대공포였고, 맡은 역할을 훌륭하게 수행했다. 그러나 독일 국방군이 기존에 사용하던 대전차포로는 소련의 T-34를 막지 못한다는 사실이 밝혀지자 FlaK18을 대전차포로 사용하게 되었다. FlaK18, 또는 병사들 사이의 명칭인 '88'은 3킬로미터가 넘는 거리에서도 T-34의 강력한 장갑을 파괴할 수 있었다.

대전차 무기는 특수 포탄이 필요했다. 고폭탄은 부드러운 목표물이나 대인용으로 적합했지만, 매우 두꺼운 강철 장갑에는 표면적인 손상이나 입히는 것이 전부였다. 게다가 탄체 내부의 폭발탄이 전차를 제대로 무력화시키려면 전차 외부가 아닌 내부에서 폭발해야 했다. 전차병과 대전차포 포병은 장갑 차량용으로 철갑유탄(APHE)을 사용했다. 탄체는 장갑 자체보다 단단한 고합금강으로 만들었고, 지연식 격발 신관으로 탄체가 목표물에 부딪혀 관통한 직후에 폭발했다.

제2차 세계대전이 진행되던 시기에 새롭고 무시무시한 대전차 무기가 널리 보급되었다. 1880년대 독일 과학자들은 폭발이 좁은 공관空管을 통과하며 일어나면 폭발의 효과가 몇 배 늘어나는 현상을 발견했다. 이는 추후 '먼로 효과(Munroe effect)'라고 불렸다. 군사적 가능성이 명백했기에 제1차 세계대전 이전부터 폭발탄 상단에 원뿔처럼 생긴 구멍을 뚫어 폭발 에너지를 집중시키는 '성형 작약' 실험이 여러 번 이루어졌다. 1918년 이후에는 먼로 효과에 대한 관심이 사라졌지만, 1930년대에 소련과 미국, 영국, 독일의 물리학자들과 무기 전문가들이 대전차 탄약 설계를 재검토하면서 다시 관심을 받았다. 흔히 HEAT(대전차 고폭탄)라고 하는 새로운 대전차 포탄은 1941년에 처음 등장했다. 대전차 고폭탄으로 대전차포의 위력은 매우 높아졌다. 얼마 뒤에는 대전차 고폭탄 관련 기술을 휴대용 대전차 무기에도 사용할 수 있다는 사실도 발견했다.

1942년에 영국은 2.5파운드짜리 대전차 고폭탄을 발사하는 휴대용 보병 박격포인 PIAT를 도입했다. 같은 해에 미국은 유명한 미국인 코미디언이 들고 다니던 악기와 비슷하게 생겨서 '바주카'라는 별명이 붙은 M1A1 로켓탄 발사기를 도입했다. 가장 효과적인 휴대용 대전차 무기는 독일에서 나왔다. '전차 협박'이라는 뜻인 판처슈렉Panzerschreck은 바주카포처럼 생긴 로켓탄 발사기로, 2명이 필요했지만 훨씬 더 강력한 폭탄을 발사할 수 있었다. 또한 판처슈렉보다 더 흔히 사용된 '전차 주먹'이라는 뜻인 판처파우스트Panzerfaust도 등장했다. 판처파우스트는 제2차 세계대전 당시에 동종 무기가 없었다. 성형 작약의 원리를 적용한 둥그런 로켓탄을 쇠파이프에 장착하고, 기본적인 조준기로 목표를 겨냥하는 1회용 화기였다. 무게가 가벼웠고, 사용이 간단했으며, 간단한 '교본'이 무기 자체에 인쇄되어 있어서 초보자도 쉽게 이용할 수 있었다. 또한 판처파우스트는 효과가 매우 강력했다. 예를 들어, 100미터 정도의 근거리에서 로켓탄을 발사하면 두께가 140~320밀리미터 정도 되는 강철 장갑을 파괴할 수 있었고, 연합군의 어떤 전차도 관통할 수 있었다. 연합군은 판처파우스트의 위력을 두려워하면서도 PIAT나 바주카보다 훨씬 뛰어났기 때문에 손에 넣을 때마다 독일군을 상대로 이용했다. 이는 20세기 후반에 제작된 소련의 RPG 시리즈와 미국의 M72 경량 대전차 무기(LAW) 등 더욱 정교한 휴대용 로켓탄 발사기의 시초가 되기까지 했다.

1944년부터 1945년까지 등장한 대전차 무기는 매우 효과적이었고, 생산비도 저렴해 대량 생산이 가능했으며, 운반하기도 쉬웠다. 또한 훈련받을 필요가 거의 없었다. 판처파우스트 1정과 병사 1명만으로 대형 대전차포만큼 쉽게 중형 전차를 해치울 수 있었고, 비용은 대전차포에 비하면 새발의 피였다. 판처파우스트는 20세기의 배타적인 최첨단 군사 기술의 결과물치고는 매우 저렴하고 사용하기 쉬운 무기였다.

하지만 대개는 철강을 비롯한 필수 원자재를 이용할 수 있고 중공업이 발전하는 등 철저히 산업화된 경제를 갖춘 국가만이 전술적으로 중요한 기갑 부대를 보유할 수 있었다. 전차와 군용기 및 주력함은 국가를 강하게 만들었으나, 애초에 강력한 국가만이 이러한 무기를 보유할 수 있었던 것이다. 이렇게 강력한 국가의 수는 시간이 지날수록 감소했고, 제2차 세계대전 이후에는 미국과 소련만 남았다. 판처파우스트와 그 후손인 RPG와 LAW 덕분에 약소국 군대나 게릴라, 비국가 활동 세력 등 소규모 군대는 자신보다 더 강력한 군대에 저항할 수 있게 되었다. 베트남부터 아프가니스탄까지 20세기 후반에 벌어진 거의 모든 분쟁은 휴대용 대전차 무기가 없었다면 양상이 매우 달라졌을 것이다.

이렇게 값싼 휴대용 대전차 무기가 확산되었지만, 전차는 여전히 유용했고, 이후에도 그랬다. 제2차 세계대전에서 기갑 부대는 보병대 및 포병대와 동등한 위치를 누리며 현대식 군대의 없어서는 안 되는 일부가 되었다. 제1차 세계대전에서 생존하기 위해 등장했던 2가지 신기술인 군용기와 전차는 제2차 세계대전에서 가장 정교하게 발전했다. 그러나 중요도 면에서는 전차가 가장 많이 발전했다. 1920년이나 1930년에 군용기의 효능을 의심하는 사람은 아무도 없었고, 다음 전쟁에서 군용기가 맡을 역할에 관한 현실적이고 상세한 아이디어는 이미 존재했었다.

전차는 그렇지 않았다. 1939년 이전에는 아무도 전차의 역할이 무엇인지 확실히 말할 수 없었고, 전차가 포병대와 보병대를 지원하는 보조 무기 이상의 역할을 맡게 될 것이라고 예상할 수도 없었다. 그러나 나치가 폴란드를 점령하고 소련까지 침공하는 와중에, 전차는 신속히 자신의 존재 가치를 입증했다. 전쟁 전에는 전차의 효과를 의심했던 이들이 순식간에 사라졌다. 전차는 야포를 끌고 갈 수 없는 곳까지 대포를 운반할 수 있었지만, 단순히 움직이는 대포 그 이상이었다. 전차는 다른 무기나 다른 부대가 맡을 수 없는 임무를 수행하는 독자적인 전투 부대를 이루었다.

대포는 제1차 세계대전 때와 마찬가지로, 또는 그 이상으로 제2차 세계대전의 전장을 지배했다. 기계화되고, 전차에 실리고, 말에 끌려다니면서 말이다. 전차포와 휴대용 박격포를 비롯한 대포는 여전히 뛰어난 살상 무기로서, 제2차 세계대전 당시 벌어진 지상전에서 총 사상자 사망 원인의 절반 혹은 3분의 2에 달하는 비율을 차지했다. 대포는 예전엔 결코 갈 수 없었던 곳까지 이동하는 역동적인 자산이 되었다. 전차와 기계화된 수송 장비 덕분에 대포는 공격할 때 함께 이동할 수 있었고, 심지어 공격을 주도할 수도 있었다. 또한 전략적으로도 유연해져서 새로운 임무를 수행하는 동시에 전통적인 임무까지 완벽하게 수행했다. 제1차 세계대전 당시에는 신기술이었던 대공포는 제2차 세계대전에서는 공습을 가장 효과적으로 방어하는 수단이 되었다. 대포는 장거리 화력을 제공하여 보병의 접근 범위, 심지어 시야 밖에 있는 표적에도 엄청난 파괴력을 집중시킬 수 있었다.

그러나 제2차 세계대전에서는 장거리 공격용 무기로서 군림해왔던 대포를 위협하는 또 다른 무기, 또 다른 부대, 또 다른 전투 방식이 등장했다. 제1차 세계대전에서 군용기는 지상 부대의 눈과 귀가 되어 그 가치를 입증했으나, 1939년에는 거대한 화력을 지닌 독자적인 장거리 무기로서 새롭게 등장했다.

19장

공군력

제1차 세계대전이 끝난 뒤 전차는 인기를 많이 누리지 못했으나, 항공기는 그 반대였다. 제1차 세계대전에서 공군력이 담당했던 필수적인 역할이 점점 더 커질 것이라는 사실을 모르는 이는 없었다. 항공 기술은 비교적 짧았던 제1차 세계대전 동안 큰 발전을 이루었다. 1914년 당시 이제 막 신기술 신세에서 벗어났던 비행기는 1918년에는 진지한 전쟁 도구가 되어있었다. 만약 제1차 세계대전 동안 전차가 없었더라도 전투의 기본 양상이 어떻게 변했을지는 알 수 없다. 그러나 만약 군용기가 없었다면 제1차 세계대전은 매우 다르게 흘러갔을 것이고, 그 결과도 달랐을 것이다.

군용기는 전쟁의 다른 측면을, 즉 어둡고 우울하고 불행하지 않은 측면을 추구하는 대중의 상상력도 사로잡았다. 조르주 기느메르, 앨버트 볼, 빌리 비숍, 믹 매녹, 리히트호펜 형제, 에디 리켄베커, 프랭크 루크, 오스발트 뵐케 같은 에이스들은 제1차 세계대전이 배출했던 늠름한 챔피언이자 일간지의 단골 인사였고, 이들의 위업은 안 그래도 잔인하고 험악한 전쟁에 약간의 고귀함을 실어 주었다. 하지만 전투기 조종사들은 이런 모든 명성에도 불구하고 항공전에서 담당한 역할이 많지는 않았다. 제1차 세계대전에서 항공기가 담당했던 주요 역할은 사실 가장 따분한 정찰, 포병 관측, 폭격, 근접 전술 지원 같은 임무였다.

그러나 진정한 폭격은 미래에나 벌어질 일이었다. 폭격이 제1차 세계대전에서 연합군의 승리를 이끌었다고 주장하는 이는 아무도 없을 것이다. 이 시기의 폭탄은 큰 피해를 입히기에는 너무 작았고, 비행기는 무게가 상당한 무기를 적재하기에는 힘이 부족했다. 1917년부터 1918년까지 독일이 영국에 감행한 공습은 끔찍했지만, 인명 피해가 그렇게 크지는 않았다. 1920년대와 1930년대에 폭격은 실제 경험이라기보다는 미래를 배경으로 하는 가상 현실과 같이 매혹적인 아이디어였다. 독일의 공습은 거의 해를 끼치지 못했지만, 폭격기가 독일군이 사용한 고타보다 더욱 빨라지고 커지며, 더 큰 폭탄을 더 많이 탑재할 수 있다면 어떻게 될까?

이렇듯 공군의 개념과 그 미래에 관한 질문을 던지면서 낙관적인 전망을 펼치는 것은 전간기에 아주 널리 이루어졌다. 가장 설득력 있는 공군 지지자는 제1차 세계대전 당시 이탈리아 공군의 선구자이자 독불장군이었던 줄리오 두에였다. 두에는 1921년에 《제공권》이라는 책을 출판해 공군력이 궁극적인 군사력이라는 그의 확고한 믿음을 표현했다. 이 책은 방대한 '3차원' 규모의 전쟁에서 폭격을 막으려는 시도는 무의미할 것이며, 폭격기 때문에 육해군은 곧 쓸모없어질 것이라고 예상했다. 국가는 공군력을 적극적으로 사용해 교통의 요지, 통신 센터, 공장, 정부 시설과 같은 전략 자원을 폭격함으로써 적국의 지상군을 순식간에 무력화시킬 수 있고, 주요 인구 중심지의 민간인을 목표로 삼아 적의 사기를 꺾고 기반 시설을 완전히 붕괴시킬 수 있다고 주장했다. 특별한 변수가 없다면, 사지에 몰린 민간인들이 강요하여 정치인들이 항복할 수밖에 없다는 것이 두에의 결론이었다.

제1차 세계대전 이전의 다른 기술 예측가들과 마찬가지로, 두에는 다양한 공군력을 보유함으로써 상대적으로 짧고 인간적인 전쟁이 보장될 것이라고 진심으로 믿었다. 민간인들은 잦은 폭격과 그 뒤에 번지는 불, 독가스 구름을 오래 버틸 수 없으므로 매우 짧은 유혈 사태가 벌어진 다음 전쟁이 끝나리라. 물론 장거리 중폭격기만이 이러한 결과를 가져올 수 있다고 믿었다.

오늘날에는 '전략 폭격'이라고 부르는 두에의 이러한 아이디어는 전 세계적인 공감을 얻었다. 아울러 1920년경 공군력 지지자들이 발언권을 얻고 영향력을 행사하는 데에도 일조했다. 또한 군사 대국의 항공 관련 병력이 독립적인 군대가 되는 과정에도 일조했다. 1918년 봄에는 영국 왕립 공군(RAF)이 창설되었고, 1926년에는 미 육군 항공단(USAAC)이 육군 내에서 장군 1명에 의해 별도로 움직이는 조직이 되었다. 이러한 공군 기관의 잘 알려진 지휘관들은 대부분 제1차 세계대전 당시 고급 지휘관이었고, 두에의 열렬한 신봉자들이기도 했다. 영국에도 휴 트렌차드가 있었다. 그는 두에처럼 장거리 폭격의 전략적 중요성을 굳게 믿었다. 트렌차드는 1920년대 초의 심각한 긴축 재정 상황에서도 왕립 공군의 독립적 지위를 유지하고, 폭격기를 제한하는 국제적 합의를 거절하자고 거의 홀로 주장했다. 1932년 11월 의회에서 전 총리 스탠리 볼드윈이 일방적인 군비 축소를 반대하는 연설을 하면서 트렌차드의 생각을 거의 그대로 말했다. "폭격기는 언제나 성공할 것이며, 유일한 방어 수단은 공격뿐입니다."

미국에서 두에의 사명을 이어받은 사람은 요란하고 거침없으며 완전히 자신만만했던 빌리 미첼이었다. 윌리엄(빌리) 렌드럼 미첼은 제1차 세계대전이 끝날 무렵 프랑스 주재 미 육군 항공대(USAAF)의 고급 지휘관이었다. 그는 거친 성격 탓에 육군성 관료의 총애를 받지는 못했으나 전쟁이 끝난 뒤에도 미 육군 항공대의 지도부에 남았다. 미첼은 항공대를 공군으로 독립시킬 것과 해군 항공 분야에 더 많이 투자하라고 끊임없이 주장했다. 그의 아이디어는 당시 해군 차관보였고 후일 제32대 미국 대통령이 될 프랭클린 델러노 루스벨트를 비롯한 이들의 강력한 반대에 부딪혔다. 그러나 공군력이 해군력보다 뛰어나고, 폭격기는 아무런 해도 입지 않으면서 가장 크고 강력한 전함도 격침시킬 수 있다는 미첼의 주장은 매우 큰 파장을 일으켰다. 또한 후자의 주장을 1921년에 육해군이 공동으로 수행한 2회에 걸친 실험 폭격으로 생생하게 입증했다. 미첼의 폭격대는 2,000 파운드나 되는 폭탄을 탑재한 쌍발 복엽 폭격기로 노획한 독일 전함 오스트프리슬란트함을 비롯한 군함 몇 척을 격침시켰다. 이 극적인 실험으로 미첼은 많은 반발을 사기도 했지만, 그의 전략 폭격 주장은 이로써 더욱 힘을 얻었다. 또한 그의 반항적인 성격마저 받아들여질 만큼 미첼은 미국 대중에게서도 많은 지지를 받았다.

삽화 35

1921년에 실시한 빌리 미첼의 폭격 실험. 미첼은 1921년 7월에 버지니아곶 근처에서 노획한 독일 전함인 오스트프리슬란트함을, 1921년 9월에는 전 드레드노트였던 USS 앨라배마를 격침시켰다. 제1차 세계대전 당시 중폭격기급인 쌍발 엔진 복엽기인 마틴 NBS-1 폭격기로 앨라배마함에 백린탄을 떨어뜨렸다.

항공 기술은 공군력 지지자들이 요구하는 수준을 따라잡지 못했다. 미첼의 폭격 실험은 인상적이었으나, 표적이 됐던 함선에서 반격을 받지는 않았으며, 대규모 다발 엔진 폭격기 편대로 전투를 벌인다는 아이디어는 1921년은 물론 1939년 수준의 예산을 지원받더라도 실현 불가능했다. 기술은 아직 그만큼 발전하지 않았던 것이다. 1920년대 대부분 동안 '현대식' 군용기는 제1차 세계대전 말 수준 이상으로 발전하지 않았다. 1920년대에 등장한 전형적인 전투기는 여전히 목재 프레임을 직물로 덮은 복엽기로, 프로펠러의 블레이드 사이로 발사되는 경기관총 2정을 탑재하고, 고정식 착륙 장치와 최소한의 장비만 갖추었다. 1920년대에 등장한 폭격기도 1917년과 1918년에 활동하던 폭격기와 거의 구분할 수 없었기 때문에, 두에의 꿈을 실현할 만한 비행거리나 탑재량도 갖추지 못했다. 그러니 비행선이 그때까지 남아 있었던 것도 놀랄 일이 아니다. 비행선은 속도가 느리지만, 많은 폭탄을 멀리까지 운반할 수 있기 때문이었다. 그러나 1925년에는 USS 셰넌도어가, 1933년에는 USS 애크런이, 1935년에는 USS 메이컨까지 미 해군 비행선이 추락하고, 그 밖의 치명적인 사고들도 연달아 일어나자 1930년대에 비행선의 인기는 예전과 같지 않게 되었다. 사망자가 총 89명이나 발생한 이 3건의 사고만으로도 비행선이 취약하다는 사실이 충분히 입증되었기 때문이다.

항공기 설계가 의도적으로 정체된 것은 아니었다. 제1차 세계대전에서 사용된 항공기 대부분의 기본 구조는 본질적으로 항공기 자체의 성능을 제한했다. 목재 프레임을 직물로 덮은 동체는 큰 압력을 견딜 수 없었다. 따라서 항공기 엔진의 크기와 동력도 제한되었다. 게다가 복엽기는 단엽기보다 더 많은 항력을 받았다. 제1차 세계대전 내내 독일 과학자들은 이미 이러한 구조적 문제를 해결해 줄 방법을 개발하기 시작했다. 공기 역학 분야의 선구적인 과학자 루트비히 프란틀 같은 사람들의 도움으로, 독일 항공기 산업은 날개와 동체의 설계에서 큰 발전을 이루었다. 독일군은 공기 역학 이론을 이해했기에 연합군 항공기 제작자들이 주로 공학적 문제로 보던 것에 과학을 적용하는 데 몇 년이나 앞서 있었다. 독일의 중요한 혁신 중에는 모노코크식 동체와 응력 외피 같은 새로운 제작 방법도 있었다. 제1차 세계대전 당시 항공기 대부분은 단단한 목재 또는 관 모양의 강철 프레임을 거친 직물로 감싸 만들었다. 직물 외피는 단순히 공기 역학적 기능을 했고, 목재 프레임은 비행하면서 발생하는 응력을 흡수했다. 이와는 반대로, 모노코크와 응력 외피 구조에서는 내부 프레임이 아니라 합판 그리고 알루미늄과 기타 금속을 첨가한 합금(두랄루민)으로 만든 단단한 외피가 대부분의 하중을 지탱했다. 이렇게 항공기를 제작하면 구조적 내구력은 강화되고, 무게는 감소했다. 이 방식은 제1차 세계대전이 발발하기 직전에 프랑스에서 처음 사용됐고, 1918년에 독일 기술자들이 팔츠와 롤란트에서 만든 군용기 몇 대에 적용했다. 에어포일 설계에 관한 프란틀의 획기적인 연구에서도 두꺼운 날개가 적절한 윤곽으로 성형되면, 일반적인 용도로 사용되는 얇은 날개보다 바람을 덜 생성한다는 놀라운 사실이 발견되었다.

전쟁이 끝난 후, 미국과 영국의 항공 전문가들은 독일의 진보를 높이 평가하기 시작했고, 프란틀의 아이디어는 널리 퍼졌다. 미국에서는 존스 홉킨스 대학의 물리학자였던 조지프 에임스를 대표로 설립된 미국 국가 항공 자문 위원회(NACA)가 항공 과학의 발전을 추진했다.

항공 과학의 발전은 거의 즉시 실질적인 이득을 가져다주었다. 군사 항공에 관한 한 가장 큰 이득은 소위 '단엽기 혁명'이었다. 비행 물리학이 1920년대와 1930년대에 항공 역학에서 별도 학술 연구 분야로 급부상하며 발전했고, 그 결과 매우 다양한 비행기가 생겨났다. 상자 모양의 목재와 직물로 된 동체는 유선형의 금속 외피 동체로 대체되었고, 회전식 실린더 로터리 엔진은 연료를 분사하는 수랭식 직렬 엔진 또는 공랭식 고정 실린더 방사형 엔진으로 대체되었다. 또한 고정식 착륙 장치는 접이식으로, 고정식 프로펠러의 블레이드는 가변 피치 프로펠러 블레이드로, 복엽기는 단엽기로 대체되었다. 새 비행기는 프랫 & 휘트니사와 롤스로이스사의 매우 거대한 엔진을 감당할 만큼 튼튼했다. 항력, 양력, 동력, 그리고 속도 간의 관계가 밝혀지자 비행기 성능 또한 제1차 세계대전 당시 조종사들은 상상할 수 없었던 수준으로 향상됐다. 1919년의 비행기와 1930년의 비행기 성능은 천지 차이였다. 제1차 세계대전 당시 가장 빠른 전투기였던 영국 왕립 항공기 공장의 S.E.5a는 150마력짜리 8기통 엔진으로 시속 222킬로미터까지 속력을 낼 수 있었다. 1930년대 중반의 스포츠용 단엽기는 시속 483킬로미터도 거뜬히 낼 수 있었다.

1920년대에 국방 예산이 감소하자 항공 분야의 발전은 민간 시장에서 이루어졌다. 유럽의 주요 국가에는 대부분 항공기 제조사가 있었지만, 영국, 그리고 누구보다도 미국이 앞서 나갔다. 비행기를 타고 여행할 만큼 여유 있는 미국인은 거의 없었지만, 비행기 여행은 생각만으로도 대중의 상상력을 자극했다. 어밀리아 에어하트와 찰스 린드버그 같은 초기 조종사들은 국가적 영웅이 되어 호기심 어린 대중의 주목을 받았다. 1927년 린드버그가 자신의 비행기인 '스피릿 오브 세인트루이스'로 대서양을 횡단한 유명한 사건은 "이제는 거대한 대양도 비행기로 건널 수 있다."라는 사실을 보여 주면서 비행기의 열성적인 지지자는 물론 대중까지 흥분시켰다. 할리우드 역시 이러한 열기를 부추겼다. 미국 영화에서 비행기 여행은 낭만적이고 세련된 모습으로 그려졌고, 미국 영화사에서 인기 있었던 전쟁 영화는 전투기 조종사에 관한 것뿐이었다. 1918년 이후 제1차 세계대전을 감상적으로 추억하는 미국인은 거의 없었지만, 그들은 〈새벽의 출격〉에 나온 에롤 플린과 배질 래스본에게 열광했고, 〈지옥의 천사들〉에서 하워드 휴스가 정교하게 연출한 항공전에도 흠뻑 빠졌다. 군사 역사가 제러미 블랙에 따르면, 미국은 강력한 '항공 숭배*' 사상의 본거지였다.

항공 기술에 상업 투자가 이어지면서 비행기는 일반인들에게도 점차 가까워졌다. 이르면 1919년에 여객기로 개조된 중폭격기가 하늘을 날기 시

---

*   Jeremy Black, *Air Power: A Global History* (London: Rowman & Little- field, 2016), p. 66.

작하자, 오지나 시골에서도 항공 우편을 자주 접하게 되었다. 캐나다에서는 멀리 떨어진 지역을 방문하거나 산불을 끄는 데까지 비행기를 이용하기에 이르렀다. 전쟁은 민간인의 삶을 크게 변화시키는 기술이 발전하는 원동력이 되기도 하지만, 전간기에 항공 기술을 발전시킨 것은 민간 수요였다.

그러나 전쟁은 조종사와 기술자, 제조업체 들과 결코 멀리 떨어져 있지 않았다. 1920년대 내내 대규모 공군력을 이용할 만한 뜨거운 전쟁은 거의 없었지만, 군용기의 쓸모는 발견됐다. 영국 정부가 공군력이 제국 유지에 또 다른 차원의 도움이 된다는 것을 발견한 것이다. 영국 공군은 1919년에 아프가니스탄을 공습했고, 1920년부터 1921년까지 아프리카 동부의 소말릴란드에서 '미친 물라'라 불리던 사이이드 모하메드 압둘라 하산 일당에게 폭격을 퍼부었으며, 인도와 이라크에서 대영 제국의 이익을 보호하는 데 일조했다. 프랑스, 미국, 네덜란드도 공군력이 자기네 식민지 내부에서 일어나던 저항을 억제하기 위한 수단으로서 유용하다는 사실을 깨달았다. 또한 행정관들과 정부 관리들은 비행기로 멀리 떨어진 식민지의 전초 기지로 빠르고 조용하게 이동할 수 있었다.

1930년대에 이루어진 재군비 프로그램들은 제2차 세계대전을 앞두고서 공군력 현대화를 더욱 가속시켰다. 1930년대의 침략국인 이탈리아와 독일, 일본은 공군력을 재무장과 전술의 중심축으로 삼았다. 1934년부터 1935년까지 독일인들에게 새로운 독일 공군인 루프트바페Luftwaffe는 민족주의적 자부심과 결의의 표현이나 다름없었다. 옛 독일 제국 공군이던 루프트슈트라이트크레프테Luftstreitkräfte의 환생과 마찬가지였으니 말이다. 제1차 세계대전 후인 1919년에 체결된 베르사유 조약의 군비 축소 조항 중 세계 최고 수준이던 독일 공군 해체만큼 쓰라린 것은 없었다. 루프트바페는 독일의 무너진 자존심을 회복하는 데 도움을 주었고, 반대로 독일의 적과 경쟁국에는 두려움을 일으켰다.

1930년대가 되자 현대식 항공기의 실용적인 성능이 두에와 그의 이론을 지지하는 이들이 요구한 수준에 근접하기 시작했다. 재군비를 할 때가 온 것이다. 두에 학파는 군사력의 그 어떤 형태보다 전략 폭격을 가장 중요시했다. 더 크고 강력하며, 상당히 많은 폭탄을 탑재하고 대서양 끝에서 끝까지도 날 수 있는 최첨단 항공기는 제1차 세계대전에서 사용된 폭격기의 성능을 훨씬 능가했다. 영국과 미국은 특히 중폭격기 분야에서 앞서나갔다. 미 육군 항공단의 폭격기 마틴 B-10은 폭격기 기술에 관한 새로운 역사를 썼다. 전체를 금속으로 제작했고, 승무원 3~4명이 탑승 가능한 B-10은 라이트 사이클론 9 엔진 2개로 1톤이 넘는 폭탄을 탑재하고도 시속 343킬로미터라는 놀라운 최고 속도를 냈다. 불과 3년 후인 1935년에 보잉사는 '비행 요새' B-17을 생산했다. 이 비행기는 대형 커티스-라이트 사이클론 엔진 4기를 탑재한 중폭격기로, 폭탄을 4톤이나 탑재할 수 있었고, 최대 시속 462킬로미터를 자랑했다. 제2차 세계대전 당시 생산된 또 다른 주요 중폭격기인 콘솔리데이티드 B-24 리버레이터는 미국이 제2차 세계대전에 참전하기 바로 직전이던 1941년에 미 육군 항공대에 추가되었다.

삽화 36

보잉사의 비행 요새 B-17F는 제2차 세계대전 당시 미국의 주요 중폭격기 2종 중 1종이다(다른 1종은 B-24다). 사진 속 B-17F는 워싱턴주 시애틀에 있는 보잉사의 공장에서 시험 비행을 위해 이륙하고 있다.

    1930년대 후반과 제2차 세계대전 내내, 미국은 엔진 4개를 장착한 중폭격기를 주로 생산했다. 영국 공군은 그보다 작은 쌍발 중형 폭격기를 선호했지만, 전쟁이 끝날 무렵에는 엔진 4개를 장착한 중폭격기인 아브로 랭커스터와 핸들리 페이지 핼리팩스도 상당수 생산했다. 흥미롭게도, 다른 주요 공군은 대부분 두에의 아이디어에 광기나 다름없던 존경을 보냈으면서도 대형기에 많은 물자와 자원을 소비하지는 않았다. 독일, 이탈리아, 일본은 모두 중형 폭격기에 더 집중했다. 독일은 1935년에 하인켈 He 111을, 1937년에 도르니에 Do 17을, 1939년에 융커스 Ju 88 등을 제작했는데, 모두 쌍발 엔진을 갖췄으며, B17보다 속도가 느리고, 폭탄 적재량도 적었다.

    새로운 중형 폭격기와 중폭격기는 적어도 속도 면에서는 하늘을 나는 그 어떤 것보다도 뛰어났다. 마틴 B-10의 가장 주목할 만한 점은 도입 당시 미국의 그 어떤 전투기보다 속도가 빨랐다는 것이다. 독일의 Do 17도 마찬가지로 고속 폭격기로 분류되었는데, 특이하게도 가늘고 긴 Do 17의 기체 때문에 '비행하는 연필'이라고 불리기도 했다. 이렇게 빠른 성능은 두에 학파와 휴 트렌차드 등 폭격 전술을 지지하는 이들의 요구에도 부응했다. 속도를 높여 적 전투기의 추격을 따돌릴 수 있는 폭격기는 공군력 지지자들이 원했던 바로 그 폭격기였다. 요격용 전투기는 우선순위에 들지 못했다. 1930년대 중반에는 총탑 기술도 이용 가능했지만, 초기 폭격기에는 대개 총탑을 달지 않았다. 마틴 B-10은 경기관총 3정만을 장착했고, Do 17은 기관총 6정을 여러 방향으로 조준할 수 있었지만 모두 조종석 주변에 있었다. 반면 미국의 중폭격기 B-17과 B-24는 눈에 띌 정도로 중무장했다. B-17은 50구경 브라우닝 기관총을 최소 13정 장착했고, 기체 상단과 하단의 총탑에 그중 2정씩을 장착했다. 그러나 폭격기가 전투기보다 빠르다면 이 정도로 무장할 필요는 없었다. 만약 폭격기가 전투기보다 빠르지 않다면 어떨까? 중기관총 13정을 탑재한 폭격기는 스스로를 지킬 수도 있을 것이다.

제2차 세계대전이 발발하고 얼마 뒤 전투기는 폭격기를 따라잡았다. 독일 국방군이 폴란드 국경 너머로 진격했던 1939년에 전투기는 폭격기를 수월하게 앞질렀다. 전투기는 폭격기만큼 빠르게 발전했다. 1930년대 초에 있었던 단엽기 혁명으로 그 전과는 완전히 다른 전투기가 나타났고, 1935년부터 1937년까지 모든 주요 공군 및 그보다 작은 일부 공군도 빠르고 강력한 전투기 편대를 보유했다.

영국에서는 전투기가 매우 빨리 발전했다. 1931년에 등장한 영국 공군의 주력 전투기는 날렵한 금속제 복엽기인 호커 퓨리로, 영국 전투기 최초로 시속 322킬로미터를 돌파했다. 4년 후인 1935년, 호커 퓨리는 최고 속도 시속 385킬로미터라는 약간 더 빠른 속도를 기록한 글로스터 건틀릿에 자리를 내주었다. 2년 후에는 글로스터 건틀릿의 개량형인 글래디에이터가 자리를 차지했다. 1937년 초 영국 공군에 공식적으로 채택된 글래디에이터는 폐쇄형 조종석과 시속 402킬로미터 이상이라는 최고 속도를 자랑하면서 이전 전투기보다 뚜렷하게 개선되었다. 하지만 여전히 복엽기일 뿐이었고, 글래디에이터가 도입되기 전에 이미 더욱 뛰어난 전투기가 제작되고 있었다. 1937년 가을, 글래디에이터가 도입된 지 불과 몇 달 만에 호커사는 그보다 훨씬 훌륭한 단엽기를 영국 공군 전투기 편대에 추가해 주었다. 허리케인 Mk.I은 최고 속도 시속 560킬로미터를 자랑했다. 하지만 허리케인 Mk.I도 그 자리를 오랫동안 지킬 수 없었다. 허리케인이 나타난 지 1년도 채 되지 않았던 1938년 여름, 슈퍼마린 스핏파이어 Mk.I이 등장해서였다. 1937년부터 1938년까지 1년도 안 되는 시간 동안 영국 공군 전투기는 경기관총 2정을 장착한 시속 402킬로미터짜리 복엽기에서 경기관총 6정을 장착한 시속 579킬로미터짜리 단엽기로 발전했다.

다른 주요 항공 무기 역시 빠르게 발전했다. 아돌프 히틀러가 베르사유 조약을 공공연히 파기했던 1936년 3월, 독일의 주력 전투기였던 아라도 Ar 64와 하인켈 He 51은 복엽기였다. 2년 후, 빌리 매서슈미트의 대작인 Bf 109가 독일 공군의 전투기 편대에서 첫 복무를 시작했다. 여러 버전으로 출시된 Bf 109는 제2차 세계대전 당시 가장 뛰어난 연합군 전투기로도 상대하기 벅차다고 평가할 만큼 뛰어났고, 약 3만 4000대가 생산되면서 역사상 가장 많이 생산된 전투기로 기록되었다. 프랑스는 드부아틴 D.520과 몰랑-소르니에 M.S.406을, 소련은 땅딸막하지만 매우 빠른 폴리카르포프 I-16을 보유했다. 미 육군 항공단(USAAC)은 1930년대에 금속제 단엽기를 잇달아 도입했다. 1932년에는 30구경 기관총 2정, 최고 속도는 시속 377킬로미터이며, 만화에서 튀어나온 것 같은 보잉 P-26 피슈터를 시작으로, 1939년 말엽에는 50구경 기관총 6정, 최고 속도는 시속 538킬로미터인 커티스 P-40 워호크를 도입했다.

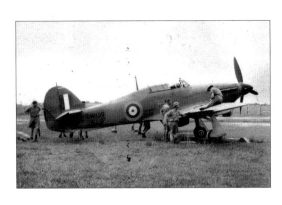

삽화 37

1942년 왕립 뉴질랜드 공군 제488 비행대의 호커 허리케인. 허리케인은 1930년대에 진행된 '단엽기 혁명' 당시 개발된 전투기로, 이후 성능과 무장이 계속 개선되었다.

　이러한 최신식 단엽기는 동일한 점이 전혀 없었다. 어떤 전투기는 분명히 다른 것들보다 더 뛰어났다. 그러나 전체적으로는 1930년대 초에 등장한 전투기들보다 속도를 비롯한 여러 면에서 더욱 뛰어났다. 그중 가장 확실한 변화는 무장이었다. 전체가 금속제이고 응력 외피로 된 날개의 가장 큰 장점 중 1가지는 기관총과 탄약을 적재할 수 있다는 것이었다. 제

1차 세계대전 당시 최고의 전투기들과 1935년 이전의 전투기 대부분은 엔진실 안이나 그 주변에 대개 30구경 이하 기관총을 2정 이하 탑재했고, 탄자는 동기화된 프로펠러의 블레이드 사이로 발사되었다. 그래서 조종사는 총기에 걸림 현상이 발생하면 나무망치로 몇 번 때려 문제를 해결했다. 제1차 세계대전 이후에는 무장이 개선되어 주로 구경이 더 크고 안정적인 50구경 브라우닝 M2 기관총과 구경이 13밀리미터인 MG 131, 직경 15~20밀리미터짜리 소구경 폭발탄을 발사하는 기관포 등을 선택했다. 최신 단엽기의 무거운 날개는 이전보다 더 큰 기관총의 무게와 탄약 적재량을 수용할 수 있었고, 또한 기관총 사격에 따른 충격과 열을 견딜 수 있을 만큼 충분히 견고했다. 게다가 날개에 기관총을 장착했기 때문에 프로펠러와 기관총이 동기화할 필요가 없었고, 따라서 MG 131은 발사 속도가 분당 900발에 달했다.

전간기에 발전한 전투용 항공기의 세 번째 유형은 근접 지원기 또는 지상 공격기였다. 몇 가지 종류가 있었지만, 그중 일부는 다른 것들보다 더 많이 사용되었다. 세 번째 유형은 주로 독일의 할버슈타트 CL. II 및 CL. IV와 같은 제1차 세계대전에서 사용된 근접 지원기에서 시작됐다. 빠르면서 튼튼한 이 2인승 비행기는 참호에 숨어든 군인들을 소형 폭탄 등으로 공격할 수 있도록 설계되었다. 1930년대에 등장한 근접 지원기는 더욱 정교해졌고, 점점 중전투기처럼 발전했다. 가장 흔하고 인기 있었던 종류는 급강하 폭격기였다.

전술로서 급강하 폭격은 제1차 세계대전 말에 몇 달간 진행된 임시 실험에서 비롯되었다. 급강하 폭격은 단순한 기술이 아니었다. 꽤 낮은 고도에서 거의 수직으로 하강하며 폭탄을 떨어뜨린 다음 급강하에서 벗어나는 것은 조종사에게도 어렵고, 비행기에도 무리가 가는 일이었다. 특히 목재와 직물로 이루어진 기체의 시대에는 날개에 큰 무리가 갔다. 또한 급강하하는 기체를 다시 상승시킬 때 작용하는 중력 가속도 때문에 조종사는 가장 부적절한 순간에 의식을 상실할 수도 있었다. 하지만 급강하 폭격이 제대로만 이루어지면 인상적인 결과를 얻을 수 있었다. 당시에는 효과적인 폭격 조준기가 고안되기 전이었다. 그래서 급강하 폭격기 조종사는 목표물을 향해 곧장 하강하면서 가급적 정확하게 폭탄을 투하했다. 비행기 자체가 폭격 조준기였던 것이다.

급강하 폭격기는 기존의 중형 폭격기와 중폭격기로는 할 수 없는 임무를 수행했다. 즉 전장의 군대와 차량, 참호, 통신용 벙커, 해상의 함선 등 작은 목표물에 폭탄을 정확히 투하한 것이다. 최고 속도로 빠르게 이동하는 전함과 같은 목표물에 폭탄을 투하하는 일은 매우 어려웠다. 전투기와 마찬가지로 초기 급강하 폭격기는 대개 2인승 복엽기였으며, 뒤쪽 승무원은 후방 기관총을 담당해 비행기의 뒷부분을 방어했다. 에른스트 하인켈은 1931년에 최초로 독일 공군을 위해 특수 목적 급강하 폭격기인 하인켈 He 50을 개발했고, 이것은 이후 일본 제국 해군의 급강하 폭격기인 아이치 D1A의 기반이 되었다. 그리고 2종 모두 복엽기였다. 하지만 단엽기가 수직 하강 시 발생하는 응력을 훨씬 잘 견뎠다. 복엽기와 달리 날개가 이탈할 가능성이 없어서였다. 따라서 제2차 세계대전이 시작되기 전인 1930년대 초에는 전 세계 곳곳의 육상 비행대와 항공모함 갑판의 복엽 급강하 폭격기는 대부분 단엽기로 대체되었다.

급강하 폭격 전술을 가장 많이 구사한 미국과 일본에서 급강하 폭격기는 주로 항공모함의 함재기였다. 잘 알려진 사례로는 1940년에 도입된 미국 더글러스 SBD 돈틀리스나 1938년에 제작된 일본의 아이치 D3A '발Val' 등이 있었다. 하지만 가장 유명한 급강하 폭격기는 독일 공군에 도입된, 1936년 당시 가장 최첨단이었던 융커스사의 Ju 87이었다. 공식 명칭은 전투 급강하 폭격기를 뜻하는 슈투르츠캄플루크초이크Sturzkampfflugzeug였고, 줄여서 슈투카Stuka라고 일컬었다. 슈투카는 매우 견고한 구조와 고정식 착륙 장치같이 급강하 폭격기를 구별하는 모든 설계 요소를 지녔다. 게다가 슈투카의 각 날개 뒷부분 아래쪽에는 여분의 플랩인 급강하 브레이크(dive brake)가 있었는데, 이는 기체가 급강하할 때 펴서 항력을 증가시켜 속도를 늦춰줌으로써 슈투카를 다루기 쉽게 해 주었다. 또한 슈투카는 급강하 시 자동으로 비행기 앞부분을 위쪽으로 당기는 장치를 장착하여, 조종사가 높은 중력 가속도 때문에 의식을 잃어도 땅에 처박히는 대신 기체 스스로 고도를 회복하게 했다. 운 나쁘게도 슈투카에 공격당한 이들에 따르면, 슈투카의 가장 인상적인 특징은 '예리코의 나팔(Jericho trumpet)'이었다. 이것은 고정식 착륙 장치에 부착된 프로펠러로 움직이는 사이렌으로, 슈투카가 급강하할 때 매우 섬뜩하고 날카로운 소리를 냈다.

중형 폭격기, 중폭격기, 전투기, 지상 공격기와 같이 흔한 전투용 항공기 외에도 항공 사진 촬영용 정찰기와 수송기 같은 다양한 비전투용 항공기도 있었다. 또한 특수 임무를 수행하는 전투용 항공기도 몇 가지 더 있었다. 그중 1가지는 어뢰로 무장한 공격기인 뇌격기였다. 뇌격기는 제1차 세계대전 발발 이전부터 존재했다. 1915년 8월, 영국 수상기 쇼트 184가 발사한 어뢰가 오스만 제국 함선을 격침시켰는데, 이는 수상기가 성공적으로 사용된 첫 사례였다. 1917년에 영국은 첫 뇌격기 소프위드 T.1 쿠쿠를 도입했다. 뇌격기에 가장 많은 예산을 쏟은 나라는 당연히 해상 강대국, 즉 주로 영국과 일본, 미국이었다. 뇌격기는 급강하 폭격기와는 달리 무게가 2,000파운드 이상인 항공 어뢰를 탑재한 채 낮은 고도에서 수평 비행을 할 수 있는 성능 외에는 특별한 설계 요건이 없었다. 어뢰가 수면에 최대한 부드럽게 닿도록 하려면 가급적 '낮은 고도에서 천천히' 비행해야 했기 때문에 높은 속도는 그다지 중요한 요건이 아니었다. 1939년에 영국과 일본, 미국은 상당히 많은 뇌격기를 보유하고 있었다. 그중에는 1937년에 도입된 미국의 볼품없는 더글러스 TBD 데버스테이터, 1937년에 개발된 일본의 나카지마 B5N '케이트', 1936년에 도입된 영국의 페어리 소드피시가 있었다. 소드피시는 개방형 조종석을 갖춘 복엽기라서 완전히 시대착오적이었지만, 1940년 11월 타란토에서 이탈리아 함대를 공격했고, 1941년 5월 독일 전함 비스마르크를 격침시키는 등 역사상 가장 유명한 어뢰 공격을 2회나 담당했다.

이러한 군용기들과 함께 사용된 많은 기술과 전술은 제2차 세계대전이 발발하기 직전 시험대에 올랐다. 전쟁 전 무해하거나 딱히 유익하지도 않은 평시 활동을 하던 때를 제외하고 사실상 검증되지 않은 채 제2차 세계대전에 투입된 전차와는 달리, 항공기는 전간기에 몇 가지 사건을 동요 없이 거치며 일종의 성능 시험을 받았다. 이는 러일 전쟁 당시 사용된 기관총이나 대포와 마찬가지로 외국 관전 무관들의 주목을 받았다.

  1930년대에 벌어진 전투에서 배운 교훈은 유익했지만 불분명하면서도, 종종 매우 놀라웠다. 가장 밀접하게 관측된 공중전 2개는 1935년 이탈리아의 아비시니아(에티오피아) 침공과, 1931년과 1937년에 일어난 일본의 중국 침공이다. 두 공중전 모두 민간인을 대상으로 한 폭격으로 상당한 피해와 인명 손실을 초래했지만, 대중의 사기를 꺾어서 전쟁을 신속하게 끝내기에는 불충분했다. 이는 제공권에 관한 두에 학파의 대담한 주장과 정면으로 배치되었다. 그러나 공군력은 확실히 이탈리아와 일본의 육군이 훨씬 더 쉽게 목표를 달성하는 데 도움이 되었다. 아비시니아와 달리 1937년 중국은 소련에서 예비 조종사와 항공기를 빌려 구색을 갖춘 자체 공군력을 보유했지만, 그보다 더 뛰어난 일본 공군력이 당시에 중국에서 벌어진 항공전과 지상전을 지배했다.

훨씬 더 구체적인 사례와 교훈은 1930년대 유럽에서 가장 크고 골치 아픈 분쟁이었던 스페인 내전에서 나왔다. 스페인 자체에는 제대로 된 공군이 없었다. 대신 히틀러나 무솔리니, 스탈린 등 이 내전에 관심을 보이던 외부자들이 항공기나 조종사를 제공했다. 이들이 스페인 내부의 비극에 개입한 정치적 동기가 무엇이었든 간에, 전투 환경에 최신식 항공기와 검증되지 않은 시제품을 투입함으로써 스페인 내전은 전투 조종사는 전술을 실험하고, 공군은 교리 같은 것을 개발할 수 있는 더없이 좋은 기회가 되었다. 항공 전문가들은 일반적으로 "민간인을 폭격하면 전쟁을 빨리 끝낼 수 있으며, 육군과 공군이 합동 작전을 할 수 있도록 뛰어난 공군력을 보유하는 것이 바람직하다."라고 여겼다. 하지만 실제로도 그랬을까?

스페인 내전에서 이루어진 항공 작전은 많은 단서를 제공했다. 1936년 말에는 독일 수송기 Ju 52를 이용해 스페인령 모로코에 있던 반란군 2,000명을 스페인 본토로 공수하는 데 성공하면서, 즉 전쟁사상 첫 번째 공수를 해내면서 제공권이 때때로 제해권보다 우월하다는 사실을 보여 주었다. 1937년 3월에 벌어진 과달라하라 전투에서 충실한 공화파 정부 지지자인 소련군 조종사들은 반란군에 속한 이탈리아 지상군을 폭탄과 기관총으로 공격해 그들의 진격을 막았다. 소련군 전투기는 몇 시간 만에 이탈리아 차량 1,000대를 파괴하고 사상자 2,500명을 안겨 주면서 뛰어난 근접 항공 지원 능력을 보여 주었다. 이 능력은 1938년 3월 바르셀로나를 뒤덮은 이탈리아군과 반란군 항공기가 3일간 벌인 폭격에서도 입증되었다. 또한 1937년 4월, 바스크 지방의 작은 마을 게르니카를 뒤덮은 독일군과 이탈리아군의 폭격은 현대전의 심각한 잔인성을 상징하게 되었다.

스페인에서 벌어진 항공전으로 두에 학파의 열띤 꿈은 잊혀지는 듯했다. 폭격기가 항상 성공적이진 않았기 때문이다. 적 전투기가 호위 없이 홀로 날아다니는 폭격기를 단시간에 해치울 수 있다는 사실도 발견되었다.

전략 폭격은 무고한 민간인 수천 명을 죽여서 국제적인 분노를 불러일으키기도 했다. 서구의 언론과 대중은 게르니카의 사탕 공장에서 일하다가 소이탄을 맞고 사망한 소녀 50명에 관한 이야기에 분노를 감추지 못했지만, 그렇다고 적국에 저항하려는 결의를 꺾지는 않았다. 도리어 민간인을 대상으로 한 폭격은 대중의 투지를 더욱 자극했다. 이는 두에의 핵심 주장과는 반대되었다. 독일, 이탈리아, 소련의 조종사들도 신중하게 계획하고 지시한 지상 공격이 얼마나 효과적인지 깨달았다. 이후 이 3개국의 공군은 제2차 세계대전 당시 지상 공격 임무에 관심을 집중시키면서 전략 폭격을 축소했다.

제2차 세계대전은 항공전이었다. 물론 지상전도 그때나 지금이나 대중의 관심을 받았다. 1939년부터 1945년까지 진행된 전쟁에서 가장 상징적인 순간은 1944년에 벌어진 노르망디 상륙, 스탈린그라드에서의 시가전, 이오지마의 성조기 게양 등 지상전에서 나왔다. 그러나 항공전에도 그만큼 많은 상징적인 순간이 있었다. 노르망디와 스탈린그라드, 태평양에서의 여러 작전도 공군이 없었다면 다른 모습으로 흘러갔을 것이다. 독일군이 폴란드와 저지대 국가, 프랑스를 급습할 때 수많은 슈투카 폭격기가 지상 공격을 주도하지 않았다면, 영국 본토에서 일어난 항공전이 없었다면, 진주만에서 미국 함대가 그리고 미드웨이 섬에서 일본 항공모함들이 파괴되지 않았다면, 무엇보다 히로시마와 나가사키에서 발생한 끔찍한 사건이 전쟁을 결정짓지 않았다면, 제2차 세계대전은 완전히 달라졌을 것이다.

　제2차 세계대전은 하늘 자체가 주요 전쟁터였다. 또한 미군이 일본 본토를 공습하고, 연합군이 독일 산업 및 기반 시설에 전략 폭격 작전을 펼치는 등 가장 치명적인 타격이 하늘에서 이루어졌다는 점에서 항공전이었다. 또한 육해군 작전의 모든 측면이 공군력과 관련된 문제로 형성되고, '제공권을 잡거나' 잃는 것이 전투 결과를 좌우할 수 있었다는 점에서 항공전이었다. 또한 항공기를 이용하여 고립된 부대에 물자를 보급하는 것에서부터 지휘관을 신속하고 은밀하게 수송하고, 공수 훈련을 받은 지상군을 정확히 필요한 곳에 투입하는 것까지 공군력의 지원 역할이 지대했다는 점에서도 항공전이었다. 항공기가 비군사적 목표물을 폭격함으로써 민간인들까지 전쟁에 개입시켰다는 점에서도 항공전이었고, 모든 주요 교전국에서 항공 산업이 수요가 가장 많았고 가장 발전했다는 점에서도 항공전이었다.

　　제2차 세계대전 당시 군사 항공의 가장 주목할 만한 특징은 기술과 교리의 대응력과 유연성이 매우 뛰어났다는 점이었다. 비행기는 더 이상 새롭지는 않았으나 여전히 꽤 신기했다. 군사 항공 분야의 지도자들이나 선구자들은 전통에 얽매이지도 않았고, 보수적이지도 않았다. 사실 깨부숴야 할 전통도 없었기에, 군사 항공은 본질적으로 혁명적이었다. 1930년대에 벌어진 지역 분쟁에서 얻은 교훈은 대규모 항공전을 어느 정도 예상하고 준비하는 데 도움이 되었지만, 제2차 세계대전의 강도와 규모는 예상치 못한 수준이었기에 처음부터 교훈을 수정하고 확대해야 했다. 또한 항공 기술은 여느 전쟁 기술보다 훨씬 빨리 전쟁에 대응했다. 새로운 설계와 기능은 물론 완전히 새로운 항공기까지 나타났으며, 모두 새로운 도전 과제와 예상치 못한 임무를 수행했다.

전간기에는 전술적 항공 지원을 위한 준비가 가장 중요했다. 스페인 내전에서는 근접 지원기로 독일제 Ju 87A 슈투카와 투박하게 생긴 이탈리아제 브레다 Ba.65를 주로 이용했다. 스페인 내전은 독일 항공 전문가들이 이미 예상했던 것을 확인시켜 주었다. 한스 폰 제크트와 같은 바이마르 공화국 시대의 독일 지도자들은 서부 전선에서 벌어진 참호전을 '다시 반복되지 않을, 역사상 이례적인 일'로 보았다. 그래서 다음 전쟁에서는 기계화된 군대가 번개처럼 빠르게 공격하고 쉴 새 없이 움직일 것이라고 굳게 믿었다. 그들은 공군력이 모든 합동 전술의 필수 요소가 될 것이라고 믿었다.

1939년 9월에 벌어진 폴란드 침공은 제2차 세계대전의 문을 열었고, 그동안 독일군이 갈고닦은 전력도 함께 드러났다. 폴란드 침공은 모든 측면에서 공군력이 필수적이었던 첫 번째 전격전이었다. 사실상 독일 공군은 공군 지휘관들, 특히 히틀러의 공군 원수 헤르만 괴링이 전쟁 전에 바라던 기술 고도화 수준에 도달하지는 못했다. Bf 109 전투기, Bf 110 쌍발 중전투기, 도르니에와 하인켈의 중형 폭격기, 슈투카를 비롯한 최신 항공기의 생산량은 수요를 따라잡지 못했기에 독일 공군은 계속 많은 구식 비행기를 실전에 배치했다. 폴란드 침공 당시 폴란드도 무방비 상태는 아니었다. 물론 폴란드의 단엽식 전투기는 시대에 뒤떨어졌지만, 폴란드는 당시 뛰어난 공군력과 잘 무장된 육군 병력 100만 명을 보유하고 있었다.

삽화 38

전격전 시대를 대표하는 슈투카 폭격기. 급강하 폭격기 또는 근접 지원기인 융커스 Ju 87D 슈투카가 1943년에 러시아 전선을 비행하는 모습이 촬영되었다.

그럼에도 독일은 폴란드를 순식간에 제압했다. 여기서는 공군이 가장 큰 공을 세웠다. 항공 정찰대는 독일 국방군에 폴란드군의 방어 시스템과 병력 배치에 관한 상세한 정보를 제공했다. 수많은 독일군 전투기가 수일

만에 제공권을 확보했고, 2주 만에 폴란드 공군을 일소했다. 독일 공군은 슈투카와 구식 복엽기인 헨셸 Hs 123 급강하 폭격기로 적 지상 목표물을 사정없이 공격했다. 폴란드 사람들은 공격하러 다가오는 독일군의 소리, 즉 '예리코의 나팔'에서 울려 퍼지는 불안한 기계 소리, HS 123의 거대한 방사형 엔진에서 나는 굉음을 두려워했다.

하지만 가장 중요한 것은 개별 공군 부대 간, 그리고 공군과 육군 간의 합동 공세였다. 지상에서 활약하는 기계화 부대와 함께 지휘 차량을 타고서 이동하는 특수 공군 연락 장교들이 항공 지원을 해야 할 곳을 공군 부대에 무전기로 정확히 지시했다. 하인켈 He 111과 도르니에 Do 17은 무리를 짓고서 주요 교통 시설과 통신 시설을 공격했다. 독일군은 공군의 지원이 없었더라도 승리했겠지만, 공군 덕분에 더욱 빠르고 시끄럽고 일방적이며 무시무시한 패배를 폴란드에 안겨 주었다.

폴란드에서 벌어진 전격전은 혁명적이었지만, 전술과 기술 면에서는 여전히 개선이 필요했다. 하지만 1940년 4월, 독일군이 스칸디나비아반도를 침공했을 때는 우세한 독일 공군만으로도 덴마크와 노르웨이의 공군을 격파하기 충분했다. 폴란드와 스칸디나비아에서 독일군이 항공기로 투입한 공수 부대도 덴마크와 노르웨이의 패배를 앞당겼다. 노르웨이에서 독일 공군은 해상에서 노르웨이를 지원하려던 영국의 시도를 효과적으로 무너뜨렸다. 그 다음달에도 독일 공군은 네덜란드와 벨기에의 공군을 빠르게 무력화시켰고, 독일 공수 부대는 다시 중요한 역할을 맡았다. 벨기에의 에반에마엘 요새를 글라이더로 공격한 독일군의 작전은 20세기에 있었던 가장 극적인 공수 작전 중 하나다.

독일 공군은 1940년 5월에 저지대 국가를 공격하면서 동시에 프랑스를 침공할 때 처음으로 자국 전투기와 수준이 비슷한 적기와 맞닥뜨렸다. 그러나 영국 공군과 프랑스 공군의 항공기도 독일제 항공기에 비하면 성능이 부족했다. 물론 연합군 항공기도 나쁘진 않았다. 호커 허리케인이나 드부아틴 D.520과 같은 여러 전투기는 독일의 Bf 109나 Bf 110과 맞서 싸울 수 있었고, 영국 조종사들도 독일 항공기에 독일 공군이 감당할 수 있는 것보다 더 큰 피해를 입혔다. 그러나 프랑스와 영국 모두 슈투카와 헨셀 복엽기의 적수가 될 만한 근접 지원기를 가지고 있지 않았고, 독일군은 대공포로 연합군의 느린 폭격기를 손쉽게 해치웠다. 프랑스 침공 3일 만에 독일군은 프랑스 내 영국 폭격기 부대의 절반을 대공포로 격추했다.

독일군이 프랑스에서 벌인 항공전은 일방적인 공격이나 다름없었으며, 독일이 예상했던 것보다 많은 희생을 치르긴 했지만, 놀라운 승리를 달성했다. 이러한 독일군의 승리는 기술보다 조직의 우월성과 더 많은 관련이 있었다. 폴란드에서와 마찬가지로, 독일 공군과 육군은 지상과 공중의 목표물을 단시간에 파괴하기 위해 완벽하게 협력했다. 영국 공군, 특히 전투기도 전반적으로 잘 싸웠다. 그러나 프랑스는 단순히 패배했다. 미국의 대중문화 작품에서 묘사하는 것과 같은 비겁함 때문이 아니라, 독일군과 달리 오랫동안 쌓아온 합동 작전 경험이 없었기 때문이었다. 프랑스의 육군과 공군의 지휘관들은 항공 작전과 지상 작전을 결합하는 데 전혀 익숙하지 않았기 때문에 서로 거의 연락하지 않았고, 프랑스 공군은 놀라울 정도로 소극적이었다.

프랑스는 전반적으로 손쉬운 표적이었다. 그러나 1940년 이후 상황은 독일 공군에 그리 단순하지 않았다. 적이 점점 강력해짐에 따라 전격전 전술은 점점 시대에 뒤처졌다. 1941년, 독일이 소련을 침공했을 때 초기에는 순조로웠다. 소련 공군은 전술, 조직, 훈련받은 승무원이 부족했기 때문이다. 독일 공군은 별다른 피해 없이 지상에 있던 소련군 군용기 수천 대를 파괴하며 짧은 시간에 적군을 해치웠고, 독일군의 전투기, 폭격기, 근접 지원기는 사실상 아무런 저지도 받지 않은 채 지상 목표물을 타격했다. 그러나 독일이 승기를 잡았던 1941년 여름이 지나자 전격전은 더 이상 새롭지 않았다. 전격전의 기본 개념인 대규모 공습과 기계화된 지상군의 결합은 이제 일반적인 전술이 되었다. 러시아 전선에서는 소련군과 독일군 모두 지상 공격기를 자유자재로 사용했다. 느리고 취약한 슈투카는 1940년 히틀러가 영국을 상대로 장기간 항공전을 개시했을 때 이미 구식이 되어 영국 전투기의 손쉬운 먹잇감이었다. 그러나 슈투카는 소련에서 각 날개 아래에 37밀리미터 구경 고속 대전차포를 탑재하면서 매우 성공적인 대전차 공격기로 재탄생했다. 소련의 일류신 II-2 슈트르모빅은 슈투카와 비슷한 역할을 수행했다. 1944년 6월 6일, 연합군이 노르망디에 상륙하여 나치가 점령한 프랑스에 마침내 승리를 위한 발판을 마련한 이후, 지상군은 지상 공격기와 전폭기의 도움으로 한가로운 시골 마을인 노르망디와 그 너머까지 진격할 수 있었다. 미군에는 특수 설계한 지상 공격기는 없었지만, 기관총 8정을 날개에 탑재하는 등 탑재량이 많고 둔중한 외모의 리퍼블릭 P-47 선더볼트와 같은 대형 전투기가 있었다. P-47은 독일군의 철도 교통망을 차단하고, 초대형 전차를 제압하며, 도로로 이동하는 적 보급 부대를 위협했다. 더군다나 호커 템페스트 전투기와 호커 타이푼 전폭기를 비롯한 영국 지상 공격기와 P-47은 날개에 로켓탄을 탑재했다.

전략 폭격은 스페인 내전에서는 기대에 미치지 못했으나, 제2차 세계대전에서는 달랐다. 1939년 이후 폭격 작전의 조건이 불과 몇 년 전과는 다소 달랐기 때문이다. 이 당시에 등장한 고속 단엽 폭격기는 "폭격기는 언제나 승리할 것"이라는 휴 트렌차드의 주장을 입증하는 듯했다. 그러나 1939년까지 전투기는 폭격기보다 훨씬 더 빨라졌고, 대부분의 폭격기에 방어용 무기로서 탑재된 기관총 5~6정만으로는 전투기의 공격을 막아낼 수 없게 되었다.

또한 1930년대 후반에 발전한 대공 방어 기술도 폭격기를 위협했다. 적기의 접근을 탐지하는 조기 경보 시스템은 새로운 것이 아니었다. 제1차 세계대전 당시 영국은 유럽 대륙을 향해 커다랗고 오목한 콘크리트 덩어리를 세워 일종의 '소리 거울'을 만들었고, 이 소리 거울과 청진기 같은 대공 청음기를 이용해 수 킬로미터 떨어진 곳에서 울리는 항공기 엔진 소리를 감지했으며, 담당 기사가 항공기의 접근 방향까지 파악할 수 있었다. 레이더는 소리 거울보다 훨씬 더 진보된 장비였다. 멀리 있는 물체를 감지하기 위해 전파를 사용하는 실험은 20세기 초부터 여러 번 이루어졌다. 1935년까지 영국 항공성은 통합적이고 포괄적인 조기 경보 시스템의 일부로 레이더를 채택했고, 전쟁이 시작될 즈음에는 어느 정도 건설해 두었다. 그래서 1940년 여름에 독일이 프랑스를 무너뜨린 뒤 영국을 목표로 삼았을 때, 영국은 두에 학파의 과장된 주장을 뒤엎으려 하고 있었다.

레이더를 기반으로 통합된 영국의 조기 경보 시스템은 160킬로미터 밖에 있는 독일 폭격기도 감지할 수 있었다. 감지 정보는 중앙 정보 부대로 전송되고 분석되었으며, 방공 전투기 부대에는 즉시 대응 지시가 하달되었다. 사실상 영국은 독일보다 우위에 있었다. Bf 109의 성능은 영국의 스핏파이어나 허리케인과 막상막하였지만, 독일 전투기는 항속 거리가 너무 짧아서 프랑스 내 점령지에 있는 독일 기지에서 영국 해안에 도달한 다음 고작 몇 분밖에 교전할 수 없었다. Bf 110은 항공전에 쓰기에는 너무 느렸다. 주로 슈투카와 He 111로 구성된 독일 폭격기 편대는 영국 조종사들에게 쉽사리 격추되었기에 자국 전투기의 호위를 받지 않으면 사실상 무방비 상태였다. 영국군은 상대적으로 적은 조종사와 비행기를 잃었지만, 독일 공군은 프랑스 전투를 겪으면서 물자와 인력이 부족해져 씨름하고 있었다. 더군다나 영국은 독일의 공격을 받으면서도 항공기를 포함한 군수 물자를 끊임없이 생산해냈다. 독일은 런던과 그 외 지역의 민간 목표물을 상대로도 공격을 이어갔지만, 영국 대중의 사기를 꺾지는 못했다. 영국 대중은 독일의 영국 본토 공격과 런던 대공습을 집단적으로 경험하면서 투쟁 결의를 더욱 굳혔고, 윈스턴 처칠과 정부를 지지하는 시민들도 결집했다. 독일 공군은 런던 대공습 이후에도 전략 폭격을 완전히 포기하지는 않았다. 또한 1941년부터 1944년까지 소련이 쥐고 있던 도시들을 정기적으로 폭격하면서 수많은 소련 민간인의 목숨을 빼앗기까지 했다. 이때 발생한 사망자 수는 연합군이 유럽 내 독일 점령지를 폭격하며 발생한 사망자 수만큼 많았다.

미군과 영국군의 전략 폭격 경험은 규모와 목적, 결과 면에서 독일 것과는 다소 달랐다. 소련 공군은 미군과 영국군의 전략 폭격에 가담하지 않았다. 능력 부족으로 민간 목표물을 공격하는 것이 불편했기에 근접 지원에만 집중하기로 결정한 것이다. 이는 지상전 위주였던 동부 전선의 특성을 고려하면 매우 현명한 선택이었다. 영국 공군은 초기에 민간인 공격을 거부하면서 군사 목표물을 우선 공격했으나, 1942년 초에 태세를 전환해 독일 소도시와 시설을 적극적으로 공격했다. 같은 해에 미 육군 항공대(USAAF)도 영국에 기지를 건설하기 시작하고서 얼마 지나지 않아 민간인 공격에 합류했다. 1943년 봄에 시작된 영국군과 미군 폭격기의 연합 공세는 유럽에서 전쟁이 끝날 때까지 멈추지 않았다. 영국군의 4발 폭격기 아브로 랭커스터와 쇼트 스털링은 독일군의 방어가 약해지는 야간에 독일 내 목표물을 공격했고, 미군의 B-17과 B-24는 당시에 최첨단 기술이었던 노든Norden 폭격 조준기를 이용해 주간 공습을 벌였다.

연합군의 폭격은 독일의 산업과 물자, 통신에 크고 즉각적인 피해를 입혔다. 이는 두에 학파의 주장에 부응하는 것이었다. 1943년 7월 24일부터 8월 3일까지 이어진 함부르크 공습으로 민간인 4만 명 이상이 사망하고, 거의 같은 수의 부상자가 발생했다. 주요 목표물은 군수 공장, 주조 공장, 화학 공장, 정유 공장과 같은 산업 현장이었으나, 민간인 사상자도 더불어 발생했다. 그러나 민간인 자체가 공격 목표일 때도 있었다. 고폭탄과 소이탄을 섞어서 투하하면 폭격 효과가 특히 강력해서 셀 수 없을 만큼 많은 이들의 목숨을 앗아갔다. 1944년 7월부터 1945년 1월까지 6개월 동안 독일은 매달 평균 민간인 1만 3000명을 연합군의 폭격으로 잃었다.

연합군의 폭격기 공세는 성공적이었을까? 4분의 3세기가 지난 지금도 이 질문에 대답하기는 쉽지 않다. 이 공세가 독일의 전투 의지를 꺾었더라도 전쟁을 조기 종결시키기에는 충분하지 않았다. 또한 제2차 세계대전의 마지막 2년 동안 산업 생산력이 안정적으로 유지된 것으로 보아, 산업 생산력에도 큰 영향을 미치지 못한 듯하다. 그러나 몇몇 특정 산업들은 폭격에 의해 확실히 큰 타격을 입었고, 쉽게 회복되지 못했다. 몇몇 전차 모델은 공습 때문에 부품 부족 등으로 제대로 운용할 수 없었고, 혁명적인 최신 유보트 모델도 사실상 생산이 중단되었다. 가장 심각한 것은 정유 공장이 집중 폭격을 당해서 연료가 부족해진 것이었다. 제2차 세계대전의 마지막 9개월 동안 연료 부족만큼 독일군의 지상 작전을 방해한 것은 거의 없었다. 게다가 독일은 도시화된 지역과 공장을 보호하기 위해 방어 무기가 끊임없이 필요했기 때문에 전투기와 대공포 같은 귀중한 자산을 러시아와 프랑스의 전장에서 독일의 중심부로 이동시켜야 했다.

독일군과 연합군 간의 항공전에서 양측은 모두 시시각각 달라지는 전장의 요구에 따라 전술과 기술을 조정해야 했다. 유럽에서 벌어진 폭격 작전에서의 우위는 처음에는 독일이 가지고 있었다. 연합군의 대형 폭격기들은 버텨내기는 했지만, 엄청난 대가를 치러야 했다. 대공포도 연합군에 많은 피해를 입혔으나 항공전 초기에 가장 위협적인 것은 전투기였다. 믿음직한 Bf 109의 후기 모델과 새로운 포케불프 FW 190은 1943년부터 1944년까지 연합군의 주요 전투기만큼 우수했으며, 특히 FW 190은 모든 전투기를 통틀어 가장 견고하고 빠르며 기동성이 높은 전투기였다. 대형 4발 폭격기는 대다수 공격을 중기관총으로 막아내기는 했지만, 독일 전투기에 에워싸이면 오래 버틸 수 없었다.

연합군의 호위 전투기도 큰 자산이었을 것이다. 그러나 미군의 주력이던 쌍동체 구조 쌍발 전투기 록히드 P-38 라이트닝과 리퍼블릭 P-47 선더볼트는 뛰어난 성능에도 불구하고 항속 거리가 떨어져 영국 기지에서 독일까지 폭격기를 호위하고 되돌아올 수 없었다. 주로 야간에 공습했던 영국군 중폭격기는 독일군의 요격에 다소 덜 시달렸으나, 미군 폭격기 편대는 독일의 중심부로 진입하는 가장 위험한 지역에서 홀로 싸워야 했다. 1943년 말, 노스 아메리칸 P-51D 머스탱이 도입되자 상황은 미군 주간 폭격기에 더욱 유리해졌다 머스탱은 대다수 독일제 전투기보다 우수하고 민첩한 전투기로서, B-17과 B-24를 호위할 수 있었다. 제2차 세계대전의 마지막 해에 독일 공군은 항공기와 조종사, 연료가 심각하게 부족했다. 이는 연합군이 폭격에 앞서 전투기로 멀리까지 진출해 독일 전투기들을 공격적으로 소탕했기 때문이었다. 독일 공군의 방어력은 급격히 약화되었다.

제2차 세계대전 동안 전투기만큼 진화한 군용기는 없었다. 1939년부터 1940년까지 사용된 전투기와, 그 이후부터 1945년까지 사용된 전투기의 성능은 '단엽기 혁명' 이전과 이후만큼이나 큰 차이가 났다. 심지어 Bf 109와 같이 제2차 세계대전 이전부터 있었던 모델도 변형과 파생형이 너무나 많아서 1939년 버전과 1945년 버전을 비교하는 것은 타당하지 않다.

물론 처음부터 실패한 전투기들도 있었다. 전쟁 초기에는 '중전투기'라는 개념이 어느 정도 받아들여졌다. 중전투기에 가장 많은 투자를 쏟았던 독일군은 이러한 전투기를 '파괴자'라는 뜻인 체르슈퇴러Zerstörer라고 일컬었다. 이 다인승 전투기는 크기와 무게가 상당했고, 후방 기관총도 1~2정 장착했다. 엔진 2개, 승무원 3명, 기관총 4정과 전투기 앞부분에 20밀리미터 구경 기관포 2문을 갖춘 매서슈미트 Bf 110이 아마 가장 흔한 모델이었을 것이다. Bf 110은 그보다 작은 Bf 109보다 연료 탱크가 크기 때문에 항속 거리도 길었다. 하지만 이는 전투기와 경폭격기의 기능을 결합한 중간 기종이었을 뿐이다. 즉 제대로 된 전투기도, 경폭격기도 아니었다. Bf 110은 영국 본토에서 벌어진 항공전에서도 매우 민첩한 스핏파이어와 허리케인의 상대가 되지 않았다. 영국 최초의 중전투기인 볼턴 폴 디파이언트는 Bf 110보다 더 실패작이었다. 외관상으로는 전통적인 1인승 전투기처럼 보였지만 2인승이었고, 전방 발사 무기가 전혀 없었다. 기관총 4정은 조종사 뒤에 있는 회전 총탑에 탑재되어 있었다. 물론 디파이언트의 이러한 구조는 참신하긴 했지만 끔찍한 실패작이었고, 매서슈미트의 전투기와 맞붙기에는 매우 부족했다. 그러나 Bf 110과 같은 일부 중전투기는 '야간 전투기'라는 또 다른 용도로 사용되며 새로운 기회를 얻었다. Bf 110의 널찍한 기체 앞부분에는 레이더를 장착할 수 있을 만큼 충분한 공간이 있었고, 따라서 아무런 호위기 없이 야간에 공습하는 연합군 폭격기를 요격함으로써 진가를 발휘했다.

평범한 주간 전투기였던 Bf 110이 우수한 야간 전투기로 개조되는 등 전투기는 계속 개량되고 개선되었다. 급기야 1930년대에는 단순한 이론이었던 기술이 1943년에는 현실화되는 일도 일어났다. 제트 엔진과 제트기의 진화는 현대 군사 기술의 역동성을 가장 잘 보여 주는 사례다. 제트기는 동력 비행이 등장하기 전부터 많은 관심을 받았던 주제였지만 터보제트 엔진은 제2차 세계대전 직전까지 사용할 수 없었다. 1937년, 영국 기술자 프랭크 휘틀과 그의 팀은 사용 가능한 터보제트 엔진을 개발했고, 독일 기술자 한스 폰 오하인도 같은 시기에 휘틀의 영향을 받았다. 오하인의 터보제트 엔진은 휘틀의 것보다 늦었지만, 비행기에 장착한 첫 터보제트 엔진이었다. 에른스트 하인켈은 그가 제작한 세계 최초 제트기인 He 178에 오하인의 엔진을 탑재했고, 제2차 세계대전이 시작되기 불과 5일 전인 1939년 8월 27일에 He 178의 첫 비행을 성공시켰다.

영국과 독일의 기술자들은 제트 전투기 생산을 두고 다시 경쟁을 벌였고, 독일이 또다시 승자가 되었다. 1941년에 시험 비행을 시작한 엔진 2개짜리 매서슈미트 Me 262 슈발베는 1944년 4월 독일 공군에서 복무를 시작했다. Me 262는 즉시 전 세계 모든 공군의 전투기를 능가했다. 일단 하늘로 올라가면 Me 262와 비길만한 것은 없었다. P-51D보다 시속 193킬로미터나 더 빠른 시속 901킬로미터라는 최고 속도를 지닌 Me 262는 연합군 전투기로는 따라잡을 수 없었다. 무장으로는 30밀리미터 구경 기관포를 4문 장착해서 B-17도 몇 초만에 격추할 수 있었다. 그리고 이것은 단지 시작에 불과했다. 불과 10년 전만 해도 믿기 힘들었을 놀라운 아이디어로 가득 찬 제2차 세계대전 말의 독일 항공기 설계 분야는 이제 영광스러운 현실을 이루어냈다. 아라도 Ar 234 블리츠는 엔진 2개짜리 제트 추진식 중형 폭격기로, 최고 속도는 시속 742킬로미터이며, 하인켈 He 162 폭스예거 Volksjäger(국민 전투기)는 엔진 1개를 갖춘 날렵한 터보제트 전투기로, 동체의 대부분을 목재로 제작했다. 또한 조그맣고 이상하게 생긴 매서슈미트 Me 163 코메트는 이륙 후 4분 안에 높이 11.9킬로미터까지 치솟을 수 있는 로켓 추진식 요격기였다.

독일에서 만든 '경이로운 무기' 대부분은 매우 훌륭한 설계와 뛰어난 전투력을 자랑했지만, 너무 늦게 개발된 탓에 제대로 사용될 수 없었다. 독일이 점령한 유럽 전역에서 연합군이 전략 폭격 작전을 벌이고 성공을 거두자, 이렇게 선구적인 신형 전투기를 개발 및 시험하고 생산하는 일은 시시각각 중단되거나 많은 부담이 따랐으며, 만성적인 연료 부족으로 더욱 어려움에 처했다. 제2차 세계대전 말, 연료 부족 때문에 놀랄 만큼 많은 He 162와 Ar 234가 작전에 사용될 수 없었고, 이것은 연합군에 다행이었다. 불과 몇 년 전만 해도 이러한 전투기가 대규모로 전장에 나타났다면 유럽 상공의 제공권은 독일의 손에 쥐어졌을 것이다. 생산 능력이 또다시 기술적 우위를 이긴 것이다.

새로운 독일 전투기가 성공작인지 실패작인지는 궁극적으로 중요하지 않았다. 물론 초창기에는 작은 문제들이 있었다. Me 262와 Ar 234에 사용된 융커스 유모Jumo 004 터보제트 엔진은 불꽃이 자주 발생했기에 많은 주의가 필요했다. 코메트는 놀라운 상승 속도에도 불구하고 적재된 연료로는 비행 시간이 약 8분에 불과해, 조종사는 활공하는 동안 임무를 마쳐야 했다. 또한 모든 독일 제트기들은 이륙할 때의 속도가 느려서 적정 고도에 도달하기 전까지는 공격을 당하기 쉬웠다. 따라서 연합군 조종사들은 초기 상승 단계에 있는 독일 제트기를 '뒤흔드는' 법을 배워야 했다.

이는 자원과 노동력이 부족한 독일이 전투기 품질과 타협함으로써 발생한 비교적 작은 문제였다. 시간이 충분했거나 국내 정세가 안전했다면 빠르게 해결되었을 것이다. 또한 초기 문제는 사소한 것일 뿐이었다. 중요한 것은 독일이 신형 전투기를 발명함으로써 새로운 시대를 열고, 항공전 기술도 매우 발전시켰다는 사실이었다. 10년쯤 전, 동기화된 기관총을 장착했던 복엽기는 이제 전금속제 피스톤 엔진 단엽기가 되어 진화의 정점에 도달했다. 피스톤 엔진 전투기도 최대한 진화하면서 Me 262, Ar 234, He 162 같은 후속 모델이 자리를 차지했다. 그러면서 제트 군용기의 시대가 시작됐다.

독일은 제2차 세계대전에 참전한 그 어떤 나라보다도 항공전 기술과 전술을 더 많이 변화시켰다. 독일 공군은 전격전에서의 근접 지원 전술을 개척했고, 적 폭격기로부터 지상 목표물을 방어하기 위해 레이더를 장착한 야간 전투기를 사용하는 데에도 탁월했으며, 최초의 실용적인 제트기를 도입해 전투에서 성공적으로 사용했다. 어떤 공군도 독일 공군과 같은 성과를 거두지 못했다. 또한 독일의 과학자들과 항공 기술자들, 더 정확히 말하자면 항공 우주 기술자들은 또 다른 종류의 항공전에서 새로운 영역을 개척했다. 이것은 전쟁 이전에는 공상 과학적 상상에 불과했지만, 제2차 세계대전의 마지막 몇 달 동안에는 무서운 현실이 되었다.

1943년부터 1944년까지 정세가 독일에 불리해지면서 히틀러와 그의 장군들은 연합국의 사기를 꺾기 위해 점점 더 극단적인 수단에 의지했다. 그중 1가지는 히틀러의 '보복 무기(Vergeltungswaffen)'로, 연합국 폭격기가 밤낮을 가리지 않고 독일인들과 산업 중심지들을 폭격하듯이 연합국의 민간인들을 공격하기 위한 것이었다. 가장 주목할 만한 2가지 보복 무기는 독일이 재무장을 공표하면서 나치 독일이 된 첫날부터 개발되어 왔다. 황량한 발트해 연안에 있는 페네뮌데의 1급 비밀 연구소에서 젊은 베르너 폰 브라운과 그의 기술 팀이 액체 연료 로켓을 실험했다. 같은 시기에 폴 슈미트, 로베르트 루서, 게오르크 한스 마델룽과 같은 기술자와 교수 들로 구성된 또 다른 설계 팀이 펄스제트로 나는 '비행 폭탄'을 열심히 개발하고 있었다. 액체 연료 로켓과 펄스제트는 비슷하면서도 매우 달랐다. 최초로 생산된 폭탄은 '보복 무기 1호' 또는 V-1이라는 공식 명칭을 지닌 비행 폭탄이었다. V-1은 본질적으로 자이로컴퍼스로 유도하는 순항 미사일이었고, 시속 640킬로미터로 250킬로미터 떨어진 곳까지 날아갔으며, 무게 1톤짜리 고폭탄 탄두를 탑재했다. V-1을 이동식 발사 장치 또는 프랑스 북부의 고정 발사 장치에서 발사하거나 중형 폭격기에 탑재해 공중에서 발사하면 영국의 인구 밀집 지역을 쉽게 공격할 수 있었다. 독일은 값싸고 만들기 쉬운 V-1을 약 7,000대나 영국에 발사했고, 그중 2,300대 이상이 런던에 투하되었다.

베르너 폰 브라운의 프로젝트는 V-1보다 더 비싸고 생산하기 힘든 '보복 무기 2호', 즉 V-2로 이어지면서 계속 같은 목적을 달성했다. V-1처럼 V-2도 프랑스 점령지에서 런던까지 비행할 수 있었다. 아울러 V-1과 마찬가지로 1톤짜리 고폭탄을 날릴 수 있었다. 하지만 같은 점은 이것뿐이었다. V-1의 속도는 시속 640킬로미터 정도라 연합군 전투기에 따라잡히거나 대공포에 격추당할 수 있었다. 그러나 에탄올을 연료로 한 로켓 엔진을 장착한 V-2는 장거리 비행 시 약 89킬로미터까지 치솟은 다음 시속 5,760킬로미터 이상으로 날 수 있었다. V-2는 세계 최초의 탄도 미사일이었다. 영국에는 다행스럽게도 V-2는 엄청나게 비쌌고, V-2가 투입되던 1944년 9월의 하늘은 연합군이 꽉 잡고 있었기 때문에 V-2의 발사와 생산은 점점 어려워지고 있었다.

V-1과 V-2가 제트 전투기와 마찬가지로 정세를 뒤바꾸지 못했고, 영국의 항복을 불러오지도 못했으며, 보복 무기로 정권을 연장할 수 있다는 히틀러의 환상적인 기대도 실현시키지 못했다는 사실은 별로 중요하지 않다. 중요한 것은 독일이 항공기나 승무원을 위험에 몰아넣지 않으면서 적에게 폭탄을 투하할 수 있는 수단을 개발했다는 점, 그리고 목표까지 순식간에 날아가는 V-2 덕분에 적이 공격을 알아차리고 대비할 기회조차 주지 않고서 민간인을 직접 공격할 수 있게 되었다는 점이었다.

제2차 세계대전에서 활약한 군용기는 제1차 세계대전에서 보여 준 가능성을 실현했다. 아니, 사실 그 이상이었다. 공군력이 두에와 그의 지지자들이 예상한 방식대로 정확히 실현되지는 않았다. 제2차 세계대전에는 분명히 공군의 충돌보다 더 많은 것이 있었다. 격추당한 공군 사상자 수천 명이 증명하듯이, 폭격기가 항상 성공하지는 않았다. 무차별적인 집중 폭격이 민간인들의 항복으로 이어지지도 않았다.

하지만 공군력은 제2차 세계대전 이전에 두에와 빌리 미첼, 휴 트렌차드가 예상한 것보다 더 많은 것을 이루어냈다. 공군은 1917년부터 1918년까지 지상군 지휘관의 목표를 달성하는 데 도움을 주었다. 항공 지원 전술은 전장 상공에서의 공중 우세와 결합되고, 지상군과 무전기로 연결되면서 전장에서의 기동성을 회복시켰다.

공군력은 또한 현대전에서 산업과 경제적 요인의 중추적인 중요성을 부각시켰다. 물론 제2차 세계대전 당시 사용된 수많은 무기 기술도 마찬가지였다. 안정적인 보급과 탄탄한 제조업이 독창적인 기술을 능가한 것이다. 승리는 최고의 기술자와 최첨단 기술이 아닌, 가장 강력한 경제력과 가장 탄력적인 제조업 기반을 갖춘 나라에 돌아갔다. 다시 말하면, 공군력은 민간인의 저항 의지를 꺾을 수는 없었지만, 전쟁을 치르는 것이 점점 더 어려워질 정도로 산업에 피해를 입힐 수는 있었다.

공군력은 지상전에서 활약했을 뿐만 아니라 해군의 공격력도 여러 번 확장시켰다. 군용기는 실제로 해군의 전투 양상을 변화시켰다. 전함은 항공모함으로 대체되었고, 대포를 탑재한 주력함의 시대는 막을 내리게 되었다.

20장

전함의 쇠퇴

제1차 세계대전은 어려운 교훈으로 가득했다. 또한 군사적 관점에서 보면 오래된 문제를 풀어 줄 참신한 해결책과, 1세대 전에는 말도 안 되는 일로 치부되었을 전투 수단과 방식으로 가득했다. 제1차 세계대전에서 이루어진 여러 혁신은 종종 전통적인 전쟁 방식에 잘 들어맞지 않았고, 1930년대 후반에 시작된 제2차 세계대전에서도 그 잠재력은 억눌려 있었다. 특히 해군만큼 군사 개혁을 보수적으로 받아들이는 군대는 없었다. 제1차 세계대전은 20세기 해상전을 새로운 국면으로 이끌었지만, 제1차 세계대전이 남긴 교훈을 이해하거나 받아들이는 영향력 있는 사람은 거의 없었다.

그중 가장 중요한 교훈은 드레드노트의 시대가 끝났다는 것이었다. 드레드노트는 등장한 지 얼마 되지도 않아 구식이 되었고, 상상 이상으로 비쌌다. 드레드노트의 쇠퇴는 인정하기 힘든 일이었으며, 표면적으로는 반이성적으로 보였을 것이다. 해군 군비 경쟁은 크기나 용적 톤수만큼이나 기술과 설계에 관한 것이었고, 1906년에 HMS 드레드노트를 진수하면서 정점을 찍었다. 또한 해군 군비 경쟁은 유럽의 여러 국가를 전쟁으로 몰아넣는 데 일조했다. 유럽의 주요 강대국들은 그 어떤 군사 기술보다 군함에 가장 많은 돈을 투자했다. 1914년까지 해군 예산을 절감하는 것은 터무니없고 위험하다고 여겨졌다. 덕분에 해군은 원하는 것과 필요한 것 대부분을 얻었다. 원하는 것과 필요한 것이 같지 않거나 그로 인해 이득을 얻지 못하더라도 상관없었다.

이렇게 많은 비용과 에너지가 해군에서 소모되었지만, 제1차 세계대전에서 서구의 위대한 해군이 거둔 성과는 상대적으로, 더 정확히 말하자면 정부와 해군 지휘관 들이 기대한 것에 비해, 적거나 매우 달랐다. 제1차 세계대전이 발발하기 전만 해도 군함은 17세기 이후부터 늘 그랬듯 전쟁에 유용하다는 보편적인 인식이 있었다. 실제로 이전의 범선보다 속도가 훨씬 빨랐고, 함포의 사정거리도 늘어났으며, 명중률도 개선되었고, 당연히 파괴력도 증가했다. 또한 무엇보다 잠수함과 어뢰가 등장했으니, 해상전의 양상은 이전과는 달라져야 했다. 그러나 제해권을 주장하는 수단인 해상전은 여전히 드레드노트와 대형 순양함으로 구성된 함대 간의 충돌이 중심이었다. 즉, 첫 전열함이 탄생한 이래 거대 함포를 탑재한 대형 함선이 전열을 이루고서 겨루는 방식은 그대로였다. 결국 드레드노트는 현대식 전열함이었다. 1860년부터 1914년까지 군사 기술은 대폭 발전했지만, 해군 지도층에게 전함의 역할은 항상 그대로였던 것이다.

제1차 세계대전은 해군 지도층의 관점이 틀렸다는 것을 증명하지는 못했다. 제1차 세계대전 당시 주력함이 전혀 쓸모없지는 않아서였다. 영국 함대는 전쟁 내내 독일의 항구를 성공적으로 봉쇄했고, 독일은 해상 무역이 봉쇄당해서 큰 타격을 입었으며, 이는 결국 내부 붕괴와 1918년에 일어난 최종 패배로 이어졌다. 드레드노트와 순양 전함은 몇몇 함대 작전에 참여했고, 1916년 5~6월의 유틀란트 해전에서는 선두에서 활약했다. 1915년에 보스포루스 해협에서 진행된 연합군의 작전에서는 해군력이 절대적으로 중요했으며, 갈리폴리를 오스만 제국에서 빼앗기 위해서는 군함이 육지를 반드시 포격해야 했다.

　그러나 주력함이 거둔 성과는 해군 관련 기술과 군함 건조에 쏟은 투자를 고려하면 가성비가 떨어졌다. 대신, 1918년 이후 해상전은 다음과 같은 두 방향으로 흘러갔다. 가장 확연히 드러난 첫 번째 방향은 잠수함의 부상이었다. 제1차 세계대전에서 잠수함만큼 효과적인 해군 함정은 없었다. 특히 독일군은 잠수함으로 톡톡한 성과를 거뒀다. 첫 번째만큼 드러나진 않았던 두 번째 방향은 항공모함의 부상 그리고 해군력과 항공력의 결합이었다. 제2차 세계대전 동안 벌어진 해상전 대부분은 해수면 아래와 그 위 하늘에서 동시에 이루어졌다.

해군 항공력은 제1차 세계대전이 끝났을 때 여전히 실험 단계에 있었지만, 잠수함은 이미 확립된 기술이었고, 아무도 유보트의 파괴력을 의심하지 않았다. 베르사유 조약에서 독일이 잠수함을 보유하거나 건조하는 것을 명시적으로 금지한 것은 우연이 아니었다. 실제로 세계 최대 함대를 약화시키고 미래에 벌어질 해군 군비 경쟁을 막기 위한 것이었지만 궁극적으로는 실패할, 1921년부터 1922년까지 개최된 워싱턴 해군 군축 회의에 참석한 영국 대표단은 잠수함을 전면 금지하는 방안을 추진했다. 그러나 세계에서 가장 큰 함대와 그 함대를 이끄는 제독과 정치인 들의 집단적인 관심은 여전히 대형 전함에 맞춰져 있었다.

　제1차 세계대전이 발발하면서 서양의 해군 군비 경쟁은 둔화되었다. 프랑스, 독일, 이탈리아, 오스트리아-헝가리, 러시아 모두 일단 전쟁을 시작하자 새로운 군함을 만들지 않았다. 그러나 영국은 계속 건조했고, 결국 반세기 동안 군함 설계에 영향을 미친 HMS 후드를 만들어 냈다. 후드함은 1930년대에 전 세계 해군 조선소에서 볼 수 있었던 '고속 전함'의 시초였다.

제1차 세계대전 당시 조선업이 가장 활발했던 2개국은 신생국이었는데, 이는 제1차 세계대전 이전부터 유럽에서 벌어진 내분으로 뒤흔들린 힘의 균형을 보여 준다. 1916년에 일본은 전함과 순양 전함으로 이루어진 대규모 함대를 건조하고 보유하겠다는 의사를 밝혔고, 미국도 즉시 뒤따랐다. 새로운 해군 군비 경쟁이 시작되었고, 영국과 독일의 해군 군비 경쟁 초기처럼 빠르게 진행되었다. 일본은 1921년에 새로운 전함 2척을 취역시키고, 2척을 더 건조하고, 순양 전함 4척 건조에도 착수했다. 미국은 전함 11척과 순양 전함 6척을 건조했고, 영국도 뒤질세라 경쟁에 뛰어들었다.

　　세계, 특히 서구 세계는 군비 경쟁의 위험하고 유혹적인 매력에서 벗어날 수 없었다. 하지만 또다시 전쟁을 벌일 준비가 되어 있지 않았을뿐더러, 전쟁을 원하지도 않았다. 미국 대통령 우드로 윌슨이 유럽에서 벌어진 전쟁을 종결시키고, 제1차 세계대전에서 치렀던 끔찍한 희생 또한 다소나마 정당화시키려고 제안한 '14개조 평화 원칙'에서 국제적이고 보편적인 군비 축소는 가장 중요한 조항이었다. 그러나 윌슨은 모든 유럽 동맹국들의 지지를 받지는 못했다. 유럽의 동맹국들은 강대국이 군비 축소를 해야 한다고 주장하면서도 자신들의 경계심을 늦추려고 하지는 않았다. 그러나 윌슨 행정부의 해군 확장 계획을 기꺼워 하지 않고, 국제적인 의무에서도 벗어나기를 열망했던 미국 대중은 군비 축소 개념을 환영했다.

　　그 결과, 해군 강국들이 해군 군비 경쟁을 자제하면서도 안보를 위해서는 타당한 수준의 함대를 유지할 수 있도록 하기 위해 일련의 해군 군축 회의가 열렸고, 그에 따른 조약도 체결되었다. 첫 시작은 1922년에 이루어진 워싱턴 해군 회의와 워싱턴 조약이었다. 영국과 미국, 일본, 프랑스, 이탈리아 등 가장 큰 해군력을 보유한 5개국의 외교관들이 참가했으며, 독일과 소련은 국제 사회에서 아웃사이더 취급을 받았기에 의도적으로 배제되었다. 이후 1927년과 1932년에는 스위스의 제네바에서, 1930년과 1936년에는 런던에서 후속 협정을 체결함으로써 워싱턴 조약을 재정립했다. 후속 협정에서는 영국과 미국, 일본, 프랑스, 이탈리아의 주력함 용적 톤수를 각각 5:5:3:1.75:1.75라는 비율로 제한했다. 또한 워싱턴 조약은 10년간 새로운 주력함을 건조하지 않는 모라토리엄인 '해군의 휴일'을 선언했다. 또한 전함과 순양 전함, 그리고 1922년에만 해도 흔치 않았던 항공모함의 크기와 무장을 엄격히 제한했다. 제네바와 런던에서 이루어진 협정은 순양함, 구축함, 잠수함에도 비슷한 제한을 걸었다.

이러한 조약들은 처음에는 의도한 효과를 거두었다. 협정을 맺은 국가들은 총 용적 톤수 상한을 맞추기 위해 기존 주력함과 건조 중이던 수많은 함정을 폐기했다. 미국은 1922년에 워싱턴 조약이 체결된 직후 대형 군함 30척을 폐선으로 만들어 팔았다. 조약의 지침에 따라 건조된 군함은 평균적으로 제1차 세계대전 당시 활약한 슈퍼드레드노트보다 작았다. 새로운 주력함은 무게 제한 때문에 장갑, 대포, 추진 기관, 선체 설계 면에서 군함 건조업체가 선호하는 최첨단 기술을 이용할 수 없었다. 이러한 '조약형 전함'의 장갑은 가벼웠고, 대포는 더 컸지만 개수는 적었으며, 최대 속도를 자랑할 수도 없었다.

그럼에도 불구하고, 함대를 줄이거나 더 작고 약한 전함을 사용하려는 국가는 거의 없었고, 조인국들은 조약의 허점을 찾아내려고 애쓰면서 군축조약의 선한 의도를 무시하고 조항 자체만 준수했다. 또한 조약이 기존 드레드노트 시대의 전함을 개조하는 것은 규제하지 않았기 때문에, 10년간의 '휴일'은 쉽게 우회당했다. 각국의 해군은 조약의 허점을 이용해 무기를 보강하고, 장갑을 추가하며, 석탄을 태우던 엔진을 현대식 석유 엔진으로 교체했다.

1920년대와 1930년대에 체결한 해군 조약은 폭발적인 군비 경쟁은 막았거나 지연시켰을 수도 있지만, 해군 관련 기관과 조선업체 들이 개선된 기술로 조약의 제한을 회피하려고 노력하는 과정에서 더 많은 실험을 하게 했고, 혁신도 일으켰다. 독일 바이마르 공화국은 워싱턴 조약에도, 이후의 조약에도 참가하지 않았지만, 베르사유 조약에 의해 1만 톤이 넘는 함정을 건조하는 것을 금지당했다. 이러한 제한은 도리어 참신한 해결책을 만들어 냈다. 독일은 베르사유 조약에 따른 한계를 약간 벗어난 강력한 화력, 두께가 상당한 장갑, 고출력 엔진을 장착한 완전히 새로운 종류의 전함인 포켓 전함을 개발했다. 전간기에 군비를 축소하려던 모든 진지하고 선한 시도가 그러했듯, 해상 강대국은 조약이 결렬되면 곧바로 차세대 슈퍼드레드노트에 최첨단 기술을 구현할 준비를 하고 있었다.

그 순간은 곧 다가올 터였다. 1935년 3월, 히틀러는 나치 독일의 일방적인 재무장을 공표했고, 영국과 프랑스는 독일이 침공해 오는 것을 우려한다는 핑계로 더 이상 함대를 제한하지 않았다. 런던에서 조인국들이 마지막으로 만났던 1935년 말, 일본은 런던 해군 조약 탈퇴를 선언했고, 이탈리아는 서명을 거부했다. 이렇게 해군 군비 경쟁이 새롭게 시작되었다.

1930년대 후반과 제2차 세계대전 초기에 설계된 차세대 주력함들은 더 가벼운 조약형 군함이나 제1차 세계대전 이전의 드레드노트 및 슈퍼드레드노트와는 매우 달랐다. 해상 강대국들은 정해진 변수에 얽매이지 않게 되자 다양한 크기와 등급의 함정을 재빨리 만들어 냈다.

선두에는 '고속 전함'이라는 비공식적 명칭을 지닌 새로운 종류의 전함이 있었다. 이전보다 더 효율적이고 강력한 엔진과 더 큰 대포를 장착했으며, 갑판을 포함한 모든 표면은 중장갑으로 감쌌다. 영국의 킹 조지 5세급 전함들은 재무장 시대에 건조된 첫 전함으로, 배수량은 3만 7000톤에 달했고, 선체와 포탑 주위의 장갑 두께는 35~40센티미터, 갑판의 장갑은 12~15센티미터였다. 앞뒤에 4연장 포탑 1개씩, 그리고 앞쪽에 2연장 포탑 1개를 적층식으로 배치하는 등 포탑이 총 3개에 14인치포를 총 10문 탑재했다. HMS 킹 조지 5세의 속도는 29노트였다. 독일 함대의 자랑거리였던 전함 비스마르크와 티르피츠는 각각 15인치 구경 대포 8문을 주무기로 탑재했고, 배수량이 4만 2000톤에 달했으며, 30노트에 달하는 속도로 항해할 수 있는 꽤 우수한 전함이었다. 일본은 3연장 포탑 3개에 18인치 구경 대포 9문을 탑재한, 배수량 약 6만 5000톤짜리 전함 야마토와 무사시를 건조했다. 이들은 크기만으로도 다른 전함들을 능가했다. 뒤늦게 뛰어든 미국은 1941년 12월에 일본이 진주만을 공격하기 전부터 경쟁국들을 재빨리 따라잡았다. 노스캐롤라이나급과 사우스다코타급 고속 전함 6척은 조약 규격에 근접하도록 건조했고, 배수량 약 3만 5000톤에 16인치 구경 대포 9문을 탑재했다. 이후 1939년부터 1940년까지 설계된 아이오와급 고속 전함의 배수량은 4만 5000톤이나 되었는데도 속도는 35노트에 달했다.

1930년대 후반의 건조 프로그램에서 순양함은 중순양함과 경순양함을 막론하고 전함보다 훨씬 더 많았다. 아울러 1938년부터 1945년까지 미국에서는 4종이나 되는 순양함을 67척이나 진수했다. 구축함은 순양함보다 훨씬 더 많았다. 가볍고 빠른 함정이 대서양에서 연합군 호송대의 핵심 요소이자 대잠수함 작전의 주요 무기였던 제1차 세계대전 동안, 구축함은 영국과 미국 함대의 선택을 자주 받았다. 몇몇 사소한 점들을 제외하면 대다수 해군이 사용하던 구축함은 거의 비슷했고, 제1차 세계대전을 거치면서 크게 개선되었다. 대부분은 5인치 구경 혹은 6인치 구경 경포를 탑재한 단장 포탑 5~6개와 어뢰 발사관 몇 대를 장착했다. 제2차 세계대전 당시 구축함은 대부분 40노트에 달하는 속도로 바다를 달릴 수 있었다.

제2차 세계대전 당시 전함, 순양함, 구축함 및 코르벳 같이 가벼운 기타 함정은 주요 함대의 심장이자 영혼이었다. 이러한 군함은 고작 1세기 전 시대의 바다에서 사용된 군함과 본질적으로 크게 동떨어지지는 않았다. 기술적인 면에서 매우 차이가 나기는 했지만, 군함의 목적은 정확히 넬슨 시대의 것과 마찬가지로 '포격으로 적 배를 제압하고 파괴하는 것'이었다. 대포를 탑재한 군함은 여전히 해군 조선업과 해군 정책 입안자 들의 주요 관심사였다.

제2차 세계대전의 상당 부분은 바다에서 이루어졌다. 영국의 생존은 캐나다와 미국에서 보급품이 오는 항로의 안전에 달려 있었다. 소련 또한 미국의 무기 대여법으로 상당한 무기와 물자를 바다 너머에서 보급받았다. 1940년 이후 북아프리카와 시칠리아, 이탈리아, 노르망디를 비롯한 서구 전장에서 벌어진 가장 큰 작전은 모두 해군 작전으로 시작되었다. 1941년부터 1945년까지 미국과 일본 간의 전쟁은 거의 모두 해상전이었다. 그러나 대포가 가득한 주력함은 보조적인 역할을 하는 데 그쳤고, 대신 2가지 파격적인 군함이 해상전을 지배했다. 제2차 세계대전에서 대형 전함 관련 기술은 정점에 도달했을 수 있지만, 실제로는 항공모함과 잠수함이 대세였다.

해군 함정을 바다 위에서 이동 가능한 비행장이자 항공기 이착륙 플랫폼으로 사용한다는 아이디어는 동력 비행 자체만큼이나 오래됐다. 라이트 형제가 유럽을 순방하고 미국으로 돌아온 지 불과 몇 달 지나지 않았던 1910년 11월에 미국 조종사 유진 B. 일리는 커티스 복엽기를 타고 미 해군 순양함 버밍엄에서 이륙했다. 이는 매우 스릴 넘치는 일이었다. 버밍엄함의 함수에 판자를 깔아서 만든 활주로는 길이가 18미터도 채 안되었고, 일리의 비행기가 갑판을 벗어날 때 높이가 너무 낮은 나머지 수면 위를 스쳐 지나가기까지 했다. 그러나 일리는 비행기를 가까스로 들어 올려 날아가는 데 성공했고, 해안에 안전하게 착륙했다. 1911년 1월에 일리는 샌프란시스코만에 정박해 있던 장갑 순양함 펜실베이니아의 뒷갑판에 설치된 활주로를 가로지르는 신축성과 중량감이 있는 밧줄로 비행기를 정지시켜 착륙하는 놀라운 성과도 거두었다. 비행기에 부착된 갈고리가 밧줄 몇 개에 걸리면서 커티스기의 속도를 늦추고 마침내 정지시켰던 것이다. 이것은 첫 착륙 제동 장치였다.

그러나 미 해군은 일리의 성과를 단순히 민간 조종사의 과시적인 묘기로 치부했다. 미 해군이나 다른 국가의 해군이 항공에 관심이 없었던 것은 아니었다. 그들은 물 위의 비행장에서 기존 비행기를 날려 보내는 것보다는 수상기에 해군 항공의 미래가 있다고 생각했다. 그러나 영국 해군은 제1차 세계대전 이전에 함상기를 실험하면서 항공모함의 가능성을 조금 더 진지하게 받아들였다. 제1차 세계대전 초기에 영국 해군은 몇몇 민간 선박에 비행 갑판을 설치했고, 전쟁이 진행되는 동안에도 이 개념을 계속 탐구했다. 영국 해군은 선수와 선미의 포탑을 제거하고, 그곳에 각각 비행 갑판을 추가함으로써 경순양함인 퓨리어스를 항공모함으로 개조했다. 하지만 앞뒤의 비행 갑판이 배의 상부 구조물로 분리되어 있어서 이 계획은 실패로 판명났다. 하지만 이것은 교훈적인 실패였다. 이후 항공모함에는 길고 끊어지지 않는 비행 갑판 1개가 설치되었다. 이것은 영국이 다음 번에 여객선을 개조해 만든 첫 평갑판 항공모함인 HMS 아거스의 주목할 만한 특징이 되었다. 제1차 세계대전 끝날 무렵, 영국은 항공모함 4척을 진수했다.

비록 해군 항공이 아직 확실한 모습을 드러내지는 않았지만, 그 개념은 강력했고 곧 인기를 얻었다. 항공모함은 워싱턴 해군 군축 회의의 열띤 논쟁거리가 되었고, 최종적으로 항공모함의 성능을 배수량 2만 7000톤, 8인치 구경 대포 10문 이하 탑재로 제한하는 조약이 체결되었다. 하지만 1만 톤 미만인 항공모함을 예외 대상으로 두고, 현재의 항공모함은 '실험용'이라고 규정하는 등 허점을 남겼다. 항공모함 경쟁은 이후 거의 즉시 시작되었다. 영국은 초기에 선두를 달렸으나 이후 해군 항공의 통제권이 해군성에서 독립적인 영국 공군(RAF)으로 넘어가면서 뒤로 밀려났다. 공군력의 열렬한 지지자들이 폭격기 때문에 해군은 쓸모없고 무력해질 것이라는 결론을 냈던 때가 아니었음에도 영국 공군은 해군 항공을 위한 귀중한 자원을 포기하는 것에 별 관심이 없었다. 양차 세계대전 당시 보수적인 군사 기관들은 새로운 무기나 전술, 병과를 기존의 기반 시설에 통합하려고 했기 때문에 이러한 영역 다툼은 흔한 일이었다. 해군 항공을 둘러싼 해군과 공군 간의 경쟁으로 영국은 불과 몇 년만에 치고 올라온 미국과 일본보다 뒤로 밀려날 수밖에 없었다.

일본과 미국은 1918년에 제1차 세계대전이 끝난 직후 항공모함을 만들기 시작했다. 그러나 초기 항공모함은 특별히 인상적이지는 않았다. 1921년에 진수된 일본의 호쇼함은 배수량이 7,500톤이었고, 1922년에 취역한 USS 랭글리는 석탄 운반선을 개조해 만들었다. 워싱턴 해군 조약은 의도치 않게 더 큰 항공모함 제작을 장려하는 결과를 낳았다. 조약의 특별 조항에 따르면 영국과 미국, 일본 각각은 고철이 될 주력함 2척을 항공모함으로 개조할 수 있었다. 미국 항공모함 렉싱턴함과 새러토가함, 일본의 아카기함과 카가함 모두 이전에 순양 전함이나 전함이었다. 이 항공모함들은 모두 장갑을 갖추고, 8인치 구경 대포와 소형 대공포로 무장했으며, 속도가 빠른 현대식 항공모함이었다. 카가함은 최고 속도가 31노트였고, 렉싱턴함은 33노트를 넘었다. 모두 '섬(island)형' 항공모함으로, 함교를 포함한 함선의 작은 상부 구조를 한쪽에 설치하여 막힘없는 활주로를 확보했다.

항공모함은 전 세계적인 인기를 얻지는 못했다. 영국은 1935년 이후까지 항공모함 함대를 강화할 기회를 기다렸지만, 프랑스와 이탈리아, 독일은 항공모함을 가벼운 흥밋거리로만 보았다. 이들은 관심 대부분을 전함과 순양 전함에 쏟았다. 항공모함을 계속 주시했던 미국과 일본은 워싱턴 해군 조약이 만료되고, 1936년에 체결된 런던 협정마저 무시되자 즉시 항공모함을 건조하기 시작했다. 1930년대 후반에 일본은 소류함, 히류함, 쇼카쿠함 등 항공모함을 진수했고, 미국은 보통 크기의 요크타운급과 더 큰 에식스급, 일련의 경항공모함을 내놓았다. 1941년 12월에 일본 함재기가 진주만에 있는 미 해군 기지를 공격하면서 완전히 새로운 해상전 시대가 열렸을 당시, 이미 수많은 항공모함이 미국 조선소에서 건조되고 있었다.

삽화 39

미국 항공모함 CV-3 USS
새러토가. 원래 순양 전함이었던
새러토가함은 1922년에
항공모함으로 개조하기로
결정되었고, 1927년에
취역했다. 제2차 세계대전에서
살아남았으나, 1946년에
비키니 환초에서 원자 폭탄
실험용 표적이 되었다.

제1차 세계대전에서 드레드노트가 성과를 거의 못 올렸다고 했는데, 제2차 세계대전에서 전함의 성과는 더욱 빈약했다. 제2차 세계대전은 거의 모든 면에서 제1차 세계대전을 능가했지만, 1916년에 벌어진 유틀란트 해전과 같은 함대전은 발생하지 않았다. 그렇다고 해서 전함이 쓸모없었다거나 아무런 영향을 미치지 못했다는 것은 아니다. 제2차 세계대전 내내 함대함 교전이 지속됐고, 그중 일부는 전략적으로도 중요한 의미를 지녔다. 덴마크 해협 해전과 1941년에 벌어진 독일의 초대형 전함 비스마르크 추격전, 지중해에서 일어난 연합군과 이탈리아군 함선들 간의 소규모 접전들, 1942년 11월에 북아프리카에서 영미 연합군이 비시 프랑스 식민지에 상륙하면서 벌어진 전투와 카사블랑카 해전, 또한 제2차 세계대전 당시 가장 대규모 해상전이었으며 역사상 마지막 함대함 전투였던 1944년 10월의 수리가오 해협 해전과 레이테만 해전이 당시 벌어진 함대함전이었다.

그러나 제2차 세계대전 당시 함대 규모, 주력함의 숫자, 해군력의 중요도에 비추어 볼 때, 함대함 전투의 빈도는 실제로 상당히 낮았다. 제2차 세계대전 시기의 진정한 주력함은 항공모함이었다. 해상전이 항공전과 아주 밀접해지면서 항공모함은 금세 대규모 함대의 중심이 되었다. 대형 항공모함은 전함과 순양 전함만큼이나 신속하게 움직일 수 있었다. 또한 항공모함은 전함과 순양 전함의 지원을 받았지만, 전함과 순양 전함을 지원하지는 않았다.

대서양에서 영국은 항공모함으로 독일군이 빼앗기 힘든 제해권을 확보했다. 지중해에서는 1940년 11월에 항공모함 일러스트리어스함과 이글함의 함재기인 복엽식 뇌격기 페어리 소드피시가 타란토에 정박해 있던 이탈리아 함대에 대담한 공격을 감행했다. 또한 항공모함 아크로열의 소드피시는 1941년에 독일 전함 비스마르크의 위치를 파악하고 격침시켰다. 태평양에서는 항공모함이 진정한 대세였다. 1942년 6월에 벌어진 미드웨이 해전과 같은 주요 해상전은 대개 뇌격기와 폭격기, 그리고 폭격기를 호위하거나 적 항공기를 요격하는 전투기를 이용해 '실제로 마주친 적 없이' 서로 거리를 두고 공격하는 함대 간의 전투였다. 해군 항공은 또한 적 지상 시설을 공격하고, 상륙 작전에서 근접 지원을 제공하는 등 매우 중요했다.

이 모든 면에서 항공모함은 해군력을 발휘하는 가장 효과적인 수단으로 자리를 잡았다. 아니, '유일한 수단'이라고 해도 지나치지 않았다. 함선을 격침시키거나 다시 회복시키기 힘들 만큼 손상시키는 데는 항공모함이 가장 효과적이었다. 1942년 4월, 일본군은 항공모함에 탑재된 폭격기로 영국 순양함 도싯셔함과 콘월함, 구식 항공모함인 허미즈함을 인도양에서 격침시켰다. 2개월 후 미드웨이 해전에서 미군 함재기들은 일본 함대의 항공모함 4척을 모두 격침시킨 반면, 일본군은 미군 항공모함을 단 1척만 격침시켰다. 1944년 6월에 벌어진 필리핀 해전에서 미군은 한때 일본군의 자랑거리였던 항공모함들을 거의 모두 격침시켰다. 1942년 4월에 지미 둘리틀이 이끄는 B-25B 미첼 중형 폭격기 16대가 도쿄를 폭격하기 위해 이륙한 곳도 항공모함 USS 호넷의 비행 갑판이었다.

이와 같은 사례는 항공모함을 사용한다는 것이 공군력을 해군력처럼 사용하는 것임을 보여 주었다. 즉, 바다에서 승리하려면 제공권이 가장 중요하다는 것을 시사했다. 항공모함은 비행장을 싣고서 지구상 그 어느 곳으로도 갈 수 있다는 점에서 독특했다.

삽화 40

1942년에 벌어진 해상전의 새로운 국면은 항공모함 전쟁이었다. 사진은 미 해군 급강하 폭격기 더글러스 SBD 돈틀리스가 미드웨이 해전 당시 불타오르는 일본 중순양함 미쿠마로 접근하는 모습이다.

항공모함은 제2차 세계대전 동안 거의 그대로였다. 속도를 제외하고는 항공모함의 기술적 한계가 사실상 무의미해서였다. 전투 무기로서 항공모함의 진정한 한계는 항공모함 자체가 아닌, 성능이 부족하면 항공모함의 공격력을 제약하는 함재기에 있었다. 미드웨이 해전에서 미군 뇌격기가 겪었던 비운을 예로 들어보자. 1942년 미국의 표준 뇌격기였던 더글러스 TBD 데버스테이터는 1935년에 처음 하늘로 날아올랐을 때는 최첨단 항공기였지만, 7년 후 미드웨이 해전 당시에는 무장이나 속도 면에서 상대적으로 뒤떨어졌다. 또한 미드웨이에서 일본 항공모함을 공격했던 미군 함재기 대다수는 공격도 제대로 못했고 민첩함과 중무장으로 유명한 전투기인 미쓰비시 A6M2 0식 함상 전투기와 같은 일본 전투기의 공격이나 수상함의 대공 포화에 쩔쩔맸다. 그러나 항공모함 건조는 미국과 영국, 일본과 같은 3대 해상 강국에 전시 최우선 과제였다. 항공모함은 강력한 만큼 타격당할 가능성도 컸다. 그래서 3개국 모두 많은 항공모함을 잃었다. 영국과 미국은 항공모함 수요를 가까스로 맞췄지만, 일본은 그렇지 못했다.

잠수함은 제1차 세계대전과 그 이후의 전쟁에서 가치를 증명했다. 잠수함은 적극적으로 추천할 만했다. 가격이 저렴한데다 생산 속도도 빨랐고, 승무원 수도 적었으며, 수상함을 공격하기에도 매우 적절했기 때문이다. 잠수함은 드레드노트나 순양 전함보다 더 많은 배를 격침했지만 투자해야 할 시간과 자원, 현금과 인력은 상대적으로 훨씬 적었다. 모든 나라가 잠수함을 사용했지만, 독일 제국이 가장 큰 효과를 거뒀다. 전쟁 이전에 독일은 잠수함 개발과 생산에서 영국과 프랑스에 뒤처졌지만, 재빨리 우수한 잠수함 함대를 편성했다. 유보트는 제1차 세계대전 당시 북대서양과 북해에서 연합국과 중립국 선박을 공격함으로써 영국을 극한으로 몰아갔다. 또한 독일군의 무분별한 유보트 사용은 1917년에 미국이 참전하도록 몰아세웠고, 역설적으로 이는 결국 독일 패배의 주요 요인 중 하나가 되었다.

베르사유 조약을 체결한 후 영국, 프랑스, 이탈리아, 미국, 일본의 해군 지휘관들은 이러한 교훈을 마음속에 깊이 아로새겼다. 그들은 독일의 성공에 감탄했지만, 유보트가 상선을 공격함으로써 무고한 민간인들이 희생당하는 참상에도 움찔했다. 따라서 제1차 세계대전의 연합국들은 독일식 윤리를 배제하고서 기술만 적극적으로 받아들였다. 독일 유보트 함대는 전리품이 되어 5개 해상 강대국들의 손에 들어갔고, 적극적인 연구를 통해 재탄생했다. 하지만 새로운 잠수함의 역할은 제1차 세계대전에서 잠수함이 맡았던 역할과 크게 다를 바 없는 함대 작전, 정찰, 적 군함을 상대로 하는 은밀한 공격 등이었다.

전간기에 발명된 잠수함의 기본적인 사양은 나라마다 크게 다르지 않았다. 대개 수상에서 항해할 때는 디젤 엔진, 잠항 시에는 배터리로 움직이는 전기 모터를 사용했으며, 디젤 엔진을 사용할 동안 배터리를 충전했다. 잠수함의 특성상 비좁은 엔진실은 디젤 엔진의 크기와 동력을 제한했기에 대다수 수상함에 비해 최대 속도는 낮았다. 잠항 중인 잠수함은 4~6노트를 넘지 않는 속도로 천천히 움직였다.

제2차 세계대전 이전에는 특이한 잠수함들이 이용되었다. 몇몇 해군은 독일군이 제1차 세계대전에서 효과적으로 사용했던 일종의 순양 잠수함으로 실험을 벌였다. 전투 함대와 동행할 수 있을 정도로 빠르고 항속 거리도 긴 함대형 잠수함보다 순양 잠수함은 더 컸으며, 본국 수역에서 멀리 떨어진 곳에서도 독립적으로 활동할 수 있도록 설계되었다. 순양 잠수함의 공통점은 과도한 갑판 무장이었다. 잠수함은 갑판에 대개 기관총과 속사포 정도만 장비했지만, 순양 잠수함은 훨씬 더 큰 대포로 무장했다. 몇몇 순양 잠수함은 1930년대에 등장했던 거대한 다포탑 전차를 연상시킬 만큼 우스꽝스러웠다. 1934년에 취역한 프랑스 순양 잠수함 쉬르쿠프는 전망탑 앞쪽에 장착한 8인치 구경 대포 2문을 갖춘 장갑 포탑을 과시했다. 그 포탑은 사실 중순양함 것이었다. 제1차 세계대전 말에 설계되고 진수된 영국의 '잠수하는 모니터함'인 M1은 갑판에 12인치 구경 대포를 장착했다.

그러나 전간기 잠수함은 대부분 3가지 종류로 분류되었다. 전투 함대와 동행할 수 있을 정도로 긴 항해가 가능한 함대형 잠수함, 연안 근처에서 출격하며 근거리 항해가 가능한 소형 연안 잠수함, 그리고 정박한 함대에 단거리 공격을 벌이며 승무원 1~2명만 탑승 가능한 초소형 잠수정이었다.

독일 해군은 가장 단순하고 성공적인 잠수함 함대를 보유했다. 잠수함 사용이나 건조를 금지한 베르사유 조약 때문에 독일은 잠수함 경쟁에 뒤늦게 합류했다. 바이마르 공화국은 베르사유 조약을 회피할 방법을 찾았다. 크루프사는 네덜란드 회사와 긴밀히 협력하여 신형 잠수함을 네덜란드 조선소에서 실험하고 제조해 수출까지 했으며, 그 과정에서 독일의 전쟁용 잠수함 함대를 이룰 시제품을 은밀히 설계했다. 히틀러가 나치 독일을 재무장하겠다는 의도를 공개적으로 발표한 순간, 잠수함 생산은 발동이 걸렸다. 1939년에 제2차 세계대전이 시작되자, 부활한 독일 해군은 이미 훌륭한 유보트 함대를 보유하고 있었다. 또한 전쟁이 진행되면서 유보트의 성능상 단점이 드러날 때마다 후속 모델을 개량해 내놓았다. 그러나 독일 잠수함 대다수는 전쟁이 시작되기 전에 개발되었고, 3가지 기본적인 유형을 갖췄다. 작고 단순하며 연안에서 단거리 공격에 사용된 II형 유보트, 크고 빨라서 독일의 늑대 떼 전술의 중심이었던 VII형 유보트, 원양 항해 및 공격용인 IX형 유보트 등이었다.

VII형과 IX형 유보트의 주요 개량 요소는 1940년에 저지대 국가를 점령한 이후 네덜란드가 개발한 스노클을 추가한 것이다. 확장 가능한 환기 파이프인 스노클을 수면 밖으로 내밀면 잠수함이 물에 잠긴 상태에서도 신선한 공기와 잠수함 안의 배기가스를 교환할 수 있었고, 이로써 제한된 시간 동안이나마 물속에서 디젤 엔진을 가동해 배터리를 충전하면서 동시에 승무원에게 호흡 가능한 공기를 보급할 수 있었다.

제2차 세계대전 당시 잠수함전은 제1차 세계대전 당시 잠수함전보다 훨씬 더 규모가 컸다. 참전국도, 함대 규모도 늘어났다. 영국과 이탈리아, 일본, 미국, 소련과 독일은 모두 훌륭한 잠수함 함대를 보유했다. 또한 후기 잠수함은 항속 거리가 더 길었기 때문에 잠수함 작전은 전 세계에서 이루어졌다. 영국은 독일로 광석을 수송하는 노르웨이와 스웨덴의 선박을 대상으로 잠수함 공세를 펼쳤고, 지중해를 항해하는 독일과 이탈리아의 수송선도 적극적으로 공격해 추축국의 북아프리카 작전을 교란했다. 이탈리아 잠수함은 지중해에서 주로 먹이를 찾았지만, 북해에서도 독일 잠수함과 협력했다. 가장 활발한 잠수함전은 북대서양에서 벌어졌다. 독일 잠수함은 양 떼를 노리는 늑대 떼처럼 북대서양에서 아메리카와 유럽을 오가는 연합군 호송 선단과 겨루었다. 태평양에서도 잠수함전이 활발하게 벌어졌다.

독일과 이탈리아의 잠수함들은 미국이 참전하기 직전과 직후에 인상적인 전과를 거두었다. 추축국 잠수함은 1940년 6월부터 1941년 2월까지 연합국 선박을 약 230만 톤, 1942년 7월부터 1943년 3월까지 450만 톤 이상을 파괴했다. 대서양 전역에서, 때로는 미국의 대서양 쪽 연안에서 잠복해 있던 유보트의 위협이 거세지자 연합군은 세심하게 꾸려진 중무장한 호송 선단에 더욱 간절히 의존할 수밖에 없었다. 대잠수함 작전이 점점 정교하게 이루어지면서 호송 선단 시스템이 상당한 성과를 거두었다. 그리하여 1943년 후반까지 유보트의 활동은 빠르게 억제됐다. 연합군은 대잠수함 작전 분야에서 상당한 기술적 우위를 차지했다. 연안 비행장에서 이륙해 장거리 공중 순찰을 하였고, 연안에서 멀리 떨어져 있더라도 항공기가 지속적으로 감시하면서 공격도 할 수 있도록 호위 항공모함을 언제든 이용할 수 있었다. 최첨단 폭뢰도 갖췄다.

수중 음파 탐지기인 ASDIC은 대잠수함 작전에 가장 크게 기여한 무기였다. 제1차 세계대전이 끝날 무렵 영국군이 처음 연구한 ASDIC은 호위 구축함에 탑재되어 잠수함이 잠수해 있을 때나 한밤중에도 추적해 냈다. 또한 폭뢰를 한꺼번에 대량 투하할 수 있는 헤지호그도 사용되었다.

태평양에서 활약한 미군 잠수함 함대는 전쟁 전반에 가장 큰 영향을 미쳤다. 비록 어뢰의 품질은 아쉬웠지만 말이다. 미국 잠수함은 대부분 커다란 함대형 잠수함이었고, 성능이 뛰어났다. 또한 그 당시 가장 편안한 잠수함으로 평가받을 정도로 널찍한 잠자리와 에어컨을 자랑했다. 독일 유보트에서 많은 것을 배운 미군 함장들은 일본군과 싸울 때 독일의 늑대 떼 전술을 이용했다. 또한 군함과 자원이 부족하던 일본군이 제2차 세계대전 후반까지 상선을 보호하는 호송 선단을 이용하지 않은 것도 미군에는 이득이 되었다. 1944년부터 1945년까지 미국 잠수함 함대는 일본 상선 중 3분의 2 가량인 약 480만 톤을 파괴하는 등 일본에 매우 큰 손실을 입혔다. 미국 잠수함은 일본 조선소에서 추가 선박을 건조할 수 있는 속도보다 더 빨리 일본 선박을 격침시켰다. 다시 말해 잠수함은 미국이 태평양에서 거둔 승리에 상당한 기여를 했다.

그러나 잠수함 기술 분야에서 크게 도약한 나라는 미국이 아니라 추축국이었다. 독일과 일본의 어뢰는 연합군 어뢰보다 훨씬 우수했다. 반면 미군의 잠수함용 주력 어뢰인 마크 14는 형편없었다. 46노트의 속도로 4킬로미터 또는 31노트의 속도로 8킬로미터를 전진할 수 있었고, '권총(pistol)'이라 불린 접촉식 또는 자기장식 기폭 장치를 갖췄다. 자기장식 기폭 장치는 자기장이 변하는 것을 감지하면 292킬로그램짜리 고폭탄 탄두를 폭발시켰다. 자기장식 기폭 장치는 신뢰성이 낮기로 악명 높았고, 어뢰가 목표물 근처에 가기도 전에 폭발하는 경우가 많았을 정도로 어뢰의 성능 자체도 불안정했다. 또한 마크 14는 발사 시 설정한 깊이보다 몇 미터 아래로 내려가는 경향이 있어서 목표 선박에 아무런 해도 끼치지 못한 채 해당 선박의 용골 아래를 지나치기도 했다. 심지어 의도치 않은 원주 운동을 하면서 되돌아와 발사한 잠수함을 격침시키기도 했다.

반면 일본과 독일의 어뢰는 현대 공학의 경이였다. 대표적인 G7e 시리즈와 같은 독일 어뢰는 증기 추진식이 아니라 전기 구동식이었기 때문에 기포가 남지 않아 발견하기가 매우 어려웠다. 제2차 세계대전 동안 독일 기술자들은 지그재그나 8자형 운동을 함으로써 적함이 발견하더라도 피할 수 없는 어뢰, 회전하는 스크루 소리를 '탐지하고 추적하는' 음향 유도 어뢰 등 각양각색의 기발한 어뢰도 개발했다. 1933년에 발명된 일본의 93식 어뢰는 아마도 그 당시 세계에서 가장 최첨단 어뢰였을 것이다. 93식 어뢰는 0.5톤짜리 고폭탄 탄두를 탑재했고, 압축 산소 엔진을 이용해 속도가 빠르면서 사정거리도 길었다. 49노트의 속도로는 약 18킬로미터, 36노트로는 35킬로미터가량 항행할 수 있었다. 소형 수상함도 93식 어뢰를 이용하면 전함의 주포 사정거리 밖에서 해당 전함을 격침할 수 있었다.

그러나 잠수함전의 어떤 혁신적 기술도 독일 유보트 기술의 정점인 XXI형과 XXIII형 유보트, 즉 엘렉트로보트 Elektroboot(전기로 움직이는 잠수함)에 필적할 수는 없었다. 양차 세계대전 당시 잠수함 대부분은 기술적으로 진정한 잠수함이라기보다는 '잠수가 가능한 배'였다. 스노클을 장착한 경우에도 수상 항행이 일반적인 항행 방식이었고, 수중 항행 성능은 수상 항행 성능보다 현저히 낮았다. 독일군은 1943년에 XXI형 유보트를 도입하면서 이러한 상황을 반전시켰다. XXI형 유보트는 강력한 디젤-전기 추진 체계부터 유선형의 칼 같은 선체 형태까지 모든 것이 새로웠다. 최대 수상 항행 속도는 약 16노트였으니까 빠른 편(18노트)이던 IX형 유보트보다는 살짝 느렸지만, 수중 항행 속도가 믿을 수 없을 정도로 빨랐다. 일반적인 수중 항행 속도는 17노트지만, 수중 항행용 저속 전기 모터를 무음 항행 모드로 사용할 경우에 속도는 6노트였다. XXI형은 수중 항행용 저속 모터가 없더라도 당시의 다른 잠수함보다는 훨씬 조용했다. 또한 다른 잠수함보다 훨씬 더 빨리 잠수할 수 있었으며, 다른 잠수함보다 훨씬 더 오래, 즉 72시간이나 잠수할 수 있었다. 스노클을 이용할 경우에 배터리 충전 시간은 약 5시간에 불과했다. XXI형 유보트와 그보다 더 작은 XXIII형 유보트는 대부분의 시간 동안 수면 아래에서 활동하도록 설계되었기에 물 밖으로는 거의 나오지 않았다.

만약 전쟁이 끝나기 전에 엘렉트로보트가 아주 많이 생산되었다면 대서양 전투의 향방은 달라졌을 것이다. 항속 거리가 1만 5000해리 이상인 XXI형 유보트는 대서양 너머 북미 해안까지 가서 적을 수색하고 공격할 수 있었기 때문이다. 또한 탐지와 추적이 어려운 XXI형 유보트를 대규모로 투입해 대서양을 횡단하는 선단에 큰 피해를 입힘으로써 유럽의 전장으로 향하는 미국과 캐나다의 보급품을 효과적으로 차단할 수 있었을 것이다. 그러나 XXI형 유보트는 너무 늦게 등장했고, 무엇보다 히틀러가 주도하는 계획 경제의 우선순위가 너무 혼란스럽고 반이성적이었기 때문에 대량 생산할 수 없었다. 돌격소총, 야간 투시 광학 장비, 판터 및 티거 2, 제트 폭격기 Ar 234와 제트 전투기 Me 262 같은 독일의 다른 혁명적인 기술처럼, 독일의 유보트도 결국 전쟁에 거의 영향을 미치지 못했다. 왜냐하면 독일 산업계는 필요한 만큼 충분히 생산할 수 있는 능력이 없었고, 정치 또한 산업을 제대로 관리하지 못해 효과적인 무기를 실제 작전에서 사용할 수 없었기 때문이었다. 양차 세계대전 모두 첨단 기술 간의 충돌이었지만, '선구적인 기술과 불안정한 제조업'보다는 '그런대로 쓸 만한 기술을 든든히 받쳐 주는 강하고 탄력적인 산업 경제'가 승리를 가져왔다.

해상전의 역사상 제2차 세계대전은 결론이자 과도기였다. 1920년대와 1930년대 해군 지휘관들이 보지 못했거나 보지 않으려 했더라도, 전함의 시대는 1918년에 끝을 맺었다. 제2차 세계대전에서도 대포를 가득 탑재한 거대 전함은 유용했지만, 대부분은 부차적인 역할을 담당했다. 이런 전함은 제2차 세계대전 당시 실제 주력함이었던 항공모함, 잠수함, 구축함의 보조 역할을 했다. 전함은 상륙 작전을 지원하기 위한 포격이 필요할 때 대규모 기동 화력을 제공할 수 있었지만, 결코 필수적인 것은 아니었다. 반면, 항공모함은 필수적이었다. 또한 잠수함은 또 다른 해상전의 영역에서 군림했다. 반면, 수면 아래의 영역에서 전함은 공격받고 격침당하는 것 말고는 할 수 있는 것이 없었다. 대포의 명성은 점점 줄어들었고, 공학과 기술의 우선순위는 이제 다른 방향을 바라보고 있다.

에필로그

1945년 8월 6일 이른 아침, '에놀라 게이'라는 이름의 미국 중폭격기 B-29 슈퍼포트리스는 히로시마 상공에 폭탄 1발을 투하했다. 579미터 상공에서 폭발한 폭탄은 연이어 대규모 폭발을 일으키면서 히로시마 시가지의 대부분을 무너뜨리고, 건물과 사람 들을 불에 태웠다. 이 폭탄으로 인한 즉각적인 사망자 수는 적어도 6만 6000명이었고, 이후 15만 명까지 늘었으며, 셀 수 없이 많은 사람들이 부상을 입었다. 3일 후, 티니안 섬에 있는 미 육군 항공대 기지에서 이륙한 '복스카'라는 이름의 또 다른 B-29는 나가사키 상공에서 두 번째 폭탄을 투하했고, 히로시마에서와 같이 끔찍한 결과를 거두었다. 일본은 6일 뒤 항복했고, 제2차 세계대전은 끝났다.

히로시마와 나가사키에 투하된 원자 폭탄은 그때까지 전쟁에서 사용된 어떤 무기와도 달랐다. 이 폭탄은 극비리에 진행된 집중 연구 프로그램의 산물이었다. 미국 정부가 감독하고 추진했으며, 연합국 과학자들이 머리를 모아 단 1회의 공격으로 전쟁을 종결시킬 핵무기를 만들어 낸 것이다. 이 프로그램은 지금까지의 군비 경쟁과는 달랐기 때문에 그들은 몹시 서둘렀다. 독일과 일본 또한 같은 목표를 추구하고 있었기에 이 특수한 군비 경쟁은 생존의 문제였다. 그리고 미국이 먼저 목표를 달성했다.

어떤 면에서 히로시마와 나가사키에 떨어진 원자 폭탄은 점점 진화하는 전쟁의 논리적인 다음 단계였다. 줄리오 두에와 같은 초창기 공군력 옹호자들은 폭격기만이 인구 중심 지역, 산업 시설, 정부의 기반 시설을 파괴함으로써 전쟁을 승리로 이끌 것이라고 주장했다. 지상전이나 해상전이 아니라 전략 폭격이 국제적인 전쟁의 결과를 좌우할 것이라고 상상했던 것이다. 히로시마와 나가사키에서 벌어진 사건은 두에가 말했던 공군력의 궁극적인 형태였다. 두에와 그의 지지자들이 생각했던 대로 폭격이 궁극적으로 생명을 구했는지, 아니면 전쟁을 좀 더 문명화시키고 인도적으로 만들었는지는 두고 봐야 할 것이다.

히로시마와 나가사키에서 벌어진 사건은 과거와의 갑작스럽고 불쾌한 단절이기도 했다. 원폭 투하의 단기적인 전략적 결과가 어떻든 간에 히로시마와 나가사키에서 벌어진 사건은 한 시대가 지나가고 또 다른 시대가 시작했다는 것을 알리는 분수령이었다. 어떤 관점에서 보더라도 세상은 원폭 투하 이후에 다른 곳이 되었고, 원폭 투하가 없었다면 1945년 이후 무슨 일이 벌어졌을지 상상하는 것은 거의 불가능했을 것이다. 소련과 미국의 경쟁과 냉전, 유럽과 아시아, 아프리카, 아메리카에서의 정치적 격변, 탈식민지화로 일어난 수많은 소규모 전쟁들, 사회 불안, 문화적·사회적 파동 등 여러 무질서한 일들이 1945년 이후 75년간 세계에서 일어났다. 원폭 투하 사건이 없었다면, 그 어느 것도 이처럼 전개되지 않았을 것이다. 이 모든 것은 핵무기가 전투에 사용된 유일한 해인 1945년에 원자 폭탄의 위력이 실제로 입증된 사건에서 비롯되었다.

군사 기술과 전쟁 수행의 좁은 세계에서 제2차 세계대전의 불꽃 튀는 절정은 과거와의 명확하고 뚜렷한 단절을 보여 주었다. 이제 원자력의 시대가 시작되었다. 총의 시대는 끝났다.

그렇다고 해서 화기가 더 이상 쓸모가 없다거나 군사적 목적을 잃었다는 것은 아니다. 오히려 그 반대다. 중세 말기와 르네상스 시대에 화약 무기는 투박한 구식 무기를 바로, 완전히 대체하지는 않았다. 머스킷과 아쿼버스가 지상전에서 필수 무기로 자리 잡은 뒤에도 롱보우와 석궁은 얼마간 끈질기게 남아 있었다. 칼날이 달린 무기는 현대까지 살아남아 의례적인 용도를 제외한 곳에서도 사용되고 있다. 장창의 대체품 그 이상인 총검은 여전히 흔히 사용된다. 이처럼 1945년 이후 기존의 지상전은 수백 년 동안 그랬던 것처럼 여전히 화기를 사용한다. 보병과 대포, 기갑 모두 맡은 역할이 있으며, 지상전 전술은 새로운 무기와 새로운 전투 방식을 충족시키기 위해 진화하고 있다. 하지만 여전히 제2차 세계대전에서 사용된 전투 수단과 유사하다. 이는 또한 제2차 세계대전이 있었던 20세기의 전투 수단과 19세기의 전투 수단의 유사성보다는 훨씬 더 큰 유사성을 보인다.

반면 핵무기는 완전히 다른 역할을 수행한다. 전 세계의 대규모 군대 대다수는 전략 핵무기를 대량 비축해 왔다. 고폭탄은 핵탄두를 탑재한 포탄과 로켓 또는 소형 항공 폭탄과 같은 무기로 대체되었다. 하지만 세계는 전반적으로 불필요하게 확대되는 갈등을 두려워한 나머지 핵무기 사용을 매우 꺼렸다. 따라서 대다수 핵무기는 한 나라의 군사력과 경제력의 핵심을 직접 공격하기 위한 전략 무기다. 핵무기는 전쟁, 평화, 외교의 전반적 형태를 변화시켰지만, 육해군의 전투 방식을 크게 변화시키지는 않았다.

실제로 1945년 이후의 세계에서는 조직적 폭력의 성격이 변화되면서 화기, 특히 휴대할 수 있는 총기가 더 큰 각광을 받았다. 지난 75년간 발생한 수많은 분쟁은 1980년부터 1988년까지 전개된 이란-이라크 전쟁과 같이 소규모 국가들 간의 전쟁이거나 '비정규전', 6·25 전쟁이나 베트남 전쟁과 같이 미국과 중국, 소련과 후계 국가인 러시아 같은 강대국이 개입하는 대리전, 또는 국가와 ISIS나 알카에다와 같은 비정부 조직 간의 비공식적 전쟁과 같은 비정규전이었다. 초토화된 지역이나 시가지에서 싸우는 소규모 전쟁은 소총, 기관총, 기타 휴대하기 좋은 무기를 선호한다. 이전 무기 제작 기술의 배타적인 특성은 분명히 그리고 거의 180도 변화되었다. 제1차 세계대전이 발발하기 전에 있었던 치열한 군비 경쟁에서는 소화기와 일반적인 무기가 매우 정교하고 복잡해지면서 서양의 산업 강대국을 제외한 나머지 국가는 경쟁에서 도태되었다. 그러나 군비 경쟁은 마침내 약소국의 문제를 해결했다. 양차 세계대전과 그 후의 냉전 기간 동안 있었던 엄청난 발전은 수많은 잉여 무기를 남기는 의도치 않은 결과를 낳았고, 이는 국제 무기 시장을 저렴하면서 효과적인 현대 무기들로 가득 채웠다. 아무리 가난한 국가도 돌격소총과 기관총, 휴대용 대전차 무기와 탄약을 손쉽게 획득할 수 있다. 간단히 말하면, 값싼 소화기는 현대식 화력을 빈곤국, 혁명가, 테러리스트에게 제공함으로써 무기의 평준화를 불러왔다.

50년 된 AK47 돌격소총이 최신식 무기와 겨룰 수 있다는 사실만으로도 제2차 세계대전 이후 화기의 기술 변화 속도를 가늠할 수 있다. 화기의 변화 속도는 이제 매우 느려졌다. 화기 관련 기술 발전이 정체된 것은 아니다. 제1차 세계대전에서 시작된 화기 설계 경향은 제2차 세계대전 이후 수십 년 동안 소화기와 대포, 장갑의 진화를 이끌었다. 소화기에서 이러한 경향은 대개 화기의 기동성을 강화하려는 오래된 충동에서 비롯되었다. 독일에서 시작된 돌격소총 StG44를 개선한 모델이자 중간 탄약을 사용하며 더 가볍고 견고한 소구경 기관총이 보병용 제식 화기가 되었다. 야간 투시 장비를 포함한 광학 조준 장치는 독일군이 제2차 세계대전 당시 '밤피어'라는 야간 투시경을 도입한 이래 상당히 정교해졌다. 대포의 발사체 또한 더욱 정교해졌다. 활강포로 발사하는 유도탄 또는 지능탄, 사정거리가 매우 긴 로켓 추진 발사체, 날개 안정식 발사체 등은 강선포로 발사하는 기존 포탄보다 훨씬 더 정확하다. 또한 장갑을 관통하는 무기도 많이 개발됐다.

전차를 비롯한 장갑 전투 차량은 대포와 엔진, 변속기, 서스펜션이 모두 개선되었고, 이로써 제2차 세계대전 당시 등장했던 중전차만큼 강력한 전차도 제2차 세계대전 당시 가장 빨랐던 경전차만큼 빠르게 질주할 수 있게 되었다.

그러나 기본적으로 재래식 지상전 무기는 제2차 세계대전 이후 크게 달라지지 않았다. 반자동식과 완전 자동식 소화기와 무연 화약을 활용한 센터파이어탄, 전피갑탄, 반동 억제 장치를 갖춘 속사 화기의 기본 원리는 오늘날이나 제2차 세계대전은 물론, 일부는 제1차 세계대전 때의 것과도 크게 다르지 않다. 1870년부터 1918년까지, 그리고 1930년부터 1945년까지 소화기와 대포 분야에서 일어난 혁명에 필적할 만한 변화는 일어나지 않았다. 9·11 테러 이후 공군과 해군의 무기 기술 추세는 제2차 세계대전 때와는 현저히 달라졌다고 볼 수 있지만, 이런 것조차도 기본적인 기술 사양은 제2차 세계대전 당시 것과 거의 비슷하다. 드레드노트처럼 포탑에 함포를 장착한 거대 군함은 제2차 세계대전이 끝났을 때 이미 유물이었다. 대신 항공모함과 잠수함, 그리고 괴물 같은 강선포 대신 미사일로 무장한 작고 빠른 함선이 그 자리를 차지했다. 군용기 분야에서 제트기의 시대는 제2차 세계대전이 끝나기도 전에 이미 시작되었다. 항공전과 해상전의 대세 무기는 더이상 총포류 같은 화기가 아니었다. 무엇보다도 1945년 이후 몇십 년간 군용기와 군함은 비행하거나 물 위에 떠다니는 포대가 아니었다.

이제 화기의 시대는 끝났다. 화기는 여전히 사용되고 있지만, 더 이상 군사 기술의 핵심은 아니다. 제2차 세계대전부터 지금까지 화기는 더 이상 무기 공학의 중심이 아니다. 예전 어느 때와는 달리 매우 보호받는 국가 기밀도 아니다. 또한 혼란스러운 군비 경쟁을 촉진시키지도 않는다. 여전히 중요하지만, 예전과 달리 조직적인 폭력의 핵심 요소는 아니다.

그러나 제2차 세계대전 이전의 500년 동안 화기는 가장 중요한 무기였다. 화기는 무기 기술과 거의 동의어였다. 화력이 전쟁 수행에서 가장 중요한 고려 사항이었던 것처럼, 지속적으로 진화해온 화기는 무기 공학의 정점이었다. 또한 화기만큼 전술에 많은 영향을 미치는 무기는 없었다. 총포의 시대 동안 해상전에 관한 모든 것은 함포로 무장한 군함의 특성을 중심으로 전개되었다. 군사 공학, 특히 요새 건축 기술과 과학은 공성포의 특성에 의해 정해지고 제한되었다. 르네상스와 종교 개혁 시대의 지상전에서는 화력과 충격의 조합이 균형을 이루었지만, 궁극적으로는 화력이 우위를 차지했다. 군인과 전술가 들이 선택한 것은 결국 화력이었다. 지상전 전술의 핵심은 "적에게 화력을 최대한 쏟아부을 수 있는 가장 빠르고 적합한 방법을 찾는다."라는 단순한 문제였다. 이 기본적인 진실은 18세기에 일반적으로 행해지던 공식적인 선형 전투에서도, 제2차 세계대전 당시 벌어진 소규모 보병전에서도 매우 중요했다.

또한 전술은 시작에 불과했다. 전쟁에서 화기를 대량 사용하려면 군수 물자를 조달하기 위한 체계를 확립해야 했다. 화기를 사용할 때 필요한 전문성도 육해군의 전문성과 영속성을 촉진시켰다. 서구의 전쟁에서 일어난 화기의 통합은 군사 시설의 내부 구조, 계급 구조, 지휘와 종속과 규율의 개념, 심지어 군사 기관과 그것이 등장했던 시민 사회 간의 복잡한 관계에 상당한 영향을 미쳤다. 총포 시대의 무기 개발은 국제 관계의 흐름에 반응할 뿐만 아니라, 흐름의 방향을 변화시키기도 했다. 서양에서 나타난 전쟁과 평화의 패턴은 부분적으로 화기 기술의 급속한 발전과 그 발전에서 초래된 열띤 군비 경쟁 때문에 형성되었다. 전쟁이 오늘날의 국가를 만들었다면, 오늘날의 전쟁을 만든 것은 화기였다.

삽화의 출처

삽화 1. C. W. Sack, *Alterthumer der Stadt und des Landes Braunschweig* (Braunschweig: F. Otto, 1861), p. 76.

삽화 2. *Les Practiques du Sieur Fabre, sur l'ordre et reigle de fortifier, garder, attaquer, et defendre les places* (Paris: Samuel Thiboust, 1629), p. 49.

삽화 3. Courtesy of Nationalmuseet, Copenhagen, Denmark.

삽화 4. Courtesy of Nationalmuseet, Copenhagen, Denmark.

삽화 5. Library of Congress.

삽화 6. Author's collection.

삽화 7. R. Weiss, *Die Handfeuerwaffen, ihre Entwicklung und Technik* (Leipzig: B. G. Teubner, 1912), p. 13.

삽화 8. Josef Reiter, *Elementar-Waffenlehre zum Gebrauche der k.k. Divisions-Schulen* (Triest: Lloyd, 1868), p. 109; Herrmann Weygand, *Die modernen Ordonnanz-Pracisionswaffen der Infanterie* (Berlin/Leipzig: Luckhardt, 1878), Tafel V.

삽화 9. Reiter, *Elementar-Waffenlehre*, p. 60; Weygand, *Die modernen Ordonnanz-Pracisionswaffen der Infanterie*, Tafeln II and III; J. Scoffern, *Projectile Weapons of War and Explosive Compounds; including some New Resources of Warfare, with Especial Reference to Rifled Ordnance* (London: Longman, Brown, 1859), pp. 237~239.

삽화 10. Courtesy of Nationalmuseet, Copenhagen, Denmark.

삽화 11. Park Benjamin, Appletons' *Cyclopædia of Applied Mechanics* 2 vols. (New York: D. Appleton, 1888), 2:891; Reiter, *Elementar-Waffenlehre*, p. 195; US Patent 32293, issued 14 May 1861.

삽화 12. NH 61933 courtesy of the Naval History & Heritage Command.

삽화 13. NH 43993 courtesy of the Naval History & Heritage Command.

삽화 14a. Courtesy of the Library of Congress, Detroit Publishing Company photograph collection, 1907.

삽화 14b. Courtesy of the Library of Congress, Detroit Publishing Company photograph collection, 1907.

삽화 15. *Weiss, Handfeuerwaffen*, p. 47.

삽화 16. Weiss, *Handfeuerwaffen*, p. 43; *Die modernen Ordonnanz-Pracisionswaffen der Infanterie*, Tafeln III and XIII.

삽화 17. Weiss, *Handfeuerwaffen*, pp. 49, 83.

삽화 18. Friedrich von Merkatz, *Unterrichtsbuch fur die Maschinengewehr-Abteilungen Gerat 08* (Berlin: R. Eisenschmidt, 1915), pp. 94~95.

삽화 19a. Library of Congress.

삽화 19b. Courtesy National Archives, photo no. 86707272.

삽화 20. Courtesy National Archives, photo no. 45523753.

삽화 21. Library of Congress.

삽화 22a. NH 61017 courtesy of the Naval History & Heritage Command.

삽화 22b. NH 63562 courtesy of the Naval History & Heritage Command.

삽화 23. NH 43611 courtesy of the Naval History & Heritage Command.

삽화 24. Courtesy of the Air Force Museum of New Zealand, photo no. MUS9503521a.

삽화 25. Courtesy of the Air Force Museum of New Zealand, photo no. MUS95179.

삽화 26. Courtesy of National Archives, photo no. 17342191.

삽화 27. Courtesy of the Air Force Museum of New Zealand, photo no. ALB920382B035.

삽화 28. Courtesy of National Archives, photo no. 4550828.

삽화 29. Library of Congress.

삽화 30. Bundesarchiv, Bild 101I-721-0386-15 / photographer: Jesse.

삽화 31. Bundesarchiv, Bild 146-1979-118-55.

삽화 32. Library of Congress.

삽화 33. Courtesy of National Archives, photo no. 6423170.

삽화 34. Courtesy of National Archives, photo no. 193707728.

삽화 35. NH57483 courtesy of the Naval History & Heritage Command.

삽화 36. Library of Congress.

삽화 37. Courtesy of the Air Force Museum of New Zealand, photo no. PR8367.

삽화 38. Bundesarchiv, Bild 101I-634-3856-34.

삽화 39. NH 82117 courtesy of the Naval History & Heritage Command.

삽화 40. 80-G-17054, courtesy of the Naval History & Heritage Command.

참고 문헌

1장

켈리 드브리스, 사이먼 페퍼, 버트 S. 홀과 같이 전쟁 무기의 역사를 연구하는 여러 뛰어난 중세 및 르네상스 전공 역사학자들 덕분에 공성포와 요새에 관한 출판물이 많이 나왔다. 특히 브렌다 J. 뷰캐넌의 *Gunpowder: The History of an International Technology*가 큰 도움이 되었다. 아울러 다음 작품들에서도 큰 도움을 얻었다. Brenda J. Buchanan, ed., *Gunpowder: The History of an International Technology* (Bath: Bath University Press, 1996); Buchanan, ed., *Gunpowder, Explosives and the State: A Technological History* (Aldershot, UK: Ashgate, 2006); Tonio Andrade, *The Gunpowder Age: China, Military Innovation, and the Rise of the West in World History* (Princeton: Princeton University Press, 2017); John M. Patrick, *Artillery and Warfare during the Thirteenth and Fourteenth Centuries* (Logan, UT: Utah State University Press, 1961); Kelly DeVries, *Guns and Men in Medieval Europe, 1200–1500: Studies in Military History and Technology* (Aldershot, UK: Ashgate, 2002); Brett D. Steele and Tamera Dorland, eds., *The Heirs of Archimedes: Science and the Art of War through the Age of Enlightenment* (Cambridge: MIT Press, 2005); Bert S. Hall, *Weapons and Warfare in Renaissance Europe: Gunpowder, Technology, and Tactics* (Baltimore: Johns Hopkins University Press, 1997); Georg Ortenburg, *Waffe und Waffengebrauch im Zeitalter der Landsknechte* (Koblenz, DE: Bernard & Graefe, 1984); Simon Pepper and Nicholas Adams, *Firearms & Fortifications: Military Architecture and Siege Warfare in Sixteenth-Century Siena* (Chicago: University of Chicago Press, 1986); Christopher Duffy, *Siege Warfare: The Fortress in the Early Modern World 1494–1660* (London: Routledge and Kegan Paul, 1979); John Norris, *Early Gunpowder Artillery c. 1300–*

1600 (Ramsbury, UK: Crowood, 2003); Robert Douglas Smith and Kelly DeVries, *The Artillery of the Dukes of Burgundy, 1363–1477* (Rochester, NY: Boydell, 2005); J. R. Hale, *Renaissance War Studies* (London: Hambledon, 1983); J. E. Kaufmann and H. W. Kaufmann, *The Medieval Fortress: Castles, Forts, and Walled Cities of the Middle Ages* (Conshohocken, PA: Combined Publishers, 2001).

2장

새롭게 부상한 함대의 정치적인 영향력을 비롯한 유럽의 초기 해군과 해군력에 관해서는 이 책들에 의지했다. Carla Rahn Phillips, *Six Galleons for the King of Spain: Imperial Defense in the Early Seventeenth Century* (Baltimore: Johns Hopkins University Press, 1986); John F. Guilmartin Jr., *Galleons and Galleys* (London: Cassell, 2002); John F. Guilmartin, *Gunpowder and Galleys: Changing Technology and Mediterranean Warfare at Sea in the 16th Century* (Cambridge: Cambridge University Press, 1974); Jan Glete, *Warfare at Sea, 1500–1650: Maritime Conflicts and the Transformation of Europe* (London: Routledge, 1999). 선박 구조, 선박 설계, 무장 등에 관한 자세한 내용은 아래 책들을 참조했다. Colin Martin and Geoffrey Parker, *The Spanish Armada* (Manchester: Manchester University Press, 2002); Angus Konstam, *Sovereigns of the Seas: The Quest to Build the Perfect Renaissance Battleship* (New York: John Wiley and Sons, 2008); Donald McIntyre and Basil W. Bathe, *Man-of-War: A History of the Combat Vessel* (New York: McGraw-Hill, 1969); Peter Marsden, *Mary Rose, Your Noblest Shippe: Anatomy of a Tudor Warship* (Portsmouth, UK: Mary Rose Trust, 2009); Bjorn Landstrom, *Regalskeppet Vasan fran borjan till slutet* (Stockholm: Interpublishing, 1980); Frank Howard, *Sailing Ships of War, 1400–1860* (London: Conway, 1979); Peter Goodwin, *The Construction and Fitting of the English Man of War, 1650–1850* (Annapolis: Naval Institute Press, 1987); Richard Endsor, *The Restoration Warship: The Design, Construction, and Career of a Third Rate of Charles II's Navy* (Annapolis: Naval Institute Press, 2009); Angus Konstam, *Renaissance War Galley, 1470–1590* (Oxford: Osprey, 2002); Robert Gardiner, *Cogs, Caravels and Galleons* (London: Conway, 2000); Gardiner, *The Line of Battle: The Sailing Warship 1650–1840* (London: Conway, 2004).

3장

기술과 전술이 전쟁 수행 방식에 미치는 영향에 관해서는 다음을 보라. Kelly
DeVries, *Infantry Warfare in the Early Fourteenth Century: Discipline, Tactics, and
Technology* (Woodbridge, Suffolk, UK: Boydell, 1996); F. L. Taylor, *The Art of War
in Italy, 1494–1529* (Cambridge: Cambridge University Press, 1921); Charles Oman,
A History of the Art of War in the Sixteenth Century (London: Methuen, 1937); Bert
S. Hall, *Weapons and Warfare in Renaissance Europe: Gunpowder, Technology, and
Tactics* (Baltimore: Johns Hopkins University Press, 1997); Georg Ortenburg, *Waffe
und Waffengebrauch im Zeitalter der Landsknechte* (Koblenz: Bernard & Graefe, 1984);
Siegfried Fiedler, *Kriegswesen und Kriegfuhrung im Zeitalter der Landsknechte*
(Koblenz, DE: Bernard & Graefe, 1985); Werner Hahlweg, *Die Heeresreform der
Oranier und die Antike* (Osnabruck, DE: Biblio Verlag, 1940); J. W. Wijn, *Het
krijgswezen in den tijd van Prins Maurits* (Utrecht, NL: Hoeijenbos, 1934); Olaf van
Nimwegen, *The Dutch Army and the Military Revolutions, 1588–1688* (Rochester,
NY: Boydell and Brewer, 2010); Rene Quatrefages, *Los tercios espanoles (1567–1577)*
(Madrid: Fundacion Universitaria Espanola, 1979); Ignacio and Ivan Notario
Lopez, *The Spanish Tercios 1536–1704* (Oxford: Osprey, 2012); Keith Roberts, *Pike
and Shot Tactics 1590–1660* (Oxford: Osprey, 2010). 영어로 쓰인 책들도 많지만,
초기 화기의 역사에 관해선 독일어권 저자들이 긴 전통과 함께 특히 탁월한
연구와 조사 및 서술을 남겼다. 그중에서도 최고를 뽑자면 다음과 같다. Moritz
Thierbach, *Die geschichtliche Entwicklung der Handfeuerwaffen 2 vols.* (Dresden:
Carl Hockner, 1886); Arne Hoff, *Feuerwaffen: Ein waffenhistorisches Handbuch 2
vols.* (Braunschweig: Klinkhardt & Biermann, 1969); Peter Krenn, *Gewehr und Pistole*
(Graz: Landeszeughaus, 1990). 파이크에 관해선 다음을 참고하라. Hugo Schneider,
"Der Langspiess," *Schriften des Heeresgeschichtlichen Museums in Wien, Band 7. Der
Dreissigjahrigen Krieg: Beitrage zu seiner Geschichte* (Vienna: Heeresgeschichtliches
Museum, 1976), pp. 7~24. 주목할 만하지만, 애석하게도 간과된 활강 머스킷

시대의 무기들은 다음 책에서 확인하라. B. P. Hughes, *Firepower: Weapons Effectiveness on the Battlefield, 1630–1850* (London: Arms & Armour Press, 1974).

4장

3장에서 이미 언급된 책들과 함께 휴스의 *Firepower*와 티르바흐의 *Handfeuerwaffen*, 호프의 *Feuerwaffen*를 특히 참고했으며, 다음과 같은 책들도 참고했다. Brent Nosworthy, *The Anatomy of Victory: Battle Tactics 1689–1763* (New York: Hippocrene, 1990); Ilya Berkovich, *Motivation in War: The Experience of Common Soldiers in Old-Regime Europe* (Cambridge: Cambridge University Press, 2017); David Chandler, *The Art of Warfare in the Age of Marlborough* (London: Batsford, 1976); Christopher Duffy, *The Military Experience in the Age of Reason* (New York: Atheneum, 1988); Guy Chet, *Conquering the American Wilderness: The Triumph of European Warfare in the Colonial Northeast* (Amherst: University of Massachusetts Press, 2003); Robert S. Quimby, *The Background of Napoleonic Warfare: The Theory of Military Tactics in Eighteenth-Century France* (New York: Columbia University Press, 1957). 무기 제작 기술과 전술의 관계와 관련된 개별 군대에 관한 여러 훌륭한 연구는 다음과 같다. Matthew H. Spring, *With Zeal and with Bayonets Only: The British Army on Campaign in North America, 1775–1783* (Norman: University of Oklahoma Press, 2008); Christopher Duffy, *The Army of Frederick the Great* (New York: Hippocrene, 1974). 여러 수집가가 이 시기의 소화기에 관한 문헌을 작성했다. 그들의 책은 매우 상세하면서 기술 분야에 치우쳤지만, 그 시대의 소화기를 조사하기 위한 차선책으로서는 적합하다. 18세기의 소화기에 관한 가장 좋은 책들은 다음과 같다. Jim Mullins, *Of Sorts for Provincials: American Weapons of the French and Indian War* (Elk River, MN: Track of the Wolf, 2008); R. R. Gale, *A Soldier-Like Way: The Material Culture of the British Infantry 1751–1768* (Elk River, MN: Track of the Wolf, 2007); Erik Goldstein and Stuart Mowbray, *The Brown Bess* (Woonsocket, RI: Mowbray, 2010); Bill Ahearn, *Muskets of the Revolution and the French & Indian Wars* (Lincoln, RI: Mowbray, 2005); De Witt Bailey, *Small Arms of the British Forces in North America*

1664–1815 (Woonsocket, RI: Mowbray, 2009).

5장

클리퍼드 로저스가 편집한 앤솔러지인 *The Military Revolution Debate: Readings on the Military Transformation of Early Modern Europe* (Boulder, CO: Westview, 1995)은 근대 초기 유럽의 군사 혁명에 관한 방대하고 논쟁적이며 뛰어난 문헌이다. 클리퍼드 로저스, 제러미 블랙, 제프리 파커, 데이비드 패럿의 글은 특히 주목할 만하다. 로저스의 책에는 마이클 로버츠가 강의한 "The Military Revolution, 1560–1660"의 전문이 포함되어 있다. 그리고 다음과 같은 책들도 보라. Andrew Ayton and J. L. Price, *The Medieval Military Revolution: State, Society and Military Change in Medieval and Early Modern Europe* (London: Tauris, 1995); Geoffrey Parker, *The Military Revolution: Military Innovation and the Rise of the West, 1500–1800* (Cambridge: Cambridge University Press, 1988); David Eltis, *The Military Revolution in Sixteenth-Century Europe* (London: Tauris, 1995); David Parrott, *The Business of War: Military Enterprise and Military Revolution in Early Modern Europe* (Cambridge: Cambridge University Press, 2012); Jan Glete, *War and the State in Early Modern Europe: Spain, the Dutch Republic and Sweden as Fiscal-Military States* (London: Routledge, 2001). 아마도 이 시대 최고의 개괄서는 제러미 블랙의 *European Warfare, 1494–1660* (London: Routledge, 2002)와 라우로 마르티네스의 *Furies: War in Europe, 1450–1700* (New York: Bloomsbury, 2013)일 것이다. 동시대 비서구권의 발전 양상을 보기 위해선 프랭크 제이컵과 길마르 비소니-알론조의 *The Military Revolution in Early Modern Europe: A Revision* (London: Palgrave MacMillan, 2016)을 보라.

6장

혁명의 시대와 나폴레옹 시대의 전쟁에 관한 문헌을 '방대하다' 정도로 평하는 것은 과소평가일 것이다. 초기 산업화 시대에는 전쟁이 다소 줄었다. 그 시대의 지상전에 관한 일반적인 견해는 주로 다음과 같은 책들을 따랐다. Hew Strachan, *European Armies and the Conduct of War* (London: Routledge, 1983); William McElwee, *The Art of War, Waterloo to Mons* (Bloomington: Indiana University Press, 1974). 나폴레옹 시대에 한정한다면 다음과 같은 책들을 보라. Gunther E. Rothenberg, *The Art of Warfare in the Age of Napoleon* (Bloomington: Indiana University Press, 1978); Rory Muir, *Tactics and the Experience of Battle in the Age of Napoleon* (New Haven, CT: Yale University Press, 1998); Brent Nosworthy, *With Musket, Cannon and Sword: Battle Tactics of Napoleon and His Enemies* (New York: Sarpedon, 1996); Siegfried Fiedler, *Kriegswesen und Kriegführung im Zeitalter der Einigungskriege* (Bonn, DE: Bernard & Graefe, 1991). 데니스 쇼월터의 *Railroads and Rifles: Soldiers, Technology, and the Unification of Germany* (Hamden, CT: Archon, 1975)에 한마디 덧붙이자면, 이 책은 좁은 주제를 다루는 제목을 뛰어넘는 방대한 내용과 의의가 있다.

7장

남북 전쟁에 관한 자료가 방대하기 때문에 그 시대의 군용 소화기와 제조, 품질, 전투에서의 성과에 관해서는 양질의 자료를 얻을 수 있다. 당시 유럽의 군용 머스킷과 소총에 관한 내용은 티르바흐의 *Die geschichtliche Entwickelung der Handfeuerwaffen*, 그리고 호프가 쓴 *Feuerwaffen*의 3장과 4장을 인용했다. 최근에 나온 구체적인 무기 관련 책 중 일부에는 국영 조병창과 민간 무기 공장의 설계, 시험, 제조 과정에 관한 귀중한 정보가 포함되어 있다. 그 목록은 다음과 같다. Howard L. *Blackmore, British Military Firearms, 1650–1850* (London: Herbert Jenkins, 1961); Dr. C. H. Roads, *The British Soldier's Firearm, 1850–1864* (London: Herbert Jenkins, 1964); Erich Gabriel, *Die Hand und Faustfeuerwaffen der Habsburgischen Heere* (Vienna: Osterreichischer Bundesverlag, 1990); Jean Boudriot and Robert Marquiset, *Armes a feu francaises, modele reglementaire, 1833–1861, chargement bouche et percussion* (Paris, 1967); Kent W. Johns, *Springfield Armory Infantry Muskets 1795–1844* (Woonsocket, RI: Andrew Mowbray, 2015); Peter A. Schmidt, *U.S. Military Flintlock Muskets and Their Bayonets: The Early Years,*

1790–1815 (Woonsocket, RI: Andrew Mowbray, 2006); 자일스 크롬웰의 *The Virginia Manufactory of Arms* (Charlottesville: University Press of Virginia, 1974)는 19세기 초 무기 공장에서 하던 일을 훌륭하게 묘사한다. 남북 전쟁 당시 사용된 강선 머스킷에 관한 정확한 평가는 다음의 뛰어난 책들을 참고하라. 이들은 머스킷에 관한 긍정적인 관점을 제시한다. Earl J. Hess, *The Rifle Musket in Civil War Combat* (Lawrence: University Press of Kansas, 2008); Brett Gibbons, *The Destroying Angel: The Rifle-Musket as the First Modern Infantry Weapon* (privately published, 2019). 팽창탄의 개발에 관해서는 다음과 같은 책들을 참고했다. Dean S. Thomas, *Round Ball to Rimfire: A History of Civil War Small Arms Ammunition* (Gettysburg: Thomas Publications, 1997); Brett Gibbons, *The English Cartridge: Pattern 1853 Rifle-Musket Ammunition* (privately published, 2020). 드라이제 소총의 영향을 알고 싶다면 데니스 쇼월터의 *Railroads and Rifles: Soldiers, Technology, and the Unification of Germany* (Hamden, CT: Archon, 1975)와 고든 A. 크레이그의 *The Battle of Koniggratz: Prussia's Victory over Austria, 1866* (Philadelphia: University of Pennsylvania Press, 1964)을 보라. 이것은 지금껏 출판된 책 중 가장 훌륭한 전쟁 연구 문헌 중 1권이다. 가장 훌륭한 무기 연구 문헌 중 하나는 지금껏 고안된 가장 중요한 화기 중 하나인 드라이제 소총을 자세히 설명하고 있다. Rolf Wirtgen, *Das Zundnadelgewehr: Eine militartechnische Revolution im 19. Jahrhundert* (Herford, DE: E. S. Mittler, 1991).

8장

아마도 대포는 소화기처럼 수집할 수 있는 것이 아니기 때문에, 19세기 초에서 중반에 생산된 대포에 관한 기술 문헌은 근대의 기술 문헌과 특허 문서와는 달리 많지 않다. 다행스럽게도 미국인들은 무기와 남북 전쟁의 역사에 관심이 많아서, 남북 전쟁에서 사용된 다양한 총기에 관한 자료가 있고, 대부분은 그 시대의 일반적인 대포에 관해 설명하고 있다. 팩상포에 관해서는 다음의 문헌을 참조했다. Henri-Joseph Paixhans, *An Account of the Experiments made in the French Navy for the Trial of Bomb Cannon, etc.* (Philadelphia: Dorsey, 1838); J. A. Dahlgren, *Shells and Shell-Guns* (Philadelphia: King & Baird, 1856). 프린스턴함에서의 비극과 에릭슨 및 스톡턴의 대포에 관해서는 리 M. 피어슨의 *"The 'Princeton' and the 'Peacemaker': A Study in Nineteenth-Century Naval Research and Development Procedures"*, *Technology and Culture*, 7 (Spring, 1966), pp. 163~183을 참조했다. 19세기 중반 혹은 그 이전의 대포와 포탄의 전반적인 발전에 관한 글을 보고 싶다면 다음과 같은 책들을 참조하라. Antoine-Felix Aloncle, *Renseignements sur L'Artillerie Navale de L'Angleterre et des Etats-Unis* (Paris: Librairie Maritime et Scientifique, 1865); Warren Ripley, *Artillery and Ammunition of the Civil War* (New York: Promontory, 1970); James C. Hazlett, Edwin Olmstead, and M. Hume Parks, *Field Artillery Weapons of the Civil War* (Newark: University of Delaware Press, 1988); H. Muller, *Die Entwickelung der Feld-Artillerie in Bezug auf Material, Organisation und Taktik, von 1815 bis 1870* (Berlin: Robert Oppenheim, 1873).

9장

목재 범선형 군함을 철제 및(혹은) 강철제 전함으로 전환한 역사는 그 이전과 이후의 시대만큼 많은 관심을 끌지 못한다. 남북 전쟁 당시 벌어진 해군 작전들을 제외하고 말이다. 그 기간에 관한 훌륭한 자료는 다음에서 찾을 수 있다. Donald MacIntyre and Basil W. Bathe, *Man-of-War: A History of the Combat Vessel* (New York: McGraw Hill, 1969); David Ross, *Great Warships from the Age of Steam* (New York: Metro Books, 2014); R. Gardiner, ed., *Steam, Steel and Shellfire: The Steam Warship 1815–1905* (London: Conway, 2001); Lincoln Paine, *Warships of the World to 1900* (New York: Mariner, 2000). 초기 선박용 엔진 기술에 관해서는 배질 그린힐의 *The Advent of Steam: The Merchant Steamship before 1900* (London: Conway, 1993)을 참조하라. 미국 장갑함 기술에 관해서는 다음을 참조하라. *Iron Afloat: The Story of the Confederate Armorclads* (Columbia: University of South Carolina Press, 1971); James McPherson, *War on the Waters: The Union and Confederate Navies, 1861–1865* (Chapel Hill: University of North Carolina Press, 2012); Richard Snow, *Iron Dawn: The Monitor, the Merrimack, and the Civil War Sea Battle That Changed History* (New York: Scribner, 2016). 동시대의 유럽 군함 기술에 관해서는 다음을 참조하라. Andrew Lambert, *Battleships in Transition:*

The Creation of the Steam Battlefleet, 1815–1860 (London: Conway, 1984); Andrew Lambert, *HMS Warrior 1860: Victoria's Ironclad Deterrent* (Annapolis: Naval Institute Press, 2010); James Phinney Baxter, *The Introduction of the Ironclad Warship* (Cambridge: Harvard University Press, 1933).

10장

세기가 바뀔 무렵에 벌어진 전쟁의 기본 동향은 휴 스트라첸의 *European Armies and the Conduct of War*와 윌리엄 맥엘위의 *The Art of War, Waterloo to Mons*를 참조했다. 이 책들은 6장의 참고 문헌에도 나열해 두었다. 유럽 군비 경쟁의 정치적·외교적·재정적 배경에 관해서는 다음을 참조했다. David G. Hermann, *The Arming of Europe and the Making of the First World War* (Princeton: Princeton University Press, 1996); Jari Eloranta, "From the Great Illusion to the Great War: Military Spending Behaviour of the Great Powers, 1870–1913," *European Review of Economic History 11* (2007), pp. 255~283. 러일 전쟁에서 사용된 신무기에 관해서는 다음을 참조했다. Great Britain, War Office, *The Russo-Japanese War: Reports from British Officers Attached to the Japanese Forces in the Field 3 vols.* (London: HMSO, 1908); Francois Oscar de Negrier, *Lessons of the Russo-Japanese War* (London: Hugh Rees, 1906); US War Department, *Reports of Military Observers Attached to the Armies in Manchuria during the Russo-Japanese War 5 vols.* (Washington, DC: GPO, 1906–1907).

11장

탄창식 소총과 그 탄약 개발에 관한 자세한 정보를 원하는 독자들은 주로 수집가들의 문헌을 참고해야 한다. 제1차 세계대전 시기는 보통 "무기는 최신식이나 전술은 구식"이라고 불리지만, 이는 역사학자들이 무기를 자세히 분석하지는 않았기에 나온 말이다. 수집가들의 훌륭한 책들은 다음과 같다. Roy M. Marcot, *Spencer Repeating Firearms* (Woonsocket, RI: Andrew Mowbray,

2002); Wiley Sword, *The Historic Henry Rifle: Oliver Winchester's Famous Civil War Repeater* (Woonsocket, RI: Andrew Mowbray, 2002); Ian V. Hogg and John S. Weeks, *Military Small Arms of the 20th Century* (Iola, WI: Gun Digest Books, 2000); John Walter, *Allied Small Arms of World War One* (Ramsbury, UK: Crowood Press, 2000); John Walter, *Central Powers' Small Arms of World War One* (Ramsbury, UK: Crowood, 1999); Luke Mercaldo, *Allied Rifle Contracts in America* (Greensboro, NC: Wet Dog Publications, 2011); Robert W. D. Ball, *Mauser Military Rifles of the World* (Iola, WI: Gun Digest Books, 2011); Paul S. Scarlata, *Mannlicher Military Rifles* (Lincoln, RI: Andrew Mowbray, 2004); Stuart C. Mowbray and Joe Puleo, *Bolt Action Military Rifles of the World* (Woonsocket, RI: Mowbray, 2009); Paul S. Scarlata, *A Collector's Guide to the German Gew. 88 "Commission" Rifle* (Woonsocket, RI: Mowbray, 2007); Ian Skennerton, *The Lee-Enfield: A Century of Lee-Metford and Lee-Enfield Rifles and Carbines* (privately printed, 2007); Jean Huon and Alain Barrellier, *Le fusil Lebel* (Chaumont, FR: Crepin-LeBlond, 2015); Melvin M. Johnson and Charles T. Haven, *Ammunition: Its History, Development, and Use, 1600 to 1943* (New York: Morrow, 1943). 당시 소총들이 전장에서 어떻게 활약했는지를 보고 싶다면 다음을 보라. William McElwee, *Art of War, Waterloo to Mons* (Bloomington: Indiana University Press, 1974); David G. Hermann, *The Arming of Europe and the Making of the First World War* (Princeton: Princeton University Press, 1996); Quintin Barry, *War in the East: A Military History of the Russo-Turkish War 1877–1878* (Havertown, PA: Helion, 2012); Bruce Menning, *Bayonets before Bullets: The Imperial Russian Army, 1861–1914* (Bloomington: Indiana University Press, 1992); F. V. Greene, *The Russian Army and Its Campaigns in Turkey in 1877–1878* (New York: Appleton, 1879).

12장

기관총에 관한 수많은 책이 있지만, 철저한 연구를 거쳐 지어진 책은 극히 일부분이다. 그중 제임스 H. 윌뱅크스의 *Machine Guns: An Illustrated History of Their Impact* (Santa Barbara, CA: ABC-CLIO, 2004)와 존 엘리스의 *The Social*

History of the Machine Gun (Baltimore: Johns Hopkins University Press, 1975)는 훌륭한 입문서이다. 내가 주로 참조한 책은 다음과 같다. David A. Armstrong, *Bullets and Bureaucrats: The Machine Gun and the United States Army, 1851–1916* (Westport, CT: Greenwood, 1982); George M. Chin, *The Machine Gun 3 vols.* (Washington, DC: US Department of the Navy, 1951); Gerald Prenderghast, *Repeating and Multi-Fire Weapons* (Jefferson, NC: McFarland, 2018); Anthony Smith, *Machine Gun: The Story of the Men and the Weapon That Changed the Face of War* (New York: St. Martin's, 2003); Roger Ford, *The Grim Reaper: The Machine-Gun and Machine-Gunners in Action* (London: Sidgwick & Jackson, 1996); Ian V. Hogg, *Machine Guns* (Iola, WI: Krause, 2002). 개별 무기에 관해서는 다음을 참조하라. 개인 화기의 역사에 관한 한 아마도 지금까지 발간된 책 중 가장 놀랍고 통찰력 있는 책일 것이다. Dolf L. Goldsmith and R. Blake Stevens, *The Devil's Paintbrush: Sir Hiram Maxim's Gun* (Toronto: Collector Grade Publications, 1989); Paul Wahl and Donald R. Toppel, *The Gatling Gun* (New York: Arco, 1965); *John M. Browning and Curt Gentry, John M. Browning: American Gunmaker* (New York: Doubleday, 1964); Martin Pegler, *The Vickers-Maxim Machine Gun* (Oxford: Osprey, 2013). 하지만 개인 화기의 역사를 다루는 뛰어난 작품 중에서도 가장 눈에 띄고 통찰력 있는 작품은 아마 폴 코니시의 *Machine Guns and the Great War* (Barnsley, UK: Pen and Sword, 2009)일 것이다.

13장

앞서 언급한 무기와 전술에 관한 일반적인 책 외에도 다음과 같은 책을 참조했다. Hew Strachan's *European Armies and the Conduct of War* (London: Routledge, 1983); William McElwee's *The Art of War, Waterloo to Mons* (Bloomington: Indiana University Press, 1974); Bruce I. Gudmundsson, *On Artillery* (Westport, CT: Praeger, 1993). 현대화된 대포를 다루는 단행본 중 최고의 저서들은 아마도 다음과 같은 것들이리라. W. Heydenreich, *Das moderne Feldgeschutz 2 vols.* (Leipzig, DE: G. J. Goschen, 1906); Friedrichfranz Feeser, *Artillerie im Feldkriege* (Berlin: Mittler, 1930); Shelford Graham and Dominick Bidwell,

Fire-Power: British Army Weapons and Theories of War, 1904–1905 (Boston: Allen and Unwin, 1985); Paul Strong and Sanders Marable, *Artillery in the Great War* (Barnsley: Pen & Sword, 2011); Georg Bruchmuller, *Die deutsche Artillerie in den Durchbruchschlachten des Weltkrieges* (Berlin: Mittler, 1922); Eric Brose, *The Kaiser's Army: The Politics of Military Technology in Germany during the Machine Age, 1870–1918* (Oxford: Oxford University Press, 2001); Dale Clarke, *British Artillery 1914–1918: Field Artillery* (Oxford: Osprey, 2004); Dale Clarke, *British Artillery 1914–1919: Heavy Artillery* (Oxford: Osprey, 2005); Lieutenant S. Gore-Brown, *The Prussian Artillery in the Campaign of 1866* (Solihull, UK: Helion, 2009); H. Muller, *Die Entwickelung der Feld-Artillerie in Bezug auf Material, Organisation und Taktik, von 1815 bis 1870* (Berlin: Robert Oppenheim, 1873); Gordon L. Rottman, *The Hand Grenade* (Oxford: Osprey, 2015). 제1차 세계대전에서 등장한 혁신적인 전술에 관해서는 브루스 I. 구드문드슨의 *Stormtroop Tactics: Innovation in the German Army, 1914–1918* (New York: Praeger, 1989)을 참조했다.

14장

전함은 화기만큼이나 열성적인 팬층을 보유하고 있으며, 이 시기의 영국 해군에 관한 대중적인 문헌은 매우 다양하다. 이 장에서는 주로 다음과 같은 책들을 참조했다. Donald MacIntyre and Basil W. Bathe, *Man-of-War: A History of the Combat Vessel* (New York: McGraw-Hill, 1969); D. K. Brown, *Warrior to Dreadnought: Warship Development, 1860–1905* (Annapolis: Naval Institute Press, 1997); Norman Friedman, *Fighting the Great War at Sea: Strategy, Tactics and Technology* (Annapolis: Naval Institute Press, 2014); Robert Gardiner, ed., *The Eclipse of the Big Gun: The Warship, 1906–1945* (London: Conway, 2001). 전쟁 전 해군 군비 경쟁과 유틀란트 해전으로 이어진 해상전의 배경은 로버트 K. 매시가 쓴 뛰어난 책들인 *Dreadnought: Britain, Germany, and the Coming of the Great War* (New York: Ballantine, 2002)와 *Castles of Steel: Britain, Germany, and the Winning of the Great War at Sea* (New York: Random House, 2003)을 참고했다. 각 해군의 기술 발전에 관해서는 다음과 같은 책들을 참고했다. John Jordan and Philippe

Caresse, *French Battleships of World War One* (Barnsley, UK: Seaforth, 2017); Aidan
Dodson, *The Kaiser's Battlefleet: German Capital Ships, 1871–1918* (Annapolis:
Naval Institute Press, 2016); Nicholas Wolz, *From Imperial Splendor to Internment:
The German Navy in the First World War* (Annapolis: Naval Institute Press, 2015);
Vincent P. O'Hara, W. David Dickson, and Richard Worth, *To Crown the
Waves: The Great Navies of the First World War* (Annapolis: Naval Institute Press,
2013). 유보트 전쟁에 관해서는 다음과 같은 책들을 참고했다. Hans Joachim
Koerver, *The Kaiser's U-Boat Assault on America: Germany's Great War Gamble
in the First World War* (London: Pen & Sword, 2020); Richard Compton-Hall,
Submarine Boats: The Beginnings of Underwater Warfare (London: Conway, 1983);
Richard Compton-Hall, *Submarines at War 1914–1918* (Penzance, UK: Periscope
Publishing, 2004); Kelly K. Lydon, *The U-boats of World War I* (West Barnstable,
MA: New England Seafarer Books, 1997); Jak Mallmann Showell, *The U-Boat
Century: German Submarine Warfare 1906–2006* (Annapolis: Naval Institute Press,
2006). 이보다 작은 해군력을 가진 나라의 전함에 관해서는 브루스 테일러의 *The
World of the Battleship: The Design and Careers of Capital Ships of the World's Navies
1880–1990* (Annapolis: Naval Institute Press, 2018)을 참조했다.

15장

제1차 세계대전에서 활약한 해군과 마찬가지로 공군력에 관해서는 매우 다양한
영미권 문헌을 시중에서 찾을 수 있다. 그중 주로 참고한 책은 다음과 같다.
Lee Kennett, *The First Air War: 1914–1918* (New York: Free Press, 1991); James
Hamilton-Paterson, *Marked for Death: The First War in the Air* (New York: Pegasus,
2017); James Streckfuss, *Eyes All Over the Sky: Aerial Reconnaissance in the First
World War* (Oxford: Casemate, 2016); John H. Morrow Jr., *The Great War in the
Air: Military Aviation from 1909 to 1921* (Washington, DC: Smithsonian Institution
Press, 1993). 오스프리, 에어로너츠, 스쿼드론 시그널에서 출판된 훌륭한 소책자를
포함하여 제1차 세계대전에서 활약했던 가장 유명한 전투기마다 관련된 수많은
책이 시중에 나와 있다. 제1차 세계대전의 기갑전은 예상대로 역사가들이 성의

없게 다루었다. 주로 다음과 같은 책들을 참고했다. Bryan Cooper, *Tank Battles of World War I* (Barnsley, UK: Pen & Sword, 2015); Craig Moore, *Tank Hunter: World War One* (Stroud, UK: The History Press, 2017); Michael Foley, *Rise of the Tank: Armoured Vehicles and Their Use in the First World War* (Barnsley, UK: Pen & Sword, 2014); Tim Gale, *The French Army's Tank Force and Armoured Warfare in the Great War: The Artillerie Speciale* (Burlington, UK: Ashgate, 2013); Dale Wilson, *Treat 'Em Rough: The Birth of American Armor, 1917–1920* (Novato, CA: Presidio, 1989); David J. Childs, *A Peripheral Weapon? The Production and Employment of British Tanks in the First World War* (Westport, CT: Greenwood, 1999); Douglas Orgill, *Armoured Onslaught: 8th August 1918* (New York: Ballantine, 1972); Heinz Guderian, *Achtung-Panzer! The Development of Tank Warfare* (London: Cassell, 1999); J.F.C. Fuller, *Tanks in the Great War, 1914–1918* (London: John Murray, 1920); Steven J. Zaloga, *German Panzers 1914–1918* (Oxford: Osprey, 2006); Steven J. Zaloga, *French Tanks of World War I* (Oxford: Osprey, 2010). 마지막으로 제1차 세계대전 당시 벌어진 가스전에 관해서는 다음과 같은 책들을 참고했다. L. F. Haber, *The Poisonous Cloud: Chemical Warfare in the First World War* (Oxford: Clarendon, 1986); Simon Jones, *World War I Gas Warfare Tactics and Equipment* (Oxford: Osprey, 2007).

17장

기관총에 관해서는 12장의 출처를 참고하되 특히 월뱅크스, 엘리스, 친, 앤서니 스미스의 연구를 참고했다. 또한 11장에서 언급한 이언 V. 호그와 존 S. 위크스도 인용했다. 그리고 다음 자료들도 큰 도움이 되었다. Folke Myrvang, *MG-34–MG-42: German Universal Machineguns* (Cobourg, ON: Collector Grade Publications, 2002); Chris McNab, *Soviet Submachine Guns of World War II: PPD-40, PPSh-41 and PPS* (Oxford: Osprey, 2014); Frank Iannamico, *American Thunder: Military Thompson Submachine Guns* (Henderson, NV: Chipotle Publishing, 2015); Ian V. Hogg, *Submachine Guns* (London: Greenhill Books, 2001); Frank Iannamico, *Blitzkrieg: The MP40 Maschinenpistole of World War II* (Henderson, NV: Chipotle

Publishing, 2016). 소총의 발전에 관해서는 다음과 같은 책들을 참조했다. Bruce N. Canfield, *The M1 Garand Rifle* (Woonsocket, RI: Andrew Mowbray, 2013); D. N. Bolotin, *Soviet Small-Arms and Ammunition* (Hyvinkaa: Finnish Arms Museum Foundation, 1995); Peter J. Senich, *The German Assault Rifle, 1935–1945* (Boulder, CO: Paladin Press, 1987). 돌격소총의 기원과 발전에 관해서는 C. J. 치버스의 *The Gun* (New York: Simon & Schuster, 2010)을 참조했다.

18장

제2차 세계대전에서 활약한 전차, 전차를 활용한 작전, 전차 관련 기술을 다룬 좋은 책들은 많이 있지만, 포병을 다루는 책은 빈약하다. 휴 스트라챈은 *European Armies and the Conduct of War* (London: Routledge, 1983)에서 정말로 탁월한 안목을 보여 주는데, 특히 러시아, 프랑스, 독일, 영국의 전시 경제 상황이 이동식 병기에 장갑을 덧대는 일과 긴밀하게 관련되어 있다는 사실을 밝힌다. 이외에도 다음과 같은 책들을 참고했다. Tim Bean and William Fowler, *Russian Tanks of World War II: Stalin's Armored Might* (St. Paul, MN: MBI, 2002); Peter Chamberlain and Chris Ellis, *British and American Tanks of World War Two* (London: Cassell, 2002); Peter Chamberlain, H. L. Doyle, and Thomas L. Jentz, *Encyclopedia of German Tanks of World War Two* (New York: Arco, 1978); Terry J. Gander, *Anti-Tank Weapons* (Marlborough, UK: Crowood, 2000); Ralph Riccio, *Italian Tanks and Fighting Vehicles of World War 2* (London: Pique, 1975); Spencer C. Tucker, *Tanks: An Illustrated History of Their Impact* (Santa Barbara, CA: ABC-CLIO, 2004); Bryan Perrett, *Tank Warfare* (London: Arms and Armour, 1990). 포병과 관련해서는 브루스 I. 구드문드슨의 *On Artillery* (New York: Praeger, 1993)는 오늘날에도 현대전에서 활용되는 포병 기술과 전술에 관한 가장 통찰력 있는 작품이다. 더 알고 싶다면 구드문드슨의 기념비적인 저작들을 확인하라. 개별 보병들을 위한 대포와 같은 지원 화기에 관해서는 다음 저작들이 도움이 될 것이다. Ian Hogg, *German Artillery of World War Two* (London: Arms and Armour, 1975); Ian V. Hogg, *British & American Artillery of World War Two* (New York: Hippocrene, 1978).

19장

제2차 세계대전 당시 벌어진 항공전은 제2차 세계대전의 그 어떤 분야보다 자세히 연구되었다. 노르망디 상륙 작전을 제외하고 말이다. 가장 좋은 자료는 리처드 오버리의 *The Air War 1939–1945* (New York: Stein and Day, 1980)이다. 이외에도 양차 세계대전과 당시의 항공전을 자세히 다루는 훌륭한 작품이 3권 있다. Stephen Budiansky, *Air Power: The Men, Machines, and Ideas That Revolutionized War, from Kitty Hawk to Gulf War II* (New York: Viking, 2004); Jeremy Black, *Air Power: A Global History* (London: Rowman and Littlefield, 2016); Horst Boog, ed., *The Conduct of the Air War in the Second World War* (Oxford: Berg, 1992). 전술 폭격과 그것의 탄생을 다루는 책은 다음과 같다. Richard Overy, *The Bombing War: Europe 1939–1945* (London: Penguin UK, 2014); Neville Jones, *The Beginnings of Strategic Air Power: A History of the British Bomber Force, 1923–1929* (London: Frank Cass, 1987); Thomas Wildenberg, *Billy Mitchell's War: The Army Air Corps and the Challenge to Seapower* (Annapolis: Naval Institute Press, 2013). 근접 항공 지원은 다음과 같은 책들을 참고하라. Richard P. Hallion, *Strike from the Sky: The History of Battlefield Air Attack 1911–1945* (Washington, DC: Smithsonian Institution Press, 1989); Peter C. Smith, *The History of Dive-Bombing* (Barnsley: Pen & Sword, 2007).

20장

14장에서 참고한 여러 책을 또다시 참고했다. Donald MacIntyre and Basil W. Bathe, *Man-of-War: A History of the Combat Vessel* (New York: McGraw-Hill, 1969); Robert Gardiner, ed., *The Eclipse of the Big Gun: The Warship, 1906–1945* (London: Conway, 2001); Bruce Taylor, ed., *The World of the Battleship: The Design and Careers of Capital Ships of the World's Navies 1880–1990* (Annapolis: Naval Institute Press, 2018). See also: N.J.M. Campbell, *Naval Weapons of World War Two* (Annapolis: Naval Institute Press, 1985); Norman Friedman, *British Naval Weapons of World War Two* (Annapolis: Naval Institute Press, 2019); Norman Friedman, *Naval Firepower: Battleship Guns and Gunnery in the Dreadnought Era* (Annapolis:

Naval Institute Press, 2008); David K. Brown, *The Grand Fleet: Warship Design and Development, 1906–1922* (London: Baker & Taylor, 1999); John Jordan, *Warships after Washington: The Development of the Five Major Fleets, 1922–1930* (Annapolis: Naval Institute Press, 2011); John Jordan, *Warships after London: The End of the Treaty Era in the Five Major Fleets, 1930–1936* (Annapolis: Naval Institute Press, 2020).

색인

색인

ㅍ

화력 FIRE POWER

1판 1쇄 발행 2023년 2월 27일
1판 3쇄 발행 2023년 6월 9일

지은이 폴 록하트
옮긴이 이수영
펴낸이 김영곤
펴낸곳 (주)북이십일 레드리버

콘텐츠개발본부이사 정지은
웹콘텐츠팀 배성원 유현기
외주편집 장웅진
디자인 이찬형
출판마케팅영업본부장 민안기
마케팅1팀 배상현 한경화 김신우 강효원
출판영업팀 최명열 김다운
제작팀 이영민 권경민

출판등록 2000년 5월 6일 제406-2003-061호
주소 (우10881) 경기도 파주시 회동길 201(문발동)
대표전화 031-955-2100
이메일 book21@book21.co.kr
내용문의 031-955-2746

ISBN 978-89-509-3454-5 (03900)